한국 언론 ADR의 현실과 쟁점

컬처룩 미디어 총서 007

한국 언론 ADR의 현실과 쟁점

이재진 지음

culture Look

이재진은 서울대학교 언론정보학과에서 학사와 석사, 미국 아이오와대학교에서 석사, 서던일리노이대학교에서 박사 학위를 받았다. 현재 한양대학교 미디어커뮤니케이션학과 교수로, 저널리즘, 언론법제윤리, 언론정책 등에 대한 연구와 강의를 하고 있다. 한국언론학회 언론법제윤리연구회 회장, 한국언론법학회 부회장(차기 회장), 등재지 〈미디어 경제와 문화〉 편집위원장을 맡고 있으며, 법원전문심리위원 후보로 등재되어 있다. 제1기 방송통신심의위원회 위원을 지낸 바 있다. 한국방송학회 우수방송학자상(2014), 한국언론법학회 철우언론법상(2009), 한국방송학회 학술상(저술)(2006), 한국언론학회 신진언론학자상(2000)을 수상하였다. 주요 저서로 《미디어 법》, 《미디어 윤리》, 《표현, 언론, 그리고 집회결사의 자유》, 《인터넷 언론 자유와 인격권》, 《언론 자유와 인격권》 등이 있으며, 다수의 연구 논문이 국내외 전문 학술지에 게재되었다. 2013~2016년 4년 연속 세계 3대 인명사전인 *Marquis Who's Who in the World*에 등재되었다.

컬처룩 미디어 총서 007

한국 언론 ADR의 현실과 쟁점

지은이 이재진
펴낸이 이리라

편집 이여진 한나래
디자인 에디토리얼 렌즈

2015년 12월 30일 1판 1쇄 펴냄

펴낸곳 컬처룩
등록 2010. 2. 26 제2011–000149호
주소 121–898 서울시 마포구 동교로 27길 12 씨티빌딩 302호
전화 070.7019.2468 | 팩스 070.8257.7019 | culturelook@naver.com
www.culturelook.net

ISBN 979–11–85521–37–4 94300
ISBN 979–11–85521–06–0 94300 (세트)

* 이 도서의 국립중앙도서관 출판예정도서목록(CIP)은 서지정보유통지원시스템 홈페이지(http://seoji.nl.go.kr)와 국가자료공동목록시스템(http://www.nl.go.kr/kolisnet)에서 이용하실 수 있습니다. (CIP제어번호: CIP2015035386)

* 이 저서는 2011년 정부(교육부)의 재원으로 한국연구재단의 지원을 받아 수행된 연구임(NRF-2011-812-B00124)

culturelook

차례

일러두기

- 한글 전용을 원칙으로 하되, 필요한 경우 원어나 한자를 병기하였다.
- 한글 맞춤법은 '한글 맞춤법' 및 '표준어 규정'(1988), '표준어 모음'(1990)을 적용하였다.
- 외국의 인명, 지명 등은 국립국어원의 외래어 표기법을 따랐으며, 관례로 굳어진 경우는 예외를 두었다.
- 사용된 기호는 다음과 같다.
  신문 및 잡지 등 정기 간행물, 방송 프로그램, 영화: 〈 〉
  책(단행본): 《 》

20년 이상 언론법제 공부를 하면서 가장 중요한 연구 과제로 생각해 온 것이 바로 언론 ADR(Alternative Disputes Resolution) 제도, 즉 법정 밖에서 언론 관련 분쟁을 해결하는 이른바 대안적 피해 구제 제도였다. 언론 보도가 사법부가 요구하는 진실 보도에 완벽할 수 없고 또한 언론의 자유가 절대적인 권리가 아니기 때문에 언론 보도로 인한 개인의 인격권 침해가 발생할 가능성이 대단히 높다. 이러한 이유로 지난 30년 넘는 동안 언론을 상대로 한 명예훼손이나 사생활 침해 또는 초상권 침해와 관련된 소송이 수적으로 크게 증가하였다.

그런데 일단 소송에 돌입하게 되면 소송을 제기한 사람이나 소송을 당한 언론사나 모두 판결이 날 때까지 시간적, 금전적 곤란을 경험하게 되며, 판결이 난다 하더라도 법원의 판결에 대해 당사자 양측이 모두 만족하지 못하는 경우가 대부분이다. 즉 법원의 판결에 어쩔 수 없이 따르기는 하지만, 피해 구제를 청구하는 사람의 입장에서는 승소한다고 하더라도 피해 구제를 충분히 받지 못하는 것으로 느낄 수도 있으며, 패소하면 피해 구제를 받지 못하여 억울하고 언론사를 미워하는 심정이 지속될 뿐만 아니라 패소로 인한 법정 비용까지 부담해야 한다.

소송을 당하는 언론사의 경우 승소하게 되면 언론사의 신뢰도를 지킬 수 있으나 재판으로 인한 비용과 시간적 손실이 발생할 수 있으며, 패소하는 경우 헌법에 의해 보장되는 언론의 자유가 훼손되거나 개인의 권리에 비해서 언론의 권리가 상대적으로 과잉으로 규제받는다는 생각을 하기 쉽다.

다시 말하자면 일단 소송으로 가는 경우 패소하게 되면 양측 당사자들은 법원의 판결에 불만을 갖게 된다는 것이다. 시간과 금전의 낭비는 물론이고 이처럼 재판 결과에 대해서 불만족하게 된다면 사법부의 신뢰도 동시에 추락할 수 있다는 문제점을 갖는다. 또한 법원은 언론에게 명확히 보도가 어느 정도에서 허용되고 면책될 수 있는지에 대해서 명확한 지침을 전달할 수 없기 때문에 언론이 이를 예상할 수 없어 보도할 때마다 소송에 대한 부담을 지지 않을 수 없는 입장이다.

재판을 통한 법원 판결이 갖는 한계점과 단점을 극복하고 이해 당사자들 사이의 다툼이나 갈등을 재판정 밖에서 원만히 해결하고자 하는 방식 중 하나가 이른바 ADR, 즉 대안적 분쟁 해결 방식이다. 언론과 관련된 ADR의 가장 대표적인 방식이 바로 우리나라의 '언론중재제도'다. 1981년 정부는 당시 언론기본법을 근거로 언론과 개인이 충돌하여 피해가 발생했을 때 피해자에게는 피해 구제를 신속하고 무료로 할 수 있도록 하며, 언론에는 큰 부담을 주지 않도록 한다는 목적으로 언론중재위원회를 설립하였다. 언론중재위원회는 언론과 개인 사이의 분쟁의 조정과 중재, 그리고 손해배상 등을 통해 문제를 해결할 수 있도록 함으로써 무분별한 소송이 남용되는 것을 막는 동시에 개인이 효율적으로 피해 구제를 받을 수 있도록 하는 역할을 담당해 왔다.

이 책에서는 우리나라의 가장 대표적이고 세계적으로 그 유래를 찾을 수 없이 독특한 언론 ADR인 언론중재제도의 피해 구제 체계의 현황을 밝히고 더 효율적인 피해 구제 제도로 개선될 수 있는 제언을 하고자 한다. 무엇보다 언론중재제도의 역사적 의미를 총정리하는 동시에 아직까지 크게 주목받지 못하는 언론중재제도의 중요성을 부여하고 더욱 효율적이고 만족스러운 피해 구제 체계로 자리를 잡는 길을 모색하고자 한다. 특히 인터넷과 모바일 시대에 어떻게 법정 밖에서 효율적인 피해 구제를 구현할 것인가를 살펴보고자 한다.

1장에서는 언론과 관련된 분쟁이 발생했을 때 적용될 수 있는 언론 ADR의 정의와 특성에 대해서 속성과 구조를 중심으로 살펴본다. 무엇보다 ADR로 불리는 가장 핵심적인 방식에 대해서 살펴보고 그 문제점이나 한계는 무엇인지 알아본다. 이와 함께 이 장에서는 언론중재위원회가 언론중재법에 근거한 법정 기구라는 측면에서 언론중재위원회가 우리나라의 사법 구조의 틀에서 볼 때 어떠한 지위를 갖는가에 대해서 논의한다.

2장은 언론 ADR의 핵심이라고 할 수 있는 '반론권'의 이론적 배경에 대해서 논의한다. 반론권의 형성 배경과 반론권을 둘러싼 다양한 쟁점들을 이론적으로 다룬다. 반론권의 핵심은 개인에게는 신속한 피해 구제를 하면서도 언론에게는 크게 부담이 되지 않도록 하는 것이다. 반론권 제도는 프랑스에서 프랑스 대혁명 이후 언론의 과도한 보도로 인한 개인의 인격권 침해를 예방하고 피해가 발생할 경우 이를 구제해 주는 목적으로 고안된 것으로 알려져 있고 이후 독일 등 유럽 국가들에서 반론권 제도가 수용됨으로써 언론의 피해 구제 방식으로 널리 인정되었다.

그러나 반론권이 현실적으로 어떠한 목적에서 고안되었는가에 대해서는 명확하지 않다. 이를 막강한 언론에 대항하기 위해 개인에게 주어지는 무기와 같은 것으로서 형평성의 원칙에 어긋나지 않는다는 지적에서부터 언론이 다양한 형태의 여론을 형성하기 위해서는 언론의 자유를 폭넓게 보장해 주어야 할 것이나, 이와 함께 잘못된 보도로 인하여 개인이 피해 구제를 받기 어려울 수 있기 때문에 이를 쉽게 하도록 고안된 것이라는 지적, 그리고 명예훼손법상 개인의 피해 구제를 금전적인 구제에 갈음하거나 이와 함께 받을 수 있는 특별한 피해 구제 형태로 인정하여 개인의 인격권을 더욱 보장하고자 하는 목적에서 고안되었다는 지적에 이르기까지 다양한 시각들이 존재한다. 이에 근거하여 여기서는 반론권의 이론적 기반이 되는 언론 자유론, 알 권리론, 그리고 액세스권론 등에 대한 이론적 논의를 시도하고자 하였다.

3장은 외국의 경우에 반론권 제도가 어떻게 인식되고, 어떻게 수용되었고, 어떠한 방식으로 발전해 왔는가를 다룬다. 여기에는 반론권이 처음 고안된 프랑스와, 법적으로 가장 잘 보장되며 우리나라 반론권 제도의 모델이 된 독일, 그리고 반론권을 수용하였다가 점차 반론권을 여러 이유에서 인정하고 있지 않은 미국과 일본을 포함하였다. 반론권이 수용되지 않는 미국의 경우에는 반론권이 어떠한 이유와 논리에서 인정되지 않는지, 그리고 전쟁 전 반론권 제도가 존재하였으나 전후에는 이를 폐지한 일본의 경우에는 반론권 제도를 대신할 ADR이 현행법으로 어떠한 것이 있는지를 살펴본다. 마지막으로 이들 4개국 이외에 여타 다른 국가들(주로 유럽 국가)의 반론권 제도가 어떻게 시행되고 있는지 간단히 소개한다. 현재까지는 약 33개국 등에서 수용되고 있으나 점차 반론권 제도를 수용하는 국가들이 서서히 늘어나고 있는 상황으로 나타났다.

4장은 3장에서 살펴본 외국의 경우와 비교적인 측면에서 우리나라 언론

ADR을 심도 있게 분석한다. 행정 ADR과 유사하게 분류되는 피해 구제 제도인 언론중재제도의 도입부터 현재까지의 역사와 기능 그리고 다양한 쟁점과 문제점들을 지적하고자 하였다. 여기서는 언론중재제도가 우리나라의 고유한 언론 ADR로 발전하고 있다는 시각에 근거한다. 비록 언론중재제도가 아직도 표현의 자유에 대한 '이중 규제'라는 인식이 아직 존재하고 있으나 이미 우리나라 대법원과 헌법재판소는 언론중재제도가 무기대등의 원칙, 즉 형평성에 어긋나지 않아 위헌이 아니라고 판결하였을 뿐만 아니라, 2005년에는 언론중재법이 제정되면서 명실상부 가장 핵심적인 언론 ADR로 인식되어 왔다. 이를 살펴보고자 1981년부터 현재까지의 언론중재제도의 발전을 도입기, 과도기, 정착기, 성장기, 확장기로 분류하여 시기별로 어떠한 성격의 피해 구제 체계로 진화해 왔는지를 고찰한다. 가장 큰 특징은 2005년 언론중재법 제정과 함께 반론권 제도 이외에 손해배상 제도가 도입되었고, 2009년 개정으로 인하여 현재는 언론중재제도의 영역에 인터넷뉴스서비스사업자(인터넷 포털)도 중재의 대상으로 포함되었다는 것이다.

이처럼 외향적으로는 발전하였으나 아직도 언론중재제도가 직면한 다양한 문제점이 산적해 있다. 가장 논란이 되는 문제는 언론중재제도의 효율성이다. 원래 언론중재위원회는 언론 보도로 인하여 피해가 발생하였을 때 이를 법정 밖에서 조정이나 중재를 통하여 양 당사자들의 자발적인 합의를 이끌어 내는 것인데, 그 합의율이 여전히 높지 않다는 문제점이 있다. 특히 조정의 효율성을 높이기 위해 강제조정 결정을 내릴 수 있도록 하고 있으나(언론중재법 제22조) 이의 제기나 법원 소송 제기 그리고 합의 이전에 양 당사자 간의 해결을 통한 청구 취소, 각하, 기각 등 여러 가지 방식으로 해결이 되고 정작 합의를 통한 해결의 경우 그 효율성은 아직도 낮은 편이다. 이와 함께 현재는 아니지만 조정의 경우 초기 필요적 전치주의를 따르게 했던 점, 그리고 언론중재위원회를 통한 반론권 행사가 남용된다는 문제점, 반론권의 행사가 의견이 아닌 사실적 주장에 대해서만 인정되는 점, 현재 언론중재위원회에 가장 많이 청구되는 것이 정정보도이고 정작 반론보도는 청구가 미약하며 언론중재위원회의 정정보도는 민법상의 정정보도와 성격이 다르다는 문제점, 등 다양한 형태의 쟁점을 살펴본다. 이와 함께 반론권 관련 연구가 어떻게 이루어져 왔는가를 살펴보기 위하여 우리나라 언론중재위원회에서 발간하는 계간지인 〈언론중재〉에 1980년부터 2012년까지 33년간 게재된 논문에 대하여 메타분석 및 질적 분석을 실시하였다. 어떠한 연구들을 누가 어떠한 목적으로 게재하였으며 실제로 언론중재제도가 우리나라의 언론 ADR로 정착하고 관련법이 제·개정되어 오늘에 이르기까지 어떠한 역할을 하였는지를 살펴보고자 하였다.

5장은 반론권이 법원의 재판(판례)과 언론중재위원회의 조정과 중재(조정·중재 사례) 등에서 어떻게 행사되는지를 분석하였다. 이를 위해서 언론 피해구제를 위한 절차와 체제를 우선 살펴보았고, 1981년부터 2014년까지 도출된 법원의 판결례와 언론중재위원회의 조정 및 중재 사례를 모두 수집하여 이를 분석하였다. 즉 손해배상청구, 정정보도청구, 그리고 반론보도청구와 관련된 법원의 판결례와 언론중재위원회의 조정 및 중재 사례를 분석하여 전체적인 조망과 함께 판결이나 결정의 경향 등을 살펴본다. 법원 판결의 경우, 반론권 행사와 관련된 판결의 승패 여부, 핵심적 쟁점, 법원의 인식, 소송의 제기 주체, 실제 반론권 행사의 방식, 법률상의 반론권 행사 요건 등에 대한 분석을 실시하였다. 언론중재위원회의 조정 및 중재 사례 분석의 경우 그 사례 수가 대단히 많다는 점에서 양적 측면의 분석에 초점을 두고 그 경향성을 살펴본다. 예를 들어 어떠한 형태의 인격권 피해에 대한 청구가 많았는지, 언론중재법 제정 이후 손해배상이 언론중재위원회에 도입됨으로써 어떤 형태의 피해 구제 방식에 대한 청구가 많았는지 등에 대한 분석을 실시하였다.

6장은 인터넷상에서 반론권 행사가 어떻게 이루어지고 있는가를 검토한다. 우리 헌법재판소는 인터넷을 가장 '표현 촉진적 미디어'이며 '개방적인 시장'이라고 보았다. 기존의 미디어와는 다른 특성을 갖는 미디어라는 것이다. 여기서는 우선 인터넷 반론권의 개념에 대해서 정리하고 이것이 기존의 미디어 플랫폼과 어떻게 다른가를 살펴보고, 반론권이 적용되는 인터넷 언론의 보도상의 특성과 기존 언론과의 차이에 대해 탐색하고, 아울러 인터넷의 특수성에 비추어 볼 때 기존 언론에 적용되는 반론권을 적용할 경우 발생할 수 있는 다양한 문제들과 쟁점에 대해서 논의를 정리하고, 인터넷 반론권과 관련된 법원의 판결과 언론중재위원회의 대표 사례에 대한 분석을 실시하였다.

이처럼 인터넷을 기존의 미디어들과 분리해서 분석하고자 한 이유는 궁극적으로 인터넷이라는 플랫폼의 특수성에 근거한 다양한 언론, 즉 독립 인터넷 신문, 인터넷뉴스서비스사업자(인터넷 포털), 언론사닷컴, 인터넷 방송, 블로그 등에 있어서 발생하는 인격권 침해에 대해서 반론권이 기존의 미디어와는 어떻게 다르게 적용되는가에 대해서 살펴보고자 하는 데 있다. 실제로 인터넷에서의 반론권 행사의 경우 반론보도문이나 정정보도문 게재 방식·장소나 게재 기간 등 다양한 형태의 문제점에 노출되어 있었으며, 실제로 기존의 미디어에서는 적용되지 않았던 반론보도문이나 정정보도문의 게재에 갈음하는 '삭제' 등이 피해 구제 방식으로 인정되고 있다. 인터넷에서의 반론권 수용은 2005년 언론중재법이 제정되면서 시작되었고 당시 인터넷 신문에만 한정되던 적용의 범위가 2009년 언론중재법 개정으로 인하여 포털 사이트까지 확대 적용되었다. 포털이 뉴스를 소비하는 중핵적인 디지털 중개자digital intermediaries가 되면서 수많은 언론에서 생산되는 뉴스 중 포털에서 선정되고, 배치되고, 첫 페이지first page에서 편집되고, 때로는 제목이 편집되는 등 다양한 형태의 언론 기능으로 인하여 포털에 실린 뉴스 기사 때문에 피해를 입었다고 주장하는 사람은 포털을 대상으로 반론권 행사를 청구할 수 있다. 향후에는 SNS까지도 피해 구제 체제가 확대 적용될 가능성도 있다는 점에서 인터넷에서의 반론권 문제는 대단히 중요한 주제 중 하나라고 할 수 있다.

7장에서는 언론 ADR 관련 논의들의 핵심을 정리하고 요약하여 현행 우리나라의 반론권 제도의 특성과 문제점이 무엇인지 독자들의 주위를 환기시키며, 향후 우리나라의 현행 반론권 제도를 발전시키며 동시에 이러한 반론권 제도를 피해 구제의 한 모델로 일반화하여 국제적으로 인정받는 ADR 모델로 발전시킬 수 있는 방안이 무엇인지를 제언한다. 구체적으로 우선 과연 우리나라의 고유한 언론 ADR인 언론중재제도는 위헌이 아닌가, 또는 얼마나 더 지속될 수 있을까, 그리고 외국에서도 인정되는 피해 구제 모델로서 정립이 가능한지를 타진하고자 하였다. 이를 위하여 현행 언론중재제도가 풀어야 할 7가지 질문(과제)에 대한 해결책을 제시하고자 하였다. 이 질문들은 우리 언론중재제도가 국제적으로도 인정받는 언론 ADR 제도로 발전하기 위해서 필수적으로 해결되어야 할 것으로 판단된다. 아울러 마지막으로 우리나라 언론중재제도의 발전 방향성을 제시하고자 하였다. 특히 언론중재제도의 발전을 위해서는 언론의 윤리성 제고와 함께 이용자들의 제도에 대한 인식의 확대가 선행되어야 한다고 강조하였다.

논의를 위해서 관련 자료들을 완벽하게 다 수집하고 분석하는 것은 어쩌면 불가능한 욕심에 불과할지 모른다. 실제로 책을 거의 마쳐가고 편집하는 상황에서 책 전체를 평가해 볼 때 다소 부족하게 느껴지는 부분이 많다. 그럼에도 이 책이 언론법제 연구의 발전에 작은 획을 그을 수 있는 연구라는 점에서는 감히 자부할 수 있을 것으로 보인다. 지난 3년간 저술을 지원해 준 한국연구재단에 고마움을 표한다. 무엇보다 이 책을 무사히 마칠 수 있도록 도움을 준 박성순 군과 구본권 박사, 김상우 부국장, 그리고 출판을 흔쾌히 허락하고 편집을 맡아준 컬처룩 출판사 이리라 대표와 관계자 분들께 진심으로 감사를 드린다. 부디 이 책이 쓰임이 많은 자료가 될 수 있기를 스스로 기원해 본다.

2015년 12월

한양대 연구실에서

1장

언론 분쟁에서 ADR이란 무엇인가

1. ADR이란 무엇인가

ADR(Alternative Dispute Resolution)은 '재판 외 분쟁 해결 절차(방법)'(호문혁, 2002; 송상현, 2002) 또는 '대체적 분쟁 해결 방안,' '소송에 갈음하는 분쟁 해결 방안' 등이라고 하는데, 여기서는 법적인 성격이 적은 '대안적 분쟁 해결'이라고 사용한다. 특히 개인과 언론 사이의 분쟁을 소송(재판)을 통하지 않고 해결하기 위한 다양한 방식을 의미한다는 점에서 대안적으로 해석하는 것이 타당하다고 본다.[1]

컬슨(Coulson, 1984)은 ADR을 "강제적이지 않고 자유로우며 사적인 분쟁 해결 제도"로 정의하였다. 리버만과 헨리(Lieberman & Henry, 1986)는 "분쟁 당사자들의 이익을 위하여 법원 밖에서 분쟁을 해결하고 기존의 소송이 지닌 소송 비용이나 절차상의 복잡성으로 시간이 많이 소요되는 등의 폐해를 줄

1 이 책에서는 꼭 필요한 경우가 아니라면 간략하게 ADR로 표기한다.

여 주며 법적 분쟁으로 발전하는 것을 막기 위한 제도"로 ADR을 정의 내린 바 있다.

간단히 말하자면 ADR은 소송 절차에 의한 판결에 의존하지 않고 분쟁을 해결하는 것을 의미한다(김경배, 2001). 일반적인 분쟁 해결 방식인 재판은 당사자의 합의를 기초로 하는 것이 아니라 국가 기관이 권력을 배경으로 하여 강제적으로 분쟁을 해결하는 것이다. 반면 ADR은 재판 외의 방법에 의해 분쟁을 해결하는 일체의 방식으로 당사자의 합의가 있어야만 가능하다. 즉 ADR은 전통적인 재판 절차를 대체한다고 볼 수 있다. 일반적으로 분쟁을 해결하기 위한 방식인 사법부의 절차를 따르는 것은 당사자 간의 합의가 아닌 국가 기관에 의해 강제적으로 갈등을 해결하는 것이지만 ADR은 재판 외의 방법으로 분쟁을 해결하는 방식으로 당사자 간의 원만한 합의가 있어야만 성립된다(김경배, 2005).

분쟁 발생 시 저작권이나 소비자 분쟁 등과 같이 잘잘못을 분명히 구분하기 어려운 분쟁들은 전통적인 소송을 통한 해결 방식으로는 당사자들 상호 간에 위험 부담이 클 수 있다. 승소나 패소에 대한 예상을 하기가 매우 어려워 당사자들은 소송에 큰 부담을 가질 수밖에 없다. 반면 ADR은 재판을 통한 분쟁 해결에 비하여 형식의 구애를 덜 받으며 어느 정도 유연성을 가지고 있어 보다 효율적으로 갈등을 해결할 수 있다는 장점이 있다(김경배, 2001; 김경배, 2005; 함영주, 2009 등).

ADR은 가정이나 교회, 지역 사회 등이 더 이상 분쟁조정자로서의 역할을 수행하지 못하게 되어 소송 사건이 폭주하게 됨에 따라 재판이 지연되고 많은 비용이 들게 되는 등 일반인의 사법에 대한 불신이 팽배해지면서 1960년대 후반 들어 미국에서 연구와 그 활용이 활성화된 것으로 알려져 있다(권오곤, 1996: 17).

공식적인 분쟁 해결 방법인 소송 제도가 갖고 있는 문제점인 재판 지연,

과다 비용, 재판 과정의 기술적 난해성, 경미하거나 특수한 분쟁에 대한 소송 절차의 부적합성과 법원에 대한 불신 때문에 소송 제도에 대한 대안을 모색(송상현, 2002)하고 민사소송 등에 대한 불만과 불안을 어느 정도 해소하고 민주화된 방안으로 분쟁을 효과적으로 처리하기 위해서 ADR이 적극적으로 고려되었다(김경배, 2005).

언론 분야에서의 ADR의 중요성도 대단히 커지고 있다. 특히 미디어 시장의 거대화와 발달로 인해서 내부의 이해 당사자 간에 콘텐츠 플랫폼 거래가 활발히 이루어지는 상황이 전개되고 있다. 이에 따라 사법부의 재판에 의해 분쟁이 해결되던 방식에서 벗어나 재판 이외의 방식으로 분쟁을 해결하려는 노력들이 점차 늘어가고 있다(정경오, 2009). 이와 함께 양적으로 급격히 늘어난 다양한 형태의 미디어가 등장하고 이들의 보도에 의한 명예훼손 등 개인의 인격권을 침해하는 사례가 급증하고 있다는 점에서 미디어와 피해자 사이의 ADR의 필요성이 증가하고 있다.

ADR은 재판 제도가 보여 왔던 단점을 해결하기 위한 목적으로 선호되고 도입된 것이라고 할 수 있다. 특히 ADR은 시시비비를 가리는 데 있어서 흑백논리가 비교적 분명한 형사소송보다 개인 간의 분쟁을 다투는 민사소송의 단점을 보완할 수 있다고 인식된다. 실제로 민사소송은 최종 해결에 이르는 과정까지 많은 비용과 시간이 소요된다. 또한 재판 절차가 난해하다는 점, 경미한 분쟁의 경우 재판 절차가 부적합한 면이 있다는 점 등과 같은 문제 때문에 분쟁 당사자로 하여금 법원에 대한 불신과 거부감을 가지게 한다(송상현, 2002). 이러한 단점을 극복하고 이해 당사자 간의 자발적인 동의를 통해서 문제를 해결하고자 하는 것이 바로 ADR의 목적이다.

미국에서는 1960~1970년대 소송 절차의 지나친 형식화와 복잡화, 장기화, 변호사 보수의 고액화 등의 문제가 부각되면서 ADR운동이 전개되기 시작했다(류승훈, 2009; 정남철, 2009). 이러한 ADR운동에는 법률가와 사법부도 주도적으로 참여하였는데, 이는 소송 사건이 법을 해석하는 법원의 핵심 기능이 제대로 이뤄지지 않을 정도로 많아지게 되자 법원의 사건 부담을 줄이고, 법원의 본래적 기능을 회복하려는 취지를 포함하고 있다. 비록 소송 제도가 자유주의 법체계에서 중립성·형식성을 통해 합리성을 실현해 온 것으로 인식되고 있으나(이상돈, 2009), 사회가 분화되고 복잡해지면서 소송 건수가 크게 늘어나게 되고, 재판이 결과 중심으로 변화하고, 획일적이고 양적 해결 방식을 추구하게 되면서 소송 당사자들이 처한 구체적·개별적인 상황을 충분히 고려하는 데 한계를 드러내게 된다(이상돈·양천수, 2010; 임시규, 2009). 이러한 상황에서 급증한 분쟁 사건들에 대해서 일도양단一刀兩斷식의 문제 해결을 지양하고 '제3의 길'에 대한 사회적 요구들이 자연스럽게 커지게 되었다(정남철, 2009). 이러한 점에서 볼 때 ADR은 사법 기능을 없애는 것이 아니라 오히려 더 강화한다고 할 수 있고, ADR과 소송은 상호 보완적이라고 할 수 있다(김경배, 2005).

원래 ADR은 언론 분야보다 여타 산업 분야에서 빈번한 분쟁을 법원 밖에서 해결하기 위한 목적으로 이용되어 왔다. 예를 들어 미국의 경우 해상 분야에서 최근 30여 년 이상 ADR로서의 알선mediation에 대한 관심이 증가했을 뿐만 아니라 유용한 수단으로 이용되고 있다. 주정부 및 연방정부도 지난 수십 년 동안 알선을 소송 건수를 가볍게 하는 것으로 인식하게 됐다. 지난 20년 이상 약 40개 주 이상에서 알선 분야에서의 지원, 감시, 확대를 위한 기관을 만들고 있다. 1990년에는 당사자가 동의한다면, 행정 프로그램과 관련해 논란이 되는 이슈를 해결하기 위해 연방 기관이 ADR을 활용하는 것을 허용하는 연방 ADRA(Administrative Dispute Resolution Act)가 제정되기도 하였다. ADRA는 상호 동의라는 핵심 개념을 내포한 것이 특징이다(Measter & Skoufalos, 2002: 516~527).

1) ADR의 특성

대안적 분쟁 해결 제도는 재판에 대한 이해 당사자들의 불만을 최소화하고, 한편으로는 신속하며 비용이 저렴하여 경미하거나 특수한 분쟁을 효과적으로 처리하기 위한 목적으로 시작되었다. 기존의 연구들은 사법적 해결이 아닌 대안적 분쟁 해결로서 분쟁을 해결하려는 목적을 몇 가지로 정리하고 있다(김경배, 2001; 허만, 1992).

우선, 전술한 바와 같이 현대의 사법 제도는 처리하는 사건이 많은 법원의 특성상 발생하기 쉬운 사건 처리의 지연을 막고 분쟁을 해결하기 위한 비용을 줄이고자 한다. 또한 분쟁을 해결하는 데 지역 주민을 참여 시키는 등 보다 쉽게 접근할 수 있도록 하는 권리 구제 수단을 제공하며 보다 효율적인 분쟁 해결 방법을 모색하고자 한다(허만, 1992). 이러한 목적을 토대로 하기 때문에 ADR은 재판을 대체할 수 있는 제도로서 그 역할을 수행한다.

재판을 대체하는 분쟁 해결 제도라는 점 외에도 ADR은 몇 가지 특성을 가진다(이상돈·양천수, 2010). 첫째, ADR 제도는 법적 대리인을 내세우지 않아도 절차를 진행할 수 있기 때문에 변호사를 반드시 고용해야 할 필요가 없다. 그래서 ADR을 통하면, 증거에 근거하여 따지는 '채증 법칙'보다는 당사자 간의 '협상'에 의해 문제를 해결하기 때문에 사실 발견에 따른 절차를 생략할 수 있다.

둘째, 당사자 간의 '합의'에 근거하여 분쟁을 해결하므로 재판보다 신속하게 진행이 이루어진다. 분쟁을 처리하는 과정에 있어서 법원의 개입이 가급적 배제되며 당사자 본인들의 의사 결정이 존중된다는 점과 변호사의 역할이 축소된 점도 ADR의 특징이라 할 수 있다. 따라서 ADR이 재판에서보다 훨씬 간결하고 신속하게 진행될 수 있다.

셋째, ADR은 최소한의 절차로 이루어지며 형식에 구애받지 않는 분쟁 해결 절차라는 점 외에도 비공개의 특성을 갖고 있다. 공개되지 않을 뿐만 아니라 일련의 과정이 사적으로 이루어지기 때문에 기업과 같은 경우 영업이나 기술 관련 기밀의 누설을 막을 수 있다는 것도 ADR만이 갖는 고유한 특성이다(류승훈, 2009). 예를 들어 언론중재에 있어 신청인의 프라이버시가 최대한 보장될 수 있는 장점이 있다.

마지막으로 ADR은 규범을 적용하고 결정을 내리는 데 있어서 사법부의 판결에 비해 창의적이고 유연하므로 특히 복잡한 기업 관련 문제를 해결하는 데 있어서 용이한 점이 있다.

이러한 점에 근거하여 재판과 ADR의 장단점을 비교해 보면 표 1-1과 같다. 이 표에서 보는 것처럼 소송에 비하여 상대적으로 저렴하면서도 신속하고, 공정한 절차를 따르면서도 분쟁 당사자들이 충분히 납득할 만한 결론을 내린다는 점에서 ADR은 효율적인 분쟁 해결 방법이라 볼 수 있다(김상찬·양영화, 2012; 류승훈, 2009). 또한 법률 용어를 사용하는 재판에 비하여 일상적인 언어를 통해 명확한 커뮤니케이션이 가능해서 일반인도 쉽게 분쟁 해결 과정에 참여할 수 있다는 점에서 ADR의 장점을 찾을 수 있다. 이러한 ADR의 특징은 이 책에서 주목하는 국내 언론 관련 ADR인 언론중재제도의 장점과도 연결된다고 볼 수 있다.

비록 ADR과 소송이 상호 보완적이라고 하더라도 ADR의 특성은 공식적인 재판과 비교할 때 뚜렷하게 드러난다(신군재, 2004; 안순철·최장섭, 2003). 표 1-1에 근거하여 그 특성을 구체적으로 살펴보면 다음과 같다.

첫째, ADR은 분쟁 배경으로서의 상황에 따라 분쟁 해결의 대상을 결정하지만, 재판은 법이 정한 상황에 따라 대상을 정한다. 따라서 ADR을 통한 분쟁 해결은 법에 근거하여 지정된 당사자만이 참여할 수 있는 재판에 비해 분쟁 해결의 당사자 결정이 탄력성 있게 이루어질 수 있어 당사자 간의 분쟁 해결 능력의 형평성을 기할 수 있다.

표 1-1 재판과 ADR의 특성과 장·단점

구분	재판	ADR
기본 원칙	당사자주의적 접근	비당사주의적 접근법
대상	법이 정한 상황	분쟁 배경으로서의 상황
추진 주체	법(생산자) 주도적	소비자 주도적
사용 언어	법률적 언어	일상적 언어
교육	법률 훈련	현상과 중재 훈련
필요 지식	법적 절차 이해	심리학의 이해
장점	법적 안정성 판사의 판단	저비용 비공개 신속성 창의성 유연성(탄력성) 상호주의 전문가 이용 공동체 개입 여지 명확하고 효과적인 커뮤니케이션
단점	고비용 일방성 경직성 재판 지연 경미한 사건 변호사 필수 선임 특수 상황 해결 불능 커뮤니케이션 장애 사법부에 대한 불신감	불안정성 낮은 구속력 상호 합의의 어려움

둘째, ADR은 법률적인 용어를 지양하고 일상적 언어를 사용함으로써 당사자 간의 보다 명확하며 효과적인 커뮤니케이션이 가능할 수 있다는 특징이 있다. 일반적인 재판에 있어 법률적 언어 사용으로 당사자들 사이의 커뮤니케이션 장애가 발생할 가능성이 있는 반면 ADR은 이러한 커뮤니케이션 장애를 훨씬 줄일 수 있다.

셋째, 법적인 전문성으로 인하여 재판에 임하기 위해서는 이해 당사자들은 법률적인 교육과 훈련이 필요한 반면, ADR은 법률처럼 공식적이고 딱딱한 훈련보다는 서로 설득하고 협상하려는 훈련과 교육이 요구된다. 다시 말하자면 ADR은 법을 어떻게 해석하고 이를 어떻게 적용할 것인가의 절차상의 이해를 필요로 하기보다는 사람의 심리적인 측면에 대한 이해를 요구하는 분쟁 해결 방식이라고 할 수 있다.

넷째, 당해 사안에 대한 전문적인 지식을 가진 일반인이 중간 매개인으로 참여하게 되기 때문에 사회 정의 실현이라는 점에도 부합하게 된다. 그리하여 효과적이고 신속한 분쟁 해결 방안 강구가 가능해지리라고 기대할 수 있다(안순철 · 최장섭, 2003; 지성우, 2008).

2) ADR을 둘러싼 논쟁[2]

'법의 지배'와 '권력 분립'을 핵심 내용으로 하는 근대적 법치 국가 원리가 정착되면서 소송(재판)은 오늘날까지도 가장 대표적인 분쟁 해결 제도로 존재해

2 소송의 비경제성 이외에 기존의 소송 제도의 문제를 사회 국가적 경향 측면에서 지적하는 시각도 있다(이상돈, 2005). 특히 현대 소송에서는 각 당사자들의 관계를 평등한 관계가 아닌 강자와 약자의 대립 구도로 파악한 후, 법원이 이런 소송에 적극적으로 개입하여 약자에게 유리한 판결을 내리는 경우가 빈번하게 나타난다는 것이다.

왔다. 그러나 전술한 바와 같이 오래전부터 소송 제도가 안고 있는 다양한 문제들이 지적되었고, 이 연장선상에서 '소송 대체 분쟁 해결 제도'가 소송의 보완책으로 수용되어 왔다. 지금은 민사 영역뿐만 아니라 행정 영역 등 다양한 영역에서 제도화되어 운용되고 있고(류지태, 2004a), 소송을 관할하는 법원은 이런 ADR을 더욱 활성화시키기 위해 2009년 4월 법원조정센터를 설치하기도 하였다. 한편 ADR의 문제점을 지적하는 사람들도 적지 않다. 특히 소송 제도가 갖는 장점을 간과하게 될 위험성에 대해서는 아직도 논란이 진행된다. ADR이 갖는 장점에도 불구하고 ADR 도입을 통한 분쟁 해결에 대해서는 아직까지 찬·반 논의가 여전히 진행 중이다.

(1) 찬성론

ADR을 적극적으로 도입하여 분쟁을 해결하고자 하는 찬성론자들의 의견은 대개 기존의 소송 제도가 문제가 있다는 점에 근거한다. 무엇보다 '소송 폭발 시대'라고 할 만큼 소송 건수가 급증하여 법원의 업무 과중이 발생한다는 점이다. 이로 인하여 판사들이 필요한 충분한 시간이나 노력을 투여하기 힘들다는 것이 문제가 된다.[3]

그러나 더 중요한 요인으로 소송이 갖는 강한 형식성과 이분법적 코드가 갖는 문제점, 그리고 이해 당사자들의 자율적 참여의 문제가 있다고 지적한다. 즉 형식성이 근대 사법 체계가 정립될 때는 장점이었으나 사회가 전문화, 세분화, 복잡화되면서 단점이 된 점, 그리고 이해 당사자의 참여가 배제된 채 판사에 의해서 독단적으로 결정이 내려지는 점 등을 들 수 있다. ADR 찬성

3 최근 사법정책자문위원회가 대법원의 업무 과중을 해결하고 최고법원의 기능을 유지하기 위해 상고심 법원을 설치하는 방안을 제시한 것도 같은 맥락에서 이해할 수 있다(동아닷컴, 2014. 6. 18).

론자들은 우리나라의 경우 ADR 이용 현황이 미국, 일본 등 선진국에 비해 현저히 낮다고 지적하면서, 이를 높이기 위해 다각도로 노력해야 한다고 지적한다.

이들은 ADR이 ① 저렴한 비용으로 분쟁을 신속하게 해결할 수 있다, ② 분쟁을 처리하는 과정에서 법원이 가급적 개입하지 않도록 함으로써 문제 해결의 자율성을 극대화 할 수 있다, ③ 변호사 측에서 변론을 하거나 행정 절차를 대행하는 해결 방안이 아니기 때문에 변호사에 대한 의존도나 역할이 축소된다, ④ 원칙은 분명하게 가지고 있으나, 형식에 대해서는 최소한의 절차를 가지고 분쟁을 해결하는 비형식적인 절차를 거치므로 이해 당사자들이 더 많은 긴밀한 커뮤니케이션을 나눌 수 있다, ⑤ 대부분 그 결과가 재판의 결과와 같이 공개되지 않기 때문에 당사자를 보호하는 역할을 할 수 있다, ⑥ 국제적인 분쟁의 경우 이해 당사자 국가의 준거법과 관할 재판권 등의 복잡한 문제를 거쳐야 하는 반면 ADR은 이러한 점에 구애를 거의 받지 않는다는 점을 장점으로 강조한다(류지태, 2004a; 신군재, 2004).

더 나아가 ADR은 법률에 근거해서만 판단을 하는 것이 아니라 법체계는 물론 정책적 상황, 한계점 등을 모두 고려하여 사안에 접근하기 때문에 재판의 경직성을 보완하고 더욱 유연한 결과를 유도할 수 있다는 주장도 있다. 법률가의 법적 해석으로부터 좀 더 자유롭게 자신의 상태에 대해서 파악할 수도 있으며, 법적으로는 감정적으로 상하기 쉬운 반면 ADR을 통해서는 상대방의 반응에 좀 더 유연하게 대처할 수 있다는 것이다. 실제로 법률 전문가보다는 사안에 대한 전문가를 중립적인 조정자 등으로 선택할 수 있기 때문에 심리적으로 그 해결책에 대해서 수긍할 수 있는 확률이 대단히 높을 수 있다(신군재, 2004; 안순철 · 최장섭, 2003 등).

이처럼 상호 동의나 상호 합의에 의해서 문제가 해결되는 경우 또 다른 면에서 상당한 장점을 갖게 된다. 무엇보다 큰 장점은 당사자 간의 '원만한 합의'를 근거로 평화적으로 분쟁을 해결하기 때문에 분쟁이 대체로 원만하게 종국에 이르게 된다는 것이다. 재판의 경우 패소는 물론이거니와 비록 승소한다고 하더라도 아무것도 얻지 못할 가능성이 상당히 높다. 즉 원고의 청구 목적이 달성되기 위해서 상대방의 협조가 필요하다면 상대방이 재판 결과대로 이행해야만 분쟁은 종결될 수 있다. 만일 판결문을 송달받고도 상대방이 이를 받아들이지 않는다면 상대방은 기간 내에 항소 또는 상고의 절차를 밟을 것이며 이는 분쟁이 아직 종국적으로 해결되지 않았음을 의미한다.

대법원에서 최종적으로 원고가 승소한다고 하더라도 여전히 문제가 남는다(김용주, 2011: 281~282). 집행 절차가 아직 남아 있다. 만일 확정 판결조차 상대방이 따르지 않는다고 하면 원고는 강제집행 신청 절차에 착수하지 않으면 안 된다. 또 아무리 강제집행에 착수한다 하더라도 상대방이 이미 강제집행할 것을 예상하고 집행을 면탈할 목적으로 재산을 은닉하기라도 한다면 상황은 더욱 어려워져서 원고는 재판에서 이겨놓고도 한 푼도 배상받지 못하는 상황이 될 수도 있다. 그러나 분쟁 해결에 대해서 당사자 간에 합의가 성립되었다면 이때는 상대방이 자발적으로 의무를 이행할 가능성이 커지게 된다.

대안적 분쟁 해결의 또 다른 장점으로는 감정적·정서적 측면에서의 적절한 분쟁 해결을 들 수도 있다. 법원에서 내린 판결을 받아 외견상 분쟁에서 지거나 이긴 것처럼 보일 수 있으나 많은 분쟁 당사자들 중에서 판결을 승복하지 못하는 경우가 많다. 패소한 측은 법원의 판결을 부당하다고 여긴다는 것이다. 이들은 자신이 소송에서 진 이유가 져야 할 이유가 있기 때문이라고 여기기보다는 자신들이 소송 절차에 무지했거나 또는 변호사 선임이라든가 사건 외적인 요소 때문이라고 여기는 경우가 대부분이다.

재판에서 지면 자신의 패배를 깨끗하게 인정하면 좋겠으나 실제로 꼭 그렇게 되지 않는 경우가 많다. 만일 해당 분쟁이 당사자 간의 원만한 합의를 거쳐 해결되었다고 한다면 이런 감정적인 앙금이 최소화될 수 있다. 왜냐하면 조정 과정을 통해 당사자의 감정적인 면이 상당 부분 해결되기 때문이다. 또한 결과에 대해서도 자신이 승복하고 합의서에 서명을 하기 때문에 이때의 결과는 외부로부터 일방적으로 주어진 것이 아니라 자신의 의사에 근거한 것이 되며 따라서 결론에 대해 이의를 제기하거나 불복하는 경우가 많지 않다는 장점이 있다.

(2) 반대론

ADR 도입에 많은 사람들이 긍정적이며 실제로 ADR을 통한 분쟁 해결이 다양한 장점을 가지고 있기는 하지만 이를 적극적으로 활용하는 것을 반대하는 의견도 존재한다. 무엇보다도 대표적 분쟁 해결 제도인 소송이 지닌 장점 및 ADR이 안고 있는 이론적·실제적 문제점을 고려하지 않은 채, 다소 성급하게 ADR의 활성화 방안만을 모색하는 것은 바람직하지 않다는 것이다. 즉 소송 제도가 어떤 역사적·사회철학적 맥락에서 등장한 것인지, ADR이 어떤 법철학적 기반 위에 서 있는지를 거시적인 시각에서 다루지 않으면, 현재 법원 주도 아래 진행되는 ADR 활성화 방안은 단순히 '사법 경제'의 논리에 과도하게 사로잡히는 문제를 낳을 수 있다. 따라서 전문가들은 ADR이 추구하는 '자율주의' 기획은 한편으로는 국가 중심적 소송 제도의 문제점을 교정할 수 있으면서도, 근대 자유주의가 낳은 폐해를 넘어설 수 있는 '변증적 기획'이 되어야 한다고 지적한다.

반대론자들의 의견을 구체적으로 살펴보면 다음과 같다(이상돈, 1989; 호문혁, 2002). 첫째, ADR을 통한 문제의 해결은 이해 당사자들의 자발적인 참여와 수용에 의하여 이루어지는 것이어야 하는데, 만일 이해 당사자 간의 힘의 균형이 잘 이루어지지 않는다면 제3자의 개입에 의한 강제적인 결정보다 오히려 문제 해결이 안 될 가능성이 크다는 문제점이 있다. 각 당사자의 자율성에 의존해서만 분쟁을 해결하고자 하는 것은 현실적으로 각 당사자 사이에서 존재하는 힘의 불균형 때문에 실패하기 쉽다는 것이다. 또한 이렇게 분쟁 해결의 자율성만 강조하면, 자칫 자율적인 타협을 가장한 분쟁 해결의 왜곡이 발생할 수도 있다고 본다.

둘째, 재판이나 소송이 그 특성상 잘못된 것을 바로잡는다는 시정적인 측면이 강한 반면 ADR의 경우는 이러한 시정적인 측면보다는 중간에서 매개하는 역할만을 강조하기 때문에 문제 해결의 강제성과 실효성이 약하다는 단점이 있다.

셋째, 비록 ADR이 이해 당사자들이 자발적으로 참여하는 것이기는 하나 분쟁의 원인에 대해서 서로 생각이 다른 경우 그 문제 해결에 필요한 증거가 요구된다. 이때 ADR은 효과적인 증거 발견 절차가 없기 때문에 비록 문제가 해결된다고 하더라도 판단을 잘못할 수 있는 가능성이 항존한다는 문제점이 지적된다.

넷째, ADR은 당사자들의 합의 내지 양보를 전제로 하기 때문에 권리자는 권리를 충분히 실현시키지 못하고, 의무자는 그의 의무를 완전히 이행하지 않아도 되는 결과를 초래해 법치주의가 제대로 실현되지 않는 단점이 있다.

다섯째, 소송 제도에 있어 비판받는 형식성의 실제적 목적은 소송 당사자들로 하여금 예측 가능성을 갖추도록 하여, 분쟁 해결에 있어서 법적인 안정성을 확보하도록 하는 데 있다. 그러나 ADR의 경우 이러한 안정성에 근거한 해결을 도모할 수 없다는 측면이 있다.

여섯째, ADR이 추구하는 사법 경제가 모순적인 측면을 담고 있다는 점도 간과해서는 안 된다. '신속한 재판 원칙'이라는 원칙에 근거해 볼 때, ADR이 추구하는 사법 경제가 너무 사법 체계의 기능적 효율성만을 염두에 두게 된다면 이는 오히려 분쟁 당사자들이 적절하게 재판을 받을 권리를 침해할 수도 있다. 그런 점에서 '사법 경제'를 최고의 목적으로 ADR을 설계하는 것은 경계해야 한다는 인식이 설득력이 있다.

3) ADR의 유형과 특수성

ADR의 유형은 관점에 따라서 다양하게 나타난다. 가장 일반적으로 사용되는 ADR은 협상, 조정 그리고 중재다. 법원의 강제적 참여가 요구되는 소송과 다르게 협상, 조정, 중재는 당사자 간의 자발적인 참여를 바라거나 이를 전제하도록 유도를 해 가야 한다(신군재, 2004). 그러나 ADR은 제3자의 개입 여부, 개입 정도, 합의 결과에 대한 강제성 부여를 바탕으로 그 유형을 구분하는 경우도 있는데, 분쟁의 양상이 다양해지는 만큼 알선, 합의, 재정 등 여러 가지의 형태로 계속 계발되어 나타나고 있다.

ADR이 자발적 또는 자율적인 문제 해결을 목적으로 하고 있다는 점에서 일반적으로 소송보다는 중재가 이상적이고, 중재보다는 조정이 이상적이며, 조정보다는 당사자 간의 자율적인 합의가 더 이상적이라고 평가되고 있다. 이런 면에서 볼 때, ADR은 당사자에게 소송에 앞서 바람직한 분쟁 해결 방법을 제시하고 있다고 볼 수 있다(김경배, 2005).

여기서는 가장 전형적인 ADR이며 언론 보도로 인해 발생하는 문제 해결에 있어 가장 빈번하게 이용되는 협상, 조정, 그리고 중재에 대해서 살펴본다.[4]

(1) 협상

협상(協商, negotiation)은 제3자의 개입 없이 당사자들의 주도하에 분쟁을 해결하는 것이다. 어떠한 문제에 직면할 때마다 사람들 사이에 일상적으로 이루어지는 것으로 당사자 간에 서로 만족할 만한 합의점을 도출하는 일련의 과

4 ADR은 법률 문화나 환경에 따라 서로 다른 모습을 갖고 있으며 우리나라에서 많이 활용되는 ADR로는 상담·알선, 조정, 화해, 중재 등이 있다(강현중, 2004; 김용주, 2007; 류승훈, 2009; 이시윤, 2008).

정을 의미한다(김경배, 2001). 즉 협상이란 타결 의사를 가진 2인 또는 그 이상의 당사자 간에 양방향 의사소통을 통하여 상호 만족할 만한 수준으로의 합의agreement에 이르는 과정이라고 정의할 수 있다(곽노성, 1999).

이외에도 여러 연구자들이 협상을 다양하게 정의하고 있는데, '서로 간의 이해관계에 합의점을 찾기 위한 의사 과정이라는 점'은 공통적으로 인정한다(신군재, 2004). 협상은 분쟁이 발생했을 때 분쟁 당사자가 아닌 사람이 개입하지 않기 때문에 과정을 통해 나온 결론은 최선의 해결책이 되며 만족도도 높을 것이며 결정에 영속성을 갖게 될 것이다(김상찬·양영화, 2012).

협상은 대개 배우자 간, 부모와 자식 간, 고용주와 직원(노동자) 간, 그리고 전문가와 의뢰인 사이에서 이루어지는 것이 대부분인데, 두 사람 이상이 자발적으로 자신과 상대방의 차이에 대해서 논의하고 공통 관심사에 대한 공동 결정을 이루기 위해 시도하는 방법이다. 협상에 참석한 사람들은 자신들이 서로 간에 차이를 보이는 쟁점이 무엇인가를 파악하며 상호 간의 욕구와 관심사에 대해서 서로에게 알리는 동시에 문제 해결을 가능하도록 하기 위해 조건을 설정하고, 최종적인 동의를 위한 조건에 대해서 협상을 하게 된다. 협상이 성공하면 상호 간에 협상자들을 통해 이끌어 낸 약속이나 교환의 행위가 이루어지게 된다. 교환의 유형은 현시적인 방법(예를 들어, 금전이나 특정 시간의 할애)이나 비현시적(무형) 방법(예를 들어, 태도 또는 기대를 변경하거나 상대에게 사과하기 위한 계약)이 있다.

좀 더 구체적으로 협상은 현재는 작용하지 않는 아주 오래된 관계를 재정의하거나, 이전에는 존재하지 않았던 새로운 관계를 구축하게 되는 주요한 방법이다. 이처럼 협상은 다양한 일반적인 문제를 해결하는 공통의 과정임을 알 수 있다. 협상이 성립하기 위해서는 협상에 참가 의지를 가진 꽤 신원이 확실한 양 당사자(대표자)들이 있어야 한다. 협상 당사자 중 한쪽이 불참하거나 진정성을 보이지 않는 경우에는 문제 해결을 위한 가능성은 희박하다. 이처럼 협상의 가장 기본적인 특징은 '상호의존성'이다. 협상이 잘 이루어지기 위해서는 자신들이 필요로 하는 바나 이익을 상호 간에 의존하는 경향이 클수록 좋다. 협상에 임해서 서로가 만족하기 위해서는 협조를 하거나 서로의 이익 때문에 발생할 수 있는 부정적 행위를 제약하는 상호작용이 필요하다. 만일 서로에게 도움이 되지 않는다면 협상이 진행될 가능성이 낮아진다.

협상을 위한 대화를 시작하기 위해서 당사자는 심리적으로 준비를 갖춰야 하고, 상대방에 대한 적절한 정보를 획득해야 하며, 협상 전략을 수립해야 한다. 이러한 준비가 이루어지지 않는 경우에 협상이 쉽지 않다. 서로 대립하는 쟁점에 대해 합의를 이루기 위해서는 상대방의 태도나 행동에 영향을 미칠 수 있는 수단을 필요로 한다. 때로 이러한 수단이 부정적으로 보이기도 하나 상대방의 변화를 유도할 수 있는 유일한 방법이 된다. 생각을 자극하는 질문을 하거나, 필요한 정보를 제공하기도 하고, 전문가의 조언을 구하기도 하며, 당사자의 영향력 있는 조력가들에게 호소하기도 하고, 합법적인 권한을 행사하거나 또는 적절한 보상을 주는 행위 등이 모두 협상에서 영향력을 위한 수단이 될 수 있다.

협상이 진행되기 위해서는 공통 관심사나 쟁점에 대해서 서로 합의를 할 수 있어야 한다. 그래서 얼마나 많은 수의 공동의 관심사나 쟁점이 있는가에 따라서 협상의 성공 여부가 결정될 수 있다. 일방의 당사자에게만 관심을 끄는 일이나 쟁점의 경우에는 협상이 어려울 수 있다. 당사자 상호 간의 공동 결정 절차에 이르기 위해서는 공동의 쟁점과 이익에 대한 충분한 이해가 있어야 한다.

대부분의 경우 그렇지 않지만 합의에 이르기보다 갈등이 지속되기를 원한다면 협상은 성공하기가 불가능하다. 그런데 때로 이해 당사자들은 특정한 관계를 유지하거나 자신에게 유리한 여론이나 지지를 동원하기 위해 지속적으로 갈등 관계를 유지하려는 성향이 있을 수 있다. 합의를 위해서는 이들에게 있어서 문제 해결을 하지 않고 내버려 두는 것이 더 심각한 부정적인 결과를 가져올 수도 있다는 인식이 선행되어야 한다.

여타의 분쟁 해결과 유사하게 이해 당사자들은 서로에게 무엇인가 얻을 수 있기 때문에 협상에 동의한다. 분쟁이 발생하여 이해 당사자들이 법원에 가는 경우 대부분 승소할 확률은 50 대 50이 될 확률이 많아 예측이 어려운 경우, 재판에 따라 패소하기보다는 협상을 통해서 결정하는 것이 유리할 것이다. 즉 협상은 양 당사자가 적어도 무엇인가를 얻기 때문에 법원보다 그 성공에 대한 예측 가능성이 크다는 특징이 있다.

협상은 일의 내·외적 시급성이 있을 때 이루어진다. 외적인 시급성은 법원의 기일, 급박한 경영진이나 행정 결정 또는 환경 변화 등에 따른 사안이며, 내적인 제약은 문제 해결을 위한 동기 부여를 강화하기 위해 협상인에 의해서 선택된 임의 기한이다. 협상이 성공하기 위해서는 협상 당사자들이 빠른 의사 결정에 도달하지 않는 경우 서로에게 돌아가는 혜택을 잃고 말 것이라는 것을 공감해야 한다.

상대방에 대한 감정이 협상을 위한 심리적 준비에 영향을 미칠 수 있다. 협상을 성공하기 위해서는 심리적 장벽을 낮추어야 한다. 협상이 성공하기 위해서는 협상을 위한 참여의 결과로 서로 수용할 수 있는 공동의 문제 해결 방식이 있다고 믿어야 한다. 만일 참가의 결과 승패와 같은 결과에 집착하거나 한쪽의 요구가 무시된다는 생각을 하게 되면 대화를 시작하기가 어려워진다.

아울러 협상이 성공하기 위해서는 참가자들끼리 결정을 내릴 수 있는 권한이 있어야 한다. 만일 참가 당사자들이 결정을 내릴 권한이나 권리가 없다면 협상 자리는 단순히 서로 간의 정보 교환 정도에 그칠 가능성이 크다. 서로가 정보를 교환할 의지가 있어야 하고 서로의 요구를 충족하기 위해 양보를 할 수 있는 의지가 있는가 하는 것이 협상의 전제 조건이 된다. 협상을 위해서는 우선 협상의 문제가 무엇인지 정확하게 정의를 해야 한다. 협상을 통해 서로 간의 이루고자 하는 것이 무엇인지를 서로 확인하는 것이 선행되어야 한다.

(2) 조정

조정(調停, conciliation)이란 중립적 위치에 있는 제3자, 즉 조정인이 협상에 개입하여 분쟁 당사자들이 쉽게 협상을 이룰 수 있도록 도와주는 대안적 분쟁 해결 방법을 의미한다. 중립적인 제3자인 조정인[5]이 분쟁 당사자들의 동의하에 협상에 개입하여 쉽게 협상에 이를 수 있도록 도와주는 분쟁 해결 방법이다.

조정은 당사자 사이의 합의가 성립되는 것을 전제로 한다. 조정은 원칙적으로 당사자들이 이에 동의해야 개시되는 것이지만, 법원에 있어서의 조정과 같이 당사자의 의사 여하에 불문하고 조정에 회부되는 것도 있다(권오곤, 1996: 17~18). 조정은 담당 기관이 누구인가에 따라 법원 조정, 행정 조정, 민간 조정으로 나눌 수 있다(송상현, 2002: 8~9).

조정과 유사한 알선mediation은 분쟁 당사자들이 스스로 합의 또는 양해에 도달하여 분쟁을 해결할 수 있도록 중립적인 제3자가 직접적 또는 간접적으로 교섭, 협상, 고무, 촉진, 중개, 주선, 조회 등의 노력을 행하는 과정인데 반해 '조정'은 제3자가 독자적으로 분쟁 해결을 위한 타협 방안을 마련하여 당사자의 수락을 권고하는 것이라는 점에서 양자가 구분된다. 그러나 양자를 구별할 실익이 없으며 오히려 알선이 조정보다 제3자가 더 적극적으로 참여하는 형태라는 주장도 있다(권오곤, 1996: 17).

5 조정에서 중립적인 제3자를 조정인 또는 조정자라고 칭한다. 조정인은 조정의 결론을 내리는 권한이나 강제력을 갖고 있지는 않으며 중립을 유지해야 한다. 분쟁은 의사 일치 합의에 의한 해결을 원하는 당사자들 사이에서 존재하는 것이지만 여기서 조정인은 조정의 결론에 이르도록 하는 권한이 없고, 단지 분쟁의 적절한 해결을 위해 분쟁 당사자들을 도울 수 있는 조정 절차를 촉진시키는 준비를 하는 역할을 하게 된다(김경배, 2001).

기존의 연구에 따르면 조정의 특성을 몇 가지로 정리할 수 있다(김경배, 2001; 김경배, 2005; 김상찬 · 양영화, 2012). 먼저, 조정의 과정은 사적인 절차로 철저히 비공개로 진행된다. 조정 과정 중에 드러나는 모든 정보는 분쟁의 당사자들과 조정인만 공유하도록 하며 외부에 노출되지 않도록 한다.

또한 조정은 비밀 유지의 원칙을 갖고 있다. 비밀 유지는 분쟁 당사자들이 공개적으로 밝히고 싶지 않은 정보를 조정인에게는 제공할 수 있으며 조정이 끝난 이후에도 조정 절차 과정에서 드러났던 정보들은 외부로 누설되지 않도록 한다. 앞서 대안적 분쟁 해결 제도(ADR)의 특성에서도 언급한 바와 같이 이러한 비밀 유지의 특성은 기업 고유의 기술과 같은 기밀 누설을 막을 수 있다는 점에서 기업 분쟁 해결에 있어서 적절한 ADR 방식이라고 할 수 있다(김경배, 2005).

조정의 또 다른 특성은 조정의 절차에 대한 모든 결정이 분쟁 당사자와 조정인에 의해서 통제된다는 점이다(김경배, 2005). 조정의 과정에서는 시기와 장소, 협상에 참여하는 대상자의 범위나 조정 과정에서 발생할 수 있는 비용에 관한 사항 등 조정 절차 중에 발생할 수 있는 모든 세부 사항을 결정하는 권한이 당사자와 조정인에게 있다.

마지막으로 조정은 소송이나 중재와는 달리 당사자들의 앞으로의 행동에 대한 결정을 내리기 위한 절차다. 협상과 마찬가지로 미래 지향적인 절차라고 볼 수 있다(김경배, 2001; 김경배, 2005). 사법부를 통해 이루어지는 소송이나 중재를 통한 결론은 이미 발생한 과거의 사실 관계를 바탕으로 법리적 내용과 계약 조항을 토대로 적절한 결론을 내리는 것이지만 조정에서는 분쟁 이후의 행동에 초점을 맞추고 있다는 점에서 미래 지향적인 성격을 갖고 있다.

조정에서 조정인의 역할은 조정의 절차에 있어서 매우 중요하다. 조정인은 당사자들이 만나서 쟁점에 대하여 논의를 할 수 있도록 시간과 장소를 주선하는 것에서부터 대화를 촉진하는 역할을 할 뿐만 아니라 당사자에게 서로 만족할 수 있을 만한 해결 방안을 제시하거나 충고를 하는 등 다양한 역할을 할 수 있다. 이때 조정인은 조정 과정에서 촉매의 역할을 하여 교섭의 실마리를 찾아내도록 하므로 선입견이 없어야 하며 인내심을 필요로 한다. 조정의 절차를 통하여 도달한 합의안은 당사자들이 상호 간에 동의를 얻은 결론이므로 만족할 만한 합의 사항이라고 볼 수 있다.

이러한 조정은 언론중재위원회Press Arbitration Commission(이하 '언론중재위')가 담당한 가장 중요한 ADR 실행 방식이기도 하다. 1981년 언론중재위 설립 당시 조정은 '전치주의' 절차를 거쳐서 실시되었다. 법률적으로 전치주의는 ① 조정전치주의, ② 화의전치주의, ③ 행정심판전치주의, ④ 결정전치주의 등이 있다. 조정전치주의는 민사상의 분쟁에 관해서는 우선 조정 청구를 하고 조정이 성립되지 않은 경우에 비로소 재판을 청구할 수 있다는 주의를 말한다(가사소송법 제50조). 화의전치주의는 파산 신청이 있을 경우 먼저 화의를 하도록 하고, 화의가 성립되지 아니할 때에는 고유의 파산선고를 하도록 하는 주의를 말한다(화의법 제9조).

행정심판전치주의는 위법 또는 부당한 처분 등에 대하여 법령이 행정 심판을 인정하는 경우 그 행정 심판을 거치는 것을 행정소송 제기를 위한 필요적 전심 절차로 하는 제도를 말한다. 우리나라의 경우 종전에는 행정소송을 제기하려면 반드시 먼저 행정 심판을 거치도록 되어 있었으나(필요적 전치주의) 1998년 3월 1일부터는 개정된 행정소송법에 따라 원칙적으로 당해 법률에 다른 규정이 있는 경우를 제외하고는 행정 심판 제기의 유·무 및 그 전·후에 관계없이 행정소송을 제기할 수 있다(행정소송법 제18조 제1항). 그러므로 당사자의 선택에 따라 행정 심판을 청구한 후에 그 결과를 보고 행정소송을 제기하거나 또는 행정 심판과 행정소송을 동시에 청구할 수 있으며, 아니면 처음부터 아예 행정 심판을 거치지 않고 바로 행정소송을 제기할 수도 있다.

우리나라 언론 ADR의 실행 주체인 언론중재위의 경우 반론보도문 또는 정정보도문이 게재되었다는 외형적인 측면을 살펴 실질적 피해 구제율의 다과로 언론 ADR 제도의 존재 의의를 강조하기보다는 균형 있는 잣대로 실태를 정확히 분석 진단하면서 문제점을 타개해 나가는 방안을 모색해야 한다는 주장이 계속 제기되었다(이재진 · 유재웅, 2004).

언론중재위의 조정 전치 기능이 만족할 만큼 작동되지 못하는 원인과 관련하여 권오곤(1996: 27)은 반론보도청구권과 언론중재제도 자체에 대한 언론사의 강한 거부감을 지적하였다. 그는 언론사가 조정에 응하는 경우는 오보임이 입증되어 향후 법원의 소송 사건으로 발전되더라도 언론사의 패소가 충분히 예상되는 경우에 분쟁을 더 이상 확대하지 아니하고 조속히 마무리 짓고자 하는 차원에서 합의에 응하는 경우가 대부분이라고 보았다.

함석천(2002: 255)은 언론중재위의 조정 제도가 갖고 있는 보다 근본적인 문제점으로 자칫 반론보도청구권의 의의가 훼손될 가능성이 있음을 지적한다. 즉 중재위원회의 조정이 판결보다 유연할 수 있어 정식의 반론보도나 정정보도 대신 언론사에서 신청인에게 유리한 보도를 해 주고 반론보도나 정정보도에 갈음하는 형태로 분쟁이 많이 해결되어 왔는데, 이러한 대체 보도 방식으로 분쟁을 해결하는 경향은 당사자들의 이해타산의 결과 때문에 정보의 자유로운 유통을 보장하고자 하는 객관적 제도로서의 반론보도청구권의 의의를 훼손하는 결과를 낳는다는 지적이 있다.

(3) 중재

중재(仲裁: arbitration)는 조정과 마찬가지로 분쟁 당사자 간의 합의를 기초로 하지만 사적 기관이나 사인이 주체가 되어 분쟁을 해결하는 대안적 분쟁 제도라는 점에서 조정과는 다른 성격을 지니고 있다(김경배, 2001). 다시 말하자면 중재는 분쟁의 당사자 간 합의에 따라 분쟁 해결을 사법 기관의 판결에 의한 것이 아니라 제3자를 중재인으로 선정하고 판정을 맡기는 것이다. 중재는 어느 정도의 강제적인 성격을 가지는 일종의 사적 재판이라는 점에서, 그리고 서로 대화와 타협으로 분쟁을 해결한다는 점에서 조정과 서로 다르다(김상찬 · 양영화, 2012). 오히려 제3자의 판단에 의하여 분쟁을 해결한다는 점에서 재판과 유사한 부분이 있다. 그러나 중재는 사법부의 법률에 의한 판단이 아니라는 점과 분쟁 당사자들이 어느 정도 자율적인 성격을 가진다는 점에서 재판과 다르다. 정리하자면 중재는 강제적인 성격을 가지는 분쟁 해결 방법인 재판을 통한 해결인 소송과 자율적인 분쟁 해결 방법인 조정의 중간에 위치한다고 볼 수 있다.

우리나라의 언론중재위는 설립 초기 그 명칭이 언론'중재'위원회, 즉 중재(분쟁 당사자가 미리 중재 합의를 하여 중재를 맡길 제3자를 선정한 후 중재인의 중재 판정에 반드시 수용하게 하는 분쟁 해결로 강제력을 가짐)임에도 불구하고 그 내용이나 성격은 조정(제3자가 독자적으로 분쟁 해결을 위한 타협 방안을 마련하여 당사자의 수락을 권고하는 분쟁 해결 방식으로 강제력이 없음)에 해당한다는 점에서 용어상의 지적이 많았다. 언론중재 당사자들은 언론중재위원의 중재 결과에 따를 수도 있고 따르지 않을 수도 있어 당사자 사이의 합의율이 문제가 되기도 하였다. 그러다가 2005년 언론중재법이 제정되면서 원래 목적에 맞는 '중재'가 도입되었다. 그럼에도 중재 도입에 따른 원래 취지의 역할을 아직 하지 못하고 있다고 보는 시각들도 아직 많다.

실제로 미국의 경우 상사중재에 있어서의 실효성 논란이 계속되고 있다. 아문센(Amundsen, 2003: 383~408)은 국제상거래에 있어 중재arbitration가 ADR의 중요한 방법이 되고 있고, 합의율이 높아가고 있지만, 사법 제도를 통한 중재 혜택arbitral award이나 동의가 실행되도록 하여야 하며 그러하지 못할 경우 중재의 실효성이 떨어진다고 주장한다.

표 1-2는 다양한 분쟁 해결 방법인 협상, 조정, 중재를 분쟁 해결 방식에 따라 서로 비교한 것이다. 소송에 비하여 ADR에 의해 이루어지는 분쟁 해결

표 1-2 ADR의 유형별 특성 비교

	협상	조정	중재
상대방의 참여가 강제되는가?	자발적임	자발적임	자발적임
제3자의 개입이 있는가?	없음	당사자 합의로 선임된 조정인이 개입	당사자 합의로 선임된 중재인이 개입
절차의 요식성	없음	없음	당사자 합의로 절차를 정함
절차의 내용	무제한적 주장 입증	무제한적 주장 입증	중재 약정에 다른 주장 입증
분쟁 해결된 경우의 결론	상호 만족할 만한 합의	상호 만족할 만한 합의	합의된 실체 규범에 따른 중재 판정
분쟁 해결된 경우 집행력은?	없음	없음	있음
공공성의 정도	사적 절차	사적 절차	사적 절차, 이의가 있으면 국가가 개입

방법들은 자발적이며 사적인 절차라는 점이 공통적이지만 다소간의 차이를 보이고 있음을 알 수 있다.

2. 언론 ADR은 왜 중요한가

앞서 ADR이 무엇이며(정의), 어떠한 형태의 ADR 유형이 있으며 이들 간의 특징적 차이는 무엇이고 대표적 언론 ADR인 언론중재제도의 특징과 문제는 무엇인가를 살펴보았다. 이러한 대안적 분쟁 해결 제도는 개인과 개인, 개인과 기업, 기업과 기업 사이의 분쟁을 해결하기 위해 고안된 제도이면서 동시에 국가에서 민주적인 절차와 평화를 유지하기 위한 하나의 방식으로서 제기되었다.

실제로 민주주의 사회에 있어 국가의 가장 중요한 임무 중 하나는 상호 충돌하는 국민들의 제반 이익들 사이의 균형을 유지하는 것이다. 이를 위해 국가는 다툼이 있는 권리들을 조화롭게 조절할 책임이 있다. 따라서 국가는 한 사회에서의 충돌하는 이익들의 상대적 중요성을 비교형량함으로써 이들 이익의 상충을 해결하기 위한 법적·제도적 기준을 마련해야 한다(이재진, 2006c).

이러한 측면에서 볼 때 언론 ADR은 사회에서 상충하는 특정의 기본 가치들, 즉 언론 자유freedom of the press와 인격권right to personality에 대해 부여하는 상대적인 중요성을 반영한다(Lee, 1998a: 155). 다시 말하자면 개인과 언론 미디어가 헌법적으로 보장받는 표현의 권리가 여타의 개인의 기본적 권리와 충돌하는 경우, 이 해결은 사회 문화적 특수성에 비추어 다르게 이루어진다는 것이다(성낙인, 2002).[6]

6 간단히 인격권은 권리 주체와 분리될 수 없는 인격적인 이익으로서 생명·신체·건강·자유·명예·프라이버시 등과 같은 인격적 속성을 대상으로 한 다의적 개념이며, 인격권은 인격의 자유로운 발전을 위하여 제3자에 의한 침해에 대하여 이를 보호하지 않으면 안 되는 여러 이익의 총체라고 할 수 있다(이구현, 2013). 원래 인격권이라는 표현은 공식적인 법률 용어로 사용되지 않다가 2005년 '언론중재 및 피해구제에 관한 법률'이 제정되면서 법적인 용어로 정착되었다. 제5조(언론 등에 의한 피해 구제의 원칙) ① 언론, 인터넷 뉴스 서비스 및 인터넷 멀티미디어 방송(이하 '언론 등'이라 한다)은 타인의 생명, 자유, 신체, 건강, 명예, 사생활의 비밀과 자유, 초상肖像, 성명, 음성, 대화, 저작물 및 사적私的 문서, 그 밖의 인격적 가치 등에 관한 권리(이하 '인격권'이라 한다)를 침해하여서는 아니 되며, 언론 등이 타인의 인격권을 침해한 경우에는 이 법에서 정한 절차에 따라 그 피해를 신속하게 구제하여야 한다. ② 인격권 침해가 사회상규社會常規에 반하지 아니하는 한도에서 다음 각 호의 어느 하나에 해당하는 경우에는 법률에 특별한 규정이 없으면 언론 등은 그 보도 내용과 관련하여 책임을 지지 아니한다.

1. 피해자의 동의를 받아 이루어진 경우

언론 자유와 인격권의 충돌에 대한 적절한 분쟁 해결의 필요성은 현대에 와서 더욱 요구된다. 왜냐하면 통신 기술과 디지털 기기의 발달로 언론 미디어가 거대화·광역화되면서 잘못된 언론 보도로 인한 개인의 인격권 침해 현상은 그 형태가 복잡하고 다양해졌을 뿐만 아니라 그에 따른 피해는 빠르고 넓게, 그리고 지속적으로 확산되는 경향이 나타나기 시작하였기 때문이다(윤경, 2003: 2). 특히 인터넷이 상용화되기 시작하고 이를 바탕으로 한 상당수의 인터넷 언론들이 등장하면서 이러한 현상은 더욱 심화되고 있다.

물론 대부분의 국가는 언론 미디어의 보도로 인하여 인격권 피해가 발생하는 경우 그 피해로부터 구제받을 수 있는 법 규정을 두고 있다. 이들 법에 따르면, 대개의 경우, 언론의 보도로 인한 인격권 침해에 대해서 금전적 배상을 통한 민사적 구제와 벌금이나 신체형 등을 통한 형사적 구제가 가능하다. 다시 말하자면 각 국가의 명예훼손법은 개인의 명예good name를 모욕적이고 공격적 언사로부터 보호하는 역할을 할 뿐만 아니라 명예훼손으로 발행하는 피해에 대한 보상이나 보복 감정을 얻어 내기 위한 적절한 수단을 제공하기도 하지만, 명예훼손법은 잘못되거나 무분별한 뉴스 보도를 처벌하기 위한 실질적인 기제로 이해되기도 한다(Vick & Mcpherson, 1996: 923~933).

그런데 국가별로 오보 등 언론의 잘못된 보도로 인한 인격권 피해를 구제하는 방식은, 그 사회가 처해 있는 법적·문화적 상황에 따라서 서로 상이하다고 할 수 있다.[7] 예를 들어 미국의 경우 영국으로부터 법의 기본 구조

2. 언론 등의 보도가 공공의 이익에 관한 것으로서, 진실한 것이거나 진실하다고 믿는 데에 정당한 사유가 있는 경우

7 명예훼손에 대한 구제의 한 가지 방법으로서 원상회복, 즉 명예회복에 대한 적당한 처분을 명하는 것은 외국의 입법례에 따라 다양한 모습을 취하고 있다. 즉 ① 스위스에서는 명예권을 포함하는 인격권에 관하여 특별 규정을 두어 이를 인정하고 있고(채무법 제49조 제2항), ② 독일에서는 불법 행위 일반에 대하여 원칙적으로 원상회복을 인정하고 있으며(민법 제249조), ③ 프랑

가 전해졌지만 명예훼손법에 있어 사실상 대단히 이질적인 발전 양상을 보였다. 영국의 경우 현재까지도 형법상의 명예훼손죄 등을 통하여 언론 관련 소송을 다루는 반면, 미국의 경우 1964년 이른바 '설리번 사건' 이후에는 형법에 의거한 명예훼손소송은 거의 나타나고 있지 않다(Hopkins, 2015; Pember & Calvert, 2006). 아울러 미국에서는 공인 또는 공적 인물의 경우 일반인보다 피해 구제를 까다롭게 함으로써 언론의 자유와 개인의 명예권이 충돌하는 경우 언론의 자유를 우월적 권리로서 판단하는 경향을 보이고 있다(Schauer, 1980).[8]

이에 반해 일본이나 우리나라의 경우 형사적 피해 구제는 아직 유효하다. 우리 대법원은 "인격권으로서의 개인의 명예의 보호와 표현의 자유의 보장이라는 두 법익이 충돌하였을 때, 그 조정을 어떻게 할 것인지는 구체적인 경우에 사회적인 여러 이익을 비교하여 표현의 자유로 얻어지는 이익, 가치와 인격권의 보호에 의하여 달성되는 가치를 형량하여 그 규제의 폭과 방법을 정해야 할 것"이라고 판시한 바 있다(대법원 1988. 10. 11. 선고 85다카29 판결). 사법부는 이러한 점에 대해 반복적으로 지적해 왔는데, 비록 언론이 자유롭게 숨

스에서는 법률에 특별한 규정은 없으나 판례나 학설에 의한 해석에 의하여 이를 인정하고 있고, ④ 영미법에 있어서는 판결로 원상회복 처분을 명하지는 아니하지만, 자발적으로 정정이나 사과(사죄) 등 원상회복 처분을 한 경우에는 이러한 사정을 금전 배상액의 산정에 있어서 참작하고 있다(양삼승, 1993a).

8 미국의 헌법학자 샤우어(Schauer, 1980)는 영국과 미국의 명예훼손법에 대해 비교 분석하면서 같은 보통법common law 전통을 가진 영국과 미국의 경우에도 명예훼손법상의 법리가 이질적임을 밝히고 있다. 그는 명예훼손법이란 각 사회의 고유한 상황을 반영하는 것이며, 명예훼손 현상에 대한 해결은 각 사회가 명예의 중요성과 언론 자유의 중요성에 두는 사회적, 정치적 가치에 따라서 결정된다고 피력하였다. 그는 미국의 수정헌법 제1조상의 언론 자유의 보장에 대해 언급하면서 미국의 경우 영국과는 달리 언론 자유를 우월적인 권리로 보고 언론 자유에 대한 침해는 개인의 명예에 대한 피해보다 더욱 심각한 것으로 이해하는 전통이 세워졌다고 주장했다.

쉴 수 있는 공간이 필요하기는 하나 이러한 권리는 여타의 기본권과 균형을 이루어야 한다는 점을 판결의 기본 원칙으로 삼고 있다(대법원 1998. 9. 4. 선고 96다11327 판결 등).

문제는 민사적 피해 구제이든 형사적 피해 구제이든 소송으로 인한 불필요한 금전과 시간의 소비가 대단히 늘어났다는 점이다. 언론의 보도로 인해 피해를 본 사람이 피해를 구제받기 위해서는 상당한 시간과 금전이 요구되는 대단히 복잡한 과정을 거쳐야만 한다는 것이다. 이러한 문제를 해결하기 위해 법원에 민·형사적 소송을 제기하는 방법과 함께 언론중재위에 반론보도·정정보도·추후보도의 조정 또는 중재를 신청할 수 있도록 하는 이원적 two-tired 구제 방식을 따르고 있다.

흥미롭게도 법정 기구인 언론중재위의 언론 피해 구제 제도는 반론권 제도가 일반화된 서구 어느 나라에서도 볼 수 없는 한국 고유의 독특한 제도(박용상, 1991: 21)로서 법원이 아닌 법정 기구에 의해 분쟁 해결을 도모한다는 점에서 소송에 갈음하는 분쟁 해결 방안, 즉 일종의 '대안적 분쟁 해결 Alternative Dispute Resolution' 방안이라고 할 수 있다. 실제로 언론중재제도는 그 성격상 법원의 민사 조정 제도와 유사하다. 우리나라 사법부에 민사 조정 제도가 도입된 것은 20여 년 전으로 알려져 있다(김용주, 2007; 2011). 당시 민사 조정의 도입은 소송의 폭발적인 증가로 인한 비효율적·비경제적 재판 제도의 문제점을 극복하고자 하는 의도에서였다. 일단 분쟁이 발생하게 되면 이해 당사자들은 자발적으로 문제를 처리하기가 어렵기 때문에 문제 해결을 법원의 재판에 의지하게 되는데, 조정을 통하여 재판에 따른 시간적·금전적 손실이 과도하게 발생하는 것을 줄여 보자는 취지를 담고 있다. 언론 관련 분쟁 해결 방식으로 도입된 반론권 제도 또는 언론중재제도도 이러한 맥락에서 이해될 수 있다.

언론 보도로 인한 피해 구제의 신속성·효율성·경제성을 기하기 위하여 도입된 제도가 반론권 또는 반론보도청구권이다. 우리나라에 반론권 제도를 도입한 이유는 '언론중재 및 피해구제 등에 관한 법률'(이하 '언론중재법') 제1조에 잘 나타나 있다. 동법 제1조는 "언론사 등의 언론 보도 또는 그 매개媒介로 인하여 침해되는 명예 또는 권리나 그 밖의 법익法益에 관한 다툼이 있는 경우 이를 조정하고 중재하는 등의 실효성 있는 구제 제도를 확립한다"고 규정한다. 반론권은 법원 밖에서 언론과 개인 간의 다툼을 실효성 있게 해결하기 위한 목적을 띠고 도입된 우리나라 특유의 언론 ADR 제도라고 할 수 있다.

정부는 이러한 반론권 제도의 시행을 위해 언론기본법에 근거하여 1981년 언론중재위를 설립하였고 언론 보도로 인해 피해를 보았다고 주장하는 사람들이 언론중재위를 통하여 그 피해 구제를 신속하고 효과적으로 받을 수 있도록 하였다. 그러나 당시 언론 악법으로 인식되던 언론기본법에 근거한 반론권 제도에 대해서 언론계는 물론이고 학계에서도 반론권 제도가 언론의 자유를 제약하고 '위축chilling'시키는 위헌적인 제도라고 비판을 하게 된다(팽원순, 1984; 임상원, 2000; 유일상, 2003; 장호순, 2005; 손태규, 2013 등).

특히 설립 초기 언론중재위는 그 설립 목적이나 취지와는 달리 언론을 규제하고 통제하기 위한 정부의 의도가 크다는 비판에 직면하였다. 언론계는 언론중재제도 자체가 위헌이라면서 위헌 심판을 청구하기도 하였다. 그러나 전술한 대로 사법부는 이러한 주장과 논의에 대해서, 언론중재제도의 핵심이 되는 반론권은 헌법으로 보호되는 언론의 자유에 대한 과잉 규제가 아닌 형평성의 원칙에 부합하는 제도라고 판단하였다.

반론권 제도는 언론 보도로 인한 피해 당사자에게는 신속하게 피해 구제를 받을 수 있는 기회를 부여하는 것이기 때문에 언론에게는 언론 보도의 잘잘못을 따져서 이를 바로잡기보다 단지 피해자들에게 자기 견해를 피력할 기회를 주는 것이므로 큰 부담이 아니라는 것이다. 헌법재판소는 "반론권으로 대표되는 언론중재제도에 대하여 언론의 입장에서 보면 법원의 재판 절차 이전 단계에서 절충할 기회를 갖게 되는 이점이 있으며, 피해자의 입장에서 보면 법원의 재판 절차상의 비용과 번잡함을 피하여 피해 구제를 시도할 수 있다"며 긍정적으로 평가한 바 있다(헌법재판소 1999. 7. 22. 선고 96헌바19 결정).

다시 말하자면 반론권 제도는 언론의 보도로 인하여 발생하는 피해 구제를 복잡하고 비용이 많이 드는 법정이 아닌 법정 외부에서 해결하자는 것으로 언론에게는 큰 부담을 주지 않으면서 동시에 개인들에게는 피해 구제를 신속하게 실시하자는 것이다(박용상, 2013; 이재진, 2003b).

반론권은 일단 '개인 대 개인'의 권리 관계에서의 청구권이며 사법적 권리로 이해된다. 반론권은 언론에 의하여 보도된 사람과 이를 보도한 언론 사이의 반론보도를 둘러싼 사법적 권리 관계에서 비롯되고, 민사 절차에 관한 몇 가지 특칙을 갖는다. 또한 언론중재위를 통한 반론권의 행사는 피청구자의 고의·과실이나 위법성을 요건으로 하지 않으므로,[9] 불법 행위로 인한 민사상의 청구권과는 다른 성격을 갖는다. 즉 불법 행위로 인한 청구권과 달리 실체적 권리 관계를 따지지 아니하고 형식적 요건만을 구비하면 인정되는 것이 특징이다(표성수, 1997).

이러한 반론권 제도가 도입(1981)된 지 현재 30년을 훌쩍 넘었다. 언론 보도로 인하여 발생하는 분쟁을 반론권 행사를 언론중재위를 통해 실천해 온 지 30년 이상이 지난 셈이다. 언론 관련 분쟁을 재판 이전에 대안적 분쟁 해결 방식을 통해서 해결하려고 노력해 온 지 한 세대 이상의 시간이 지난 것이다. 비록 반론권 제도가 처음 도입되어 법제화 된 프랑스(1821)에 비해 150년

9 어떤 행위가 고의인지 과실인지가 결국 위법성 평가에 있어 면책 허용 및 정도를 좌우하게 되는데, 민사 책임은 대개 손해배상금 액수에 귀결되므로 고의/과실 여부에 따라서 손해배상 범위가 영향을 받게 된다. 여기서 고의란 행위자가 불법인 줄 알면서 그것을 실현하려는 의사를 가진 행위다. 과실의 입증이란 행위자가 책임이 있거나 책임을 져야 할 행동 기준으로부터 이탈되었음을 증명하는 것이다(이구현, 2002).

이상 늦었으나[10] 우리나라 고유의 언론 ADR 제도로서 정착하게 된 것은 의심할 여지가 없어 보인다. 이러한 시점에서 과연 언론중재제도가 도입 이후 현재까지(1981~2014) 그 기능을 제대로 해 왔는지를 종합적으로 판단하고 우리 사회가 진정 필요로 하는 제도로서 자리매김할 수 있도록 이를 어떻게 개선할 것인가를 중심으로 언론 ADR 제도를 이론화하는 작업이 필요하다.

언론 ADR 제도는 '싸움은 말리고 흥정은 붙여라'는 옛 속담과도 일맥상통한다. 왜냐하면 이 속담의 핵심적인 내용은 불필요한 다툼을 피하라는 것이기 때문이다. 같은 맥락에서 언론 관련 보도로 인하여 발생할 수 있는 분쟁을 최대한 미리 예방할 수 있도록 하는 것이 가장 중요하다. 이에 대한 1차적 책임은 물론 언론 미디어에 있다. 언론이 최대한 진실하고 객관적으로 보도하는 것이 불필요한 분쟁을 양산하지 않는 지름길이다.

그러나 다른 한편으로 언론은 대단히 공적인 기능을 하는 존재다. 언론은 "공적 영역에 존재하는 유일한 사적 존재"(Blasi, 1977)로서 권력을 감시하고 국민의 알 권리를 충족시켜야 할 의무가 존재한다. 따라서 언론은 국민들이 원하는 정보를 정확히 그리고 신속히 전달해야만 한다. 이러한 성격 때문에 불가피하게 개인의 인격권을 침해할 가능성이 있다.

우리 사법부도 인정하고 있듯이 언론이 100퍼센트 진실을 전달하기 힘들 뿐만 아니라 신속한 보도를 위해 무한 경쟁해야 하는 상황에서 불가피하게 개인의 인격권을 침해하는 일이 발생할 수밖에 없는 것이 현실이다. 이러한 상황에서 언론을 상대로 피해 구제를 청구하는 소송이 크게 늘어날 수밖에 없는데, 이는 언론이 가장 회피하고자 하는 것이다. 왜냐하면 일단 소송이 시작되면 소송을 포기하지 않는 한 상당한 시간과 금전의 부담감을 당사

10 1905년 '광무신문지법'에 정정보도권에 대한 규정이 있기는 하나 현재의 반론권과는 그 성격과 의미가 달랐다. 자세한 것은 후술한다.

자들이 가질 수밖에 없기 때문이다. 연구에 따르면 언론의 자유가 '우월적인 지위'에 있는 미국의 경우에도 소송 관련 배상액에 대단히 부담스러울 수밖에 없고, 언론은 비록 승소한다고 하더라도 소송에 따르는 비용의 부담감이 크다고 한다. 아울러 피해 구제를 구하는 피해자들의 경우 언론으로부터 금전적 배상을 구하기보다는 언론으로부터의 신속한 사과 등의 조치를 더 받기를 바라는 것으로 나타났다(Bezanson, Crenberg, & Soloski, 1987; 이재진·정영주, 2007).

우리나라는 법체계상 언론 보도로부터의 인격권 침해 발생 시 민·형사상의 피해 구제가 가능하다. 예를 들어 명예가 침해되었다고 판단될 때 형사법상의 명예훼손죄 조항을 통해서 문제가 된 언론 보도의 책임을 물어 관련 언론사를 상대로 고소·고발을 할 수 있다. 물론 언론의 보도가 진실하거나 진실이라고 믿을 상당한 이유가 있고, 공익적 목적(공익성)이 인정되는 경우에는 언론의 위법성이 조각된다(형법 제310조 위법성의 조각). 형사상의 고소·고발의 목적은 주로 피해를 입힌 언론사에게 형벌을 가함으로써 어떠한 보상적(보복적) 감정을 신속히 얻고자 하는 데 있다고 할 수 있다(Beer, 1972: 192).

그런데 언론에게는 이러한 형사적 피해 구제 방식이 상당한 위축 효과를 가져올 수 있다. 형사적 구제는 미국의 경우 비록 연방대법원이 형사법을 무효화하지는 않았으나 현재 단지 약 12개 주state 정도에서만 명예훼손과 관련된 형사법이 존재하며 이 또한 거의 이용되고 있지 않다(Hopkins, 2015: 96~97).[11] 미국의 경우 형사적인 측면에서의 피해 구제는 어쩌면 후진적인 피해 구제 방식으로 인식하는 것으로 보인다. 아울러 사법부의 입장에서 언론을 형벌로서 다루는 데 큰 부담을 안을 수밖에 없다.

11 1964년 설리번 사건 이후 2004년까지 약 40여 년간 미국 각 주 형법에 의해 발생한 판결은 50건도 되지 않는 것으로 나타났다(Pember & Calvert, 2006).

민사소송의 경우에는 금전적 배상을 목적으로 행해지는 경우가 대부분이다. 그런데 민사소송상의 모든 절차는 1차적으로는 재판, 2차적으로는 분쟁의 해결을 목적으로 하는 것이다. 법원은 공정, 공평, 신속, 경제 원칙에 의한 재판을 하기 위하여 소송 절차를 진행하지만, 당사자는 승소하는 것을 최대의 목표로 삼는다. 소송이 시작되면 법원과 원고, 피고 나아가서는 참가인에 이르기까지 피해를 불문하고 궁극적으로는 이해가 대립되는데, 그 와중에 '실체적 진실을 어떻게 발견할 것인가'가 관건이 된다. 이러한 절차를 거쳐서 분쟁이 적절히 해결된다고 하더라도, 일반적 사안과는 달리 언론 보도로 인한 피해의 경우에는 실제로 충분한 보상이 이루어졌다고 느끼지 못할 수도 있고, 또한 금전적·시간적으로도 상당한 부담을 느끼게 될 수밖에 없다.

또한 언론 보도로 인해 피해를 입은 당사자의 입장에서도 상당한 시간을 요하는 소송을 통해 분쟁을 해결하기보다는 신속한 피해 구제를 원한다는 연구 결과(Beer, 1972; Bezanson, Crenberg, & Soloski, 1987; 언론중재위 이용만족도 조사 등)에서도 볼 수 있듯 금전적·시간적 부담이 요구되는 재판을 통하지 않고서 분쟁을 신속하게 해결할 방안이 사회적으로 요구되어 왔다. 특히 사회적 영향력이 막강한 언론을 상대로 개인이 직접적으로 피해 구제를 받기 어려운 구조임을 감안한다면 재판으로 가기 이전에 적절한 피해 구제를 위한 제3자의 조력을 필요로 한다. 즉 비용의 부담 없이 신속하게 피해 구제를 받을 수 있으면서도 언론으로부터 어떠한 불이익을 당할 수 있다는 불안감이 없는 장치가 있어야 한다.

이러한 점에서 볼 때 현재의 언론중재제도가 언론 ADR로서 효율성과 형평성을 담보할 수 있는 어떠한 이론적 프레임을 마련할 것인가에 대한 연구가 필요하다. 즉 우리나라 고유의 언론 ADR 제도로서의 반론권 제도를 이론화할 필요가 있다는 것이다. 이론화 작업을 위해서는 다음과 같은 점들이 고려되어야 한다. 첫째, 언론 분쟁 해결의 주요한 대안적 분쟁 해결 방안으로서의 언론중재제도가 어떻게 발전해 왔는지를 살펴봐야 한다. 반론권 제도를 시행하는 언론중재위가 지난 30년 동안 언론 관계 분쟁 해결에 있어서 어떤 역할을 해 왔고 반론권은 과연 우리 사회에 어떠한 영향을 끼쳤으며 향후 어떠한 모습으로 변화해 나가야 할 것인가에 대해 전체적인 이해도 요구된다.

둘째, 우리 사회에서 ADR의 의미는 무엇이며, 언론 관련 분쟁에 있어서의 ADR의 중요성은 어떠하며, 반론권이 어떠한 목적에서 어떻게 시작하고 발전해 왔는지, 반론권을 둘러싼 이론적 논의가 어떻게 진행되어 왔으며 외국에서는 반론권 제도가 어떻게 수용되고 있는지를 기존의 관련 연구들을 통해 살펴보는 것이 필요하다.[12] 아울러 기존의 연구들에서는 주목을 받지 못하였으나 실제로 언론법제 연구를 개척하고 선도하는 데 큰 역할을 했던 언론중재위가 발간하는 계간 저널 〈언론중재〉지에 실린 연구 논문을 분석하여 반론권 및 언론중재제도에 대한 연구가 어떻게 발전해 왔는지를 살펴본다.

셋째, 반론권에 기초한 언론 ADR 제도인 언론중재제도가 역사적으로 어떻게 시작되었고 어떠한 발전 경로를 겪었는지에 대해 고찰해야 한다. 또 관련 판례들에서 도출된 다양한 측면에서의 원칙은 무엇이며, 실제 조정 및 중재의 현황 및 결과 분석을 통해 일반 미디어는 물론이고 인터넷 미디어에서도 반론권이 어떻게 적용되고 있는지에 대한 검토해야 한다. 이러한 분석을 통해서 현재 우리나라의 언론 ADR 제도의 문제가 무엇이며 이를 어떻게 개선해 나가야 할지에 대한 거시적 시각에서 살펴보고자 하였다.

12 분석의 완벽성을 기하기 위하여 반론권 제도와 관련 있는 국내 연구 전체와 반론권 및 언론중재제도 연구에 크게 기여한 것으로 평가되는(이승선, 2011) 〈언론중재〉지에 게재된 논문 전체를 수집하여 분석하고자 하였다. 국내 연구(논문)의 수집은 국회도서관 전자 검색을 통하여 이루어졌다. 검색어로는 '반론권,' '반론보도청구권,' '반론보도,' '정정보도청구권,' '정정보도,' '추후보도' '언론중재제도,' '언론중재위원회,' '대체적 분쟁 해결,' '대안적 분쟁 해결,' 'ADR'이 사용되었다. 아울러 주요 논문의 참고 문헌을 통한 교차적 자료 탐색도 병행하였다.

실제로 지금까지의 연구들은 언론중재제도의 위헌성, 효율성, 외국과의 비교, 법률상의 문제점 등에 대하여 단편적·파편적으로 이루어졌다. 그러나 반론권 제도가 도입된 지 30년이 넘었고 단일법인 언론중재법이 만들어져 시행된 지 10년이 되는 시점에서 언론중재제도가 우리 사회에 꼭 필요한 적절한 언론 ADR 제도로서 자리매김하고 있는가를 다층적으로 분석한 종합적인 연구는 아직 없었다.

비록 반론권 제도가 도입된 지 30년 이상이 경과하였으나 여전히 제도의 실효성 등 개선해야 할 여지가 많은 것으로 판단된다. 예를 들어 언론중재위에서 실시하고 있는 '이용만족도 조사'의 경우 비록 점차 만족도가 상승하기는 하지만 아직까지 만족도가 낮은 것으로 나타난다는 점이나 언론중재위의 자체적 평가와 실제 피해 구제율에 차이가 크다는 점 등이 이를 잘 입증하는 것으로 보인다. 아울러 법정 기구로서 예산은 국가(방통발전기금)에서 지원된다는 점에서 예산이 효율적으로 사용되는지 등의 문제는 지속적으로 개선될 여지가 있으며, 개인의 피해 구제에 국가가 개입하는 형태의 구제 방식과 언론의 자유와의 충돌의 문제는 지속적으로 제기될 가능성도 있다(임병국, 2012).

3. 언론 ADR로서의 언론중재제도의 특성

앞에서 살펴보았듯이 분쟁 해결을 주관하는 기관이 어디인가에 따라서 사법형 ADR(사법부), 행정형 ADR(행정 기관) 그리고 민간형 ADR(민간 기구)로 나눌 수 있다(표 1-3). ADR을 주관하는 기관이 사법부인 사법형 ADR에는 민사 조정, 가사 조정, 법원조정센터의 조정이나 재판상 화해 등이 여기에 속한다.[13] 행정형 ADR은 특별법에 의해 만들어진 각종 행정 기관 부속의 조정위

표 1-3 우리나라 현행 ADR 제도

구분	대표 사례	담당 기관	대상	분쟁 처리 방법	재정 기반
사법형	민사 조정/ 가사 조정	법원	민사/가사 분쟁	조정	정부 예산, 수수료 수입
행정형	각종 분쟁조정위원회	각 부처	다양함	다양함	주무 부처 예산
민간형	대한상사 중재원	지식경제부	국제/ 국내 상사 분쟁	중재(조정)	정부 지원, 수수료 수입

출처: 전병서(2005)에서 재구성

원회나 중재위원회 등이 해당된다. 민간형 ADR에는 대한 상사중재원 등과 같은 각종 민간 상담 기구나 온라인 광고 분쟁 조정 제도, 인터넷 주소 분쟁 조정 제도 등이 포함된다(함영주, 2010).

이처럼 기관별 분류에 따르면 언론중재위는 '행정형 ADR'에 속하는데,[14] 이는 법령상의 근거에 의하여 행정 기관 또는 그 산하 기관에 설치된 분쟁 해결 기관에서 분쟁을 해결하는 것을 의미한다(정남철, 2010; 함영주, 2010).

그러나 행정형 ADR은 행정 사건에서의 ADR과는 그 성격이 다르다. 행정 사건에서의 ADR은 행정 절차나 심판, 소송에서의 ADR을 의미하는 것이다. 행정형 ADR은 분쟁을 해결하는 데 있어서 행정 기관이 제공하는 절차를 이용하는 것이지 내용 자체가 행정적인 것은 아니므로 행정 사건에서의

13 법문화적 입장에서 ADR에 접근하는 견해에 따르면 우리의 전통적 생활 세계에서는 '명분'과 동시에 '중용'이 중요한 자리를 차지하였는데, 이런 중용은 소송보다는 오히려 조정 등과 같은 ADR에 더 친화적일 수 있기 때문이라고 지적한다(김정오, 2006).

14 언론중재위는 행정형 ADR에 속하며 이외에도 노동중재위원회나 저작권심의조정위원회, 환경분쟁조정위원회, 금융분쟁조정위원회 등 다양한 기관이 있다(김경배, 2001).

ADR과는 다르지만 오해의 여지가 있어 '민간 분쟁 해결용 ADR'이라는 표현이 적절하다는 의견도 있다(김상찬, 2012; 정남철, 2010; 함영주, 2009).

행정형 ADR은 행정소송 전 단계의 권리 구제 절차로서의 대안적 분쟁 해결 제도로 적용되는 법에 따라 분쟁조정위원회를 설치하는 방식으로 대개 이루어지고 있다. 행정형 ADR은 행정 기관이 자신과 관련 있는 분쟁 사항에 따라 적절하고 효율적으로 대처할 수 있으며 법원을 통하지 않고도 분쟁 상황에 대한 적절한 기준을 정할 수 있다는 점이 장점이다(김상찬, 2012).

또한 일반적인 규칙을 적용하는 것 외에도 새로운 규범을 만드는 데 이용되기도 하며 일반적인 정책 실현에도 유용한 측면이 있다. 같은 유형의 분쟁의 잠재 가능성을 예측하고 이를 예방할 수 있는 새로운 정책을 만들고 법령으로 규제할 수 있다는 점도 행정 기관에 의한 ADR이 가지는 긍정적인 측면이라 할 수 있다(함영주, 2009).

행정형 ADR은 기관의 구성이 어떠한지, 조정과 중재 중 어느 것에 치중하는지, 결론이 재판상 화해와 동일한 효력이 있는지 등에 따라 여러 가지로 분류할 수 있다. 설치 방법에 따라 분류하자면, 행정 기관 자체에 설치된 경우와 행정 기관 산하 기관 또는 법인에 설치된 경우 그리고 독립적으로 설치된 경우로 나눌 수 있다.

행정 기관 자체에 설치된 경우는 국토해양부에 설치된 건설분쟁조정위원회나 환경부의 환경분쟁조정위원회, 특허청의 산업재산권분쟁조정위원회 등이 대표적이다(함영주, 2009). 환경이나 재산권과 같은 분야의 분쟁에서는 해당 분야에 대한 상당한 지식이 필요한 경우가 대부분이므로 전문가들이 분쟁 해소 과정에 참여함으로서 비용을 절감할 수 있다.

행정 기관 산하에 있는 기관으로 설치된 경우에는 공정거래위원회 산하의 소비자분쟁조정위원회나 한국인터넷진흥원 산하 개인정보분쟁조정위원회 등이 있다(김상찬, 2012; 함영주, 2009). 민간 단체에 설치되는 ADR에는 법률에 따라 대통령령에 의하여 정해진 사업자 단체에 설치되는 것으로 소비자기본법에 따라 소비자단체협의체에 설치된 자율분쟁조정위원회 등이 이런 경우에 속한다. 현재 행정형 ADR 기관은 다양한 형태로 30여 개 이상이 존재하지만 '언론중재위' 등 일부를 제외하고는 이용률이 저조한 실정이다(함영주, 2009).

국내 행정형 ADR은 소속 기관이 동일하거나 크게 보면 비슷한 성격을 가진 기관들이 중복되어 운영되고 있다. 또한 대부분의 행정형 ADR 기관들이 '분쟁조정위원회'의 명칭을 갖고 있으며 위원의 임기나 구성이 비슷한 것을 알 수 있다(김상찬, 2012). 분쟁을 해결하는 방식에 있어서도 대부분 '조정'을 통한 해결이 이루어지고 있으며 조정에 비하여 강제력을 가지는 분쟁 해결 방식인 '중재'의 방법을 이용하는 기관은 드물다. 기관마다 명칭이나 운영 방식이 유사한 듯 보이지만 조정 효력에 있어서는 각 위원회마다 차이를 보이는 것도 국내 행정형 ADR의 특징적인 부분이라 할 수 있다(김상찬, 2012; 정남철, 2010).

행정형 ADR은 소송 과정에 비하여 시간과 비용을 절약할 수 있으며 재판보다 유연하고 탄력적으로 분쟁을 해결할 수 있다는 장점을 가지고 있다(김상찬, 2012; 정남철, 2010; 함영주, 2009). 언론중재위는 넓은 범주에서 행정형 ADR에 속하지만 다른 행정형 ADR이 국가 기관이나 행정 기관의 산하 기관에 설치되는 것과는 달리 민간 단체가 아니면서도 직무상 독립성을 법률로서 정하고 있으며[15] 국회에 활동 보고를 해야 한다는 점[16]외에도 조직의 운영이나 재정적인 면에서도 독립된 위원회의 형식을 유지하고 있다는 점에서 다르다(정남철, 2010). 아울러 위원회는 분쟁 해결에 있어서 독립성과 함께 중립성을 갖는다고 볼 수 있다.[17]

다른 유사 분쟁 해결 제도와는 달리 언론분쟁의 대상은 보도로 인해 피해를 입은 피해자와 언론사 사이의 분쟁이다. 언론중재제도는 인격권 보호와 표현의 자유라는 두 가지 헌법적 가치의 충돌을 조화롭게 해결하고 분쟁의 조기 종결을 통한 실효성을 확보하기 위해 도입된 제도다. 이는 여타 ADR의 대상인 '사인私人 간의 분쟁'이라는 점에서는 유사한 측면이 있지만 다른 ADR과 언론중재제도가 다른 점이다(정남철, 2009; 정남철 2010). 또한 언론중재제도는 국내 다른 ADR에 비하여 '준사법적인 성격'을 가지고 있는데, 이는 중재가 강제적인 효력이 부여되기 때문이다(정남철, 2010).

언론중재위의 결정은 법원의 확정 판결과 동일한 효력을 지닌 '중재'뿐만 아니라 '조정'은 재판상 화해의 효력을 가진다(정남철, 2009). 언론인이나 교수 등이 민간 전문가가 참여한다는 점은 다른 행정형 ADR과 유사하지만, '현직 법관이 중재부장으로서 조정의 주재자 역할을 맡는 것'[18]은 언론중재제도가 일반적인 행정 ADR과는 다른 특이한 점이라 할 수 있다.

15 언론중재 및 피해구제 등에 관한 법률 제8조(중재위원의 직무상 독립과 결격사유): ① 중재위원은 법률과 양심에 따라 독립하여 직무를 수행하며, 직무상 어떠한 지시나 간섭도 받지 아니한다. ② 다음 각 호의 어느 하나에 해당하는 사람은 중재위원이 될 수 없다. 1. 국가공무원법 제2조 및 지방공무원법 제2조에 따른 공무원(법관의 자격이 있는 사람과 교육공무원은 제외한다), 2. 정당법에 따른 정당의 당원, 3. 공직선거법에 따라 실시되는 선거에 후보자로 등록한 사람, 4. 언론사에 소속된 현직 언론인, 5. 국가공무원법 제33조 각 호의 어느 하나에 해당하는 사람. ③ 중재위원이 제2항 각 호의 어느 하나에 해당하게 된 때에는 당연히 그 직에서 해촉된다.

16 언론중재 및 피해구제 등에 관한 법률 제11조의2(중재위원회의 활동 보고): 중재위원회는 매년 그 활동 결과를 다음 연도 2월 말까지 국회에 보고하여야 하며, 국회는 필요한 경우 중재위원회 위원장 또는 사무총장의 출석을 요구하여 그 의견을 들을 수 있다.

17 언론중재법 제8조는 중재위원은 법률과 양심에 따라 독립하여 직무를 행하며, 직무상 어떠한 지시나 간섭도 받지 않는다고 규정한다. 또 공무원과 정당원, 선거 후보자, 현직 언론인은 중재위원이 될 수 없다고 명시하고 있다.

18 언론중재법 제9조 (중재부): ① 중재는 5명 이내의 중재위원으로 구성된 중재부에서 하며, 중재부의 장은 법관 또는 변호사의 자격이 있는 중재위원 중에서 중재위원회 위원장이 지명한다. ② 중재부는 중재부의 장을 포함한 과반수의 출석과 출석위원 과반수의 찬성으로 의결한다.

언론중재위는 ADR이 본래 지닌 특성에 맞게 분쟁 당사자 간의 합의를 우선으로 하지만, 개인의 인격권의 보호와 언론에 있어서 표현의 자유라는 가치의 충돌로 인하여 생기는 갈등을 해소하고자 하는 언론중재제도의 특성상 법적 기준 내에서 합의점을 찾고자 하는 것도 여타 다른 ADR과는 다른 특성이다.

또 언론중재위는 한 해 1000건 이상의 사건을 담당하고 있는데, 이렇게 많은 분쟁 해결을 하는 경우는 다른 ADR 기구에서는 보기 드물다. 그러나 여느 행정형 ADR과 달리 언론중재위의 직권조정 결정에 이의를 제기하는 비율이 높은 것은 문제점으로 지적된다.[19]

전문가들은 언론중재제도가 성공적인 ADR이 되기 위해서는 중재부가 개별적인 언론 분쟁의 내용을 파악하고 그 실체를 이해해야 하며 이를 위해서는 분쟁의 기초가 된 사실 관계를 확인하고 언론 보도와 그로 인한 분쟁의 사회 경제적인 원인을 정확히 파악해야 한다고 지적한다(김상우, 2010). 신청인이 주장하는 내용의 언론 보도가 있었는지, 보도 내용이 진실한지, 피해자에게 반론의 기회가 주어졌는지 등을 확인하는 것이 필수적이다. 정확한 사실 인정이 전제되지 않으면 중재부가 당사자에게 분쟁 해결안을 제시할 수 없고, 제시한다 하더라도 당사자들이 승복할 가능성이 낮다(조수정, 2006). 중재부는 쌍방이 윈윈win-win하는 분쟁 해결 방안을 제시해야 한다. 그렇지 않은 경우 신속한 피해 구제의 대가로 법이 보장한 권리를 포기하도록 강요하는 절차가 될 위험성이 높다. 여타 ADR과 비교해 볼 때 언론 ADR은 언론의 보도가 문제될 때 발생하는 분쟁을 다루기 때문에 이해 당사자인 언론의 영향력이 작용할 가능성이 존재한다.

19 1981년부터 2009년까지 언론중재위가 처리한 사건은 모두 1만 3891건으로 피해 구제율은 62.4%다. 한편 직권조정 결정에 동의한 것은 315건, 이의를 제기한 것은 268건이다.

한편, 한국 언론은 반론권 제도에 대해서 도입 당시부터 지금까지 부정적 시각을 견지해 왔다. 특히 언론은 언론중재위 설립 당시 권위주의적 권력이 지배해 온 한국 사회에서 언론의 자유가 완전히 뿌리내리기 이전에 반론권을 허용하는 것은 절대적으로 위험한 일이라고 주장했다. 이러한 언론의 주장에 대해 우리나라 대법원은 1986년 당시 언론기본법상에 규정된 반론권에 대해서 심의하고 그 존재 여부에 대해서 판단하면서, 반론권이 잘못된 기사를 진실에 부합하도록 수정하는 권리가 아니라 피해를 입은 사람이 문제가 되는 기사에 대해서 자신의 반박을 게재하는 권리이기 때문에 언론에 크게 부담이 없는 제도라고 설시하였다. 기사 내용이 진실인가 허위인가 하는 점은 반론권 행사에 있어 핵심 조건은 아니라는 것이다(대법원 1986. 1. 28. 선고 85다카1973 판결). 그러나 반론권과 함께 인정되었던 사과(사죄) 광고는 1991년 헌법재판소에 의해 위헌으로 결정되었다. 헌법재판소는 민법 제764조의 규정 중 '명예회복에 적당한 처분'에 사과(사죄) 광고를 포함시키는 것은 헌법에 위배된다고 결정하였다(헌법재판소 1991. 4. 1. 선고 89헌마160 결정).

2장

반론권 제도의 역사와 이론의 발전

1. 반론권이란 무엇인가

언론 ADR의 가장 핵심적인 피해 구제 방식인 반론권(反論權, right of reply)이란 일의적으로 확정된 개념은 아니며 실제로 그 구체적 내용이나 성격은 각 국가의 제도에 따라 약간의 차이가 있다(임병국, 2012; 이재진, 2002a). 그럼에도 국가를 막론하고 유사한 점은 반론권의 행사란 특정한 언론 미디어로부터 장소나 시간을 빌린다는 것이다. 언론에 보도된 당사자가 그 보도로 인하여 발생한 명예훼손에 대해 해당 언론사에 문제가 된 보도에 관해 자신의 반론문을 수정 없이 무료로 보도해 달라고 요청하는 권리를 의미한다. 이때 반론권 적용 대상 미디어는 신문, 잡지, 방송, 그리고 인터넷 미디어(포털 및 IPTV 포함)가 포함된다.

구체적으로 반론권(또는 반론보도청구권)이란 언론 미디어가 불공정한 보도나 논평을 했을 경우, 그로 의해 인격권의 피해를 받은 사람이 보도 내용 중 '사실적 주장factual assertion'에 대해서 해당 언론사를 상대로 지면이나 방송 또는 인터넷상으로 반박反駁할 수 있는 권리를 의미한다.

반론권은 법적 근거에 따라서 크게 두 가지로 구분할 수 있는데, ① 언론의 자유에 기초한 반론권과, ② 불법 행위에 기초한 반론권이 있다. 무엇보다 언론의 자유에 기초한 반론권은 헌법에 의해서 보장되는 반론의 자유를 의미하는 것으로 볼 수 있다. 이는 언론 미디어로부터의 공격 방법이나 내용 등에 효과적으로 대처할 수 있는 권리다. 예를 들어 우리나라의 경우 반론권은 헌법 제21조에 의해서 보장되는 개인의 표현의 자유의 일부로서 간주될 수 있는 권리라고 할 수 있다.[20] 그러나 역시 같은 조항에서 보장되는 언론 미디어의 출판(언론)의 자유가 있다는 측면에서 개인의 표현의 자유와 언론(미디어)의 자유가 충돌하게 되는 특수한 측면이 있다. 아울러 제21조 제4항에 피해자가 언론에 대해 피해를 청구할 수 있다는 헌법 유보 조항을 둠으로써 반론권을 행사할 수 있는 근거를 마련하였다.

불법 행위에 기초한 반론권의 경우 명예훼손과 같은 위법성으로 인하여 불법 행위가 발생한 경우에만 가해자에게 책임을 묻는 측면에서 피해자에게 반론을 인정하는 것이다. 불법 행위에 근거한 반론권의 법적 근거는 타인의 명예를 훼손한 사람에 대해 법원은 피해자의 청구에 의해서 손해배상에 가름하거나 손해배상과 함께 '명예회복에 적당한 처분'을 명할 수 있다고 한 민법 제764조에서 찾아볼 수 있다.

또한 언론중재법의 경우 제16조에서 정기간행물에 공표된 사실적 주장에 의하여 피해를 받은 사람은 그 사실 보도가 있음을 안 날부터 3월 이내에 언론사에 반론보도문의 게재를 청구할 수 있도록 하고 있다. 그런데 언론중재

20 헌법 제21조 ① 모든 국민은 언론·출판의 자유와 집회·결사의 자유를 가진다. ② 언론·출판에 대한 허가나 검열과 집회·결사에 대한 허가는 인정되지 아니한다. ③ 통신·방송의 시설기준과 신문의 기능을 보장하기 위하여 필요한 사항은 법률로 정한다. ④ 언론·출판은 타인의 명예나 권리 또는 공중도덕이나 사회 윤리를 침해하여서는 아니 된다. 언론·출판이 타인의 명예나 권리를 침해한 때에는 피해자는 이에 대한 피해의 배상을 청구할 수 있다.

법상의 반론권은 인격권 침해로 인한 불법 행위상의 청구권과 유사하나, 불법 행위로 인한 청구권이 '실질적 권리 관계의 규명을 전제로 하여 인정'되는 데 반해 언론중재법상의 반론권은 실체적 권리 관계를 따지지 아니하고 형식적 요건만을 구비하면 인정되므로 형식적인 성격이 강하다(유재웅, 2003: 152).

2. 반론권 행사의 목적은 무엇인가

헤이즈(Hayes, 2004)에 따르면 반론권은 대개 첫째, 피해자에게 신속·적절하고 대등한 방어 수단 제공, 둘째, 언론 기관의 일방적인 정보 외에 상대방의 반대 주장까지 들어야 올바른 판단을 할 수 있으므로 진실 발견과 올바른 여론 형성 기회 보장, 셋째, 언론사가 공정한 여론 형성에 참여하도록 함으로써 개인의 기본권으로서 언론 보장의 충실성 확보 등의 목적을 띤다고 한다.

1) 정당방위

반론권이 세계에서 최초로 도입된 프랑스의 경우 반론권 제도 도입의 목적은 언론의 보도로부터 피해자를 보호하기 위한 것이었다. 즉 개개인이 자신을 언론의 무분별한 보도로부터 방어하기 위한 목적으로 도입하였다고 하겠다. 실제로 프랑스는 1881년 반론권을 입법화하기 이전부터 인정한 것으로 보이는데, 1832년 8월 2일 판결에서 프랑스 파기원Cour de cassation(최고재판소/형사부)은 다음과 같이 판시하였다.[21]

> "…… 1823년 3월 25일 동법 제2조와 간행물의 정기성 및 공연성에 근거하여 반론권을 인정한다. 반론권은 이러한 법 규정이 없으면 언론과 유사한 방법의 공개 수단

을 갖지 않은 시민들이 입을 정신적 및 기타 손해에 대한 구제 수단이다. 따라서 이 규정은 자기 방어personal defense의 권리와 직결된다"(曽我部真裕, 2013, 재인용).

파기원(형사부)은 1834년 2월 7일 판결에서도 '1822년 3월 25일 법 제2조는 신문에 있어서 지명 또는 지시된 시민의 방어의 권리로부터 파생된 것으로서, 사법에 의해 보호되어야 하는 권리'를 부여한 것으로 판시했다. 또한 파기원은 1978년 6월 17일 판결에서 반론권을 '언론이 범하기 쉬운 남용에 저항하여 시민을 보호할 필요성에 기반을 둔 정당방위의 권리'라고 설명하였다.

파기원은 언론은 그 정기성과 전파력이 강하기 때문에, 여론에 대해 특별한 영향력을 지니게 되고 언론에 의해 언급되어진 자는 언론 자유의 남용에 의해 손해를 입게 될 위험성이 크므로, 반론권은 시민의 '자기 방어를 위한 정당방위권'으로서 인정하고 있다고 이해할 수 있다.

이러한 파기원의 판결은 당시 상당한 논란을 불러왔다. 그중에서 가장 핵심적인 것은 정당방위로서의 요건이나 효과가 형법에서 규정하는 정당방위와 다르며, 특히 (판례에 의하면) 반론권이 언론에 지명 또는 지시되어진 자에게만 부여되는 것인 반면 권리 이익의 침해 여부는 반론권 행사를 위한 요건이 되지 않게 되는 점이다. 즉 권리 행사의 요건이 없는 정당방위로서의 반론권이 어떻게 이해되어야 하는가 하는 논란이다.

이러한 점에 대해 관련 후속 판례들은 반론권이 정기적으로 간행되는 언론이 범할 수 있는 '남용'으로 인한 피해의 구제 수단으로서 도입되었고……

21 프랑스의 경우 일반 민·형사 사건 관할의 대법원격인 파기원과 행정 사건에 관한 최고 법원격인 국사원Conseil d'Etat이라는 두 기관에 의해 재판 업무가 분담되지만 동시에 국사원은 국가의 입법 행위와 그 작용에 관한 법 보장 기관으로서의 기능을 수행하는 현실을 뛰어넘지 않으려는 고려이기도 하다(성낙인, 1995: 656).

이 목적은 당사자가 반론의 이익과 반론의 내용에 관한 유일의 판단자인 만큼 그 권리가 없다면 목적을 달성할 수 없다고 판단하고 반론권의 실효성을 살리기 위해서는 권리의 침해를 요건으로서 요구하기보다, 판단을 반론권 행사자에게 위임하는 것이 필요하다고 보았다. 다시 말하자면 프랑스 사법부는 반론권 행사의 요건으로서 권리 이익의 침해를 요구하기보다는 반론권법의 형식성을 유지하고 반론권의 실효성을 확보하는 것이 우선되어야 한다고 인식하고 있다.

이러한 사법부의 판단에도 불구하고 만일 반론권이 언론의 자유에 파괴적인 성격으로 인하여 언론 자유와의 충돌이 정면에서 문제로 되는 경우, 이러한 설명으로는 불충분하다고 하는 의문이 남는다. 이는 프랑스의 경우 실제로 문학, 연극 비평에 대한 반론권 행사의 가부를 둘러싼 일련의 사건에 있어서는 사실심 수준의 재판에서 반론권의 정당방위로서의 성격을 강조하지만, 실제로 반론권 행사를 공격적인 표현에 한정하는 경향이 나타난다는 점에서 알 수 있다.

파기원도 "반론권의 근거는 공격에 대한 반격의 필요성에 있는 것이 아니라, 단순히 지명 또는 특정된 자가 문제가 된 상황에 대하여 이를 야기한 것과 같은 조건에서 스스로의 설명 또는 항의를 하게 하는 것이다"고 하여 반론권을 정당방위로서 인식하고 있다. 이러한 파기원의 판시가 의미하는 것이 명확하지는 않으나 무엇보다 정당방위로서의 반론권의 위상을 인정하는 것으로 이해될 수 있다. 다만 반론권 행사의 구체적인 한계를 두는 기능적 개념으로서의 정당방위 개념이 판례상 계속 사용되었으며, 때로는 근거가 없이 반론권을 정당방위로서 판단하는 판결은 그 이후에도 계속 도출되었다.

이러한 프랑스 사법부의 정당방위 개념은 우리나라의 '무기대등' 개념과 유사하다고 볼 수 있다. 무기대등의 원칙the principle of equity of means이란 언론 보도가 개인의 인격적 법익을 침해하는 내용일 때 여론 형성에 미치는 언론 보도의 막강한 영향력으로 말미암아 그 개인이 입는 피해는 매우 크므로 피해자인 개인에게 언론 보도의 공격에 대하여 대등한 효과를 가질 수 있도록 신속하고 대등한 '방어 수단'을 부여하는 것이라고 할 수 있다(대법원 1996. 12. 23. 선고 95다37278 판결).

무기대등의 입장에서 보면 반론권은 언론 수용자인 국민의 '반박 기회 보장'을 위한 일종의 형식이라는 점에서 평등권(헌법 제11조)이 근거가 되기도 하고 나아가 타인의 명예나 권리를 침해하는 언론 기관에 대한 피해배상청구 규정(헌법 제21조 제4항)이 직접적인 근거 조항이 될 수 있다(강경근, 1995).[22] 이에 따르면 반론권을 헌법상에서 보장하는 인격권에서 구하는 입장은 반론권이 언론 기관의 보도의 자유를 제약하는 제한 원리가 도출되므로, 반론권 행사가 언론 기관의 보도의 자유를 제약하는 제한 원리가 아닌 '반론권 행사자의 입장에서 언론·출판의 자유의 보호 영역에 속하는 것'으로 이해하려는 접근 방법이다(조재현, 2003).

우리나라 헌법재판소는 반론권을 합헌으로 결정하면서 반론권 제도가 무기대등의 원칙에 부합됨을 강조했다(이재진, 2004a).[23] 힘이 없는 개인이 거대한 언론을 상대하기 벅차기 때문에 이에 힘을 실어 주는 형평성의 원칙을 실현하는 측면에서 합헌적이라는 것이다(헌법재판소 1991. 9. 16. 선고 89헌마165 결

22 유일상(2003)은 반론권을 포함한 개념의 액세스권의 헌법적 근거는 ① 알 권리와 마찬가지로 헌법 제21조 제1항(언론·출판의 자유), 제10조 및 제34조 제1항을 드는 견해(권영성, 1999), ② 언론·출판 자유의 객관적 가치 질서로서의 성격에서 찾아야 한다고 하여 헌법 제21조 제1항이라는 견해(허영, 1998; 강경근, 1997), ③ 헌법 제21조 제4항에서 찾아야 한다는 견해(구병삭, 1996) 등이 있다고 보았다.

23 최초의 헌법재판소 결정은 1991. 9. 16. 선고 89헌마165 결정이고 이후 1996. 4. 25. 선고 95헌바25 결정에서 그대로 원용하였다(김상환, 2006).

정).[24] 헌법재판소는 언론중재제도를 "개인의 명예와 사생활이 거대한 언론의 전파력과 언론 기관의 배후에서 영향력을 행사하는 영리적인 언론 기업의 막강한 위세와 편견에 의하여 부당히 침해되고 노출될 경우에는 개인의 권익을 신속·적절히 보호하고 반론을 제기할 수 있는 법적인 장치"라고 판시했다.

법원은 반론권이란 언론이 지니고 있는 권력에 유사한 힘을 개인들이 소지하도록 하는 목적을 갖는다고 판단한다. 그러나 우리 법원은 언론에 대해 과대한 부담을 주지 않도록 사안에 따라 적절한 반론의 효과를 거둘 수 있고 또 2011년 개정 전 언론중재법 제15조 제5항과 제6항의 규정 취지 및 내용과 함께 정정보도청구의 재판에서 적용하여야 할 이른바 무기대등의 원칙을 고려하여 보면, 정정보도의 내용과 위치 및 방식 등을 정할 수 있고(대법원 1996. 12. 23. 선고 95다37278 판결 등) 신청인이 구하는 정정보도문에 내용상의 제한이나 허용 범위를 벗어나는 부분이 포함되어 있으면 법원은 신청인이 구하는 정정보도의 전체적인 취지에 반하지 않는 범위 안에서 적절히 수정하여 인용할 수 있도록 하였다. 특히 언론과 같은 '공적 인물'에 대한 비판은 '과도하게 악의적이거나 공격적'이 아니라면 자유롭게 이루어져야 하며, 이 경우에는 더욱 반론보도문이나 정정보도문은 적절히 수정되어 인용될 수 있다고 보았다(대법원 2013. 2. 14, 선고 2010다108579 판결 등).

이처럼 반론권은 가해자가 스스로 그 잘못을 인정하는 것이 아니라 반대로 피해자가 자기 자신의 주장을 그대로 보도하는 것이기 때문에, 비록 제

24 게다가 언론사가 반론보도청구권을 거부할 수 있는 예외를 인정하고 있는데, 피해자가 반론보도청구권을 행사할 정당한 이익이 없는 때, 청구된 반론보도의 내용이 명백히 사실에 반하는 때, 청구된 반론보도의 내용이 명백히 위법한 내용인 때, 상업적인 광고만을 목적으로 하는 때, 청구된 반론보도의 내용이 국가·지방 자치 단체 또는 공공 단체의 공개회의와 법원의 공개재판 절차의 사실 보도에 관한 것인 때 등 예외 조항이 있다. 언론중재법 제15조 제4항, 제16조 제3항.

3자의 입장에서 보면 과연 반론의 주장이 얼마나 설득력이 있을까에 대해서는 확실치는 않으나, 기사의 불법 행위 요건을 갖추지 않아도 되는 명예회복을 '언론에는 언론으로'라는 자기 방어적 구제 수단이 된다고 할 수 있다(임병국, 2012).

이러한 무기대등론은 실제로 반론권이 언론에 의한 자율적인 제도라기보다 개인의 대 언론 관계에 있어서 보호 장치라는 인식으로, 언론의 자유에 대한 규제라는 논리에 대한 반논리로서 인식되어 왔다. 그러나 합헌 판결에도 불구하고 만일 개인이 아닌 사회적 권력자나 국가 기관에서 반론권을 악용하는 경우, 이는 언론에 대한 현실적인 위협으로 작용할 것이라는 시각이 여전히 존재하고 있다(손태규, 2013; 차용범, 2001; 이재진, 1998b; 팽원순, 1994 등).

2) 공정한 여론의 형성

우리나라 헌법재판소는 반론권이란 언론이 지니고 있는 권력과 유사한 힘을 개인들이 유지하도록 하여 결국 미디어에 종사하지 않은 사람들을 참여시킴으로서 뉴스 정보의 객관성을 높여 균형 잡힌 여론의 형성에 이바지할 것이라고 판시했다(헌법재판소 1991. 9. 16. 선고 89헌마165 결정). 또한 반론권 제도가 이러한 과정을 통해서 진실 발견과 올바른 여론 형성에 필요하다고 보았다(헌법재판소 1996. 4. 25. 선고 95헌바25 결정). 반론권이란 언론 보도의 피해자에게 보도된 사실적 내용에 대하여 반박의 기회를 허용함으로써 피해자의 인격권을 보호함과 동시에 공정한 여론의 형성에 참여할 수 있도록 하여 언론 보도의 객관성을 향상시켜 제도로서의 언론 보장에 더욱 충실하도록 하기 위한 것으로서 헌법상 보장되는 일반적 인격권이나 사생활의 비밀과 자유권에 근거한 것으로 판단하였다.

반론권 도입과 함께 언론은 반론권이 위축 효과chilling effect를 가져온다고 주장하였으나, 우리나라 법원은 아직까지 구체적으로 반론권이 원래의 본질과는 달리 언론에 위축적인 효과를 초래할 것인가에 대해서 언급한 바가 없다. 법원은 정정보도의 경우와 달리 반론권이 헌법적 의도와 일치하며 건전한 언론 문화를 정착하는 데 기여를 해왔다고 인식하고 있다. 대법원은 반론권이 피해자뿐 아니라 언론사에도 도움이 되는 제도라는 시각을 견지하면서, "언론사 측으로서도 보도 내용에 대해 이의가 있을 때마다 일일이 그 진실 여부를 소상하게 가려내어 정정보도를 하여야 한다면 언론의 신속성과 신뢰성은 저절로 위축될 수밖에 없으므로 (중략) 일정한 요건하에 피해자가 주장하는 반박 내용의 게재를 요구하고 있는 것으로 풀이함은 언론의 신속성 유지라는 측면에서도 타당하다고 생각한다"고 판시했다(대법원 1986. 1. 28. 선고 85다카1973 판결).

궁극적으로 사법부는 반론권이 현대 사회에서 각종 언론이 '대화적 민주주의'의 기틀이 되는 '공론'을 형성하는 데 핵심적인 역할을 한다는 점에서, 언론 분쟁을 담당하는 언론중재위 역시 우리 사회의 공론이 건전하게 형성하는 데 기여한다고 보고 있다. 법원 판결에서 언론중재위는 이미 발생한 언론 분쟁을 소극적으로 해결하는 차원을 넘어 우리 사회의 공론을 적극적으로 형성하는 데 주도적인 매개자 역할을 해야 할 필요가 있다는 시각도 엿보인다(류지태, 2004b).

반론권이 처음 형성된 프랑스의 경우에도 반론권은 '상업적 권력의 여론 독점에서부터 공정한 여론을 형성시키고자 하는 데 부합'하는 것으로 인식되었다. 프랑스는 1881년 '언론·자유에 관한 법률The French Press Act'(이하 1881년 언론법) 제정 이후 언론은 공권력으로부터 자유로워진 것으로 인식된다. 학자들도 1881년 언론법이 학설상으로도 정치권력으로부터 언론의 자유 확립에 기여하였다고 평가하였다. 그래서 당시 이후부터의 가장 큰 문제는 정치권력이 아니라 '상업 권력'의 여론 독점이었다(박운희, 1995a).

예를 들어 프랑스 법학자 M. 오르화M. Orlfa는 "애석하게도 이 법률(1881년 언론법)은 언론을 정부와의 관계에서 해방시켰으나 상업 권력과의 관계에서 언론을 해방시키는 일이 아직 남았다. 공권력과의 관계에서의 언론의 자유뿐만 아니라 사회적 권력과의 관계에 있어서 언론의 자유를 해방시키지 않으면 안 된다"고 지적했다(曽我部真裕, 2013 재인용). 같은 맥락에서 J. 소예르J. Soller는 1967년에 발표한 논문에서, 언론 자유의 측면에서 정치권력에 대한 언론의 자유 문제와 경제력에 대한 언론의 자유 문제가 있는데, 1881년 언론법 제정 이후 정치권력으로부터의 언론의 자유 문제는 비록 몇몇 문제가 남아 있기는 하지만 거의 해결이 되었고 경제력으로부터의 자유 문제는 19세기에 있어 가장 중요한 논의라고 지적했다(曽我部真裕, 2013 재인용).

당시 프랑스 제3공화정 시기에 언론의 윤리성은 높지 않았고 언론 관련 부패가 심했다. 파리에서는 프랑스 정부를 시작으로 각국 정부와 금융 세력이 경쟁적으로 신문을 통하여 여론을 조작하려는 시도가 있었다. 2차 세계 대전 이후에는, 다른 국가들과 유사하게 언론 소유 집중화에 대해 대처하는 것이 중대한 국가적 과제가 되었다. 이러한 과정 속에서 '1991년 언론법' 제정 이후, 프랑스에 있어서는 정부 규제에 대한 언론의 자유뿐만 아니라, 금전의 권력으로부터의 언론의 자유 확보라는 과제가 정부를 중심으로 추구되었다.

또한 프랑스 헌법위원회는 이 법률의 합헌성을 심사한 1984년 10월 10일, 11일 판결에 있어서 여론의 다원성을 '헌법적 효력을 갖는 목적'으로서 인정하였고, '투명성'(언론의 공개)을 언론의 자유를 촉진하는 것이라고 보았다. 이러한 1984년 법에 의한 규제는 우익에 정권이 돌아간 이후, 1985년 8월 1일 법 및 동년 10월 27일 법에 의해 완화되어진다. 그러나 헌법위원회는 8월 1일 법의 심사에 있어 1984년 판시했던 '헌법적 효력을 갖는 목적'이라는 언론의 다원성에 근거하여, 1984년 법이 소유 집중 규제에 있어서는 불충분했다고 판단했다(曽我部真裕, 2013 재인용).

결국 우리나라나 프랑스의 경우에 공히 언론에 대한 일정한 개입의 필요성을 정당화함으로써 언론이 좀 더 공정하고 객관적인 여론 형성에 기여할 수 있도록 한다는 점에서 반론권을 인정하고 있다. 특히 정치적인 측면에서의 언론에 대한 개입보다(이는 오히려 배제해야 하며) 언론의 소유 제한 등 상업적 측면에의 개입을 통하여 여론의 왜곡과 남용을 방지할 수 있도록 한다는 맥락에서 반론권의 목적을 인식하고 있다.

그러나 반론권이 가져올 수 있는 위축적 위협에 대한 우려가 지속되었다. 우리 사법부는 이러한 위축적 위협에 대한 우려를 상쇄하고자 하는 장치를 두고자 하였다. 예를 들어 2005년 언론중재법상의 정정보도의 경우 이를 가처분 형태로 하지 않고 본안 심리를 거치도록 한 것이다. 언론중재법은 정정보도청구의 소訴를 민사소송법의 소송 절차에 따라 재판하도록 하고 반론보도청구 및 추후보도청구의 소訴에 대해서는 민사집행법의 가처분 절차에 따라 재판하도록 했다(제26조 제6항).

우리나라 헌법재판소는 신문법 제16조 등 위헌 결정에서 언론중재법상의 정정보도청구를 가처분 절차에 따라 간단한 소명만으로 인용할 수 있게 하는 것은 언론의 자유를 위축시킬 수 있고, 이러한 언론의 위축 효과는 중요한 사회적 관심사에 대한 신속한 보도를 자제하도록 하여 민주주의의 기초인 자유 언론의 공적 기능을 저하시킬 수 있다고 지적했다(헌법재판소 2006. 6. 29. 선고 2005헌마165 결정 등). 즉 가처분을 통한 정정보도를 청구하는 것은 위헌으로 판단했다.

그러나 2009년 언론중재법 개정으로 민법상의 정정보도와는 다른 성격의 정정보도권을 도입하게 됨으로써 올바른 여론 형성 목적을 위해 도입된 반론권의 본질적 성격이 흐려진다는 지적이 있다.

3) 기본권의 보호

반론권을 정당화하는 가장 핵심적 논리 중 하나는 반론권을 인격권 등 기본권의 보호 장치로 파악하는 것이다. 반론권은 언론의 보도 등으로 인격권이나 프라이버시권 등의 침해를 받은 피해자가 그 언론 미디어에 대하여 행하는 기왕의 사실 보도에 대한 반박을 보장하는 권리를 의미한다(강경근, 1994: 23).

헌법재판소는 반론권을 헌법상 보장된 인격권에 바탕을 둔 것으로, 피해자의 인격권을 보호함과 동시에 언론 보장을 더욱 충실하게 하는 것으로 평가하고 있다(헌법재판소 1991. 9. 16. 선고 89헌마165 결정 등). 그 근거로 인간의 존엄과 가치 및 행복추구권을 규정한 헌법 제10조, 사생활의 비밀과 자유를 규정한 헌법 제17조, 언론·출판의 자유를 규정한 헌법 제21조 제1항, 언론·출판의 자유와 한계를 규정한 제21조 제4항 등을 들고 있다.[25] 이처럼 반론권은 헌법이 명시적으로 인정하는 기본권은 아니지만 '헌법적 기본권'으로 인정받고 있다.

그러나 반론권이 인정되는 근거를 인격권 보호에서 찾을 경우 반론권을 보장하는 정당한 이익의 범주가 지나치게 확대되어 언론 활동의 위축을 가져올 수 있다(이승선, 2001). 어떠한 상황이나 사실적 주장에 대해서도 인격권 침해를 이유로 반론권을 무조건 보장해 준다면 오히려 인격권 보장과 언론의 자

25 우리 헌법 제10조는 "모든 국민은 인간으로서의 존엄과 가치를 가지며, 행복을 추구할 권리를 가진다"고 규정하고 있고 제17조는 "모든 국민은 사생활의 비밀과 자유를 침해받지 아니한다"고 규정한다. 제21조 제1항은 "모든 국민은 언론·출판의 자유를 가진다"고 규정하고, 제4항은 "언론·출판이 타인의 명예나 권리 또는 공중도덕이나 사회 윤리를 침해하여서는 아니된다"고 규정한다. 언론·출판의 자유를 보장하는 동시에 언론·출판의 자유가 민주 사회에서 중요한 기능을 수행한다 하더라도 그것이 인간의 존엄성에서 유래하는 개인의 일반적 인격권 등의 희생을 강요할 수 없음을 분명히 밝히고 있는 것이다.

유를 조화롭게 해결하고자 하는 법이념을 훼손하게 될 수 있다는 지적이다.

이에 반해 반론보도청구권은 독자들에게 올바른 정보의 제공이란 객관적 목적뿐 아니라 피해자의 개인적 법익을 보호하는 데 제도적 의의가 있으므로 여론 형성의 영향만을 표준으로 하여 본질적 핵심에 관한 반론만을 허용하고 그렇지 아니한 경우에는 반론보도청구권의 이익이 없는 것으로 이를 배척한다면, 보도의 대상인 개인의 인격적 법익을 보호하기 위한 동 제도의 입법 취지는 충분히 실현될 수 없을 것이라는 견해가 있다(박용상, 2013).

그럼에도 피해자의 반론보도문을 무료로 게재하는 의무를 부과하는 반론권이 언론의 편집·편성의 자유를 제한해 보도 활동을 위축시키고 보도의 자유에 장애가 될 수 있다는 주장도 계속되고 있다. 피해자의 반론권과 언론의 자유가 충돌한다는 것이다. 이에 대하여 인격권으로서의 반론권과 언론자유를 대비시켜 기본권 충돌의 시각에서 이해하는 것은 언론 자유의 본질을 언론 기관의 '보도의 자유'에 한정하는 것으로 이는 언론 자유의 그릇된 이해에 기초를 두고 있다는 주장도 있다(성낙인, 1998).

헌법재판소도 "반론권이 언론의 자유와 서로 충돌하는 면이 없지 않으나 전체적으로는 상충되는 기본권 사이에 합리적인 조화를 이루고 있는 것으로 판단된다"고 밝혔다(헌법재판소 1991. 9. 16. 선고 89헌마165 결정). 과잉 금지의 원칙에 따라 목적의 정당성, 방법의 적절성, 법익의 형평성, 제한의 최소성 등을 감안할 때 반론권 제도를 규정한 법률이 헌법에 위반되지 않는다는 것이다.

아울러 언론에 대해서는 반론권으로 인한 부담을 덜어 주고자 하는 고려도 있다. 예를 들어 개인의 명예와 언론 자유 사이에 한계를 설정함에 있어서 타인(언론)의 일정한 표현으로 사회적 평가를 훼손당하는 피해자가 공적인 존재인지 사적인 존재인지, 그 표현이 공적 관심 사안에 관한 것인지 순수한 사적 영역에 속하는 사안에 관한 것인지 등에 따라 그 심사 기준에 차이를 두어, 공공적·사회적인 의미를 가진 사안에 관한 표현의 경우에는 표현의 자유에 대한 제한을 완화하는 방법이 있다(대법원 2005. 5. 27. 선고 2004다69291 판결 참조).

3. 반론권은 어떻게 발전했는가

언론의 보도와 관련하여 가장 먼저 반론권을 인정한 나라가 바로 프랑스다. 프랑스는 1789년 대혁명을 거치면서 당시 거대한 사회 세력으로 등장한 언론이 개인의 명예를 침해하는 것을 방지하고 그 구제를 효율적으로 달성할 수 있는 방책으로서 반론권을 제도적으로 정착시키게 되었다. 초기의 반론권은 개인의 언론 자유 신장이라는 측면보다 지나치게 영향력이 커졌으나 윤리 의식이 약한 언론에 대한 대응책으로서 고안된 것이라고 할 수 있다.

실제로 반론권 제도는 프랑스에서 기원하고 있고 독일을 시작으로 다른 국가들의 입법도 대부분 프랑스법의 영향을 받았다(김용주, 2011). 일본의 전쟁 전 반론권을 규정한 신문법도 프랑스의 영향을 받은 것으로 알려져 있다. 그래서 중요한 것은 프랑스의 반론권 관련 법 규정이다. 1881년 언론법 제13조 제1항에서 보는 바와 같이 '책임 편집자는 신문 또는 정기간행물에 의해 지명 또는 지적(특정)된 모든 사람들의 반론문을 …… 게재하지 않으면 안 된다'고 하여 대단히 포괄적인 방법으로 반론권을 규정한다. 따라서 실제 어떠한 기사에 대해 어느 정도까지 반론권을 인정할 것인가 하는 것은 당시의 표현의 자유에 대한 사고방식과 반론권의 근거를 어떻게 고려하는가에 따라 규정되었을 것으로 판단된다.

그런데 프랑스는 최근 쟁점화되고 있는 '반론권의 남용' 문제에 직면하여 반론권의 기초와 범위를 둘러싼 논의가 개진되어 진행되고 있다. 예를 들어 '사실적 주장'에서뿐만 아니라 의견·비평과 같은 주관적인 표현에 대해서도 반론을 인정하여 가장 넓게 반론권을 인정하고 있는데, 이러한 점이 반론권을 남용하게 되는 이유가 된다는 지적이 있다. 프랑스와는 다르게 독일은 법률상 언론 보도의 '사실적 주장'에 대한 피해자의 '사실적 주장'에 의한 반론만이 인정되며, 반론이 정당한 이익을 결하는 경우에는 반론권이 인정되지 않는다(Lee & Lee, 2001; Lee & Sang, 2013).

프랑스의 반론권 시작과 발전은 법률의 합헌성 심사(위헌 심판) 제도의 발전과 깊은 관계가 있다. 주지하듯이 인권 보장 기능을 하는 합헌성 심사 제도가 오랫동안 계속되어 온 프랑스에서도, 1971년 이래, 헌법위원회의 활성화 현상이 나타나고 있다. 헌법위원회의 심사는 원칙적으로 기존의 법률에는 적용되지 않기 때문에, 실제로 미디어에 관한 법제에 미치는 영향이 현재까지 대단히 한정된 것에 지나지 않는다. 또한 2008년의 헌법 개정에 따라서 도입된 '합헌성 우선 문제'는 법률의 합헌성을 심사하는 독일 연방헌법재판소의 구체적 규범 통제와 유사한 절차다. 이것이 미디어 법제에 영향을 미칠 가능성은 충분하고, 실제로 이미 위헌 판결의 예가 있다. 합헌성 우선 원칙은 2010년 시행되었으나 현시점에서의 영향은 아직 한정적이다.

반론권법에 대해서는 전체적인 측면의 관점에서 이해할 필요가 있다. 실제로 늘 운용하고 있는 프랑스와 독일 등에 있어서는, 다양한 실무적 문제들(예를 들어 장문의 기사 중 일부에 있어서 문제되는 경우에는 어느 정도 분량의 반론을 하도록 할 것인가 또는 표지에 대한 반론의 여부, 집행의 방식, 그리고 시효 기간 등)의 논란이 계속되고 있다.

최근에 이르기까지 프랑스에 있어서의 인권 보장은 입법부의 법률에 의한 보장에 달려있기 때문에 언론의 자유도 그 예외는 아니다. 프랑스에 있어서는 1789년 '권리선언' 제2조에서 '사상 및 의견의 자유로운 전달'이 '사람의 최고 소중한 권리'로 규정된 이후에도, 적지 않게 검열이 행해지고, 더욱이 신문이 공무원화되어 가는 현상이 나타났다. 따라서 프랑스에서 언론의 자유가 확립되기까지는 1881년 언론법이 제정될 때까지 기다리지 않으면 안 되었다.

1881년 언론법 제정 당시 의회 보고서는 이 법이 '인권 선언'을 적용한 것으로서 법제정의 목적은 '자유를 실현하는 데 있다'고 말했다. 아울러 '예방하는 것'과 '사후 억제하는' 것을 구분할 필요성을 강조하는 영국의 윌리엄 블랙스톤William Blackstone 대법관의 말을 인용하여 '사전 규제야말로 이 법이 금지하고자 하는 것'이라고 명시하였다.

이 보고서에 따르면 사전 검열의 금지야말로 언론 자유의 근간이 된다. 아울러 사후 처벌의 경우에도 무제한 가능한 것이 아니라고 보았다. 사후 처벌은 일반법상의 범죄로 고려하던 언론 행위와 관련되며, 이는 미디어의 위상과 관계없이 시민 단체의 안전이나 사적 이익에의 침해 등 '사회 질서를 문란케 하려는 동기가 있는 행위'이어야 한다고 보았다. 실제로 1881년 언론법은 '본 법안은 의견에는 자유로워야 한다'고 규정하였고, 법안의 핵심은 언론 관련 범죄의 '배심에 의한 재판' 규정이라고 할 수 있다.

프랑스에 있어서 언론 자유의 일반론적 특징은 ① 언론의 자유 확립이 법률에 의해 이루어졌다는 것, ② 사회적 권력으로부터의 언론의 자유 확보가 규제 영역에 들어가게 되었다는 것, ③ 수혜자인 독자의 '알 권리'가 '헌법적 효력을 갖는 목적'으로서 수용된 것, ④ 반론권과 관련하여 구제적인 조치의 입법화가 이루어 것이라고 할 수 있다(박진우, 2007; Errera, 1985).

반론권과 관련하여서 프랑스는 1991년 개정 언론법 제13조에 의하여 정기간행물에 의해 특정, 즉 지명되어 언급되거나 또는 지명되지 않더라도 '지시,' 즉 일반인에 식별될 수 있는 정도로 특정되어 언급된 자는 반론권을 행사할 수 있게 되었다. 규정에는 피해를 본 사람에게 필히 반론권을 예외 없이 보장하도록 되어 있는 것으로 해석된다. 그러나 1923년 개정 언론법에 따르면 정기간행물의 편집책임자가 일정한 경우 반론문의 게재를 거부할 수 있다는 것이 전제되어 있다. 단, 구체적인 게재 거부 사유는 규정으로 명문화되지 않고 판례에 위임되어 있다(박운희, 1995a).

프랑스 파기원은 1991년 언론법 시행 직후 전형적인 판결을 내고 있다. 파기원은 한 판결에서 "1991년 언론법 제13조에 의해 확립된 권리(반론권)는 일반적이며 절대적이다. 이 권리를 행사하고자 하는 자는 반론문의 형식과 내용을 언론인의 간섭을 받지 않고 결정할 수 있다. 사실심 재판소는 반론문 중의 표현이 법률, 미풍양속, 제3자의 정당한 이익 또는 저널리스트의 명예를 훼손하는 경우에 한하여 그 권리의 행사를 제한할 수 있다"고 하여 언론의 부담을 줄이려 하였다(曽我部真裕, 2013 재인용).

1970년대 들어 프랑스에서 반론권은 그 적용 범위를 방송까지 확대하였는데, 흥미로운 점은 한국과는 달리 프랑스의 경우 '사실적 주장'에서뿐만 아니라 의견·비평과 같은 주관적인 표현에 대해서도 반론을 인정하여 가장 넓게 반론권을 인정하고 있다는 것이다. 반론권 실현을 위해서는 민사적 방법과 형사적 방법 모두 가능하다. 또한 국가 공무원이나 의사 등은 반론권 청구에 일정한 제약을 받는다는 것도 또 다른 흥미로운 점이다(박운희, 1995d).

이후 유럽의 많은 국가들이 프랑스의 법체계를 수용하여 반론권 제도를 확립하게 된다. 미국에서도 2차 세계 대전 직후에 명예훼손에 대한 구제로서 반론권이 제창되었고, 1960년대 후반 이후에는 액세스권의 일환으로서 반론권법 제정의 주장도 제기된 바 있다. 1974년 유럽평의회European Council가 '반론권에 관한 각료위원회의 결의'를 채택(시작)하고, 이후 1985년 스위스가 새로운 연방 차원의 반론권법을 제정하는 등 반론권 제도는 점차 더 보급되는 추세를 보여 왔다. 방송에서도 유럽평의회의 국경을 초월하는 텔레비전에 관한 유럽조약(1989) 제8조와, EU의 시청각 미디어 서비스 강령(2007) 제28조에 반론권에 대한 규정이 삽입되었다. 유럽평의회는 또한 2004년 12월 인터넷을 염두에 둔 '새 미디어 환경에 있어서의 반론권'에 대한 각료위원회의 권고를 채택하기도 하였다(Glasser, Jr., 2013).

현재 반론권은 유럽 국가들을 중심으로 한 약 33개국에서 이러한 권리를 법으로 보장하는 것으로 알려져 있다(Lee, 2008b: 4411~4415). 영국의 정정 제의권訂正提議權, 한국의 언론중재법에서 규정하는 반론보도청구권도 명예훼손에 대한 하나의 구제 방법으로 반론권의 영역에 속하는 것이라 할 수 있다. 반론보도청구권(반론권)은 언론 미디어별로, 그리고 사안별로 각기 다른 법률에 근거하기는 하지만 그 기본 개념 자체는 거의 동일하다고 할 수 있다.

독일의 경우 프랑스 반론권을 모델로 바덴 주에서 1831년에, 그리고 연방 차원에서는 1874년 제국출판법에서 반론권 제도를 인정하였다. 그런데 초기 독일의 반론권은 그 행사 주체가 '국가 기관' 또는 '사인'으로 정해져 있었고, 그 이행의 강제 수단으로 벌금 등의 형사적인 제재를 하고 있어 현재의 반론권과는 다소 차이가 있었다. 즉 정부에서 주도하는 성격이 강한 제도였다. 그러나 1960년대를 전후로 주별로 출판법, 방송법이 제정되면서 반론권에서 형사적인 색채를 배제하고(아직도 흔적이 남아 있기는 하지만) 민사적인 방법으로 반론권을 행사하도록 하였다. 이러한 제도는 곧 방송에도 적용되기도 하는데, 반론권의 대상은 프랑스와는 달리 '사실적 주장factual assertion'에 국한된다(이재진, 2011a; Glasser, Jr., 2013; 박운희, 1995b).

우리나라의 경우 1980년에 이러한 독일의 반론권 제도를 모델로 반론권을 도입한 것으로 알려져 있다. 그러나 역사적으로 볼 때 우리나라 반론권 개념의 형성과 그 시작은 20세기 초까지 거슬러 간다. 정확히는 반론권의 법적 근거는 1907년(광무 11년) 7월 24일 통감부가 법률 제1호로 반포한 광무신문지법 제20조에 규정한 내용에서 비롯된다(성덕준, 1955: 65~66; 박운희, 1995d). 그러나 최초의 언론탄압법이라 지칭되는 이 법에서 규정한 개념은 개인의 권리 보호 및 피해 구제라기보다는 오히려 '잘못된 기사의 정정'이라는 다분히 관료적 발상에 근거한 것이었다(한영학, 2011).

광무신문지법은 "관보에서 초록한 사항에 관해서는 관보에서 정정하였을 때에는 차호에 발행할 때 지상에 이를 기재하여야 한다"(제19조), "기사에 관하여 관계자가 정정을 청구하거나 정오서 또는 변박서의 게재를 청구한 때에는 차호에 발행하는 지상에 기재하여야 한다"(제20조 제1항), "정오서 또는 변박서의 자수가 원기사의 자수의 2배를 초과한 때에는 그 초과 자수에 대하여 보통 광고료와 동일한 금액을 요구할 수 있다"(제2항), "정오 또는 변박의 취의趣意 혹은 자구가 본법으로 기재를 금한 자 혹은 요구자의 성명·주소를 명기하지 아니한 자의 요구는 불응할 수 있다"(제3항)고 하고, 제19조, 제20조 제1항에 위반한 경우에는 편집인을 10원 이상 100원 이하의 벌금에 처하는 것으로 규정하였다(제31조).

광무신문지법은 일본 신문지법과 거의 유사한 구조를 취하고 있다. 실제로 양법은 고유 기사와 전재轉載 기사로 구분하여 정오·변박 의무를 규정하고 있으며, 일부 세부적인 사항을 제외하면 거의 동일한 구조로 되어 있다.[26] 일본법의 경우 정오·변박제도는 신문지발행조목(1873)에서 그 원시적 형태가

26 광무신문지법과 일본 신문지법의 고유 기사에 대한 정오·변박제도의 세부 사항을 비교해 보면 대부분 일치하나 약간의 차이도 발견된다. 첫째, 정오·변박의 행사 주체는 전자가 원기사의 '관계자'인 반면 후자는 '본인 또는 직접 관계자'로 되어 한정적이고 명확하다. 둘째, 정오·변박의 객체는 적용 미디어(신문지), 적용 보도 장르(사실 보도, 논평) 모두 일치한다. 다만 후자는 고유 기사의 경우 착오 기사가 전제가 됨을 명시하고 있는 반면 전자는 이에 대한 명기는 없으나 양자의 현실적인 관계상 동일한 취지로 봄이 무방하다고 할 수 있다(한병구, 1982: 68). 셋째, 정오·변박 성립의 실질적인 요건, 즉 정오·변박 보도의 거부 사유도 '법령 위반' 또는 '청구자의 성명·주소 미명기'의 경우로 일치한다. 넷째, 정오·변박을 둘러싼 절차적 요건으로 ① 정오·변박의 청구 기간, 청구 형식 및 정오·변박 보도의 위치는 양자 모두 명기가 없고, ② 정오·변박 보도의 실시 기간은 전자의 '차호'에 대해 후자는 '차호 또는 제3호'로 다소 탄력적이며, ③ 정오·변박 보도의 분량은 전자의 원기사의 '2배 이내(초과 시 유료)'에 대해 후자는 '동일 분량 이내(초과 시 유료)'로 엄격하다. 다섯째, 정오·변박 의무 위반에 대한 형사 제재는 재산형으로 일치하나 후자의 경우 사사인 경우(친고죄)를 따로 규정한 것이 특징이다(한영학, 2011).

등장한 뒤, 신문지조례(1875)에 본격적으로 도입되어(제11조) 메이지 16년 조례(1883)에서 정오제도로 전환되었다가(제29조, 제30조) 메이지 20년 조례(1887)에서 정오·변박제도로 복원되어 그 절차 및 요건이 체계화되었다(제13조, 제14조)(한영학, 2011).[27]

이를 계승한 일본 신문지법의 정오·변박제도(제17조, 제18조)는 정오와 변박이 각각 사실 보도와 논평에 대해 인정되는 구조로, 프랑스형 반론권 제도로 간주된다. 실제로 일본 신문지법 제17조 및 18조는 프랑스 1881년 언론법 제12조 및 제13조와 거의 일치한다(榛村專一, 1933: 285).

이와 같은 연혁으로 볼 때, 우리나라 광무신문지법의 정오·변박제도는 프랑스의 반론권 제도가 일본 신문지조례를 경유하여 도입된 것으로 파악할 수 있다. 즉 현재의 언론중재법상의 반론권 제도는 독일의 반론권 제도를 모델로 한 것으로 알려져 있으나, 광무신문지법상의 반론권 제도는 프랑스 반론권을 모델로 한 것이라고 할 수 있다.

비록 프랑스를 모델로 하여 반론권이 수용되기는 하였으나, 양자 모두 사법私法상의 권리가 아니고 공법상의 의무인 점, 정오·변박 게재 청구에 대한 실질적인 거부 사유가 적시되지 않은 점 등으로부터 볼 때 신문의 자유와 보도 피해자의 인권 보호와의 조화로운 조정이 아닌 언론 통제에 비중을 두고 있음을 알 수 있다. 그러나 법문상의 이해와는 달리 당시 한국 신문은 물론, 일본 신문에 있어서 원문과 동일한 크기의 정오서·변박서가 신문지상에 게재된 것은 거의 발견되지 않으며, 게재되더라도 대부분 최소의 활자로 눈에 띄지 않는 구석에 게재되었다(法令普及会, 1974: 45).

이러한 정황과 일본 메이지 헌법 제29조의 '법률의 범위 이내'에서만 인

27 광무신문지법의 정오·변박제도보다 일본 신문지법의 그것이 다소나마 체계적인 것임을 알 수 있다(한영학, 2011).

정되는 언론·출판의 자유의 관념하에서 당시 신문 규범을 포함한 각종 언론 관계 규범의 전체적인 틀이 국가의 사전적·행정적 통제를 용인하는 구조로 되어 있었던 점에 착안하면, 정오·변박제도를 순수한 보도 피해자의 보호·구제 수단으로 간주하기는 어렵고, 진실 발견 내지 사상·정보의 다양성 확보라는 측면도 중요시하는 오늘날의 반론권 제도의 본질과 상당한 차이를 보인다.

다시 말하자면 당시의 반론권 제도의 본질은 정부를 비판하는 언론에 대한 위축 효과를 노린 신문 자유의 억압에 있었다고 보아야 하며, 국가가 정오·변박 게재를 강제하고 있는 결과, 그 반사 작용으로 착오 기사의 이해관계자가 당해 신문에 대해 정오·변박 게재를 청구하는 이익을 향수함에 지나지 않았다고 해석할 수 있다. 이러한 구조적 문제에 근거할 때, 실현되지는 않았으나 일본에서 일련의 신문지법 개정·재편 움직임에서 정오·변박 게재의 거부 사유의 보완, 정오·변박 의무 위반의 비친고죄로의 전환 등 동 제도에 대한 개선 의견이 제시된 것은 주목할 만하다(松井修視, 1979).

정리하면 광무신문지법에서 규정하는 반론권이란 이 법에 명시된 변박의 의미를 갖는 것으로 오늘날 반론권과 거의 유사하다고 해석할 수 있다. 그러나 규정이 유사한 것이라고 하여도 이는 '국가가 언론을 지도한다는 사고'에 근거한 것이라 볼 수 있으며, 이 규정에 근거한 정오서 혹은 반론문이 게재된 예는 찾아보기 힘들다. 이러한 반론권 개념은 일본은 전후에 소멸하게 되나 우리나라의 경우에는 계속 살아남게 된다.

광무신문지법의 반론권 개념은 방송법(1963. 12. 16. 법률 제1535호)과 언론윤리위원회법(1964. 8. 5. 법률 제1652호)으로 이어졌으나 군사 쿠데타 이후 정부의 언론 탄압 정책의 일환으로 제정되었고, 제정 과정상의 문제점으로 단 한 건의 사례도 남기지 못하고 1980년 제5공화국을 맞아 언론기본법이 제정되면서 폐기된다(박운희, 1995d).

이런 의미에서 언론 피해자에 대한 구제 제도로서 의미를 갖는 반론권, 즉 피해를 받은 개인에게 신속·적절하고 대등한 방어 수단으로서 공격 내용과 동일한 효과를 갖게끔 보도된 미디어 자체를 통하여 방어 주장의 기회를 보장하는 권리가 제도적으로 정착하게 된 것은 1980년 12월 31일 언론기본법이 제정·시행되면서부터라고 할 수 있다. 흥미로운 점은 당시 법률상 명칭은 '정정보도청구권'이었다는 것이다(김병국, 1998).

1980년 말 반론권 실행을 위해 언론중재위가 설치되었고, 전치주의 도입으로 반론을 구하고자 하는 사람은 법원에 청구하기 전에 반드시 언론중재위의 조정을 거치도록 했다. 민주화 과정을 거치며 언론기본법이 폐지되었으나 반론권 제도는 1987년 11월 28일 정기간행물의 등록 등에 관한 법률(정간물법)과 방송법의 일부로 흡수되었다. 이어 1995년 12월 30일 정간물법 등의 개정으로 '반론보도'라는 용어가 정식으로 법률 용어로 채택되었다. 이에 결정적으로 기여한 것은 1986년 1월 28일 선고한 대법원 판결로, 대법원은 '정정보도'라는 법률 문언에도 불구하고, 정간물법이 '반론보도'를 규정한 것이라고 명백히 판단하였다.

이후 언론에 의한 피해를 보다 효율적으로 구제하고 피해 구제 전반에 관한 체계적이고 통일적으로 규정하는 법의 필요성에 의해 언론중재법이 2005년 1월 27일 제정·공포되고 2005년 7월 28일부로 시행되었다. 전술한 대로 언론중재법은 과거 여러 법률에 분산되어 규정되어 있던 언론 피해 구제 제도를 단일법으로 통합한 것으로[28] 반론권의 대상이 되는 언론을 정기

28 정기간행물은 '정기간행물의 등록 등에 관한 법률' 제16조 이하에서, 방송은 방송법 제91조에서, 뉴스통신은 '뉴스통신진흥에 관한 법률' 제7조에서, 일반 불법 행위로 인한 손해배상 및 정정보도청구에 대해서는 민법 제750조, 제764조에서 규정하고 있었는데, 민법 규정을 제외하고 모두 언론중재법으로 통합되었다.

간행물과 뉴스통신, 방송뿐만 아니라 인터넷 신문까지 확대하고 반론보도청구에 대해 적용되던 필요적 전치주의를 폐지하였다. 이와 함께 사실적 주장에 관한 언론 보도로 피해를 입은 자에 대한 손해의 배상도 언론중재의 대상에 포함시켰다.

2009년 2월 개정에서는 인터넷뉴스서비스사업자(포털 사이트)도 반론권 적용대상에 포함되었다. 현재 피해 구제의 대상을 기사의 댓글까지 확대하려는 논의를 하는 등 반론권 제도 실행의 새로운 틀을 갖추려는 노력을 기울이고 있다.

4. 반론권의 이론적 배경

인격권의 보호 장치로서의 반론권은 이른바 언론의 자유freedom of the press와 상반되는 권리다. 따라서 반론권을 헌법적인 권리로서 인정할 수 있는가 또는 만일 반론권을 수용하는 법률을 제정하는 경우 언론 자유를 침해하게 되는가에 논란이 있어 왔다. 이러한 반론권을 둘러싼 헌법적 논의는 언론의 자유에 대한 논의, 국민의 알 권리에 대한 논의, 그리고 미디어 액세스권에 대한 논의로 나뉘어져 반론권자의 인격권 보장과 다양한 정보를 수용함에 따라 발생하는 공중의 이익이 언론의 자유에 우선하는가 아니면 그 반대가 되는가에 대해 대립하고 있다.

이러한 시각에서 볼 때 반론권 관련 헌법적 논의는 세 가지 측면에서 살펴볼 수 있을 것이다. 무엇보다 언론의 자유에 대한 헌법적 논의의 핵심은 반론권이 언론에 위축 효과를 불러 일으켜 헌법에서 금지하는 과잉 규제가 되는가에 대한 것이다. 즉 반론권이 고유한 언론 자유의 영역을 침해하는가 하는 점이다. 또한 국민의 알 권리에 관한 논의는 수용자가 반론권을 통해서 진실에 접근하는 다양한 목소리를 들을 수 있는가 하는 것과 수용자의 표현의 자유가 언론에 접근해서 자신의 목소리를 낼 수 있는 권리를 포함하는지, 그리고 언론의 공적 책임의 입장에서 수용자의 의견을 게재하도록 해야 하는가와 관련된다.

1) 언론 자유 이론

(1) 언론 자유의 본질

일반적으로 언론의 자유는 '표현의 자유freedom of expression,' '말할 자유freedom of speech,' '출판·방송의 자유freedom of press'의 개념을 포함하는 것이다. '언론 자유'라는 용어로 대표되는 이들 이익은 개인들의 정신적 자유이며 동시에 정치적 자유로 인식된다. 말할 자유나 표현의 자유는 보다 개인적인 법적 권리로서 인식되는 반면 출판·방송의 자유는 언론사의 자유를 의미한다.

이처럼 다양한 의미를 갖는 언론의 자유는 본질적으로 추상적인 권리이며 그 구체적인 보호를 위해 각 사회는 법을 제정하여 이를 실천하고 있다. 언론의 자유는 현대에 와서 개인의 표현할 자유나 말할 자유보다는 매스 미디어의 자유, 즉 신문, 잡지, 방송 등이 자유롭게 자신이 원하는 것을 취재, 편집, 편성, 보도, 출판, 방영하는 것을 의미하는 경우가 많다.

언론 자유에 대한 최초의 법적 선언은 1649년 영국의 인민협약에서 있었으며, 1766년의 버지니아 주의 권리장전, 1789년의 프랑스 인권선언, 1791년의 미국 수정헌법 제1조the First Amendment 제정 등이 뒤를 따랐다. 초기의 언론 자유의 개념은 무엇보다도 매스 미디어에 대한 사전 검열prior restraint이 없는 상태를 의미한다. 사전 검열이란 예를 들어 출판 또는 방영되는 기사나 프로그램의 내용에 대한 물리적 검열은 물론 언론사 설립에 있어서의 허가제, 또는 언론사에 불법적인 과도한 세금을 부과하는 것 등을 통칭하는 것이다.

이러한 사전 검열은 언론을 통제하려는 목적을 가지기 때문에, 18세기 영국의 윌리엄 블랙스톤 대법관은 언론 자유는 '사전 검열이 없는 상태'라고 주장하였으며,[29] 미국의 휴고 블랙Hugo Black 대법관도 언론 자유를 보장하는 미국 수정헌법 제1조의 목적도 '사전 검열의 금지'라고 피력하였다. 이러한 언론 자유관은 상당히 오랫동안 유지되어 왔다.

실제로 언론 자유에 대한 근간은 1644년 영국의 시인이며 작가인 존 밀턴John Milton이 저술한 《아레오파지티카*Arepagitika*》에 나타난 출판허가제의 반대에서 찾아 볼 수 있다. 당시 그는 이혼을 금지하는 법적인 제약을 완화해야 한다는 에세이를 정부의 허가 없이 출판하여 처벌을 받게 되자 《아레오파지티카》를 저술하여 자유로운 출판의 중요성을 강조하였다.

그는 사전 검열의 성격을 띠는 허가제는 출판물이 크게 늘어나면서 더 이상 유효한 정책이 되지 못하며, 혼란을 방지하기 위해 출판을 사전에 금지하는 것은 궁극적으로 더욱 큰 죄악이 되며, 모든 출판을 허용하여 오류와 진실이 서로 충돌하여 싸우게 하다 보면 진실이 승리할 것이라는 이른바 '사상의 자정 작용'을 주장하였다. 이러한 밀턴의 자유관이 비록 모든 사람에 적용되는 것은 아니었지만, 당시의 시대적 패러다임이었던 '엄격한 검열stringent censorship'로부터 획기적인 변화를 이끌어 내는 것이었다. 궁극적으로 밀턴이 주장한 출판의 자유는 간단히 말하자면 개인이나 단체 등이 자신의 견해나 사상 등을 인쇄, 배포할 수 있는 권리를 의미했다.

개인의 표현의 자유는 개인의 가치 실현에 있어 필수불가결한 자유권적 기본권(Emerson, 1967; 1970)이며 여론의 형성에 있어 가장 보호되어야 할 권리

29 그의 판단 이래로 언론의 자유를 사전 검열 금지로 바라보는 패러다임은 오랫동안 지속되어 왔다.

로서 인식된다. 그러나 사회가 복잡해지고 인격권 등 개인의 여타 다른 기본권의 중요성이 커지면서 표현의 자유와 다른 기본권과의 조화를 어떻게 이룰 것인가가 중요한 쟁점으로 등장하였다.[30] 언론 자유를 사전 검열이 없는 상태라고 본 블랙스톤 대법관도 "모든 자유인은 공중 앞에서 자신의 즐거운 감정을 표출할 절대적인 권리를 누린다. 따라서 이를 억압하는 것은 출판의 자유를 파괴하는 것이다. 그러나 만일 개인이 부적절하거나, 장난스럽거나, 또는 불법적인 것을 출판한다면, 그 사람은 자신의 무모한 행위의 결과에 대해 책임을 져야 한다"고 하면서 인격권과의 이익형량의 필요성을 피력했다(이재진·이정기, 2011 재인용).

개인의 인격권과 언론 자유와의 이익형량의 중요성은 현대로 오면서 개인의 표현의 자유가 언론사의 언론의 자유로 변화되면서 더욱 커지게 된다. 토머스 제퍼슨은 미국 독립운동 당시 언론 자유의 중요성을 강조하면서 언론은 자유롭게 취재·보도할 수 있어야 하며 이것이 '지적 시민들informed citizens'을 형성하여 다수의 정치적 참여를 이끈다고 주장하였다(이재진, 2006c).

현대적 의미의 언론 자유인 언론사 또는 언론 미디어의 자유를 보장하는데 있어 가장 중요한 가치는 언론이 정부 권력의 남용을 감시·비판하는 역

30 새뮤얼 워렌Samuel Warren과 루이스 브랜다이스Louis Brandeis 판사는 1890년 〈하버드 법학 리뷰*Harvard Law Review*〉에 기고한 논문에서 "언론은 모든 방면에서 그 우위성priority과 품격decency의 한계를 넘어서고 있다. 가십은 더 이상 게으르고 사악한 사람들만의 전유물은 아니며, 이는 철면피effrontery는 물론이고 언론에 의해서도 추구되는 것이 되고 있다…… 문명이 발달하고 삶이 복잡하고 힘들어지면서 어떤 이는 세상으로부터 은거하는 것을 필요로 하게 되고, 문화의 은밀한 영향력 아래서 인간은 점점 더 세상에 알려지는 것에 대해 민감해져 간다…… 그래서 혼자 있을 수 있는 것과 개인 생활의 영위는 개인들에게 더욱 필요한 그 무엇이다. 그러나 작금의 기업들과 발명품은 개인의 사생활을 침해하면서 인간을 육체적인 피해보다 더 심각한 정신적 고통이나 고뇌에 빠지게 한다"고 갈파하여 언론의 개인들의 사생활에 대한 피해가 심각함을 경고하고 있다(Warren & Brandeis, 1890).

할을 한다는 것이다. 다시 말하자면 언론은 정책의 집행에 있어 국가 권력이 남용되는 것을 막고 잘못된 경우 이에 대해 비판과 질책을 통해 부정적 여론을 형성하게 된다는 것을 의미한다.

미국의 헌법학자 블라시(Blasi, 1977)는 비록 언론이 상업적 폐해가 있다고 하나 최악이라고 할 수 있는 국가 권력의 남용보다는 덜하기 때문에 언론의 '감시 가치checking value'를 발휘할 수 있도록 언론의 자유가 보호되어야 한다고 주장하였다. 그는 개인들이 누리는 언론 자유의 근거가 되는 '자치 이론 self-government'이 비현실적이라는 점을 지적하면서 언론사나 언론 미디어에 대해서 확장된 보호가 요구된다고 피력하였다. 그는 언론사 또는 언론 미디어야말로 공적인 비리를 광범위한 조사와 보도를 통해서 감시할 수 있는 공적 영역에 존재하는 유일한 사적 존재라고 강조하였다.

그런데 전술한 바와 같이 언론 자유에 대한 이해는 언론 자유를 보장하는 '헌법 조항'의 규정에 대한 이해로부터 시작되어야 한다. 실제로 미국의 경우 수정헌법 제1조는 언론 자유를 다른 여타의 개인적 기본권보다 '우월적인 지위preferred position'를 누리도록 하는 결과를 가져왔다(Youm, 1996: 185).[31]

예를 들어 명예훼손법에 있어 미국의 헌법학자인 샤우어(Schauer, 1980: 12~13)는 "미국 헌법하에서 언론은 구체적으로 보호되는 반면, 명예는 그렇지 않다. 그 결과 언론에 대한 잘못된 제약이나 처벌은 개인의 명예에 대한 피해보다 더욱 큰 피해가 된다. 그래서 언론은 미국 헌법에서 우월적 지위를 향유한다"고 간파하고 있다. 또한 그는 언론의 자유를 보장하기 위해서 법이

31 우리나라 헌법재판소도 "언론·출판의 자유는 민주 국가의 존립과 발전을 위한 기초가 되기 때문에 특히 우월적 지위를 지니는 것이 현대 헌법의 특징"이라고 판시한 바 있다(1991. 9. 16. 선고 89헌마165 결정). 즉 법적인 규정이나 판례들의 판결 경향을 두고 본다면 약간의 정도 차이는 있을지언정 언론·출판의 자유는 여타 다른 기본권에 우선하는 모습을 보인다고 할 수 있다.

존재해야 한다는 점을 강조하면서 이른바 '위험한 경사slippery slopes'의 논리를 제시한다(Schauer, 1985). 즉 언론의 자유가 비록 절대적인 것은 아니지만 언론의 자유를 제약하는 법조항이 많을수록 결국 통제해서는 안 되는 언론 자유의 본질적인 부분까지 침해하게 된다는 점을 경계해야 한다는 것이다.

실제로 미국의 언론 자유에 대한 헌법적 특징은 '활기차고 공개된 토론은 과도한 정부권력에 대한 최대한의 견제를 제공한다'는 시각에 근거하여 발전해 왔다는 것이다. 다시 말하자면 자유롭고 공개적인 토론의 활성화는 대의제 민주주의의 운영에 핵심적인 요인으로 인식되어 왔다(Schiffrin, 1994: 692~693). 그러나 앞서 지적한 대로 대부분의 경우, 언론의 자유와 여타 개인적 기본권이 충돌하여 이익형량이 요구될 때, 이는 인간의 본원적 가치의 실현에 있어 어느 쪽에 더욱 사회적 비중을 두어야 하는가에 따라서 결정된다.[32]

언론 자유와 관련한 핵심적 사건이 바로 1931년의 니어 대 미네소타Near v. Minnesota 사건이다(238 U.S. 697 (1931)). 여기서 미국 연방대법원은 언론의 자유는 국가 안보national security, 음란obscenity, 치안방해죄seditious libel 이외의 경우에는 사전 억제prior restraint되어서는 안 된다고 피력하였다.[33] 신문이 자유롭게 취재·보도·발행하는 데 있어 위의 세 가지 경우를 제외하고는 최대

32 미국의 경우 언론 자유의 헌법적 보호에 있어서의 최초의 의문은 수정헌법 제1조가 전국적 범위에 적용되는가 하는 점이었다. 비록 수정헌법 제1조가 1791년 제정되기는 하였으나 이것이 전국적 범위에서 적용되기 시작한 것은 1925년 기틀로 대 뉴욕Gitlow v. New York 사건에서 연방대법원이 수정헌법 제14조의 "적절한 절차due process" 조항에 따른 병합의 원칙principle of incorporation을 적용시키면서부터다(268 U.S. 652 (1925)). 다시 말하자면 연방대법원의 판례로 인하여 이것이 국가적으로 인정된 것은 수정헌법 제1조가 제정된 지 약 135년 후의 일이며, 이전까지는 각 주의 언론 관계법들이 대개 우선 적용되었다. 이는 언론 자유가 헌법적 권리로서 완전히 인정받은 것은 그리 오래전의 일이 아니라는 점을 말해 준다.

33 이 사건에서 에반스 휴고Evans Hughes 대법관은 "수정헌법 제1조의 보장에 있어서의 주요 목적은 출판물에 대한 사전 검열을 금지하는 것"이라고 보았다(283 U.S. 697 (1931)).

한 헌법에 의해 보호받아야 한다는 것이다. 그러나 한편으로는 국가적 안위를 위협하는 보도나 음란성이 강한 보도, 치안 방해를 선동할 가능성이 있는 보도의 경우 이것이 여타의 개인권과 갈등 상황이 발생할 때에는 자의적으로 판단해서는 안 되며 엄격한 법적 절차를 거쳐 정확하게 판단되어야 한다는 것을 의미한다.

이러한 판결을 통해서 볼 때 자유주의적 기본권으로서의 언론의 자유와 여타의 기본권과의 조화를 추구할 여지가 있다는 것을 알 수 있다. 언론의 자유를 보장하면서도 다른 기본권과의 이익형량을 이루기 위한 하나의 장치로서 수용되거나 또는 사라지는 경향을 보인다. 따라서 미국과 같이 언론의 자유가 우월적인 기본권으로 인식되는 경우에는 점차 반론권이 여타 인격권과의 조화를 이루는 장치로서의 의미가 약화된 반면 유럽 국가들에 있어서는 반론권의 의미가 여전히 크게 남아 있다고 할 수 있다.[34]

(2) 언론에 대한 위축 효과

반론권은 언론의 보도로 인한 피해 당사자의 주장을 언론에 일정한 방식으로 게재·방송하게 한다는 점에서 언론 자유(표현의 자유)와 충돌할 수밖에 없는 특성을 가진다. 특히 반론권 행사의 대상이 되는 뉴스 기사의 경우 내용상의 위법성이나 허위성의 존재 유무를 전제로 하지 않으며, 해당 표현 행위에 적시된 당사자 본인이 작성한 반론문을 당해 언론의 지면이나 방송에 동일한 조건으로서 게재·방송해야 한다는 특징을 가지는 점에서 언론의 자유를 침해할 수 있는 가능성이 존재한다.

34 임상원(2000)은 반론권을 자유주의의 실패를 보완하기 위한 장치로 고안된 것으로 보았다. 즉 수많은 권리가 생성되고 무질서한 경쟁이 발생한 자유주의의 문제를 해결하기 위한 방편의 하나로 판단한다.

반론권과 관련하여 헌법적인 논의 중 핵심 논의는 바로 언론에 위축 효과를 가져와 언론 자유의 본질적인 측면을 침해할 수 있다는 것이다. 실제로 언론의 인격권에 대한 침해로 인한 소송은 언론의 취재·보도의 자유에 대한 잠재적인 위축적 위협chilling threat의 가능성을 내포한다고 할 수 있다(Bezanson, Cranberg, & Soloski, 1987). 언론에 대한 위축 효과는 언론의 본질적 기능에 대해 제약을 가함으로써 궁극적으로는 국민들의 알 권리를 침해하는 결과를 초래할 수도 있다. 즉 언론 기관들이 소송에 대한 두려움 때문에 공적 관심사에 대해서 제대로 보도할 수 없는 상황이 발생하여 국민들이 꼭 알아야 하는 정보가 제대로 전달되지 않을 가능성이 있다는 것이다.

원래 위축 효과란 보통 법률이나 언론 분야에서 사용되는 용어로 어떤 사안에 대해 특정 개인이나 집단이 지나친 관심을 보일 때, 관련된 일정 발언이나 행동이 스스로 위축되는 현상을 일컫는 말이다. 대개 특정법의 통과, 법원의 판결, 제소 위협, 또는 법적 권리를 행사하는 것을 망설이게 하는 법적 행위 등에 의해서 발생하는데, 이 때문에 자기 검열이 촉발되어 언론의 자유가 침해될 수도 있다. 위축 효과는 '냉각 효과,' '공포의 파급 효과' 등으로도 불리며, 명예훼손소송으로 인한 위축 효과는 '명예훼손 냉각libel chill'이라고도 한다(Green, 2009).

다시 말하자면 위축 효과와 관련하여 반론권이 표현의 자유를 제한하고, 언론의 자유와 충돌하게 된다. 언론 기관들은 반론권을 인정하는 것이 언론에 대한 부당한 간섭과 침해라며 반발한다. 언론·출판의 자유의 주요 내용인 보도의 자유 및 편집·편성의 자유를 결과적으로 제한하고 보도 기관의 보도 활동을 위축시키는 결과를 가져온다는 것이다. 결국 언론의 위축 효과란 언론사가 사후 분쟁에 대비하여 공익과 관련된 중요한 사안을 신속하게 보도하지 못하게 되는 것을 의미한다.

미국의 경우 언론에 위축 효과를 가져오는 것으로 많은 논의가 이루어지고 있는 것은 사전검열제도, 전략적 봉쇄 소송(Strategic Lawsuit Against Public Participation: SLAPP) 등이 있다. 사전 검열은 수정헌법 제1조에서 금지하는 것으로서 무엇이 사전 검열인가에 대한 해석을 통해서 규제 방식이 정해져 왔으며, 전략적 봉쇄 소송은 언론사나 시민 단체 등의 감시·비판을 피하기 위해 고위 공직자나 정부 기관 등이 언론사를 상대로 거액의 손해배상청구소송을 제기하는 것을 의미한다(김상우, 2010).[35]

이와 아울러 미국에서는 명예훼손소송이 언론 자유에 상당한 위축 효과를 초래한다는 많은 연구들이 나오고 있다. 무엇보다도 엄청난 액수의 '손해배상,' 특히 징벌적 손해배상punitive damages이 언론이 자유롭게 숨 쉴 수 있는 공간을 옥죄는 역할을 해 왔다는 비판들이 있다. 비록 언론의 승소율이 높기는 하지만(Bezanson, Cranberg, & Soloski, 1987: 90) 이러한 경우에도 변호사 비용을 포함하여 과다한 법정 비용을 지불해야 하는 언론으로서는 승소하건 패소하건 간에 명예훼손은 여간 부담스러운 존재가 아닐 수 없다. 미국에서의 반론권은 이러한 법문화 속에서 여타 유럽 국가들의 반론권과는 다른 성격을 갖는다. 국가에서 주도하는 반론권은 1974년 토닐로 사건이라고 하는 마이애미 헤럴드 대 토닐로Miami Herald v. Tornillo 판결의 결과로 인쇄 미디어에는 적용되지 않았다(418 U.S. 241 (1974)). 토닐로 사건에서 대법원은 공직에

35 전략적 봉쇄 소송(SLAPP)은 공중이 비판이나 반대를 중단할 때까지 법률적 방어를 위한 비용의 부담을 지게 함으로써 공중을 검열, 위협, 그리고 침묵하게 만드는 소송을 의미한다. 가장 전형적인 SLAPP는 소송에서 이기는 것이라기보다는 피소인이 두려움에 빠지고 법정 비용을 증가시키고 지치게 만듦으로서 비판을 포기하도록 하는 것이다. SLAPP은 결국 공중이나 타인들이 소송이 두려워서 어떠한 논의에 참석하는 것을 꺼리게 만든다. 이는 자주 법적 위협을 가한 이후 제기하는 경우가 많다. 이 소송에 있어 가장 큰 문제는 법원이 제소자가 자신들의 의도가 검열, 위협하거나 또는 비판으로부터 침묵하도록 하게 만드는 것을 인정하면서 법정에 출두하지 않는 것이다.

출마하는 후보자들에게 주어지는 반론권이 "공적인 논의의 생명력을 위축시키고 다원성을 제약한다"고 밝히고 있다. 또한 이러한 반론권은 인쇄에 드는 재료의 사용과 비용을 높일 뿐만 아니라 편집에 부가적인 시간을 요구하며 다른 뉴스에 주어질 지면을 반론에 할애해야 하는 등의 불편이 따른다고 그 이유를 설명하고 있다.

일본의 경우 최고재판소는 반론문 게재로 인한 부담은 '비판적 기사, 또는 공적 사항에 관한 비판적 기사의 게재를 중지하게 하고, 헌법이 보장하는 표현의 자유를 간접적으로 침해'하는 효과를 어떻게 고려할 것인가 문제가 남는다고 피력했다(한영학, 2010). 즉 반론권법상 특정인이 언급되면 원칙적으로 반론권이 발생하는 것이기 때문에 언론은 항상 위축 효과의 영향하에 있다고 말할 수 있다.

프랑스에 있어서도 위축 효과가 문제로 인식되어 왔다. 예를 들어 비평에 대한 반론권 제한의 문제가 바로 위축 효과의 문제라고 할 수 있다. 1960년대에 반론권 행사 상황에 대해 조사한 법학자 브왈리(Biolley, 1963)는 반론문의 게재 청구가 신문보다 잡지에 대해 더 많이 제기된 사실에 주목하고, 이는 신문이 반론권의 행사를 피하기 위해 상당한 주의를 기울이고 있다는 것을 의미한다고 보았다. 즉 신문에 위축 효과가 나타나고 있다는 것이다. 그 예로서 브왈리는 교통사고 보도의 경우, '어떤 차량이 어떤 다른 차량에 충돌했다'고 하는 표현에 대해서 '두 대의 차량이 충돌했다'고 표현하거나(독자는 어떤 차량이 충돌의 책임이 있는지를 오인할 수 있기 때문에 자기 책임을 면하고자 전자와 같은 표현에 대해 반론을 하는 경향이 있음), 어떤 상품에 대해 언급하는 경우에 특정 상표명을 명시하지 않고 일반적인 명칭을 이용하는 보도 방식(예를 들어 특정 상품명보다 일반적인 표현인 '냉장고,' '경보 장치' 등 사용)을 들었다(曽我部真裕, 2013: 186~190 재인용).

문제는 어떻게 해야 반론권 행사로 인하여 언론이 저널리즘 영역에 있어 위축 효과를 받지 않도록 하는가이다. 이에 대해 전문가들은 다음의 두 가지

방식을 지적한다. 첫째는 위축 효과의 해악을 중시하여 반론권을 제한 또는 부정하는 대응 방식이며, 둘째는 이러한 위축 효과를 긍정적으로 취급하여 대응하는 것이다(曽我部真裕, 2013).

먼저 반론권의 위축 효과를 이유로 반론권을 제한하는 경우는, 의견에 대한 반론을 인정하면서도 비평에 대해 반론권 행사를 제한하는 프랑스의 예를 들 수 있다. 이외에도 의회에 있어서 의사議事 진행과 법정에 있어서의 변론 보도에 대해서 반론권 적용의 제한을 주장할 수 있다. 이처럼 제한을 주장하는 측은 비평의 독자 또는 공중에 대한 유용성을 강조하고자 하는 것이다. 즉 비평에 관한 반론권 적용의 예외를 인정하지 않는다면, 어떠한 작품을 '형편없다'고 비평하는 서적과 이를 보도하는 기사에 대한 반론권으로 인한 위축 효과가 우려된다. 한편, 의회와 법정 보도에 대해서는 다소간 법조문상의 조치가 가능하고 오래전부터 이러한 보도 기사에 대한 반론권을 제한하는 것이 가능해 왔다고 주장할 수 있다. 프랑스의 1881년 언론법은 제42조에서 "의회는 의사 진행과 관련된 연설과 보고에 대해서 어떠한 소권도 행사할 수 없다"고 하여 언론이 선의로 행한 의회 공개 의사 보도에 대해서는 소송을 제기할 수 없도록 규정하였다.

이 규정은 명예훼손, 모욕 등에 기초한 소권에 관한 것이지만, 반론권의 행사는 제한되어지지 않는다고 본다. 그러나 일부 반론권 제한론자들은 규정의 취지가 공개 의사를 최대한 널리 알리려는 언론에 면책을 주는 것이며 의회에서 논의되는 문제가 재판소에서 평가되는 것을 피하도록 하는 것이기 때문에 제41조 제2항 규정에 의해 반론권 행사가 제한되어질 수 있다고 주장한다. 이들은 의사議事가 최대한 일반에 알려지도록 하는 언론의 기능을 중시하는 것으로 보인다.

우리나라 사법부도 언론에 대한 위축 효과를 수긍하고 있다. 이는 헌법재판소가 1999년 6월 24일 선고한 97헌마265 결정의 취지를 통해 알 수 있다. 이 사건은 강원도의회 전 의원인 정인수 씨는 〈강원일보〉 발행인과 편집국장, 기자들을 출판물에 의한 명예훼손죄로 고소했으나 검찰이 불기소처분하자 위법하다며 헌법소원을 청구함으로서 시작되었다. 헌법재판소는 결정문에서 '공적 인물·공적 사안'의 법리라고 이름을 붙일 수 있는 이익 조정의 법리를 제시했는데, 공적 인물과 사인, 공적 사안과 사적 사안의 심사 기준을 달리해야 한다고 판시했다.

헌법재판소는 공적인 사안에 대하여 자유로운 비판과 토론을 하지 못하게 형사 벌로 규율하려는 것은 언론의 자유를 위축시키거나 질식시킬 터인데, 이는 다수결 원리의 형해화形骸化, 즉 허명뿐인 민주주의로 이어진다고 경고했다. 헌법재판소는 나아가 명예훼손죄 사건에서는 첫째, 진실오신의 상당성이 있을 때 명예훼손죄는 성립하지 않으며 둘째, '오로지 공공의 이익에 관한 때'는 그 적용 범위를 넓혀야 하고, 셋째, '비방할 목적'은 엄격한 증거를 통해 입증되는 때에 한하여 폭을 좁혀 제한하는 해석이 필요하다고 판시했다.

명예훼손법상 '진실한 사실'은 세부적으로 약간의 차이가 있거나 다소의 과장된 표현이 있더라도 내용 전체의 취지를 살펴볼 때 중요한 부분이 객관적 사실에 합치되는 것을 뜻한다. 그런데 정확성 외에도 속보성을 다투는 언론의 속성상 '처음부터 끝까지' 진실한 사실만을 보도하는 데 한계가 있다. 언론이 결코 번복될 수 없는 진실한 사실만을 보도해야 한다면 굳이 공적인 토론이나 사법 절차 등을 통한 분쟁 해결이 필요하지 않을 것이다.

더불어 언론은 과중하고 반복적인 법적 책임을 피하기 위해 위축될 수밖에 없는데, 이는 자유민주주의 시스템의 핵심이라고 해야 할 여론 정보의 유통 기반을 붕괴시킨다. 따라서 언론이 취재 보도 과정에서 진실이라고 믿을 만한 상당한 이유를 제시하고 성실하게 주의 의무를 이행하였다고 여겨질 경우에 완화된 면책 요건을 적용할 필요가 있다. 이러한 고민 끝에 창안된 법리가 명예훼손적 언론 보도에 대한 '진실오신의 상당성 면책'이다. 타인의 명예를 훼손한 언론 보도라도 그 사실이 공공성이 있고 진실하거나 진실하다고 믿을 만한 상당성이 있을 때 민·형사적 책임을 면할 수 있다.

반론권 실행 방법 중 정정보도가 언론에 위축 효과를 가져온다고 지적하는 연구자들도 다수 있다(이승선, 2011; 임병국, 2012; 장호순, 2002). 이들에 따르면 우리나라 정정보도의 경우 고의 과실을 따지지 않는다는 것이 가장 큰 문제라고 보인다. 정정보도청구가 인용되는 경우 언론사는 자신의 보도가 잘못되었음을 판결의 효력에 따라 시인해야 하므로 공신력과 명예에 손상이 온다. 따라서 언론사는 사후의 분쟁에 대비하여 진실을 확신할 수 있는 증거를 수집·확보하지 못하는 한, 사실 주장에 관한 보도를 주저하게 될 것이다. 이는 중요한 사회적 관심사나 공적 이익에 관하여 진위가 불명확하거나 신속하게 법정에서 방어할 자신이 없는 경우에 그와 관련한 보도를 하지 못할 수도 있다(헌법재판소 2006. 6. 29. 선고 2005헌마165 결정).

이러한 언론 보도에 대한 위축 효과는 중요한 사회적 관심사에 대한 신속한 보도를 주저하는 결과를 가져오고 공권력이나 사회에 대한 감시 기능을 소홀히 하게 되는 결과를 낳을 수 있다. 이와 함께 국민의 알 권리를 충족시키고 건전한 여론을 형성하여 자유민주주의를 유지하고 발전시키는 언론자유의 공적 기능을 수행하는 데 막대한 지장을 받게 되는 피해가 발생하게 된다.

(3) 언론의 공적 책임론

반론권 도입의 근거가 되는 또 다른 이론은 1980년대 이래 급격하게 부상한 공적 책임론이다. 언론기본법은 언론의 공적 책임을 강조하여 민주적 여론 형성에 이바지함으로써 그 공적 책무를 수행하여야 하며, 언론은 타인의 명예나 권리 또는 공중도덕이나 사회 윤리를 침해해서는 안 되고, 언론은 폭력 행위 등 공공질서를 어지럽게 하는 위법 행위를 고무·찬양해서는 안 된다고 규정한다. 전술한 대로 정부는 언론기본법을 제정하면서 실시는 되지 않았으나 1964년 제정된 이래 기존의 언론의 책임을 강조하던 언론윤리위원회법을 폐지했다.

이러한 언론기본법에서 내세우는 언론의 공적 책임론을 근거로 당시 5공화국의 군부 세력이 언론을 장악하고 통제하기 위해 강제적으로 언론 통폐합을 실시하면서 방송의 경우 민영 방송을 없애고 신문의 경우 1도 1사의 정책을 집행하였다. 군부가 중심이 된 국가보위입법회의는 언론의 공적 책임론과 민영 방송에 대한 비판 그리고 사이비 언론의 횡포 현상 등을 교묘히 이용하여 언론기본법을 만들고 언론계를 재조직하였던 것이다.

이러한 조치에 대해 많은 언론학자들은 언론 쿠데타라고 비판했다(임상원, 2000; 팽원순, 1989). 이러한 쿠데타의 이론적인 근거는 다시 말하지만 언론의 공적 책임 이론이었다(팽원순, 1994).[36] 언론을 공적 책무에 근거하여 통제하려는 언론기본법에 대한 비판이 강했으나 실제로 '공적 책임 이론' 자체에 대한 비판은 없었다.[37]

원래 언론의 공적 책임론이란 신문이나 방송의 자유가 헌법상 보장되는 것은 언론이 국민의 여론 형성에 이바지하는 '공적 책무'를 수행하기 때문이라는 본다. 공적 책임론은 본래 1920년대부터 독일의 일부 헌법학자들이 발전시킨 것이지만 그것을 실정법으로 처음 이용한 것은 나치 정권이 1930년대에 언론 통제를 위해 제정한 '기자법'인 것으로 알려져 있다(팽원순, 1989: 247).

36 팽원순(1989)은 언론기본법을 비판하면서 언론기본법이 언론의 '공적 책무' 이론을 이용하였고 이러한 이론이 위정자의 비위에 맞아 들어간 것이라고 지적했다. 또한 반론권이 미디어 측의 편집권을 본질적으로 해치지 않도록 언론 자유의 보장과의 적절한 조화를 가질 필요가 있기 때문에 …… 보다 전문적인 연구가 필요하다고 주장하였다.

37 팽원순은 이와 관련하여 "…… 언론기본법이 그 이론적 기초로서 '공적 책무' 이론을 이용했다면 그 이론 자체에도 책임이 없다고 할 수 없을 것이다"라고 판단한다(1989: 247).

박용상(1982)에 따르면 2차 세계 대전 후 독일의 경우 언론(출판)의 자유를 자유주의적 '개인의 자유'로 파악하려는 견해와 함께 여론 형성의 자유로서의 '제도적 자유'가 공존함을 주장하는 것이 지배적인 입장이었는데, 이는 실제로 영·미의 자유주의적 전통과는 상당한 차이가 있다. 이러한 시각은 언론을 정치적 의사 형성에 기여하는 '여론 기관'으로 공적인 영역에 존재하는 것으로 간주한다. 이에 따르면 언론기본법은 새로운 인식을 바탕으로 언론의 공적 과업 개념에 따라 언론의 특권과 의무를 구체적으로 규정하고, 언론계의 구조와 내부적 자유에 관하여 규제를 한 것이라고 평가된다(김철수, 1983).

반론권은 기정사실이 되었고 이에 대한 정당화 논리는 언론의 공적 과업과 책임을 강조하는 일방적인 것이었다. 언론의 자유를 보호하거나 신장하는 문제는 논의의 대상이 못되었다. 이러한 시각에서 본다면 반론권은 ① 1980년이라는 우리사회의 특수한 역사적 상황의 산물로, ② 자유주의의 결함을 보완하기 위한 또 하나의 자유주의적 장치로, ③ 언론의 막강한 영향력에 따른 비대해진 언론 제도와 다른 사회 제도들 간의 부조화와 갈등을 해소하기 위한 하나의 새로운 제도로서 수용되어진 것이라고 볼 수 있다(임상원, 2000; 이승선, 2011).

이와 함께 국가의 자유주의가 퇴행하고 행정권이 강화되면서 언론의 책임을 강조하게 되었다는 시각도 존재한다. 예를 들어 프랑스의 경우 초기의 자유주의는 광범위한 법적, 사회적 개혁을 정당화하는 것이었다. 이와 같이 초기의 자유주의는 해방을 추구하는 하나의 급진적인 기획이었으나 점차 초기의 급진성이 사라지게 되는데, 이는 경제적 차원에서 자본주의와 자유주의 운동이 연합하게 된 사건과 행정 국가administrative state가 자유주의와 연합한 이유 때문이다. 이러한 이유로 자유주의 운동은 경직성을 띠기 시작하였다. 그러면서 자유주의는 현상 유지의 이데올로기라는 정체성을 지니게 되었다. 결국 자유주의 퇴조와 행정권 강화는 언론의 공적 책임을 강조하는 제도의 도입으로 이어지게 된다.

2) 액세스권 이론

(1) 액세스권의 정의 및 발전 과정

액세스권right to access이란 대개 어떤 정보와 서비스를 이용하기 위해 해당 기관이나 영역에 접근할 수 있는 권리다. 예를 들어 법원에 접근할 수 있는 재판청구권이나 정부 정보에 접근할 수 있는 정보공개청구권 등이 액세스권에 속한다. 유사한 맥락에서 개인이 언론에 접근할 수 있는 권리가 여기서 살펴보고자 하는 미디어 액세스권right of access to media이다.

원래 액세스권이라는 용어에 있어 '액세스'란 말 그대로 정보나 장소에 접근할 수 있는 권리를 의미하는데, 대개 다음의 내용을 포함하는 것이라고 할 수 있다.

> 첫째, 케이블 텔레비전이나 전화회선, 컴퓨터 시스템 등과 같은 서비스를 스스로 이용할 수 있는 이용자의 능력을 지칭한다.
>
> 둘째, 언론사의 뉴스 정보를 수용자들이 이용할 수 있는 것을 말한다.
>
> 셋째, 정치 후보들이나 소매상들과 같은 개인이나 단체들이 방송 시간을 이용할 수 있는 것을 말한다.
>
> 넷째, 장소나 내용, 기록 등에 대한 정보를 얻거나 이에 접근할 수 있는 언론의 능력이나 자유를 의미한다.
>
> 다섯째, 프라임 타임 직전의 저녁 7시 30분에서 8시까지의 텔레비전 시간으로 액세스 시간access hour이라고도 한다.
>
> 여섯째, 프라임 타임 액세스 룰prime time access rule을 의미한다.
>
> 일곱째, 컴퓨터의 중앙 처리 장치(CPU)가 주변 장치(특히 외부 기억 장치·자기테이프

나 플로피 디스크 등)에 데이터의 읽기, 기록을 하러 가는 일을 의미한다. 일반적으로는 파일이나 데이터베이스에 무엇인가의 처리를 하는 동작 전반을 가리킨다.

이처럼 액세스의 의미는 다양하지만, 언론과 관련하여 미디어 액세스권이란 개인들이 언론에 접근하여 자신들의 목소리를 내기 위하여 언론을 이용할 수 있는 권리를 의미한다고 볼 수 있다.

구체적으로 이 이론은 언론에 대한 접근권으로서 반론권을 정당화하는 논리로,[38] 이는 독일 전통에서 이야기하는 언론의 공적 과업, 즉 여론 형성 기능과 관련된 것이고, 미국의 경우는 민주주의 이론에 의해 정당화될 수 있는 권리 개념으로 특히 현대 언론 자유의 주체인 매스 미디어가 독점화·거대화·권력화되어 일반 공중의 의견을 제대로 반영하지 못한다는 상황에서 도출되었다.

미디어 액세스권이란 가장 넓게는 언론으로부터 소외된 수용자가 자기 의견을 표명하는 기회를 언론의 기능에 의존하거나 매스 미디어를 이용하는 권리를 총괄하는 이용권의 의미가 있으며, 넓게는 실행 가능성이 주어진 수용자의 정보 추구 능력의 한계에서 이용할 수 있는 권리라는 제한적 이용권을, 그리고 좁게는 매스 미디어에 공개됨으로써 명예훼손 등 개인적 법익에 침해를 받은 자가 그 미디어에 게재하여 반론·해명 등을 공개하는 권리를 말한다(임병국, 2012: 47). 즉 미디어 액세스권은 국민에게 민주적 여론 형성 과정에 참여할 수 있는 기회를 부여하며, 동시에 인간의 존엄성을 바탕으로 한 인격권을 보호하는 데 헌법적 근거가 있다고 볼 수 있다(허영, 1998: 665).

38 강경근(1994)은 명예나 권리 구제 형식으로서의 반론권이 액세스권과 구별되는 것은 아니라는 해석한다. 그러나 명예훼손과 같은 기본권 침해의 구제 장치로서의 반론권과 그리고 미디어에 대한 접근권으로서의 반론권을 구별하는 것이 일반적이다.

결국 미디어 액세스권은 언론으로부터 소외된 공중이 자기의 의견을 표명하기 위해 필요한 지면이나 시간을 요구하여 그것을 이용할 수 있게 하는 권리라고 할 수 있다. 즉 수용자가 미디어 측의 부담으로 신문의 지면이나 방송의 시간을 요구하여 자유로이 의견이나 작품, 자신 등을 나타낼 수 있는 권리를 의미한다고 할 수 있다(팽원순, 1984: 113). 이러한 점에서는 반론권과 일맥상통하는 것이라고 할 수 있다.

좀 더 구체적으로 살펴보자면 미디어 액세스권이란 ① 미디어가 국민의 알고자 하는 권리를 충족시킬 것을 언론사에 요구할 수 있는 권리, ② 정보 수용자인 일반 국민이 정보 발신자인 언론에 대해서 자기의 의견을 발표하는 장을 제공하고 요구할 수 있는 권리, ③ 수용자의 지위에 있는 국민을 일정한 범위에서 발신자의 지위로 복권시킬 수 있는 것, ④ 국민이 언론을 통해서 받는 의견·정보의 다양성을 회복하고자 하는 것, ⑤ 언론 보도에 의해서 피해를 회복하는 것으로서의 인격권을 보호하고자 하는 것 등의 행위를 구성하고 있다(石村善治, 1992: 44).

1967년 미디어 액세스권의 개념을 처음 제기한 J. 배런J. Barron은 경제적 불평등의 상황에서 실제로 사상의 자유 시장에 대한 낭만적인 믿음은 실현 불가능하기 때문에 어느 정도 법적인 개입을 통해 공중이 매스 미디어에 접근하는 것을 보장해야 한다고 주장했다. 즉 매스 미디어로부터 소외된 일반 공중이 매스 미디어에 자유롭게 접근하여 자신의 의견이나 사상, 정보 등을 공표할 권리를 어느 정도 인정해야 한다는 것이다. 이는 1960년대 초반부터 미국의 인권운동이 활성화되면서 요구되어 왔으며 일반 공중을 위한 언론 자유의 실천을 중요한 권리로서 인식하는 공감대가 형성되면서 널리 알려지기 시작하였다(Barron, 1967).

그러나 법적인 권리로서의 액세스권의 실현 방법은 상당히 제한적이다. 특히 미국과 같이 언론 자유에 우월적인 비중을 두고 있는 국가의 경우 이는 더욱 제한적일 수밖에 없다. 액세스권을 보장하는 방법들은 대개 ① 반론보도, ② 의견 광고, ③ 사과(사죄) 광고, ④ 신문에 대한 투서, ⑤ 그리고 매스 미디어에 대한 비판·항의 등이 있으나 이 중 가장 널리 수용되는 것이 신문에 대한 투서letter to editor다(이재진, 2002a).

투서는 대개 독자란의 형태로 게재되는데, 투서 중에서 얼마나 높은 비율이 게재되는지에 대해서는 아직 명확히 알려지고 있지 않지만, 극히 적은 분량만이 실리고 있는 것으로 알려져 있다. 특히 신문사의 시각과 일치하지 않는 의견은 거의 실리지 않는다. 이러한 점에서 본다면 독자란이 비록 가장 널리 받아들여지고 있는 액세스의 방법이지만 어느 정도의 효율성이 있는가에 대한 체계적인 연구는 아직 없다.

전술한 바와 같이 미디어 액세스권을 새로운 헌법상의 권리로 제창한 배런은 1967년 〈하버드 법학 저널*Harvard Law Journal*〉에 발표한 논문 "언론에의 액세스권: 새로운 헌법적 권리Access to the Press: A New First Amendment Right"에서 전통적인 표현의 자유에 대한 헌법적 논의에 있어 기본이 되는 '사상의 자유시장론'은 미디어의 변하는 환경을 고려하지 못한 것이라고 비판하였다. 그는 이러한 헌법 이론에서 강조하는 '국가 개입의 배제'라는 가정은 실질적으로 접근 가능성을 좌우하는 언론사의 독점적 지배자로서의 위치를 간과한 것으로 비현실적·공상적이라고 주장하였다. 그는 실질적인 효과가 있는 사상의 자유 시장을 확보하기 위해서는 독점화 되어가는 언론사에 대한 일반인들의 접근을 보장해야 하다고 보았다. 그는 독점화되는 미디어는 정부로부터의 검열이 아닌 기업으로부터의 '사적 검열'의 성격을 띠게 된다고 보았다. 이러한 측면에서 '액세스권'이라는 새로운 표현의 자유 이론이 도입되어야 한다고 주장했다.

배런(1973)은 미디어가 거대화·독점화됨으로써 언론의 자유가 언론사를 소유하거나 지배하는 소수 계층이나 집단의 자유로 전락하였기 때문에 일반 시민들의 언론 자유를 보장하기 위해서는 액세스권을 인정해야 한다는 측면에서 권리 개념을 주창하였다. 그는 당시 미디어 액세스권이 방송 미디어에 관련하여 시청자의 권리 의식을 일깨우는 데 크게 기여하고 있다고 보았다.

미국 수정헌법 제1조가 보호하는 언론의 자유는 모든 국민을 그 대상으로 삼고 있음에도 불구하고 실제로는 미디어 발행인과 저널리스트들만이 향유하고 있는 현실을 상기시킨 것이다. 따라서 헌법 정신에 충실하기 위해서는 미디어 수용자들에게도 접근 이용권을 부여해야 한다고 주장하였다.

배런이 밝힌 바와 같이 미디어 액세스권 주장의 배경에는 2차 세계 대전 이후 급속히 독점화가 진행되는 미디어 환경의 영향이 크다. 배그디키언(Bagdikian, 2004)에 따르면 단지 소수에 불과한 미디어 기업이 전체 미디어 기업의 대부분을 장악하고 있으며 이런 상황은 지속되고 더욱 심화될 것으로 보았다. 실제로 이들 거대 미디어 기업들은 신문, 방송, 잡지, 위성 방송, 통신(인터넷) 그리고 출판사에 이르기까지 이른바 체인을 형성하는 과점 형태의 미디어 소유를 통하여 궁극적으로 여론을 독점하는 결과를 초래했다. 그는 이러한 문제를 해결하는 길은 최대한 다양하고 많은 소규모의 독립 미디어 기업이라고 보았다.

배런의 생각도 배그디키언의 생각과 크게 다르지 않다. 표현의 자유의 본래 의미는 개인이 자신의 사상과 신념, 그리고 정보를 자유롭게 전달할 권리를 말하는 것이므로, 이는 수용자의 존재를 전제로 하는 것이다. 그래서 예전에는 발신자와 수용자가 쌍방향적으로 소통하면서 상호 간의 신념, 사상, 의사를 공유하는 것이 가능했다. 실제로 1960년대까지만 해도 수용자로서의 개인이 중요한 의미를 지니고 있었다.

그러던 것이 사회가 분화되고 미디어가 정보 생산의 주체로 등장하면서 개인의 표현의 자유는 '알 권리right to know' 개념으로 변모하게 된다. 특히 대중적 영향력이 큰 미디어가 등장하고 정보가 미디어로부터 일방적으로 수용자에게 전달되는 상황이 계속되면서 정보 수용자인 국민과 정보 발신자인 미디어 간의 분리 현상이 커지게 되었다(임병국, 2012). 아울러 영향력이 커진 미디어가 거대화, 독과점화되고 더 이상 수용자의 이해와 미디어의 이해가 일치하지 않게 되면서 정보를 제대로 전달할 필요성이 더욱 커지게 되었다. 결국 이러한 미디어의 제대로 된 기능의 부족으로 인한 이유로 미디어 액세스권이 등장하게 되었다. 언론의 자유가 확보되고 미디어가 전문화·다양화되면서 정보를 수용자에게 제대로 전달해야 한다는 인식이 더욱 커지게 되었다.

이처럼 액세스권의 일부로서의 반론권 개념의 등장과 발전 과정은 여타 이론적 배경과 이질적이라고 하더라도 언론에 접근하여 장소나 시간을 빌린다는 측면에서 보면 그 목적은 크게 다르지 않다고 할 수 있다. 블레이클리는 "200년 전 수정헌법 제1조는 언론의 자유와 논쟁의 완전한 공개를 위해 필수적이었으나 오늘날 언론 산업은 때로는 표현의 자유의 억압자inhibitor로도 기능하기 때문에 표현의 자유란 말할 권리right to speak뿐만 아니라 들을 권리right to hear도 포함한다는 측면에서 과거 표현의 자유의 개념을 재고할 필요성이 있다"고 주장했다(Blakely, 1982: 1231).

그는 권력이 있는 자powerful speakers가 선전적인 표현을 할 때는 공중이 현명한 정치적 선택을 하지 못하므로 결과적으로 의견(여론) 다양성에 손실이 초래된다고 했다. 정부가 그러한 표현까지 보장하고 인정해 준다면 이는 의견의 다양성과 시장의 주요 기능을 보장해야 하는 의무를 위반하는 것이라고 보았다. 따라서 반론권은 수정헌법 제1조의 법체계 속에서 적정하게 허용해야 한다고 강조한다. 즉 반론권이란 정부가 생산하는 것state-created, 정부 권한이나 정부 매수를 통한 방송 이용을 방지함으로써 의견의 다양성을 도모하기 위함이므로 정부는 다양성과 균형성에 방해자가 되는 지배적 표현자를 제거할 의무가 있다고 주장했다.

배런(2007)은 액세스권 향후의 전망을 다음과 같이 보았다. "처음 미디어 액세스를 주창했을 때 상황은 지금과 크게 달랐다. 메이저 텔레비전 네트워크와 일간 신문이 오늘날과 같지 않게 여론의 지배에 대단한 영향력을 발휘하고 있었다. 텔레비전 네트워크와 신문 체인들은 여론의 형성에 '게이트키퍼' 역할을 했다. 그러나 현재는 인터넷의 출현으로 그 지배력은 대단히 위축되었다. …… 전술한 부분에서 나는 미디어 접근의 문제를 해결하기 위해 주장했던 법체계의 부상과 몰락에 대해서 언급했다. 미디어 액세스권은 낭만적인 표현의 자유 개념의 지배력에 반대 무게를 지우려고 제안되었다. 액세스권의 개념은 발신자에게 자유롭게 접근 가능한 '사상의 자유 시장'을 실현할 수 있는 개념이었다.

'사상의 자유 시장' 비유는 오늘날 예전보다 훨씬 덜 수용되어지는 경향이 있다. 그러나 40여 년 전 액세스권을 주창할 때의 전통적 신문과 방송과 관련하여 존재하던 '사상을 커뮤니케이션 하는 힘의 불평등'은 오늘날에도 존재한다. 어떤 점에 있어서 상황은 더욱 악화되었다. 비록 세계적 미디어 대기업이 광대한 커뮤니케이션 권력은 법체계에 있어서는 사라졌는데, 이는 내적인 변화로 인한 결과가 아니라 외부적인 변화, 즉 인터넷의 출현으로 발생하였다. 특히 월드 와이드 웹World Wide Web의 출현은 40년 전 액세스권을 처음 주장했을 때와는 엄청난 변화를 가져왔다. 이전에 법이 금지했던 액세스를 이제는 기술의 발전이 허용하는 시대가 되었다. 즉 이제 개인들은 40년 전에는 상상도 하지 못할 정도로 접근 가능성이 커졌다."

예를 들어 1973년 미국 연방대법원의 윌리엄 브레넌William Brennan 대법관은 "수정헌법 제1조는 공중이 논의를 들을 수 있는 권리뿐만 아니라 개인들이 이러한 논쟁에 참여하고 다른 사람들에게 자기의 시각으로 설득하려는 권리까지 지키는 것이 목적"이라고 보았다(Columbia Broad. Sys., Inc. v. Democratic Nat'l Comm., 412 U.S. 94, 193 (1973)). 배런은 이러한 브레넌 대법관의 인식이 인터넷 출현 이후에도 어느 정도 가능해질 수 있다고 보았다. 여론 형성 과정에 개인들이 참여하는 것을 옹호하던 사람들이 원하는 어느 정도에서는 인터넷이 실현이 가능할 수 있다고 보았다. 논쟁에 참여할 수 있는 언론의 자유가 효과적으로 실현될 수 있고, 미디어 세계는 더 이상 발신자와 수신자의 구분으로 설명되어지지 않는다. 이제 여론의 형성 과정은 더 이상 이른바 제4부the fourth estate의 개념에 의해 결정되는 것은 아니다. 기술이 여론 형성에 있어 개인적 접근과 참여를 가능하게 했다. 수많은 블로거들은 여론 형성의 전통적인 틀 밖에서 여론을 만들어 내는데, 이것이 때로 텔레비전이나 일간 신문에 접근하는 필수적인 방편ticket이 되기도 한다. 그러나 수많은 블로거들이 있음에도 불구하고, 수용자들은 인터넷을 텔레비전 네트워크와 라이벌 관계로 생각하지 않고 있다고 지적한다. 수많은 사람들이 텔레비전 앞에 여전히 모이고 인터넷은 이를 받아서 전달하는 역할을 하는 경우가 많다. 그는 액세스권의 문제는 여전히 논의가 되는 문제라고 판단하고 있다.

(2) 액세스권 이론의 확장

전술한 바와 같이 미디어 액세스권은 미디어가 점차 대규모화하고 발전하게 됨에 따라 소수의 자본가나 정치권력에 장악됨으로써 일반 대중이 언론 표현의 자유를 누리기 어렵게 된 상황에서 그들의 권리를 보장해 주기 위해 등장한 개념이다. 기존의 논의를 정리하자면 미디어 액세스의 개념은 일반적으로 ① 언론사가 국민의 알 권리를 충족시키라고 요구하는 언론사에 대한 알 권리, ② 정보 수용자인 일반 국민이 정보 발신자인 언론사에 대해서 자기의 의견을 발표하는 장을 제공하라고 요구하는 권리, ③ 수용자의 지위에 있는 국민을 일정한 범위에서 발신자의 지위로 복권하는 일, ④ 국민이 언론사를 통해 받는 의견·정보의 다양성을 회복하고자 하는 것, ⑤ 언론 보도에 의한 피해를 회복하는 것으로서 인격권 보호에 관한 것 등의 행위를 목적으로 하는 권리 개념이라고 할 수 있다.

이러한 시각에서 본다면 미디어 액세스권은 ① 특정되어서 비판을 받은 자가 일반적으로 같은 미디어를 이용하여 자신의 주장을 표명하는 권리(반론권), ② 논쟁이 있는 의제에 관하여 의견 광고의 게재·방송을 미디어에 요구하는 권리(의견 광고 게재), ③ 일반 시민이 신문이나 잡지 지면의 편집 및 프로그램 제작에 참여하거나 자신이 제작한 방송 프로그램의 방영을 구하는 권리(퍼블릭 액세스)를 실현함으로써 그 목적을 달성할 수 있다.

미국이 경우에서 알 수 있듯이 액세스권과 관련하여 가장 국가적 개입이 강조되는 것이 바로 방송 프로그램에 참여하거나 자신이 제작한 방송 프로그램을 방송하고자 하는 것이다. 이러한 논의는 배런의 주장에서 한 걸음 더 나간 것이다. 배런은 거대화되고 독점화된 미디어가 약간의 지면이나 시간을 할애하도록 하는 반면 수용자나 시민이 직접 미디어를 소유하거나 방송으로 하여금 일정 시간을 수용자 제작한 프로그램에 할애하거나 시청자들로 하여금 방송을 감시하도록 하는 것을 포함한다.

이러한 주장에 따르면 미디어 액세스는 기존의 민주주의 이론에 입각하여 주어진 사회의 시민이나 집단이 그들의 이해관계를 처리하는 데 있어 미디어에 대한 기회 분배에서 보다 균등한 접근을 가져야 한다는 것을 의미한다. 따라서 액세스는 그 종류에 따라 소유권 액세스, 제작자 액세스, 공중통신과 임대 액세스, 하이드 파크 코너Hyde Park Corner 또는 공공 액세스 모델, 소비자 액세스 또는 압력 집단 액세스 등으로 나뉜다(Andras & Monroe, 1996: 1~28).

사실 시민사회 혹은 시민 대표자의 방송에 대한 액세스의 필요성은 오래전부터 주장되어 왔다. 그들은 방송에 대한 액세스를 정부가 부여하는 '방송국 허가 취득에의 액세스'와 '방송사 프로그램 참여에 대한 액세스'로 구분하고, 양자에 대한 공공의 참여가 보장돼야 한다고 주장했다. 이러한 논의의 중요한 기여 중 하나는 방송의 자유가 방송 채널을 허가 받은 사람이나 방송인에 의해서만 향유되는 것이 아니라 일반 대중도 접근할 기회를 가져야 한다는 점을 주지시켰다는 점이다. 풀러(Fuller, 1994)는 이러한 액세스의 필요성을 표현의 자유 보장, 미디어 교육 기회 제공, 지역주의localism 실현, 필요한 공공 서비스의 보완 등 네 가지 이유에서 찾는다.

이러한 액세스권의 주장에 대해서 비판이 없는 것이 아니다. 특히 반론보도나 의견 광고 등의 구제책은 사실상 부당하고 비현실적이며 나아가서는 언론 자유에 대한 침해라는 비난이 있어 왔다. 특히 반론권 제도는 언론에 국가가 개입하는 것을 정당화시키는 조치라는 주장이 계속되어 왔다. 또한 반론권이 사회적으로 영향력 있는 집단에 의해서 남용될 수 있다는 점이 지적되기도 하였다. 그럼에도 매스 미디어가 소수의 손에 집중되어 있고 다양한 사회적 이익을 제대로 반영하지 못하고, 개인들이 권력화 된 언론에 대응할 수 있는 방법이 없다는 점에서 개인들의 액세스권은 일정한 범위로 인정되고 있다.

풀러(Fuller, 1994)의 지적처럼 고전적 의미에서의 표현의 자유란 대중이(혹은 대중에게) 효과적으로 커뮤니케이션 하는 자유를 의미한다. 현대적 상황에서 이것이 이루어지기 위해서 액세스 보장은 불가피하다. 또한 텔레비전을 보는 것만이 아니라 직접 제작에 참여함으로써 그 복잡한 제작 메커니즘과 그 속에서 가능한 표현의 방법을 완전히 이해할 수 있게 되는 것이다. 진정한 지역주의의 실현과 갈수록 비밀주의가 강해지고 있는 공공 정보에 대한 공개와 공유라는 측면에서도 공중 액세스 채널의 허용은 중요한 의미를 갖는다.

3) 알 권리 이론

헌법적 권리인 국민의 알 권리 충족을 위해 언론이 제대로 보도해야 한다는 당위성이 존재한다. 기자의 과오 등으로 인하여 발생하는 피해는 국민의 알 권리를 충족시키려는 목적에서 출발하게 된 것이라고 해도 과언이 아니다. 그러나 이때 알 권리란 무엇이며 실제로 국민들은 알 권리를 제대로 누리는가에 대한 의문이 발생할 수 있다.

(1) 개념 및 역사적 정립 과정

알 권리란 간단히 말하자면 자유로운 정보 유통의 권리라고 할 수 있다. 구체적으로 알 권리는 일반 국민들과 언론 기관이 함께 모든 정보원으로부터 정보를 자유롭게 취득할 수 있는 권리라고 할 수 있다. 알 권리의 목적은 정보의 자유로운 유통을 이루고 국민의 참여를 활성화시키기 위한 것으로 국가의 간섭을 받지 않고 정보를 수집하는 동시에 국가 기관이 보유한 정보의 공개를 요구할 수 있는 이행청구의 실현 권리다.

이는 국민 개개인이 중요한 결정을 내리거나 자신의 복지를 위하여 충분한 정보를 이용할 수 있어야 한다는 논리를 바탕으로 한다. 간단히 말하자면 알 권리는 시민 자치self-government와 복지public good를 위한 기본적인 권리로서 다른 경제적 자유보다 우월한 지위를 누리는 것으로 인식되어 왔다. 이러한 알 권리에 대해서 비록 헌법상의 명문 규정은 없지만 헌법 제21조의 표현의 자유와 관련 한국 법원은 여러 차례에 걸쳐 헌법적 권리로서 인정한 바 있다(헌법재판소 1989. 9. 4. 선고 88헌마22 결정; 헌법재판소 1991. 5. 13. 선고 90헌마133 결정).

한국의 사법부는 헌법적으로 국민에게 알아야 할 권리가 있으며 언론은 국민의 알 권리를 충족시킬 의무를 진다고 판단하고 있다(대법원 1998. 7. 14. 선고 96다17257 판결 등). 이러한 이유로 언론은 스스로 국민의 알 권리 충족을 위해 취재·보도한다는 말을 자주 내세운다. 문제는 언론이 내세우는 국민의 알 권리 충족을 위한 취재·보도가 잘못되어 개인들의 기본적인 권익을 침해하는 일이 발생할 때다. 이 경우 법적인 구제를 통해 피해를 복구할 수 있을 것이나 단순히 언론의 윤리적 측면으로 인식되는 일도 빈번하다.

결국 알 권리는 정보 수집의 모든 과정을 포괄하므로, 그 대상이 되는 정보는 대체로 ① 주권자인 국민이 국정을 판단하는 데 필요한 정보, ② 국민이 사회인으로서 안전하고 건강하게 문화적인 현대 생활을 영위하기 위해 필요한 정보, 그리고 ③ 국민이 인격상의 자기 달성을 위해 필요한 정보를 총괄하는 것이다.

알 권리의 주체는 국민이지만 매스 미디어는 이의 대변자로 인식된다. 예를 들어 전통적으로 방송사들은 언론의 자율성을 억압하는 다양한 형태의 규제는 보도의 자유와 국민의 알 권리에 대해 치명적인 피해를 입힌다고 주장해 왔다. 헌법학자 채피Chafee는 '알 권리 운동'이란 국민이 정보를 취득하는데 있어 적극적으로 정부에 대하여 협조를 요청하고 때로는 협조 요청을 의무화하도록 하는 운동이라고 정의했다. 이에 반해 매리 조 위긴스Mary Joe Wiggins는 알 권리란 정보를 입수하고, 사전 검열이나 부당한 보복 없이 인쇄하고, 커뮤니케이션을 위해 필요한 시설이나 자료에 접근하고, 정부나 여타 시민들의 방해를 받지 않고 정보를 전달하는 국민들의 권리를 의미한다고 보았다(이재진, 2006c). 즉 국민의 알 권리란 일반 공중들이 자신들이 원하는 공적 정보를 추구하고 취득하는 데 있어서 불법적으로 방해되어서는 안 되는 법적 이익이라고 할 수 있다.

미국의 경우 수정헌법 제1조상의 헌법적 권리로서 알 권리가 명확히 인식되고 있지는 않지만, 공익의 실현을 위하여 공적인 사안을 보도하는 경우 과도하게 개인적 기본권과 대립되지 않는다면 알 권리를 대체적으로 인정하고 있는 것으로 보아야 한다.

미국과는 조금 다르게 한국의 경우 비록 법률적 명문 조항은 없지만 정보 공개를 헌법상의 알 권리를 실현하는 근거로 오랫동안 인정해 왔다. 그러나 알 권리는 헌법 유보 조항(제21조 제4항)과 "국민의 모든 자유와 권리는 국가 안전 보장, 질서 유지 또는 공공복리를 위하여 필요한 경우에 한하여 법률로써 제한 할 수 있으며 제한하는 경우에도 자유와 권리의 본질적인 내용을 침해할 수 없다"는 법률 유보 조항(제37조 제2항)에 의하여 다른 기본권이나 국가적, 사회적 법익과 상충 또는 마찰을 일으킬 경우 제한될 수 있다는 점을 명확히 하고 있다.

이러한 유보 조항에도 불구하고 한국에서는 1991년 헌법재판소의 결정 이후 알 권리를 헌법적 권리로서 인정하고 있으며(헌법재판소 1991. 5. 13 선고 90헌마133 결정), 이후 시민 단체 등을 중심으로 한 정보공개운동에 편승하여 알 권리는 국민들의 법적 권리로서의 인정을 획득하고 있다. 헌법재판소는 "알 권리는 기본권 보장의 법리에 의하여 그 실현을 위한 법률적 보장으로 구체화되어 있지 않다고 하더라도 헌법 제21조에 의하여 직접 보장될 수 있는 것"으로 판단하고 있다. 즉 헌법재판소는 알 권리의 성격이 표현의 자유와 표리일체의 관계에 있는 자유권적 기본권인 동시에 청구권적 기본권임을 밝히고 있다. 또한 방송법에서는 이러한 국민들의 알 권리의 보장을 위하여 방송이 공적인 책무를 지는 것을 규정한다(방송법 제6조 제4항). 따라서 소송으로 인한 언론에 대한 위축 효과는 무엇이 얘기될 수 있고, 무엇이 얘기될 수 없는가에 대해 영향을 미치게 되어 궁극적으로는 국민의 알 권리를 침해할 소지가 있다.

한국에 있어 국민의 알 권리 보장의 차원에서 있었던 최초의 정보 공개는 1980년에 제정된 언론기본법 제6조 '언론의 정보청구권'에 명시되었는데, 여기서는 "언론의 발행인이나 그 대리인의 청구가 있는 경우 공익 사항에 관한 정보를 정부가 제공해야 한다"고 규정한다. 흥미롭게도 당시의 언론기본법이 대단히 억압적이고 권위적이라고 인식된 것에 반해서 정보 공개 규정은 상당히 전향적인 발상이라고 할 수 있다. 그러나 실제로 오랫동안 한 번도 이 조항에 근거한 언론에 대한 정보의 공개가 이루어진 적은 없었으며, 1987년 언론기본법이 폐지되고 정간법과 방송법이 제정되면서 이러한 법률적 정보 공개 규정은 사라지게 되었다.

이후 알 권리 실현의 장치로서 1996년 '공공기관의정보공개등에관한법률'(이하 정보공개법)이 독립법으로 제정되었는데, 그 결과 모든 국민은 기밀이나 인사에 관한 사항 등 특별한 경우를 제외하고는 국가 기관이 보관하고 있는 문서의 열람과 복사를 청구할 수 있게 되었다. 한국의 정보공개법은 공공 정보의 공개를 통해 국정에 대한 국민의 참여도를 높이고 국정 운영의 투명성을 확보하는 것을 그 목적으로 한다.

(2) 알 권리의 쟁점

언론에 있어서 알 권리란 공공 기관과 사회 집단으로부터 정보 공개를 요구하고 그에 관한 취재를 자유로이 할 수 있는 것을 의미한다. 특히 현대의 정부 활동이 방대하고, 전문화되고, 비밀주의적 성향을 띠므로 정책 집행이 어떻게 이루어지는가를 개인이 파악하기란 사실상 불가능하기 때문에 언론이 개인들을 대신하여 이를 구현하고 있다고 인식된다. 따라서 언론은 개인들이 꼭 알 필요가 있다고 판단하는 공적인 정보를 국민을 대신하여 수집하고 이를 보도함으로써 국민들의 알 권리를 충족시켜 줄 사회적 책임을 요구받는다.

언론의 입장에서는 '언론의 자유'라고 하기보다는 국민의 알 권리라고 하는 것이 더욱 민주적인 것으로 들린다. 저널리즘 학자인 메릴(Merrill, 1973)에 따르면 알 권리는 언론 자유의 오래된 개념을 대체하는 새로운 개념이다. 이는 여러 다양한 외적 제약을 받는 언론사가 취재하고 보도하는 데 있어 더욱 광범위한 발판을 구축하는 것을 의미한다. 그러나 메릴은 실상 알 권리의 이론적인 근거가 있다면 이는 언론보다는 정부에 주어지게 된다고 지적한다. 왜냐하면 알 권리는 정부가 정보를 공개하는가 아닌가의 결정에 근거하여 실현되기도 하고 안 되기도 하기 때문이다. 여기에 언론과 정부의 갈등이 존재하는데, 언론은 정부의 비밀주의가 국민의 알 권리를 제약한다고 비판하는 반면 정부는 언론의 무책임한 보도가 국가의 안위를 위험에 빠뜨린다고 비난한다.

여기서 메릴은 국민의 알 권리를 하필이면 언론이 책임지는가에 대해 의문을 제기한다. 이러한 의문에 대해 그는 수정헌법 제1조에서 보호하는 언론이 자유주의 언론이며, 다원주의 언론이라는 해답이 가능하다고 설명한다. 따라서 자유롭고 다양한 언론은 국민의 알 권리를 충족시킬 책임이 발생한다고 보았다. 메릴은 언론은 알 권리를 언론의 자유freedom of press와 동일시하는 반면 정부는 알 권리가 도대체 어디에 근거하는가를 반문하며 언론의 자유란 곧 사건 검열 금지라고 인식한다고 지적한다.

메릴은 근본적으로 알 권리는 국민에게 다시 환원되어야 한다고 주장한다. 만일 국민이 알 권리를 구체적인 법적 이익으로 향유할 수 있다면 이를 승인하는 것은 언론과 정부다. 그러나 대개 정부는 정보공개법 등의 제정에도 불구하고 실제로 알 권리를 인정하지 않으려 하는 반면 국민들은 자신의 알 권리를 위해서 하는 것은 특별한 것이 없다. 결국 국민이 생각하는 것은 알 권리가 아니라 '알고자 하는 권리' 또는 '알기 위해 노력하는 권리'에 불과하다는 것이다.

이러한 이유로 언론은 국민의 알 권리를 충족시키기 위해 자신들이 헌신적으로 활동한다고 주장한다. 정부의 비밀주의 등의 이유 때문에 비록 언론이 모든 정보를 국민에게 전달하지는 못하지만, 자신들이 보도하는 것은 자신들이 선택하며, 특정 언론이 보도하지 못한 것은 다른 언론이 보도하여 결국 거의 모든 중요한 정보를 제공할 수 있다고 주장함으로써 국민의 알 권리를 만족시키는 결과를 가져온다고 인식하고 있다. 결국 국민은 자신이 할 수 없는 알 권리의 실현을 어느 정도 언론에 위임하는 것으로 보아야 한다.

그래서 언론이 알 권리를 주장하는 것이 비록 언론 자유에 대한 지속적인 요구에 있어서 지식인들로부터 쏟아지는 비난, 즉 언론이란 단지 이기적인 동기로 운영되는 집단이라는 비난을 피하기 위한 것이라 하더라도 궁극적으로 국민의 알 권리를 충족시키기 위한 노력은 언론의 책임이기 때문에 언론은 국민들이 불가능한 영역에 있어서의 최선의 노력을 기울여야 한다. 방송의 경우 국민의 알 권리를 위해 어느 정도의 자율성을 인정해야 한다는 판례도 있다(서울고등법원 1997. 10. 29. 선고 97라169 판결). 물론 알 권리가 불법적이거나 잘못된 취재와 보도를 다 정당화하는 것은 아니다.

예를 들어 1998년 대법원은 문화방송의 〈PD수첩〉의 유방 확대 수술 공개 방송 사건에서 국민의 알 권리도 중요하지만 원고가 공개된 곳에서의 논의를 감수하는 태도를 취하였다고 단정할 수 없으므로 방송은 적법한 것이었다고 할 수 없다고 판시하였다(대법원 1998. 9. 4. 선고 96다11427 판결). 또한 알 권리는 헌법 유보 조항(제21조 제4항)과 일반적 법률 유보(제37조 제2항)에 의해서 제한 될 수 있다. 그러나 그 제한은 알 권리의 본질적 내용을 침해해서는 안 되며 제한도 최소 한도에 그쳐야 한다. 제한의 경우는 대개 알 권리가 다른 기본적 권리 또는 국가적, 사회적 법익과 상충하는 경우, 즉 타인의 명예나 권리(개인적 법익), 공중도덕이나 사회 윤리(사회적 법익), 국가의 안전 보장이나 질서 유지(국가적 법익)를 침해하는 때에만 가능하다.

이 중에서 가장 판단하기 어려운 부분이 알 권리가 개인적 기본권과 충돌하는 경우다. 특히 알 권리의 실현이 과도하게 개인적 인격권을 침해하는 경우 이에 대한 적절한 비교형량이 요구된다. 그러나 이러한 경우에도 알 권리의 본질적인 측면에 대한 고려가 필요하다. 이러한 주장은 사실 언론 측에서 주로 내세우는 논리다. 실제로 법원의 재판을 통한 피해 구제에 비하면 반론보도청구권의 행사에 있어서는 그 주체나 객체(반론보도의 대상)가 보다 넓게 인정되고 있다. 그것은 반론보도청구를 통하여 당사자로 하여금 반론의 기회를 보장함으로써 언론 기관에 비하여 상대적으로 열악한 지위에 있는 일반 국민의 언론 보도로 인한 피해를 최소화하기 위하여 언론에 대한 국민의 접근·이용이 현실화된 제도다. 그러나 개인의 인격권 보호에 지나치게 집착할 경우에 자칫 언론의 보도 기능을 위축시킬 우려(위축 효과)가 있다는 지적이 있어 왔다.

그러나 언론중재법은 반론보도청구권을 실질적으로 보장하면서도 동시에 반론보도청구권의 제도적 본질을 저해하지 않는 범위 내에서 반론보도청구권의 행사에 대한 예외 조항을 명시함으로써 개인의 인격권 보호와 언론 보도의 자유의 규범 조화적인 방향으로의 반론보도청구권 제도의 정립을 도모하고 있다. 법 제15조 제1항은 반론보도청구권을 보장하는 원칙적 규정이다. 하지만 제15조 제4항 단서는 반론보도청구권 행사의 예외 조항을 명시하고 있다. 이에 따르면 "1. 피해자가 정정보도청구권을 행사할 정당한 이익이 없는 경우, 2. 청구된 정정보도의 내용이 명백히 사실에 반하는 경우, 3. 청구된 정정보도의 내용이 명백히 위법한 내용인 경우, 4. 정정보도의 청구가 상업적인 광고만을 목적으로 하는 경우, 5. 청구된 정정보도의 내용이 국가·지방 자치 단체 또는 공공 단체의 공개회의와 법원의 공개 재판 절차의 사실 보도에 관한 것인 경우" 이의 게재를 거부할 수 있다.

이와 아울러 사법부는 "반론권으로서의 정정보도청구권 그 자체가 인격권을 보호하고 공정한 여론의 형성을 위한 도구일 뿐 진실을 발견하여 잘못을 바로잡아 줄 것을 청구하는 권리가 아니기 때문에 그 행사 요건은 비교적 형식적인 사유에 기한 제한적 예외 사유가 없는 경우에는 이를 인용하도록 완화되어 있고, 그 예외 사유도 법의 문언 자체에 의하여 용이하게 판단이 가능한 경우들로써, 반론권을 제도로서 인정하고 있는 한 그 심리를 위하여 시간이 많이 걸리게 되는 민사소송법에 정한 본안 절차에 따르게 하기보다는 오히려 가처분 절차에 따라 신속하게 처리하도록 함이 제도의 본질에 적합하다 할 것이므로, 정기간행물의 등록에 관한 법률 제19조 제3항이 정정보도청구사건을 민사소송법의 가처분 절차에 따라 심판하도록 규정한다고 하더라도 그 심판 절차가 부당하게 간이하게 되어 평등의 원칙에 반하거나 언론 자유의 본질적 내용과 언론 기관의 재판청구권을 부당하게 침해하거나 나아가 국민의 알 권리를 침해하는 것으로 볼 수 없다"고 판단했다(헌법재판소 1996. 4. 25. 선고 95헌바25 결정). 즉 사법부는 반론권이 언론이 보도하고자 하는 것을 보도하지 못해서 국민의 알 권리 충족을 방해한다는 언론의 주장을 수용하지 않고 오히려 반론권의 행사가 진실을 제대로 전달할 수 있게 하여 국민들의 알 권리에 기여한다고 판단하였다.

3장

외국의 반론권 제도

다른 나라의 경우 반론권이 어떻게 행사되고 있을까? 이 장에서는 외국의 경우 언론과 개인 사이의 명예훼손 관련 다툼을 어떻게 해결하고 있으며, 대안적 문제 해결 방식의 적용의 실태와 문제점은 무엇인가를 이해하고 실제 어떻게 적용되고 있는가를 비교해 보고자 한다. 이러한 비교 분석을 통한 문제 해결 방식의 재조명은 현재 반론권을 근거로 하는 언론중재제도의 제도적 문제점을 유추할 수 있을 뿐만 아니라 그 의미를 재해석 할 수 있는 맥락을 제공할 수 있을 것이다.

대안적 분쟁 해결 방식으로서의 반론권은 세계적으로 현재 약 33개국에서 인정되는 것으로 나타났다(이재진, 2011a; Lee, 2008a; Glasser, Jr., 2013; Youm, 2008). 최근 반론권을 수용하는 국가의 수는 조금씩 증가하고 있는 것으로 보인다. 이들 국가 중 프랑스, 독일, 일본, 미국, 그리고 기타 국가로 구분하여 반론권 현상의 실태에 대한 알아본다.

비교법적 측면에서 명예훼손법의 특성은 한 사회에서 상충하는 가치들, 즉 인격권과 언론 자유에 대해 특정 사회가 부여하는 상대적 중요성을 반영한다는 것이다(Schauer, 1980: 3~4; Lee, 2008b). 명예훼손소송은 개인의 인격권을 모욕적이고 공격적인 표현으로부터 보호하는 역할을 할 뿐만 아니라 피해에 대한 배상이나 보복 감정을 얻어내기 위한 적절한 수단이 된다. 그래서 명예훼손법은 무분별한 뉴스 보도를 처벌할 뿐만 아니라 언론을 규제하기 위한 실질적인 기제로 이해되기도 한다(Vick & Macperson, 1996: 933).

이러한 측면에서 반론권은 언론 자유와 개인의 명예권을 균형 지우는 데 있어서 사회적인 가치들의 함축적 의미를 반영한다. 즉 반론권 제도의 존재와 이용에 있어 각각의 사회가 처해져 있는 상황에 따라서 그 적용의 범위와 성격이 다르게 규정된다. 뿐만 아니라 반론권 청구소송이 개인들에 의한 언론에 대한 법적인 응징의 의미도 포함하게 된다.

반론권은 대개 두 가지 상이한 이론에 근거하는데, 언론 친화적 법 구조와 언론 책임 이론press responsibility theory 접근 방법이 그것이다(Glasser, Jr., 2013). 언론 친화적 법 구조는 표현speech이 더 많으면 많을수록 좋다는 믿음, 즉 달성하고자 하는 공익public interest이란 어떠한 보도 내용story에 반대되는 입장을 개방하도록 함으로써 달성된다는 믿음에 근거한 것이다.

이러한 믿음에 근거하는 사법부는 보도에 의해 피해를 입은 자들의 요청으로 반론문을 게재하는 발행인들에게는 법정에서 주어질 수 있는 손해배상액의 규모를 제한함으로써 보상을 하려한다. 또 다른 더욱 언론 친화적 사법부는 피해자들이 일정한 기간 내에 언론에 대해 서면을 통해 철회를 요청하거나 하지 않으면 아예 명예훼손 피해자에게 아예 소송을 할 수 있는 권리를 부정하는 경우도 있다.

이에 반해서, 언론 책임 이론에 근거하여 언론에 접근하는 사법부는, 발행인들이 언론에의 접근을 통제하기 때문에, 공정하기 위해서는 공표된 보도 내용에 대한 쟁점을 제기하는 사람들이 말할 수 있도록 해야 한다고 본다. 이러한 사법부는 발행인이 명예훼손 피해자 원고의 청구가 있게 되면 이를 엄격하게 시행하도록 하고 강제하고 있으며, 어떤 특정의 구체적 방식으로 반론문 게재를 않거나 적절한 반응을 하지 못하는 발행인에게 민사적 과태료를 부과하거나 구류와 같은 형사적 제재를 가하기도 한다.

이처럼 한 사회에서 선호하는 구제 수단이 잘못된 언론을 징벌하는 핵심적인 방법이 될 수 있다는 점을 감안한다면, 국가에 따라서 다른 구제 방식을 선호한다는 것은 '명예훼손법은 특정한 사회의 문화적 구조를 반영한다'는 논리와 일치한다고 할 수 있다. 구체적으로 다양한 피해에 대한 구제 수단은 언론의 자유와 인격권을 균형 지우는 데 다양한 가치 판단의 모습을 내포한다. 그래서 모든 국가들이 언론의 자유와 개인의 명예를 모두 중요시하지만, 이를 균형 지우는 방식은 각 사회의 사회적·법적인 근간에 따라 상대적이다.

이러한 이론적 근거에 입각하고 있는 반론권은 주로 유럽 국가들을 중심으로 발달하고 있다는 점이 가장 특징적이다. 또한 반론권을 인정하다고 하더라도 국가의 행정 기구와 같은 역할을 하는 우리나라의 언론중재위와 같은 기관을 통해서 반론권을 행사하는 국가는 찾아볼 수 없는 것으로 알려져 있다. 기존의 연구에 따르면 독일, 프랑스, 일본 그리고 미국의 명예훼손법상의 반론권에 대한 탐색의 결과 비록 각 국가들이 개인의 명예와 언론 자유의 이익에 비교형량적인 균형을 유지하려는 목적은 비슷하나, 반론권을 실제로 행사하는 방식은 각 국가의 사회적, 문화적 배경에 따라서 다소 차이가 있는 것으로 나타났다. 무엇보다 반론권을 개인적인 피해의 구제 양식으로 인식한다는 점에서 각 국가들은 비슷한 시각을 갖는다. 이는 명예훼손의 개념이 집단적인 형태의 피해가 아니라 대단히 개인적인 영역에 속한다는 이해에 기초하는 것으로 보인다. 그리고 반론권을 발생한 피해에 대한 구제보다는 이의 예방이나 교정의 의미에서 이해하려는 것도 공통된 특징이라고 할 수 있다.

여기서는 우리나라의 반론권 제도 도입에 중요한 영향을 끼친 다양한 서구 선진 국가들의 반론권 제도의 연혁을 살피고 각국에서 처하고 있는 다양한 쟁점들과 이에 대한 해결 방식은 무엇인지를 비교법적 시각에서 자세하게 살펴본다. 이러한 분석을 통해서 기존 연구에서 드러난 각국의 반론권 제도가 어떻게 사회적으로 자리를 잡게 되었으며, 각국의 반론권 제도가 어떠한 장, 단점을 가지고 있는지를 이해할 수 있을 것이다.

1. 프랑스

1) 프랑스 반론권 제도의 역사와 특징

역사적으로 프랑스 언론은 여타 국가들에 비해 더 많은 형태의 정부 간섭을 받아 왔다(박운희, 1995b: 47). 프랑스의 언론은 행정부의 조치, 예를 들어 사전 검열, 보증금security payment, 또는 간접세 등과 언론을 상대로 한 다양한 형태의 소송을 통해 규제되어 왔다(Errera, 1985: 137). 반면 언론은 언론대로 개인에 대해 부주의하고 선정적이며 명예훼손적인 기사를 남발하여 많은 비난을 받았다.

특히 1789년 대혁명을 거치면서 프랑스 언론은 개인의 명예를 훼손하는 기사 또는 과도한 반정부적 기사 때문에 사회적인 비난이 거셌다. 대혁명 이후, 언론이 진실되고 다양한 정보를 전달하고 동시에 개인적 명예도 보호하기 위하여 책임 있는 언론을 세워야 한다는 사회적 논의가 계속되었으며, 19세기가 끝날 무렵 언론에 대한 정부의 규제보다는 언론의 사회적 책임성을 통한 자율 규제가 강조되기 시작하였다(Terrou, 1951: 13).

이러한 이유로 프랑스가 다른 나라에 가장 앞서 기본적 시민권으로 반론권을 수용하게 되었다. 반론권을 규정한 세계 최초의 법안이 1820년에 의회에 제출되었다. 이 법안은 ① 언론의 과도한 권력 남용으로부터 개인을 보호하고, ② 불공정하고 편향적인 보도로부터 독자들을 보호하고, ③ 공중의 권력과 언론의 권력을 균형 지우도록 하는 장치를 마련하고, ④ 형사적 문제 해결과는 다른 피해 구제책을 설정한다는 내용을 포함하고 있다(Blin et al., 1982: 4). 그러나 이 법안은 언론사가 반론의 의무를 어겼을 경우 언론사의 폐간을 명하는 등 중벌을 부과하도록 한 규정이 지나치게 가혹하다는 이유로 의회에서 채택되지 않았다.

이후 상당한 기간이 지나서 반론권 실시와 관련하여 가장 실질적인 법인 1881년 언론법(1882년 실시)이 제정되는데, 예전의 억압적인 언론 관련 법조항을 폐지했다는 특징을 지닌다. 즉 이 법의 목적은 언론으로부터의 개인의 피해를 예방하고 그 정도를 최소화하자는 것이었다. 구체적으로 이 법은 사회의 안녕과 질서, 대중의 안전, 그리고 개인적 이익을 침해하는 행위들은 금지할 수 있다는 법률 유보 조항을 두었는데, 이러한 '개인적 이익'에 반론권을 포함시키고 있는 것이 가장 주목할 점이다(Errera, 1985: 138; 박운희, 1995b: 47).

1881년 언론법 제11조(1993년 개정법 제13조)는 반론권에 대해 "모든 신문 또는 정기간행물의 소유자 또는 편집자는 반론 청구를 수리한 날로부터 3일 이내에, 또 3일 이내에 발행되지 않을 때는 다음 호에, 그 신문 또는 정기간행물에서 지명 또는 지적을 받은 모든 자의 반론문을 게재하지 않으면 안 된다. 이를 위반한 경우는 다른 벌칙과는 상관없이 또는 고발된 기사로 피해자가 받게 될 손해배상과는 상관없이 100~1000프랑의 벌금에 처해진다"고 규정한다(팽원순, 1984: 190).

프랑스 언론법에 따르면 명예훼손이 성립하기 위해서는 충분히 신원을 인지할 수 있는 개인의 명예나 지역적 명성에 대해 반하는 사실적 주장이 있어야 한다(Glasser, Jr., 2013; Braithwaite, 1995: 323~326). 이러한 공격에 있어 '악의 bad faith'가 있어야 하는데, 이는 명예훼손적 표현을 분석해서 추론해 낼 수 있다.

그런데 만일 명예훼손적 표현이 게재된 이후 3개월 이내에 소송이 제기되지 않는다면, 악의가 없었다는 증거를 제출해야 하는 입증 책임은 자연적으로 피소인이 지게 된다. 만일 유죄로 판명되면 피소인은 5일에서 6월 사이의 구금형에 처해지거나 일반적으로 약 150~80,000프랑(약 4만~2000만 원) 사이의 벌금을 지불해야 한다. 특정 기관이나 그 기관에 속하는 사람들의 명예를 훼손한 경우에는 더욱 엄중한 처벌을 받을 수 있다.[39] 기업도 소송의 주체가 될 수 있다. 그러나 상품에 대한 비난disparagement의 경우에 무조건 명예훼손이 되지 않고 이것이 여타 개인이나 기업에 대한 명예훼손과 연결되는 경우에만 인정이 된다(Glasser, Jr., 2013).

명예훼손으로 인한 형사재판에서 승소한 경우는 민사소송으로 연결될 수 있으며, 형사소송과 별도로 독립적으로 민사소송을 하는 것도 가능하다. 민사소송은 손해배상을 받기 위한 민법상의 조항 적용을 받게 된다(Kunstadt, 1980: 62~68). 민법상의 명예훼손소송에서는 과실이 입증되어야 하는데, 예를 들어 언론사가 기사를 보도하기 전에 기사의 정확에 대해 조사하려는 적절한 조치를 취하지 않았다면 이는 과실로 인정된다(Braithwaite, 1995: 327). 개인 간의 민사소송에서보다 언론이 피소인으로 등장하는 경우에 손해배상액이 더 커진다(Vick & Macpherson, 1996: 954).

반론권은 법정 소송이 가능하든 그렇지 않든지에 상관없이 인정되며, 반론 요청에 대한 부당한 거부는 민·형사소송의 대상이 된다(Vick & Macpherson, 1996: 954). 또한 국가에서 운영하는 방송에 의해서 명예훼손이 발생하였을 경우 피해를 입은 사람은 정정보도청구권right of rectification을 갖는다.

프랑스의 경우 방송에 있어서의 반론권은 1972년 이전까지는 인정되지

39 예를 들어 1995년 당시까지 가장 높은 배상액은 약 80만 프랑(약 2억 원)으로 알려져 있다.

않았다(Ward & Redmond-Cooper, 1983: 214). 방송에 대한 반론권은 1972년 7월 제정된 방송법 제8조에서 처음 규정되었고, 1974년의 방송법 개정 시 제34조로 옮겨졌으나 그 규정은 계속 유지되었다. 다만 반론방송청구의 구성 요인은 언론법Press Law이 아니라 1975년에 공포·시행된 '방송에 있어서의 반론권에 관한 법률'에 의해 규정되고 있다.

프랑스법의 가장 큰 특징은 반론권이 사실적 주장뿐만 아니라 비판critic이나 평가evaluation에도 적용된다는 것이다. 또한 문제가 되는 신문 기사를 통해서 직접적 또는 간접적으로 특정되는 누구라도 해당 언론을 대상으로 반론권소송을 제기할 수 있다. 흥미로운 점은 의사나 경찰관은 대개의 경우 반론권이 인정되지 않는다는 것이다.

또 다른 특징은 프랑스의 경우 반론권과 아울러 정정보도를 위한 청구가 가능하다는 점이다. 1881년 언론법은 정부가 정부 기관의 활동과 관련된 기사들에 대해 해당 언론에 정정을 요구할 수 있는 권한Le droit de rectification을 제공하고 있는데(개정법 제12조), 반론권과는 달리 정정보도권은 공직자들에게 한정적으로 적용된다. 이때 정정보도권은 단지 공직자들의 공적 활동에 관련된 잘못된 기사 게재의 경우에 한해서 인정된다. 이때 정정보도의 양은 원문 기사의 2배를 초과할 수 없다(개정법 제12조 제2항)(팽원순, 1984: 191).

프랑스는 2004년 6월 21일 제정한 법률 제2004-575호 디지털 경제 영역에서의 신뢰를 위한 법률에 따라 인터넷 미디어에도 반론권을 인정하고 있다(김상우, 2010: 66). 인터넷상의 반론권 청구의 주체는 오프라인 미디어의 경우와 동일하다. 인터넷을 통해 대중들에게 정보가 제공되거나 보도의 대상이 된 사람은 누구나 반론권 청구의 주체가 될 수 있다. 다시 말하자면 누구든지 자신의 이름이 인터넷상에 등장했고, 일반인들이 손쉽게 알아볼 수 있다면 반론권을 청구할 수 있다. 반론권 행사는 인쇄 미디어와 마찬가지로 기사가 최초로 게재된 지 1년 동안 가능하다.

반론권 청구 절차를 살펴보면, 먼저 피해를 입었다고 생각하는 사람은 관련 미디어의 '발행인'에게 반론권을 청구한다. 만약 정보·보도 사이트나 비전문적인 사이트로부터 게재되어 게재한 사람이 누구인지 특정할 수 없을 경우에는 해당 사이트의 책임자(서버 관리자)를 대상으로 한다. 반론권 실행 절차는 엄격하게 지켜져야 한다. 우선 반론권을 청구한다는 사실을 등기 우편으로 송부하여 수신자가 편지를 받았는지를 확인할 수 있어야 한다. 청구 시 편집 내용 속에 문제 삼는 콘텐츠, 해당 내용이 실린 사이트에 자신이 접속하는 방법, 해당 내용의 저자(저자가 확인된 경우)를 명시해야 한다. 텍스트뿐만 아니라 사진(이미지)과 영상물도 반론권 청구 대상에 포함된다.

반론보도문은 문서 형태로 게재해야 하며 동영상이나 사진 또는 녹음의 형태로 할 수 없다. 반론권 청구 대상이 사진이나 음성, 동영상 비디오인 경우에도 동일하다. 음성이나 영상물에 대한 반론권 청구인 경우 해당 음성이나 영상의 대사를 텍스트로 옮겨 쓴 분량을 기준으로 삼는다. 어떤 경우에도 반론보도 및 반론 정보는 200줄을 초과해서는 안 된다.

청구 대상 사이트는 독일과 달리 원칙적으로 모든 유형의 인터넷 사이트가 포함된다. 그러나 대중을 대상으로 온라인상에서 직접 커뮤니케이션을 행하는 서비스에 한한다. 따라서 위키피디아, 아고라 복스(프랑스판 〈오마이뉴스〉), 블로그, 인터넷 의견 포럼 등은 반론권 청구의 대상에서 제외된다. 만일 이들을 대상으로 문제를 제기하려면 반론권 절차가 아니라 사법적인 절차를 밟아야 한다. 일간이 아닌 정기적인 뉴스레터(전자우편) 역시 반론권 청구 대상에 해당된다. 뉴스레터에 대한 반론권 청구는 인터넷상으로 구독을 희망한 가입자가 받아볼 수 있도록 뉴스레터를 통해 반론보도문이 게재되어야 한다(김상우, 2010).

2) 프랑스 반론권 제도의 쟁점

프랑스에서는 언론 미디어에 의해 명예훼손의 피해를 보았다고 생각하는 누구라도 같은 미디어를 통하여 공격에 대한 반박할 권리를 가지고 있다(Ward & Redmond-Cooper, 1983: 211~212). 프랑스 언론법 제13조는 반론권이 자연인이든 법인이든, 정부 관료들을 포함하여 누구나 이용할 수 있도록 규정하고 있는데, 이때 원기사 내용이 명예훼손적인가 아닌가의 여부는 판단하지 않는다. 다시 말하자면 '만일 신문에서 언급된 사람이 반론을 원한다면 거기의 모든 것이 반론문의 대상이 된다'는 것이다(Chaffee, 1947). 프랑스는 사자死者에 대해서도 반론권을 인정하는데, 필요하다면 사자의 대리인이 반론보도를 신청할 수 있다. 법원은 개인이 사망한 후에도 사자의 명성이나 이미지가 타인들의 머릿속에 남아 있기 때문에 해당 언론에 대한 반론을 구할 수 있다고 본다.

언론이 반론보도 요청을 부당하게 거부하는 경우 민·형사상 소송의 대상이 된다(Vick & Macpherson, 1996: 954). 또한 국가가 운영 주체인 방송에 의해서 명예훼손이 발생하였을 경우 피해를 입은 사람은 정정보도청구권을 갖는다(Ward & Redmond-Cooper, 1983: 213~214).

프랑스에서는 반론권이 사실적인 주장뿐만 아니라 비판이나 평가와 같은 의견에도 적용된다. 프랑스 법은 의견과 사실 사이의 구분을 두고 있지 않기 때문에 사실적 주장factual assertion에만 부여하는 독일과는 달리 '의견'도 반론의 대상이 될 수 있다고 판단된다.

또한 문제가 되는 신문 기사를 통해서 직접적 또는 간접적으로 신원을 파악할 수 있는 누구라도 해당 언론을 대상으로 반론권소송을 제기할 수 있다. 아울러 의사나 경찰관은 대개의 경우 반론권이 인정되지 않는다는 것이다(박운희, 1995a: 62).

1881년 언론법 제13조(1944년 개정법 제15조에서는 '편집인' 포함)는 신문이나 정기간행물의 기사로 인하여 발생한 벌칙이나 배상금과는 별도로, 문제가 된 신문이나 정기간행물 기사에서 언급된 사람들에 의해 요청된 반론문은 3일 이내에 게재해야 되며 그렇지 않은 경우 1000~2000프랑의 벌금(과태료)을 부과하도록 규정하고 있다.[40]

반론문 게재에 있어 반론문이 실리는 주소와 형식적인 인사말, 그리고 기명signature을 제외하고, 반론문의 길이는 원문 기사보다 길어서는 안 된다. 그러나 아무리 원문 기사의 길이가 짧아도 반론문은 50줄 이하로는 게재할 수 없으며, 아무리 길다 하더라도 200줄을 넘을 수는 없다. 이러한 길이에 대한 조항은 반론문에 대한 코멘트를 위해서 게재되는 기사의 길이에 대해서도 적용된다.

반론문은 무료로 게재되어야 한다. 그러나 반론문의 길이가 법적으로 정해진 길이의 한계를 넘어서게 되는 경우에는 반론문 게재를 요청하는 자가 그 비용을 지불하도록 하고 있다. 또한 반론을 청구하는 경우, 이는 문제가

40 [Article] 13. (L. 29 Sept. 1919) The publisher (editor: Ord. 26 Aug. 1944, art. 15) shall be required to insert, within three days of receipt, replies by anyone named or cited in the journal or periodical, on pain of a fine of 1,000 to 2,000 FF, without prejudice to any other penalties or damages to which the article may give rise. In the case of journals or periodicals other than daily papers, the publisher (editor) shall be obliged, under the same penalties, to insert the reply in the issue following the day after its receipt. The reply shall be inserted in the same place and in the same type as the article which gave rise to it and without any interpolations. Disregarding the address, conventional courtesies and signature, which shall never be counted as part of it, the reply shall be limited to the length of the offending article. It may, however, run to fifty lines, even if the article was shorter, and may not exceed 200 lines, even if the article was longer. The above provisions also apply in respect of rejoinders to further comments by the journalist on the initial reply.

된 기사가 실린 신문이나 간행물에 한해서만 반론문 게재를 요구할 수 있다. 문제가 된 기사가 또 다른 신문에 실리는 경우에는 별도의 게재청구를 해야 한다.

반론문 게재는 문제가 된 신문이나 간행물의 '정기호'가 도달하는 지역에 배포하기 위한 '특별호'의 경우에도 적용된다. 특별호도 정기호와 같이 신문이나 간행물의 차호에 반론문이 실려야 한다. 그렇지 못할 경우에는 손해배상 소송의 결과에 상관없이 정기호와 동일한 벌금에 처해지게 된다.

전술한 바와 같이 언론사는 일정한 경우 반론문의 게재를 거부할 수 있는데, 법원은 언론사가 반론문의 게재를 거부한 것에 대한 심리에 있어 심리를 소환한 지 10일 이내에 그 결정을 내려야 한다. 법원의 반론문 게재 명령이 내려지면, 반대나 이의 제기에 관계없이 반론문 게재를 즉시 실행하도록 결정할 수 있다. 이의 제기가 있는 경우, 법원 서기에게 이의 제기가 통지된 지 10일 이내에 그 결정이 이루어져야 한다.

반론보도문 게재 의무는 선거 기간에 더욱 강화된다. 프랑스 언론법은 선거 기간 동안 반론문의 게재를 더욱 짧은 기간에 신속히 실시하도록 하고 있다. 만일 이를 어기면 평상시보다 더욱 무거운 벌칙을 부과하고 있다. 제13조에 따르면 선거 기간 동안 일간 신문은 반론문 게재 시한이 3일 이내서 24시간 이내로 단축되며, 반론문 게재를 원하는 경우 신문이 인쇄에 들어가기 전 적어도 6시간 전에 반론문 청구를 요청해야 한다.

선거 기간 초기에 발행인 또는 편집인은 법무부Attorney General's Department에 신문이 인쇄할 시간이 언제인지를 고지해야 한다. 만일 그렇지 않으면 제13조 제1항에 정해진 벌칙에 처해진다. 반론문의 게재 거부와 관련된 소환장을 발행하는 것도 24시간 이내에 이루어져야 하며 기간 연장은 허용되지 않는다. 또한 재판장의 명령에 의해서 신문의 특별호의 경우에도 발행한 시간 이후부터 다음 호 발행 시까지 소환장을 제출할 수 있다.

반론문의 단순 게재의 경우 게재 명령은 즉각적으로 집행되어야 한다. 법정 기한 내에 명령에 따르지 않는 경우, 명령이 내려진 호가 발행될 때부터 게재가 이루어질 때까지, 편집인은 6일에서 3개월 사이의 금고형이나 300~6000프랑 사이의 벌금형에 처해질 수 있다(L5 Oct. 1946).

반론보도문은 만일 법원이 훼손된 명예에 대한 회복에 있어 부적절하거나 직접적인 연관이 없는 것으로 판단하지 않는 한 청구인이 원하는 방식으로 게재해야 한다. 비록 이러한 반론권이 언론 자유에 대한 과잉 규제라는 지적이 없지는 않으나(Danziger, 1986), 1960년대 이후 반론권 청구는 수적으로 감소하는 추세에 있다(박운희, 1995a: 62).

파기원은 1998년 판결에서 비록 반론권은 일반적이며 반론보도문의 형식·내용·범위·효용 등은 청구인이 판단하며 청구인이 주장하는 한 이를 수용해야 하지만, 반론보도문이 형식적 측면에서 문제가 있거나 법률, 선량한 풍속, 제3자의 정당한 이익 혹은 언론인의 명예에 반하는 경우 언론은 반론문 게재를 거부할 수 있다고 판시하였다. 즉 반론문 게재의 주요한 목적은 진실을 통해서 공중의 이익을 추구하기보다는 개인의 이익을 보호하는 것이기 때문에 만일 청구하는 바가 법으로 정하고 있는 길이를 초과하거나 원래 기사와 연관성이 없는 경우 언론사는 반론문 게재를 거부할 수 있다는 것이다.

특히 반론권의 행사가 반론보도 청구인의 이미지를 개선하려는 의도에서 많이 이루어지고 있는데, 반론보도 청구를 수용할 것인가의 여부를 판단하는 데 이러한 주장과 반드시 관련 지울 필요는 없다고 보았다. 또한 반론을 야기한 원문 기사와 반론보도문 사이에 연관성이나 적합성 등이 있는지의 여부를 청구인에게 요구해야 한다는 점도 강조하고 있다.[41] 정부 문건에 대한

41 Front National c/Jean-Marie Colombani, Cour de cassation, Chambre criminelle, 1998. 6. 16 판결: 〈언론중재〉, 1998년 겨울호(통권 69호), p.138에서 재인용.

반론 게재는 허용되지 않는다.

프랑스 반론권 제도의 특징은 반론보도와 아울러 정정보도청구가 가능하다는 점이다. 현재도 여전히 적용되는 1881년 언론법은 반론권을 두 가지 방식으로 규정한다. 이는 전술한 일반인들의 반론권(droit de response, right of response)과 정부 관리들이 언론 보도에 대해 교정(수정)을 요구할 권리(정정권 droit de rectification/right of rectification)다. 동법 제12조는 발행인(1944년 개정법부터 '편집인' 포함)은 신문이나 정기간행물의 다음 호의 첫 페이지에 무료로 신문이나 정기간행물에서 보도 기능을 행함에 있어 잘못된 보도에 대해 공직자들에 의해 전달된 교정 내용을 게재해야 한다고 규정한다.[42]

그런데 정정보도문의 게재 요건은 반론보도문 게재 요건보다 까다롭다. 먼저 언론법 제12조에서 규정하는 정정권은 의견이 아닌 사실적 주장에만 적용(반론보도문은 사실과 의견 모두 적용)된다. 또한 정정권은 공적인 의무와 연계된 정부 공직자의 공적 행위에 대해 언론이 잘못 보도한 뉴스의 경우로만 한정된다.

언론은 보도에서의 사실적 주장이 진실이라는 점을 근거로 정부의 정정문 요구를 거부할 수는 없다. 왜냐하면 언론법이 미디어에 공식적 진실official truth의 게재를 의무화하기 때문이다. 그러나 언론은 만일 정정보도문이 법, 도덕, 타인의 정당한 권리, 또는 언론인의 명예를 훼손한다고 판단하는 경우

42 [Article] 12. The publisher (editor: Ord. 26 Aug. 1944, art. 15) shall be required to insert free of charge, on the first page of the next issue of the journal or periodical, any corrections sent him by the public authorities concerning inaccurate reporting of the exercise of their functions in the aforesaid journal or periodical. Such corrections shall not, however, be more than twice the length of the article to which they refer. In the event of failure to comply with these provisions, the publisher shall be liable to a fine of 360 to 3,600 FF.111.

정정보도문의 게재를 거부할 수 있다. 정정보도문 게재에는 기한이 정해져 있지 않다.

정정보도문의 분량은 문제가 된 원문 기사의 2배를 초과하지 않아야 한다(제12조 제2항). 이러한 규정을 위반하는 경우 발행인은 360~3600프랑의 벌금에 처해진다(제12조 제3항). 그러나 정정보도의 경우 신문에 대해 공권력의 권위를 유지하려던 구시대의 잔재로서 현재는 실제로 적용되는 일이 없는 것으로 알려져 있다(松井修視, 1979: 55; 팽원순, 1984: 191).

언론법은 언론에 개재된 사진에 대한 반론권은 인정하고 있지 않다. 그러나 방송 미디어의 경우에는 별도로 반론권을 인정하고 있다. 2004년 개정된 1982년 방송법은 반론권을 텔레비전과 라디오 방송에 적용할 수 있도록 하고 있다. 이 법은 1881년 언론법과는 별도의 법이다. 방송법은 '방송 내용이 명예훼손적'이라고 판단될 때에만 이에 대해 반론권을 인정하는데, 이는 인쇄 미디어나 인터넷과 다른 점이다. 또한 방송법은 형사소추가 되었다가 방면된 사람의 경우에도 반론권을 이용할 수 있도록 규정한다.

인터넷에서의 반론권의 경우 2007년 프랑스 정부는 반론권과 관련하여 EU의 전자 직거래를 실행하기 위해 유럽연합 집행위원회European Commission가 제정한 '디지털 경제 법안'에 근거한다. 그 법안은 만일 문제된 인터넷 사이트가 포럼이나 채팅방에서 반론의 기회를 부여하지 않았을 경우 반론권이 인정된다고 규정한다. 그러나 이때 반론권이 일반적 공중이나 당사자가 아닌 제3자에게는 적용되지 않는다. 법안은 또한 논란의 여지가 있는 규정을 포함하고 있는데, 이는 ① 문제된 기사를 삭제 또는 수정하는데 웹마스터가 동의하는 경우 반론권을 포기하게 하는가, 그리고 ② 현재 최고 200줄 이하로 되어 있는 반론문의 길이를 그대로 적용하는가의 문제다.

동법에 따르면 인터넷 사이트의 책임자는 반론권 청구가 있을 경우, 3일 이내에 원래의 내용과 동일한 형태로 반론문을 게재해야 한다. 이때 단순히 독자를 대상으로 한 이메일 형태로 반론을 게재해서는 안 된다. 반론보도문은 원래의 보도, 정보와 결합된 형태, 하이퍼텍스트상 링크의 형태 또는 해당 페이지와 동일한 페이지의 아랫부분에 게재해야 한다. 그리고 반론보도문이 게재되었다는 사실을 청구자에게 통보해야 한다.

기본적으로 반론권 청구 대상 기사는 반론권을 제기하는 시점에 온라인에 게재된 것에 한한다. 그러나 해당 기사가 온라인에서 삭제되었다 하더라도 기사를 처음 게재한지 24시간이 경과하지 않았다면 반론권 청구를 할 수 있다. 해당 사이트 측에서 게시 3일 이내에 보도 내용을 수정해 다시 게재한 경우에는 반론권 청구 대상이 되지 않는다. 사이트 책임자가 문제된 글을 수정 게재했다면 반론권 청구자가 반론권을 행사한 것으로 간주하기 때문이다.

만일 사이트 책임자가 반론 청구의 요건을 충족시킨 반론권 청구에 대해 응답하지 않거나 반론보도문 게재를 이행하지 않는 경우, 그리고 반론이 3일 이내에 게재되지 않은 경우에는 약 3750유로(약 551만 원)의 벌금이 부과된다. 이러한 처벌은 명예훼손 등 해당 보도 내용과 관련한 민사소송과는 별개의 건이다.

이처럼 프랑스의 경우 언론법에 의해 보장되는 '반론권'이 인쇄물이나 텔레비전 프로그램 그리고 인터넷에 걸쳐서 모두 적용되고 있다고 볼 수 있다. 프랑스의 경우 미국과 같은 철회retraction는 인정되지 않고 있다. 반론권은 모든 사람들에게 적용되는데, 문제된 보도 내용이 명예훼손적인지 아닌지의 요건에 구애되지 않는다. 그러나 몇 가지 예외적인 사항이 있다. 반론권 적용에 있어서, 텔레비전 프로그램의 경우에는 반론권 행사가 그 프로그램 내용이 명예훼손적으로 인식될 정도로 의심이 있어야 한다.

유사하게, 반론권은 기사나 프로그램 내용에서 언급된 개인에게만 적용되는 권리이므로 당사자 이외의 사람들이 이를 대신해서 행사할 수 없다. 만일 당사자가 사망하게 된다면 그 자손들이 이를 대신할 수 있으나 그 내용이 사자死者에게 명예훼손적인 경우에만 가능하다.

반론권은 관련인의 이름이 처음 게재되거나 공개되고 나서 3개월 이내에 행사되어야 한다. 반론보도문은 간행물(미디어)의 책임자(감독자)에게 보내는 일종의 편지 형식인데, 이는 원칙적으로 원래 기사가 게재된 같은 위치에 같은 크기의 폰트로 게재되어야 한다. 간행물의 책임자(감독자)는 청구된 반론보도문이 법으로 정해진 길이를 초과하거나 또는 문제된 기사의 내용과 관련이 없는 경우, 반론보도문의 내용이 명예훼손적이거나, 또는 반론보도문이 제3자나 저널리스트를 지칭(암시)하는 경우를 제외하고 그 게재를 거부할 수 없다. 만일 불법적으로 반론문 게재를 회피하거나 같은 분량, 같은 폰트 크기로 제대로 싣지 못한 경우 신청인은 이에 대해 소송을 제기할 수 있다. 또한 반론보도문을 명예훼손으로 인한 불평complaints으로 대신할 수 없으며, 원래의 기사가 명예훼손적인 경우 신청인은 반론권 행사를 청구하는 동시에 명예훼손으로 인한 소송을 제기할 수 있다.

2. 독일

1) 독일 반론권 제도의 역사와 특성

'국가 언론법 지배의 핵심'이 되는 독일의 반론권은 1822년 프랑스 언론법을 토대로 1831년 바덴 주 언론법(Baden Presserecht/Baden Press Law)으로, 이후 1874년 제국 언론법(Reichspressegesetz/Imperial Press Law)으로 이식된 것이다. 이 법에서는 잘못된 보도에 대한 '정정correction'을 규정한다. 프랑스 법과 유사하게, 독일 법에서의 반론권의 주요 목적은 미디어에 공중의 접근을 제공하기보다는 개인들을 오보로 인한 명예훼손으로부터 보호하기 위한 것이다.

독일은 현재 연방 차원의 반론권 관련법이 존재하지 않으며 주state 단위 언론 관련법에서 내용을 조금씩 달리하여 반론권을 인정하고 있다. 즉 프랑스와 달리 독일은 반론권이 각 주의 언론법에 의해서 규정되고 있는데, 이 법들은 대개 독일 연방 기본법(Grundgesetz/Basic Law/헌법)에 근거한 언론의 권리와 의무를 구체적으로 규정한다.

독일 기본법에서, 언론의 재량(힘)은 "일반법 규정에서 그 한계가 있으며…… 또한 여타 개인의 명예권과 관련해서도 한계를 지닌다"고 규정한다. 독일 기본법의 반론권은 개인의 인격권에서 기인하는 것으로 볼 수 있다. 그럼에도 기본법은 여전히 기본권의 '핵심적 내용'이 일반법의 적용에 의해 제약되는 것을 금지한다.[43]

독일 기본법은 법에 의한 개인적인 기본권 제약의 경우에도 기본권의 핵심적 내용에 대한 규제는 금지하고 있다(제5조). 이러한 측면에서 독일 반론권의 중요한 이론적 근거는 반론권이 민주적 절차나 여론을 보호하기보다는 개인을 잘못된 언론으로부터 보호하려는 데 있다고 할 수 있다(Kohl, 1985: 214).

독일 기본법은 개별 주에게 반론권을 실행할 수 있는 권한을 부여하고 있다(박운희, 1995b: 40~41). 독일에서의 반론권은 독일 기본법 제1조와 제2조에서 보장하는 "인격을 가진 주체로서의 권리"에 근거하는 것이다. 이 조항

43 Article 1 of the Basic Law on human dignity states in pertinent part:
(1) Human dignity is inviolable. To respect and protect it is the duty of all state authority.
(2) The German people therefore acknowledge inviolable and inalienable human rights as the foundation of every human community, of peace and justice in the world.
Article 2 on personal freedoms provides as follows:
(1) Everyone has the right to free development of his personality insofar as he does not violate the rights of others or offend against the constitutional order or the moral law.
(2) Every person has the right to life and physical integrity. Freedom of the person is inviolable. These rights may only be interfered with on the basis of a law.

들은 인간의 존엄성은 침해되어서는 안 되며, 타인의 권리를 침해하거나 헌정 질서를 어지럽히거나 미풍양속을 저해하는 경우가 아니면 자유롭게 자신의 개성을 개발할 수 있다고 명시한다.[44]

독일은 언론의 자유가 가장 잘 지켜지는 나라 중 하나이기는 하지만 독일 또한 언론의 자유를 절대적인 권리로 인정하고 있지 않다. 독일에서의 언론의 자유란 — 한국과 유사하게 — 시민들의 여타 일반적인 사회적 이익에 다름 아니다. 따라서 언론 자유는 명예권과 같은 사회적 제 이익들과 항상 균형을 이루어야 한다(Calvey, et al., 1987).

독일의 경우 언론 자유와 사회적 제 이익들 사이의 균형을 모색하는 데 있어 명예훼손적 표현은 피해자를 타인에게 오인하게 하는 명예나 존엄성에 대한 공격으로 인식된다(김상우, 2010; Glasser, Jr., 2013; Thwaite & Brehm, 1994: 343). 독일 형법은 모욕적인 말이나 명예훼손적 표현에 대해 벌금이나 징역형을 부과한다. 형법 제186조는 타인을 비방하거나 세평을 저하시키기에 충분한 사실을 주장하거나 유포한 자가 이러한 사실이 진실임을 입증할 수 없는 경우 1년 이하의 자유형이나 벌금을 부과하고, 그 행위가 문서의 반포를 통해 이루어진 경우에는 2년 이하의 자유형 또는 벌금형에 처한다고 규정한다.[45] 벌금

44 Basic Law of Germany, Art 1 and Art 2.

45 독일 형법 제187조는 허위사실적시에 의한 명예훼손, 제187조a는 정치인에 대한 사실·허위사실적시에 의한 명예훼손, 제189조에서는 사자의 명예훼손을 규정한다. 명예훼손 등에 대한 위법성 조각사유와 관련 독일 형법 제193조는 "학문적·예술적·영업적 업적에 대한 비판, 권리의 행사나 방위 또는 정당한 이익의 옹호 등을 목적으로 하는 비판적 의견의 발표, 상관의 부하에 대한 징계 및 견책, 공무원의 업무상 고발 또는 비평 및 기타 이에 준하는 경우에는 의견 발표의 형식이나 의견 발표가 행하여진 정황에 비추어 모욕이 인정된 때에 한하여 처벌할 수 있다"고 규정한다. 이 규정은 "모욕이 인정된 때에 한하여 인정된다"고 규정하고 있지만 독일 형법 제185조의 모욕죄, 제186조의 사실적시에 의한 명예훼손죄, 제189조의 사자의 명예훼손죄에도 적용되는 모욕죄와 명예훼손죄에 대한 특수한 위법성 조각사유로 해석된다.

형의 경우 위반자의 수입에 비례하여 부과하는 것이 특징인데, 최대 벌금형은 하루 10,000마르크(약 900만 원)로 63일까지 부과할 수 있도록 되어 있다.

형법 제193조에서 명예훼손적 표현물이 공익과 관련된 경우이거나 그 정보원이 믿을 수 있는 존재였거나 또는 이로부터 나온 정보에 대해 언론인이 철저히 조사한 경우는 그 위법성이 조각될 수 있도록 하고 있다. 독일에서는 '공인' 원칙이 수용되지 않고 공익성과 진실성을 명예훼손에 대한 면책사유로 인정한다(Glasser, Jr., 2013). 그러나 실제로 형법의 적용은 극히 드물거나 '악명이 높은' 사건의 경우에 한해서만 이루어진다.

민법Civil Code의 경우 그 명예훼손에 따른 책임을 제823조 및 제824조에 명시한다. 제823조는 일반적인 민법상의 과실 책임을 묻는 반면, 제824조는 특수한 경우로서 언론인이 출판이나 방송 당시에 그 내용이 진실이 아니라는 점을 알고 있었거나 내용이 피해자의 신용이나 경제적인 위상 그리고 승진 등에 피해를 줄 수 있다는 사실을 알고 있었는가 하는 점이 판단되는 경우에 적용된다. 이때 단지 '사실적 주장'만이 민법에 의한 소송의 대상이 되며 '의견'의 경우 만일 그것이 타인을 '중상'하는 것이라든지 또는 굴욕감을 주도록 '의도된 것'이 아니라면 소송의 대상이 되지 않는다.

독일 명예훼손법의 핵심적 기조는 사후의 금전적 구제(보상)보다 사전의 '교정적corrective' 또는 '예방적preventive' 장치의 마련이 더 중요시된다는 것이다(Kohl, 1985). 이러한 이유로 반론권right of reply은 사전 금지 제도injunction 및 피해 보상damages과 함께 중요한 민사적 구제 수단의 하나로 인식되고 있다.

재판 전 예비심preliminary hearing에서 법원은 피소인에게 문제가 되는 명예훼손적 보도에 대해 제소인이 원하는 반론을 싣도록 하거나, 문제가 되는 보도 내용이 더 이상 출판·방송되는 것을 금지하도록 하거나, 또는 판결의 취지를 언론이 스스로 비용을 지불하고 보도하도록 명하기도 한다(Vick & Mcpherson, 1996: 956). 손해배상은 대개 특정의 피해에 대한 일반적 배상에 한정하며 미국과 같은 징벌적 손해배상은 인정되지 않는다(Thwaite & Brehm, 1994: 348).

이 단계에서 손해배상 액수가 모두 결정되는 것은 아니다. 비록 많은 경우 배상의 정도가 예비심에서 결정되지만 사건이 본심으로 넘어가면 법원은 인쇄물의 배포 금지 명령을 내리거나 손해배상을 명할 수 있다(Thwaite & Brehm, 1994: 348). 손해배상은 대개 특정의 피해에 대한 일반적 배상pecuniary damages에 한정한다. 명예훼손으로 인하여 개인이 당하는 '고통'이나 '괴로움' 또는 '구체적이지 않은 피해'에 상응하는 손해배상은 극히 드문데, 이는 명예훼손으로 인한 피해의 정도가 약 3만 마르크(약 2000만 원) 이상의 경우에만 적용된다(Braithwaite, 1995: 209).

1822년 프랑스 언론법을 모델로 1831년 제정된 바덴 언론법은 주 정부에게 오류가 있는 뉴스의 정정correction을 명할 수 있도록 권한을 부여한다. 바덴 언론법의 실질적 근거가 되는 제국 언론법이 1874년 제정되었고 이 법은 반론권을 모든 주 정부에서 시행하도록 하는 최초의 헌법이 되었다(Schwarz, 1966: 80).

이후 1949년부터 바이에른 주를 시작으로 각 주들은 언론법 조항 속에 반론권 규정을 두기 시작하였고 현재 모든 독일의 주들은 독일 기본법과 상응하는 언론의 책임과 권리를 상술하는 법들을 지니고 있다(Schwarz, 1966). 각 주의 언론법상의 반론권 규정은 비록 반론권의 실제 집행의 절차적 측면에서는 차이가 있으나 전체적인 내용은 대개 유사하다. 즉 반론권을 규정한 주법들의 규정상의 차이는 크지 않다.

독일 헌법재판소는 1998년 1월 재판관 전원 일치로 반론권과 정정권을 규정한 함부르크 언론법이 위헌이 아니라고 결정했다. 재판부는 언론의 자유와 개인의 명예·인격권을 비교형량한 뒤 "언론의 자유는 어떤 주제를 어떤 방식으로 어느 자리에 게재할 것인가를 포함한다. 함부르크 언론법의 반론권은 기본법에 따라 일반적인 사항을 규정한 것일 뿐이며 언론의 자유를 침해한 것이 아니다"라고 판시했다(박선영, 1999).

반론권이 특정 유형의 명예훼손으로부터의 구제를 위하여 집중적으로 이용된다는 것도 최근의 현상이라고 할 수 있다. 또한 반론문 게재를 위한 요건을 강화해서 권리 남용을 막고자 하는 인식이 커지는 것도 최근의 경향이다.[46] 바이에른 주의 경우 지나치게 긴 반론보도문에 대해 광고비를 지불하도록 한다.[47] 그러나 독일의 경우 반론권 이용은 점차 줄어드는 추세다(이재진, 2006c).

가장 최근의 논의는 인터넷에서의 반론권과 관련된 것이다. 독일의 경우 인터넷에서의 반론권은 '전자 매스 미디어를 사용한 제공자에 관한 주state 간의 계약(MDStV)'에 규정되어 있다. 이에 따르면 반론권은 사실적인 내용에 한해 인정되며, 반론보도문은 원래의 보도와 동일한 비중으로 인터넷상에 게시해야 한다. 반론보도 청구는 문제가 된 기사가 보도된 날로부터 3개월 이내에 해야 한다. 청구가 받아들여지지 않을 경우 피해자는 법원에 소송을 제기할 수 있다. 이 경우 가처분 절차에 대한 민사소송 규정이 적용되며 본안소송은 인정되지 않는다(박종호, 2000).

뒤셀도르프 주 지방법원은 1998년 인터넷 반론권과 관련된 흥미로운 판결을 내렸다(LG Dussenldorf, Hus Beschluss v. 29. 04., 1998). 이 사건은 원고 A가 개인 홈페이지를 운영하는 B를 상대로 반론권을 요구하면서 시작되었다. A는 B가 공개한 내용이 사실이 아니라고 주장했다. 그러나 법원은 "이 경우는

46 뮌헨 고등법원 1998. 3. 13 선고-21 U 2208/98 판결. 〈언론중재〉, 1999년 봄호(70호), pp.134~137에서 재인용.

47 1997년 12월 10일 합의부 판결, Ay. 21 U 5795/97-Birgen Air. 〈언론중재〉, 1999년 봄호(70호), p.137에서 재인용.

반론권 요청이 성립되지 않는다"고 판결했다. 왜냐하면 인터넷은 신문과 방송처럼 공론장 역할을 하는 것은 아니기 때문이라는 것이다.

이 사건에서 법원은 인터넷에서의 반론권을 인정받기 위한 세 가지 조건을 제시했다.

첫째, 사실적 주장과 관련된 스트레이트 기사에 한해서만 반론권이 인정된다. 칼럼이나 논설에서의 주장은 반론권의 대상이 아니라는 것이다. 그러나 칼럼이나 오피니언 페이지에서 순수한 주장(의견)이 아닌 내용으로 개인의 명예를 훼손했다면 피해자는 반론권을 요청할 수 있다.

둘째, 여론 형성에 영향을 미치며 정기적으로 보도하는 언론을 상대로만 반론권이 인정된다. 또 저널리즘과 편집권을 행사하는 미디어가 반론권의 대상이며, 관보 등 편집의 자유가 없는 미디어는 대상이 아니다.

셋째, 독일 법원은 사안의 공익성(공개)의 정도에 따라 반론권의 실행 여부가 결정된다고 판시했다. 즉 공개적으로 공표되었다 하더라도 사적인 영역에서의 논쟁이나 주장은 반론권의 대상이 될 수 없다. 따라서 신문이나 방송이 운영하는 인터넷 사이트의 경우 반론권이 적용되는 반면 개인 블로그에는 반론권이 인정되지 않을 가능성이 높다. 홈페이지를 통해 타인의 인격권을 침해하는 경우 소송을 통해서 민·형사상의 책임을 물을 수 있다. 또한 반론보도문이 원래 기사양보다 지나치게 많거나 과장된 표현이 있으면 그 게재를 거부할 수 있다.

2) 독일 반론권 제도의 쟁점

반론권과 관련하여 가장 좋은 예는 독일 출판의 중심지라고 할 수 있는 함부르크 주 언론법에서 규정하는 반론권이다.[48] 함부르크 주 법에서의 반론권 조항은 독일에서 반론권이 어떻게 법적으로 개념화되는지를 잘 보여 준다(Kohl,

1985: 214).

첫째, 함부르크 주 언론법에 따르면, 다른 주의 경우도 비슷하지만, 반론권은 사실적 주장factual assertion에 대해서만 허용된다. 함부르크 주 언론법은 "정기 간행물의 편집자나 발행자는 간행물에 공표된 잘못된 사실적 내용과 관련된 사람이나 개체body에게 반론을 제공해야 할 의무를 진다"고 명시하고 있다(제11조 제1항). 따라서 의견이나 가치 판단의 주관적 표현은 반론권 행사의 대상에서 제외된다.

둘째, 동법은 언론의 보도에 의해서 피해를 입은 어떠한 자연인이나 기관 — 개인, 관료, 협회, 기업 그리고 공공(정부)기관 등 — 이 반론권을 요청할 수 있도록 한다(Loffler, Heribert, & Frank, 1974: 74). 반론권 행사 주체의 경우 자연인이나 법인뿐만 아니라 단체까지 폭넓게 인정된다. 자연인에는 내국인뿐만 아니라 외국인도 포함된다. 단체는 정당과 아울러 국가나 지방 자치 단체도 포함된다(박운희, 1995c).

셋째, 동법에 따르면 반론권이 적용되는 정기간행인쇄물은 발행 간격interval이 6개월이 넘지 않는 미디어를 의미한다. 발행 간격이 6개월 이하에 해당하는 모든 신문, 잡지 등의 정기간행물과 텔레비전, 라디오 프로그램 그리고 영화의 내용들이 이러한 반론권의 대상이 되며 반론권의 요청은 문제가 되는 내용이 보도된 지 3개월 이내에 이루어져야 한다(제7조 제4항).

넷째, 동법은 반론보도문의 경우 만일 조판이 되지 않았다면 문제가 된 호의 다음 호에 실려야 한다고 명시하여 신속한 반론권 행사를 규정한다(제

48 Hamburg Press Law (enacted 1965), in Schwarz, *Press Law for Our Times*, pp.103~112; Sigrid Born, ed. and Fry Martine, trans., *Press Laws: Documents on Politics and Society in the Federal Republic of Germany*, Bonn: INTERNATIONES, 1994, pp.17~24.

11조 제3항). 특히 뉴스 간행물의 경우 명예훼손적 기사가 실린 것과 같은 섹션section에 문제 기사와 동일한 형태type로 실려야 하는 것으로 규정한다. 방송의 경우 방송이 나가는 같은 시간대와 같은 수신대에 반론문이 보도되어야 한다(제11조 제6항). 출판사나 방송사는 반론 내용에 임의로 내용을 삽입하거나 삭제 할 수 없다. 편집자 앞으로 전달되는 편지나 독자란에 실리는 기고는 반론문을 대신할 수 없다.

다섯째, 동법은 언론 미디어는 단지 사실적 주장의 경우에 한해 반론보도문이 실리는 당 호에 반론보도문에 대한 언론사의 비평을 같이 실을 수 있다고 규정한다(제11조 제6항). 중앙 정부와 지방 정부 기관의 공개된 절차에 대한 정확하고 공정한 보도의 경우 반론권 대상에서 예외로 하고 있다(제11조 제4항). 만일 미디어가 반론권 요청을 거부한다면, 반론권 주장은 순차적인 법적 절차를 밟게 된다. 반론의 게재가 결정되면 민사 법원은 반론문이 게재될 때까지 발행지에서의 배포 금지 가처분 명령을 내릴 수 있다.

독일의 반론권은 현재도 헌법적으로 유효하다. 독일 헌법재판소는 1983년 2월 8일에 내린 반론권에 대한 합헌 결정에서 "일반적 인격권은 그 중요내용의 하나로서 개인이 자기에 관한 서술이나 표현에 관하여, 즉 개인적인 정보에 관하여 스스로 그 공표의 범위와 내용을 결정할 수 있는 권리를 갖는다. 반론권은 이러한 일반적 인격권의 한 종류로서, 현대 대중 사회에서 개인영역을 침해하는 언론 미디어에 대응하기 위한 가장 적합한 제도로 평가된다"고 판시하여 반론권의 합헌성을 확인하였다(박선영, 1999: 41).

그러나 전술하듯이 최근 반론권 이용이 점차 줄어드는 추세다. 반론권이 특정 유형의 명예훼손으로부터 구제를 위하여 집중적으로 이용된다는 것도 최근의 현상이라고 할 수 있다. 또한 반론문 게재를 위한 요건을 강화해서 권리 남용을 막고자 하는 인식이 커지는 것도 최근의 경향이다.[49]

반론문 게재와 관련하여 독일의 반론권은 다음과 같은 특징이 쟁점화될 수 있다.

첫째, 반론문의 내용은 법에 의해 명예훼손 혐의로 처벌받을 수 있는 내용을 포함할 수 없다. 또한 반론문의 길이는 문제된 원기사의 길이 이상을 넘을 수 없다. 반론문이 너무 길게 되면, 발행자나 편집인은 그 게재를 거부할 수 있다. 반론문 요청은 즉시 이루어져야하고 발행 이후 길어도 3개월을 넘어서는 안 된다.

둘째, 뉴스 간행물들은 문제된 기사가 게재된 간행물의 같은 섹션에 같은 글 자체로 게재되어야 한다. 방송 미디어의 경우, 반론문은 같은 수신 가능 지역에 즉각 방송되어야 하고 문제된 방송과 같은 시간에 방송되어야 한다. 이때 요청된 반론보도문에 새 문구를 넣거나 특정 문구를 생략해서는 안 된다.

셋째, 반론보도문은 문제된 내용이 광고(홍보)처럼 보이는 경우가 아니라면 무료로 게재된다. '편집인에 대한 편지'(란)가 반론문을 대신할 수 없다. 뉴스 미디어는 그 내용이 사실적인 주장에 초점이 맞춰진다면 반론문이 게재된 같은 호에 반론에 대한 편집자 비평comment을 실을 수 있다. 함부르크 언론법은 연방 정부의 3부와 지역 및 주 정부의 공개된 행정 절차에 대해서는 공정하고 정확한 보도 원칙을 면제하고 있다. 이러한 규정의 근거는 '정치적 반대자(정적)가 의회에서 벌어지는 토론을 신문(지상)에서 계속 끌고 가는 것을 방지하기 위하는 데' 있다. 아울러 반론권은 순수한 상업적 표현에는 적용되지 않는다.

넷째, 만일 뉴스 미디어가 반론권 요구에 응하지 않는다면, 반론문 요구는 일반적인 법적 절차를 통해서 실행될 수 있다. 법적인 문제 제기를 하게 되면, 당해 간행물이 위치한 곳의 시 법원은 가처분 명령을 내려서 반론문을 게

49 뮌헨 고등법원 1998. 3. 13 선고-21 U 2208/98 판결. 〈언론중재〉, 1999년 봄호(70호)에서 재인용, pp.134~137.

재하도록 할 수 있다.

1998년 독일 헌법재판소는 함부르크 주 언론법의 반론권과 정정권에 대한 위헌 심사 청구를 만장일치로 기각했다. 헌법재판소는 개인의 명예나 개인의 인격권에 비해 언론의 자유에 더 무게를 두었다.

헌법재판소는 언론의 자유의 핵심적 요소로서 "(신문) 간행을 개시하고 이를 구성할 수 있는 자유"를 포함한다고 설시했다. 그래서 뉴스 미디어의 편집 결정은 어떤 주제에 대해 보도하고 어떠한 기사를 발행하는가와 함께 기사를 어떻게 전달하고, 발행 호에서 어디에 기사를 배치하는가를 포함한다. 함부르크 주 반론권 관련 법조항은 합헌이다. 왜냐하면 의견의 자유나 특정한 형태의 의견을 억압하는 것이 아니기 때문이다.

헌법재판소는 함부르크 언론법을 언론 보도와 관련된 위험으로부터 개인의 인격권을 보호한다고 보면서, 부적절하게 표현의 자유를 제약하는 것은 아니라고 판단했다. 헌법재판소는 개인적인 일들이 언론에 의해서 잘못 보도될 때 개인이 처해야 하는 본질적인 도전이라는 점을 인정했다.

뉴스 보도의 범위와 영향력으로 판단할 때, 개인은 대개 문제된 기사와 동일한 정도의 발행을 기대하고 뉴스 미디어에 맞설 수 없다. 개인이 언론 미디어와 동등하게 다툴 수 있는 장을 마련하기 위해, 인격권 원칙하에서 법률가들은 개인적 영역에 대한 미디어의 영향에 대항하여 개인들을 보호할 의무가 있다고 판시했다. 이를 위한 하나의 선택이 언론 보도로 인해 영향을 받은 사람들이 자신의 말을 통해서 언론에 대응하도록 하는 것이라고 보았다.

헌법재판소는 독자들이 언론으로부터의 정보에 의해서뿐만 아니라 피해를 본 개인의 견해로부터도 정보를 얻는다는 측면에서, 이러한 법적인 반론의 기회는 "자유롭고, 개인적이며 공적인 의견의 형성(기본법 제5조 제1항)에 기여한다"고 말했다.

같은 맥락에서 반론권이 하나의 권리로서 개인의 인격권 보호에 과잉이 아닌가에 질문에 대해서 헌법재판소는 부정적이었다. 반론문은 어떠한 상황하에서는 잘못된 기사에 대한 책임으로 처벌하는 것과 함께, 금지 처분, 수정, 철회 또는 보상을 보충할 수 있는 장치라고 보았다. 특히 철회와 수정은 원래 기사가 진실이 아니라는 사실을 발견하는 데 시간이 많이 걸리므로 반론보도문보다 시의적절하지 않다고 판단했다.

헌법재판소에 따르면 반론권을 통한 개인의 인격권 보호는 세 가지 이유에서 언론의 자유에 대해 나쁜 결정은 아니라고 보았다. 첫째, 비록 반론권이 원래 뉴스 내용에 대해서 적용되는 것이지만, 단지 언론에게는 논의의 대상이 되는 사람만이 반론을 요구할 수 있다. 둘째, 반론은 사실적 커뮤니케이션(진술)에 한정되고 의견의 진술은 배제된다. 마지막으로 반론 주장은 합리적인 틀 내에서 원기사의 주관적인 사안과 범위로 한정된다. 즉 헌법재판소는 반론권이 개인의 명예에 대한 피해, 원기사의 잘못에 대한 증거, 그리고 반론보도문의 진실성에 대한 증거를 요구하지 않는다는 점 때문에 반대하는 것은 불필요하다고 보았다.

또한 헌법재판소는 개인의 반론권의 근거로서의 명예(평판)를 인격권과 구분하였다. 언론의 자유를 규제하는 근거로서의 개인적 명예(평판)란 인격권 보호의 중요한 요소가 된다고 하였다. 그러나 헌법재판소는 비록 명예가 훼손되지 않았다고 하더라도 여전히 인격은 손상될 수 있다고 보았다.

헌법재판소는 문제된 기사가 올바르다고 믿을 때에는 반론문이 거부되어야 한다는 언론의 주장은 헌법적으로 중요하지 않다고 보면서, 만일 절차가 진실 여부를 가리는 부담을 진다면 해답을 주기 위한 요구의 신속한 실현이 불가능하다고 판시했다.

반면, 헌법재판소는 반론권에 대한 판례법에서 나온 정정권이 헌법적 쟁점을 거의 일으키지 않는다고 보면서, 정정 요구와 반론 요구 사이에 획을 긋는다. 아울러 반론권은 언론에서 잘못 전달되어 인격에 피해가 발생하는 것을 예방하는 것이라고 본다. 이는 공평한 발행의 원칙에 일치하는 개념이라고 보았다.

헌법재판소는 정정권을 통한 인격권의 보호는, 요청하는 뉴스 기사가 진실이 아니며, 개인의 인격권에 피해가 발생한 경우에만 적용되기 때문에 언론의 자유를 과도하게 억압하는 것이 아니라고 보았다. 헌법재판소는 비록 스토리가 완전히 입증되지는 않지만 뉴스 미디어가 상당히 주의 깊게 조사를 한 후에 발행할 자유를 인정했다. 그러나 만일 뉴스 기사에 잘못이 있거나 개인의 인격권이 지속적으로 침해되고 있음에도 이를 내버려 두는 것이 정당한지에 대해서는 회의적이다.

헌법재판소는 정정보도문 게재를 위해서는 언론의 과실fault이 있어야 한다는 언론의 주장에 동의하지 않는다. 헌법재판소는 언론이 뉴스 보도에 있어 요구받는 의무를 다했음에도 불구하고 정정보도가 게재되는 것이 위축효과를 일으킬 수 있다고 인정한다. 그럼에도 헌법재판소는 정정권 없이 잘못된 뉴스 보도에 직면하지 않도록 하기 위한 정정 요구는 언론의 정상적인 기능에 큰 위협이 되지 않는다고 보았다.

정리하면 독일의 경우 반론권이나 철회권을 규정하는 연방법은 존재하지 않는다. 그러나 신청인의 피해 구제 요청 액수는 언론사의 적극적인 철회나 내용 수정이 있는 경우에는 크게 줄어들 수 있다. 이러한 점에서 신청인이 철회권을 요구하는 것이나 피신청인이 자율적으로 관련 내용을 철회하는 것은 크게 소용없는 것이라고 할 수 있다.

3. 일본

1) 일본 반론권 제도의 역사와 특성

비록 일본은 헌법에서 언론의 자유를 규정함에도 불구하고 명예훼손법을 적용하는 데 있어 언론 자유보다는 개인권에 더 많은 무게를 두는 경향이 있다. 이는 전후 개인의 표현의 자유와 언론의 자유의 중요성을 대단히 강조하는 헌법적 정신이 반영된 결과다. 일본의 명예훼손법에 따르면 언론은 명예훼손으로 분쟁이 발생하는 경우 진실을 입증해야 할 책임을 진다. 이는 우리나라와 유사하다. 일본의 명예훼손법은 문제되는 내용의 진실성 정도와 개인의 명예에 대한 피해 정도를 균형 지우는 데 대단히 성공적이라는 평가를 받아왔다(Tanaka, 1988).

이러한 헌법적 정신의 결과로서 나타난 또 다른 점은 2차 세계 대전 이전에 법률로서 존재했던 언론에 대한 반론권 제도를 포기한 것이다. 2차 세계 대전 이전까지 '신문및간행물규제법'(이하 신문법)에 의해서 반론권이 인정되었으나, 1949년 동법이 폐지되면서 현재 일본에는 반론권과 직접적으로 관련된 법 규정은 남아있지 않다.

한영학(2010)에 따르면 2차 세계 대전 이전의 정오·변박제도라고 불리는 일본의 반론권 제도는 프랑스의 반론권 제도를 연원으로 한다. 일본에서의 반론권 제도는 1873년 제정된 '신문지발행조목'에서 시작된다. 이는 신문 발행과 관련하여 "무릇 기재한 사항에 착오가 있으면 이를 반드시 정정하여야 한다"(제16조)고 규정한다. 비록 이와 관련된 구체적인 절차 등에 대해서 규정이 없으나 원시적인 형태의 ADR로서 규정된 것이다.

이후 1875년 제정된 '신문지조례'는 "신문지 혹은 잡지잡보에 게재된 관서, 회사 혹은 인민으로부터 변백서 혹은 정정을 청구하는 서면이 들어온 때에는 이를 수령한 즉시 차호에 게재하여야 한다. 이를 어긴 경우 편집인은 10엔 이상 100엔 이하의 벌금에 처한다"(제11조)고 규정하였다. 여기에서의 정오는 사실 보도, 변박은 논평에 대해서 인정되었다고 하는데, 이러한 점에서 일본의 반론권 제도는 프랑스의 반론권 제도를 모델로 삼은 것이라고 할 수 있다(한영학, 2010).

1883년 개정된 신문지조례는 "신문지에 게재된 사항의 착오에 대해 관계있는 자로부터 정오의 청구가 있는 때에는 그 청구를 접수한 때로부터 차호 또는 제3호에 별도의 난을 두어 게재 또는 정오를 행한다. 이를 어긴 경우 편집인은 10엔 이상 100엔 이하의 벌금에 처한다. 다만 그 정오의 취의가 법률에 저촉하는 경우 및 이를 청구하는 자의 성명이 미상인 경우에는 그러하지 아니한다"(제29조)고 하여, 기존의 정오·변박 게재 의무를 정오 게재 의무로 전환하고 게재 거부 사유를 적시하는 등 정오 의무를 상세히 규정하고 있다. 흥미로운 점은 초기 신문지조례의 규정이 프랑스 반론권의 영향을 받았다면 개정 신문지조례에서는 독일의 영향을 엿볼 수 있다는 점이다.

이어 1887년 개정된 신문지조례는 "신문지에 게재된 사항의 착오에 대해 그 사항에 관한 당사자 또는 관계자로부터 정오 또는 정오서, 변박서의 게재 청구가 있는 때에는 그 청구를 접수한 후 그 차호 또는 제3호의 발행에 있어서 정오를 행하거나 정오서, 변박서의 전문을 게재하여야 한다. 만일 정오서, 변박서의 자수가 원문의 2배를 초과한 때에는 그 초과한 자수에 대해 그 신문사가 정하는 보통 광고료와 동일한 대가를 요구할 수 있다." 정오·변박은 "원문과 동일한 활자를 사용하여 동일한 지면의 머리 부분에 게재하여야 한다. 정보·변박의 문장 혹은 취지가 법률에 저촉하는 경우 또는 이를 청구하는 자의 성명, 주소를 명기하지 않은 경우에는 게재를 요하지 아니한다"(제13조)로 규정하여, 정오제도를 재차 정오·변박제도로 확충하고 그 절차 및 요건을 체계화하였다.

이러한 변화를 거친 일본의 정보·변박제도는 1909년 제정된 '신문지법'을 통해서 자리를 잡게 된다. 우리나라의 형법에도 많은 영향을 끼친 신문지법은 제17조에서 "신문지에 게재된 사항의 착오에 대해 그 사항에 관한 본인 또는 직접 관계자로부터 정오 또는 정오서, 변박서의 게재 청구가 있는 때에는 그 청구를 접수한 후 차호 또는 제3호의 발행에 있어서 정도를 행하거나 정오서, 변박서의 전문을 게재하여야 한다"(제1항), "정오, 변박은 원문과 동일한 활자를 사용하여야 한다"(제2항), "정오, 변박의 취의가 법령에 위반하는 경우 또는 청구자의 성명, 주소를 명기하지 않은 경우에는 이를 게재할 것을 요하지 아니한다"(제3항), "정오서, 변박서의 자수가 원문의 자수를 초과한 때에는 그 초과한 자수에 대해 발행인이 정하는 보통 광고료와 동일한 요금을 요구할 수 있다"(제4항)고 규정한다. 실제로 신문지법 규정은 이전 신문지조례의 경우와 크게 다른 것이 없으며 이후 이 법이 폐지될 때까지 약 40여 년간 이 규정에 근거하여 반론권이 유지되었다.

그러나 일본의 전쟁 전 반론권의 실제 운용은 거의 알려지지 않고 있으며 반론권의 본질적인 특성을 살리지 못했다는 평가를 받는다. 당시 일본법에서 수용한 정오·변박제도는 그 자체가 무기대등waffengleichheit의 원칙에 입각한 수용자의 보도 기관에 대한 활발한 비평 및 반론 등의 권리 옹호와 신속하고 실효성 있는 권리 구제라는 오늘날의 반론권과는 본질적으로 다르다. 즉 일본의 반론권 제도는 프랑스 법(1881)과 독일 법(1831)에서 영향을 받아 수입되긴 하였으나, 도입 당시 보도 피해자의 권리 보호 및 구제보다는 정부 비판에 대한 위축 효과를 노린 신문의 취재·보도 및 발행의 규제에 있었다(한영학, 2010).

반론권은 전후 언론·출판 등의 자유를 제약하는 신문지법, 출판법, 치안유지법 등의 통제법령이 폐지되면서 자연스럽게 사라지게 되었다. 연합국 총사령부의 지도하에 새로운 헌법이 제정되어 1947년 5월부터 시행되었으며 이후 단 한 차례의 개정도 없었다. 현행 헌법 제21조는 제1항에서 "집회, 결사 및 언론, 출판 기타 일체의 표현의 자유는, 이를 보장한다"고 규정하고, 제2항에서는 검열과 통신 비밀의 침입을 금지하는 규정을 두었다. 그러나 헌법 제12조와 제13조에서는 표현의 자유가 무한정 보장되는 것이 아니라 공공의 복지를 위해 제약이 가능함을 명시한다.

이러한 헌법 조항들로 인하여 전쟁 이후 언론 관련 통제법이 모두 폐지되면서 적어도 언론에 관한 규율 법령이 현재 따로 존재하지 않으며 국가나 공권력으로부터 자유롭게 되었다. 다만 방송의 경우에는 전파의 희소성이나 사회적 영향력 등의 이유로 방송법과 전파법에 의한 면허 규제, 소유 규제 등의 구조적 규제, 그리고 내용적 규제가 정당화된다. 그러나 표현의 주체나 수단을 떠나 국가적, 사회적, 그리고 개인적 법익과 상충하는 언론, 출판은 형법, 민법, 소년법, 공직선거법, 저작권법, 독점금지법 등을 통해 법적인 제재가 가능할 수 있다.

최근의 반론권을 둘러싼 논의는 국가가 강제하는 반론권에 대해서는 인정하지 않는 것이라고 할 수 있다. 1949년 신문법의 폐지와 함께 반론권 제도가 사라졌으나 반론(보도)을 실시할 수 있는 법적인 근거가 모두 사라진 것은 아니다. 비록 국가에서 강제하는 반론은 아니지만 민법에 의해서 명예훼손에 대한 적당한 구제 수단으로서 반론권 적용의 가능성은 아직 남아 있다(한영학, 2012).

흥미로운 점은 일본 형법은 일상적인 명예훼손과 공익과 관련된 명예훼손을 구분한다는 것이다. 현행 헌법 제230조 제1항의 경우 공공연한 사실적 주장을 통하여 타인의 명예를 훼손한 개인은, 그러한 사실이 진실인지 아닌지의 여부에 상관없이, 3년 이하의 징역이나 금고 또는 50만 엔 이하의 벌금에 처하도록 규정한다.

그러나 형법 제230조의2는 여기에 대해서 규정하는, 언론은 문제된 기사의 내용이 '공적인 관심사에 관련된' 그리고 '오로지 공익을 추구할 목적으로 보도된 경우'에 대해서는 그 사실의 진부를 판단하여 진실을 입증할 수 있을 때에는 벌하지 않는다고 명시한다. 아울러 형법은 만일 언론이 기사를 쓰는 당시에 명예훼손적인 내용이 진실이라는 사실을 입증하고, 실제로 그것이 사실이었는지를 확인하려는 선의의 노력을 기울였다면 범죄 의도를 언론에 전가하지 않는다.

이러한 점은 명예훼손의 경우 비록 명예의 보호가 중요하지만 표현을 보호함으로써 얻어지는 사회적 이익에 무게를 두는 경우, 개인의 인격권에 대한 침해가 적당한 수준에서 용인되기도 한다.

이에 반해 민법의 경우, 1949년 '신문및간행물규제법'이 폐지된 이후, 피해를 유발한 사람이 피해자의 명예회복을 위해 금전적 배상을 대신하는(민법 제710조) 또는 금전적 배상과 함께 필요한 적절한 조치(민법 제723조)를 취하도록 한다. 민법은 형법과는 달리 '공익성'의 이슈와 관련되어 면책되는 규정은 없지만 일본 법원은 언론을 상대로 한 명예훼손소송의 경우 이러한 공익 원칙을 지속적으로 적용시켜 왔다.

판례의 대체적인 경향은 일본 법원이 개인의 명예에 피해를 입힐 수 있는 '공격적인 언론 보도'에 대해 상당히 부정적인 시각을 지니고 있다는 점이다. 법원은 문제가 된 보도 내용을 보도 당시에 진실한 것으로 오인하고 보도했다는 '선의good faith' 또는 '비고의'를 입증할 것을 요구하거나 또는 훼손된 개인의 명예를 위해 보도 내용의 잘못을 바로잡는 것을 강조한다(Yamanaka et al., 1986: 139).

언론의 면책은 전술한 형법 제230조의2에 근거하는데, 명예훼손적인 행위가 공공의 이해에 관한 사실에 관계되고, 그 목적이 전적으로 공익을 도모할 것이었다고 인정되는 경우에는 사실의 진위 여부를 판단하여 진실한 것의 증명이 있는 때는 이를 벌하지 아니한다고 규정한다. 사실 형법 제230조의2 규정은 1947년 미군정 당국의 지시로 명예훼손죄의 특별면책 규정으로 신설되었다. 이러한 형법상의 규정에 따라 일본에서의 면책사유는 '사실의 공공성,' '목적의 공익성,' '진실성의 입증'을 중심으로 발전해 왔다.

사실의 공공성의 경우, 판례상의 경향은 문제된 사실이 공공의 이해에 관한 것인지를 판단하는 데 있어 사실의 배포, 전파의 범위를 판단하고, 다음으로는 표현 방법, 문체, 배포 방법, 조사의 정도 등 제반 사정을 고려하여 공공성 여부를 판단하게 된다. 이때 공직자나 공직 후보자에 관한 표현은 대체로 공공성이 강하게 인정된다.

이러한 사실의 공공성과 함께 면책을 위해서는 표현의 목적이 '전적으로' 공익을 도모할 목적이어야 한다. '전적으로'라는 것에 대한 해석의 차이가 존재하기는 하지만 입법론적으로는 행위자의 주관적 요소를 요구하는 것은 부당하다고 보는 경향이 있다.

아울러 진실성의 입증이 요구된다. 일본 형법 제230조의2는 "사실의 진부眞否를 판단하여 진실인 것의 증명이 있는 때에는 처벌하지 아니한다"고 규정함으로써 면책 요건으로서 진실성의 입증을 요구한다. 일단 사실의 공공성이 인정될 경우 법원은 사실의 진부를 판단해야 한다는 것이 대개의 판례상의 입장이다. 진실성의 입증을 위해서는 표현된 모든 부분에 대한 진실 입증이 필요한 것은 아니며 중요한 부분이 진실임이 입증되면 족한 것으로 이해된다. '보도 당시에 진실이라고 믿을 만한 상당한 이유가 있는 경우'(상당성) 이것이 면책이 되는가에 대해 논란이 되어 오다가 1969년 판례에서 최고재판소가 진실의 입증이 없어도 일정한 경우에는 면책을 인정하였다.

일본법의 경우 최근 보도와 관련한 명예훼손소송에서 고액 판결이 늘어가는 추세다. 법원은 1995년까지 100만 엔 정도, 1998년까지는 150만 엔 정도를 배상하도록 판결하는 경향이 있었으나 2000년 들어서는 그 이상의 고액 소송이 나타나고, 2001년의 경우 9월 말까지 500만 엔 이상 배상을 명한 사건이 8건이나 발생한 것으로 나타났다. 실제로 언론에 대한 손해배상의 고액화 문제는 이전부터도 많이 논의되어 왔다. 이러한 논의 속에서 도쿄지방법원 판사들은 언론에 대한 손해배상액이 적다는 비난에 직면하여, 유명 인사와 관련된 명예훼손 사건의 경우, 언론의 책임이 드러나면 배상액의 규모를 400~500만 엔으로 상향 조정하는 가이드라인을 만들었다.

명예훼손소송과 관련, 자민당은 1998년 8월 발표한 "보도와 인권 등의 바람직한 상像에 대한 검토회" 보고서에서 손해배상액이 미국이나 유럽과 비교해 볼 때 현저히 낮다고 지적하고 배상액을 조정해야 한다는 의견을 제출하였다. 최고재판소 행정국장도 대언론 명예훼손 배상액을 조정해야 한다는 의견을 나타냈다. 또한 당시 모리야마 마유미森山眞弓 법무부 장관은 손해배상액이 개인들의 명예훼손으로 인한 피해의 구제 수단으로 불충분하다는 의사를 피력했다. 이는 1999년 3월부터 2001년 5월까지 도쿄지방법원이 배상을 명한 소송 30건의 평균 배상액이 200만 엔으로 교통사고 사망 사건의 손해배상액 2600만 엔에 비해 지나치게 낮다는 사회적 분위기를 반영하고 있다. 3년간의 동경지방재판소의 판례를 대상으로 분석한 연구에 따르면 명예훼손소송에 의한 손해배상 인용액이 점차로 상승하고 있으며, 이는 인격권 침해에 대한 평가 방법의 배경이라고 보고 있다. 즉 현재는 상황에 변화가 보이는 과도기라고 평가할 수 있다고 주장한다.

요약하면 일본에 있어 1990년대 초부터 보도에 의한 명예훼손이 사회적으로 부각되기 시작했고, 국민들의 언론에 대한 불신과 개인의 권리 의식이 높아지면서 정치인은 물론 운동선수, 그리고 배우 등 공인들이 거액의 손해배상청구소송을 내고 법원이 이를 인용하는 경향이 커지는데, 이는 보도의 자유를 제약한다는 비판도 나오고 있다. 예를 들어 〈마이니치신문〉의 경우 1985년부터 1989년까지 해마다 0~2건에 머물렀던 명예훼손소송이 1990년 이후 크게 늘어났다. 현재까지 비슷한 수준을 유지하고 있다. 특히 주간지와 같은 잡지사들의 경우 고액 판결 소송 때문에 골치를 앓고 있는데, 잡지사들은 법무 담당 부서가 사전에 기사를 검토해 편집자에게 기사를 수정할 것을 요구하거나 신원을 밝히지 않은 취재원에 대해서는 공증을 받도록 하는 등의 노력을 기울이고 있다.

일본의 경우 최근 명예훼손 손해배상액의 상승은 기존의 현상과는 크게 달라진 것이다. 이전에는 비용이 많이 드는 민사소송에서 손해배상액은 단지 명목적인 수준으로 책정되는 경우가 대부분이었다(Lee, 1998b: 64). 아울러 피해자는 손해배상 등 금전적 보상보다는 신속한 피해 구제를 원하고 있어 아직도 형사소송을 추구하는 경향이 강하다. 그럼에도 불구하고 명예훼손으로 형사소추되는 비율은 다른 범죄에 비해 볼 때 극히 적은 편이다. 이는 결국 일본에서의 명예훼손소송은 상당히 드문 현상이라는 것을 보여 주는 것이다(Beer, 1972: 192).

흥미로운 점은 일본의 경우 전후에 언론 자유의 중요성에 대해 인식하고 헌법에서 언론의 자유를 규정하고 있음에도 불구하고 명예훼손법을 적용하는 데 있어 언론 자유보다는 개인의 인격권에 더 많은 무게를 두는 경향이 있다는 것이다. 일본의 언론 관련법에 따르면 언론은 명예훼손의 경우 진실을 입증해야 할 책임을 진다. 개인의 명예훼손에 대한 회복은 금전적 보상보다는 명예훼손으로 발생한 개인의 사회적 지위에 대한 피해를 예방하거나 구제하려는 데 목적을 둔다(Smith, 1993: 871). 그래서 일본의 명예훼손법은 문제되는 내용의 진실성 정도와 개인의 명예에 대한 피해의 정도를 균형 지우는 데 대단히 성공적이라는 평가를 받고 있다(Tanaka, 1988: 324).

일본 형법은 명예훼손을 한 사람은 발생한 피해에 대해 철저히 책임지도록 규정한다(Horibe, 1985: 328). 공공연한 사실적 주장을 통하여 타인의 명예를 훼손한 개인은, 그러한 사실이 진실인지 아닌지의 여부에 상관없이, 3년 이하의 구금이나 징역 또는 20만 엔(약 220만 원) 이하의 벌금에 처해진다.[50] 이러한 다분히 혹독한 조항에도 불구하고, 형법은 일상적인 명예훼손과 공익과 관련된 명예훼손을 구분하는 조항을 가지고 있다.

공익과 관련된 판결의 경우, 법원은 '엄격한 책임strict liability' 기준보다 '부주의negligence'의 기준을 적용한다. 다시 말하자면 공익과 관련된 경우 그 피해가 어떠한 방식으로든 입증되면 처벌이 가능한 엄격한 책임 원칙보다는 언론의 부주의가 존재했는가의 사실 관계에 따라서 처벌을 판단하는 원칙을 도입하고 있다(한영학, 2012).

그러나 이러한 구분은 사인private plaintiffs이 관계된 경우에는 비록 진실이었다 할지라도 언론 측 가해자를 처벌하는 데 있어 아무런 방어 기제의 역할을 하지 못한다(Smith, 1993: 882). 형법 제230조의2는 언론은 문제된 기사의 내용이 공적인 관심사에 관련된 경우 그리고 단지 공익을 추구할 목적으로 보도된 경우에 대해서는 기사 내용의 '진실성'은 면책사유가 된다고 규정한다.[51]

형법은 헌법 제21조의 언론 보호에 일치하기 때문에 언론이 상황을 고려해 이성적으로 판단하건데 문제가 되는 언사가 보도 당시 진실이라고 믿을 만한 충분한 이유가 있다면 처벌을 면할 수 있다. 다시 말하자면 법원은 만일 언론이 기사를 쓰는 당시에 명예훼손적인 내용이 진실이라는 사실을 증명하고 실제로 그 당시 그것이 사실이었는지를 확인하려는 선의의 노력을 하였다면 범죄 의도를 언론에 전가하지 않는다.

또한 형법은 혐의자의 행위에 대한 세부적인 내용과 공직자나 공직 입후보자들에 대한 언사의 내용을 '공적 관심사' 영역에 포함하고 있다. 그런데 경우에 따라서는 사인들의 사적 행위도 그 성격과 사회에 대한 잠재적 영향

50 Keipo (Penal Code), Art 230, Para 1.

51 Keipo (Penal Code), Art 230.2, Para 1.

력에 따라 공적인 관심사가 될 수 있다는 점도 아울러 명시한다.

민법의 경우, 법원은 피해를 유발한 사람이 피해자의 명예회복을 위해 금전적 배상을 대신하는 또는 금전적 배상과 함께 필요한 적절한 조치를 취하도록 명시한다.[52] 민법 제710조의 경우 피해가 개인의 명예권에 발생했는지 또는 재산권에 발생했는지의 여부와 상관없이 발생한 피해에 갈음하는 보상을 하도록 규정한다.[53]

비록 일본 법원이 지난 30여 년 동안 지속적으로 언론의 보호 영역을 확대하는 추세에 있지만 명예훼손 문제는 오늘날의 미디어에 있어 중요한 관심사다. 일본에 있어, 대개의 법적인 억압은 직, 간접적으로 명예훼손법과 연결되기 때문에, 명예훼손소송은 일본 언론에게는 여전히 골치 아픈 문제로 지적된다. 아울러 최근의 판례들은 반론권을 대신하는 사죄 광고의 적용을 위해 진실성과 공익성의 요건을 강화해 가는 경향이 있다.[54]

2) 일본 반론권 제도의 쟁점

일본 헌법은 광범위한 언론 보호 조항을 갖고 있다. 명예훼손의 경우 예외적인 경우만을 제외하면 이론적으로는 형사적 해결보다 민사적 해결을 선호한다. 그러나 현실적으로 형사적인 처벌을 추구하는 경향이 높은데, 왜냐하면 민사소송에 들어가는 비용이 훨씬 높으며 승소해도 손해배상액이 명목적인 수준에 그치며, 피해당사자는 금전적 보상보다 신속한 피해 구제를 원하기

52 Minpo (Civil Code). Art 723.

53 Minpo (Civil Code). Art 710.

54 Minpo (Civil Code). Art 723.

때문이다(Lee, 1998a).

민법의 경우, 1949년 신문법이 폐지된 이후 이전에 법에서 허용하던 반론권이 더 이상 공식적으로 포함되어 있지 않지만, 법원은 "고의 또는 과실로 인하여 타인의 권리를 침해한 자는 그로 인하여 발생한 손해를 배상할 책임이 있다"고 규정하고(제709조) 피해가 개인의 명예권에 발생했는지 또는 재산권에 발생했는지의 여부와 상관없이 발생한 피해에 갈음하는 보상을 하도록 규정한다(제710소). 아울러 피해를 유발한 사람이 피해자의 명예회복을 위해 금전적 배상을 대신하는 또는 금전적 배상과 함께 필요한 적절한 조치를 취하도록 명시한다(제723조).

공적 이익의 쟁점과 관련되어 면책되는 민법 규정은 없다. 따라서 비록 공익과 관련된 경우라도 이는 원칙적으로 민사소송의 대상이 될 수 있다. 그럼에도 일본 법원은 언론을 상대로 한 명예훼손소송의 경우 이러한 공익 원칙을 지속적으로 적용시켜 왔다. 실제로 일본 법원은 개인의 명예에 피해를 입힐 수 있는 공격적인 보도에 대해 부정적인 시각을 지니는데, 법원은 논란이 되는 표현을 진실인 것으로 믿고 보도했다는 선의를 입증하거나 훼손된 개인의 명예회복을 위해 보도 내용의 잘못을 바로잡는 것을 강조한다.

반론권의 경우 1869년 제정된 '신문지발행조례'가 1873년 '신문지발행조목'으로 개정되면서 관련 규정이 포함된다. 신문지발행조목 제16조는 "게재한 사항에 착오가 있으면 이를 반드시 정정하여야 한다"고 적시하여 착오에 의한 정정문 게재의 의무를 부과하고 있다. 그러나 구체적인 절차와 방법은 어떻게 이루어졌는지 정확히 알려지지 않고 있다(김상우, 2010). 그러던 것이 1875년 개정된 '신문지조례'에서 반론권이 좀 더 구체화된다. 동법 제11조는 "신문지 혹은 잡지·잡보에 게재된 사항에 대해 관서, 회사 혹은 인민으로부터 변백서 혹은 정정을 청구하는 서면이 들어온 때에는 수령한 즉시 차호에 게재하여야 한다"(한영학, 2010).

이를 어긴 경우에는 "편집인을 10엔 이상 100엔 이하의 벌금에 처한다"고 하여 정정과 반론 게재 의무를 명시하고 있다(한영학, 2002). 1883년 개정된 신문지조례는 제29조에서 "신문지에 게재된 사항의 착오에 대해 관계자로부터 정오의 청구가 있는 때에는 그 청구를 접수한 때로부터 다음 호 또는 제3호에 별도의 난을 두어 게재 또는 정오를 행한다." 이를 어긴 경우에는 마찬가지로 10엔 이상 100엔 이하의 벌금에 처하도록 하고 있다.

1887년 개정 신문지조례는 반박 의무를 재도입하고 절차와 요건을 체계화했다. 동법 제13조는 "신문지에 게재된 사항의 착오에 대해 그 사항에 관한 당인 또는 관계있는 자로부터 정오 또는 정오서·변박서 게재 청구가 있는 때에는 그 청구를 접수한 후 다음 호 또는 제3호의 발행에 있어서 정오를 행하거나 정오서·변박서 전문을 게재해야 한다." 만약 정오서·변박서의 길이가 원문의 2배를 초과하는 경우에는 초과한 자수에 대해 광고료와 동일한 대가를 요구할 수 있었다.

일본의 반론권 제도가 비록 프랑스의 반론권 제도를 모델로 하였으나 인격권 보호의 측면에서 볼 때 언론 보도로 인한 피해자의 권리행사나 구제를 위한 적극적인 수단으로서의 반론권과는 거리가 멀었다. 오히려 언론 보도의 자유를 견제하고 억압하려는 색채가 강했다. 때문에 1949년 신문지법이 폐지되면서 반론권 제도도 동시에 폐지되었다. 오늘날 어떤 법률 조항에도 반론권을 청구할 수 있다는 내용이 없으며 일본 법원이나 학계도 반론권을 인정하거나 반론권 제도를 도입하는 데 대단히 소극적이다(김상우, 2010; 한영학, 2002).

인터넷에서의 반론권에 대해서도 다르지 않다. 다만 반론권과 유사한 내용을 담고 있는 조항들이 존재한다. 민법 제723조상의 손해배상에 갈음하거나 손해배상과 함께 명예회복에 적당한 처분을 규정한 내용을 통해서 정정보도나 반론보도 등을 할 수 있으나, 이는 불법 행위에 대한 회복 조치이므로 기존의 반론권과는 구별이 된다(김상우, 2010).

또한 일본 방송법 제4조에 진실하지 않은 사실을 방송해 권리를 침해한 경우 권리를 침해당한 본인이나 직접적인 관계자는 방송한 날로부터 3개월 이내에 정정 또는 취소 방송을 할 수 있도록 규정한다. 구체적으로 방송법 제4조는 "방송사업자가 진실이 아닌 사항을 방송했다는 이유로 그 방송에 의하여 권리의 침해를 받는 본인 또는 그 직접 관계인으로부터 방송이 있은 지 2주일 이내에 청구가 있을 때에는 방송사업자는 지체 없이 그 방송을 한 사항이 진실인지 아닌지를 조사하여 진실이 아닌 것으로 판명됐을 때는 판명된 날로부터 2일 이내에 그 방송을 한 방송 시설과 동등한 방송 시설에 의하여 상당한 방법으로 정정 또는 취소의 방송을 하지 않으면 아니 된다"고 규정한다.

방송사는 청구가 있는 즉시 내용을 조사해 진실하지 않은 경우 2일 이내에 정정 또는 취소 방송을 해야 한다. 그러나 이는 법으로 강제하는 것은 아니다. 그럼에도 신속하게 피해를 회복할 수 있다는 점에서 반론권적 성격을 갖고 있다고 할 수 있다. 법적으로 적용되는 것은 아니지만 일본 신문윤리강령 중 '인권의 존중' 항목에서 정당한 이유 없이 상대방의 명예를 손상했다고 판단한 경우 반론의 기회를 제공해야 한다고 명시한다. 그러나 선언적 규정에 그치는 경우가 대부분이다(한영학, 2012; 2002).

일본의 경우 반론권이 공식적으로 인정되지는 않지만 언론의 자유를 규정한 헌법 제21조 등으로부터 반론권에 대한 근거를 도출할 수 있다는 주장도 제기되는데, 제21조 조항이 국가로부터의 언론의 자유 확립이라는 해석뿐만 아니라 국가에 의한 언론 자유 보장이라는 측면으로도 해석할 수 있다는 점에서 반론권을 법원이 집행할 가능성이 있는 법적 권리라고 인식하는 학자들도 있다.

일본에서 법원이 헌법적 권리로서 반론권을 수용할 수 있는가에 대해 판결을 낸 것이 이른바 '산케이신문サンケイ新聞 사건'이다. 이 사건은 신문에 실

린 자유민주당(자민당)의 광고에서 시작되었다. 1973년 12월 2일 자민당은 〈산케이신문〉에 의견 광고를 게재했다. 그 내용은 "…… 일본 공산당 귀하, 확실히 해 주세요"라는 제목으로, 당시의 일본 공산당이 참의원 선거를 목표로 게재한 '민주연합정부강령'이 자위대, 안보 규약, 천황, 국회, 국유화에 있어 일본공산당강령과 비교하여 모순이라고 비판하는 것이었다.

일본 공산당은 이를 특정 의견을 구하는 도전적 광고로서, 헌법 제21조에서 반론권(악세스권)이 도출될 수 있어서, "동일한 양의 지면으로 반론문 무료 게재同一スペースの反論文の無料掲載"를 〈산케이신문〉에 요구했으나, 〈산케이신문〉 측은 "자유민주당과 같은 유료 의견 광고라면 게재할 수 있으나, 무료로는 응할 수 없다"고 했다. 이에 일본 공산당은 동경지방재판소에 가처분을 청구했으나 각하되었다. 그러자 일본 공산당은 산케이신문사를 상대로 '동일 분량의 반론문의 무료 게재'를 할 수 있도록 동경지방재판소에 소송을 제기했다.

1심은 물론 2심 또한 헌법 제21조에 근거하여 직접적으로 반론권은 인정되지 않고, 인격권의 침해를 근거로 신문에 반론문을 무료 게재 하는 등의 작위 의무를 진다는 것은 법의 해석상으로도, 조리条理상으로도 어려우며, 또한 당 사건에서는 명예훼손도 성립하지 않으므로 일본 공산당의 청구를 기각하여 공산당은 전면 패소하게 되었다. 판결에 불복하여 일본 공산당은 즉시 상고했으나 최고재판소는 상고를 기각함으로써 일본 공산당의 패소가 확정되었다. 원래부터 〈산케이신문〉은 반공주의를 내세우고 있으나, 이 사건으로 양측의 반목은 절정에 이르렀다. 그런 가운데 1988년, 북한에 의한 일본인 납치 문제의 와중에 아베크アベック 실종 사건을 추적하던 공산당의 한 의원 비서관이 1980년 1월 〈산케이신문〉의 기사 집필자인 아베 미야비阿部雅美에 연락을 취했다. 당시 공산당은 반공주의 〈산케이신문〉과의 접촉을 금지하고 있었으나, 그 의원 비서는 그에 관계없이 필자에게 전화를 걸었다. 그러나 필자의 열의에

눌려 제보자는 사건의 내용을 매우 불안하게 얘기했다고 한다.

이 사건은 반론권에 관한 소송의 대표적인 예로서 인지도가 높은 사건이다. 정당 비판 등 신문의 표현의 자유에 대하여 간접적 위험(위축 효과)을 초래할 위험이 있다는 것으로 판례는 반론권에는 부정적이며, 적어도 헌법 제21조에서 구체적 권리로서는 인정되지 않으며, 구체적 권리가 되기 위해서는 명문화된 법 제도의 확립이 필요하다고 법원은 보았다. 그러나 명문화되는 것만으로 미디어의 소극적 표현의 자유를 침해하는 것으로서 위헌으로 판단될 가능성도 높다. 단지 판례도 유보하고 있듯이 불법 행위가 성립되는 경우(명예훼손 등의 경우)의 반론권은 민법 제723조에 의해 구제 방법의 하나로서 생각할 수 있다(Glasser, Jr., 2013).

결국 일본의 경우에는 법 규정으로 보장되는 반론권은 존재하지 않는다. 단지 민법 제723조에 의해서 신청인은 법원으로 하여금 언론이 사과apology 알림이나 철회retraction 알림 등과 같은 것을 게재함으로써 신청인의 명예에 대한 피해의 구제에 대해 어떤 조치를 취해야 한다. 아주 드물게 명예훼손적 보도를 완전히 삭제하라는 판결도 있었다. 이처럼 사과나 철회 알림을 게재하도록 하는 것은 명예훼손 배상만으로는 신청인의 명예권에 대한 피해를 구제하기에 충분하지 않다고 법원이 판단하기 때문이다(Glasser, Jr., 2013: 227).

여타 국가에서와 달리 일본 문화에 있어 '사죄'는 대단히 특별한 의미를 갖는다. 그래서 잘못되거나 향후 소송이 가능할 수 있는 사건도 매우 진지하고 명확한 공개적 사과의 경우 계류 중인 소송을 끝낼 수도 있다.

정리하면 일본에서의 반론권 제도는 다음과 같은 쟁점을 내포한다.

첫째, 프랑스 출판법의 반론권 제도를 연원으로 하여 구신문법에 도입된 정오·변박제도는 당시 헌법상 인권에 관한 관념 및 신문지조례·신문지법을 포함한 언론 관계 규범의 구조적 성격과 동 제도의 실제 운용에 비추어 볼 때, 사인의 순수한 보도 피해 구제를 위한 대항 언론(반론)의 기회의 보장보다는 신문의 정부 비판을 견제하는 데에 입법 목적이 있다. 그래서 오늘날의 반론권의 본질과는 상당히 거리가 있음을 알 수 있다.

둘째, 전후 신문지법 폐지 이후 반론권에 관한 성문 규정이 존재하지 않는 가운데 다수설과 판례는 자유의 본질 및 반론권의 역기능에 착안해 볼 때 헌법적 반론권의 승인에 부정적이다. 그러나 언론의 현대적 상황에 비추어 헌법 제21조의 구조를 재고할 경우, 표현 자유의 실질적인 공평을 기하기 위해 반론권과 같은 국가의 일정한 작위의 발동(적극적인 언론의 조성)을 예정하고 있다고 할 수 있다. 다수설과 판례는 반론권이 주관적 권리일 뿐만 아니라 사상·정보의 다양성 확보라는 객관적 권리로서의 성격을 지닌다는 점을 간과하고 있다는 지적이 있다.

셋째, 반론권의 헌법적 승인과 그 유용성을 인정하는 경우에도 그 실현을 위해서는 구체적인 입법 조치가 요구된다. 과거의 정오·변박제도와는 다른 언론의 자유와 인격권과의 조화를 이루는 현대적인 반론권 제도가 도입될 필요가 있다는 목소리가 있다.

4. 미국

1) 미국 반론권 제도의 역사와 특성

미국의 반론권과 관련된 명예훼손법에 대한 이해는 언론의 자유를 보장하는 수정헌법 제1조에 대한 이해로부터 시작해야 한다. 1791년 제정된 수정헌법 제1조는 의회가 언론의 자유를 억압하는 어떠한 법률도 제정할 수 없도록 규정한다. 이 규정은 궁극적으로 언론의 자유freedom of speech or of the press를 다른 기본권보다 우월적인 지위에 두도록 하는 결과를 가져왔다(Youm, 1995: 85).

미국의 헌법학자인 샤우어(Schauer, 1980: 12~13)는 “미국 헌법하에서 언론은 실질적으로 보호를 받는 반면, 명예는 그렇지 않다. 다시 말해서 언론의 자유는 가장 핵심적인 가치다. 그 결과 언론에 대한 잘못된 제약이나 처벌은 개인의 명예에 대한 피해보다 더욱 피해가 큰 결과를 가져온다. 때문에 언론은 미국 헌법에 의해서 우월적 지위preferred status를 향유한다”고 간파한 바 있다. 또한 언론비평가인 루이스(Lewis, 2009)는 이러한 점에 동의하면서 미국의 법체계와 여타 다른 국가의 법체계 사이의 가장 큰 차이는 개인의 명예보다는 언론의 자유에 무게를 둔다는 점에서 찾을 수 있다고 보았다.

미국의 경우 명예훼손법과 관련된 모든 판결 내용은 수정헌법 제1조의 틀 내에서 결정된다(Goodchild, 1986: 317). 미국 연방대법원이 밝힌 것처럼 명예훼손의 여부 판단은 ‘활기차고 공개된 토론이 과도한 정부 권력에 대한 최대한의 견제를 제공한다’는 이론하에서 발전했다는 것이다. 다시 말하자면, 자유롭고 공개적인 토론의 활성화는 대의제 민주주의의 운영에 핵심적인 요건으로 인식하고(Schiffrin, 1993: 689), 사상의 공개 시장에서 필연적으로 발생할 수 있는 오류에 의한 피해는 언론 자유를 지키기 위해 치러야 할 사회적인 비용으로 간주하는 경향이 있다(Smith, 1993: 874).

이를 가장 잘 보여 주는 것이 1964년의 설리번 사건(New York Times v. Sullivan)이다. 여기서 연방대법원은 공직자public official의 경우 문제되는 기사의 내용이 언론의 ‘현실적 악의actual malice’에 근거하여 보도되었다는 점(when the defamatory statements were published, the communicator either knew they were false, or published with reckless disregard of truth or falsity)을 입증하지 않는다면 명예훼손소송에서 승소할 수 없다고 판시했다(376 U.S. 254).

미국에 있어서 명예훼손법 발전의 의미를 이해하기 위해서는 1791년 제정된 수정헌법 제1조에 의해 보호되는 언론 자유의 발전 과정에 대한 이해가 우선 있어야 한다. 즉 헌법상의 보호를 받는 언론 자유는 여타의 개인적 기본권에 비해 우월적인 위치에 있는 것으로 인식되어 왔다. 표현의 자유freedom of expression가 개인의 가치의 발현, 진리의 발견, 시민들의 정책에의 참여를 위해서 필수적인 기본권인 반면 언론의 자유는 정부와 권력에의 감시와 견제checking value를 위한 권리이며 국민들의 알 권리를 실현하기 위한 전제 조건이다. 그러나 아무리 언론의 자유가 중요하다 해도 이는 절대적인 것은 아니며, 언론의 자유와 여타의 개인적 기본권이 서로 충돌하는 경우 이들 사이의 조화로운 이익형량이 이루어져야 한다.

설리번 사건 이전까지 명예훼손은 수정헌법 제1조상의 영역에서 다루어지지 않았으며, 어떠한 방식으로든지 피해가 입증되면 명예훼손으로 언론을 처벌할 수 있는 '엄격한 책임주의strict liability'가 적용되었다. 설리번 사건에서 연방대법원은 "언론이 직업적인 특수성과 사회적 기능(역할)에 있어 본질적으로 진실성을 입증하는 것이 어렵다"는 것을 인정하고, 공직자의 경우 언론에 대해 '현실적 악의actual malice'를 입증하지 않는 한 명예훼손에 대한 피해 보상을 구할 수 없다고 하여 언론에 대해 획기적인 결정을 내리게 된다. 설리번 사건 이후 이전까지 명예훼손적 언사의 진실성을 입증해야만 했던 미디어는 그 책임을 더 이상 짊어질 필요가 없게 되었다. 이러한 측면에서 설리번 사건은 논란거리가 될 수 있는 정부 활동에 대한 언론 보도를 보호하기 위한 방어막으로 간주된다(Kalvin, 1964).

연방대법원은 설리번 사건에서 처음 도출된 '현실적 악의'라는 개념이 언론인이나 편집인이 기사의 발행 당시에 기사의 내용이 진실이 아니라는 것을 인지하고 있었거나, 내용의 진실성 여부에 대해 주의를 기울이지 않은 상태when the defamatory statements were published, the communicator either knew they were false, or published with reckless disregard of truth or falsity를 의미한다고 보았다. 이는 보통법상의 악의malice, 앙심spite, 증오hatred, 원한ill will, 범의desire to harm와는 별개의 것으로 언론의 직업적 특성과 사회적 역할에 맞게 대법원에서 헌법적으로 창조된 개념이다.

중요한 사실은 이러한 연방대법원의 입장이 보통법상의 법리적 전통을 배척하였다는 점이다. 연방대법원은 "언론의 공적 쟁점에 대한 논의는 억압되어서는 안 된다"고 표명하면서, 이를 위해서는 비록 올바르지 않은 언론이라도 경우에 따라서는 허용이 불가피하며, 만일 이를 허용하지 않는다면 언론이 살아 숨 쉴 수 있는 공간이 축소된다고 지적하였다. 설리번 사건 이전까지 사실 입증의 책임이 언론 측에 있었는데, 이후 진실 입증의 책임이 언론 측으로부터 개인 측으로 넘어가게 되어 언론은 큰 짐을 덜게 되었다.

설리번 사건 이후 미국의 명예훼손법은 지속적인 발전을 하게 되는데, 가장 핵심적인 것은 현실적 악의 원칙의 확장이라고 할 수 있다. 1967년 연방대법원은 커티스 출판사 대 버츠Curtis Publishing Co. v. Butts 사건에서 공직자에게 적용되는 현실적 악의 원칙을 공적 인물public figure까지 확장시켰으며, 이는 더욱 확대되어 1971년 로젠블룸 대 메트로미디어Rosenbloom v. Metromedia 사건에서 소송 당사자의 지위 여부에 상관없이 명예훼손적 언사가 오로지 공공의 이익을 위해 행해졌을 경우 현실적 악의 원칙이 적용된다고 판결하였다.

그러나 1974년 거츠 대 웰치Gerts v. Welch, Inc. 사건에서 연방대법원은 로젠블룸 사건에서의 판결을 위헌으로 간주하면서, 현실적 악의 원칙은 사인private person에게는 너무 과도한 부담을 지우는 결과를 초래한다고 인식하고 현실적 악의 원칙의 적용 범위를 공인에 한정하도록 하였다. 여기서 연방대법원은 누가 공인이며 사인인가에 대한 기준을 제시하였는데, 공인이란 "무릇 공적 논의에 어떠한 영향을 행사할 목적으로 참여하여 그 명성이나 악명을 떨친 사람"으로 정의하였다. 계속해서 연방대법원은 사인은 공인과 달리 매스 미디어를 통해 공중의 주목을 이끌어 내고자 하는 것도 아니며 명예훼손적 언사에 대해 반박하기 위해서 매스 미디어에 접근할 수 있는 능력이나 정도가 공인에 비해 부족하기 때문에 공인보다는 더 많은 보호를 필요로 한다고 보았다.

여기서 연방대법원은 명예훼손법상 '공적 인물' 이론을 처음으로 상세히 다루었다. 연방대법원은 사적 인물과 공적 인물을 구별하는 두 가지 근거를 제시했다. 첫째, 공적 인물은 사적 인물에 비해 대개 효과적인 의사 전달 수단인 매스 미디어에 대한 접근이 훨씬 용이하며 제 문제들에 대한 반박을 할 수 있는 보다 현실적인 기회를 갖고 있다. 둘째, 공적 인물들의 대부분은 특별히 현저한 역할을 자발적으로 수행함으로써 공적인 인물의 지위를 갖게 된다는 것이다.[55]

이러한 연방대법원의 판결을 근거로 워싱턴 D.C. 순회법원에서는 1980년 발트바움 대 페어차일드 출판사Waldbaum v. Fairchild Publishing Inc. 사건(627 F.2d 1287 (D.C. Cir. 1980))에서 세 가지 요인을 핵심적 근거로서 '제한적 공적 인물'을 파악했다. 즉 제한적 공인이 되려면 첫째, 구체적인 공적 논쟁의 해결에 큰 영향을 주려고 기도하거나 혹은 현실적으로 큰 영향을 준다고 예상(추정)되는 경우이며, 둘째, 그 논쟁이 직접적인 당사자들 이외의 사람들에게 실질적인 파급 효과를 가져오거나 이를 예견할 수 있으며, 셋째, 이러한 결정을 함에 있어 법원은 관계된 사실을 전체적으로 합리적인 사람의 기준에 근거해서 파악해야 한다고 판시하였다(염규호, 2000).

55 '일반적인 공적 인물'이 되려면 모든 목적과 상황에서 그의 명성이나 악명이 영향력을 미치지 않을 곳이 없을 정도의 경우다. '일반적인 공적 인물'에 속하는 사람들은 흔치 않으며 지극히 유명한 사회 저명인사나 정치, 경제의 활동가가 이 그룹에 속한다. '제한적인 공적 인물'은 "자발적인 그리고 의도적인 행위로 특정의 논쟁을 해결하는 데 영향을 미치고자 하는 사람으로서 의도된 행위가 사람들에게 그렇게 인식되면 그 분쟁의 해결이 직접적인 참여자 이외의 사람들에게 가시적인 영향을 줄 수 있음을 타당하게 말할 수 있어야 한다. 이러한 제한적인 공적 인물이 되려면 문제된 명예훼손 언사는 그 분쟁과 합당한 관련성을 갖고 있어야만 한다"는 것이다(이재진, 2003b).

나아가 제2순회법원은 1984년 러먼 대 플린트 출판사Lerman v. Flynt Distributing Co. 사건(745 F.2d 123, 139 (2d Cir. 1984))에서는 네 가지 요인의 공인과 사인의 구별 방법을 제안했다. 명예훼손소송의 피고는 원고가 제한적인 공적 인물이 되기 위해서는 다음과 같은 점을 입증해야만 한다고 보았다. 이는 첫째, 소송의 사유가 된 사건 이전에 타인에게 영향을 주기 위해서 원고가 자기의 견해에 일반인의 관심을 성공적으로 유도했는지의 여부, 둘째, 원고가 소송의 사유와 관련된 공적인 분쟁에 자발적으로 뛰어들었는지의 여부, 셋째, 원고가 공적인 분쟁에 탁월한 위치를 점했는지의 여부, 넷째, 원고가 언론 미디어에 정기적으로 접근할 수 있는 관계에 있는가의 여부다(Zelezny, 2004).

이후 1985년 던 앤드 브래드스트리트사 대 그린모스 건축회사Dun & Bradstreet Inc. v. Greenmoss Builders 사건(472 U.S. 749 (1985))에서 연방대법원은 거츠 판결을 재해석하고 공적 관심사 기준을 다시 도입했다. 연방대법원은 수정헌법 제1조는 단지 "공공의 관심사와 관련된 언사만을 보호한다"고 판시하면서 사인의 경우 수정헌법 제1조상의 표현의 자유에 대한 침해의 보상이 해당 주state의 이익과 비교형량을 통해 이루어야 한다고 보았다. 유사하게 1986년 필라델피아 신문사 대 헵스Philadelphia Newspaper Inc. v. Hepps 사건에서 연방대법원은 "공적 관심사에 대한 진실한 언론이 억압되지 않도록 하기 위하여" 명예훼손소송의 원고가 공인이며 논의되는 명예훼손적 언사가 적어도 공적 관심사에 관련된 경우, 원고는 그 언사의 비진실성을 입증해야 하는 의무를 지게 된다고 보았다.

이 사건으로 설리번 사건 이후 발전한 공인 이론은 다음과 같이 정리됐다.

첫째, 원고가 공무원 또는 공인이면 상대방의 현실적 악의를 설득력 있게 명쾌하게 입증할 때 배상을 받을 수 있다. 공무원일 경우 업무 적합성과 관련된 내용이면 사적인 문제도 현실적 악의 기준이 적용된다는 것이다. 결국 공무원에 관한 한 거의 모든 오보가 헌법적 보호를 받게 되었다. 둘째, 원고가 사인이고 보도된 내용이 공적인 관심사일 경우 대부분의 주에서 원고는 상대방의 '과실'을 입증하면 실제 피해액을 배상받을 수 있다. 하지만 원고가 추정적 손해배상 또는 징벌적 손해배상을 받으려면 현실적 악의를 증명해야 한다. 셋째, 원고가 사인이고 보도된 내용도 사적인 것에 불과할 경우, 원고는 상대방의 현실적 악의를 증명하지 않더라도 보상적 손해와 징벌적 손해를 모두 배상받을 수 있다. 따라서 보통법common law상의 엄격책임주의 원칙이 적용된다(문재완, 2004).

미국의 명예훼손법의 발전 과정과 특징을 살피기 위해서는 위의 공인 이론과 함께 명예훼손소송에 있어 면책사유legal defenses가 어떻게 변모해 왔는가를 아는 것이 필수적이다. 왜냐하면 명예훼손법에 있어서의 면책사유는 빈번히 발생하는 명예훼손소송으로 인하여 언론의 본질적인 측면이 훼손되지 않도록 하기 위한 법적 장치이기 때문이다.

미국의 명예훼손법상 언론이 개인에 대한 명예훼손의 책임을 면제받기 위해서는 무엇보다 게재된 내용이 진실해야 한다. 이를 면책사유로 인정하는 전통이 시작된 것은 1735년 이른바 존 피터 젠거John Peter Zenger 사건이 계기가 되었다고 할 수 있다.[56] 그러나 뉴햄프셔 주 등 몇몇 주에서는 표현 행위자에게 '악의적 의도malicious intent'가 있으면 진실성의 면책이 부정되는 등 그 적용에 있어 일관되지 않았다. 그러다 1964년 설리번 사건과 이후의 허버트 대 랜도Herbert v. Lando 사건 등을 통해서 연방대법원이 현실적 악의 원칙을 확립함에 따라 명예훼손이 성립하기 위해서는 당연히 표현의 허위성이 요구

56 젠거는 영국 지배하의 뉴욕에서 인쇄업자, 출판업자로 활동했던 독일계 미국인이다. 그는 자신이 발행하는 〈뉴욕 위클리 저널〉을 통해서 당시 뉴욕 식민지 총독 윌리엄 코스비의 전횡과 학정을 비판하는 기사를 실어 명예훼손으로 체포, 기소됐지만, 1735년 8월 4일 뉴욕 주 법원에서 배심원 무죄 판결을 받았다. 이 판결은 이후 미국의 언론 자유의 확립을 향한 첫걸음을 쌓은 것으로 평가된다.

되는 것으로 인식되어 왔다.

미국의 명예훼손법에 있어 진실성과 함께 공정한 논평fair comment도 중요한 면책사유다. 이는 공공의 이해에 관한 사항이나 일반 공중의 관심사인 사항에 관해서는 누구라도 논평의 자유를 갖는 것이며 그것이 공적 활동과 무관한 것으로서 개인적 정보의 폭로나 인신공격이 아니고 또 그 논평이 공정한 한은 그 용어나 표현이 아무리 격렬하고 저속하다고 해도, 또 그 결과로서 피논평자가 사회에서 받는 평가가 저하된다고 하더라도 논평의 주체가 면책된다는 것이다. 이에 반해 공정한 보도fair report는 보통법의 법리에 근거하는 것으로 공공 기관의 업무나 절차를 공정하게 전파하는 경우에는 명예훼손의 책임을 묻지 않는 것을 말한다. 공정한 보도의 면책이 성립되기 위해서는 보도가 정확하고 공정해야 하며 악의가 없어야 한다.

비교적 최근에 발전하고 있는 면책사유이며 논란이 있는 것이 바로 중립적 보도neutral report다. 이는 1977년 에드워즈 대 전국오두본협회Edwards v. National Audubon Society 사건에서 다루어졌기 때문에 이를 오두본 면책Audubon privilege이라고 한다. 이 사건에서 연방 제2고등법원은 뉴욕타임스사New York Times가 미국의 권위 있는 환경 단체인 전국오두본협회가 비판한 내용을 그대로 보도한 것은 비록 그 내용의 진실성이 의심스럽다고 할지라도 뉴스 가치가 있는 기사를 보도하는 것을 막아서는 안 된다"고 판시하면서 언론사의 면책을 인정하였다. 그런데 이 판결을 두고서 과연 새로운 헌법적 면책사유를 인정해야 하는가에 대해 많은 논란이 있었고 하급심 판결들도 상반되는 결과들을 낳았다. 아직까지 연방대법원은 이를 인정하지 않았으며 이를 입법화하려는 시도들도 크게 성공하지 못했다.

이러한 면책사유와 더불어 현실적 악의 원칙은 공인으로 하여금 언론을 상대로 승소하기 어렵게 하는 핵심 요인이다. 그러나 최근 현실적 악의 원칙에 대한 비판과 논의들은 '현실적 악의' 원칙의 적용을 헌법 이론상 표현

(언론)의 제한이라는 이유로 폐기하자는 주장보다는 현실적 악의 원칙을 계속 유지하되 현재의 문제점을 보완해 나가자는 경향이 뚜렷하다. 또한 현실적 악의 원칙을 공직자에 국한하지 않고 공적 인물로까지 확대 적용한 것은 큰 오류라는 지적도 있다. 다시 말하자면 현재의 명예훼손법은 개정되어야 한다는 비판이다.

이러한 대안적 분쟁 해결 방식의 도입을 위한 명예훼손법 개정안 시도에 대한 다양한 노력들이 있었다. 일부가 주별로 도입되기도 하였으나 실제로 연방 차원에서의 법 개정으로 연결되지 못했다. 이러한 시도 중에서 가장 많은 호응을 불러온 것이 바로 애넌버그 워싱턴Annenberg Washington 명예훼손법 개혁 노력이었다. 이를 주도한 로드니 스몰라Rodney Smolla 교수는 9명의 변호사와 한 명의 언론인, 그리고 한 명의 홍보 전문가와 함께 '선언 결정을 중심으로 한 명예훼손법 개정안'을 발표하였다(Youm, 1995).[57] 이는 "명예훼손법의 개혁을 위한 제안: 애넌버그 워싱턴 프로그램의 명예훼손 개혁 사업 보고서Proposal for the Reform of Libel Law: The Report of the Libel Reform Project of the Annenberg Washington Program"에 잘 나타난다.

이에 따르면 애넌버그 명예훼손 개혁안은 명예훼손 분쟁의 신속하고 능률적인 해결을 원활히 하기 위해 금전적인 배상이 아닌 다른 보상책을 강조함으로써 (정보의) 시장에 있어서 진실의 확산을 촉진하자는 데 목적이 있다. 수정헌법 제1조와 명예훼손법이 서로 충돌적인 관계보다는 진실을 추구하는 공공의 절대적인 목적을 위해서 조화를 이루어야 한다는 것이다. 무엇보다 개혁안의 기본 전제는 금전 배상을 위한 기존의 명예훼손소송은 효과적이지 못한 방법이고 시간적인 지연과 엄청난 소송 비용으로 인해 낭비가 심하다

57 애넌버그 개혁안에 대해서는 염규호(1995)의 연구를 주로 인용하였다.

는 것이다. 뿐만 아니라 기존의 명예훼손소송은 승소에 목적을 두기 때문에 진실과 허위의 규명을 하는 것이 부차적 문제가 되어 버렸다는 것이다.

애넌버그 개혁안은 '선언 결정declaratory decision'을 대안으로 제시한다. 금전적인 손해배상보다 진실 여부를 판단하여 명예훼손이 되었는지를 결정하여 선언한다는 것이다. 이는 진실을 신속하게 전달하는 것을 최우선으로 하는 것으로 이전 10여 년이 넘게 논의되어 온 여러 명예훼손법 개정안들을 분석하고 취사선택한 종합 개혁안이라고 할 수 있다. 명예훼손소송의 3단계 방식을 제안하는 애넌버그 개혁안은 제1단계로 우선 모든 원고로 하여금 소송을 법원에 제기하기 전에 피고(언론사)로부터 취소retraction나 반론할 수 있는 기회opportunities for reply를 구할 것을 규정한다.

만일 이 취소나 반론의 요구가 거부되면 소송을 할 수가 있는데, 제2단계로 원고와 피고 양쪽에 서로 협상의 제안을 받게 된다. 선언 결정을 취하면 원고는 금전적인 배상을 구할 기회가 없어지며 피고는 수정헌법 제1조에 보장된 보호를 기대할 수 없다. 그러나 양 당사자는 재판을 할 경제적 여유가 있다면 보다 신속한 재판을 받으려고 할 것이다. 마지막 세 번째 단계는 금전적 손해배상을 구하는 소송으로 현재 하는 손해배상 명예훼손과 흡사하다. 단지 이 애넌버그 안에서는 원고와 피고의 사전 동의에 의해서만 소송이 가능하며 원고가 승소하면 받을 수 있는 손해배상은 오직 실제 손해배상뿐이라는 것이다.

전문과 14개 조로 구성된 애넌버그 명예훼손 개혁안은 적용 범위, 사실적인 언사, 취소 응답, 선언 결정 등에 대한 상세한 절차 규정을 포함하고 있다. 무엇보다 명예훼손은 의견opinion이 아닌 사실적인 허위의 언사false statements of fact에 국한함으로써 의견에 의한 명예훼손소송은 이 개혁안에서 허용되지 않는다. 소송의 사유가 되는 언사가 명예훼손적인 사실로 해석할 수 있는 타당성이 있는가의 결정은 일차적으로 법원의 권한에 속하며 일단

법원이 명예훼손적인 사실적 언사라고 결정하면 그것이 실제로 그렇게 읽고 들은 사람들이 이해를 하고 있는지는 배심원이 한다. 사실적인 언사인가 혹은 의견인지를 결정하는 데 세 가지 요소를 법원이나 배심원은 참고해야 한다고 개혁안은 규정한다. 첫째, 문제된 주장이 객관적으로 증명할 수 있어야 한다. 둘째, 그 주장이 의견이나 과장으로 사실적인 주장이 아닌 것으로 타당하게 받아들일 수 있는 문맥으로 공표되어야 한다. 셋째, 사용된 언어와 제한된 주의적인 언어와 부인 등이 사용된 정도를 살펴보아야 한다.

애넌버그 개혁안은 소송을 하려고 할 때 그 전제 조건으로 원고가 피고에게 신속하고 충분한 취소나 신속하고 현저한 응답에 대한 요구를 했으나 피고가 이를 이행치 않았음을 주장해야 한다. 이러한 취소나 응답에 대한 요구는 명예훼손적인 언사가 언론에 공표된 후 30일 이내에 해야 한다. 눈에 띄도록 취소하거나 반론을 게재한다는 것은 취소나 반론의 대상이 된 언사와 실질적으로 같은 장소와 시간에 같은 방법으로 게재(방송)하는 것을 말한다.

취소 게재의 배치나 시기는 원래의 기사가 전파되는 같은 사람들이 접할 수 있어야 한다. 방송의 경우 피고 방송국이 그 반론 방송문을 읽거나 원고나 원고가 지정한 사람이 읽도록 허가할 수 있다. 피고는 반론이 원고에 대한 명예훼손적인 원래의 기사의 크기를 초과해서는 안 된다는 것을 원고에게 요구할 수 있으며 형식은 미디어의 성격 등을 합당하게 수용하도록 해야 한다. 또한 반론은 간결해야 하며 명예훼손적인 사실적 주장에 대한 반박에 국한되어야 한다.

만일 피고가 통상적으로 지정한 곳에 취소, 정정 혹은 반론문을 게재하면, 그 지정한 곳에 취소나 반론의 게재가 원래의 기사와 실질적으로 똑같은 장소와 방법으로 실린다면 그것은 눈에 띄도록 게재한 것으로 간주한다. 취소와 응답의 적시라 함은 요청 후 30일 이내에 그 취소 내지 응답을 게재하는 것을 말한다. 정치에 관련된 공직 선거 후보자의 경우에는 선거전의 상황에 비추어 타당한 시간 안에 게재하지 않으면 시의적절하게 한 것이라고 할 수 없다.

애넌버그 개혁안의 가장 핵심적인 내용은 제4조에 규정하는 '선언 결정'이다. 물론 이 선언결정소송을 하려면 우선 취소 내지 응답에 대한 신청 등이 거부된 후에 가능하다. 앞서 소개한 선언 결정을 규정한 다른 개혁안들과 마찬가지로 이 애넌버그 개혁안도 문제된 기사의 허위성과 명예훼손 여부를 결정하는 소송으로서 손해배상이나 피고의 심리적인 상태나 과실의 유무가 문제되지 않는다.

손해배상청구소송을 선언결정소송으로 바꿀 수 있는 권한을 피고(언론사)에게 인정을 하고 있는 애넌버그안은 명예훼손소송이 법원에 제기될 당시 혹은 소송의 개시일로부터 20일 이내에 (어느 쪽이 먼저이든 간에) 피고는 그 소송을 선언결정소송으로 지정할 권리를 갖고 있다. 이 조항에 따라 피고에 의해서 선언 결정으로 지정된 소송 사건은 어느 것이나 원고에 의해 당초부터 선언결정소송 사건으로 청구된 것처럼 취급한다. 명예훼손에 따른 선언결정소송 사건에 대한 재판일을 정하는 데 있어 다른 민사소송보다 우선권을 주는 것을 개혁안은 규정한다. 그리고 법원이 신속한 재판을 여건상 실현 불가능하다는 사실을 기록으로 분명히 밝히지 않는 한 모든 사건에 있어서 선언 결정은 소송 신청 후 120일 이내에 재판을 해야 한다.

애넌버그 개혁안은 중립 보도neutral reportage 이론을 명예훼손에 대한 완전한 면책사유로 인정하고 있다. 이 이론은 전술한 에드워즈 대 전국오두번협회 사건에서 제시되었다. 오두본 사건에서 연방 제2고등법원은 "책임 있고 저명한 단체가…… 공적 인물에 대해 중대한 비판을 하면 이들 비판의 타당성에 대한 기자의 개인적인 견해에 관계없이 이들 주장을 정확하고 공평하게 보도하는 것을 보호한다. …… 이들 비판에 대한 뉴스가 있다면 이 비판이 나왔다는 것이 바로 그것이다. 우리는 언론 기관이 뉴스의 가치가 있는 언사

(표현)의 진실에 심각한 의문을 갖고 있다는 단순한 이유로 인하여 수정헌법 제1조상 그 언사를 보도할 수 없다고 믿지 않는다. …… 공공의 이익은 민감한 문제들에서 흔히 발생할 수 있는 논란에 대해 언론에게 책임을 묻지 않고서 이 비판들을 보도할 수 있는 자유를 부여했다는 것을 요구한다"고 판시했다.

결국 언론에 대한 보호적인 이 중립 보도 이론을 애넌버그 개혁안은 제5조의 규정을 통하여 보다 광범위하게 적용하려고 하고 있다. 개혁안 제5조는 "공적인 흥미나 관심사에 대하여 피고가 아닌 다른 사람이나 객체가 허위적이거나 명예훼손적인 언사를 한 경우 이 표현을 한 사람이나 객체를 밝히고 그 언사를 정확히 보도하면 그 보도에 대한 선언 결정이나 손해배상소송의 어느 것도 인정되지 않는다"고 규정한다.

애넌버그 개혁안은 진실과 허위에 대한 입증의 책임을 원고에게 지우고 있는데, 문제가 된 성명이 허위임을 명백히 밝히는 신빙성 있는 증거 제시를 요한다. 그리고 만일 그 명예훼손적인 성명이 본질적으로 진실이면 원고의 거증 책임이 성립됐다고 할 수가 없다. 최소 과실 책임을 손해배상청구 사건에 인정하는데, 피고가 관련된 상황에서 '합리적인 사람'으로써 행동하지 않았다는 것을 원고가 입증하면 과실 증명은 성립된다.

애넌버그 개혁안은 손해배상 사건과 선언 결정 사건에 대한 절대면책특권을 인정하는데, 우선 재판 소송에 관여하는 판사, 변호사, 증인, 배심원 혹은 다른 참가자들이 하는 언사들, 입법 과정에 있어 의원, 변호사, 비서, 증인 혹은 다른 참가자들이 하는 성명들, 그리고 준사법적이고 입법적인 행정부 과정에 관여한 정부 행정공무원, 변호사, 증인 혹은 다른 참가자들이 하는 언사들은 절대로 소송의 대상이 될 수 없다(제4조). 즉 선언 결정에 따른 소송에 조건적 특권은 폐지하고 있다.

손해배상소송에 조건적 특권이 인정되는 경우로는 ① 피고의 합법적인 이익을 정당방위로 한 언사, ② 타인의 합법적인 이익을 증진하기 위한 언사, ③ 통신 정보의 피고와 수탁자와의 공동의 이익을 보호하기 위한 언사, 혹은 ④ 공공의 이익을 위해 행동을 할 의무를 갖고 있는 공무원에게 한 언사 등이다.

조건적인 특권을 남용하면 소송을 제기할 수가 있다. 즉 피고가 특권을 인정할 수 있는 이익을 보호하는 데 필요한 정보 전달을 받을 사람이 아닌 다인에게 명예훼손적인 정보를 고의적으로 전달히는 경우 에 그 특권은 남용된 것으로 간주되어 몰수된다. 이 경우에도 특권의 남용과 몰수가 성립되려면 오직 피고가 명예훼손적인 언사를 허위를 인지하고 혹은 진실 내지 허위를 분별없이 무시하고 공표한 경우에만 해당된다.

손해배상에 대해 애넌버그 개혁안은 구두 명예훼손과 문서 명예훼손 등의 세부적인 구별을 폐지하고 있으며 '실질 손실'에 국한된 손해배상 회복을 규정한다. 실질적인 명예에 대한 피해에 근거한 타당한 보상에 손해배상을 제한하고 있다. 추정적인 손해배상은 폐지되지만 특별 손해배상(구체적이고 금전적인 손해배상)의 증거를 요할 수는 없다.

어떠한 손해배상을 구하려면 전제 조건으로 명예가 실추되었음을 입증해야 한다. 명예에 대한 피해가 우선 입증되면 추가적으로 개인적인 모욕, 고뇌 혹은 심리적인 고통에 대한 위자료를 구할 수가 있다. 손해배상을 결정하는 경우에 배심원은 명예훼손적인 언사의 영향에 관련된 모든 요건을 고려해야 한다. 징벌적인 손해배상은 어떠한 명예훼손 사건이든지 용인되지 않는다.

피고는 변호사 비용을 타당한 정도에 한해서 받을 수가 있다. 그것은 원고가 이 개혁안에 명시된 취소 혹은 응답에 대한 제반 요건을 부합하지 않거나 혹은 그 요건에 부합해서 피고가 취소를 게재했거나 응답의 기회를 원고에게 준 이유로 해서 피고가 소송을 기각 신청해서, 그 소송이 기각이 되면 가능하다. 선언결정소송에 있어 법원은 승소한 측에 적당한 변호사 비용을 부여할 수 있다. 만일 승소측이 단순히 상대방을 괴롭히기 위해서 혹은 너무 사소한 청구를 하기 위한 경우에 법원은 변호사 비용의 수여를 거부하든지 혹은 줄일 수 있다. 소송 사건에 대한 변호사 비용은 민사소송에 따른 재판 관할권의 일반적인 규칙에 따라서 각자가 책임을 진다.

애넌버그 개혁안에 대한 공소 시효 기간은 명예훼손 기사의 공표 후 1년 이내다. 이 개혁안은 '단일 공표 원칙Single Publication Rule'을 인정하는데, 소송이 제기되면 그 소송 사건은 근거가 된 명예훼손적인 언사로 발생하는 모든 지역에 있어서 모든 피해에 대한 배타적인 회복으로 간주한다.

2) 미국 반론권 제도의 쟁점

미국의 독특한 법문화로 인하여 미국에서의 대안적 분쟁 해결 방식은 여타 다른 국가들의 반론권과는 다른 성격을 갖는다. 미국의 경우 반론권은 피해 보상을 위한 구제 수단으로보다는 공중의 미디어에 대한 일종의 접근권right to access으로 인식되어 왔다. 그래서 언론 미디어가 자발적으로 반론을 허용하는 경우는 상관없으나 정부가 주도하는 반론권은 허용되지 않는다.

미국에서는 역사적으로 신문에 대한 반론권이 원칙적으로 인정되지 않았으며 단지 플로리다 주, 미시시피 주 등 과거 프랑스 식민지였던 일부 주에서만 반론권이 인정되었다. 그러나 1974년 토닐로 사건(Miami Herald v. Tornillo)의 결과로 인쇄 미디어에는 반론권이 완전히 적용되지 않게 되었다(418 US 241). 토닐로 사건에서 연방대법원은 편집에 따른 결정은 전적으로 편집인에게 속한다고 전제하면서, 공직에 출마하는 후보자들에게 주어지는 반론권이 "공적인 논의의 활력을 위축시키고 다원성을 제약한다"고 밝혔다. 아울러 반론권은 신문을 인쇄하는 데 드는 재료의 사용과 비용을 높일 뿐만 아니라 편집에 있어 부가적인 시간이 요구되며, 다른 뉴스에 주어질 지면을 반론에 할

애해야 하는 등의 불편함이 따른다고 보았다.

이 사건에서 반론권이 수정헌법 제1조에 부합하지 않다는 점에서 반론권의 수용을 거부하면서 바이런 화이트Byron White 대법관은 "우리는 외국의 경우에서 정부가 신문의 내부적 편집에 간섭하는 불행한 경험을 목격하면서 배웠고 또 계속 배우고 있다"고 언급했다. 미국의 인쇄 미디어에 대한 영향에 대한 이러한 화이트 대법관의 우려가 실증적인가 또는 직관적인가 하는 점은 명확하지 않다. 어쨌든 미국 신문은 정부의 편집 개입으로부터 자유로워야 한다는 화이트 대법관의 절대주의적 가정은 정부가 실제적이건 또는 가상적이건 간에 벽이 높은 뉴스룸에 정부가 간섭하는 데 대한 그와 다른 대법관들의 두려움을 잘 설명하고 있다. 결국 이러한 이유로 인하여 미국의 경우 반론권이 법적으로 인정되고 있지 않다고 보는 것이 올바르다.

그러나 반론권이 뉴스 편집을 좌우할 수도 있는 간섭이 강한 정부를 초래할 수 있다는 화이트 대법관의 주장은 과도한 것이라는 지적도 있다. 미국의 경우 실제로 언론의 자유가 있는 민주주의 사회에서의 뉴스 미디어는, 비록 반론권이 1822년 프랑스 법에서 처음 구축된 이래로 이러한 민주주의 사회의 일부였다고 하더라도, 정부에 의해서 족쇄가 채워지는 것이라고 할 수 없다. 그럼에도 미국에 있어서 개인이나 공중의 미디어 접근권이나 반론권은 위축되어져 왔다. 확실히 수정헌법 제1조의 쟁점으로서는 필연적으로 소멸하였다. 더욱이 반론권은 미국의 영향을 받은 국가들에서 번창해 왔다. 몇몇 국가는 반론권을 헌법적 권리로 인정하고 있는 반면 몇 몇 국가들은 반론권을 법적인 권리로서 다루고 있다. 이처럼 토닐로 사건으로 인한 법원의 판단은 인쇄 미디어뿐만 아니라 차후에 방송에도 영향을 미친다. 방송에서는 1934년 제정된 연방통신법을 토대로 '공정성 원칙Fairness Doctrine'이라는 명칭으로 공적 쟁점에 대한 반론권을 개인의 미디어에 대한 엑세스권의 하나로서 허용하였다. 무엇보다 방송의 경우 토닐로 사건이 발생하기 5년 전인 1969년

레드 라이언 사건(Red Lion v FCC)에서 방송과 인쇄 미디어가 다르기 때문에 방송에는 반론권은 유효하다는 결정을 내린다.

연방대법원은 공정성 원칙의 개인적 공격 조항을 지지하며, 확실하고 또한 설명이 가능한 상황하에서 개인은 방송 미디어에 대한 접근권을 갖는다고 만장일치로 결정했다.[58] 1964년 펜실베이니아 주 레드 라이언에 있는 WGCB 라디오 방송국은 〈기독교 십자군전쟁〉이라는 제목의 외주 제작 종교 프로그램을 방송했다. 그해 11월 25일에 방송된 그 프로그램은 《골드워터 *Goldwater*》의 저자 프레드 J. 쿡Fred J. Cook을 신랄하게 공격하는 내용을 담고 있다(이 책은 미국 공화당의 보수파로서 적극적인 반공 정책을 주장한 배리 골드워터를 극우주의자로 평가한다. 골드워터는 1964년 공화당 대통령 후보로 지명되었으나 민주당의 L. B. 존슨에게 패배했다). 외주 제작 프로그램의 핵심 인물이자 2분간 공격을 주도한 인물인 빌리 제임스 하기스Billy James Hargis 목사는 쿡이 저술한 책이 적어도 부분적으로 골드워터의 대통령 선거 패배에 책임이 있다고 믿었다.

쿡은 하기스 목사의 방송을 정규적으로 내보낸 200여 개의 방송국에게 반발하며 편지를 보냈다. 법에 따라 방송국들이 자신에게 무료로 대응할 시간을 줄 것을 규정한다는 것을 통지하는 것이다. WGCB는 쿡에게 답변 시간을 주려고 했다. 하지만 쿡은 자신이 비용을 부담해야 하는 것 때문에 반발했다. WGCB가 자발적으로 제공하려는 것보다 더 많은 것을 요구하는 공정성 원칙을 확신하고서 쿡은 연방통신위원회(이하 FCC)에 사건을 제기했다. FCC는 하기스 프로그램의 방송 이후 11개월 만에 쿡이 응답 시간을 자유롭게 할 자격이 있다고 결정했다. 이의 제기와 규정의 제정, 규칙 개정 등을 포함해 특별한 연속 조치들을 거친 뒤 이 사건은 결국 대법원까지 가게 됐다.

58 Red Lion Broadcasting v. FCC, 395 U.S. 367 (1969).

대법원 판결은 공정성 원칙과 개인적 공격 조항personal attack clause과 관련해 FCC의 규칙들을 지지했다.

레드 라이언 사건에서 연방대법원은 FCC의 반론권이 근거하고 있는 '공정성 원칙'의 합헌성을 확인하면서 이러한 결정은 '주파수 한정성spectrum scarcity' 논리에 따른 것으로 보았다(395 U.S 367, 389). 주파수 한정 논리는 정부로 하여금 방송 사업자가 필요로 하는 전파를 규제하는 역할을 하게 한다고 판시했다. 방송이 한정된 재원인 주파수를 면허를 통해 무료로 이용하기 때문에 당연히 공적인 역할과 책무가 강조되어야 한다는 논리다(Lee & Sang, 2013).

따라서 FCC의 공정성 원칙은 방송업자들이 적절한 양의 방송 시간을 공적인 중요성이 있는 논의에 할당하고 공적 중요성이 있는 논쟁적인 이슈들에 대해서 상반되는 견해를 모두 제시하도록 규정하였다(48 FCC2d (1974)). 이러한 공적 중요성의 실천 정도를 FCC는 미디어나 지역 지도자들이 특정 이슈에 부여하는 '주목attention'의 정도를 기준으로 판단하며 그 적용에 있어 FCC는 개인적인 공격personal attack, 정치 후보자의 사설을 통한 지원editorial endorsements, 그리고 정치 캠페인에 있어서의 후보자의 비정치적 광고nonpolitical candidate advertising 등으로 구분하여 이에 대한 규칙을 마련하였다.

1949년 FCC는 공정성 원칙을 승인한다. 그런데 공정성 원칙은, 법률 제315조 '공정 시간 원칙equal time rule'[59]과는 달리, 논란이 되는 쟁점에 대한 논의의 내용과 방송사가 정치 후보자에게 대해 방송하지 않을 권한 등의 부분도 포함한다. 한편, 제312(a)조 제7항은 방송사로 하여금 적절한 접근을 제공

59 47 U.S.C. §315. If any licensee shall permit any person who is a legally qualified candidate for public office to use a broadcasting, he shall afford opportunities to all other such candidates for that office in the use of such broadcasting station.

하거나 또는 연방직 후보자가 '적절한 양의 시간'을 살 수 있도록 규정한다. 공정성 원칙은 동 시간을 할애해야 하는 것을 요구하기보다는 오히려 다양한 사상(시각)들이 전달되었는가 하는 일반적인 의무를 의미한다(Middleton & Lee, 2014).

그러나 공정성 원칙은 적용에 있어서 요건이 애매하고, 남용이 심하며 자의적일 수 있다는 비난을 받으며 1980년대 중반까지 학계와 법조계의 논쟁과 비판의 대상이 되었다. 1973년 공정성 원칙의 적용의 범위가 도전을 받게 된다. 이에 대해 연방대법원은 CBS 대 민주당 전국위원회CBS v Democratic National Committee(412 U.S. 94 (1973)) 사건에서 방송의 경우 광고 방송 시간에 사설 발표editorial announcement 판매 요청을 거부할 수 있는가 하는 점이다. 공정성 원칙의 합헌성이 연방대법원에 의해서 확인된 지 얼마 안 되었지만 연방대법원은 레드 라이언 사건에서의 입장에서 상당히 다른 모습을 보였다. 연방대법원은 공적 관심사에 대한 특정 집단의 시각을 표현하는 유료 정치 후보자의 사설을 통한 지원 방송의 거부는 위헌적인 차별이라고 볼 수 없다고 하였다.

결국 FCC는 1987년 시라큐스평화위원회 사건(Syracuse Peace Council v. FCC)을 통해 공정성 원칙을 폐지하게 된다. 판결에서 법원은 공정성 원칙이 모호하고 적용에 있어 남용될 위험성이 있다고 보았다. 그러나 반론권과 관련하여 '개인적 공격' 조항과 '정치적 사설' 원칙은 공정성 원칙이 폐지된 후(2 FCCR 5063)에도 살아남았다(867 F2d 654 (1990)). 방송 미디어는 정치 후보자에 대한 개인적인 공격이 있거나 정치 후보자가 정치 사설에 의한 피해를 보는 경우 이에 대한 반론문을 무료로 방송해야 한다는 것이다(47 CFR, Sec 73.123 (1998)).

그럼에도 FCC는 어떠한 방송이 '개인적인 공격'으로 성립되는지의 범주를 설정하지 않았다. 일반적으로 정치적인 쟁점에 대한 반대나 잘못된 판단에 대한 공격 또는 무능력의 지적 등은 개인적인 공격으로 인정되지 않는다(Simmons, 1978: 86). 또한 ① 외국인 집단이나 공인에 속하는 외국인, ② 법적으로 자격을 갖춘 정치 후보자에 의한 언사에서 발생한 개인적 공격, ③ 순수한 뉴스 보도, 순수한 인터뷰, ④ 즉흥적인 뉴스 이벤트의 취재, ⑤ 이미 진행되고 있는 프로그램에 담겨 있는 분석이나 비판 등의 경우 '개인적 공격' 조항과 '정치적 사설'이 적용되지 않는다. 그러나 공적으로 중요한 논란이 될 만한 쟁점을 방송할 때 방송하는 동안 진실로 개인적 공격이 발생하였는가를 결정하기 위한 FCC의 범주 설정은 불명확하였다(Bree Wlaker Lampley, 7FCCR 1385 (1992)).

좀 더 구체적으로 FCC는 방송사업자가 개인적 공격에서뿐만 아니라 법적으로 자격이 있는 정치 후보자를 반대하거나 또는 상대 후보를 지원하거나 하는 정치 사설에 대해서 반론할 시간을 제공해야 한다고 보았다(47 CFR, Sec 73.1093 (1998)). 자격이 되는 후보나 그 상대자의 경우 반론 요청이 있으면 사설이 나간 지 24시간 이내에 반론 방송을 해야 한다. 이러한 원칙은 단지 정치적 사설이 방송사의 소유자나 관리자의 시각을 대표하는 경우에 한하여 적용된다. 정치 사설 원칙은 방송국을 대표해서 발표하는 것이 아닌 정치 평론가들의 사설 등에 대해서는 적용되지 않는다(5 FCCR 466 (1990)). 방송사는 개인적으로 공격을 받은 사람이나 정치 후보자에게 내용을 알리고, 공격이나 승인의 방송을 녹화한 테이프나 원고를 제공해야 하며, 개인의 비용 부담 없이 적절한 반론의 기회를 허용해야 한다(47 CFR, Sec 73.1930 (1998)).

그러던 것이 결국 2000년 라디오-텔레비전뉴스연출협회 대 FCC(Radio-Television News Directors Association v. FCC(229 F.3d. 269)D.C. Cir.) 사건에서 그동안 일부 잔존했던 공정성 원칙이 완전히 폐지된다. 정치 후보 개인의 성향이 공격 받았을 때 해당 정치 후보에게 그러한 공격에 대해서 무료로 반론할 기회를 주는 '개인적 공격 원칙'과 방송사가 사설 등을 통해 특정 후보를 승인하거나 할 때 상대 후보에게 방송사의 승인에 대해서 반론을 제공해야 했던 '정치적 사설 원칙political editorial rule' 또한 적용되지 않는다고 보았다.

연방대법원은 비록 정치인이 어느 정도 방송에 대한 접근권이 있다고 판단할 수 있으나 모든 정치 후보가 접근권이 있다고 볼 수 없으며, 방송사가 중립적 시각에서 특정 후보의 접근권을 거절하는 것은 수정헌법 제1조에 의해서 보호되는 저널리스트로서의 권한 행사에 속한다고 보았다. 연방대법원은 정치 후보가 대단히 중요한 공익성을 포함하고 있지 않다면 공적 영역에서 정치 후보를 배제할 수 있다고 결정했다.

초기 몇 개 주에서만 인정하던 반론권이 마이애미 헤럴드 사건으로 인쇄 미디어에는 유효하지 않게 되었으며 아울러 대단히 명목적으로만 살아남았던 방송 미디어에서의 반론권 또한 현재는 더 이상 적용되지 않는다. 2000년 이후에 들어서는 적용이 되지 않다가 최근 사실상 완전히 폐지된 것이라고 볼 수 있다. 적대적 논평에 대해 정치인의 반론을 허용했던 제도조차도 최근에는 인정하지 않는 경향을 보임으로써 미국에서는 반론권이 인정되지 않는다고 보아도 무방하다(김병국, 1998; 박운희, 1995d; 이재진, 2009).

특히 인터넷상의 명예훼손의 경우, 반론권 적용은 다양한 이유로 이를 허용되지 않으며 미네소타대학의 '실하 미디어 윤리·법 연구센터University of Minnesota's Silha Center for the Study of Media Ethics and law'(이하 실하연구소)는 반론권 도입을 거부할 것을 유럽의회에 건의한 바 있다(Silha Center, 2003).

물론 최근까지도 여러 학자들을 중심으로 반론권을 도입해야 한다는 주장이 꾸준히 제기된다. 액세스권 도입의 주창자인 배런(Barron, 2007)은 반론권이 수정헌법 제1조가 보호하는 새로운 권리가 되어야 하며 마이애미 헤럴드 원칙에 변화를 가져와야 한다고 주장한다. 그는 반론권의 필요성을 특히 미디어 소유 집중과 효과적인 채널의 부재에서 찾을 수 있다고 본다.

사실상 미국에서의 반론권은 1960년부터 그 필요성에 대해 논의되어 왔다. 채피(Chaffee, 1965)는 명예훼손법의 대안으로서의 반론권의 필요성을, 그리고 길모어(Gillmor, 1992)는 언론의 오만함을 시정하고 정보의 자유로운 유통을 위해 반론권 제도의 도입이 필요함을 주장한 바 있다. 그럼에도 미국 법원은 반론권을 인정하지 않고 있다. 인터넷에서의 반론권에 대한 논의도 거의 없는 상황이다.

이런 상황에서 미국 워싱턴 D.C. 법원은 최근 콤케스트, AT&T 같은 ISP를 규제할 권한이 FCC에 없다는 판결을 내렸다(Washington Post, 2010. 4. 17). 이는 언론의 자유에 무게를 두는 수정헌법 제1조를 재확인하는 동시에 반론권 적용의 가능성을 완전히 포기한 사건이다. 이러한 현상에 대해 염규호(Youm, 2008)는 언론 자유를 둘러싼 국가의 역할에 대한 인식 차이를 반영하는 것이라고 간파하였다. 반론권을 인정하는 많은 국가들의 경우 국가의 역할을 긍정적으로 보는 반면 미국은 그렇지 않다는 것이다.

미국은 온라인 미디어에 대한 반론권을 인정하는 유럽연합의 결정에 대해서도 반대를 피력했다. 2004년 유럽평의회Council of Europe는 기존의 반론권 조항을 개정하여 인터넷과 현재 변화하는 커뮤니케이션 기술에 적용할 수 있도록 하였다. 유럽평의회는 온라인 커뮤니케이션과의 관계에 있어서 반론권의 중요성과 적용의 정도에 대해서 강조했다. 최근 유럽의회European Parliament와 유럽장관위원회Council of Europe's Committee of Ministers는 온라인 미디어에 반론권을 인정하는 결정을 내렸고, 유럽연합 국가들이 인터넷에 반론권을 적용하거나 기존의 관행을 개정할 것을 권했다.

이러한 유럽의 변화에 대해서 실하연구소는 반론권을 적용하는 것은 표현의 자유와 정면으로 충돌한다고 주장한다.[60] 실하연구소는 이러한 법 개정이 정부 관계 기관이 반론문이 웹사이트에 실리도록 강제하게 되는 메커니즘에 대해 우려를 표명했다. 이러한 메커니즘은 웹사이트의 미디어 콘텐츠를 감시할 수 있는 권리를 관계 기관에 부여하는 셈이 된다고 보았다. 실하연구소는 마이애미 헤럴드 사건을 언급하면서 이러한 메커니즘은 인터넷상의 자유롭고 활발한 커뮤니케이션에 장애가 된다고 보았다. 즉 반론권은 궁극적으로 정부가 언론사의 편집 정보에 간섭함으로써 편집 자율성에 대해 위헌적인 사전 제약이 될 수 있다고 주장했다. 이처럼 반론권의 수용을 부정하는 미국의 경우에도 언론 관련 분쟁이 발생하는 경우 이것이 재판으로 가는 경우는 15% 이하라는 점에서 법원 밖에서 협상과 같은 다양한 방식의 ADR이 적용되고 있음을 알 수 있다. 이러한 방식에 대해서는 아직 종합적 연구가 진행된 바가 거의 없으나 반론권을 인정하지 않는 것은 미국에 있어 반론권이 주로 미디어에 대한 접근권으로 인식되어 왔기 때문이다. 반론권이 인정되고 있지는 않으나 이와 유사한 개인의 피해 구제 방법으로 바로 '철회(또는 취소) retraction'가 있다.[61] 이는 비록 시민들의 직접적인 접근은 아니지만 실제로 언론의 자유를 보장하고 과도한 액세스로부터 언론이 취재, 보도하는 자유를 침해당하는 것을 최대한 방지하기 위한 것이라고 할 수 있다.

현재 절반 이상의 주가 철회와 관련된 법률을 가지고 있다(Glasser, Jr.,

60 RE: Draft Recommendation fo the Right of Reply in the On-line Media dated March 21, 2003. http://shilla.umn.edu/assets/pdf/rightofreply.pdf.

61 철회는 취소의 완화된 형태다. 완화되었다는 의미는 철회의 경우에는 어떠한 이유로 철회를 하는지 밝히지 않는다는 의미다. 취소의 경우에는 어떠한 주장이 진실이 아니거나 정확하지 아니하므로 이를 취소한다는 의미가 담긴 것인 반면 철회의 내용에 따른다면, 이미 행해진 비난을 단순히 없애버린다는 결심에 기해서 철회한다는 것이다. 즉 철회자는 진실하지 아니한 사실을 이야기하였다고 명백하게 인정할 필요가 없는 것이다. 일상생활의 실제에 있어서는 어떠한 사람이 자기의 주장을 철회하기로 결심하는 일이 결코 드물지 아니하는 만큼, 취소 청구의 기본적인 요건이 갖추어진 경우에 있어서도 이러한 철회를 청구하는 것은 인정되어야 할 것이다. 이는 특히 주장이 진실하지 아니함이 증명된 경우에도 그러하다. 철회가 고려될 수 있는 가장 전형적인 경우로서는 어떠한 주장이 실제로는 사실상의 주장인 성격을 가지고 있으나, 형식적으로는 가치평가적인 외형을 가지고 있는 경우다(양삼승, 1993a).

2013: 109).[62] 철회법은 말 그대로 신문, 잡지 및 정기간행물의 경우 명예훼손적 기사가 게재되는 경우 언론사가 시의적절하게 자발적으로 이를 취소하거나 배포를 중지하는 경우 직접적인 피해 이외의 경우 모두 면책되는 법을 의미한다. 이의 실시는 주마다 약간 상이한데, 특정 주에서는 철회를 단지 미디어 피신청인media defendants의 경우에만 인정하고 있는 반면, 또 다른 주의 경우 미디어 피신청인은 물론이고 비미디어 피신청인nonmedia defendants까지 적용된다고 본다.

예를 들어 위스콘신 주의 경우 전통적으로 철회법이 적용되어 왔으나 이는 미디어에 한정되어 적용되었다. 한 판례에서 피신청인은 자신이 운영하는 인터넷 전자게시판이 정기간행물이기 때문에 신청인이 소송을 제기하기 전에 자신이 운영하는 게시판에 게재된 내용을 수정 또는 최소할 수 있는 기회가 주어졌어야 타당하다고 주장하였다(이재진, 2003c). 그러나 법원은 판결문에서 인터넷의 전자게시판을 법률상의 정기간행물로 인정하지 않았다. 법원은 기존의 법은 사이버공간이 생성되기 이전에 제정된 것으로 사이버공간에 대해 적절히 적용될 수 있는 입법 제정이나 법률 개정이 필요하다고 지적했다.

철회를 규정하는 대부분의 주법은 철회가 행해지는 경우 신청인이 구하고자 하는 실제적 배상금에 대해 제한을 두도록 하고 있다. 아울러 많은 주들이 신청인들이 기사에 있어서의 철회를 요구해야 한다고 규정하고 있는데, 만일 이를 하지 않는 경우에도 실질적 피해에 대한 구제에 있어 제한을 가하고 있다. 예를 들어 플로리다 주는 신청인에게 재판을 청구하기 이전에 철회 요청을 먼저 하도록 규정한다. 이러한 철회 절차를 규정하지 않은 주에서도

62 철회법을 도입하는 주는 점점 늘어나고 있는 추세다. 2006년 연구의 경우 당시 약 15개 주에서 이를 도입한 것으로 나와 있으나 2013년에는 적어도 25개 주 이상이 이를 도입한 것으로 나타났다(Glasser, Jr., 2013).

피신청인의 악의가 없었다는 증거 또는 배상액의 경감을 위해서 때때로 철회 요청을 허용하기도 한다.

다른 한편 현재까지도 계속되는 명예훼손법 개정을 위한 논의에 있어서 철회나 취소 또는 내용 수정 등이 법정에서의 소송을 대신할 수 있도록 하자는 다양한 견해가 나오고 있다(염규호, 1996). 다시 말하자면 미국의 경우에도 비록 반론권을 인정하지는 않지만(왜냐하면 스스로 반론문을 실어 주는 것이 아니라 사법부나 정부 기관에서 이를 강요할 수 있기 때문에 수정헌법 제1조에 위반이 되므로) 철회를 할 수 있는 기회를 언론에게 부여함으로써 법정에서 소송으로 문제를 해결하기 이전에 법정 밖에서 문제를 해결하기 위한 장치는 마련되어 있다고 할 수 있다.

5. 기타 국가

여기서는 위에서 언급된 국가 이외의 국가들에서의 반론권의 적용이 어떻게 이루어지고 있는지에 대해서 간략하게 다룬다. 유럽의 많은 국가들이 반론권을 인정하는 경우가 많다. 이들 국가의 반론권 제도는 크게 독일형과 프랑스형으로 구분할 수 있다. 프랑스형은 벨기에(1831년 언론법 제13조), 이탈리아(1948년 언론법 제8조), 스페인(1879년 언론법), 멕시코(1917년 언론법 제27조), 콜럼비아와 스위스의 테신 주 및 와트 주를 들 수 있고, 독일형으로 오스트리아(1952년 언론법 제23조), 노르웨이(1920년의 형법 제40조), 유고슬라비아, 그리스 그리고 스위스의 사프우젠 주 및 우비만 주를 들 수 있다(임병국, 2012). 어떠한 형태의 ADR이 각국에서 이용되는지를 살펴본다.

1) 벨기에

벨기에는 일찍이 1831년에 반론권과 유사한 권리를 도입하였으나, 현재는 1961년 6월 23일 제정된 법(이하 '1961년법') 제1조에 따라 정기간행물 등에 의해 이름이 특정되거나 또는 암시된 사람은 누구나 반론을 요청할 수 있는 권리를 부여한다. 이때 반론을 요청한 문제된 사실적 주장이 꼭 명예훼손적일 필요는 없다. 즉 명예훼손 여부에 대한 사실적 판단을 요하지 않는다. 벨기에에서는 반론권이 표현의 자유와 언론의 자유 사이의 형평성 유지를 위한 법적인 장치로 인식된다.

특히 1961년법 제7조는 분명하게 반론권이 피해를 주장하는 개인에게서 법적인 절차를 개시할 권리를 박탈하는 것은 아니라고 규정한다. 즉 법학자들은 일반적으로 피해를 주장하는 개인이 법적인 절차를 시작하기 이전에 의무적으로 반론권을 이용해야 하는 것은 아니라고 판단한다. 반론권이 벨기에에서는 부차적 권리subsidiary right로 인식되지만, 명예훼손적 발언speech 또는 미디어의 명예훼손적 보도로 인하여 피해를 본 모든 자연인 및 법인에게 반론권이 허용된다.

벨기에 법원은 판결에서 "반론권은 표현의 자유나 언론의 자유를 제약하는 것이 아니다. 오히려 정보의 양이 증가하고, 정보원sources이 다양해지고, 반론controversy이 권장됨으로써 표현의 자유나 언론의 자유가 더욱 강화된다"고 피력했다.[63] 반론권은 대단히 심각한 이유를 제외하면 거부될 수 없으며, 표현의 자유와 언론의 자유를 균형 지우는 본질적인 권리로 인식된다. 1961년 법은 반론권의 행사를 위해서는 세 가지 요건이 충족되어야 한다고

63 Corr. Ghent, December 21, 2010, AM 2011–2012, 259. Glasser, Jr., ed. (2013), pp.314~316에서 재인용.

명시하고 있는데, 이는 반론문의 내용, 반론 요청 가능 기간, 그리고 반론보도문의 게재 방식에 대한 것이다.

또한 1961년 법은 제7조와 제15조에서 방송이나 '정기적인 시청각 프로그램'에 대한 반론권을 규정한다. 그러나 이러한 체제는 허용의 조건 등 여러 측면에서 차이가 있다. 왜냐하면 자연인이나 법인에 대한 사실적 주장이 잘못되거나 명예훼손적일 수 있기 때문이다. 또한 반론보도문의 게재를 거부하는 경우에는 비판에 휩싸일 수 있다. 예를 들어, 종이 신문 시장industry과는 달리, 시청각 미디어의 경우 그 절차는 민사 법정에서 다루어지고 항소가 불가능하다.

또한 벨기에는 철회retraction권이 존재하는 만큼 반론권은 당사자가 철회를 위한 법적인 절차를 개시하는 것을 막지 못한다. 비록 원고에게 불법 행위법의 일반적 원칙에 상응하는 구체적인 조건은 없으나 그럼에도 원고는 실제적 피해를 제한하지 않을 수 없다. 최근 판례는 반론권이 정기간행물의 온라인 버전에도 적용된다고 보았다.[64] 최근 1961년 법 개정안의 경우 정기성에 상관없이 모든 온라인 커뮤니케이션 서비스에 적용되도록 하고 있다.

또한 회원 국가들에 있어서의 법, 규제, 또는 행정 조치 등에 의해 만들어진 특정의 규정들을 조화시키기 위하여 만들어진 유럽의회와 2010년 3월 10일 유럽평의회의 Directive 2010/13/EU는 시청각 미디어 서비스 규정Audiovisual Media Services Directive에 관하여 반론권의 국가적 시스템에 영향을 미칠 것으로 보인다(여기에는 텔레비전 쇼에서의 반론권에 대한 규정을 포함한다). 따라서 반론권 관련 벨기에 법도 개정될 것으로 예상된다.

64 Court of First Instance of Brussels, October 30, 2009, AM 2010/5 – 6, 571.

2) 이탈리아

이탈리아도 비교적 일찍부터 반론권을 인정해 오고 있다. 이탈리아법은 특정 개인의 이미지가 게재되거나, 보도 내용이 개인의 명예dignity에 피해를 입히거나, 진실에 반한다고 판단되는 기사에서 적시된 사람은 문제가 있는 신문, 정기간행물, 통신사로 하여금 무료로 반론문을 게재하도록 규정한다.

이탈리아 법은 '정정correction'이라는 규정을 두고 있으나, 이에 대해 이탈리아 법원은 법에 규정된 '정정'의 기능은 게재된 뉴스 보도의 객관적 진실을 재구축reestablish하는 것이 아니라 뉴스 보도에서 특정된 피해자의 견해point of view가 게재될 수 있도록 보장하고 뉴스 미디어에서의 다원주의pluralism의 장점을 살리기 위해서 사실에 대한 가능한possible 다른 해석을 알릴 수 있도록 하는 것이라고 보았다.[65]

이탈리아법에서는 반론권 행사를 위해 서면 요청을 낸 당사자들로 하여금 반론권 실행을 위한 사법적인 개입intervention과 문제가 된 미디어로 하여금 반론을 게재하도록 하는 명령을 내리도록 청구할 수 있다.

피해를 입은 당사자에 의해 반론권을 게재할 권리와 관련된 법 규정은 반론문 게재의 기간(결정을 송달받은 후 2일 이내)과 게재문 서술 방식(반론문에 게재될 수 있는 단어 수, 해당 페이지에서의 반론보도문의 위치 등)에 관하여 상세하게 규정한다.[66] 만일 반론보도 결정이 났음에도 언론 미디어가 반론보도문 게재를 제대로 이행하지 않는다면 1549~2582유로에 달하는 행정 처분에 처해질 수 있다.

피해를 주장하는 사람의 반론보도문 청구가 피해자가 피해에 대한 보상

65 Pretura Roma, April 29, 1999, in Dir. inf. 1991, p.889.

66 Section 700, Code of Civil Procedure; Section 8, Press Act(as amended by Section 42 of Law No.416).

을 청구하거나 관련 언론인이나 미디어의 명예훼손적 행위에 대한 최종심 결정 내용의 게재를 청구하는 것을 구속하지는 않는다. 2005년 7월 31일 법(제177호)은 라디오와 텔레비전을 통해 방송된 뉴스나 정보에 대한 반론권을 실행하는 유사한 규정을 둔다.

3) 스페인

스페인의 1978년 헌법은 스페인의 법체계와 일반법Ordinary Law of the Judicial Power의 틀framework을 규정한다. 스페인 법체계에 따르면 피해 당사자들은 법원에 반론권 행사를 청구할 수 있다. 원고가 명예훼손으로 소송을 제기하기 이전 문제가 된 언론사에 대해 철회를 요청해야 하는 과정을 거칠 의무는 없다. 1982년 헌법 제9조 제2항은 명예권에 대한 불법적 침해를 종식시키고 배상을 청구하기 위하여 가능한 피해 구제를 받을 수 있다고 규정한다. 문제가 된 뉴스에서의 보도 대상이 된 사람은 법에 의해 인정되는 금전적 배상과 함께 다음의 피해 구제 방식 중 하나 또는 복수의 방식을 선택할 수 있다.

스페인의 경우 반론권은 사실에 대한 판단(주장)에 대해서만 행사할 수 있다. 이러한 피해 구제의 목적은 피고defendant에 의해 널리 알려진 진실하지 않은 사실과 언술statement을 교정하고 명확하게 하는 것이다. 반론권은 본질적으로 형평성fairness과 관련된다. 왜냐하면 신문은 별도로 자신들의 버전이 옳다고 주장할 수 있기 때문이다. 그러나 다른 버전의 진실성 여부에 대한 결정은 별도의 소송을 통해서 판단된다. 정보에서 적시된 당사자 의무 사항은 별도로 없다.

스페인은 철회권도 인정하는데, 일반법 제2조(Ordinary Law 2/1984 of 26 January)는 잘못되거나 피해를 야기할 수 있는 정보(뉴스)의 게재로 인하여 직접적으로 피해를 본 사람은 누구라도 인쇄 미디어나 방송 편성자에게 수정 게재를 요구할 수 있다고 규정한다. 철회권은 당사자의 눈에 비춰 잘못되고 이러한 것의 공개가 개인의 명예권을 훼손할 수 있는 주제와 관련된 '사실'에 대해서만 행사할 수 있다. 이때 언론사의 별도 코멘트는 허용되지 않으며 수정 게재물은 원게재물과 같은 정도로 눈에 띄게 게재해야 한다. 이러한 요구에 응하지 않는 경우 당사자는 어떠한 수정이 적절한지를 결정하기 위하여 법원에 소를 제기할 수 있다.

이러한 피해 구제 방식은 피해자가 겪는 도덕적(인격직) 피해moral damage로부터 구제하고자 하는 것을 목적으로 한다. 법원 판사는 피고가 판결문 전체를 게재해야 하는지 또는 그 일부만 게재하는지와 판결문이 어떤 미디어에 게재되어야 하는지를 결정해야 한다. 이러한 피해 구제가 법에 규정되어 있으나, 만일 원고가 이외의 다른 조치들을 요구하고 판사가 이를 승인하면 이 또한 적용이 가능하다.

4) **멕시코**

멕시코의 경우 명예훼손libel은 도덕성morality의 문제라는 인식이 강하다. 멕시코의 연방헌법Federal Constitution은 제6조에서 "사상의 자유는, 만일 그것이 도덕성이나 타인의 권리를 공격하거나 범죄를 부추기거나 공공질서를 어지럽히는 것이 아니라면, 어떠한 법률적 또는 행정적 조치 받지 않는다"고 규정한다. 그러나 제6조에서 개인의 권리 침해의 경우 이를 구제할 수 있도록 하는데 반론권을 보장하는 규정을 둔다. 연방헌법 제6조는 "법률이 정한 바에 따라 반론권을 행사할 수 있다the right of reply will be exercised in the terms prescribed by law"고 규정한다.

멕시코의 경우, 반론권과 관련된 주요 법은 1917년 언론법Press Law이다. 이 법 제27조에서 반론권과 정정권에 대한 실질적 규정을 두고 있다. 제27조는 신문(매스 미디어를 포함)은 무료로 정부 기관이나 소속 공무원 또는 일반 사람들로부터 청구되는 반론보도문이나 정정보도문을 게재해야 한다고 규정한다. 제27조 제1항은 피해 당사자는 미디어의 기사, 사설, 리포트, 또는 인터뷰에 나타난 주장에 대해 반론할 수 있으나, 이때 반론은 기자의 기자 정신decorum에 반하거나, 제3자를 공격하거나, 법을 위반하는 내용이어서는 안 된다.

반론보도문에 대한 청구 기간은 문제된 기사가 발행된 지 8일을 초과할 수 없으며, 그 길이는 원기사보다 길어서는 안 된다. 만일 반론보도문이 법정 길이보다 더 길어지는 경우에는 초과한 분량이 차지하는 공간에 대한 사용료를 미리 지불해야 한다(Art.27, paragraphs 1, PL). 사용료를 지불한다 해도 정부 기관의 경우 3배 이상, 그리고 일반 사람들의 경우 2배 이상 초과할 수 없다.

반론보도문은 문제된 기사가 게재된 동일한 면에 게재되어야 하고, 기사나 문장 그리고 인터뷰에서 이용된 활자체 등 동일하게 두드러진emphasis 것을 이용해야 하며, 청구를 요청받은 다음 날이나 다음 호에 게재되어야 한다. 반론권 요청에 적절히 응하지 않는 경우에는, 여타의 주정부 또는 연방정부 차원의 민·형사상의 벌칙이나 손해배상과 상관없이, 1월에서 1년 이하의 구류에 처해질 수 있다(Art.27, paragraphs 2–6, PL).

5) 네덜란드

네덜란드법은 미디어의 간행물에 대한 반론권을 인정하지는 않는다. 그런데 별도의 법이 없음에도 불구하고 1992년 민법과 민사소송법은 사실 관계가 잘못되었을 경우 이를 바로잡는 정정권을 인정하고 있다. 이러한 소송이 들어오면 법원은 판결을 통하여 정정이 어떻게 이루어져야 하는지를 결정할 수 있다.

이 경우 원고가 소송 전에 언론에 대해서 철회를 요청해야 할 의무는 없다. 그러나 언론이 적절하고 적시에 정정을 하는 경우에는 인용배상액에 제한을 두는 경우가 있다. 만일 원고가 언론에 의해서 제공된 반론권을 거부하는 경우에는 법원 판결에서 원고 쪽에 불리하게 작용할 수 있다.

네덜란드법은 미디어의 발행이나 방송 전에 반론권이나 검색권right of inspection을 제공할 의무는 없다고 본다. 그러나 심각한 사실적 주장은 서둘러 표현되어서는 안 되며 표현할 당시에는 진실이라고 할 만한 사실에 근거해야 한다. 주장의 심각성이 더할수록 언론은 더욱 원고에게 반론할 기회를 부여해야만 한다.

그렇지 않은 경우에는 위법이 된다. 만일 반론할 기회가 주어졌으나 원고와의 합의가 실패한 경우에도 반론권이 제공된 것으로 본다. 또한 원고와의 접촉이 있었는데도 원고가 이를 거부하는 경우 법원은 아마도 언론이 자신의 조사 책임을 다했다고 판단하는 경향이 있다. 그러나 비록 언론이 반론문을 게재하였다고 하더라도 반론 게재가 반드시 적법한 것은 아니다.

6) 스위스

스위스의 법체계는 독일과 프랑스 양국의 법적 전통에 근거한 민법 체계다. 스위스의 법과 법원의 체계는 스위스 연방Federation의 구성 체계에 의해서 특징 지워진다. 명예훼손과 관련된 민·형사법의 제정권은 연방에 있다. 따라서 법의 가장 핵심적인 내용은 연방법에 근거하고 있다. 그럼에도 26개 주canton는 법에 대한 행정 조치나 법원 체계 등에 있어서는 각자의 관할권을 갖고 상호 경쟁적이다.

스위스의 경우, 정기적으로 발행되는 미디어의 사실 게재로 인하여 개인의 인격권에 영향을 받은 사람(인격권이 훼손되었음을 입증할 필요는 없다)은 그 반박문counterstatement을 해당 미디어에 게재할 권리를 갖는다(Gegendarstellung,

Article 28g CC). 법에서 규정된 정기적으로 발행되는 미디어에 대해 스위스 연방대법원은 전통적 미디어인 신문, 라디오, 그리고 텔레비전과 함께(일정한 간격으로 정기적으로 간행된다고 한다면) 새로운 디지털 및 온라인 미디어를 포함한다고 보았다(Federal Supreme Court, cases. 5A_275/2011, August 8, 2011 and 5A_276/2011, August 8, 2011).

반박문의 내용은 간결해야 하고 반론권이 적용되는 보도publication의 주관적인 사안에 제한되어야 한다. 관련 당사자는 사실이 보도(공표)되었다는 것을 안 지 20일 이내에, 그리고 보도가 있은 지 3개월 이내에, 반박문의 내용을 언론사에 보내야 한다. 이에 대해 언론사는 지체 없이 당사자에게 언제 반박문이 게재될 것인지 또는 왜 반박문이 게재되지 못하는지에 대해서 알려야 한다. 만일 반론권 행사의 취지가 글로 된 반박문의 게재가 아닌 사진의 게재라면, 당사자는 언론사에 사진의 게재를 요청할 수 있다(Federal Supreme Court, BGE 130 III 1).

반박문은 가능한 한 신속하게 게재되어야 하고, 관련된 보도 내용의 사실facts이 전달된 같은 수의 수용자audience에게 도달하도록 해야 한다. 반박문은 이것이 반론을 위한 것이라는 점을 수용자가 알 수 있도록 명확하게 표시를 해야 한다. 언론사는 반박문을 게재하면서 자신들의 사실의 간행이 잘못되지 않았다는 선언declaration과 이를 뒷받침 할 수 있는 근거 자료를 첨부할 수 있다.

반박문은 무료로 게재되어야 한다. 만일 언론사가 반박문의 게재를 거부하거나 또는 반박문의 내용이 제대로 게재되지 않는다면, 당사자는 민사 법원에 반박문 게재를 청구하는 소를 제기할 수 있다. 스위스 연방법은 반론권을 의무적으로 부과하고 있다. 그러나 스위스는 어떠한 법도 원고가 문제가 된 명예훼손적 보도 내용의 철회를 언론사에 요청하거나 법원에 소를 제기하기 이전에 반론권을 행사하도록 허용하지 않는다.

만일 명예훼손으로 인하여 형사적 소추를 구하고자 하는 경우에는 피해를 본 당사자가 특정 언론사가 자신의 인격권에 대한 피해를 입힌 사실을 알게 된 날로부터 3개월 안에 소를 제기해야 한다(Article 29 PC). 그러나 피해 당사자가 문제가 된 내용이 간행되기 전에 사실에 대해서 언급할 수 있는 기회를 제공받았다면, 권리의 남용(abuse of rights/Rechtsmissburauch)을 근거로 하여 반박문의 게재가 거부될 수 있다.

7) 오스트리아, 덴마크, 그리스, 핀란드, 스웨덴

오스트리아 1922년 신문법Press Act은 언론 보도에 있어 잘못된 내용이 포함된 경우에 그 내용의 당사자는 무료로 반론을 게재할 수 있는 권리를 규정하였다. 1981년 미디어법Media Act 제9조는 이러한 반론의 권리를 모든 미디어로 확장 적용하도록 하고 있다. 그러나 반론문이 명백히 진실이 아닌 경우에 미디어는 반론문의 게재를 거부할 수 있다. 만일 미디어가 합법적인 반론문임에도 이의 게재를 거부하는 경우에는 법원에 이에 대한 보상compensation을 청구할 수 있도록 하고 있다.

덴마크의 경우, 1992년 미디어 책임법Media Liability Act에 근거하여 1964년에 설립된 덴마크 언론위원회Press Council가 법적 기관으로 활동하고 있다. 덴마크 언론위원회는 현재 덴마크 의회가 '덴마크 전국 언론인 연맹'의 동의를 얻어서 제정한 언론 윤리 규칙Press Ethical Rules에 근거하여 활동하고 있다. 언론 윤리 규칙은 사실적 오류matters of factual inaccuracy에 대해 반론권을 승인하고 있다. 반론보도의 청구는 발행한 지 4주일 이내에 해야 하며, 편집자들은 4주 내에 반론보도를 게재해야 한다.

그리스도 그리스 헌법Greek Constitution 제14조 제5항에서 언론의 잘못된 게재나 방송에 관하여 반론권을 부여하고 있으며, 문제가 된 언론 미디어가 완전하고 즉각적인 철회 또는 반론문을 제공하도록 의무화하고 있다. 반론권 행사가 어떠한 방법으로 이루어지는가에 대해서는 법률을 통해서 규정한다.

핀란드는 1919년 신문법Press Law에 근거하여 게재된 내용이 잘못되거나 공격적인 것을 소명할 수 있는 경우 정정을 위해 같은 크기의 지면 공간을 요구할 수 있는 권리를 인정하고 있다. 그러나 현재 이러한 규제는 1968년 수립된 매스미디어위원회(Council for Mass Media: CMM)에서 담당하고 있다. 매스미디어위원회는 발행인협회와 언론인협회에 의해서 인준된 보도 준칙Code of Practice 내의 반론권 조항에 근거하여 편집자들로 하여금 동등한 반론권을 피해자에게 제공하도록 요구한다.

마지막으로 스웨덴의 경우에는 반론권에 대한 법 규정이 없는데 언론 자유법Freedom of the Press하에서 옴부즈맨과 언론평의회Press Council와 옴부즈맨의 활동하에서 굳어진 관습의 결과로서 반론권이 존재하는 것으로 간주할 수 있다. 옴부즈맨은 반론권의 행사가 독자들에 의해 잘 이뤄지지 않는 경우에 제3자의 매개자 역할을 한다. 반론문은 독자들이 문제되는 기사에 대한 반론이 이루어지고 있다는 사실을 알 수 있도록 명확히 이루어져야 한다.

4장

한국 언론중재제도의 현황과 쟁점

1. 언론중재제도는 어떻게 변화해 왔는가

이 장에서는 언론중재위가 그동안 실시해 온 조정 및 중재 활동 결과를 정리해 보고, 이를 토대로 중재위원회의 강화된 기능이 정당한 것인지, 실질적으로 효율적 구제에 도움이 될 수 있으며 나아가서는 언론에 위축 효과를 최대한 줄일 수 있는지를 다양한 측면에서 검토하고자 한다.

우리나라의 경우 반론권 제도는 언론기본법상의 정정보도청구권(1986년 1월 28일 대법원은 이를 기사의 정정이 아닌 반박을 위한 청구권이라고 설명)에 의한 분쟁을 중재하고 정기간행물의 게재 내용에 의한 침해 사항을 심의하기 위한 한국적 ADR로 발전했다. 반론권 실현을 위해 언론중재위가 1981년 3월 31일 언론기본법 제50조에 의거해 설립되었고, 1987년 이 법이 폐지된 후 정기간행물의 등록 등에 관한 법률(이하 정간물법)이 제정되면서 동법 제17조에 설립 근거를 두고 운영되었다(방송법은 제91조에 근거). 그러다가 2005년 언론중재법 제정으로 인하여 언론중재제도는 상당히 많은 변화를 겪게 된다. 이때부터 인터넷 신문(언론사 닷컴 포함)에도 반론권이 인정되며, 원스톱 시스템one stop system

도입이라는 취지로 손해배상 결정도 내릴 수 있게 되었다. 2009년 초 언론중재법이 개정되어 인터넷 신문뿐만 아니라 인터넷뉴스서비스사업자(인터넷 포털)에도 반론권이 적용될 수 있게 되었다.

결국 언론중재위는 1980년 말 반론권 제도가 도입되면서 이러한 제도의 홍보와 자료 수집, 기타 언론과 관련된 문제들을 집중적으로 다룰 수 있는 창구가 필요하였고 이러한 필요에 따라서 독일식 모델에 기초한 반론권을 실행할 기구로서 법에 의해 발족되었다고 이해할 수 있다. 이러한 제도는 세계에서 그 입법례를 찾아 볼 수 없는 특유의 구제 제도로서 발전하고 있다고 할 수 있다(박용상, 1981; 이재진, 2006c; 이승선, 2011).

언론중재위의 핵심 중재 대상인 반론보도청구권의 위헌 여부에 대한 시비도 제기된 바 있으나, 반론보도청구권이 헌법에 합치된다는 헌법재판소의 판단(1991. 9. 16. 선고 89헌마65 결정)이 나오고 중재 활동에 대한 오해도 상당히 해소되어 언론 보도로 인한 피해 구제 기관으로 위상을 강화해 왔다고 판단된다. 그러나 언론중재위의 중재가 얼마나 실효성이 있느냐에 관해서는 현재도 여전히 평가가 엇갈리는데, 언론중재위의 조정 및 중재가 그다지 효과가 없다는 견해에서부터 신속하고 효과적인 언론 피해 구제 제도로 자리 잡고 있다는 평가에 이르기까지 차이가 크다(Lee, 1998a, 1998b; 이승선, 2011).

우선 언론중재위의 중재 활동에 비판적인 측에서는 언론중재제도가 언론 보도로 피해를 입은 국민들의 권리 구제를 돕는 것이 아니라 오히려 지연시키는 제도라고 비판한다. 반론보도청구권은 피해 보상 효과가 미약해 곧바로 손해배상소송을 청구하는 경우가 많다는 점과 중재의 강제성이 없기 때문에 언론사가 합의를 거부했을 경우 마땅히 대응할 수단이 없다는 것 등을 지적하고 있다(김창룡, 2001; 장호순, 2003). 아울러 언론중재제도가 언론에 대한 정치적 규제에 해당된다는 목소리도 아직도 계속되고 있다(손태규, 2013). 최근에는 언론중재위의 손해배상 제도가 본질적인 목적대로 이용되지 못한다는

지적도 있다(김상우 · 이재진, 2015)

반면 중재위원회의 중재 활동을 긍정적으로 평가하는 견해도 적지 않다. 양삼승(2000)은 1981~2000년까지의 언론중재 사건 신청 현황을 분석하면서 예상보다 훨씬 높은 비율의 사건들이 중재 성립 등 당사자 간의 합의에 의해 해결(30.4%)되었다고 밝혔다. 유재웅(2003)도 중재 제도는 다양한 정보를 더 많이 제공할 수 있는 기회가 되므로 선용을 하면 바람직한 구제 시스템이 된다고 보았다. 오히려 언론중재위의 기능을 준사법 기구로 확대해야 한다는 주장도 제기되었다(이재진 · 유재웅, 2004).

이러한 찬반의 논란에서도 무엇보다 우리나라의 경우 '언론의 자유에 관한 제한 입법의 원천적 금지 구조'를 갖고 있는 미국과는 달리 기본권의 본질적인 내용을 침해하는 수준이 아니면 그 권리를 제한하는 법률도 만들 수 있는 '언론의 자유에 관한 제한 입법의 한정적 허용 구조'라는 헌법 체계를 갖고 있다(박형상, 2002). 또한 우리 민법에서는 개인의 피해가 발생했을 때 이에 대한 금전적 배상과 기타 금전적 배상에 갈음하거나 병행하는 방식으로 피해구제를 할 수 있도록 하고 있다. 따라서 명예훼손 등으로 인한 피해에 대한 구제 체제로서 반론권을 실행하는 현재의 언론중재제도는 그 존립 자체가 문제가 되는 것은 아니다.

이러한 이해를 바탕으로 여기서는 언론중재제도를 역사적으로 분석한 기존 연구들과 언론중재위에서 간행된 《언론중재위원회 30년사: 1981~2011》을 참고하여 우리나라 언론중재제도가 관련법의 재·개정에 따라 현재의 제도로서 발전하는 과정을 사실 중심으로 살펴보고자 한다. 우선 분석을 위한 언론중재위의 시기 구분은 김상우(2010)의 연구에서 나타난 시기 구분을 이용하였다. 김상우(2010)는 언론중재제도의 발전 과정을 관련법의 재·개정에 따라서 시기적으로 도입기, 과도기, 정착기, 성장기, 확장기로 구분하고 있다. 이러한 시기 구분이 필요한 것은 언론중재제도가 발전하는 과정은

표 4-1 언론중재제도의 시기별 발전 과정

시기	법률	주요 내용
도입기 (1980. 12~1987. 11)	언론기본법	- 반론권 제도 도입 및 언론중재위원회 창설 - 반론보도청구의 필요적 전치주의 - 중재(조정) 합의하면 화해와 동일한 효력 인정 - 중재위원 수 30~60인 이내
과도기 (1987. 11~1995. 12)	정기간행물법 방송법	- 언론기본법 폐지 및 정기간행물법·방송법 제정 - 추후보도청구권 신설 - 피신청인 2회 불출석 시 신청 내용대로 합의한 것으로 간주 - CATV 중재 대상 포함(1991) - 중재위원 수 40~70인 이내
정착기 (1995. 12~2005. 1)	개정 정기간행물법 방송법	- 개정 정기간행물법 시행 - 정정보도청구권을 '반론보도청구권'으로 개칭 - 중재부에 직권중재결정 권한 부여 - 반론보도·추후보도청구 이외 필요적 전치주의 폐지 - 국가나 지방 자치 단체의 기관 또는 단체의 장에게 당사자 능력 인정 - 중재위원 수 40~80인 이내
성장기 (2005. 1~2009. 2)	언론중재법	- 반론권 제도를 단일법에 규정 - 조정의 대상에 '인터넷 신문' 포함 - 고유한 의미의 중재 제도 도입 - 조정의 범위를 손해배상까지 확대 - 반론보도에서의 필요적 전치주의 폐지 - 중재위원 수 40~90인 이내
확장기 (2009. 2~현재)	개정 언론중재법	- 포털, IPTV 조정·중재 대상에 포함 - 제3자 시정 권고 신청 제도 폐지 - 정정보도청구소송은 민사소송법의 소송 절차에 따라, 반론보도청구 및 추후보도청구의 소는 민사집행법의 가처분 절차에 따라 재판 - 서비스 중인 기사도 정정 요구 가능 - 중재위원 수 40~90인 이내(성장기와 동일)

출처: 김상우, 2010: 19; 언론중재위원회(2012)에서 재구성.

관련법이 제·개정되는 상황적인 여건과 밀접한 관련이 있기 때문이다.

1) 도입기(1980. 12~1987. 11)

(1) 반론권의 도입

1980년 12월 26일 기존의 언론 관련 법률인 신문·통신 등의 등록에 관한 법률, 방송법, 언론윤리위원회법 등을 통합하여 언론기본법이 제정되어 동년 12월 31일 공포 및 시행되었다. 동법은 1980년 10월 27일 제정된 제5공화국 헌법 제20조 제2항의 "언론·출판은 타인의 명예나 권리 또는 공중도덕이나 사회 윤리를 침해하여서는 아니 된다. 언론·출판이 타인의 명예나 권리를 침해한 때에는 피해자는 이에 대한 배상을 청구할 수 있다"는 규정을 구체화하기 위한 것이다.[67] 즉 언론기본법은 언론의 자유보다는 언론의 책임에 무게를 둔 통합법으로 제정되었다. 이러한 이유로 언론기본법은 이른바 '언론악법'으로 평가되었으며 이는 1987년에 폐지되게 된다.

언론기본법의 제정과 함께 도입된 언론중재제도는 설립 당시 언론 보도로 인한 피해를 신속하고 편리하게 구제받을 수 있는 획기적 대안적 분쟁 해결 제도로서 받아들여졌다(양경승, 2001, 2004; 양삼승, 2005; 이재진·유재웅, 2004; 이재진, 2006 등). 그러나 한편으로 언론중재제도는 제5공화국 당시 언론을 통제하기 위해 의도된 법이라는 이유로 부정적인 평가를 받기도 하였다(김창룡, 2001; 양경승, 2001; 장호순, 2003 등). 이러한 엇갈리는 시각에도 불구하고 다수의 연구들은 한국적 상황에서 언론중재제도가 신속하고 간편하며 효율적인 피해 구제 제도라고 본다(김재협, 2005; 김창룡, 2001; 양경승, 2001; 이재진·유재웅, 2004;

67 제5공화국 헌법 제20조 제1항은 "모든 국민은 언론·출판의 자유와 집회·결사의 자유를 가진다"고 규정한다.

이승선, 2011; 이재진, 2013a 등).

언론기본법은 제6장(언론 침해에 대한 구제)에서 언론에 의해 피해가 발생하는 경우 이를 소송 이외의 방식으로 구제할 수 있다는 규정을 두었는데, 제6장의 제49조에 규정된 '정정보도청구권' 조항이 이에 해당한다. 이러한 정정보도청구권과 관련된 분쟁을 중재하고, 언론 침해에 관한 사항을 심의하기 위해서 제50조에서 언론중재위원회의 설치와 구성을 규정한다. 제51조에서는 '정정보도청구사건의 심판' 규정을 둠으로써 우리나라에서는 최초로 반론권 제도 도입을 법으로써 확정하였다. 즉 언론의 보도로 인하여 국민의 인격권이 침해를 받는 경우 이를 효율적으로 구제하기 위한 제도의 법적 도입이 이루어졌다.[68]

언론중재위는 이러한 반론권 제도를 시행하기 위한 목적으로 1981년 3월 31일 설립되었다. 언론중재위가 설립되기 이전에는 언론 보도로 인하여 피해를 입은 개인이 피해 구제 방식으로서 보도된 사실에 대해서 그 진실 여

68 제6장 언론 침해에 대한 구제
제49조 (정정보도청구권)
① 정기간행물과 방송에 공표된 사실적 주장에 의하여 피해를 받은 자(이하 "피해자"라 한다)는 그 공표가 행하여진 후 신문·통신·방송의 경우에는 14일 이내에, 그 밖의 정기간행물의 경우에는 1월 이내에 서면으로 발행인이나 편집인 또는 방송국의 장이나 편성책임자에게 정정보도의 게재 또는 방송을 청구할 수 있다.
② 정정보도청구서에는 피해자 또는 그 대리인의 서명 날인과 주소를 기재하고, 이의 대상인 보도의 본문과 게재를 요청하는 정정보도문을 첨부하여야 한다.
③ 발행인 또는 편집인이 정정보도게재청구를 받은 때에는 지체 없이 피해자 또는 그 대리인과 정정보도의 내용, 크기 등에 관하여 협의한 후 신문·통신은 청구를 받은 날로부터 7일 이내에, 그 밖의 정기간행물은 편집이 완료되지 않은 다음 발행 호에 이를 무료로 게재하여야 한다. 다만, 피해자가 정정보도청구권의 행사에 정당한 이익을 갖지 않는 경우나 청구된 정정보도의 내용이 명백히 사실에 반하는 경우 또는 상업적인 광고만을 목적으로 하는 경우에는 이의 게재를 거부할 수 있다.

부에 상관없이 반박할 수 있는 기회를 부여하는 반론권에 대한 인식이 존재하지 않았다.

우리나라의 경우 정정보도를 통한 피해 구제 방식은 독일식의 반론권 제도를 모델로 한 것이지만, 그 방식이 기존에 존재하지 않는 혁신적인 방법인 반면 중재의 대상이 되는 언론 기관에 있어서는 헌법에서 규정한 언론의 자유에 충돌되는 것으로 상당한 반발이 있을 수도 있고, 아울러 새로운 제도의 도입이 실제 법적으로 이용되도록 개인들의 인식이 변화하는 데까지 대단히 많은 시간이 걸릴 수 있으며, 제도의 본질과 목적에 따라서 실시되도록 한다는 측면에서 중재 기관으로서 '언론중재위원회'를 설립하도록 하였다(양삼승, 1992). 즉 새로운 피해 구제 제도의 도입으로 인하여 발생할 수 있는 다양한 문제들을 처리하고 제도가 효율적으로 선용될 수 있도록 하는 의도에서 언론중재위가 설립된 것이다.[69]

69 제50조 (언론중재위원회) ① 정정보도청구에 의한 분쟁을 중재하고 언론 침해에 관한 사항을 심의하기 위하여 언론중재위원회(이하 "중재위원회"라 한다)를 둔다. ② 중재위원회는 위원장 1인, 부위원장 2인을 포함한 30인 이상 60인 이내의 중재위원으로 구성한다. 중재위원은 학식과 경험 및 덕망이 있는 자 중에서 문화공보부 장관이 위촉하되 그 3분의 1은 법원행정처장이 추천한 자를 위촉한다. ③ 위원장 및 부위원장은 중재위원 중에서 호선하되 위원장은 법관의 자격이 있는 자라야 한다. ④ 정정보도청구권이 있는 자 또는 그 상대방은 분쟁된 공표가 있은 후 1월(제49조 제1항의 경우에는 그 정정보도를 청구한 날로부터 14일) 이내에 서면으로 중재위원회에 중재를 신청할 수 있다. 중재 신청에 관하여는 제49조 제2항의 규정을 준용한다. ⑤ 중재는 3인의 중재위원으로 구성된 중재부에서 하되, 그 장은 법관의 자격이 있는 자라야 한다. ⑥ 중재 결과 당사자 간에 합의가 성립된 경우에는 재판상 화해와 동일한 효력이 있다. ⑦ 중재는 신청이 접수된 후 14일 이내에 하여야 하며 그 기간이 도과된 경우에는 중재가 성립되지 아니한 것으로 본다. ⑧ 중재위원회는 언론 침해의 내용을 심의하며 필요한 경우 당해 발행인 또는 방송국의 장에게 시정을 권고할 수 있다. ⑨ 중재의 절차와 중재부의 구성 방법, 그 관할, 사무국의 구성, 위원의 수당 기타 필요한 사항은 대통령령으로 정한다.

(2) 언론기본법과 정정보도청구권

반론권이 언론기본법에 의해 처음 규정될 때 이는 '반론권'이라는 명칭이 아닌 '정정보도권'이라는 명칭으로 도입되었다. 언론기본법 제49조 제1항은 "정기간행물이나 방송에 공표된 사실적 주장에 의하여 피해를 받은 자는 발행인이나 편집인 또는 방송국의 장이나 편성책임자에게 정정보도의 게재 또는 방송을 청구할 수 있다"고 규정하여 처음으로 법률로서 정정보도권을 도입했다.

박용상(1981)에 따르면 정정보도청구권은 "언론 침해에 대한 신속하고 적절한 구제책을 강구하기 위해 언론의 공표 내용에 의해 개인의 법익에 공격이 가해진 경우, 피해자에게 대등한 방어 수단을 제공하고자 신속한 반대 진술의 기회를 보장하는 것"을 목적으로 한다. 다시 말하자면 정정보도권의 정정正定이라는 용어와 달리 피해자가 자기 입장에서 해명을 하기 위해 자신이 작성한 문안의 보도를 언론에 무료로 청구할 수 있는 반론권 제도가 도입된 것으로 이해할 수 있다(양삼승, 1982).

정정보도는 반론보도와 다르다는 점에서 실제로 정정보도권이 반론보도권의 개념인지 아닌지에 대한 논란이 상당 기간 동안 있었지만, 법원은 이 개념을 반론권으로 이해해야 한다고 판시한 바 있다(대법원 1986. 1. 28. 선고 85다카1973 판결). 이처럼 초기의 용어상의 혼란은 정정보도권의 '정정보도'라는 것이 언론에 실린 기사 내용 중 사실적 주장이 허위이기 때문에 이를 진실에 부합되게 바로잡는다는 의미에서의 정정을 의미하는 것으로 인식된 이유에서 초래되었다.

그러나 실제로 당시의 정정보도권은 비록 '정정'의 용어를 쓰고는 있으나 이는 현재 언론중재 관련법에서 규정된 정정보도와는 달리 반론보도에 가까운 것이었다. 즉 정정이라는 명칭과는 달리 피해자가 자기 입장에서 해명을 하기 위해 자신이 작성한 문안의 보도를 언론에 무료로 청구할 수 있는 반론권 제도를 도입한 것이다. 그래서 이를 행사하기 위해서는 보도 내용이나 반론의 진실성 여부는 원칙상 문제되지 않았다.[70]

만일 진실성 여부를 행사 요건으로 삼는다면 진실 발견을 위해 필요한 절차를 거치는 동안 피해 구제가 지연될 수 있기 때문에 신속한 피해 구제라는 목적을 달성하기가 힘들다. 따라서 진실 여부가 필수적인 심리 대상이 되고 언론의 고의·과실 유무가 전제되는 형법상의 명예훼손이나 민법상의 불법 행위와는 근본적으로 차이가 있는 것이었다.

이에 대해 대법원은 1986년 1월 28일 선고한 판결(85다카1973 판결)에서 "언론기본법 제49조에 규정된 정정보도청구권은 그 제목의 표현과는 달리 언론사에 대하여 정기간행물이나 방송의 보도 내용을 진실에 부합되게 시정할 것을 요구하는 권리가 아니라 그 보도 내용에 대하여 피해자가 주장하는 반박 내용을 보도해 줄 것을 요구하는 권리"이며 "이의가 제기된 보도 내용의 진실 여부를 가려서 그 시정을 요구하는 것은 아니다"라고 판시하였다. 결국 이는 잘못된 내용을 정정하는 것이 아니라 피해를 입었다고 주장하는 사람에게 반박할 수 있는 기회를 제공하는 것이다(이재진, 2002).

대법원의 이러한 판결에도 불구하고 그 성격이 명확하게 인식되지 못하고 한동안 논란을 거듭했다. 그러나 언론기본법이 정기간행물법으로 개정된 이후 헌법재판소의 결정이 나오면서 비로소 명확하게 인식된다. 헌법재판소는 1991년 9월 16일 결정(89헌마165 결정)에서 "법조문에서 정정이란 표현을 쓸 뿐만 아니라 실무에서도 정정보도문이라는 제목을 사용하는 듯하지만, 그 내용은 어디까지나 언론 기관의 사실 보도에 대한 반론의 게재를 요구할 수 있는 권리, 즉 반론권에 해당하는 것이지 보도 내용의 진실 여부를 따지거나

70 이러한 정정보도권은 2009년 이후 도입된 정정보도권과 다른 제도다.

허위 보도의 정정 청구를 위한 것은 아니다"라고 설명했다. 대법원 판결 이후 헌법재판소의 결정으로 정정보도청구권의 의미는 반론권으로서의 성격을 갖는 것으로 보다 명확해졌다.

그런데 정정보도청구권을 행사할 수 있는 사람이 누구인가에 대해서 법적인 규정이 없어서 논란이 있었다. 이에 대해 전문가들과 법조인들은 정정보도청구권의 행사는 자연인과 법인뿐만 아니라, 권리 능력이 없는 사단(예: 종중 등)도 소송법상의 당사자 능력이 인정되기 때문에 권리 행사 주체로 인정된다고 보았다(Youm, 1996; Lee, 1998a; 이재진, 2000b; 이재진·유재웅, 2004; 김옥조, 2009). 정부 기관(관청)에 대해서는 명문의 규정이 없었으나, 우리나라 반론권 도입의 모델이 된 독일의 법 규정에 명시된 것을 근거로 정부 기관(관청)도 신청 주체가 될 수 있다고 보았다(박용상, 1991).

이처럼 반론권 행사의 주체의 문제와 함께 언론기본법은 사실적 주장에 대해서만 정정보도청구권을 인정했다. 이는 독일의 반론권 제도를 모델로 한 연유라고 할 수 있다. 즉 비평·논평 등 의견이나 가치 판단 사항에 관하여는 정정보도청구권을 인정하지 않았다. 여기서 가치 판단이란 윤리적·종교적·경제적·사회적·예술적 척도에 따른 주관적 판단을 의미하며, 그 표현에 객관적 사실이 포함되지 않았다면 정정보도의 대상이 될 수 없다고 보았다(서울고등법원 1996. 4. 14. 선고 95라216 판결 등).

그러나 정확히 '무엇이 사실적 주장인가'에 대한 논란이 있었다. 법원은 이들 판단의 표현이 확정된 객관적 사실을 전제로 하거나 그 전체의 취지로 보아 사실을 왜곡하는 방향으로 표현된 경우에는 정정보도의 대상이 된다고 보았다(서울민사지방법원 1983. 5. 24. 선고 83카7933 판결). 또한 의견의 경우에도 순수한 의견이라기보다 사실에 근거한 의견의 경우에는 정정보도청구의 대상이 된다고 보았다.

정정보도를 청구하기 위해서는 사실적 주장에 의해 '피해를 받은 자'가 이를 청구해야 한다(언론기본법 제49조 제1항). 정정보도를 청구하기 위해서는 문제된 보도의 내용과 이로 인해 피해를 입었다고 주장하는 사람 사이에 연관성이 있어야 한다. 명예훼손으로 인한 피해 구제와 같이 정정보도를 통한 피해 구제는 대단히 개인적인 것이다. 피해를 입은 사람만이 정정보도권 청구의 주체가 되어 정정보도권의 적용 범위를 개인으로 한정하고 있음을 알 수 있다.

반일 언론 보도에 동감하지 않는 다수의 독자들이 모두 징징보도칭구권을 갖는다면 엄청나게 쏟아지는 정정보도청구로 인하여 언론 활동이 마비될 수 있기 때문에 언론기본법은 언론 보도로 인해 피해를 입은 당사자에게만 이를 인정한다. 즉 정정보도를 청구하기 위해서는 보도의 내용과 '개별적 연관성'이 있어야만 한다.

개별적 연관성이 구체적으로 무엇인가에 대해서는 논란이 있을 수 있으나 법원은 개별적 연관성이란 개인의 성명이 특정되거나 편견 없는 상당수의 독자나 기사에 관심이 있는 독자가 별 어려움 없이 보도 내용의 당사자가 누구인지 알 수 있는 보도, 그리고 연관성이 있음이 명백히 인정되고 나아가 그 보도로 인해 인격권이 침해된 경우에 인정되는 것이라고 보았다.

정정보도를 청구할 수 있는 상대방은 언론사의 발행인이나 편집인 또는 방송국의 장이나 편성 책임자다. 이는 이들이 실질적으로 신문 등의 기사 내용을 편집할 권한을 가지고 있으므로 정정보도문의 게재도 이들에 의해 행해질 것이기 때문이다(동법 제49조 제3항 및 제6항).

이러한 정정보도 중재 신청은 신청 기간 내에 이루어져야 한다. 사실적 주장에 의해 피해를 받은 자(피해자)는 그 공표가 있은 후 신문·통신·방송의 경우에는 14일 이내에, 그 밖의 정기간행물의 경우에는 1월 이내에 서면으로 발행인이나 편집인 또는 방송국의 장이나 편성 책임자에게 정정보도의 게재 또는 방송을 청구할 수 있게 했다. 언론중재위에 중재를 신청하는 경우 신청

기간을 둘로 나누었는데, 언론사를 거친 경우에는 언론사에 청구한 날로부터 14일 이내에, 언론사를 거치지 않고 바로 중재 신청을 하는 경우에는 문제가 있는 내용이 공표된 후 1개월 이내에 신청을 하도록 하였다(언론기본법 제49조 제1항).

언론중재제도는 도입 초기에 필요적 전치주의를 택했다. 즉 언론기본법은 정정보도청구권의 절차에 있어서 언론중재위의 중재 절차를 우선적으로 거친 후에 법원으로 가도록 하였다. 언론중재위를 거치지 않고 바로 법원에 정정보도청구소송을 제기할 수 없게 되었다(이재진 · 유재웅, 2004).[71] 이러한 필요적 전치주의는 2005년 언론중재법 제정으로 포기된다.

물론 정정보도청구가 있다고 해도 언론이 이를 모두 게재하거나 방송할 필요는 없다. 실제로 정정보도청구권이 개별적 연관성이 있으면 성립되기 때문에 만일 그 범위가 지나치게 확대된다면 언론 활동을 위축시킬 우려가 있었다. 언론기본법은 정정보도청구권의 남용으로부터 언론 활동을 보호하기 위하여 다음의 몇 가지 예외 사유를 두어 언론사 측이 정정보도의 게재 또는 방송을 거부할 수 있도록 했다(동법 제49조 제3항).[72]

71 제51조 (정정보도청구사건의 심판) ① 언론중재위원회의 중재를 거치지 아니하고는 법원에 정정보도청구를 신청할 수 없다. 다만, 위의 신청은 중재가 성립되지 아니한 때로부터 14일 이내에 제기하여야 한다.

72 제49조 ③ 발행인 또는 편집인이 정정보도게재청구를 받은 때에는 지체 없이 피해자 또는 그 대리인과 정정보도의 내용, 크기 등에 관하여 협의한 후 신문 · 통신은 청구를 받은 날로부터 7일 이내에, 그 밖의 정기간행물은 편집이 완료되지 않은 다음 발행 호에 이를 무료로 게재하여야 한다. 다만, 피해자가 정정보도청구권의 행사에 정당한 이익을 갖지 않는 경우나 청구된 정정보도의 내용이 명백히 사실에 반하는 경우 또는 상업적인 광고만을 목적으로 하는 경우에는 이의 게재를 거부할 수 있다. ④ 정정보도는 사실적 진술과 이를 명백히 전달하는 데 필요한 설명에 국한되고 위법한 내용을 포함할 수 없다. ⑤ 정정보도의 내용은 독자 투고의 형식으로 게재할 수 없으며 정정문의 자수는 이의의 대상이 된 공표 내용의 자수를 초과할 수 없다. ⑦ 국가, 지방

- 피해자가 정정보도청구권의 행사에 정당한 이익을 갖지 않는 경우[73]
- 정정보도의 내용이 명백히 진실에 반하는 경우[74]
- 정정보도가 상업적 광고만을 목적으로 하는 경우
- 정정보도가 위법한 내용을 포함하는 경우[75]
- 정정보도의 내용이 적절한 범위를 초과하는 경우[76]
- 공공 기관의 공개회의와 법원의 공개 재판 절차에 관한 충실한 보도의 경우[77]

언론기본법은 중재가 성립하지 않는 경우, 피해자에게 법원에 소송을 제기할 수 있게 하고 그에 대한 재판은 민사소송법상 가처분 절차에 따라 신속

자치 단체 또는 공공 단체의 공개회의와 법원의 공개 재판 절차에 관한 충실한 사실 보도의 경우에는 본 조의 규정을 적용하지 아니한다.

73 언론이 스스로 속보 등을 통해 원보도를 충분히 정정한 경우나 사소하고 지엽적인 오보의 경우에는 청구를 위한 정당한 이익이 없다.

74 정정보도로 게재하고자 하는 정정 요구 내용이 진실에 반하는 경우까지 정정보도청구권을 허용한다면 정의의 관념에 맞지 않고 권리가 남용될 우려가 크다. 명백히 진실에 반하는 경우란 언론사 자신이 증거를 가지고 있다고 주장하는 것만으로는 부족하고, 일반적으로 공지의 사실에 반하는 경우를 의미한다.

75 위법한 내용이란 공표 시에 범죄가 되어 처벌받게 될 내용(예를 들어 명예훼손)으로서, 이러한 사항을 공표하는 경우에는 편집책임자가 형사 처벌을 받을 수 있어 정정보도문 게재를 거부할 수 있다.

76 정정보도의 내용은 사실적 진술과 이를 명백히 전달하는 데 필요한 설명에 국한되었다. 다만, 보도 내용에 의해 전해진 불충분한 인상을 시정하기 위하여 필요한 보충적 또는 추가적 진술은 허용된다.

77 충실한 사실 보도라 함은 회의 심리 경과에 관하여 전체적으로 올바른 취지를 전달하는 것으로써 왜곡, 과장 보도된 경우나 중요한 사항을 누락시켜 오해를 불러일으킬 수 있는 경우는 포함되지 않는다.

한 권리 구제가 가능하도록 했다.[78] 차후 이 조항에 대해 헌법재판소는 정정보도 용어가 제대로 명확하게 된 이후 반론보도문의 경우는 가처분을 통해 구할 수 있으나 정정보도를 가처분으로 구하는 것은 위헌이라고 결정했다.[79]

(3) 언론중재위원회 설립

언론기본법은 정정보도청구권을 새로이 규정함과 함께 “정정보도청구에 의한 분쟁을 중재하고 언론 침해에 관한 사항을 심의하기 위하여 언론중재위원회를 둔다”고 규정하고(언론기본법 제50조 제1항), 언론중재위원회의 중재를 거치지 아니하고는 법원에 정정보도청구를 신청할 수 없다(동법 제51조 제1항)고 하여 법원에 정정보도청구를 청구하기 전에 언론중재위 중재를 거치도록 하였다. 이는 새로운 제도의 도입에 따르는 혼란을 줄이고 언론 활동에 대한 충격이나 피해자의 권리 남용에 대처하려는 데 그 취지가 있었다(박용상, 1981).

언론기본법 제50조 제2항은 중재위원회는 위원장 1인, 부위원장 2인을 포함한 30인 이상 60인 이내의 중재위원으로 구성하고, 문화공보부 장관이 위촉하도록 하며 이 중 3분의 1은 법원행정처장이 추천한 자를 위촉토록 했다. 위원장 및 부위원장은 중재위원 중에서 호선하고, 위원장은 법관의 자격

78 제51조 (정정보도청구사건의 심판) ① 언론중재위원회의 중재를 거치지 아니하고는 법원에 정정보도청구를 신청할 수 없다. 다만, 위의 신청은 중재가 성립되지 아니한 때로부터 14일 이내에 제기하여야 한다. ② 제1항의 신청에 대한 제1심 재판은 피고의 보통 재판적 소재지의 지방법원 합의부의 관할로 한다. ③ 제1항의 신청에 대해서는 민사소송법의 가처분 절차에 관한 규정에 의하여 재판하며, 신청이 이유 있는 경우에는 법원은 제49조 제3항 내지 제6항이 정하는 방법에 따라 정정보도의 게재 또는 방송을 명할 수 있다. 다만, 민사소송법 제697조 및 제705조는 이를 적용하지 아니한다. ④ 정정보도청구사건의 재판에 관하여 필요한 사항은 대법원 규칙으로 정한다.

79 헌법재판소 2006. 6. 29. 선고2005헌마65, 2005헌마14, 2005헌마55, 2005헌마07 결정. 이와 함께 부칙 제조 중 정정보도청구권을 소급 적용하게 한 부분도 위헌이라는 결정도 선고되었다.

이 있는 자로 자격을 제한했다.

중재위원회는 각 지방법원 소재지마다 1개 이상의 중재부를 두고 중재사건은 당해 언론사(피신청인) 소재지 관할 지방법원에 설치된 중재부가 관할하도록 했다. 중재부는 3인의 언론중재위원으로 구성하되 그 장은 법관의 자격이 있는 자가 되도록 했다(동법 제50조 제5항).

2) **과도기**(1987. 11～1995. 12)

(1) 정기간행물의 등록 등에 관한 법률 제정의 의미

언론중재제도 도입의 근거가 되었던 언론기본법은 제정 초기부터 언론의 자유를 억압하고 언론의 책임을 지나치게 강조한 악법으로 강력한 비판을 받았다(팽원순, 1990; 이승선, 2011; 이재진, 2002). 그러다가 1987년 6·29 민주화 선언 이후 언론기본법의 폐지 논의가 광범위하게 이루어졌으며 그 결과 1987년 11월 28일 기존의 언론기본법을 폐지하고 정기간행물의 등록 등에 관한 법률(이하 정간물법)과 방송법을 각각 제정하였다.

언론기본법이 폐지되었음에도 불구하고 언론중재제도는 언론 분쟁을 신속하고 합리적으로 해결하여 국민의 권익 보호뿐만 아니라 언론 자유의 신장을 위한 역할도 하기 때문에 존속되어야 한다는 시각이 지지를 얻음으로써 정간물법과 방송법에 존치하게 됨으로써 본격적인 피해 구제 기관으로서 자리를 잡게 되었다.

정정보도청구권과 언론중재위에 관한 규정은 정간물법에 구체적으로 규정하고 방송법은 정간물법의 규정을 그대로 준용하는 체제를 갖추었다. 1991년 12월 31일에는 종합유선방송법이 제정되어 케이블 TV 방송이 도입되고, 이 법률도 정간물법의 규정을 그대로 준용하여 케이블 TV의 보도도 언론중재 대상에 포함되었다.

(2) 언론중재 절차의 변화

추후보도청구권의 도입

정간물법 제정의 특징 중 하나는 당시로서는 획기적인 '추후보도청구권'의 도입이다(박용상, 1987). 이는 언론이 범죄 사건에 대하여 보도하는 것은 공공성을 가지고 있으며 국민의 알 권리에 부합하기는 하지만 사회적 파장이 크기 때문에 조심스럽게 다루어져야 하는 부분이다(김성남 외, 1989). 그러나 신속한 보도 등으로 인하여 보도가 정확히 되기 어려운 부분이 있고 실제로 범죄 혐의자가 체포되었다거나 소환되었다거나 하는 보도가 주를 이루며 최종적인 형사 절차의 결과가 어떻게 되었는지는 잘 보도하지 않는 것이 현실이었다. 이러한 보도 양태로 인하여 발생하는 인격권 침해에 대해 적절한 구제가 필요하다는 논의가 있었다.

이러한 점을 고려하여 정간물법 제20조는 "① 정기간행물에 의하여 범죄 혐의가 있다거나 형사상의 조치를 받았다고 보도된 자는 그에 대한 형사 절차가 유죄 판결 이외의 형태로 종결된 때에는 그 날부터 1개월 이내에 서면으로 발행이나 편집인에게 이 사실에 관한 추후보도의 게재를 청구할 수 있다. ② 제1항의 규정에 의한 추후보도의 내용은 청구인의 명예나 권리회복에 필요한 범위에 국한한다"고 규정한다. 또한 추후보도의 청구, 중재 및 법원의 심판 절차에는 정정보도청구권에 관한 동 법의 규정을 준용한다고 규정하였다(동조 제3항). 방송법은 방송에 관해서도 추후보도청구권을 인정하고 그 요건 및 절차 등에 관해서는 역시 정간물법의 규정을 적용하도록 했다(방송법 제42조).

추후보도청구권의 도입은 사실 기존의 언론 보도가 피의자의 범죄에 관한 사실 보도에 집중하고 이후의 결정에 대해서는 모른 체하는 언론 보도의 관행에 상당히 중요한 영향을 미칠 것으로 판단되었다. 실제로 정정청구권만으로는 언론의 잘못된 피의사실 보도로 인한 피해로부터 피해자를 구제하기에는 충분치 못했다.

왜냐하면 언론은 대형 범죄 사건 등 사회적으로 중요하다고 생각하는 사건이 발생하면 이를 일단 보도하고 보자는 관행이 있는데, 특정인이 수사상 용의선상에 올랐다거나 범죄 혐의를 받고 사법 기관의 수사상 처분을 받았다는 사실이 진실에 부합하는 한 그에 대한 정정보도청구는 불가능하고, 무죄 판결이 나거나 무혐의 처분이 나오기까지 상당한 시일이 경과하는 경우가 대부분이어서 정정보도청구의 기한을 넘겨 버리는 경우가 많았기 때문이다.

이처럼 정간물법이 추후보도청구권을 신설한 것은 언론 침해에 대한 피해 구제에 있어 큰 발전이라고 할 수 있다. 추후보도청구권의 법적인 성격은 사실상 반론보도청구권과 같다고 볼 수 있지만 법적으로 정정보도로서만 해결할 수 없는 부분을 충족시켜 주는 점에서 정정보도청구권을 보완하는 기능을 갖는다. 실제로 이러한 추후보도청구권에 대해서 언론계에서도 긍정적인 반응을 보였다. 언론으로서는 피의자가 구속되거나 검거되는 소식만을 뉴스로 보도함으로써 피의자를 유죄로 오인하도록 할 수 있으며 무죄나 무혐의 처분이 된다하여도 이를 추적하여 보도하는 것이 언론으로서도 부담스럽기 때문으로 판단된다.

다만, 추후보도를 청구하기 위해서는 다음과 같은 요건을 만족하여야 한다(유재천, 1989).

첫째, 범죄 혐의가 있다거나 형사상 조치를 받았다는 범죄 관련 내용이 보도 내용에 포함되어 있어야 한다. 즉 형법이나 기타 특별법에서 규정되는 범죄 구성 요건에 해당하는 처벌 가능한 범죄 행위의 혐의에 관한 보도가 있어야 한다. 여기에서 형사상 조치란 검찰, 경찰 기타 사법 경찰관에 의해 입건되었다거나 특정한 혐의로 내사 중이라는 보도가 있으면 이러한 요건을 충족한다고 볼 수 있다. 구속 영장이 청구 또는 발부되었다거나 피의자로서 소환되었다고 보도된 경우에도 청구가 가능하다. 아울러 일정한 혐의로 고소·고발되었다거나 진정 또는 언론의 자체 취재에 의해 범죄 혐의가 있다고 지목된 경우도 청구 대상에 해당된다고 할 수 있다. 만일 수사 기관에 의해서 단지 사건의 수사를 위한 참고인으로 소환되었다고 보도되었다면 이 자체로서는 부족하다. 그러나 이러한 사실과 함께 범죄용의자일 수 있다는 내용이 암묵적으로 또는 명시적으로 포함되었다면 추후보도의 청구 요건을 충족시킨다고 볼 수 있다.

둘째, 추후보도를 신청하기 위해서는 형사 절차가 유죄 판결 이외의 형태로 종결되어 있어야 한다. 유죄 판결 이외의 형태로 형사 절차가 종결되는 경우는 ① 내사 단계에서 무혐의로 종결되거나 기소 단계에서 불기소처분이 되는 경우, ② 기소 후에는 무죄 판결이 확정된 경우를 들 수 있다. 혐의가 인정되지만 정상 참작 사유가 있거나 처벌 가치가 없어 행해지는 기소유예, 공소 보류 등으로 종결된 경우에는 추후보도청구권이 인정되지 않는다. 무죄 판결의 경우가 유죄 판결 이외의 형태로 사건이 종결된 대표적인 경우로서 보도의 대상이 된 혐의 사실 중 일부에 대해 무죄가 선고된 경우에도 그 범위에서 추후보도청구가 가능하다고 볼 수 있다.[80]

셋째, 종결 사실의 증명이 제출되어야 한다. 유죄 판결 이외의 형태로 종

80 추후보도청구권은 언론의 범죄 피의사실 보도로 인하여 침해된 피의자의 인격권을 구제한다는 목적 아래 인정되는 특수한 유형의 반론권으로 이해되며, 이와 유사한 절차로서 형사보상법에서도 형사 재판 절차에서 무죄 판결을 받은 자의 미결 구금에 대하여 금전 보상을 규정하고 있는 외에 그 보상 결정의 요지를 관보에 게재하여 공시하도록 하고 신청에 의하여 신청인이 선택하는 2종 이상의 일간 신문에 각 1회씩 공시할 수 있도록 하는 보상 결정의 공시 제도를 규정하기는 하나, 이는 자신에 관한 기사가 실렸던 모든 미디어에 대하여 기사로서 무죄 판결 또는 이와 동등한 형태로 종결되었음을 공표하여 줄 것을 해당 언론사에 대하여 요구할 수 있는 추후보도청구권과는 그 게재 방법과 효과 면에서 커다란 차이가 있다(윤경, 2003).

결된 사실은 검찰이나 법원에서 발급한 서면을 통해 증명해야 한다. 검사의 피의 사건 처분 결과 통지서나 피의자 본인이 불기소처분에 관한 사실 증명을 청구하여 사건 처분 결과 증명서를 교부받아 제출해야 한다. 그러나 이런 증명에는 처분 결과만 기재되기 때문에 결정 이유까지 기재된 결정문 자체의 등본을 발급하는 절차가 필요하다. 이는 추후보도청구권의 인정 범위 및 그 행사의 정당한 이익 여부를 가리기 위하여 필수적이다. 무죄 판결을 받은 경우 추후보도청구권을 행사하기 위해서는 무죄 판결 등본과 판결 확정 증명을 같이 발급받아 제출해야 한다.

넷째, 추후보도청구권은 혐의가 있다거나 형사 절차가 개시되었다고 보도된 당사자만이 행사할 수 있다. 따라서 성명이 반드시 표시되지 않았다 하더라도 일반 독자가 누구임을 알 수 있는 경우 특정되었다고 할 수 있다. 정정보도청구권과 같이 법인이나 단체도 추후보도청구권의 주체가 될 수 있다.

다섯째, 해당 정기간행물이나 방송이 범죄혐의자에 대한 형사 절차가 무혐의 또는 무죄로 종결되었다고 이미 보도한 경우와 국가, 지방 자치 단체 또는 공공 단체의 공개회의와 법원의 공개 재판 절차에서 특정인에 대하여 범죄 혐의가 있다는 주장을 충실히 보도한 경우에는 추후보도청구권이 인정되지 않는다. 그러나 추후보도문의 내용은 유죄 판결 이외의 형태로 절차가 종결된 사실을 법원이나 검찰의 공문서에 의해 입증하게 되어 있으므로 그 내용이 명백히 진실에 반하는 경우란 일반적으로 없다.

이러한 조건하에서 추후보도는 형사 절차가 종결된 날로부터 1월 이내에 청구해야 하는 것으로 규정되었다. 이는 이후 2005년 언론중재법이 제정되고 나서 그 기간을 3월로 연장하게 된다. 판결인 경우에는 판결이 확정된 날의 다음 날부터 기간을 기산하고, 검찰 단계에서의 불기소처분은 피의자에게 통지가 되어야만 피의자가 그 처분을 알게 되므로 피의자에게 통지된 날의 다음날부터 1개월의 기간이 유효한 청구 기간이 된다.

증거조사권, 합의 간주 제도,[81] 그리고 보도 심의 및 시정 권고

언론기본법 시행령 제41조 제3항에 있던 증거 조사에 관한 규정을 정간물법은 제18조 제3항에 "중재부의 장은 필요한 경우 당해 중재 사건의 대상 정기간행물의 발행인에게 중재 대상 표현물이나 그 사본의 제출을 명하거나 중재에 필요한 증거 조사를 할 수 있다"고 규정하였다. 시행 가능한 증거 조사의 종류는 당사자가 제출한 서증, 검증, 감정, 관계 공시 단체에 조회, 문서 송부 촉탁 등 민사소송법상의 증거 조사 방법 등이 있는데, 어느 경우든 관계인이나 기관이 언론중재위의 요청에 응할 의무가 없고, 협조를 거부하는 경우 강제할 방법이 없었기 때문에 언론중재위의 이 권한은 애초부터 불안전한 것이었다(김성남 외, 1989).

언론기본법 체제하에서는 언론중재위의 중재 기일이 잡히고 당일 당사자가 불출석하더라도 불이익을 받지 않았다. 이러한 법적 미비로 인하여 당사자가 불출석함으로써 다수의 중재 사건이 불성립 처리되는 등 중재위원회의 기능이 무력화 되고 합의율이 떨어지는 일이 많았다. 실제로 언론중재위의 낮은 합의율은 언론중재제도에 대한 비판의 근거가 되었다(이승선, 2011; 이재진, 2006c; 이재진·유재웅, 2004 등).

정간물법은 제18조 제4항에서 "중재부의 장은 중재 당사자나 이해관계자의 출석을 요구할 수 있으며, 출석을 요구 받은 자는 출석 요구서에 기재된 바에 따라 출석하여야 한다"고 규정하여 당사자의 출석 의무를 부과했다. 이 제18조 제5항은 "출석 요구서를 받고도 중재 신청인이 출석하지 아니한 때에

81 제18조 제4항: 중재의 장은 중재 당사자나 이해관계자의 출석을 요구할 수 있으며, 출석을 요구 받은 자는 출석 요구서에 기재된 바에 따라 출석하여야 한다.

제18조 제5항: 출석 요구서를 받고도 중재 신청인이 출석하지 아니한 때에는 중재 신청을 철회한 것으로 보며, 피신청인이 2회에 걸쳐 출석하지 아니한 때에는 중재 신청 내용대로 정정 기사를 게재하기로 합의된 것으로 본다.

는 중재 신청을 철회한 것으로 보며, 피신청인이 2회에 걸쳐 출석하지 아니한 때에는 중재 신청 내용대로 정정 기사를 게재하기로 합의 된 것으로 본다"고 규정하여 출석 의무를 소홀히 한 당사자에 대해 불이익을 주는 제도를 도입했다.

이 조항에 의해 합의된 것으로 보는 경우에는 재판상 화해와 동일한 효력을 부여했다(정간물법 제18조 제6항). 이렇게 당사자의 출석 의무와 합의 간주 세도가 신설됨으로써 중새 세도의 실효성이 크게 개선되는 계기가 되었다. 즉 정간물법은 기존의 언론기본법을 강화하는 성격을 둠으로서 언론중재제도의 효율성을 높였다고 할 수 있으나 언론계의 반응은 상당히 부정적이었다(장호순, 2003).

정간물법은 언론기본법의 규정을 그대로 수용하여 언론 보도에 의한 침해 사항을 심의하고 필요한 경우 해당 발행인이나 방송국의 장에게 시정을 권고할 수 있는 권한을 언론중재위에 부여했다(정간물법 제18조 제8항).[82] 보도에 의한 침해 사항의 심의 및 시정 권고의 권한은 중재위원회가 중재 신청이 이루어져야만 활동을 할 수 있는 소극적 기관에 머물지 않고 직권에 의해 적극적으로 활동할 수 있는 근거가 되었다(동법 제17조 제1항).

(3) 언론중재위원회의 구조 변화

정간물법은 기존 언론기본법에 비해서 언론중재위의 구조에도 변화를 가져왔는데, 가장 특징적인 것은 중재위원 수를 늘리고 이들 중 법관의 자격이 있는 사람의 비율을 늘린 것이다.[83] 정간물법은 제17조 제2항에서 위원회 위원

82 정기간행물의 등록 등에 관한 법률 제18조 제8항. 중재위원회는 정기간행물에 의한 침해 사항을 심의하며 필요한 경우 당해 발행인에게 시정을 권고할 수 있다.

83 제17조(언론중재위원회): ② 중재위원회는 40인 이상 70인 이내의 위원으로 구성하며 위원

의 수를 기존 30인 이상 60인 이내에서 40인 이상 70인 이내로 증원하고, 각 중재부를 기존 3인에서 5인 이내의 위원으로 구성하도록 했다. 언론기본법 시행령에 2년으로 규정되어 있던 중재위원의 임기를 3년으로 연장했다.

아울러 법관의 자격이 있는 자와 교육공무원을 제외한 공무원과 정당의 당적을 가진 자는 중재위원이 될 수 없게 규정했으며, 제17조 제6항에서 "중재위원회의 위원은 법률과 양심에 따라서 독립하여 직무를 행하며, 직무상 어떠한 지시도 받지 아니한다"고 규정하여 위원의 직무상 독립성을 강조했다. 중재위원의 구성 비율에 관하여 위원 중 법관 자격이 있는 자의 비율을 기존의 3분의 1에서 5분의 2로 늘렸으며, 그 밖의 위원에 관하여는 학식과 경험 및 덕망이 있는 자라고 규정하여 인적 구성의 다양성을 꾀하였다.

3) **정착기**(1995. 12~2005. 1)

(1) 정간물법 개정의 의미

정간물법이 제정된 1987년 이후 언론 환경은 급격하게 변화했다(이재진, 2002). 정간물법은 정기간행물의 등록 요건을 언론기본법보다 완화하였고, 그 결과 1987년 말 1436개이던 인쇄 미디어가 1995년 말에는 6704개로 수적으로 급증하게 되었고, 방송의 경우 1990년 새로운 민영 방송(SBS)이 허가되고, 1992년 종합 유선 방송(CATV)이 도입되어 방송 미디어도 크게 늘어났다. 이로 인

은 학식과 경험 및 덕망이 있는 자 중에서 문화공보부 장관이 위촉하되, 위원의 5분의 2 이상은 법관의 자격이 있는 자 중에서 법원행정처장이 추천한 자를 위촉한다. ③ 중재위원회는 위원장 1인과 부위원장 2인을 두며, 각각 위원 중에서 호선한다. ④ 중재위원회의 위원장 부위원장 및 위원의 임기는 각각 3년으로 한다. ⑤ 정당의 당적을 가진 자와 공무원(법관의 자격을 가진 자 및 교육공무원을 제외한다)은 중재위원회의 위원이 될 수 없다. ⑥ 중재위원회의 위원은 법률과 양심에 따라 독립하여 직무를 행하며, 직무상 어떠한 지시도 받지 아니한다.

한 미디어 간 경쟁이 격화되면서 선정적인 기사가 양산되었으며, 한편 민주화 이후 고양된 국민들의 권리 의식에 영향을 받아 언론 분쟁도 크게 늘어났다.

언론 분쟁이 크게 증가함에 따라 언론중재위에서 신청 처리한 사건도 큰 폭으로 늘어났다. 1987년 47건에 불과했던 건수가 1995년에는 528건으로 증가하였다. 언론중재위가 강제로 중재 결정을 내릴 수 있는 권한이 없어 당사자 간 조정을 거쳐 합의가 이루어지지 않으면 피해 구제가 이루어지지 않는 등 피해 구제의 실효성이 많이 떨어져 언론중재제도의 실효성을 제고하는 것을 포함한 정간물법 개정 요구가 지속적으로 제기되어 왔다.

이에 1995년 12월 30일 국회는 직권중재결정권 도입을 주요 내용으로 하는 정간물법과 방송법, 종합유선방송법의 개정을 의결하였고, 공포 과정을 거쳐 1996년 7월 1일 시행되기에 이르렀다. 그러나 언론 미디어 유형별로 규정되어 있는 관련 법률을 단일 법제화할 필요가 있다는 요구는 당시에는 수용되지 않고 정간물법을 개정하는 형식으로 마무리되었다.

(2) 개정 정간물법의 내용과 반론권 제도의 변화

개정 정간물법 제3장(침해에 대한 구제) 제16조는 개정 이전 '정정보도청구권'이라는 용어로 되어 있던 규정을 '반론보도청구권'으로 정리하였고 그 개념을 명확히 하였다. 아울러 반론보도청구 주체와 기간, 상대방 및 내용에 대한 상당한 정도의 개정이 이루어졌다(이승선, 2011). 이에 따라 법률 각 조항에 기재되어 있는 '정정보도'라는 용어를 '반론보도'로, 제3항의 발행인 또는 편집인을 언론사로 수정했다.

이로써 정간물법의 정정보도청구권이라는 용어에서 오는 혼란이 해소되었다. 즉 정정보도청구권은 그 법적 성격이 반론보도청구권임에도 불구하고, 마치 기사의 내용이 진실에 반하여 잘못된 것을 시정하는 내용의 권리인 듯해 보이는 오해를 불식시키고 비로소 명실상부한 법 체제를 갖추게 된 셈이다(강경근, 1996).

개정 정간물법 이전 법률(언론기본법 및 개정 전 정간물법)에서는 관청, 기관 기타 단체가 피해자인 경우에 정정보도를 청구할 수 있다는 명문 규정이 없어서, 실제로 정정보도청구가 반론보도청구임에도 불구하고 실무적인 측면에서 이에 부합하는 권리 행사를 하기가 어려웠다. 그러다가 개정 정간물법에서 "국가, 지방 자치 단체, 기관 또는 단체의 장은 당해 업무에 대하여 기관·단체를 대표하여 반론보도를 청구할 수 있다"고 규정하여 관청 등 국가 기관도 청구 주체가 될 수 있음을 명문화하였다.[84]

그러나 이 조항은 이후 국가가 반론권 행사의 주체가 될 수 있는가에 대한 논란을 불러 왔다(윤성옥, 2008; 손태규, 2013). 그럼에도 법원은 국가 기관도 그 대표자가 반론권 행사의 주체가 될 수 있다고 보았다(이재진, 2002; 손태규, 2013). 이와 아울러 정간법은 청구의 대상 역시 개정 전에는 발행이나 편집인에 대해 실제로 '사실 확인'이 어려워서 그 행사에 장애 요인이 되었기 때문에 이를 '언론사'로 변경하여 신청인의 부담을 경감하도록 하였다.

반론권 청구의 기간에 대해서는 법 개정 전에는 '공표가 이루어진 날로부터 1월 이내'로 기간이 너무 짧아 제대로 청구권을 행사하는 데 제약이 많다는 지적이 있었다. 개정법에서는 이를 감안하여 '사실 보도가 있음을 안 날부터 1개월 이내'로 개정하고 불확정한 법적 안정성을 참작하여 사실 보도가 있는 날로부터 6월이 경과하면 청구권은 소멸하는 것으로 시한을 정했다.[85]

84 개정 정기간행물의 등록 등에 관한 법률 제3장(침해에 대한 구제)
제16조(반론보도청구권) 제7항: 국가 지방 자치 단체, 기관 또는 단체의 장은 당해 업무에 대하여 그 기관 또는 단체를 대표하여 반론보도를 청구할 수 있다.

85 제16조 제1항: 정기간행물에 공표된 사실적 주장에 의하여 피해를 받은 자(피해자)는 그 사실 보도가 있음을 안 날부터 1월 이내에 정기간행물을 발행 하는 자(언론사)에게 서면으로 반론보도문의 게재를 청구할 수 있다. 다만, 사실 보도가 있은 후 6월이 경과한 때에는 그러하지 아니한다.

개정 정간물법은 반론보도청구권 외에 정정보도청구도 언론중재위의 중재 대상이 될 수 있도록 규정했다. 다만 반론보도청구권은 언론중재를 거친 후에 소송을 제기할 수 있는 '필요적 전치주의'를 유지한 반면, 정정보도청구권은 언론중재를 거치지 않고도 바로 소송을 제기할 수 있도록 하였다.

정간물법과 관계없이 민법 제764조에 의해서 인정되는 정정보도청구권은, 타인의 명예를 훼손한 언론사 등에 대해서 법원이 그 언론 피해자의 청구에 의하여 손해배상에 갈음하거나 손해배상과 함께 명예훼손 회복에 적당한 처분의 하나로서 이행하도록 명할 것을 청구할 수 있는 권리다.

이러한 정정보도청구권은 민법에 의하여 인정되는 것이기 때문에 그 행사는 언론 보도가 있음을 안 날로부터 3년, 그 보도가 있은 날로부터 10년 이내까지는 행사할 수 있으며 이러한 권리는 개정 정간물법상의 반론보도청구권과는 달리 언론중재위를 거치지 않고도 법원에 대해서 직접 행사할 수 있도록 했다.

또한 언론중재제도는 '중재'라는 명칭을 사용함에도 당사자 사이에 합의에 이르러야만 성립하기 때문에 엄격히 이는 중재와는 그 성질이 전혀 다른 것이었고, 실제로는 조정mediation에 가까운 것이었다. 그러한 이유로 언론중재 심의에 있어서 당사자 사이의 합의가 성립되지 않으면 중재부로서는 더 이상 손을 써 볼 여지가 없이 중재 불성립으로 처리되는 수밖에 없었다(권오곤, 1996).

그러다가 개정 정간물법에 언론중재제도에 직권중재결정제도가 도입되어 언론중재 심리에 있어서 강제 조정이 가능하게 되었다. 개정 정간물법 제18조 제6항은 "반론보도 또는 정정보도청구 사건에 있어서 당사자의 이익 기타 모든 사정을 참작하여 신청 취지에 반하지 않는 한도 내에서 사건의 공평한 해결을 위한 중재 결정을 할 수 있다"고 규정한다.

이로써 종전에는 불가능했던 중재부의 직권중재 결정이 가능하게 되었다는 점에서 피해 구제의 폭을 넓히게 되었다고 할 수 있지만, 당사자가 이의 신청을 하는 경우 직권중재 결정은 아무런 효력이 없게 된다는 점에서 실효성이 크지 않게 되는 위험성이 있었다.

직권중재결정제도가 도입된 이후 당사자의 합의가 이루어지지 아니한 경우 중재부가 일방적 결정으로 조정안을 제시한 후, 이에 대해 당사자가 이의가 없는 경우에는 당사자 사이에 이와 같은 내용으로 조정이 성립한 것으로 보는 것이다. 그러나 직권중재결정권이 도입되었다고 하더라도 언론중재가 실질적인 중재의 성격을 띠게 되는 것은 아니다. 중재부가 직권으로 중재결정을 내린다고 하더라도 결정을 송달받은 날로부터 7일 이내에 이의 신청을 하게 되면 그 결정이 효력을 상실하게 되므로, 중재 결정을 하는 경우에도 중재의 성격을 가지는 것보다는 '조정안의 강력한 권고'에 그치는 것으로 볼 수 있다(이재진·유재웅, 2004).

그럼에도 불구하고 직권중재 결정을 내릴 수 있게 된 점은 언론중재제도의 강제력을 높였다고 볼 수 있다. 우선 중재부가 중재 결정을 하기 위해서는 당사자 간의 합의 또는 합의한 것으로 간주될 수 있는 상황이 갖춰져야 한다. 또는 중재에 적합하지 않는 현저한 사유가 있어야 하며 그 내용은 당사자의 이익 기타 모든 사정을 참작해서 결정되어야 하며 원래의 신청 취지에 반하지 않아야 한다.

중재부가 중재 결정을 하기 위해서는 중재위원 5분의 3 이상이 출석하고 출석위원 3분의 2 이상이 찬성해야 한다. 아울러 일반적으로 중재는 신청 접수일로부터 14일 이내에 하도록 되어 있으나, 중재 결정을 하는 경우에는 신청 접수일로부터 21일 이내에 할 수 있도록 규정되어 있다.

그러나 당사자는 중재 결정에 대해 이의 신청을 할 수 있도록 규정되어 있다. 당사자가 중재부의 중재 결정에 불복하고 이의를 신청하기 위해서는 중재 결정을 송달받은 날로부터 7일 이내에 중재부에 이의 신청서를 접수해야 한다. 만일 1주일 이내에 당사자 중 어느 쪽으로부터라도 이의 신청이 있다면 중재 불성립 결정과 같이 중재 결정의 효력은 상실된다. 당사자가 이의 신청을 제기하여 중재 결정의 효력을 상실하게 되면 피해자가 반론보도를 원하는 경우에는 이의 신청이 있음을 안 날로부터 14일 이내에 관할 법원에 반론보도청구의 소를 제기해야 한다.

만일 중재 결정에 대해 이의 신청이 없다고 한다면 이는 법원의 화해와 같은 효력을 지닌다.[86] 따라서 기판력과 집행력이 발생하게 된다. 다만 언론사가 결정이 확정된 중재 결정상의 반론보도문을 게재하지 않는 경우 이에 대한 강제집행은 간접강제의 방법에 의할 수밖에 없다. 중재 신청인이 간접강제 신청을 하려면 위원회 소재지를 관할하는 지방법원에 중재 결정의 정본을 제출하여 집행문을 부여받은 다음, 언론사의 소재지를 관할하는 법원에 서면으로 간접강제 신청서를 제출해야 한다.

개정 정간물법은 추후보도청구권이나 위원회 구성에도 변화를 가져 왔다. 정간물법이 개정되기 이전 도입된 추후보도청구권은 제20조 제1항에서 "정기간행물에 의하여 범죄 혐의가 있다거나 형사상의 조치를 받았다고 보도된 자가 그에 대한 형사 절차가 유죄 판결 이외의 형태로 종결된 때에는 종결 당일로부터 1월 이내에 서면으로 발행인이나 편집인에게 이 사실에 관한 추후보도의 게재를 청구할 수 있다"고 규정되어 있었다.

개정 정간물법에서는 이 조항 중 "유죄 판결 이외의 형태로"라는 부분을 "무죄 판결 또는 이와 동등한 형태로"라는 문구로 개정했다. 이는 추후보도청구가 가능한 형태를 명확히 하기 위한 것이었다. 예컨대 유죄 판결 이외의 형태에 속하는 것은 무죄 판결뿐 아니라 공소 기각이라든지 면소 등도 포

86 제18조 제6항: 중재 결과 당사자 간에 합의가 성립된 경우와 제5항의 규정에 의하여 합의된 것으로 보는 경우는 재판상 화해와 동일한 효력이 있다.

함될 수 있는데, 그것은 보도된 내용의 사실이나 진실 여부에 관계없이 절차상의 형식적 사유만으로도 인정될 수 있으므로 이 경우까지 추후보도청구가 받아들여질 수 있다는 것은 제도의 취지에 맞지 않은 것으로 판단한 것으로 보인다(권오곤, 1996).

(3) 언론중재위원회의 구조 변화

정간물법 개정으로 인하여 발생한 변화 중 하나가 언론중재위원의 수를 늘린 것이다. 개정 간행물법은 기존의 중재위원 수를 40인 이상 70인 이내에서 40인 이상 80인 이내로 증원했다. 이러한 조치는 언론중재위 중재결정권한이 주어짐에 따라서 중재 신청이 증가될 것에 대비하여 실시된 것으로 판단된다.[87]

이와 함께 개정 정간물법은 위원 중 5분의 1 이상은 언론계 인사 중에서 위촉하되 언론사에 소속된 현직 언론인은 위원이 될 수 없도록 규정했다. 이러한 조치 또한 언론중재위에 직권중재 권한이 주어진 데 따라 이에 대한 언론계의 적극적인 대응을 유도할 수 있도록 언론계의 입장을 반영하기 위한 취지에서 수를 늘린 것이라고 해석된다.

아울러 개정 정간물법은 법원에 반론보도청구소송을 제기하기 위해서는 반드시 언론중재위의 중재를 거쳐야 하며, 민법상의 정정보도청구의 경우에는 청구인이 원하는 경우에는 언론중재위에 중재 신청을 할 수도 있고 중

87 제17조(언론중재위원회): ② 중재위원회는 40인 이상 80인 이내의 위원으로 구성하며, 위원은 학식과 경험 및 덕망이 있는 자 중에서 공보처 장관이 위촉하되, 위원의 5분의 2 이상은 법관의 자격이 있는 자 중에서 법원행정처장이 추천한 자로 하고 위원 중 5분의 1 이상은 언론계 인사 중에서 위촉한다. ⑤ 정당의 당적을 가진 자(공직 선거 및 선거 부정방지법에 의하여 실시하는 선거에 후보자로 등록한 자를 포함한다)와 공무원(법관의 자격을 가진 자 및 교육공무원은 제외한다) 및 언론사에 소속된 현직 언론인은 중재위원회의 위원이 될 수 없다.

재를 원하지 않는 경우는 바로 법원에 소를 제기할 수 있게 하였다.

아울러 반론보도청구에 대한 법원 절차의 불복 절차를 판결에 대한 항소의 방식임을 명확히 했다. 즉 법원에 청구를 하는 경우에는 중재가 불성립하여 이를 법원에 정정보도를 청구한 것으로 하고 이후에 언론중재위의 중재절차를 이용할 수 없도록 하였다. 나아가 반론보도 인용 재판에 가처분 절차 규정이 적용되어 그 재판이 확정되기 전에도 집행이 가능하기 때문에 재판이 상급심에서 번복될 경우 언론사의 입장에서는 회복하기 어려운 입장에 놓일 수 있어 반론문 게재 이행을 회피하거나 지연하려는 결과가 생기기도 했다.

때문에 동법 제19조의2 제2항에 "제1항의 불복 절차에서 심리한 결과 반론보도청구의 전부 또는 일부가 기각되었어야 함이 판명되는 경우에는 반론보도청구를 인용한 재판을 취소하여야 한다"는 규정을 두어 언론사의 반론문 게재 불이행을 막고자 하였다. 나아가 이미 반론보도 의무를 이행한 때에는 그 취소 재판의 보도를 위하여 필요한 비용 및 지면 게재 사용료 등 적정한 손해배상을 명할 수 있도록 했다.

한편 언론사가 판결 내용대로 반론보도 이행을 하지 않은 경우에 이를 강제하기 위하여 개정 정간물법에서는 반론보도청구의 소를 제기함과 동시에 그 소의 인용을 조건으로 간접강제를 병합하여 신청할 수 있도록 하였다. 간접강제제도는 채무의 성질이 강제 이행을 할 수 있는 경우에 법원 결정으로 상당한 기간을 정하고 그 기간 내에 이행을 하지 아니하는 때에는 그 지연 기간에 상응하여 일정한 배상을 할 것을 명하거나 즉시 손해의 배상을 할 것을 명하는 제도인데, 이를 반론보도청구의 소에도 적용하였을 것으로 사료된다.

4) **성장기**(2005. 1~2009. 2)

(1) 언론중재법 제정 및 배경

2005년 1월 1일 언론중재법이 법률 제7370호로 제정되고 2005년 1월 27일 공포되었으며, 공포 후 6개월이 지난 2005년 7월 28일부터 시행되었다. 이러한 언론중재법은 1995년 정간물법이 개정된 이후 약 10년 만의 독립된 법이 탄생하게 되었다는 점에서 중요한 의미를 갖는다. 그동안 언론중재의 독립된 법의 필요성에 대해서는 다양한 측면에서 많은 논의들이 있었으나 독립법 제정은 계속 미뤄져 왔다(이재진 · 유재웅, 2004; 이재진, 2006c).

이 법률의 가장 큰 특징은 그동안 분산되어 있던 언론중재 관련법을 단일화하여 언론중재제도의 기반을 공고히 하여 언론중재제도가 체계적 언론피해 구제 제도로서 성장하게 되었다는 것이다. 즉 정간물법, 방송법, 유선방송법 등에 분산되어 있어서 법정 기관으로서의 언론중재위의 위상이 크게 인식되지 못하다가 단일법으로 인하여 언론중재위의 위상이 훨씬 강화되었다고 할 수 있다. 또 다른 특징은 기존에는 언론중재의 대상이 되지 않던 인터넷 신문이 조정과 중재의 대상으로 포함되었다는 것이다. 즉 인터넷으로 인한 환경의 변화로 발생하던 피해를 신속하고 무료로 구제받을 수 있는 길이 열린 것이다. 이러한 요구는 인터넷이 일상화되면서 계속 있어 왔지만 법적 미비로 인하여 제대로 된 피해 구제가 이루어지지 못한 데 따른 것으로 중요한 의미가 있다(김서중, 2005; 김성, 2007; 김재형, 2005; 김종배, 2005; 양삼승, 2005; 장호순, 2005; 한위수, 2006; 황용경, 2005 등).

그 외에도 언론중재법 도입으로 인하여 새로운 양상의 구제책을 마련하였는데, 언론중재위의 조정이나 중재 절차를 통하여도 '손해배상'을 받을 수 있게 하였다. 그런데 이 부분이 논란이 되었다. 왜냐하면 법원이 해야 할 일을 언론중재위에서 한다는 논리 때문이었다. 그럼에도 ADR로서의 언론중재제도가 적절히 그 기능을 다하려면 언론중재위를 통해서 최대한 피해 구제가 이루어질 수 있는 이른바 원스톱 서비스가 필요하다는 법조계, 학계의 제언이 수용된 것으로 이해될 수 있다(이재진·유재웅, 2004).

또한 언론중재법은 기존의 법에서 그 개념이 혼동되던 조정 및 중재를 명확히 구분하면서 본래적 의미의 중재를 도입하였다. 이러한 중재의 도입은 손해배상과 함께 언론중재제도를 강화시키는 데 크게 기여한 것으로 보인다. 아울러 언론 보도로 침해를 입은 피해자의 권리를 최대한 구제하기 위하여 언론중재 청구 기간을 확대하는 등 언론의 자유와 독립에 언론의 사회적 책임을 강조한 것이 특징이다.

(2) 언론중재법의 주요 내용

기존에 분산 규정된 언론 피해 관련 규정을 통일적으로 유도하여 법체계의 일관성을 갖추어야 할 필요성이 제기되다가 2005년 언론중재법 입법으로 결실을 보게 되었다. 이는 특히 인터넷으로 인한 미디어 환경의 변화에 대응하고자 하는 취지가 크다.[88]

인터넷 신문의 포함[89]

종래의 개정 정간물법은 반론보도청구 미디어를 신문과 잡지 등 정기간행물, 방송과 통신에 한정해 왔다. 그러나 언론중재법 제2조 제1호에 따르면 정기간행물이란 동일한 제호로 연 2회 이상 계속적으로 발행하는 신문, 잡지, 기타 간행물을 말하며, 뉴스통신이란 전파법에 의하여 무선국의 허가를 받

88 언론중재 및 피해구제 등에 관한 법률 제1조(목적): 이 법은 언론사의 언론 보도로 인하여 침해되는 명예나 그 밖의 법익에 관한 다툼이 있는 경우 이를 조정하고 중재하는 등의 실효성 있는 구제 제도를 확립함으로써 언론의 자유와 공적 책임을 조화함을 목적으로 한다.

아 외국의 뉴스통신사와 뉴스통신 계약을 체결하고 국내외의 정치, 경제, 사회, 문화, 시사 등에 관한 보도·논평 및 여론 등의 전파를 목적으로 행하는 송·수신 또는 이를 목적으로 발생하는 간행물을 의미한다. 방송사업자는 방송법 제2조 제3호에 따라 지상파방송사업자, 종합유선방송사업자, 위성방송사업자, 방송채널사용사업자를 의미한다.

그러다가 언론중재법 제정으로 언론 조정·중재의 대상으로 정기간행물, 방송, 통신뿐만 아니라 인터넷 신문이 포함되게 되었다. 인터넷 신문이란 함은 신문 등의 자유와 기능 보장에 관한 법률 제2조 제5호의 규정에 다른 미디어를 의미하는데, "컴퓨터 등 정보 처리 능력을 가진 장치와 통신망을 이용하여 정치·경제·사회·문화·시사 등에 관한 보도·논평·여론 및 정보 등을 전파하기 위하여 간행하는 전자간행물로서 독자적 기사 생산과 지속적인 발행 등 대통령령이 정하는 기준을 충족하는 것"을 말한다(언론중재법 제2조 제8호). 일반적으로 인터넷 신문이란 정보의 제1차적 뉴스 제공자가 인터넷상에서 하루 1회 이상의 정보 내용을 갱신하여 여론을 전달할 목적으로 발행하는 전자적 형태의 신문이라고 할 수 있다(양삼승, 2005; 한위수, 2006).

이처럼 언론 조정·중재 대상에 인터넷 신문이 포함된 것은 피해 발생 시 피해자의 권리 구제 차원에서 그 의의를 찾을 수 있다. 즉 인터넷 신문은 인터넷을 통하여 정치·경제·사회·문화·시사 등에 관한 보도·논평·여론 및

89 제2조(정의): ① "언론"이라 함은 방송·정기간행물·뉴스통신·인터넷 신문을 말한다. ② "방송"이라 함은 방송법 제2조 제1호의 규정에 의함 텔레비전 방송·라디오 방송·데이터 방송 및 이동 멀티미디어 방송을 말한다. ④ "정기간행물"이라 함은 신문 등의 자유와 기능 보장에 관한 법률 제2조 제1호의 규정에 의한 신문·잡지·기타 간행물을 말한다. ⑥ "뉴스통신"이라 함은 뉴스통신진흥에 관한 법률 제2조 제1호의 규정에 의한 뉴스통신을 말한다. ⑧ "인터넷 신문"이라 함은 신문 등의 자유와 기능 보장에 관한 법률 제2조 제5호의 규정에 따른 인터넷 신문을 말한다.

정보 등이 유통되고 있고, 실제로 많은 사람들이 이용하고 있고, 정보 제공과 여론 형성이라는 기존 오프라인 신문의 기능과 유사한 기능을 수행하고 있으면서도, 기존의 정간물법의 적용을 받고 있지 않았다.

인터넷 신문에 대해 언론조정·중재를 신청할 수 있게 됨에 따라서 인터넷을 통한 공표로 인하여 피해를 입은 자가 반론보도청구를 할 수 없고 언론중재위의 간편한 권리 구제를 받을 수도 없는 기존 법률상의 문제점 내지 법적 공백을 메우게 되었다(황성기, 2005). 그럼에도 제정 당시 이에 포함된 것은 인터넷 신문 중 독립형 인터넷 신문만 언론중재법의 적용 대상이 되었을 뿐으로 언론사닷컴과 포털 뉴스 등은 적용 대상에 포함되지 않아서 형평성 문제가 제기되었다. 이는 2009년 언론중재법 개정으로 해소된다.

손해배상의 포함

언론중재법 제18조 제2항은 "피해자는 언론에 의한 피해의 배상에 대하여 제14조 제1항의 기간 이내에 중재위원회에 조정을 신청할 수 있다. 이 경우 손해배상액을 명시하여야 한다"고 규정함으로써 사실적 주장에 관한 언론보도로 피해를 입은 자에 대한 손해의 배상도 언론 조정·중재의 대상이 됨을 명확히 했다.[90]

이는 종래 정정보도나 반론보도만을 언론중재의 대상으로 함으로써 보도로 인한 손해배상은 별도로 소를 제기할 수밖에 없었는데, 언론중재법에 의해 손해배상도 언론중재의 대상으로 포함됨으로써 언론 피해로 인한 분쟁을 일거에 해결할 수 있게 되었고 나아가 비용 없이 간편한 절차에 의하여 손해배상을 받을 수 있게 됨으로서 피해에 대한 편리하고 신속한 구제가 가능

90 제18조(조정 신청): ② 피해자는 언론에 의한 피해의 배상에 대하여 제14조 제1항의 기간 이내에 중재위원회에 조정을 신청할 수 있다.

하게 되었다(언론중재위원회, 2012).

독자적 정정보도청구권 도입

그런데 언론중재법이 제정되면서 문제점으로 지적된 것이 바로 정정보도청구권의 성격이었다.[91] 즉 언론중재법상의 정정보도청구권과 민법 제764조에 의한 정정보도청구권이 어떻게 다른가 하는 문제였다. 실제로 언론중재법이 이전 정간물법 제18조 제1항에 의하면 정정보도는 "민법 제764조에 의해 정정보도 등을 구하는 권리"로 규정되었으나 언론중재법에서는 이러한 문구를 삭제하였다. 대신 제14조 제2항에서 정정보도청구에는 언론사의 고의·과실이나 위법성을 요하지 않는다고 명시했다.

또한 언론중재법 제26조 제1항은 "피해자는 법원에 정정보도청구 등의 소를 제기할 수 있다"고 하면서 제4항에서는 "제1항의 규정은 민법 제764조의 규정에 의한 권리의 행사에 영향을 미치지 아니한다"고 규정함으로써 언론중재법상의 정정보도청구권은 민법 제764조에 의한 정정보도청구권, 즉 일반 불법 행위의 성립을 전제로 하는 청구권과는 별도의 독립된 권리를 도입한 것임을 명확히 하고 있다.[92]

이에 대해 헌법재판소는 2006년 6월 29일 언론중재법에 대한 헌법소원 심판 결정에서, "이 정정보도청구권은 언론사의 고의·과실이나 위법성을 요하지 않고(제14조 제2항), 정정보도청구의 소 제기로 인하여 민법 제764조의 규

91 언론중재법 제14조(정정보도청구권): ① 사실적 주장에 관한 언론 보도가 진실하지 아니함으로 인하여 피해를 입은 자는 그 보도 내용에 관한 정정보도를 언론사에 청구할 수 있다.

92 제26조(정정보도청구등의 소)
제1항: 피해자는 법원에 정정보도청구 등의 소를 제기할 수 있다.
제4항: 제1항의 규정은 민법 제764조의 규정에 의한 권리의 행사에 영향을 미치지 아니한다.

정에 의한 권리의 행사에 영향을 미치지 않으며(제26조 제4항), 민법상의 불법 행위로 인한 손해배상청구권의 소멸 시효에 비하여 현저히 짧은 제소 기간을 두고 있다는 점(제14조 제1항)에서, 보도 내용의 진실 여부와 관계없이 사실적 보도에 의하여 인격권을 침해당한 자가 언론사에 대하여 자신의 사실적 주장을 게재하여 줄 것을 청구하는 반론보도청구권이나 민법상 불법 행위에 기한 청구권과는 전혀 다른 새로운 성격의 청구권이다"라고 판단했다.

민법 제764조의 의한 정정보도청구는 일반 불법 행위의 성립, 즉 언론사의 고의·과실 또는 위법성이 있는 경우에만 인정되는 것이었다. 따라서 언론 보도가 진실하지 않은 것이 밝혀진 경우에도 언론사가 그 보도 내용이 사실이라고 믿는데 상당한 이유가 있었을 때는 위법성이 없어 불법 행위가 성립되지 않기 때문에 해당 언론사가 스스로 정정보도를 하지 않은 한 허위보도를 시정할 방법이 없었다. 그런데 언론중재법이 새로운 정정보도청구권을 창설함으로서 비로소 피해 회복이 가능하게 되었다는 점에서 의미가 있다.

언론중재법에 의한 정정보도청구는 피해자가 언론 보도가 있음을 안 날로부터 3월 이내에 당해 언론 보도가 있은 후 6월 이내에 당해 언론사 또는 언론중재위에 청구하거나 법원에 소를 제기해야 한다(언론중재법 제14조 제1항, 제18조 제1항 및 제3항, 제26조 제1항 및 제3항).

이에 대해 일부 학자들은 위법성이나 고의·과실이 없는 상황에서도 언론사에 대해 정정보도를 하도록 강요하는 것은 언론 활동을 위축시켜 권력비리에 대한 고발 보도 등을 더욱 어렵게 만드는 등 언론의 자유를 침해하는 것이어서 위헌이라고 주장했다. 그러나 헌법재판소는 2006년 6월 29일 "신문이 공공의 이익에 관련되는 중요한 사안에 관하여 위축되지 않고 신속히 보도함으로써 언론·출판의 자유가 지닌 본래의 기능을 훌륭히 수행하는 것은 매우 중요하다. 그러나 진실 또한 이에 못지않은 강한 정의의 요구이므로 언론 보도가 진실하지 않아 타인의 권리를 계속해서 침해하고 있는 한, 이를 정정하지 않은 채로 그대로 내버려 두는 것은 정의에 반한다. 진실에 대해 일방적으로 침묵을 강요하는 것은 언론·출판의 자유라는 이름으로 정당화할 수는 없다"고 하여 그 합헌성을 인정했다.

그러나 헌법재판소는 정정보도청구의 소를 민사집행법상 가처분 절차에 의하여 재판하도록 규정한 언론중재법 제26조 제6항 본문 전단 중 '정정보도청구' 부분에 대해서는 위헌 결정을 내렸다. 즉 정정보도청구를 가처분 절차에 따라 소명만으로 인용될 수 있게 하는 것은 언론사에게 충분한 방어의 기회를 보장하지 않음으로써 공정한 재판을 받을 권리를 침해하는 문제가 있을 뿐만 아니라 언론의 자유를 매우 위축시킬 수 있기 때문에 언론의 자유를 침해하여 위헌이라고 판시했다(2006. 6. 29. 선고 2005헌마165 결정).

반론보도 전치주의 폐기

정간물법까지는 언론중재위의 중재를 거치지 않고선 법원에 반론보도·추후보도를 위한 소를 제기할 수 없다고 하여 이른바 '필요적 전치주의'를 택했다(정간물법 제19조 제1항; 동법 제20조 제3항).[93] 그런데 필요적 전치주의에 있어 반론보도청구 등에 대해 반드시 언론중재위의 조정을 거치도록 하여 조정이 성립되면 신속하고 간편한 절차로 분쟁을 해결하게 되는 반면, 당초부터 당사자 사이의 견해 차이가 커서 조정이 성립할 가능성이 희박한 경우까지 중재위원회의 조정을 거치도록 한 것은 조정 단계에서의 시간과 노력이 낭비되고 구제가 지연되는 단점이 있었다.

언론중재법에 있어서는 제26조 제1항에서 아무런 제한 규정 없이 "피해자는 법원에 정정보도청구 등의 소를 제기할 수 있다"고 규정함으로써 정정

93 정간물법 제19조 제1항, 중재위원회의 중재를 거치지 아니하고는 법원에 반론보도청구의 소를 제기할 수 없다.

보도, 반론보도, 추후보도, 손해배상의 청구 모두에 대하여 사전에 언론중재위를 거칠 필요 없이 바로 법원에 제소할 수 있도록 하였다.[94]

고유 의미의 중재 기능의 도입

언론중재법 제정 이전에도 중재라는 용어를 사용하였으나 실질적 의미는 중재보다는 조정이었다. 동법 제3조 제1호, 제35조 등에 따르면 중재는 당사자 간의 합의로 사법상의 분쟁을 법원의 재판에 의하지 아니하고 중재인의 판정에 의하여 해결하는 절차를 말하는 것으로 중재판정은 당사자 간에 있어서 법원의 확정 판결과 동일한 효력을 가지는 것이다. 그럼에도 실제로 종래 언론중재위의 중재는 당사자 간의 합의에 의하여 절차가 개시되는 것이 아니라 피해자 일방의 신청에 의하여 개시되고, 또한 중재에 의하여 당사자 간에 합의가 성립되도록 하고 합의가 성립하지 아니하여 중재 결정을 하더라도 당사자 일방이 이의 신청을 한 경우에는 그 효력이 상실하도록 되어 있었다.

언론중재법이 제정되면서 종래의 중재를 조정이란 용어로 바꾸고 제1조(목적)에서 "이 법은 언론사의 언론 보도로 인하여 침해되는 명예나 권리 그 밖의 법익에 관한 다툼이 있는 경우 이를 조정하고 중재하는 등의 실효성 있는 구제 제도를 확립함으로써 언론의 자유와 공적 책임을 조화함을 목적으로 한다"고 규정하고, 제7조(언론중재위원회의 설치) 제1항에서 "언론 보도 또는 게재로 인한 분쟁 조정·중재 및 침해 사항을 심의하기 위하여 언론중재위원회를 둔다"고 규정하고 있으며, 제3절 제24조(중재) 제1항에서 "당사자 쌍방은 정정보도청구 또는 손해배상의 분쟁에 관하여 중재부의 종국적 결정에 따르기로 합의하고 중재를 신청할 수 있다"고 규정하면서 제25조(중재 결정의 효

94 제26조 제4항: 제1항의 규정은 민법 제764조의 규정에 의한 권리의 행사에 영향을 미치지 아니한다.

력)에서 "중재 결정은 확정 판결과 동일한 효력이 있다"고 함으로써 고유한 의미의 중재를 피해 구제 제도의 하나로써 도입하게 된다.[95]

신청 기한의 연장

언론중재제도를 이용할 수 있는 시한이 너무 짧다는 지적들이 있어 왔다(이재진·유재웅, 2004). 기존의 정간물법은 중재위원회에 정정·반론보도를 청구할 수 있는 기한에 있어서 '보도가 있음을 안 날부터 1월 이내, 보도가 있은 후 6월 이내'로 규정하고 있었다(만일 언론사를 경유하게 되면 협의 불성립일부터 14일 이내). 그러던 것이 언론중재법에서는 "보도가 있음을 안 날로부터 3월 이내, 보도가 있은 후 6월 이내"로 규정하여 보도에 대한 인지 후 신청 시한을 2개월 연장하였다(제14조 제1항, 제18조 제3항). 다만 언론사를 경유하는 경우에는 피해자와 언론사 간의 협의가 불성립된 날로부터 14일 이내로 한 것은 정간물법에서와 같다.

신청 기간을 연장한 것은 가능한 언론 피해자의 권리 구제의 폭을 넓혀 주기 위한 배려에서 비롯된 것으로 판단된다. 실제로 피해자는 가능한 신속히 구제를 신청하는 것이 유리하지만 권리 구제 과정이 쉽지 않고 삶의 불편함을 초래하게 되므로 재고할 시간적 여유를 주고, 반면 언론사의 입장에서

95 제24조(중재): ① 당사자 쌍방은 정정보도청구 등 또는 손해배상의 분쟁에 관하여 중재부의 종국적 결정에 따르기로 합의하고 중재를 신청할 수 있다. ② 제1항의 중재 신청은 조정 절차 계속 중에도 할 수 있다. ③ 중재 절차에 관하여는 성질에 반하지 않는 한 조정 절차에 관한 이 법의 규정과 민사소송법 제34조·제35조·제39조·제41조 내지 제45조를 준용한다. 다만, 제척·기피 신청에 관한 결정은 중재위원회 위원장이 지명하는 5인의 위원으로 구성하는 특별중재부가 하고, 당사자 쌍방은 그 결정에 대하여 불복하지 못한다. ④ 중재위원의 회피는 중재부의 허가를 요하지 않으며 회피로 인하여 결원된 중재위원은 중재위원회 위원장이 지명한다.

제25조(중재 결정의 효력): 중재 결정은 확정 판결과 동일한 효력이 있다.

는 지위 불안정의 상태가 그만큼 오래 계속되는 점이 문제점으로 지적되었다.

직권조정 결정의 효력 강화

언론중재법 이전에는 일정한 경우, 즉 사건의 공평한 해결을 위해 중재부는 직권중재(조정) 결정을 할 수 있었다. 이 경우 당사자의 이의 제기가 있으면 그 결정은 효력을 잃고 당사자는 다시 법원에 소를 제기해야만 했다. 그런데 이렇게 되면 신청인의 입장에서는 시간이 지체될 뿐만 아니라, 법원에 새로 소장을 작성하여 제출하여야 하는 번거로움을 초래한다는 비판이 있어 왔다. 그리하여 언론중재법에서는 비록 직권 결정에 법적인 강제력을 부여하지는 못한다 하더라도 이의 신청의 남발을 막고 신청인의 불편을 최소화하기 위해서 제22조 제4항에 "직권조정 결정에 관하여 이의 신청이 있는 경우에는 이의 신청이 있은 때에 소가 제기된 것으로 보며, 피해자를 원고로, 상대방인 언론사를 피고로 한다"는 규정을 신설했다(언론중재위원회, 2012).[96] 이에 대해 직권조정 신청인을 구분해야 한다는 지적이 있다. 즉 신청인이 공인이거나 사회적 영향력이 큰 조직이며, 문제된 기사가 정치적 표현과 가까운 경우에는 언론의 자유를 우선적으로 고려하여 합법적 범주에서 직권조정의 수위를 결정해야 한다는 것이다(유의선, 2010).

96 제22조(직권조정 결정): ① 당사자 사이에 합의(제19조 제3항의 규정에 따른 합의 간주를 포함한다)가 이루어지지 아니한 경우 또는 신청인의 주장이 이유 있다고 판단되는 경우 중재부는 당사자들의 이익 그 밖의 모든 사정을 참작하여 신청 취지에 반하지 않는 한도 안에서 직권으로 조정에 갈음하는 결정(이하 "직권조정 결정"이라 한다)을 할 수 있다. 이 경우 제19조 제2항의 규정에 불구하고 중재 신청 접수일로부터 21일 이내에 하여야 한다. ④ 제3항의 규정에 따라 직권조정 결정에 관하여 이의 신청이 있는 경우 이의 신청이 있은 때 소가 제기된 것으로 보며, 피해자를 원고로 상대방인 언론사를 피고로 한다.

조정 절차의 변화

언론중재법은 신청인의 불출석 시 자동 취하한 것으로 보는 횟수를 1회에서 2회로 늘였다. 언론중재법 제19조 제3항에서 "제2항의 출석 요구를 받은 신청인이 2회에 걸쳐 출석하지 아니한 경우에는 조정 신청을 취하한 것으로 보며, 언론사인 피신청인이 2회에 걸쳐 출석하지 아니한 때에는 조정 신청 취지에 따라 정정보도 등을 이행하기로 합의한 것으로 본다"라고 규정한다. 신청인, 즉 피해자의 권리를 언론사와 동등하게 인정하는 것으로 하였다.

아울러 언론중재법은 제18조 제6항에서 "신청인은 조정 절차 계속 중에 정정보도청구 등과 손해배상청구 상호 간의 변경을 포함하여 신청 취지를 변경할 수 있고, 이들을 병합하여 청구할 수 있다"고 규정했다. 정정보도, 반론보도, 손해배상의 청구가 동일한 언론 보도로 인하여 발생된 것으로서, 기본적인 사실 관계를 같이 한다는 점과 심리 과정에서 정정보도, 반론보도, 손해배상에 대한 피해자의 기대가 달라질 수 있음을 반영하여 피해자가 자신이 침해받은 사항을 구제받기 위한 수단을 선택함에 있어 유연성을 부여했다. 이를 통하여 분쟁 조정 시 동시에 다양한 해결을 할 수 있도록 제도를 개정한 것이다. 또한 중재위원회에 조정·중재를 신청하는 경우에서뿐만 아니라 구술 및 전자우편 등의 방법으로도 가능하게 해 이용자의 편의를 도모했다(언론중재법 제18조 제3항).

제3자 시정 권고 도입 및 시정 권고 대상 확대

언론중재법은 제18조 제9항에서 "중재위원회는 정기간행물에 의한 침해 대상을 심의하며 필요한 경우 당해 발행인에게 시정을 권고할 수 있다"고 규정하고 있었다. 반면 언론중재법은 제32조 제1항에서 "중재위원회는 언론의 보도 내용에 의한 국가적 법익이나 사회적 법익 또는 타인의 법익 침해 사항을 심의하여, 필요한 경우 해당 언론사에 서면으로 그 시정을 권고할 수 있다"

고 규정하여 시정 권고의 대상을 정기간행물·뉴스통신에서 방송·인터넷 신문까지로 확대했다. 아울러 제2항에서는 중재위원회가 직권으로 하는 경우뿐만 아니라, "피해자가 아닌 자"도 시정 권고를 신청할 수 있다고 하여 피해자뿐만 아니라 제3자의 시정 권고 신청도 가능하도록 규정했다.[97]

이러한 조항은 언론계의 반발을 불러왔다. 언론계는 이처럼 제3자 또한 시정 권고 신청을 할 수 있고 또 시정 권고 결과를 외부에 공표하도록 하는 것은 특정 단체들이 특정 신문의 논조나 보도를 문제 삼아 시정 권고를 악용하는 결과를 낳을 수 있다고 우려하여 헌법소원을 제기하였다. 그러나 헌법재판소는 "시정 권고 제도는 권고적 효력을 가지는 데 그치며, 시정 권고는 집행 행위를 매개로 한다는 점에서 기본권 침해 가능성 내지 직접성이 없다"며 청구를 각하했다.[98]

(3) 언론중재위원회의 구조 변화

언론중재법은 기존의 40인 이상 80인 이내로 규정한 중재위원의 수를 40인 이상 90인 이내로 증원하도록 규정했다(제7조 제3항). 이는 인터넷 신문이 언론조정·중재의 대상으로 되고, 손해배상청구가 언론 조정·중재의 범위에 포함됨에 따른 조치인 것으로 보인다. 아울러 종전에는 중재부의 5인의 중재위원 중 5분의 2 이상은 법관의 자격이 있는 자, 5분의 1 이상은 언론계 인사 중에서 위촉하기로 되어 있었으나, 언론중재법은 5분의 1은 법관의 자격이 있는

97 제32조(시정 권고): ① 중재위원회는 언론의 보도 내용에 의한 국가적 법익이나 사회적 법익 또는 타인의 법익 침해 사항을 심의하여 필요한 경우 해당 언론사에 서면으로 그 시정을 권고할 수 있다. ② 피해자가 아닌 자도 제1항의 권고를 신청할 수 있다. 이 경우 중재위원회는 60일 이내에 그 처리 결과를 신청인에게 통지하여야 한다.

98 헌법재판소 2006. 6. 29 선고 2005헌마165 결정.

자(법원행정처장이 추천), 5분의 1은 변호사 자격이 있는 자(대한변협회장이 추천), 5분의 1은 언론사의 취재·보도 업무에 10년 이상 종사한 자, 그 밖에 언론에 관하여 학식과 경험이 풍부한 자로서 문화관광부 장관이 위촉하도록 했다(제7조 제3항).

중재위원의 임기는 종전과 마찬가지로 3년으로 하되 기존에는 연임 조항이 따로 없어서 혼란을 줄 수 있었던 것을 언론중재법에서는 1회에 한하여 연임할 수 있는 규정을 두었다(제7조 제5항). 중재부의 장은 법관의 자격이 있는 위원으로 되어 있던 기존의 규정을 중재부의 장은 법관 또는 변호사의 자격이 있는 중재위원 중에서 위원장이 지명하도록 하였다. 또한 기존의 의결 정족수인 5분의 3 이상의 출석과 출석위원 3분의 2 이상의 찬성 요건을 언론중재법에서는 중재부장을 포함한 과반수의 출석과 출석위원 과반수의 찬성으로 의결하도록 규정하였다(제9조 제2항).

언론중재위의 운영에 관한 사항은 기존에는 문화관광부 장관과 협의하도록 되어 있었으나(정간물법 시행령 제32조), 언론중재법에서는 중재위원회의 의결을 거쳐 위원회 규칙으로 정하도록 하였다(제7조 제11항). 이는 정부로부터 언론중재위의 독자성을 강화하는 조항이라고 할 수 있다. 또한 예산을 기존의 '국가 예산의 범위 내에서의 보조금'에서 언론중재법에서는 "중재위원회의 운영 재정은 방송법 제36조의 규정에 의한 방송발전기금으로 하되, 국가는 예산의 범위 안에서 보조금을 지급할 수 있다"(제12조)고 규정함으로서 재원의 출처를 밝혔다.[99]

99 방송법 제38조(기금의 용도)는 "기금은 다음 각 호의 1의 사업에 사용된다"고 하면서, 제10호에서 "언론공익사업"을 규정함으로써 그 근거를 명확히 했다.

5) **확장기**(2009. 2~**현재**)

(1) 언론중재법 개정의 배경

2005년 제정된 언론중재법은 인터넷 신문의 기사로 인한 분쟁에 대해 중재위원회에 조정·중재를 신청할 수 있게 하였으나 주요 인터넷 미디어라고 할 수 있는 포털 뉴스, 언론사닷컴의 경우에 법의 적용을 받지 않아서 언론중재위를 통한 피해 구제가 불가능하였다. 이와 아울러 새롭게 등장한 인터넷 멀티미디어 방송(IPTV) 또한 조정·중재 대상에 포함시켜야 한다는 요구도 나오면서 법의 개정이나 새로운 중재법이 제정되어야 한다는 인식이 커졌다. 언론중재위는 토론회 및 세미나 등을 통해서 이러한 점에 대한 요구를 수렴하고 사회적 공감대 형성을 위해 노력했다. 이러한 과정 끝에 제18대 국회는 2009년 1월 13일 본회의에서 언론중재법 일부 개정안을 통과시켰으며, 이 법은 2009년 2월 6일 공포되고 2009월 8월 7일부터 시행되었다.

(2) 개정 언론중재법의 주요 내용

포털·언론사닷컴·IPTV 중재 대상으로 포함

미디어 환경이 변화하면서 새로운 미디어로 인한 피해의 발생 시 그 구제를 원활히 받지 못한다는 이유로 인해 언론중재위의 조정 및 중재 대상에 포털, 언론사닷컴, IPTV 등이 포함되게 되었다. 이는 시의적절하다는 평가를 받았다(정남철, 2009; 양재규, 2009). 그러나 개정법은 언론의 범위를 여전히 "방송, 신문, 잡지, 뉴스통신, 인터넷 신문"으로 국한한다(언론중재법 제2조 1호). 따라서 이 조항은 인터넷 뉴스 서비스와 인터넷 멀티미디어 방송이 비록 언론은 아니지만 그 수행하는 기능 내지는 영향력 측면에서 언론에 준하는 책임을 부담시킨 것이라고 볼 수 있다.[100]

인터넷 뉴스 서비스 표시 의무 등

인터넷에서 발생한 피해 구제를 신속하게 하기 위해 개정 언론중재법에서는 제17조의2 제1항에 '표시 의무'를 부과하고 있다. 표시의 의무란 인터넷 뉴스 서비스사업자가 정정보도·반론보도·추후보도 청구를 받았을 때 해당 기사에 관하여 정정보도청구가 있었음을 알리는 내용의 표시를 하도록 하는 제도다(언론중재위원회, 2012). 포털 사이트에 올라간 뉴스로 인하여 발생한 피해는 신속한 구제가 필요하다. 재판으로 인한 판결에 비하여 언론중재위의 구제 절차가 상대적으로 신속하나 피해 확산을 막기에는 부족하다는 점을 보완하기 위해 표시 의무가 부여되었다. 포털 사이트는 원기사를 제공한 언론사에게 해당 기사로 인하여 피해가 발생했으며 정정보도가 청구되었다는 사실을 알려야 한다. 이때 언론사도 동일한 청구를 받은 것으로 간주되며 반대의 경우에는 언론사가 포털 사이트에 통지할 의무가 있다(동법 제17조의2 제2항·제3항).

전자 기록 보관의 의무

개정 언론중재법에서는 인터넷 미디어에 대하여 전자 기록을 보관해야 할 의

100 개정된 언론중재 및 피해구제 등에 관한 법률 제2조(정의):
제1항. "언론"이라 함은 방송, 신문, 잡지 등 정기간행물, 뉴스통신 및 인터넷 신문을 말한다.
제18항. "인터넷 뉴스 서비스"란 언론의 기사를 인터넷을 통하여 계속적으로 제공하거나 매개하는 전자간행물을 말한다. 다만, 인터넷 신문 및 인터넷 멀티미디어 방송, 그 밖에 대통령령으로 정하는 것으로 제외한다.
제20항. "인터넷 멀티미디어 방송"이란 인터넷멀티미디어방송사업법 제2조 제1호에 따른 인터넷 멀티미디어 방송을 말한다.
제14조(정정보도청구의 요건): 제1항. 사실적 주장에 관한 언론 보도 등이 진실하지 아니함으로 인하여 피해를 입은 자(이하 "피해자"라 한다)는 해당 언론 보도 등이 있음을 안 날부터 3개월 이내에 그 언론 보도 등의 내용에 관한 정정보도를 언론사·인터넷뉴스서비스사업자 및 인터넷 멀티미디어방송사업자(이하 "언론사 등"이라 한다)에게 청구할 수 있다. 다만, 해당 언론 보도 등이 있은 후 6개월이 경과한 때에는 그러하지 아니하다.

무를 부여한다. 인터넷신문사업자와 인터넷뉴스서비스사업자는 인터넷 신문과 뉴스 서비스된 보도의 원본 또는 사본 그리고 해당 보도의 배열에 관한 전자 기록을 6개월간 보관하여야 한다고 정한다(동법 제15조 제8항). 개정 이전의 언론중재법에도 보도의 원본이나 사본을 보관하는 규정은 있었으나 개정법에서는 새로운 미디어의 특성을 고려하여 전자 기록까지 보관하도록 하였다. 개정법은 또 해당 사업자가 보관의 경제적 부담을 고려하여 '대통령령으로 정하는 바에 따라' 전자 기록을 보관할 수 있도록 하여 보관의 방법 등 보관에 관한 구체적인 사항을 시행령에 위임하고 있다.

인터넷 서비스 중인 기사 본문에 대한 정정청구 가능

개정 언론중재법은 인터넷 서비스 중 기사의 본문에 대해서도 정정보도청구가 가능하도록 하였다.[101] 이 역시 인터넷이 지닌 미디어적 특수성을 고려한 조항으로 홈페이지를 통해 보도 또는 매개 중인 기사에 대하여 기사 자체의 정정이 가능하도록 한 것인데, 이때 이미 삭제된 기사는 대상에 포함하지 않는다.

서면에 의한 이의 신청

이의 신청을 하는 사유가 명시된 서면에 의해서만 이의 신청을 할 수 있도록 하여 무분별한 이의 신청을 막고자 하였다. 개정 언론중재법은 서면에 의한 이의신청제도를 규정하는데, "직권조정 결정에 불복이 있는 자는 결정정본

101 제15조(정정보도청구권의 행사): ① 정정보도청구는 언론사 등의 대표자에게 서면으로 하여야 하며, 청구서에는 피해자의 성명·주소·전화번호 등의 연락처를 기재하고 정정의 대상인 언론 보도 등의 내용 및 정정을 구하는 이유와 청구하는 정정보도문을 명시하여야 한다. 다만, 인터넷 신문 및 인터넷 뉴스 서비스의 언론 보도 등의 내용이 해당 인터넷 홈페이지를 통하여 계속 보도 또는 매개 중인 경우에는 그 내용의 정정을 함께 청구할 수 있다.

을 송달받은 날부터 7일 이내에 사유를 명시하여 서면으로 중재부에 이의 신청을 할 수 있다"고 규정한다(제22조 제3항). 이는 이의 신청의 남발을 사전에 막음으로서 직권조정 결정의 실효성을 높이고자 한 규정이라고 할 수 있다.

(3) 언론중재위원회의 구조 변화

인원이나 구성상의 변화는 없으나 기존의 논란이 된 문제점들을 제거하는 방향으로 구조 변화를 꾀하였다. 중재 결정에 대한 불복 및 중재 결정의 취소 등에 관하여 개정 언론중재법에서는 일반적으로 중재 결정에 대한 불복은 법원에 중재결정취소소송의 과정을 거쳐야만 가능한 것이다. 그러나 합의 당시 무능력자이었거나 통지를 제대로 받지 못한 경우에는 중재 결정을 취소할 수 있도록 함으로써 피해 당사자의 권리 구제를 보다 넓힐 수 있도록 하는 것으로 언론중재법 제36조를 준용하는 조항이다(언론중재법 제25조 제2항).

또한 개정된 언론중재법에서는 정정보도청구의 소송은 민사소송법의 절차를 따르게 하고, 반론보도와 추후보도청구에 대해서는 민사집행법의 가처분 절차로 재판을 진행하도록 하였다. 이는 자칫 정정보도청구 과정이 너무 간소하게 이루어져 청구가 남발될 경우 언론을 위축시키고 이는 언론의 자유가 저해되는 것으로 이어질 수 있다는 우려에서 정해진 것이다. 이 부분은 사실 대단히 중요한 결정이라고 할 수 있는데, 정정보도의 위헌성과 언론 자유를 억압하는 요소가 여전히 존재한다는 점을 반증하는 것이라고 할 수 있다.

아울러 개정 언론중재법은 직접적인 피해자가 아닌 제3자의 신청에 의해서도 언론사에 시정 권고를 할 수 있도록 한 조항을 폐지한다. 이 조항은 각계각층에서 문제를 삼을 만큼 논란이 되었는데, 특히 개인이나 단체가 피해 구제가 아닌 다른 목적을 가지고 언론의 보도를 문제 삼아 시정 권고 제도를 악용할 소지가 있다는 점이 지적되었다.

2. 언론중재제도의 쟁점

1) 이용만족도 조사에서 나타난 언론중재제도의 효율성

언론중재제도가 지난 34여 년 동안 한국식 언론 ADR로 자리를 잡아 왔으나 이러한 제도가 피해 구제 방식으로 과연 얼마나 효율적으로 인식되고 있는가에 대한 논쟁은 계속되어 왔다. 실제로 언론중재제도의 조정 성공률이 높지 않다거나, 언론중재제도가 개인의 피해 구제에 초점이 맞춰져 있어 언론 자유와의 이익형량이 제대로 이루어지고 있지 않다든지, 또는 설립 초기 반론권을 행사하기 위해서는 언론중재제도를 먼저 거쳐야 하는 필수적 조정전치주의(현재는 임의적 전치주의) 등과 같은 현안들이 언론중재제도의 효율성은 물론이고 제도 자체의 정당성에 대해 상당한 의구심을 불러왔다.

언론중재제도의 효율성을 보여 주는 지표 중 가장 중요한 것이 바로 '이용만족도 조사'라고 할 수 있다. 왜냐하면 이용 당사자들의 피해 구제 결과에 대한 만족감의 정도가 효율성을 상징적으로 보여 줄 수 있기 때문이다. 언론중재위는 언론중재제도를 개선하고 이용자를 위한 ADR로서의 효율성을 제고하기 위해 매년 '이용만족도 조사'를 실시하고 있다(언론중재위원회, 2012).

이용만족도 조사는 언론중재위 설립 초기에는 매년 실시되지는 않았으나 2005년부터 현재까지 매년 실시되고 있다(언론중재위원회, 2012). 이러한 이용자들의 만족도 조사를 통하여 언론중재위 관련법의 개정이나 제도적 개선 사안, 그리고 피해 구제의 실효성 제고 방안 등을 도출하였다. 이를 위하여 조사는 실제로 언론중재위와 언론중재제도에 대한 인지도에서부터 신청 절차와 처리 결과, 상담 창구에 대한 의견, 그리고 전반적인 만족도에 대한 항목으로 세분화되어 이용자들로부터 답을 구하고 있다. 아울러 신청인과 피신청인뿐 아니라 상담 이용자 및 교육 수강자들의 종합적인 만족도도 산출한다.

(1) 언론중재법 제정 이전(1981~2004)

언론중재위 초기에만 해도 실제로 이용자들의 만족도에 대한 관심이 크지 않았다. 이는 비록 언론중재제도가 존재하기는 하였으나 이 제도 자체를 이용자들이 잘 모르거나 안다고 하더라도 법정에서의 소송과의 차별성에 대한 인식이 부족하거나 실제로 이 제도를 이용한 피해 구제가 효과적일까에 대한 의문 등으로 인하여 언론중재제도에 대한 이용 정도 및 효율성에 대한 인식이 낮았다고 할 수 있다. 그런 이유로 말미암아 2005년 이전에는 1989년과 1996년 그리고 2003년 등 세 차례에 걸쳐 제대로 된 만족도 조사가 이루어졌다. 조사는 모두 자체 조사가 아닌 외부 기관에 의뢰하여 이루어졌다.[102] 1989년도 조사는 흥미롭게도 신청인 및 언론학회 회원을 대상으로 조사를 실시한 반면, 1996년과 2003년도 조사는 신청인 및 피신청인을 대상으로 조사를 실시한 차이가 있다. 각각의 조사 결과를 비교 분석해 보면 언론중재위의 조정전치의 필요성 및 실효성 등과 관련하여 시사점을 읽을 수 있다.

102 연세대학교 사회과학연구소가 실시한 2차 조사의 경우 조사 대상은 1981년 3월부터 1989년 9월까지 중재 신청 경험이 있는 자로 했으며, 전문가 집단인 언론학회 회원을 대상으로 한 조사가 함께 실시됐다. 조사는 1989년 8월부터 10월까지 설문 조사 및 일부 방문 조사 방법을 사용해 이루어졌다. 설문 회수율은 신청인의 경우 8.4%(전체 대상 건수 490건 대비 90건 응답)였고, 전문가 집단은 24.3%(전체 대상 230명 중 56명)였다(〈언론중재〉, 1989년 겨울호, pp.6~34). 서강대학교 언론문화연구소에 의뢰해 실시한 2차 조사는 1993~1995년 및 1996년 7월~9월 기간 중 언론중재 신청인 및 피신청인을 조사 대상으로 했으며, 조사 기간은 1996년 9월부터 11월까지 3개월간이었다. 조사 방법은 우편 조사 방법을 사용하였다. 응답율은 신청인은 1012명 중 161부, 피신청인은 735명 중 111부가 회수되어 총 회수율은 15.6%였다(〈언론중재〉, 1996년 겨울호, pp.118~127). 한양대학교 커뮤니케이션연구센터가 실시한 3차 조사는 2000년 1월부터 2003년 6월까지 3년 6개월간 언론중재제도를 이용한 경험이 있는 신청인과 피신청인을 대상으로 실시됐다. 조사 방법은 우편 조사 방법을 사용하였다. 응답율은 신청인 17.4%(대상자 1355명 중 236부), 피신청인이 13.0%(976명 중 127부)로 전체 회수율은 15.2%였다(《2003년도 언론중재제도 이용만족도 연구》, 2003, pp.18~22).

물론 1989년 본격적인 이용만족도 조사가 이루어지기 이전에도 중재 신청인들의 의견을 묻는 조사가 존재하긴 하였다(1차 조사). 예를 들어 1985년 언론중재위 설립 4년 만에 언론중재 신청자들의 언론중재에 대한 의견을 묻는 조사가 있었다. 이 조사는 1985년 5월 7일부터 7월 15일까지 지난 4년 4개월 동안 언론중재위에 접수된 256건의 신청인 중에서 139명을 대상으로 이루어졌다. 이때 조사에서 제외된 경우는 조정이 기각되거나 각하된 사람들과 중재제도 이용을 해마다 중복해서 한 사람들이었다.

조사는 설문지 작성과 전화 인터뷰 등으로 진행되었다. 조사 결과 '합의'에 의해서 정정보도(당시까지는 반론보도를 정정보도로 지칭)가 결정된 신청인들 중에서 개인적 권리가 회복되었다고 생각하는 사람은 단지 29%에 불과했다. 이 조사는 권리회복에 대한 인식, 주변의 피해 상황, 언론의 인권 침해 해결을 위한 선결 문제, 언론의 인권 침해 방지 가능성에 대한 의견, 언론에 대한 태도와 변한 태도 내용, 그리고 언론중재위의 인지도에 대하여 이루어졌다.

중재제도의 '효용성'과 직접 관련된다고 판단되는 이용 만족도의 경우 낮은 것으로 나타나서 당시 조사 결과로만 보자면 언론중재제도의 실제 효율성이 대단히 낮았다고 판단할 수 있다. 이 결과는 언론중재제도의 실효성은 물론이고 존재 자체에 대해서도 위협적인 결과라고 판단된다. 다시 말하자면 언론중재위 설립 초기에는 언론중재위의 인권 침해에 대한 피해 구제 역할에 대해서는 충분히 인식되지 못했다고 할 수 있다.

두 번째 조사(2차 조사)이며 첫 본격적인 조사는 1989년에 실시되었다. 1985년의 첫 번째 조사가 언론기본법하에서의 언론중재위 자체의 만족도 조사였다면, 1989년에 실시된 두 번째 조사는 정간물법하에서의 변화된 상황을 판단하기 위해 연세대학교 사회과학연구소에 의해서 실시되었다. 연구 조사명도 '언론중재제도 개선을 위한 평가 연구: 신청인 및 전문가 집단에 대한 의견 조사를 중심으로'였다. 즉 첫 번째 조사가 언론중재위 자체의 신청인 만족도 조사였다면 이번 조사는 신청인 이외에 전문가 그룹(한국언론학회 회원)에 대한 조사라는 차이점이 있다. 여기서는 언론중재위가 설립된 1981년부터 1989년 9월 현재까지 조정을 이용한 신청인 346명 중 90명과 한국언론학회 회원 56명을 대상으로 설문 응답을 실시하였다(서정우, 1989).

조사 결과 앞선 2차 조사(서강대 조사)의 결과에서와 마찬가지로 신청인들의 불만족도가 여전히 높았으나 이전보다는 불만족도가 상대적으로 낮아지는 것으로 나타났다. 조사 결과는 이러한 변화가 언론사들이 반론보도와 정정보도에 부정적인 인식을 갖고 있던 태도에서 점차 벗어나 언론 보도로 인해 피해를 입은 신청인을 구제하는 데 적극적으로 동참하고자 하는 인식이 커지면서 나타난 것으로 보았다. 그러나 당사자 간에 합의된 정정 또는 반론보도 여부에 대한 평가에 관해서도 신청인과 피신청인의 평가가 엇갈리는 것으로 조사되었다.

언론중재제도의 인지도에 관한 문항에서는 61.8%로 나타나 첫 번째 조사에서보다 상당히 높은 것으로 나타났다. 언론중재제도 이용 동기를 묻는 질문에 있어서 소송이 시간이나 비용 측면에서 대단히 부담된다는 점 때문이라는 응답이 가장 많았다. 그 다음으로는 반론보도를 구하기 위해서는 반드시 언론중재제도를 거쳐야 하기 때문이라는 응답으로 나타났다.

언론중재제도의 필요성에 대한 질문에 대해서는 국민의 기본권 보호와 언론으로 인한 피해 구제를 목적으로 하기 때문에 언론중재제도가 필요하다고 생각한다는 응답이 가장 많은 것으로 나타났다. 신청인 중 82.5%, 피신청인 중 95.1%가 필요하다고 응답해 언론중재제도의 실효성에 대한 논란에도 불구하고 언론중재제도는 기본적으로 유지 발전 시켜나가야 할 제도로 대부분 인식하고 있는 것으로 드러났다. 이는 언론 보도로 인한 피해에 대한 신속한 구제를 위한 기구가 별도로 필요하다고 인식하는 것으로 해석할 수 있으며 동시에 언론중재위의 인지도와 효율성에 대한 인식이 나름 커진 결과로 이해할 수 있다.

또한 언론중재위가 합의가 이루어지지 않는 경우 향후 직권으로 정정보도를 내도록 해야 한다는 질문에 대해서 신청인은 100%가 찬성하였으며, 전문가들의 경우에도 81.1%가 찬성하여 언론중재위의 기능을 확대해야 한다는 데 긍정적인 결과를 보였다. 직권중재 이외에도 손해배상청구 제도의 도입에 관해서도 신청인 대부분이 동의하였으며 전문가도 일부 필요성이 있다고 판단하는 것으로 나타났다. 다시 말하자면 언론 관련 ADR로서 언론중재제도의 효율성을 높이고 현재 낮은 합의 성공률을 보완하기 위해서는 현재의 언론중재위의 기능을 확대할 필요성에 대해서 신청인이나 전문가나 대부분 찬성하고 있다고 할 수 있다.

1993년 정간물법 개정으로 언론중재제도는 다시 한 번 변화를 겪는다. 무엇보다 직권중재제도의 도입으로 언론중재제도는 실효성을 높이게 된 것이 특징이다. 개정된 정간물법 시행을 기준으로 1993년에서 1996년 9월까지 언론중재제도에 관한 이용만족도 조사가 진행된 결과 언론중재위의 인지도가 이전의 조사에 비해 크게 높아졌음이 드러났다. 중재 신청 기간이 보도가 있던 날로부터 한 달 이내라는 변경된 중재 규정에 대하여 신청인은 비교적 만족하는 반면 피신청인은 신청인 편의 위주의 조항이라고 생각하여 불만을 갖고 있는 것으로 드러났다.

2003년도 조사(4차)에서는 신청인을 대상으로 중재 처리 결과 만족도를 5점 척도로 조사한 결과 '합의'에 이른 경우(평균 3.17)를 제외한 모든 경우에 "대체로 불만족스럽다"는 평가를 내리고 있다. 중재 합의에 이른 경우에도 "매우 또는 대체로 만족한다"는 의견이 34.6%이고, "매우 또는 대체로 불만족한다"는 의견은 34.8%여서 1996년도 조사와 비슷한 결과를 보이고 있다. 이에 비해 피신청인의 중재 처리 결과에 대한 만족도는 신청인과 큰 차이를 보인다. 피신청인은 '중재 불성립'을 제외한 모든 결과(중재합의, 중재취하, 중재 기각, 각하 등)에 대해 "보통이다," "대체로 만족한다"고 응답하였다. 이 점 역시 1996년도 조사와 유사한 결과를 나타내고 있어 언론중재 처리 결과에 대한 만족도는 신청인보다 피신청인이 높다고 해석할 수 있다.

2003년도 조사에 의하면, 언론중재위의 권한을 '언론 피해로 인한 손해 배상'까지 확장하자는 의견에 대해 신청인들의 58.7%는 "분쟁을 일거에 해소할 수 있다는 점에서 경제적이고 바람직하다"고 응답했고, 20.9%만이 "중재 제도의 취지에 비추어 무리한 발상"이라고 답하고 있다. 반면에 피신청인의 경우에는 "법적인 문제가 파생될 수 있으므로 법원의 판단을 요구한다"라는 의견이 31.2%, "비현실적이고 무리한 발상이다"가 29.5%, "시기상조"라는 의견이 24.1%로 응답해 신청인들과 인식에 있어 괴리가 있음을 보여준다.

조사 결과를 종합해 보면 첫째, 중재 제도의 '필요성'에 관해서는 어느 정도 공감대가 형성되어 있음을 알 수 있다. 언론중재제도의 '이용(신청) 동기'(표 4-2 참조)에 대하여도 1989년도 조사에서는 "정정보도만으로도 족하다고 생각했기 때문에"라는 응답이 38.6%로 가장 많았고, 다음으로 "민·형사소송은 시간이나 비용 면에서 부담을 주기 때문에"와 "언론중재위원회에 가야만 하는 것으로 알았기 때문에"가 각각 20.5%였다. 이에 비해 1996년 조사에서는 "개인적 항의보다 피해 구제 효과 확실"이 50.3%, "정정보도 등을 통한 정신적 보상"이 32.9%였으며, 2003년 조사에서도 각각 45.6%와 24.5%로 나타나 언론중재를 통한 피해 구제와 정신적 피해 보상이라는 신청의 목적이 명확해지고 있음을 알 수 있다.

둘째, 언론중재의 '실효성'은 아직 기대에 미치지 못하고 있음을 보여 준다. 중재 처리 결과에 대한 '만족도'는 신청인을 대상으로 실시한 1989년도 조사에서는 합의된 경우와 불성립 사례를 각각 나누어 조사하고 있는데, 합의 사항에 대한 만족도에서 조차 "매우 불만족" 39.1%, "대체로 불만족"

표 4-2 중재 신청 동기

1986년 조사	1996년 조사	2003년 조사
정정보도만으로도 족하다고 생각했기 때문에 (38.6%)	개인적 항의보다 피해 구제 효과 확실 (50.3%)	확실한 피해 구제 효과 기대 (45.6%)
민·형사소송은 시간이나 비용 면에서 부담을 주기 때문에 (20.5%)	정정보도 등을 통한 정신적 보상 (32.9%)	물질 보상보다는 정신 보상을 원함 (24.5%)
언론중재위원회에 가야만 하는 것으로 알았다. (20.5%)	시간이나 비용의 부담이 적어서 (6.1%)	시간·비용 부담 적기 때문 (14.5%)
피해 구제가 훨씬 빠르기 때문에 (10.2%)	피해 구제를 위한 다른 방법을 몰라서 (6.1%)	반론보도를 위한 전치 제도이므로 (9.5%)
기타 (10.2%)	기타 (4.7%)	기타 (5.9%)

출처: 〈언론중재제도 이용만족도 보고서〉(1986~2014).

34.8%여서 응답자의 73.9%가 불만족스럽게 생각하는 것으로 나타났다("대체로 만족"은 26.1%). 이에 비해 1996년도 조사에서는 언론사와 합의한 신청인의 경우 합의 결과에 대해 32.6%가 "만족한다"고 응답한 반면에 "불만족스럽다"는 응답은 36%인 것으로 조사되어 만족도가 다소 나아지기는 했으나 여전히 불만족도가 높음을 보여 주고 있다. 그러나 피신청인에 대한 조사 결과는 신청인과는 대조적이어서 "매우 또는 대체로 만족한다"는 의견이 38.2%였고 불만을 표한 의견은 18.7%에 불과했다.

(2) 언론중재법 제정 이후(2005~2012)

언론중재법으로 언론중재 관련법이 단일법으로 독립하면서 언론중재제도는 또 한 번의 제도적 개편이 이루어진다. 이에 따라 운용상 실효성을 제고하고 언론중재위에 대한 종합적인 평가를 하고 다각적 분석을 통해 향후 법 개정 방향에 대한 중재위원의 의견 조사도 실시하였다. 2004년 이후 외부 리서치 회사에 의뢰하여 조사가 진행되었으나 언론 피해 예방 및 구제 교육에 대한 이용만족도 조사와 중재위원의 언론중재법에 대한 조사는 언론중재위에서 자체적으로 실시하였다.

이전과 달리 2005년부터는 1년 단위로 조사가 이루어졌으며 피해 구제를 청구한 신청인과 피신청인뿐만 아니라 언론중재위에서 실시하는 교육 수강자까지 조사 대상에 포함시켜 전문 리서치 회사를 통해 조사를 실시해오고 있으며 그 목록은 표 4-3과 같다.

2005년 이용만족도 조사(5차)에 따르면 과거에 비해 언론중재위의 인지도는 신청인과 피신청인 모두에게 높은 수준으로 나타났으며, 신청인보다 피신청인의 인지도가 더 높게 나타났다. 이는 당연한 결과라 할 수 있다. 언론중재위에 대해서 필요한 제도라는 인식이 과거에 비해 달라졌으나 그 이유는 서로 다른 것으로 나타났다. 피신청인의 경우 조정 과정에 참여한 이후에 보도 시 인격권 침해에 대하여 보다 신중하게 다루어야 했다고 생각한 비율이 높았다는 부분은 언론중재제도가 언론인의 보도 윤리 의식 향상에 어느 정도 긍정적인 영향을 준다고 볼 수 있다.

언론중재법에 새롭게 도입된 손해배상청구 제도에 대해 신청인은 높은 만족도를 보이지만 피신청인은 낮은 만족 수준을 보인다. 인터넷 신문이 조정·중재 대상에 포함된 것에 대해서도 피신청인에 비하여 신청인의 만족이 높은 것으로 볼 수 있다. 이하 다른 조항들에 대한 만족도를 종합해 볼 때 피신청인은 언론중재법이 언론에 불리한 법안이라고 인식하는 것으로 보인다.

다음 해인 2006년에는 2005년에는 실시되지 않았던 종합 만족도 점수를 산출하였다. 2006년 이용만족도 조사(6차)에서는 종합 만족도 산출을 위해 신청인과 피신청인을 서로 다른 차원에서 조사를 진행한다. 신청인의 경우에는 조정 신청 절차와 방법, 중재위원, 대기실과 심리실, 조정 처리 결과, 상담 창구 등의 차원에서 조사가 진행되었다(언론중재위원회, 2006). 피신청인의

표 4-3 연도별 이용만족도 조사 현황

연도	조사 대행 기관	조사 대상자 수		주요 조사 내용
		신청인	피신청인	
2005	코리아리서치센터	554	445	위원회 광고와 홈페이지에 대한 평가, 조정 중재 처리 과정과 결과에 대한 평가, 2005년 언론중재법 시행과 관련한 사항 등
2006	한국신용정보	470	450	조정 중재 종합 만족도 및 차원별 만족도, 언론중재법 시행으로 달라진 언론중재제도에 대한 평가, 포털 및 언론사닷컴 등의 조정 대상 포함에 대한 인식 등
2007	한국신용정보	506	378	위원회 이미지 및 선호도 변화, 피해 구제 보도에 대한 평가 및 사후 안내 만족도, 달라진 언론중재제도에 대한 평가 등
2008	나이스 R&C	524	385	중재 절차에 대한 인지도 및 향후 이용 의향, 포털 사이트, IPTV 등의 조정 대상 포함 견해 및 필요성 등
2009	한국신용정보	441	377	2009년 개정 언론중재법에 대한 인식, 인터넷 미디어의 기사삭제청구에 대한 인식 및 알림 문구 게재에 대한 인식 등
2010	나이스 R&C	396	382	피해 구제 방법별 만족도 및 조치 사항 만족도, 위원회 교육 이용 시 교육량과 시간의 적절성, 상담 이용자의 종합 만족도 및 중요도 등
2011	나이스 R&C	429	350	심리 진행 시간 만족도, 인터넷 미디어에 대한 기사삭제청구권 도입에 대한 인식, 피해 구제 보도문 및 손해배상의 실효성 제고에 관한 사항 등
2012	나이스 R&C	440	381	무료 변론 서비스, 담당 직원의 복장 단정, 담당 직원과의 접촉 용이성 등 항목의 추가. 질적 조사 실시 등
2013	나이스 R&C	473	442	무료 변론 서비스 제외, 전담 중재부 운영, 조정 중재 아카데미 추가 등
2014	포커스컴퍼니	527	342	대기실 및 심리실 차원 만족도 제외, 기사삭제청구권 도입, 기사 삭제 효과에 대한 조사 등

경우에는 신청인만이 신청 과정에서 겪게 되는 절차와 방법에 대한 내용과 상담에 관한 내용을 제외한 세 가지 차원에서 조사가 진행되었다.

언론중재위의 이용만족도 조사 결과, 언론조정중재제도에 대하여 피신청인이 2005년에 비해 20% 이상 긍정적인 인식을 갖게 되었다는 점은 주목할 만하다. 조정 업무와 관련한 종합 만족도 점수의 경우 신청인이 73.4점, 피신청인이 67.3점으로 조사되었다. 신청인과 피신청인 모두 조정 절차에 있어서 중재위원에 대하여 가장 중요하게 생각하고 있었다. 조정 처리 결과에 대한 만족도가 신청인은 66.0점으로 낮은 편인데 반하여 피신청인의 만족도는 차원별 만족도 가운데 가장 높게 나타나고 있다. 언론중재위의 기능과 역할, 필요성에 대하여 일반인에 비해 언론인이 더 긍정적인 평가를 하고 있는 것에 대해 위원회가 바람직한 언론 문화 조성에 기여하고 있는 점에 대하여 언론인 스스로 인정하고 있다는 평가를 내린다(언론중재위원회, 2006). 그러나 이러한 평가는 언론중재제도가 언론사를 위한 것이 아니라 언론 보도로 인해 피해를 입은 자를 구제하기 위해 존재하는 제도라는 점을 생각해 볼 때 바람직한 현상인지에 대해서는 의문이 들 수 있다.

2007년 실시된 이용만족도 조사(7차)에서도 비슷한 현상이 나타났다. 언론중재위의 조정과 중재 업무에 대한 종합 만족도 점수는 신청인이 73.7점, 피 신청인이 71.9점으로 지난해 결과보다 피신청인의 종합 만족도 점수가 크게 늘었다. 이에 언론중재위는 〈2007년 언론중재위원회 이용만족도 조사 보고서〉에서 피신청인의 만족도가 증가하는 것은 중재위위원회에서 공정한 업무 수행을 하고 있어 신청인과 피신청인 모두에게 긍정적인 평가를 받고 있는 것이라 정리하였다. 종합 만족도 문항 외에도 손해배상청구권에 대한 언론인의 평가 점수가 향상되고 있으며 조정 심리 과정에 참여했던 피신청인 대부분이 참석 이후 기사 작성에 신중하게 되었다고 답하여 언론중재제도가 긍정적인 취재 보도 문화 형성에 영향을 미치고 있다고 볼 수 있다. 이와 같이 2007년도에 실시된 이용만족도 조사에서는 언론중재제도가 언론인에게 긍정적인 인식을 갖게 되었다는 점을 긍정적으로 평가할 수 있다.

이듬해 실시된 조사(8차)에서는 2009년도에 있었던 언론중재법 개정에 앞서 중재 제도 이용 의향과 포털 사이트, IPTV에 대한 효율적인 피해 구제 방법에 대한 설문 조사를 실시하였다. 이는 언론중재위의 정책 과제 설정을 위하여 이용자들의 의견을 수렴하기 위한 것으로 보인다. 2008년도 이용만족도 조사 결과 조정·중재 이용자 종합 만족도는 신청인이 75.7점, 피신청인이 71.6점으로 신청인은 상승하고 피신청인은 전년 수준을 유지하였다. 조정처리 결과에 대한 신청인과 피신청인의 만족도가 비슷하게 나타난 것은 중재부가 어느 쪽에도 치우치지 않고 공정한 결과를 도출하도록 했음을 추정할 수 있다.

손해배상청구에 관한 만족도와 관련해서 조정액과 지급 시기에 대한 조사가 각각 이루어지는데, 피신청인의 만족도가 신청인보다 높게 나타났다. 처음 도입될 당시에는 손해배상청구에 대한 인식이 좋지 않았으나(임병국, 1999) 결과를 통해 볼 때 언론사 입장에서도 손해배상청구 방식이 분쟁을 해결하고 피해 구제를 하는데 있어서 상당히 유용한 방법이라고 인식하는 것이라 볼 수 있다. 언론중재위의 조정·중재 제도가 피해를 입은 사람보다 언론사에 만족도가 높은 제도라는 조사 결과는 조정처리 결과에 따른 만족도 분석 결과와 비슷하게 나타난다.

언론중재법이 제정된 2005년에서 2008년까지 조정 처리 결과를 항목별 구분하고 신청인과 피신청인의 만족도를 정리하면, 대부분의 항목에서 신청인의 만족도는 피신청인의 만족도보다 낮은 것을 알 수 있다. 합의가 불성립된 것에 대하여 신청인의 만족도가 높지 않은 것은 당연한 결과지만 직권조정 결정의 만족도가 낮은 것은 문제로 지적하지 않을 수 없다. 만족도 점수에 전반적으로 큰 차이는 없으나 피신청인의 만족 수준이 높은 것은 분명하다고 할 수 있다. 2008년 이전의 언론중재제도는 ADR로서 당사자들의 합의를 이끌어 내는 역할에 충실하기 위한 법·제도적 발전을 추구하고 있다는 점에는 의심할 여지가 없으나 언론 보도로 인해 피해를 입은 자를 구제하기 위한 제도라기보다는 언론사를 위한 제도라는 비판을 받을 수 있다.

언론중재법의 개정 이후 시행된 2009년 이용만족도 조사(9차)는 개정 언론중재법에서 인터넷 서비스가 포함된 것에 대하여 새로운 법이 인터넷상 언론 분쟁 해결에 어느 정도 기여하였는지를 평가하고자 하였다. 또한 인터넷의 미디어 특성을 고려한 바람직한 피해 구제 방법에 대한 물음도 포함된다. 이는 언론중재법의 제정 때와 마찬가지로 법의 변화의 흐름에 따른 제도적 발전을 하고자 하는 언론중재위의 노력이라 볼 수 있다.

2009년도 이용만족도 조사 결과 이용자의 종합 만족도는 신청인이 80.1점이고 피신청인이 72.3점으로 신청인만 약간 상승한 것으로 나타났다. 신청인의 경우 피신청인과 달리 신청 절차와 상담 창구에 관한 문항 등 다양한 차원에서 조사가 이루어지는데, 심리 후 결과 및 향후 법적 절차에 대한 설명 부분과 사건 종결 후 보도문 게재 여부 안내에 대한 만족도가 상승한 것이 종합 만족도 점수 향상에 기여한 것으로 보인다(언론중재위원회, 2009). 미디어에 따라 신청인의 종합 만족도를 조사한 문항에서는 방송 미디어에 대한 만족도가 84.4점으로 나타났으며 처음 조정·중재 대상으로 지정된 인터넷 미디어는 79.9점으로 가장 낮은 만족도를 나타냈다.

조정·중재의 차원별 만족도에서도 피신청인에 비하여 신청인의 만족 수준이 전적으로 높은 것으로 나타난다. 피해 구제 방법 만족도 조사 결과 신청인은 피해 구제 보도를 받았을 때 만족도가 높았으며 피신청인은 인터넷 기사의 삭제나 사과로 구제 조치를 한 경우가 만족도가 높았다. 한편, 손해배상에 대해서는 금액과 지급 시기 모두 타 구제 방법에 비해 만족도가 낮게 나타났다. 명예훼손을 제외한 나머지 초상권과 같은 인격권 침해가 발생했을 때 가장 선호되는 피해 구제 방법은 손해배상청구임에도 불구하고 이용자의 만족도가 낮다는 것은 앞으로 개선해야 할 부분이다.

개정된 언론중재법으로 기존 법에서 인터넷 신문만 대상이 되었던 것에서 포털 사이트와 언론사 홈페이지까지 조정·중재 신청이 가능해진 것에 대하여 이용자들은 앞으로 피해 구제에 도움이 될 것이라고 평가하고 있었다. 2010년(10차)도 이용만족도 조사의 경우, 2009년 미디어별 만족도 조사에서 방송 미디어의 만족도가 높았던 것에 비해 포털 사이트와 인터넷 신문의 만족도가 가장 높게 나타났다. 인터넷 미디어를 조정·중재 대상으로 포함한 개정된 언론중재법이 실효성을 거두고 있다고 해석할 수 있다.

표 4-4는 조정·중재 업무와 관련하여 신청인과 피신청인의 종합 만족도 점수를 정리한 것이다. 2005년에는 종합 만족도 점수를 산출하지 않았으나 이후 매년 만족도를 수치로 제시하고 있다. 언론중재위의 전반적인 만족도를 측정하는 종합 만족도 점수를 보면 언론중재법 개정 이후 신청인의 만족도가 많이 높아진 것을 볼 수 있다. 언론중재법 개정 이전에는 피신청인의 만족도가 전반적인 항목에서 더 높았던 반면 2009년 이후에는 신청인의 만

표 4-4 조정·중재 업무 관련 종합 만족도

	2005	2006	2007	2008	2009
신청인	–	73.4	73.7	75.6	80.1
피신청인	–	67.3	71.9	71.6	72.3
	2010	2011	2012	2013	2014
신청인	80.8	84.0	85.9	85.2	85.3
피신청인	75.4	69.1	74.8	74.8	74.7

출처: 2005~2014년 언론중재위원회 이용만족도 보고서(단위: 점).

족도가 상승한 것으로 나타났는데, 이는 언론중재제도가 본래 의미에 맞게 구제 제도로서의 역할을 수행하고 있는 것이라 볼 수 있다.

종합적으로 판단하건데 2005년에는 종합 만족도 점수를 산출하고 있지 않으나 언론중재법 개정 이후 신청인의 만족도가 조금 높아졌음을 확인할 수 있다. 이는 곧 언론중재제도의 효율성과 직결될 수 있다. 언론중재법 개정 이전에는 피신청인의 만족도가 전반적인 항목에서 모두 높았으나 2009년 이후에는 신청인의 만족도가 상승하고 있다. 언론중재위에서 발간한 과거 보고서에서 언론사의 만족도가 높은 것은 긍정적으로 평가하고 있었으나 이런 자체적인 평가가 옳은 것인지에 대해서는 비판이 있었다(임병국, 2012). 그럼에도 실제 보도로 인해 피해를 입은 신청인이 피해 구제에 대해 만족하는 것이 ADR로서 제 역할을 했다고 할 수 있다는 점에서는 언론중재법 개정 이후 이용만족도는 의미 있는 변화라 할 수 있다. 즉 만족도의 상승에 따른 변화는 언론중재제도가 본래 의미에 맞도록 ADR로서의 역할과 기능을 수행한다는 점을 시사하는 것이라 할 수 있다.

2) 조정전치주의

언론중재제도의 효율성과 함께 중요한 쟁점이 되어온 것이 바로 전치주의였다.[103] 전술한 바와 같이 우리나라는 '언론의 자유에 관한 제한입법의 원천적

103 전치주의는 ① 조정전치주의, ② 화의전치주의, ③ 행정심판전치주의, ④ 결정전치주의 등이 있다. '조정전치주의'는 민사상의 분쟁에 관해서는 우선 조정 청구를 하고 조정이 성립되지 않은 경우에 비로소 심판을 청구할 수 있다는 주의를 말한다(가사조정법 제50조). '화의전치주의'는 파산 신청이 있을 경우 먼저 화의를 하도록 하고, 화의가 성립되지 아니할 때에는 고유의 파산 선고를 하도록 하는 주의를 말한다(화의법 제9조). '행정심판전치주의'는 위법 또는 부당한 처분 등에 대하여 법령이 행정 심판을 인정하고 있는 경우 그 행정 심판을 거치는 것을 행정소송

금지 구조'를 갖고 있는 미국과는 달리 기본권의 본질적인 내용을 침해하는 수준이 아니라면 그 권리를 제한하는 법률도 만들 수 있는 '언론의 자유에 관한 제한 입법의 한정적 허용 구조'라는 헌법 체계를 갖고 있다(박형상, 2001). 이러한 헌법 정신에 근거하여 언론중재제도의 도입 초기(도입기 및 과도기)에는 반론보도청구를 위해서 반드시 언론중재위의 조정을 거치도록 하였다(필요적 전치주의). 그러던 것이 2005년 언론중재법 제정 이후에는 반론보도 청구의 경우에도 반드시 언론중재위를 거칠 필요 없이 법원에 소송을 제기할 수도 있고, 또 직접 언론사에 청구를 할 수도 있도록 하였다(임의적 전치주의).

이처럼 반론권 행사의 조정전치제도를 중심으로 한 논의는 크게 두 가지 방향으로 진행되어 왔다. 이는 언론중재제도의 취지를 살리고 효율성을 높이기 위해서는 조정전치제도를 강화해야 한다는 시각과 반론문을 통한 피해 구제를 언론중재위를 거치도록 하는 것은 언론의 자유에 대한 과잉 규제의 위험성이 있을 뿐만 아니라 언론 보도로 인한 피해자의 피해 구제 선택을 제약함으로써 공정한 재판을 받을 권리를 제한한다는 시각이다(이재진, 2006c).

우선 조정전치주의를 강화해야 한다는 입장은 언론중재위가 언론으로 인한 피해를 신속하고 실효성 있게 구제하기 위해서는 전치주의가 꼭 필요하다고 주장한다. 즉 언론중재위의 조정 제도가 법원 밖에서 분쟁을 해결하려는 언론 ADR로서의 기능을 충실히 실행하기 위해서는 최대한 이를 통한 피해 구제가 충실히 이루어지도록 해야 되므로 조정전치주의가 강화되어야 한다는 것이다(이재진·유재웅, 2004).

제기를 위한 필요적 전심 절차로 하는 제도를 말한다(행정소송법 제18조). 공무원의 위법한 직무집행행위로 인한 손해배상청구의 경우 국가배상법은 종전에는 반드시 배상심의위원회 결정을 거치도록 되어 있었으나, 2000. 12. 29 법 개정으로 바로 소송 제기도 가능토록 변경(국가배상법 제9조)되었다. 소송 제기 전 결정을 거치는 경우 이를 '결정전치주의'라고 한다.

조정전치주의를 강화해야 한다는 주장은 이러한 전치주의제도가 언론보도의 피해자에게는 신속하고 저렴한 피해 구제의 기회를 제공해 줄 뿐만 아니라 언론 기관에게는 '반성과 재고의 기회'를 부여하는 계기를 마련해 준다는 데 근거한다(강현중, 1996: 13). 왜냐하면 피해자들은 피해 구제를 신속하게 받기를 바라고, 언론사도 소송을 통해 받는 금전적, 심리적 부담이 적지 않은 반면 반론문 게재가 언론의 잘잘못을 따져서 결정하는 것이 아니어서 언론에도 크게 부담을 주지 않기 때문이다.

특히 언론중재제도가 언론기본법에 의거해 출범할 당시만 해도 언론의 책임을 확보하기 위한 장치로 새로 도입된 정정보도청구권의 법적 성격을 둘러싸고 논란이 많았다.[104] 언론계는 언론의 자유에 대한 이중 규제 또는 과잉규제라고 비판하였다. 그러나 우리 대법원은 "정정보도청구권은 그 제목의 표현과는 달리 언론사에 대하여 정기간행물이나 방송의 보도 내용을 진실에 부합되게 시정할 것을 요구하는 권리가 아니라 그 보도 내용에 대하여 피해자가 주장하는 반박 내용을 보도해 줄 것을 요구하는 권리"라고 반복적으로 판시하여 그 성격이 잘못된 사실을 바로잡는 것이 아닌 피해자가 언론에 대해 자신의 목소리를 낼 수 있는 기회를 제공해 주는 것이라는 점을 명확히 했다(대법원 1986. 1. 28. 선고 85다카1973 판결; 1991. 1. 15 선고 90다카25468 판결 등).

아울러 반론보도청구의 전치주의가 언론 자유를 침해하는지 여부를 둘러싸고 논란이 제기된 바 있었으나 이 역시 헌법재판소가 언론 자유의 본질적 내용을 침해하는 것으로 볼 수 없다며 합헌 결정(1991. 9. 16 선고 89헌마165 결

104 이러한 비판은 언론중재제도의 모태가 되는 언론기본법이 담고 있는 언론관과 절차적 정당성 등에 대한 비판과도 관련이 있다. 언론기본법은 1980년 당시 국가보위입법회의를 통과하여 제정됨으로써 입법 절차상 정당성이 결여되어 있고, 언론 자유에 대한 과도한 규제와 공적 책임을 지나치게 강조함으로써 보도 활동의 위축에 대한 각계의 비판과 언론계의 저항을 받아 1987년 폐지되었다(유일상, 1998: 32).

정)을 내림으로써 시비는 일단락되었다. 헌법재판소는 결정문에서 "정정보도 청구권은 신속한 권리 구제를 위해 언론 보도로 인한 피해자에게 언론 보도를 반박할 기회를 준다는 점에 특색이 있으므로 언론 자유와의 관계는 기본권의 조화라는 전체적인 관점에서 평가돼야 한다"면서 "이 제도는 상충되는 기본권 사이의 조화를 목적으로 삼는다는 점에서 헌법에 위배되지 않는다"고 밝혔다.[105]

그러나 조정전치제도가 여전히 문제가 많다는 주장도 만만치 않다. 특히 언론의 자유에 대한 과잉 규제의 위험성은 아직도 있다고 한다(손태규, 2013). 언론중재위의 조정을 소송 이후의 후치주의로 해야 한다는 주장도 제기되었다(박운희, 1995). 현재는 임의적 전치주의로서 설립 초기의 필요적 전치주의를 취하고 있지 않다는 점에서 위헌성은 많이 줄어들기는 했으나 아직도 문제가 존재한다는 것이 쟁점의 핵심이다. 특히 전치주의에서 조정의 실효성을 높이기 위해 강제조정권을 강화하다 보면 헌법이 보장하는 국민의 재판을 받을 권리 및 언론의 자유 보장 문제와 상호 법익이 충돌하는 문제가 발생할 수 있어 이들 법익 사이의 균형을 합리적으로 도모할 수 있어야 할 것이라고 지적

105 그러나 이 결정에 대해 소수 의견을 낸 한병채, 이시윤 재판관은 "정정보도청구권은 일반 소송과 달리 약식 절차에 따르게 함으로써 언론사의 발행인, 편집인에게 충분한 방어 기회를 주지 못해 평등의 원칙과 공정한 재판을 받을 권리에 어긋난다"고 지적하고 있다. 이와 관련, 〈국민일보〉가 정정보도청구와 관련 민사소송법상 가처분 절차 규정에 의거하여 재판한다는 정간법 규정이 언론 기관의 평등권과 재판청구권을 부당하게 제한하고 언론 자유의 본질적 내용을 침해한다는 위헌소원을 제기한 데 대해 헌법재판소는 1996년 4월 25일 "정간법상의 정정보도청구권은 그 용어상의 표현에도 불구하고 반론권으로 해석함이 타당하다"며, 89헌마165 결정을 다시 확인하면서, "피해자가 본안소송 절차에 의하여만 권리를 구제 받게 된다면 피해 구제의 실효성을 거둘 수가 없고, 독자들이 공정한 여론 형성에 참여할 자유나 객관적 질서로서의 언론 제도를 보장하는 데도 반하는 것이므로 가처분 절차에 따라 심판하도록 하는 것이 평등의 원칙에 반하거나 언론 자유의 본질적 내용과 언론 기관의 재판청구권을 부당하게 침해하는 것으로 볼 수 없다"고 합헌 결정 이유를 밝히고 있다(95헌바25 결정).

한다(유일상, 2003).

아울러 언론중재위 조정 활동을 긍정적으로 평가하는 측에서는 위원회의 법적·제도적 권한 강화가 이루어져야 중재 제도의 실효성을 확보할 수 있다고 주장하기도 한다. 그러나 급속한 권한 부여는 경계해야 된다고 점에는 유사한 의견을 보인다. 특히 중재위원회가 감당할 수 있는 적정 권한의 범위가 어디까지인지는 법률적 판단 못지않게 현실 운영 여건에 대한 판단이 중요하다고 입을 모은다. 아무리 법적으로 이상적인 권한을 언론중재위에 부여한다고 하더라도 현실적으로 감당할 수 없다면 권한 부여는 무의미하기 때문이다.

또한 언론중재위의 주요 임무가 조정임에도 불구하고 중재위원회 중재부의 장은 지방법원의 부장급 판사가 맡고 있다는 점에서 '중재부장의 영향력이 대단히 크다'는 점도 지적된다. 이에 따르면 비록 각 중재부가 법조계, 언론계, 그리고 지역의 인사가 참여하는 5인의 중재위원으로 구성되고 중재위원들의 전문성이 조정에 반영되기는 하지만 중재부장이 현역 판사라는 점에서 원래 조정이 추구하고자 하는 목적성이 약화될 가능성이 있다는 것이다. 즉 언론중재법의 법조문을 중재부장이 어떻게 해석하는가에 따라서 조정의 결과가 결정될 가능성이 커서 조정이 의도하는 소송의 형식성 배제가 힘들고 오히려 조정이 형식화될 가능성이 크다고 지적한다(이재진, 2006c).

3) 반론권 청구 주체

반론권 제도와 관련된 가장 큰 논쟁 중 하나는 반론권 청구의 주체 문제다. 원래 반론권의 취지는 개인에게 언론을 상대로 대등한 무기를 부여하는 의미를 갖는다(헌법재판소 1991. 9. 16. 선고 89헌마165 결정; 대법원 1996. 12. 23. 선고 95다37278 판결 등). 청구 자격과 관련된 논란 중 핵심은 국가 기관이나 지방 자치 단체도 반론권을 청구할 자격이 있는가이다. 현행 언론중재법에 따르면 개인은 물론 일반 단체나 회사, 지방 자치 단체도 반론권을 신청할 수 있다. 또한 관련 판례들도 반론권은 일반 자연인은 물론 법인 그리고 정부 기관까지를 포함하는 것이라고 보았다(서울민사지방법원 1986. 9. 26. 선고 86카28775 판결).

신청의 주체는 비단 자연인만이 아닌 조직체를 포함한다. 판결에 따르면 종교 단체, 소유자에 의해 운영되는 교육 시설을 갖춘 학교, 그리고 등기를 완전히 마치지 않은 사단도 주체가 될 수 있는 것으로 나타났다(서울민사지방법원 1983. 11. 25. 선고 83카22003 판결; 서울민사지방법원 1984. 5. 25. 선고 84카1598 판결; 서울고등법원 1985. 8. 16. 선고 84나2528 판결; 대법원 1986. 1. 16. 선고 86다카1973 판결; 서울민사지방법원 1992. 11. 26. 선고 92카기649 판결).

대법원도 행정 관청이나 공·사법상의 독자적인 기능을 갖는 기관이나 조직이 반론권을 행사할 수 있다는 판결을 내렸다(대법원 1986. 1. 28. 선고 85다카1973 판결 등). 대법원은 국가나 지방 자치 단체로서도 그들에게 주어진 헌법 및 법령상의 과제나 기능을 수행함에 있어 이에 대한 최소한의 사회적 승인 내지 신뢰를 필요로 하므로 언론 기관의 사실적 주장에 개별적 관련성을 가진 국가 등이 이에 대한 반론을 제공함으로써 자신에 대한 이러한 사회적 신뢰를 얻거나 유지하여야 할 공익이 있음을 부정할 수 없다고 하였다.

대법원은 아울러 반론보도청구권을 인정하는 데 따른 언론의 자유에 대한 제한 정도가 국가 등의 반론보도청구권을 배제하여야 할 만큼 높아진다고 단정할 수 없다고 보았다(대법원 2006. 2. 10. 선고 2002다49040 판결). 이러한 판결에 대해 유재웅(2003)은 개별 국가 기관의 원고 적격을 부인하고 법무부 장관만이 국가를 대표해 소송의 주체가 되어야 한다는 국가소송법에도 불구하고 사회생활상 하나의 단위로 인정될 수 있으면 국가·지방 자치 단체의 장이 반론보도를 청구할 수 있는 것은 타당하다고 보았다. 서병호(2000)는 정부가 오보를 바로잡는 것은 합리적 선택으로 판단했으며, 주동황(2001)은 국가를 상대로 한 의혹 보도가 충분한 추적을 거치지 않아 오류가 분명하다면 국가가 시정을 요구하는 것은 당연하다고 보았다. 국민이 정부에 그릇된 인식을 갖지 않도록 하는 것이 언론의 공적 책무라는 인식도 제기된다(박운희, 1995d).

그러나 반론권이 언론 보도에 의한 피해자 개인이 효율적으로 대처할 수 있도록 하기 위한, 이른바 무기대등의 원칙에 따라 생겨난 것임을 감안할 때 이의 적용상의 타당성 여부가 문제될 수 있다. 다시 말해 언론 브리핑 등을 통해 반론을 할 능력과 기회가 많으며, 해당 인터넷 신문에 댓글 등을 통해 입장을 밝힐 수도 있고 다른 언론 미디어를 통해 정부 기관의 반론 내용이 게재되는 경우도 많다.

헌법재판소는 힘이 없는 자에게 대등한 변론 기회를 주어야 한다는 무기대등 원칙을 제시함으로써 반론권 집행의 본래적 목적이 개인 인격권 보호에 있음을 밝히고 있다(윤성옥, 2008). 헌법재판소는 "개인의 명예와 사생활이 언론의 전파력에 의해 부당히 침해되고 노출된 경우에는 개인의 권익을 신속·적절히 보호하고 반론을 제기 할 수 있는 법적인 장치 또한 마련되지 않으면 아니 된다"고 하여 국가에 의한 반론권 행사가 위헌이 아니라고 판단했다(헌법재판소 1991. 9. 16. 선고 89헌마165 결정).

윤성옥(2008)은 국가 기관의 반론권 보호 범위는 "올바른 여론 형성 방해와 왜곡의 정도가 국가 기관으로서 도저히 그대로 이를 용인하거나 방치할 수 없는 수준에 이른 것이 아니라면 인용하지 않는다"는 제한적 해석에 근거해야 한다고 주장한다. 그리고 이러한 해석은 국가 기관의 반론권이 반드시 그 자신의 기본권을 보장해 준다는 측면보다는 공론장에서 정부의 역할이란 하나의 의견에 지배당하지 않도록 모든 목소리가 경쟁하도록 공평하게 이용할 수 있도록 보장해야 할 책임이 있다는 근거에서 도출할 수 있다고 강조한다.

같은 맥락에서 김옥조(2009)는 "국가 기관은 그 기능 유지에 요구되는 필요 최소한의 반론권만 행사해야 한다"는 '필요 최소한의 원칙'이 적용되어야 한다고 본다. 필요 최소한의 정도와 관련하여 법원은 "설령 불필요한 오해를 불러일으킬 소지가 있고 국가 기관 스스로는 다소 피해를 입을 우려가 있다 하더라도 객관적으로 그로 인한 올바른 여론 형성의 방해와 왜곡의 정도가 국가 기관으로서는 도저히 그대로 용인하거나 방치할 수 없는 수준에 이른 것이 아니라면 국가 기관의 반론보도를 쉽게 용인할 수는 없다"라는 기준을 제시하고 있다(서울지방법원 2003. 12. 5. 선고 2003카기8206 판결).

아울러 언론 자유에 대해서 반론권은 조화가 힘든 권리이므로 국가에 의한 반론권의 행사는 결국 언론에 부담감을 주게 되어 정의의 행사를 제대로 구현하기 힘들다는 점을 지적한다(허만섭, 2010). 언론의 자유라는 것은 본질적으로 언론이 보도하기 싫은 것을 보도하지 않을 자유도 포함되는 것이고(김지운, 1983), 언론에게는 자신의 고유한 편집 권한에 속하는 반론보도의 게재가 보도의 효능을 약화시키고 미디어의 공신력을 떨어뜨리는 것으로 판단하게 된다. 반면 피해자의 경우 명예의 훼손, 금전적 손실, 기사의 객관성에 대한 의심, 기자에 대한 배신감 등을 느끼게 되어(Freedman, 2006; Gillmor, 2005) 이를 보상받고자 하는 심리에서 충분한 반론보도문을 추구하게 된다는 것이다.

허만섭(2010)은 언론중재제도 기능과 관련된 긍정적 관점, 부정적 관점, 중립적 실태 분석을 담은 선행 연구들[106]을 분석한 결과 반론향유권자가 '개인'인 경우 언론중재제도의 기능에서 개인 반론권의 신속한 보호라는 효능적 속성이 강조되고, 반론향유권자가 '국가 기관'인 경우 국가반론권의 과보호 및 언론 자유의 제한이라는 억압적 속성이 더 부각된다는 문제점을 제기한다. 이러한 측면에서 볼 때 언론 자유와 개인의 인격권이 아닌 정부 기관의

106 김영욱 · 임유진, 2010; 류승훈, 2009; 정남철, 2009; 함영주, 2009; 서영남 · 박종민, 2008, 장호순, 2009; 이재진 · 유재웅, 2004; 임상원, 2000; 팽원순, 1990 등.

이익이 충돌하게 되는 경우 사법부를 통해서 그 시비를 가리는 것이 정의의 실현에 부합되는 것이라고 지적한다.

배금자(2002)는 언론 자유와 반론권은 사안에 따라 보호 가치가 다르므로 정부 기관이 관련된 경우 항상 조화를 추구하기보다는 시시비비를 분명히 가려줄 필요가 있다고 본다. 예컨대 언론이 대체로 진실한 근거로 정부 부패를 고발하고 정부가 이에 대항하여 언론중재위에 반론보도를 청구할 때 언론 자유와 반론권의 조화가 과연 문제 해결의 능사인가라는 의문을 제기할 수 있다고 보았다. 즉 반론권의 보호 가치가 현저히 낮은 경우까지도 이익 형량의 조화를 추구하고자 하는 것은 언론 활동에 부당한 양보를 요구하는 일이 된다는 것이다(김옥조, 2009).

따라서 정부 기관이 보도로 인한 피해를 언론중재위를 통해서 보상받으려고 하는 것은 올바른 저널리즘의 구현을 위축시키는 결과를 낳는다고 할 수 있다(Masterton, 1996). 현재 우리 언론중재법은 외국의 사례에 근거해서 볼 때 외국에는 언론과 개인의 인격권이 조화를 이루기 위한 장치가 존재하지 않으며 우리나라만큼 국가의 반론권이 보호받는 곳은 찾아볼 수 없다는 점 등에서 문제라고 판단한다(윤성옥, 2008; 허만섭, 2010). 특히 인터넷 미디어(신문)의 경우 반론권 행사의 주체와 관련해서 기존의 일반 미디어와는 다른 원칙을 적용하는 것이 요구된다고 주장한다.

국가 기관의 반론권 주체 여부에 대한 논의와 함께 공인 또는 공적 인물이 언론중재제도를 이용한 반론권 이용의 주체가 될 수 있는가 하는 점도 중요한 쟁점이 아닐 수 없다. 우리 법원은 공인이라고 하더라도 반론권을 이용하지 못하게 할 수 없다고 보았다. 그러나 언론 및 법 전문가들은 언론중재위를 통한 반론보도청구가 민법에서와 달리 언론의 고의·과실이 요구되지 않기 때문에 공인의 경우도 일반인과 같이 반론권을 이용할 수가 있는데, 이러한 경우 사회적 영향력이 큰 공인이나 공적 인물의 경우 언론을 반론권 신청을 통해서 언론을 통제하려고 하는 의도가 있을 수 있다는 점이 지적된다(이재진, 2002; 윤성옥, 2008; 이승선, 2011). 즉 사회적으로 영향력이 큰 공적 인물들이 고의·과실의 입증이 필요 없이 신청할 수 있는 반론권을 선호하는 것은 피해 구제보다는 언론에 압력을 행사하고자 하는 의도가 있을 수 있기 때문에 반론권 이용을 제한할 수 있는 장치를 마련해야 한다는 것이다.

정리하자면 우리 법원은 국가 기관이나 공적 인물과 관련하여 반론권 주체에 관해 문제 삼은 판결은 거의 남기고 있지 않다. 단지, 비판적 내용을 문제 삼아 언론 기관 자체가 다른 언론 기관을 향해 반론권을 구하는 경우에는 언론 기관이 공적인 역할을 하며 동시에 스스로 반박할 수 있는 수단을 보유하고 있기 때문에 비판에 대해서 더욱 감수해야 한다는 판례를 도출한다. 예를 들어 우리 법원은 언론 기관 자신이 비판의 상대방이 되는 경우에는 언론 기관 스스로 반박할 수 있는 수단을 보유하고 있으므로 비판에 대한 수인의 범위가 그만큼 넓어진다고 한 판결을 내린 바 있다(서울남부지방법원 2006. 6. 22. 선고 2005가합8911 판결).

그러나 국가 기관이나 공인이 일반인과 마찬가지로 반론보도의 권리를 누리는 것은 반론을 통한 개인적 보호의 가치가 다를 수 있다는 점에서 여전히 문제가 남을 수 있다. 특히 반론 주체가 부정부패, 예산 낭비, 과실, 도덕적 스캔들 혐의가 상당한 국가 기관이거나 사회적 영향력이 큰 공인이라면 조화는 사회 정의와 배치될 수 있다. 개인의 프라이버시권과 반론권을 폭넓게 보호해 주어야 한다는 점에 대해선 합의가 이뤄지고 있지만 이 점이 국가 기관이나 공직자의 반론권에 대한 관용적 수용으로까지 일반화되는 것은 문제가 될 수 있다(윤성옥, 2008).

4) 사실적 주장 vs 의견

우리나라 반론권 제도는 독일의 반론권 제도를 모델로 하여 도입된 것으로 알려져 있다(박용상, 1981). 그래서 반론권은 사실적 주장factual assertion에 대해서 적용되고, 가치 판단 표현, 즉 의견이나 비평, 견해에 대해서는 적용되지 않는다.[107] 그러나 반론권 제도가 처음 도입된 프랑스의 경우에는 사실적 주장 이외에도 의견에 대해서도 반론권을 인정하고 있다.

우리나라 개정 언론중재법은 제14장(정정보도청구의 요건) 제1항에서 "'사실적 주장'에 관한 언론 보도 등이 진실하지 아니함으로 인하여 피해를 입은 자(이하 "피해자"라 함)는 해당 언론 보도 등이 있음을 안 날부터 3개월 이내에 언론사, 인터넷뉴스서비스사업자 및 인터넷멀티미디어방송사업자(이하 "언론사 등"이라 함)에게 그 언론 보도 등의 내용에 관한 정정보도를 청구할 수 있다. 다만, 해당 언론 보도 등이 있은 후 6개월이 지났을 때에는 그러하지 아니하다"고 규정한다.

또한 제16조(반론보도청구권) 제1항에서는 "사실적 주장에 관한 언론 보도 등으로 인하여 피해를 입은 자는 그 보도 내용에 관한 반론보도를 언론사 등에 청구할 수 있다"고 하여 "사실적 주장에 관한 언론 보도"에 대해서 정정보도와 반론보도를 청구할 수 있다고 규정한다.

사실적 주장에 관한 언론 보도라고 할 때 중요한 것은 '사실적 주장'이 무엇을 의미하는가이다. 언론중재법은 제2조(정의) 제14호에서 사실적 주장이란 "증거에 의하여 그 존재 여부를 판단할 수 있는 사실 관계에 관한 주장"을 말한다"고 규정한다. 이러한 법 규정을 두고서 판단해 보면 사실적 주장

107 서울지방법원 남부지원 1992. 12. 20. 선고 89카8917 판결; 서울민사지방법원 1983. 5. 24. 선고 83카7933 결정.

에 관한 언론 보도란 "증거에 의하여 그 존재 여부를 판단할 수 있는 사실 관계에 대해 주장하는 언론 보도"라고 풀이할 수 있다. 이를 바꿔 말하자면 아무리 '사실 관계'에 대해서 보도한다고 하더라도 증거를 통해서 그 존재 여부를 판단하지 못하면 이는 사실적 주장이 아니라 의견에 가까운 것이라고 이해할 수 있다.

그런데 반론보도청구의 대상을 '사실적 주장'에 한정하고 사실 주장과 가치 판단의 구분에 관해 위에서와 같이 명문으로 입증 기준을 제시하지만 언론 보도 속에서 사실적 주장과 가치 판단 등을 명확하게 구별해내는 것은 쉽지 않다는 비판이 있다(김옥조, 2006: 357). 이에 따라 의견 표현에 대해서도 반론권을 인정하는 프랑스 법제를 따르자는 입장(한병구, 2002 등)과 모든 분석과 평가를 반론의 대상으로 하는 경우 언론 보도의 위축 현상을 우려하는 입장(조소영, 2006 등)이 대립되어 오고 있다.

판례상 사실적 주장과 의견의 표명을 구별하는 척도는 객관적으로 '입증 가능'하며 역사성이 있는 것으로서 외부적으로 인식 가능한 과정이나 상태를 포함하여 원보도의 보도 대상이 된 행위자의 동기, 목적, 심리 상태 등이 외부로 표출된 것이고, 간접적 사실의 구체성만 있다면 사실적 주장이라고 판단할 수 있다고 할 수 있다. 이와 관련 만일 반론권이 의견이나 비평 등에도 적용된다면, 언론의 정상적인 기능이 위협을 받을 것이며 이는 반론권의 취지에도 맞지 않는 것이라는 판례들이 있다(대법원 2009. 7. 23. 선고 2008다18925 판결; 서울고등법원 1992. 8. 21. 선고 91라161 판결 등).

예를 들어 우리 법원은 사실적 주장의 여부는 객관적인 증거를 바탕으로 해야 한다고 피력하면서도 무엇이 객관적인 증거인지에 대해서는 구체적으로 언급하지 않았다. 한 법원은 사실적 주장의 여부는 ① 기사 내용의 의도, ② 미디어의 특성, ③ 기사 내용의 발표(게재) 이유, ④ 주 독자층의 성향, ⑤ 언어의 사용 방식, ⑥ 사용된 언론에 대한 사회적 인식(이해), ⑦ 내용의 문맥, ⑧ 작가에 의해서 의도된 의미 등에 근거해서 판단되어야 한다고 설명하였다(서울고등법원 1992. 8. 21. 선고 91라161 판결).

아울러 당해 보도가 사실적 주장인지, 의견 표명인지는 당해 보도와 이에 대하여 게재를 구하는 반론보도문의 비교를 통하여 확인하는 방법도 있을 수 있는 바, 반론보도문의 내용이 새로운 사정을 알리려는 것이 아니라 단지 원래의 언론 보도를 재구성하는 것이라면 그 언론 보도는 의견의 표명에 해당할 수 있을 것이다(대법원 2006. 2. 10. 선고 2002다49040 판결; 서울지방법원 2007. 4. 12. 선고 2006가합16537 판결 등).

반론보도의 내용은 원보도의 사실적 주장과 관념적으로 연관성을 가지는 사실적 진술과 이를 명백히 전달하는 데 필요한 설명에 국한되는 것이지만(대법원 2000. 3. 24. 선고 99다63138 판결), 여기서 원보도의 사실적 주장에는 원래의 언론 보도에서 직접적으로 기술한 사항은 물론 원래의 언론 보도가 직접적으로 기술하지 않은 사실이라도 전체적인 보도의 취지, 경위, 내용 등을 통하여 간접적으로 표현하거나 암시하는 내용을 반박하는 내용, 원보도를 보충하는 내용, 원보도의 불명확성을 해소하는 내용, 반론으로 주장하는 사실의 정당성을 위해 필요한 증거나 증빙으로서의 새로운 사실 등도 포함될 수 있다(대법원 2006. 11. 23. 선고 2004다50747 판결).

순수하게 의견만을 표명하는 것은 타인의 명예를 훼손하는 행위가 될 여지가 없는데, 언론 미디어의 기사가 사실을 적시하는 것인지, 아니면 단순히 의견 또는 논평을 표명하는 것인지, 만일 의견 또는 논평을 표명하는 것이라면 그와 동시에 묵시적으로라도 그 전제가 되는 사실을 적시하고 있는 것인지를 구별함에 있어서, 당해 기사의 객관적인 내용과 아울러 일반의 독자가 보통의 주의로 기사를 접근하는 방법을 전제로 사용된 어휘의 통상적인 의미, 전체적인 흐름, 문구의 연결범뿐만 아니라, 당해 기사가 게재된 보다 넓은 문맥이나 배경이 되는 사회적 흐름 및 독자에게 주는 전체적인 인상도 함께 고려해야 한다(대법원 2003. 6. 24. 선고 2003도1868 판결 등).

언론은 언론대로 사실과 의견을 구별해서 보도하도록 요구받는다. 실제로 언론계의 관행이나 언론 윤리가 요구하는 바에 의하면 신문의 편집이나 방송의 보도에 있어서 사실과 의견은 구별하도록 요구하고 있고, 사실상 신문에 있어서 사설과 칼럼이나 고정란 등 그 자체로 의견이나 논평에 해당하는 기사임을 쉽게 알 수 있고, 이들을 제외한 대부분의 기사는 사실 보도를 내용으로 인식하고 있다.

그러나 이러한 원칙적인 구분과 달리 논평이나 비판 등 의견 표현의 경우에도 보통 사실 관계에 근거하게 마련이고, 잡지 등에 있어서는 사실 주장과 함께 주관적인 평가나 가치 판단이 혼합되고 있기 때문에 보도 내용 중 반론보도청구의 대상이 될 수 있는 부분과 한계가 모호해지기 쉽다. 이 경우에는 의견과 사실 중 무엇이 전면에 서고 중요한 의미를 갖는가에 따라 사실 주장인가의 여부를 판단하게 된다. 그리고 그 판단의 표준이 되는 것은 사심 없는 일반 독자가 받는 인상이라 할 수 있다(이재진, 2006c).

그러나 이러한 이해에도 불구하고 사실적 주장과 가치 판단을 완벽하게 구분하기는 쉽지 않다. 우리나라 반론권 도입의 모델 국가인 독일의 경우 반론의 대상은 '사실적 주장'이 아닌 '사실(의) 주장'인데, 우리가 이를 받아들일 때 '사실적 주장'으로 판단하면서 사실과 가치 판단의 구분이 모호해진 측면도 있다(양삼승, 1992). 아울러 우리가 사실이라고 할 때 외부적으로 인식 가능한 과정이나 상태만이 아니라 동기, 목적, 정도 등 내부적 사실도 포함되며, 미래의 사실에 대한 보도는 원칙적으로 제외되나 미래의 사실이 현재의 내심의 사실에 의하여 확정될 수 있다고 한다면 이 역시 사실로 본다고 하고 있다(양삼승, 1992: 30).

가치 판단이라 하더라도 그 판단의 표현이 확정된 객관적 사실을 전제로 하거나 그 전체의 취지로 보아 사실을 왜곡하는 방향으로 표현된 경우에는 정정보도의 대상이 된다고 한다(박용상, 1981: 204). 그리고 이 경우 보도 내용의 진실 여부는 문제되지 않는다고 한다(헌법재판소 1991. 9. 16. 선고 89헌마165 결정). 또한 이러한 해석에 따르면 논평이나 기타의 언론 보도에 의해 피해를 당했을 경우에 정정보도의 게재를 요구할 수 있는지는 매우 불분명해진다.

우리나라가 독일법 체제를 따라서 반론권 제도를 도입한 것은 독일의 경우 언론에 대한 반론권이 언론의 비판 기능 위축을 방지하기 위한 목적을 띠기 때문이었다. 반론권 제도를 처음으로 창안한 프랑스법에 따르면 반론의 대상이 되는 사항은 사실 보도뿐만 아니라 논평, 비판 등 의견 표명이나 가치 판단 사항까지도 포함된다(박운희, 1995a). 우리나라에서 독일식 반론권이 도입된 것도 의견에 대한 반론권 인정 시 언론이 위축될 수 있다는 판단을 포함한다(박용상, 1981: 202; 팽원순, 1984: 165). 그러나 독일식은 언론이 비판 기능을 원활하게 수행을 한다는 것을 전제로 하는 것이므로, 언론이 대단히 큰 영향력을 지니는 현대적 상황에 있어서는 사실적 주장과 가치 판단을 구분해서 얻어질 수 있는 이익이 크지 않다는 주장도 있다(이재진, 2006c).

우리나라 법원은 보도나 표현이 사실적 주장인지 아닌지를 결정하는 데 있어 그 결정은 기사 내용이 확인될 수 있는지에 근거하지 않으면 안 된다고 본다(서울민사지방법원 남부지원 1993. 9. 6. 선고 93카합792 판결). 또한 언론 보도는 그 정확성과 문맥에 의해서 사실적 주장인지의 여부가 결정되어야 한다(서울지방법원 1991. 11. 30. 선고 92카합379 판결; 서울지방법원 1996. 1. 3. 선고 95카기5706 판결).

대법원은 비록 일간 신문이 한 개인의 말을 인용하였다고 하더라도, 일단 이것이 인쇄되었다면, 그 신문은 기사에 있어 사실적 주장에 대한 반론권을 부여해야 한다고 보았다(대법원 1991. 1. 15. 선고 90다카25468 판결). 기타 사실적 주장들은 '경찰관'의 말이나 '경찰 보고서' 등에 근거한 기사 또는 정부 기관이나 전문 연구소 등의 공적 기록 등에 기초해야 한다고 보는 판례들도 있다(수원지방법원 성남지원 1993. 7. 30. 선고 93카합312 판결).

의견이나 비평에는 반론권이 적용되지 않는 반면, 만일 그것이 사실에 근거하여 쓰였거나 언사에 있어 본보기로서 사실을 이용한다면, 그들은 반론권의 대상이 된다(제주지방법원 1994. 6. 16. 선고 94카합27 판결; 서울고등법원 1996. 4. 14. 선고 95라216 판결; 서울지방법원 1995. 11. 16. 선고 95카기5283 판결). 또한 법원은 사실을 포함하고 있는 여러 주관적 표현도 반론권이 인정된다고 간주한다. 더욱이 법원들은 어떠한 상황에서 어떤 주관적인 표현들은 사실적 주장으로 인식되며, 주관적 표현이 사실적 내용을 포함하는 경우 이는 반론권의 대상이 된다고 판단하고 있다(서울지방법원 남부지원 1993. 10. 8. 선고 92가합1662 판결; 전주지방법원 1992. 10. 29. 선고 92카기50 판결).

만일 기사 내용이 인터뷰나 연구 결과에 근거한 전문가의 인터뷰나 설명을 포함하고 있다면, 그 기사는 사실적 주장이라고 간주된다(서울민사지방법원 1990. 5. 25. 선고 89카28984 판결). 그러나 만일 기사의 내용이 기고자의 사상이나 평가의 표현이라면, 이를 게재한 언론은 반론권을 제공할 필요는 없다(서울지법 남부지원 1992. 2. 20. 선고 89카8917 판결). 원고가 그가 사는 지역이 지도에서는 훨씬 작게 나타난다고 주장할 때 이는 반론의 대상이 되지 못한다(서울지방법원 1991. 4. 30. 선고 90카110595 판결). 그러나 방송사와의 인터뷰 내용이 방영 전에 부당하게 편집되었을 때에는 이는 반론권 청구의 대상이 된다(서울지방법원 남부지원 1993. 12. 20. 선고 93카합1107 판결).

국가 기관에 반론권을 부여하는 데 대법원은 국가 기관이 사회적 승인 내지 신뢰를 얻거나 유지해야 할 공익성이 인정되고, 다른 주체와 동일한 요건과 절차로 권리 실현, 반론권의 범위에 합리적 한계 설정 등을 국가 기관의 반론권 부여 근거로 제시했다(대법원 2006. 2. 10. 선고 2002다49040 판결). 그러나 이러한 근거는 국가 기관은 사상의 자유 시장에서 그 어느 주체와도 견줄 수 없는 다른 지위에 있다는 점,[108] 국가 기관이 사회적 승인 내지 신뢰를 얻기 위한 수단이 반드시 '반론권 보장'으로 국한되지 않은 점 등을 고려하여 국가 기관의 반론권 보호는 극도로 제한되어야 한다는 지적이 있다(윤성옥, 2008).

윤성옥(2008)은 국가 기관의 반론권 보호 범위는 '올바른 여론 형성 방해와 왜곡의 정도가 국가 기관으로서 도저히 그대로 이를 용인하거나 방치할 수 없는 수준에 이른 것이 아니라면 인용하지 않는다'는 제한적 해석에 근거해야 한다고 주장한다. 그리고 이러한 해석은 국가 기관의 반론권이 반드시 그 자신의 기본권을 보장해 준다는 측면보다는 공론장에서 정부의 역할이란 하나의 의견에 지배당하지 않도록 모든 목소리가 경쟁하도록 공평하게 이용할 수 있도록 보장해야 할 책임이 있다는 근거에서 도출할 수 있다고 강조한다. 같은 맥락에서 김옥조(2009)는 국가 기관은 그 기능 유지에 요구되는 필요 최소한의 반론권만 행사해야 한다는 '필요 최소한의 원칙'이 적용되어야 한다고 본다.

필요 최소한의 정도와 관련하여 법원은 "설령 불필요한 오해를 불러일으킬 소지가 있고 국가 기관 스스로는 다소 피해를 입을 우려가 있다 하더라도 객관적으로 그로 인한 올바른 여론 형성의 방해와 왜곡의 정도가 국가 기관으로서는 도저히 그대로 용인하거나 방치할 수 없는 수준에 이른 것이 아니라면 국가 기관의 반론보도를 쉽게 용인할 수는 없다"라는 기준을 제시한 바 있다(서울지방법원 2003. 12. 5. 선고 2003카기8206 판결).

108 정부는 지배적인 의견으로 공중의 토론을 타락시킬 수도 있고 또 다른 의견을 익사시킬 수도 있는 능력이 있다. 정부의 권리 보호에 있어 이러한 정부의 능력에 대한 고려가 있어야 한다는 지적이 있다(Fogundes, 2006).

5) 정정보도권의 위헌성

1995년 12월 30일에 개정된 정간물법(법률 제5145호)은 기존의 정정보도청구권이라는 용어를 반론보도청구권으로 변경[109]하는 동시에 민법 제764조의 명예훼복에 적당한 처분으로서의 정정보도를 중재 대상으로 새로 도입하였다. 그러다가 2005년에는 언론중재법을 제정하면서 민법 제764조의 명예훼손 회복 처분인 정정보도와 반론보도가 아닌 새로운 정정보도청구권을 처음 도입하게 되었다.

실제로 정정보도는 문제가 되는 사실적 주장에 대해 피해를 본 사람이 자신의 반박 입장을 표명하는 반론보도와 달리, 언론의 보도 내용의 전부 또는 일부가 진실하지 않은 경우 이를 진실에 맞게 고쳐서 보도하는 것을 말하며 언론 보도의 내용이 진실에 부합하지 않는 것을 청구의 요건으로 한다 (Lee, 2008a).

헌법재판소는 2005년 이전에는 '정간법의 정정보도청구권은 정기간행물의 보도에 의하여 인격권 등의 침해를 받은 피해자가 반론의 게재를 요구할 수 있는 권리, 즉 이른바 반론권을 뜻하는 것'이고(헌법재판소 1991. 9. 16. 선고 89헌마165 결정), "정간법의 정정보도청구권은 그 표현의 형식에도 그 내용을 보면 언론사의 사실적 보도에 의한 피해자가 그 보도 내용에 대한 반박의 내용을 게재하여 줄 것을 청구할 수 있는 권리로서 이른바 반론권을 입법화한 것이다. 따라서 여기서 의미하는 정정보도청구는 그 보도 내용의 진실 여부

109 대법원은 1986년 당시 언론기본법 제49조에 규정되어진 정정보도청구권이 그 제목의 표현과는 달리 언론사에 대해 보도 내용을 진실에 맞게 바로잡아 달라고 요구하는 권리가 아니라 그 보도 내용에 대하여 피해자가 주장하는 반박 내용을 보도해 달라고 요구하는 권리라고 판시했다(대법원 1986. 12. 8. 선고 85다카1973 판결).

를 따지거나 허위 보도의 정정을 청구하기 위한 것이 아니다"라고 판시하였다(헌법재판소 1996. 4. 25. 선고 95헌바25 결정).

다시 말하자면 우리 사법부는 일단 정정보도와 반론보도의 차이를 명확히 하고 있다. 그럼에도 상당한 기간 동안 반론보도청구권과 정정보도청구권은 본질적으로 다름에도 불구하고 실무적으로는 반론보도청구와 관련된 구체적 사안에서 당사자의 주장은 물론이거니와 언론중재위나 법원의 재판에서도 반론보도와 정정보도를 명확히 구분하지 않았다(임병국, 2012). 특히 법원의 판결문을 살펴보면 반론보도청구의 정당한 이익을 판단하기 위하여 결과적으로 해당 사건에서 보도 내용이 실체적 진실에 들어맞는지를 판단하고 있음을 알 수 있다.

이러한 점 때문에 실제로 도입 초기에는 반론권에 대해 비판이 강했다. 실제로 반론권은[110] 사실 보도에 대한 반박을 보장하는 권리로, 전파력이 강한 매스 미디어 속성에 비추어 피해자의 신속한 권리 구제를 마련한 것이므로 형식적 요건만 갖추면 복잡한 실체적인 권리 관계를 따지지 아니하고 곧바로 인정하는 것을 제도의 본질적 특징으로 한다(헌법재판소 1991. 9. 16. 선고 89헌마165 결정).

그러나 국내 반론권 제도에 대한 비판적 시각으로, 취재 과정에서 언론이 부여한 반론의 기회를 의도적으로 회피한 후에 반론보도청구소송을 통해 자신들의 의사를 관철시키려는 전략적 회피에 대한 우려를 지적하거나(이승선, 2001), 현행 반론권 제도의 위헌 가능성을 제기하며 미디어별 자율적인 보

110 국내 반론권은 1980년 제정된 언론기본법(법률 제3349호)에서 비롯되었으며 1987년 언론기본법 폐지에도 불구하고 정간물법(1996년 제정)을 거쳐 현재는 언론중재법(2005. 1. 27. 법률 7370호)로 이어져오고 있다. 특히 초기 1980년 도입한 반론권 제도는 반론권적 성격에도 불구하고 정정보도청구권으로 기술됨에 따라 혼란을 야기해 1996년 비로소 정간물법 개정을 통해 반론보도청구권으로 바로잡았다.

장 방식이 바람직하다는 주장 등이 제기되어 왔다(유일상, 2003).

현재의 언론중재법상의 정정보도청구권의 문제점에 대해서는 임병국(2012: 130~131)이 잘 정리하고 있다. 그는 우리나라의 반론권 제도가 독일을 모델로 해서 도입되었지만 실무적인 입장에서 상당한 차이를 보이는 문제를 안고 있다고 한다. 무엇보다 반론권 제도상의 반론보도청구권은 사실상 형해화形骸化되고, 언론중재위에 청구되는 것은 점차 정정보도와 손해배상이 주류를 이룬다고 지적한다. 그는 반론보도청구는 점점 그 비율이 줄어드는 반면 정정보도청구가 늘고 있다는 점에서 현재의 언론중재법상의 정정보도권은 언론 자유와 보도의 자유를 위협하고 있다고 주장한다.

이러한 원인을 살펴보면 첫째, 언론중재법상의 정정보도청구권은 현재 민법상의 정정보도권과 성격이 달라 신청인이 민법상의 고의·과실을 입증할 책임이 없기 때문이다. 둘째, 피해자는 자신의 이름으로 나가는 동시에 원문 보도에 대해 반대 주장을 하는 내용의 반론보도문보다, 해당 언론사의 이름으로 원문 보도가 잘못되었다는 내용의 정정보도가 만족도가 더 높을 수 있기 때문이다. 셋째, 손해배상청구도 병행할 수 있는데 이때 법원의 인지대와 같은 청구에 따른 비용이 들지 않아서 청구 금액을 마음대로 정하고, 이에 대한 아무런 제재 장치가 없어 피해자들이 함부로 정정보도를 청구하는 경향이 있기 때문이다. 넷째, 정정보도문과 손해배상청구를 같이 하는 경우 청구인은 정정보도문을 받아내기 위해서 언론사를 압박하는 하나의 강력한 수단으로 사용하려는 심리가 발동하기 때문이라는 것이다(임병국, 2012; 김상우 · 이재진, 2015).

또한 독일법의 경우, 문제가 된 기사와 같은 게재 부위(위치)에 같은 문자 형태로서 인쇄되어야 한다고 함으로써 이미 보도된 내용과 대조되는 관계 당사자의 반대 관점의 보도임을 뚜렷이 하고 있으나, 우리나라 법에서는 정정보도의 내용, 크기, 게재 부위, 활자 크기 등에 관하여 명백한 준거 규정을 두고 있지 않고, 원보도의 자수보다는 정정보도문의 자수가 초과할 수 없다고

만 하고 있어 기왕의 기사에 대한 관련자의 반박문 보도로 해석되기보다는, 정정보도의 내용이나 크기에 관하여 발행인 또는 편집인이 피해자 측과 협의하고 법원이 정정보도의 내용을 정하다고 하기 때문에 청구된 자가 정정보도문을 주도적으로 정한다고 보기 어려운 문제가 있다(임병국, 2012).

이러한 정정보도청구권은 여러 측면에서 언론 자유를 억압할 가능성이 존재한다. 원래 정정보도권은 민법 제764조상의 "명예회복에 적당한 처분'의 하나로서 도입되었으나, 2005년 1월 27일에 제정된 언론중재법 제14조는 정정보도청구권을 규정하여 사실적 주장에 관한 언론 보도가 진실하지 않음으로 인하여 피해를 본 자"가 그 보도 내용에 관한 정정보도를 언론사에 청구할 수 있도록 규정한다. 결국 언론중재법상의 정정보도청구권은 언론사의 고의·과실이나 위법성을 요하지 않으며, 민법 제764조의 규정에 의한 권리의 행사에 영향을 미치지 않는다.

헌법재판소도 언론중재법제14조에서 규정하는 "정정보도청구권은 반론보도청구권이나 민법상 불법 행위에 기한 청구권과는 전혀 다른 새로운 성격의 청구권이다"라고 보았다(헌법재판소 2006. 6. 29. 선고 2005헌마165 결정). 그 근거는 언론사의 고의·과실이나 위법성이 있어야 하지 아니하고, 정정보도청구의 소 제기로 인하여 민법 제764조의 규정에 의한 권리의 행사에 영향을 미치지 아니하며, 민법상의 불법 행위 때문인 손해배상청구권의 소멸 시효에 비하여 여전히 짧은 제소 기간을 두고 있다는 점을 들었다. 그러나 헌법재판소는 이러한 정정보도권이 위헌이 아니라고 결정했다.

헌법재판소의 결정에도 불과하고, 이러한 제도 도입의 타당성 여부와 보도의 허위성의 개념과 입증방법 등에 관해서는 여전히 논란이 남아 있다(김재협, 2007). 결국 언론중재제도 상의 반론보도와 정정보도의 의미가 완전히 다른 것이다. 실제로 언론기본법과 정간물법에서의 정정보도권이 나중에 반론보도권으로 해석되고 용어가 정리된다. 실제로 이 반론보도청구권에는 실제로 피해자의 이름으로 정정보도를 구하는 의미의 정정보도청구의 권리로서 인정되어 온 것이다. 즉 정간법이 원래의 유럽식 반론권을 고수하였더라면 민법 제764조를 빌려서 정정보도라는 용어를 사용해서는 안 된다는 것이다(임병국, 2012).

반론보도청구에는 원문 기사의 내용에 따라서 반론의 내용과 정정의 내용이 모두 포함될 수 있기 때문이고, 실제로 법원이 명령한 반론보도문이나 언론중재위에서 합의한 반론보도문에 실무상 정정의 내용이 포함된다. 따라서 정간법이 반론보도청구권만을 규정하였더라도 정정이 들어간 내용의 반론보도문이 나갈 수 있는데 굳이 민법 제764조를 빌려서 정정보도라는 용어를 사용한 것은 민법 제764조에서 정정보도의 주체가 가해자인 언론사이기 때문에 혼란이 가중되고 있는 상황이다.

절차의 문제에 있어서 한국식 반론보도청구권은 언론기본법에서부터 언론중재법에 이르기까지 반론권이 아니라 정정보도에 가까운 혼란스럽고 복잡한 절차를 두고 있어서 유럽식의 반론권이라고 보기 힘들다. 유럽식 반론권 제도는 청구인과 해당 언론사 사이에 언론중재위 같은 기구가 없고, 중재심의나 증거 조사 등 본안소송과 같은 절차가 없다. 유럽식 반론권 제도는 피해자가 직접 작성하여 청구한 반론보도문을 해당 언론사가 절대로 수정할 수 없으며, 다만 해당 언론사는 그 반론문의 게재 여부만을 결정할 수 있을 뿐이다. 결국 언론중재법은 정정보도의 주체가 가해자인 언론사가 아니라 피해자라면, 굳이 민법 제764조의 정정보도를 중재에 포함할 필요가 없었다는 지적도 있다(이승선, 2011; 임병국, 2012).

현재 언론중재법에서는 피해자가 언론사를 상대로 직접적으로 정정보도를 청구할 수 있도록 하고 있다. 언론사의 대표자는 정정보도청구를 받은 지 3일 이내에 그 수용 여부에 대한 통지를 청구인에게 발송하여야 한다. 이러한 청구권은 새로운 청구권이다. 전술한 것처럼 언론의 고의·과실이나 위법성을 요하지 않으며(언론중재법 제14조 제2항), 민법 제764조의 규정에 영향을 미치지 않으며(동법 제26조 제4항), 민법상의 손해배상청구권의 소멸 시효에 비해 현저히 짧은 청구 기간을 두고 있다(동법 제14조 제1항).

그런데 언론중재위의 정정보도청구권은 다음의 특징으로 인하여 여러 문제들이 발생할 수 있다. 첫째, 언론중재위를 통한 정정보도청구권은 행위의 불법성에 초점을 맞추지 않기 때문에 진실에 반하는 보도로 인한 객관적이 탄생하게 되었다. 이에 의하면 허위 여부를 객관적으로 피해 상태의 교정에 중점을 두는 정정보도청구권 검증할 수 있는 사실적 주장에 관한 언론 보도가 진실하지 않은 한, 피해자는 언론 주체의 주관적 귀책사유의 존부는 묻지 않고 그 보도 내용에 관한 정정보도를 청구할 수 있다.

둘째, 허위의 신문 보도로 피해를 보았을 때 피해자는 기존의 민·형사상 구제 제도로 보호를 받을 수도 있지만, 신문사 측에 고의·과실이 없거나 이를 입증하기 어려운 경우, 위법성 조각사유가 인정되는 등의 이유로 민사상의 불법 행위 책임이나 형사 책임을 추궁할 수 없는 경우에는 피해자는 신문 보도의 전파력으로 말미암아 심각한 피해 상황에서 벗어날 수 없게 된다. 여기에 기존의 불법 행위법에 기초한 손해배상이나 형사 책임의 추궁과 별도로 언론중재법상의 정정보도청구권을 인정한 의미가 있다.

셋째, 언론중재법 제31조 전문에는 "명예훼손에 관한 불법 행위 책임을 규정한 민법 제764조에 대응하여, 손해배상에 갈음하거나 손해배상과 함께 정정보도의 공표 등 명예훼복에 적당한 처분을 명할 수 있다"고 규정하고 있는 바, 제31조의 위치나 그 내용을 볼 때, 그 전문에 규정된 정정보도청구는 민법 제764조에 근거한 정정보도와 마찬가지로 불법 행위 책임에 근거한 원상회복 조치로서의 정정보도라고 할 수 있다.

물론 정정보도청구권의 긍정적인 면도 발견된다. 가장 핵심적인 것은 잘못된 보도로 피해를 보았을 때 언론사 측에 고의·과실이 없거나 이를 입증하기 어려운 경우에는 기존의 민·형사상의 피해 구제를 받기 어렵다는 것이다. 이 경우 피해자가 심각한 피해 상황에서 벗어날 수 있도록 문제의 보도가 허위임을 같은 미디어를 통해 같은 비중으로 보도·전파하도록 하는 권리를 인정한다는 측면에서 의미가 크다.

그러나 정정보도는 반론보도나 추후보도의 경우에서처럼 언론사가 종전 의견을 바꿀 필요 없이 지면이나 시간만 할애해 주면 되는 것이 아니라, 보도된 사실이 진실이 아님을 언론사의 명의로 정정보도문을 게재해 언론사의 방어권이 침해되거나 언론사에 부당하게 책임이 부과될 가능성이 크다고 할 수 있다.

정정보도는 반론문 게재로는 만족하지 못하고 언론사 스스로 원문 기사 내용의 잘못을 인정하고 정정보도하여 달라고 요구하는 경우가 발생한다. 실제로 언론중재위 조정 신청 중 정정보도가 가장 많은 것은 이를 잘 보여 준다. 이러한 점에서 볼 때 우리나라의 반론권 제도는 정정권 제도로 변화하면서 원래의 입법 취지를 상실하면서 언론사를 압박하는 강력한 도구가 되었다고 할 수 있다.

분쟁의 해결에 있어 언론의 자유와 개인의 인격권이 충돌하는 경우 양자 사이의 적절한 비례 관계(형평성)가 유지되어야 한다. 그런데 명예훼손에 대한 구제가 민·형사적으로도 가능한데도 불구하고, 언론중재법에 민법의 정정보도·반론보도·손해배상 등 모든 방법을 다시 규정하고, 이들을 신속한 피해 구제라는 측면에서 고의·과실 및 불법 행위 여부를 거의 따지지 않는다. 이러한 정정보도청구권의 성격으로 인하여 언론 보도의 대부분을 차지하는 사실적 주장이 고의과실에 대한 입증이 필요 없기 때문에 언론 보도는 상당히 위축될 수 있다.

결국 정정보도청구권은 언론 보도에 의한 피해자의 보호 및 피해 회복만을 우선하여 언론 자유를 합리적인 이유 없이 지나치게 제한하여 위헌의 소지가 있다. 비록 헌법재판소는 제소 기간이 짧고, 정정보도 방법이 적정하다는 의미에서 합헌으로 보았으나, 헌법상의 언론 자유의 본질에 대해서는 충분히 고려하지 않고 있는 문제점이 있다. 궁극적으로 언론사의 고의·과실이 없거나 위법성이 없는 경우에도 정정보도를 허용하는 규정은 이를 통해 얻어지는 이익이 크지 않다고 할 수 있다.

3. 〈언론중재〉에 나타난 우리나라 언론 ADR

1) 〈언론중재〉지는 왜 중요한가

1981년 설립된 언론중재위원회는 설립 때부터 개인과 인격권 간의 적절한 조화를 구하는 방법을 모색하고자 〈언론중재〉를 발행해 오고 있다. 〈언론중재〉는 비록 그 성격상 전문 학술지는 아니지만 언론 윤리법제와 관련된 다양한 주제를 다루었고 언론학 연구자와 법학 연구자뿐만 아니라 전·현직 법조인과 언론인들이 필자로 참여하는 유일한 전문 잡지다.[111] 전문 학술지가 아니라는 한계점을 보완하고자 창간호부터 2012년까지 지속적으로 학술적 논문을 게재하였다. 〈언론중재〉는 시기별로 가장 핵심적인 언론법 관련 주제들에 대해 다양한 시각을 제시하여 언론학과 법학이 이론적이면서도 실천적으로 교류하는 장으로서의 역할을 해 왔다(이재진·박성순, 2015). 무엇보다 우리 언론 ADR인 언론중재제도의 시기적인 특성을 밝힐 수 있는 주요한 문헌으로서 자리 잡았다고 할 수 있다.

111 이러한 점은 언론중재에 대한 메타분석 결과 중 언론중재지의 장단점에서 자세히 다룬다.

기존의 언론법제 연구에 있어 〈언론중재〉에 대한 분석은 그동안 이루어지지 않았다. 이는 〈언론중재〉가 논문 형식으로 연구를 게재하기는 하지만 여타 학술지와 달리 언론법제 관련 전문가(연구자)들에게 심사를 거치지 않고 전문가들에게 기고를 청탁하여 게재하였기 때문에 상대적으로 학술적인 접근을 하려는 성격이 약했던 이유 때문으로 보인다. 이러한 이해에 근거하여 여기서는 1981년 겨울호(1호)를 시작으로 마지막 호인 2012년 겨울호(125호)까지의 약 30년간 계간으로 발행된 〈언론중재〉에 게재된 논문 총 508편(각 호당 논문 평균 약 4편 게재)을 메타방식으로 분석하여 언론 ADR로서의 언론중재제도가 지금까지 어떻게 발전해 왔는가를 탐구하고자 하였다. 구체적으로 언론법제 연구의 시작과 발전 그리고 위기의 시각에서 〈언론중재〉에 나타난 언론중재제도의 사회적 기능과 특성의 변화를 종합적으로 정리하고자 하였다.

〈언론중재〉를 분석해야 하는 가장 중요한 이유는 〈언론중재〉가 언론의 피해 구제와 관련된 주제에 대해 언론학자, 법학자, 전·현직 법조인, 전·현직 언론인이 모두 참여하여 관련 논의를 펼치는 유일한 저널이기 때문이다. 언론법제 관련 연구들은 법학 학술지와 언론학 학술지에 게재되고 있으나 실제로 언론학 연구자가 법학 학술지에 게재하거나 법학 연구자가 언론학 학술지에 게재하는 경우는 대단히 적은 것으로 나타났다. 언론학과 법학적 연구가 같이 게재되는 학술지가 존재하지만,[112] 같은 주제를 가지고 언론학 연구자와 법학 연구자 그리고 언론 현장 종사자가 골고루 다양한 목소리를 낼 수 있는 저널은 〈언론중재〉가 유일하다. 그만큼 현실적 목소리가 비교적 뚜렷하게 나타날 수 있는 저널로서 언론중재제도의 발전에 기여할 수 있었다고 예측해

112 예를 들어 언론법학회에서 발행되는 〈언론과 법〉 그리고 정보법학회에서 발생되는 〈정보법학〉이다. 그러나 이 저널에 참여하는 연구자들은 대부분 언론학자와 법학자들이다. 언론 현업이나 법조 현직 종사자는 극히 드물다.

볼 수 있다.

언론 환경이 급변하고 이와 관련된 분쟁이 증가하면서 다양한 형태의 언론법제 연구들이 〈언론중재〉 등에 쏟아져 나오기 시작했다. 언론 환경이 급변하는 분기점이 되었던 1987년 이전에도 제1세대 언론학자들을 중심으로 언론법제 연구가 이루어졌으나,[113] 관련 판례가 축적되지 않았던 탓에 언론법제 연구가 체계적이지 못했다. 그러나 1990년대 초반부터 염규호(1996; 2001; 2014)가 미국의 언론법 체계와 명예훼손법에 대해서 자세히 설명하였고, 차용범(2001)과 이재진(2002b) 등은 언론법제 연구에 대해 정의하고 언론법제 연구방법을 제언하는 연구를 시도하는 한편, 이를 통해 판례 분석의 중요성을 강조하였다. 이동훈(2012) 등은 기존의 언론 자유 개념을 디지털 사회에 적용하여 새롭게 규명하는 연구를 시행하였다. 이는 언론 자유나 명예훼손 등의 개념이 디지털 사회가 되면서 새롭게 정의될 필요성이 있음을 보여 주는 연구라고 할 수 있다. 이러한 연구들은 디지털 사회의 도래와 함께 개인 정보 보호를 중요한 쟁점으로 부각시키는 역할을 하였다.

이후 지속적으로 미디어의 발전이 일어나면서 유사한 문제에 대해 각각 다른 미디어 환경에서의 적용 가능성에 대한 분석이 이루어졌다. 2006년에는 범죄 피해자의 신원 공개에 따른 피해와 이를 방지하기 위한 대책에 대한 연구가 등장하였고(이천현, 2006 등), 2007년에는 인터넷 포털에 대한 영향력이 증가하면서 인터넷 포털 규제에 대한 연구가 나왔다(김기중, 2007; 이재진, 2009a 등). 2008년 이후로는 전통적인 언론 및 인터넷 신문 영역의 보도보다 인터넷 언론, SNS, 포털 등 디지털 인터미디어리digital intermediary에서의 언론 보도의 문제점에 대한 연구와 이에 대한 해외 비교 연구가 지속적으로 이루어지

113 대표적으로 한양대 팽원순, 경희대 한병구, 이화여대 김동철 교수를 들 수 있다.

고 있다(손태규, 2013; 안명규, 2009; 이재진, 2009; 이효성, 2009; Park, 2015).[114]

결과적으로 언론법제 분야는 과거에는 언론학이나 법학 영역에서 모두 크게 주목받지 못했으나[115] 개인들의 제고된 인권의식을 포함한 언론 환경이 변화하고 언론과 관련된 판례의 축적이 이루어지면서 이론적으로뿐만 아니라 현실적으로도 대단히 중요한 연구 영역으로 자리매김해 왔음을 알 수 있다. 특히 언론 환경이 하루가 다르게 빠르게 변화하면서 이에 부응하는 법의 제·개정을 제안하거나 그렇지 않은 경우에 발생할 수 있는 부작용을 최소화하고 해결 방안을 제시할 수 있는 영역으로 인식되기 시작하였다. 이러한 점에서 기존 연구에는 분석 대상에 포함되지 않았으나 언론법제 연구의 전개 과정과 언론 관련법의 제·개정을 둘러싼 미디어 환경 변화의 의미를 살펴보기 위하여 〈언론중재〉를 분석하는 것이 필요하다.

우선 〈언론중재〉에 대한 분석은 두 가지 연구 방법을 활용하였다.

첫째, 〈언론중재〉에 게재된 학술 논문의 전수를 대상으로 '메타분석'을 실시하였다. 언론중재위는 언론중재제도와 언론법제 관련 연구에 기여할 수 있는 연구 논문과 자료를 통해 관련 연구자들에게 도움을 주고자 〈언론중재〉에 특집 논문, 연구 논문을 비롯한 여러 논문과 국·내 언론계의 주요 이

114 흥미롭게도 언론법제 영역에 저작권법 관련 연구를 포함시키는 경우, 저작권법 관련 연구가 2000년대 들어 가장 많은 것으로 나타났다. 그러나 〈언론중재〉지에서 저작권을 법제 영역에 포함시키고 있지 않은 관계로 이 책에서도 언론 보도와 관련된 저작권 쟁점을 다룬 연구만을 분석의 대상으로 삼았다.

115 비록 언론법제 교육이 언론학 일반만큼 대단히 오래전부터 시작되었고(이재진, 2007), 장용(1969)의 연구서가 대단히 오래전에 나왔고 팽원순(1982; 1984), 한병구(2002) 등의 1세대 학자들에 의해서 언론법제 연구가 이루어지고 있었으나 언론학 분야에서 언론법제 연구는 실제로 언론사 영역과 함께 오랫동안 '배고픈 학문 분야'로 인식되어 왔다. 무엇보다 언론법제 영역을 하나의 독립된 연구 분야로 판단하지 않았으며 이에 기반을 두어 교수를 채용하는 경우가 없었기 때문이다(이재진, 2007).

슈 및 관련 판결 등을 수록하고 있다. 분석 대상은 1981년 겨울호(통권 1호)를 시작으로 2012년 말에 출간된 통권 125호에 한정하였다(언론중재위원회, 2012).

〈언론중재〉는 저널의 성격상 언론중재제도 연구에 국한된 논문이 게재될 수 있다는 인식과는 달리 1981년 겨울호(통권 1호)부터 2012년 겨울호(통권 125호)까지의 논문 총 508편을 사전 조사한 결과 별도로 연구 주제에 대한 제한을 두고 있지는 않은 것으로 나타났다. 이는 언론중재제도에 한정된 학술 논문만을 게재하는 것이 현실적으로 어려울 뿐만 아니라 언론중재제도는 여타 언론의 자유, 명예훼손, 프라이버시 등 언론법제 분야 주제들과 밀접하게 연결되어 있다는 점이 고려된 것으로 판단된다. 아울러 다양한 주제를 탐구함으로써 언론법제 연구의 활성화를 도모하고자 하였던 것도 작용한 것으로 보인다.

여기에서는 2012년도 겨울호까지 〈언론중재〉에 게재된 논문 전체를 대상으로 기존의 이재진·이승선(2008)과 이승선(2005)의 연구에서 나타난 분석 유목을 수정·보완하여 분석을 실시하였다. 분석 유목을 제시한 표 4-5에서 보는 바와 같이 〈언론중재〉에서 다루고 있는 부분이 주로 언론중재제도에 관한 것과 연관성이 높다는 점을 감안하여 방송 심의 및 광고 심의 등의 주제는 분석에서 제외했으며, 온라인 언론(포털 포함)의 경우, 2005년도는 인터넷 신문이 2009년에는 포털, 언론사닷컴, IPTV가 중재의 대상 미디어에 포함되었다는 점에서 분석에 포함시켰다.

둘째, 메타분석을 실시한 논문 중에서 언론중재제도 관련된 법의 변천 과정을 시기별로 분류하여 2회 이상 재차 다루어졌던 주제(중복된 주제)에 대한 심층적 내용 분석을 실시했다. 표 4-6에서 제시하는 것처럼 언론중재제도가 도입되어 현재의 모습으로 수용되기까지 크게 언론기본법 시기, 정간법/방송법/종합유선방송법 시기, 언론중재법 시기로 구분할 수 있으며, 개정 시기도 총 다섯 개의 시기로 구분이 가능하다. 이 시기에 〈언론중재〉는 어

표 4-5 〈언론중재〉 메타분석 분류틀

구분		세부 영역
연구 주제	기본법	① 법체계의 이해(사법 제도, 언론법 체계, 언론기본법, 방송법, 언론법 사조 등) ② 표현의 자유와 기본권(언론 · 표현 자유의 중요성, 헌법, 국가 안보와 기밀, 사전 억제, 가상 표현) ③ 알 권리와 정보 공개 청구(알 권리, 엑세스권, 정보 공개 청구)
	응용 부분	④ 취재 · 보도의 자유와 책임(취재원 보호, 언론사 압수 수색, 편집권 독립) ⑤ 재판과 선거 보도(공정 재판, 선거 보도) ⑥ 명예훼손(현실적 악의, 손해배상, 형사 처벌, 인격권 침해, 언론 소송) ⑦ 프라이버시(사생활, 개인 정보 보호, 초상권, 성명권, 퍼블리시티권) ⑧ 반론권(언론중재, 오보와 피해 구제, 정정보도, 반론보도, 추후보도) ⑨ 성표현물(음란 등) ⑩ 저작권
	온라인 포털	⑪ UCC 사용자 제작 콘텐츠 ⑫ 포털, OSP, ISP
	정책 기타	⑬ 방송 뉴 미디어 정책 ⑭ 저널리즘 ⑮ 기타
연구 초점		① 국내 사례, 이론 ② 외국 사례, 이론 ③ 외국 사례 · 이론 국내 적용 검토 ④ 일반론 기타
연구자 지위		① 언론학자 ② 법학자 ③ 언론 현업 ④ 법조 현업 ⑤ 기타
연구자 최종 학위		① 언론학 ② 법학 ③ 기타 ④ 불분명
연구 미디어(플랫폼)		① 방송 ② 인터넷 ③ 모바일 ④ 신문/잡지 ⑤ 영화 ⑥ 복합(2 미디어 이상) ⑦ 비미디어
연구 방법		① 판례 평석 ② 제도, 입법, 정책, 규범 연구 ③ 역사적 접근 ④ 비교 연구 ⑤ 경험, 실증, 행태, 질적 연구 ⑥ 판례 양적 분석 ⑦ 판례 질적 분석 ⑧ 단일 법규 분석 ⑨ 기타
기타 분석 사항		① 발표 시기 ② 연구자 수 ③ 미디어 영역 ④ 전공 학문 ⑤ 기타

출처: 이승선 · 이재진(2011: 157~159) 부분 재구성.

표 4-6 시기별 언론중재제도 변화와 〈언론중재〉 중복 연구 주제

시기	법률	중복(분석) 주제
1980. 12~1987. 11	언론기본법	① 명예훼손 ② 언론의 책임(자유)/윤리 ③ 언론 피해 구제(인격권)
1987. 11~1996. 7	정간법·방송법·종합유선방송법 제정	
1996. 7~2005. 7	정간법·방송법·종합유선방송법 개정	
2005. 7~2009. 8	언론중재법 제정	
2009. 8~현재	언론중재법 개정	

떤 연구들을 중복해서 다루는지, 이것이 언론 환경에 어떻게 반영되는지, 혹은 관련법의 제·개정에 어떠한 영향을 주었는지를 분석하고자 하였다.

〈언론중재〉에 게재된 논문들의 주제를 분류하여 중복된 주제를 도출한 결과, 이들 주제는 크게 ① 명예훼손 및 취재/보도의 자유와 한계, ② 언론의 자유와 책임/윤리, ③ 언론 피해 구제(인격권)의 3개 영역으로 나타났다. 특히, 명예훼손의 경우, 매 시기별로 특집호를 다루고 있는 것으로 나타났다. 예를 들어 2003년도 특집호에서는 인터넷 언론의 명예훼손 문제를 다루었고, 2008년도 특집호에서는 당시 언론법제 영역의 주요 쟁점이었던 포털 뉴스의 명예훼손 관련 법적 책임 문제를 다루었는데, 이는 흥미롭게도 특집호 논문 게재 직후인 2005년과 2009년도에 인터넷 신문, 포털을 언론중재 대상으로 포함하는 언론중재법이 제·개정되는 결과로 이어졌다. 이는 게재 논문들이 관련법의 제정과 어떠한 연관성이 있다는 것을 추정할 수 있는 부분이다.

2) 〈언론중재〉 분석

(1) 메타분석

〈언론중재〉에 따르면, 우리나라는 언론의 기사에 의한 개인의 피해를 최소화하고 반론권을 행사할 수 있도록 언론중재제도를 두고 있다(양삼승, 1992). 반론권이란 언론 보도로 피해를 입은 사람들에게 반박의 기회를 제공하여, 신속하고 손쉽게 피해를 구제하는 측면에서 언론의 대표적인 대안적 분쟁 해결 제도로 볼 수 있다(박용상, 2008). 1981년 반론권 행사를 위해 설립된 별도의 법정 기구가 언론 분쟁에 개입한다는 점에서 특징적이라고 할 수 있다(언론중재위원회, 2009). 도입 초기에 언론계에서는 언론중재제도가 지나치게 언론의 자유를 침해할 수 있다는 우려를 들어 부정적인 시선으로 바라보기도 하였으나, 현재는 언론의 피해를 구제하기 위한 중요한 기구로서 평가된다(이승선, 2011).

언론중재위는 1981년부터 〈언론중재〉를 발행해 반론권을 통한 언론 피해의 구제를 이론화하려는 노력을 기울인다. 주로 특집 논문을 청탁하여 구성하던 초기와 달리, 최근에는 특집 논문, 연구 논문 등 학술적 자료와 함께 판결 동향과 특정 주제에 대한 칼럼 형식의 글들을 실으며 종합적 잡지 형태로 발전해 왔다. 여기서는 칼럼이나 에세이 형식의 글을 제외한 논문 또는 논문 형식의 글만 분석 대상으로 삼았다. 이처럼 설정된 메타분석의 틀로 〈언론중재〉에 게재된 논문 전체를 분석하여 그 경향을 살펴보았다. 우선적으로 전체 논문에서 각 해당 논문의 저자 수를 살펴보았더니 표 4-7과 같이 나타났다.

먼저 각 논문을 작성한 저자가 1명(단독 저술)인 경우가 485건(95.4%)으로 절대적으로 많은 부분을 차지하고 있는 것으로 나타났다. 즉 압도적으로 많은 연구가 단독 연구라는 점을 보여 주는 것으로 연구자들의 대부분이 관

표 4-7 저자 수와 논문 게재 빈도

저자 수	빈도
1명	485(95.4%)
2명	10(2.0%)
3명	6(0.6%)
4명 이상	4(0.4%)
파악하기 어려움(편집진 등)	8(1.6%)
합계	508(100%)

련 분야의 전문가로서 독자적 시각을 통해 참여하였음을 의미한다. 이어 저자 수가 2명인 경우가 10건(2.0%), 3명인 경우가 6건(0.6%), 4명인 경우가 4건(0.4%)으로 나타났다. 편집부나 중재위원회 측에서 발표한 연구처럼 특정인을 지칭하지 않고 있는 경우가 8건(1.6%)이었다. 저자 수 분석 결과, 압도적으로 높은 비율인 95% 이상이 단독 저자라는 점을 특징으로 볼 수 있다. 다른 저널에서는 보편적으로 이루어지는 공동 연구가 거의 없다는 점은 연구 청탁을 받은 연구자들이 〈언론중재〉에 기고하는 것을 덜 부담스러워 한다는 것으로 해석될 수 있다. 아울러 연구가 융통성을 띠게 되어 법적으로 확립되지 않은 개념이라도 지속적으로 논의가 가능하도록 다각적인 측면에서 연구 문제로 제시할 수 있다는 장점을 지닌다. 물론, 심도 있는 연구가 되지 않았다는 단점도 존재할 수 있다. 그러나 전문적인 학술적 논의 외에 탐색적인 논의도 후속 연구를 촉진하는 데 충분히 가치가 있다는 점에서 그 의미를 찾을 수 있다.

한편, 연구 주제의 경우, 크게 기본법, 응용 부분, 온라인/포털, 정책/기타로 구분하였으며, 각각의 세부 문항을 선정하여 논문에 대한 분석을 시도

하였다. 그 결과, 명예훼손 관련 논문이 96편(18.9%)으로 가장 많은 비중을 차지하고 있었으며, 반론권이 88편(17.3%)으로 그다음의 순위를 보였다. 이는 논문이 다양한 연구 주제를 다루기는 하지만 그중에서도 언론중재제도와 밀접한 관련이 있는 명예훼손과 반론권 관련 주제에 대한 논의를 상대적으로 더 많이 했다는 것을 의미한다.

반면 포털, OSP, ISP 관련 논문이 5편(1%), 방송 및 뉴 미디어 정책 관련 논문이 3편(0.6%), UCC 사용자 제작 콘텐츠 관련 논문이 1편(0.2%) 등으로 저조한 비율을 보였는데, 이는 언론중재에서 다룰 만한 뉴 미디어 주제가 최근에 발생했거나 그에 따른 접근이 어려웠음을 보여 주는 부분이라고 할 수 있다. 그럼에도 불구하고 〈언론중재〉가 기존의 전통적인 논의 대상에 국한되지 않고 변화하는 언론 환경을 반영하고자 하는 점은 의미 있는 작업이라고 할 수 있다.

이러한 연구 주제에 근거하여 어떠한 미디어에 대해 어떠한 초점을 가지고 연구가 진행되었는지를 살펴보면 표 4-9와 같다. 우선 연구 대상이 된 미디어의 유형의 경우, 대부분의 경우 특정 미디어에 국한되지 않고 제도나 법체계 자체를 다루었다(359건, 70.7%). 다시 말하자면 연구 대상 미디어의 경우에는 '신문/잡지'가 59건(11.6%), '인터넷'이 37건(7.3%)의 순으로 많은 것으로 드러났다. 그다음으로는 '방송'(20건, 3.9%)이 많이 논의된 것으로 나타났다.

이는 흥미로운 결과라고 할 수 있다. 왜냐하면 전통적으로 인쇄 미디어가 주요 연구 대상이었고 인터넷이 언론중재제도에서 중요한 미디어로 다뤄진 것은 30여 년의 역사 중 얼마 되지 않기 때문이다. 그럼에도 불구하고 인터넷이 연구 대상 미디어로서 상당히 높은 순위를 차지하고 있다는 것은 〈언론중재〉가 새로운 미디어 환경의 변화를 연구에 적절히 반영하고 있다는 점을 보여 준다. 이는 언론중재위의 미디어 유형별 조정 현황 결과와 부합된다는 점에서도 알 수 있다(언론중재위원회, 2013). 즉 〈언론중재〉에 게재된 논문들

표 4-8 연구 주제

연구 주제		빈도
기본법	법적 체계의 이해	19(3.7%)
	표현의 자유와 기본권	46(9.1%)
	알 권리와 정보 공개 청구	14(2.8%)
응용 부분	취재 · 보도의 자유와 책임	56(11%)
	재판과 선거 보도	39(7.7%)
	명예훼손	96(18.9%)
	프라이버시	52(10.2%)
	반론권	88(17.3%)
	성 표현물	5(1%)
	저작권	-
온라인/포털	UCC 사용자 제작 콘텐츠	1(0.2%)
	포털, OSP, ISP	5(1%)
정책/기타	방송 뉴 미디어 정책	3(0.6%)
	저널리즘	20(3.9%)
	기타	64(12.6%)
합계		508(100%)

은 미디어 환경의 변화를 적절히 분석하여 문제 해결을 위한 대안을 제시하는 연구들이 많은 것으로 해석할 수 있다.

〈언론중재〉에 실린 논문을 연구의 초점에 따라 살펴보면, 국내 사례 및 이론 연구가 235편(46.3%)으로 가장 많이 나타나고 있었으며, 외국 사례 및 이론을 국내 체제에 적용하는 것을 검토하는 내용이 167편(32.9%)으로 그 뒤를 따르는 것으로 나타났다(표 4-9). 외국 사례 및 이론을 소개하는 경우도

표 4-9 연구 관련 매체 및 연구 초점

연구 매체	빈도	연구 초점	빈도
신문/잡지	59(11.6%)	국내 사례/이론	235(46.3%)
인터넷	37(7.3%)	외국 사례/ 이론 국내 적용 검토	167(32.9%)
복합	31(6.1%)	방송	20(3.9%)
외국 사례/이론	100(19.7%)	모바일	2(0.4%)
일반론 기타	6(1.2%)	비매체	359(70.7%)
합계	508(100%)	합계	508(100%)

100편(19.7%)으로 적지 않은 비중을 차지하고 있었다. 이는 우리나라의 경우 외국과 달리 특정 기관이 조정과 중재를 하는 독특한 구조를 갖추고 있기 때문으로 판단된다. 그래서 국내 사례나 이론을 분석하는 연구가 가장 많았던 것으로 보인다.

연구자(저자)의 신분(지위)을 살펴보면 연구자 중 학자(교수 및 연구원)의 비중이 50%가 넘는 것으로 나타나 현업 종사자보다는 학자의 연구 참여가 높다는 것을 알 수 있다. 구체적으로 언론학자가 205명(40.5%), 법학자가 100명(19.7%)으로 나타나 언론학 전공 연구자가 법학 전공 연구자보다 더 많은 것으로 나타났다(표 4-10). 이렇게 언론학 전공자가 법학 전공자보다 상대적으로 많은 이유는 무엇보다 〈언론중재〉 발행을 언론중재위라는 언론 관련 기구가 담당하고 있기 때문으로 판단된다. 즉 언론중재위의 기능과 역할이 취재 보도나 피해 구제와 밀접한 관련성을 지니기 때문에 여타의 법학 전문 학술지보다 언론학자 저널에 접근할 수 있는 여지가 더 많기 때문으로 사료된다.

한편, 현업 종사자가 연구자로 등장한 경우, 법조 현업의 연구자가 95명

표 4-10 연구자 지위 및 최종 학위 전공

연구자 지위	빈도	연구자 최종 학위 전공	빈도
언론학자	205(40.5%)	언론학	233(45.9%)
법학자	100(19.7%)	법학	166(32.7%)
언론 현업	74(14.6%)	법조 현업	95(18.7%)
기타	21(4.1%)	기타	32(6.3%)
불분명	88(17.3%)	불분명	2(0.4%)
합계	508(100%)	합계	508(100%)

(18.7%)으로 언론 현업 종사자 74명(14.6%)에 비해 상대적으로 많은 것으로 나타났다. 이는 언론 현업 종사자들의 경우 그들이 중재의 대상이 되기 때문에 관련 기관에서 발행하는 〈언론중재〉에 제한적으로 참여한 것으로 추정된다. 아울러 언론중재제도가 자리를 잡아가던 시기에 법조 현업인들이 법체계 관련 연구에 대거 참여한 것도 원인의 하나로 판단해 볼 수 있다.[116]

이러한 점은 최종 학위 전공에서도 나타나고 있는데, 언론학을 전공한 연구자의 비중이 233명(45.9%)으로 법학을 전공한 166명(32.7%)에 비해 많은 것으로 나타났다. 이는 전술한 바와 같이 언론 유관 기관에서 직접 발행하고 있다는 점과 함께 조정·중재 당사자가 일반인을 제외하고는 언론인에 국한된다는 점이 원인일 수 있다고 판단된다.[117] 아울러 언론법제 연구가 미국

116 법조 현업이나 언론 현업 종사자들이 참여하는 경우는 많았으나 실제로 연구에 언론중재위에 조정이나 중재를 신청한 '신청인'으로 참여한 경우는 없었다.

117 언론중재위를 접근하는 데 있어 언론인들의 빈도가 높아 〈언론중재〉의 접근 역시 용이하여 언론인 비율이 높은 것으로 보인다. 또한, 기존 언론법 연구의 메타분석에서는 상대적으로 법

에서와 같이 법학 분야에서보다는 언론 분야에서 시작되었고 지금도 언론학 분야에서 논의가 활발히 진행되는 것과도 같은 맥락으로 볼 수 있다.

(2) 질적 분석

〈언론중재〉에 대한 메타분석에 이어 시기에 따른 논문의 질적 내용 분석을 실시했다. 질적 내용 분석의 경우, 전수를 조사하는 것에는 한계가 있어 시기를 관련법의 변화를 중심으로 5단계(언론기본법 – 정간법/방송법/종합유선방송법 제정 – 정간법/방송법/종합유선방송법 개정 – 언론중재법 제정 – 언론중재법 개정)로 구분하고 각 시기별로 게재된 '중복 주제' 논문에 대해서만 분석을 실시하였다.

또한, '언론 피해 구제'의 부분은 〈언론중재〉의 특성상 가장 연관성이 높은 주제일 것으로 판단했다. 흥미로운 점은 분석 결과, 법의 제·개정 전후로 중요한 주제가 많이 나타난다는 것이다. 이에 대해서는 좀 더 심층적인 분석을 실시하여 단순한 경향 분석에만 그치지 않고 심도 있는 논의를 이끌어 낼 수 있는 기본 자료를 만들고자 하였다.

첫째, 명예훼손과 관련된 논문들을 심층적으로 살펴보았다. 우선 언론기본법 시기에 '명예훼손'을 중심 주제로 논문이 처음 나온 것은 1983년 봄호다. 1981년 겨울호가 창간호라는 점에서 1년이 지난 이후부터 이 주제가 다루어지기 시작한 셈이다. 여기에서는 '명예훼손법과 픽션물'이라는 제목의 논문으로 미국에서의 픽션물에 대한 명예훼손법을 소개한다.

그러나 이는 우리나라의 사례가 아닌 외국 사례를 번역하여 실은 것이기 때문에 실질적으로 우리나라의 명예훼손에 대해서 다룬 것은 아니었다. 〈언론중재〉에 실린 우리나라 명예훼손 관련 최초의 논문은 1983년 가을호에 게

학자가 언론학자보다 높은 비율을 차지했지만 〈언론중재〉는 이와 다른 경향성을 보이는 것도 주목할 만하다.

재된 '명예훼손의 의의와 명예훼손의 모습,' '언론 보도와 명예훼손' 등으로 볼 수 있다. 당시 게재 논문들은 명예훼손의 정의, 유형, 관련법 규정, 위법성 조각사유, 피해 구제 방식 등에 대해서 자세히 소개하고 있다. 당시까지만 하더라도 명예훼손으로 인한 소송 건수가 많지 않았고, 피해 구제에 대한 사회적 관심이 크지 않았으나 〈언론중재〉가 이에 대한 주의를 환기시키는 역할을 했다고 판단된다(이재진, 2006c).

〈언론중재〉 발행 초기에는 명예훼손과 관련된 주요 개념이나 법 적용상의 문제를 분석한 논문들이 게재되었다. 1984년 봄호에서는 미국 신문을 중심으로 명예훼손 사례를 연구하는 논문이 게재되었다. 하지만 이는 명예훼손에 대한 종합적 연구라기보다는 모빌 석유 소송, 공영 방송 소송 등 2건의 사례에 대한 내용을 단순히 소개하는 형식으로 서술되었다. 이처럼 언론기본법 시기에 〈언론중재〉에서 다루었던 명예훼손 관련 연구들은 대개 원론적인 개념이나 사례의 소개에 그치고 있었다. 사례 분석을 실시하였다고 해도 다양한 사례를 종합적으로 정리하는 연구는 부족했다고 할 수 있다.

1990년대 정간물법/방송법/종합유선방송법 시기에 들어가면서 명예훼손 쟁점에 대한 본격적 연구가 나오기 시작했다. 1992년 봄호에서는 '언론 보도에 의한 명예훼손의 몇 가지 쟁점'이라는 대주제로 다양한 관련 연구들을 제시하고 있다. 1980년대는 명예훼손과 관련하여 광범위한 연구 범위로 국내외 법리의 단순한 설명에 그쳤던 것에 비해 1990년대는 '사자死者의 명예훼손,' '위자료 산정,' '인터넷에서의 명예훼손' 등 주제가 더욱 세분화되어 다루어지기 시작했다.

예를 들어 손동권(1992)은 언론의 탄압과 관련하여 시기를 6공화국 이전과 이후로 나누어 비교해 볼 수 있다고 제시하면서, 우리나라의 경우 6공화국 당시까지 국가 권력으로부터 언론의 자유가 탄압받은 피해자의 측면이 강했다고 지적했다. 한편, 이상경(1992) 판사가 실시한 위자료 산정 연구는 〈언론중재〉가 여타의 학술지에 비해 차별적이고 독자들에게 실질적으로 필요한 정보를 전달할 수 있는 가능성을 보여 주었다고 할 수 있다.

이는 〈언론중재〉가 갖는 비전문 학술지로서의 약점을 크게 보완할 수 있었던 것으로 분석해 볼 수 있다. 〈언론중재〉가 전형적인 학술지였다면 일반 독자들에게는 실질적인 정보로 이용되기 어려웠을 것으로 보인다. 결과적으로 이들 연구를 시작으로 명예훼손 현상을 관련법 자체로 다루던 것에서 벗어나 적용에 있어서 발생하는 다양한 쟁점을 세분화시켜 접근하게 된 계기가 되었다고 할 수 있다. 그러다가 1993년을 기점으로 〈언론중재〉에 국제적인 주제를 다루는 논문들이 대거 게재되기 시작한다.

이러한 연구들은 단지 미국뿐만 아니라 유럽 각국 그리고 일본 등의 사례를 연구하거나 외국의 법체계를 비교법적 관점에서 분석하는 모습을 나타냈다. 이들 연구는 단순히 우리나라의 법 규정이나 판례의 소개 및 분석에 그치지 않고 미국을 중심으로 한 외국의 사례, 혹은 양측의 사례를 비교하는 데 이르기까지 연구의 영역을 확장하였다. 1994년부터 1996년까지 미국을 중심으로 하는 다양한 연구들이 게재되는데, 특히 명예훼손법과 관련하여 '공인 이론'을 둘러싼 사례 분석이나 소개가 많았다.

외국, 특히 미국의 피해 구제 제도에 대한 소개나 분석은 전술한 정간법/방송법/종합유선방송법 개정 시기에 접어들면서 더욱 활발해진다. 특히 1996년의 경우 1년간 각 호(봄~겨울)에서 '미국의 명예훼손법'이라는 주제로 이론적 논의, 판례 분석, 문제점과 개선책 등을 다룰 정도로 미국의 명예훼손법 연구에 초점을 두었다. 이처럼 미국에 초점을 둔 것은 미국의 명예훼손법을 정리함으로써 우리나라 언론 관련법 개정의 방향성에 참고하고자 한 것으로 추측할 수 있다. 특히 미국의 명예훼손법이 수많은 개정 노력에도 불구하고 다양한 이해 집단을 모두 만족시킨 사례가 없다는 것을 제시하면서(염규호, 1996), 우리나라 법 개정안의 부족한 부분에 대한 반면교사로서 제시하려하였다.

이처럼 특정 주제에 대해서 특정 연구자를 초빙하여 심층적으로 연구 분석을 실시한 경우는 다른 학술지에서 찾아보기 힘들다. 미국 오리건대학교 석좌교수인 염규호 교수처럼 언론법제 연구의 석학이 시리즈 방식으로 논문을 기고한 국내 유일의 전문 잡지라는 점은 언론법제 연구의 학문적 의미와 가치를 높이는 결과를 가져왔으며 동시에 명예훼손법에 대한 폭넓은 이해를 돕는 계기가 되었다.

1997년은 언론기본법의 폐지 등 언론 환경의 변화에 따른 언론 개념의 재정립 시기로 볼 수 있다. 특히 인터넷을 중심으로 '뉴 미디어'라는 단어가 화두가 되며 이와 관계된 연구들이 활성화되기 시작했다. 같은 맥락에서 '뉴 미디어'와 연관된 법적 쟁점에 대한 연구가 활기를 띠기 시작되었으며, 미국, 프랑스, 일본 등을 대상으로 한 비교 연구가 본격적으로 실시되기 시작했다. 이 시기에는 특히 인터넷 환경에서의 명예훼손에 대해서 많이 다루고 있으며, 미국의 사례를 중점적으로 다뤘기 때문인지 미국의 현실적 악의 개념과 우리나라 명예훼손의 위법성 조각사유에 대한 비교 연구가 지속적으로 나타나고 있다. 또한 언론사가 증가함에 따라 언론사 간 명예훼손소송이 늘면서 이에 대한 면책 기준을 외국과 비교하여 제시하는 연구도 나타나고 있다. 아울러 미디어에 의한 일반적인 명예훼손 현상에서 벗어나 특정인이 연관된 명예훼손 사건들을 분석하는 연구 방식도 나타나는데, 예를 들어 공인과 관련된 언론법 연구는 1990년대 중후반부터 2000년대 초반까지 10년이 넘게 활발히 진행되었음을 알 수 있다(이재진, 2002a; 2002b).

한편, 1997년 사이버 공간에서의 명예훼손을 시작으로 1998년 인터넷, 2000년 전자 미디어, 2004년 온라인 서비스 제공자, 2006년 인터넷 상 '펌'이나 '링크,' 2011년 소셜 미디어 등 미디어의 변화에 따른 '명예훼손' 분야의 연구도 지속적으로 이루어지고 있는 것으로 나타났다. 이는 변화하는 미디어 환경에도 불구하고 미디어별로 '명예훼손'이라는 기본적인 주제는 연구에서 빠지지 않고 지속되었다는 것을 의미하며, 어떠한 법이 미디어 환경을 앞서 나가거나 선도하지는 못해도 미디어의 특성을 반영하여 변화하고 있다는 것을 간접적으로 보여 주고 있다.[118]

종합적으로 '명예훼손'이라는 주제는 언론기본법 시기에는 개념과 적용에 대한 분석이 주를 이루었고 이후, 정간물법/방송법/종합유선방송법 시기에는 단순히 넓은 의미의 '명예훼손'에서 벗어나 사죄 광고, 언론 보도의 문제점 등 특정한 현상에 나타나는 명예훼손을 다루기 시작했다. 이후 1996년 정간물법/방송법/종합유선방송법 개정 시기부터 명예훼손법에 대한 본격적인 연구의 장이 열린 것으로 파악된다. 특히 미국의 명예훼손법에 대한 다양한 쟁점들을 정리하기 시작했으며, 이것을 계기로 새롭게 제시된 뉴 미디어 환경에서의 명예훼손에 대한 시각을 나타내기 시작했다.

이러한 연구 경향은 꾸준히 지속되어 2009년 언론중재법이 개정된 이후에도 동일한 현상을 나타냈다. 향후 다양한 미디어 환경의 변화에 따라 새로운 형태의 법적 분쟁이 나타나게 된다면 기존의 연구 경향과 유사하게 외국의 경우를 비교하여 이에 대한 해결 방식을 제시하는 방향으로 나아갈 가능성이 크다.

〈언론중재〉의 또 하나의 장점은 외국 사례를 소개하거나 이를 분석하는 연구들이 많다는 점이다. 그러나 미국 이외의 국가들 예컨대 프랑스나 독일, 일본 등의 경우 이들 국가의 명예훼손법을 소개하고 있지만 그 수가 상대적으로 적다. 보다 다양한 국가의 사례가 동반된다면 더욱 풍부하고 심도 있는 연구가 이루어질 수 있을 것이라 판단된다. 아울러 학자들 이외에 법조 현업

118 〈언론중재〉 편집진도 이러한 미디어 환경의 변화의 추이를 주제 선정에 반영하고 있는 것으로 판단된다.

과 언론 현업 종사자들의 연구 참여를 늘린다면 언론법제 연구의 본질적 목적에 부합하는 간학제적 연구를 도출할 수 있을 것으로 보인다. 비록 현실적 문제의 해결이 학술지 발행의 주요 목적은 아니지만, 현업의 목소리가 충분히 반영되어 연구의 실질적인 기대 효과가 그만큼 크다는 점은 이론적 논의가 중심이 되는 다른 학술지에 비해 〈언론중재〉만이 갖는 강점이라고 할 수 있다.

둘째, '언론의 자유(책임)/윤리' 주제와 관련된 논문에 대한 분석을 실시하였다(부록의 표 4-11). '언론의 자유'의 경우 〈언론중재〉에서 다루기는 하지만 연구의 핵심으로 다루지는 않은 것으로 나타났다. 아마도 언론중재위가 발행하는 〈언론중재〉에서 언론 자유나 언론 윤리를 강하게 드러내는 것이 적합하지 않다고 판단한 것이라 추정된다. 따라서 언론의 자유에 따르는 책임과 이에 따른 윤리 부분을 함께 통합하여 하나의 주제로 다루고 있다. 즉 언론의 자유가 대단히 중요하지만 이러한 자유에는 책임이 따른다든지 또는 언론이 윤리를 잘 지키는 것이 미덕이며 법적인 제재를 피하는 지름길이라는 메시지를 전달하고자 한 연구가 많은 것으로 보인다(이재진·박성순, 2015).

이는 비록 추정은 되지만 실제로 메타분석을 하지 않으면 판단할 수 없는 내용이다. 실제로 언론의 자유라는 것은 언론이 추구하는 권한으로 이를 지키기 위해서는 스스로 윤리적 측면을 돌아보지 않을 수 없다는 것을 생각해 봐도 언론 윤리를 언론 자유의 주제 범주 안에 포함시켜 분석을 시도하는 것이 타당하다고 할 수 있다.

언론기본법 시기에 언론 자유가 다소 비판적 또는 부정적 관점에서 이해된 것은 〈언론중재〉의 성격상 언론의 자유를 지나치게 옹호할 수 없다는 입장과 일맥상통하는 것이다. 시기적으로 인권에 대한 논의가 활발하기 이전인 1980년대 중반까지는, 피해 구제를 위한 이익형량에 있어 언론의 자유보다는 책임이 강조되었고, 언론의 잘못된 보도로 인한 인격권 침해에 대한 피해 구제의 중요성이 인식되지 못하였다. 그래서 이 당시에는 언론 보도로 인한 인격권 침해 연구를 시작으로, 언론이 자유를 누림으로써 발생되는 책임 귀속 문제, 대중지이기 때문에 지켜야 하는 사회적 책임 문제를 주로 다루고 있다. 또한, 언론의 자유는 공익적 내용에 있어서는 보호될 수 있다는 점을 설명한 논문도 게재된 바 있다.

그러다가 1986년도 여름호에서 〈언론중재〉는 기존에 다른 저널에서는 시작하지 않았던 논의를 하게 되는데 바로 언론 보도와 공인의 문제다. 특히 같은 호에 게재된 세 편의 논문들 중 하나인 한상범(1986)의 '보도와 공인·유명인'의 경우 우리나라 최초로 공인이 누구인가를 정의하고 그 범주를 구분하여 정리하고 있다는 점에서 중요한 연구로 평가받고 있다. '공인'이라는 용어가 언론에 처음 보도되어 알려지기 시작한 것이 1980년대 후반이라는 점(이재진, 1999)을 감안한다면 〈언론중재〉는 그 이전부터 공인의 영역에 관심을 가지고 논의를 진행시켜온 것을 알 수 있다. 이는 〈언론중재〉가 일반 개인보다 상대적으로 의견을 부담 없이 개진하고 논의하는 것이 가능했기 때문으로 유추해 볼 수 있다.

요약하자면 언론기본법 시기에는 대부분 언론의 자유에 대해 비판적이거나 책임을 강조한 연구가 주를 이루었으나 현재도 논의 중인 '공인'의 개념을 보도에 가져와 공인에 대해서는 좀 더 자유롭게 보도할 수 있도록 해야 한다는 연구들도 있었다는 것을 알 수 있다.

한편, 정간법·방송법·종합유선방송법의 제정 초기인 1980년대 후반에는 언론사가 증가함에 따라 '경쟁 시대의 언론의 책임'이라는 주제의 연구가 발표되었으며, 언론사의 규제와 자유, 언론에 있어서 사회적 책임의 주체 문제 등의 연구가 실행되었다. 특히, 언론기본법 시기에는 언론의 자유를 지키기 위한 책임이 전적으로 언론에게 있다는 연구 경향을 보여 왔는데, 이후에는 이와 다르게 언론 자유가 우리 사회에 꽃피고 열매를 맺기 위해서는 언론인의 전문화뿐만 아니라 정책 담당자로의 역사적 안목, 언론과 정부의 주권자인 국민의 환경 감시 능력이 함께 작용하지 않으면 안 된다는 주장이 나타나게 되었다(서정우, 1989).

언론 자유/윤리/법제와 관련하여 1989년을 시작으로 1990년에는 언론 윤리강령에 나타난 윤리 기준, 한국 언론과 윤리 환경의 관계 등에 대한 연구가 진행되었다. 이 시기는 본격적으로 언론의 자유와 언론 윤리를 융합해 살펴본 시기라고 할 수 있으며, 결국 언론의 자유와 책임을 동시에 강조한 헌법의 기본 정신에 대해 논의한 시기라고 분석된다.

1990년대 후반으로 갈수록 '언론의 자유(책임)/윤리' 라는 주제 역시 뉴 미디어 환경에서의 상황을 강조하는 연구들이 나오기 시작한다. '뉴 미디어 시대 표현의 자유와 한계'라는 논문을 시작으로 새로운 환경에서의 법적 책임, 언론의 자유 등에 대해 연구를 실시하였다. 특히 1999년 겨울호에서는 '언론 자율 규제'라는 주제를 다룸으로써 언론 자유를 위한 책임 실천 방안의 하나로 타율 규제가 아닌 자율 규제를 모색한다. 결국 언론의 진정한 자유를 실행하기 위해서는 스스로 규제하여 자정할 수 있는 능력을 갖추어야 한다는 것이다.

2002년의 경우, 일본 언론의 윤리법제에 대해 활발히 연구를 개진하고 있다. 이는 '명예훼손' 관련 분야를 주로 미국의 사례와 비교하던 이전 연구와는 다른 모습이라고 할 수 있다. 일본에 대한 연구가 관심을 끈 이유는 일본의 경우 자율 규제(일본에서는 자주 규제라고 함)를 근간으로 하고 있기 때문으로 판단된다. 간단히 말하자면 언론중재에 나타난 명예훼손 관련 연구는 주로 미국을 중심으로 이론적 논의가 전개되어 온 반면 언론의 책임이나 자율 규제는 주로 일본을 비교의 근거로 삼아서 연구를 진행한 것을 알 수 있다.

'언론의 자유(책임)/윤리' 부분도 '명예훼손' 주제와 유사한 점이 존재한다. 그것은 바로 뉴 미디어 시대가 오면서 그에 따른 현상의 적용 연구가 발생하였다는 것이다. 여기서는 온라인 자율 규제 동향, 인터넷 언론의 자유 등에 따른 연구를 바탕으로 효과적인 자유와 책임의 실천 방향을 논의하고 있다. 그 후에도 인터넷 환경에 따른 언론 자유에 대한 논의가 지속적으로 나타나고 있으며, 여기에는 언론의 자유를 언론 윤리 차원에서 규정지으려는 시도도 나타나고 있다. 이는 앞서 제시한 바와 같이 언론의 자유가 매우 중요한 요소이기는 하지만 이 기능이 최적화되어 실현될 수 있도록 하기 위해서는 언론 질서를 명확히 하는 것이 중요하며, 다른 규제 수단보다는 자율 규제에 따른 윤리 교육이 더욱 효과적이라는 것을 보여 주는 것이다.

마지막으로, 세 번째 주요 주제인 '언론 피해 구제 관련 분석 논문'에 대한 분석을 실시하였다(부록의 표 4-12). 실제로 언론 피해 구제야말로 〈언론중재〉의 특성을 가장 잘 보여 주는 주제라고 할 수 있다. 언론의 피해 구제와 관련하여 법 규정은 앞서 구분하는 바와 같이 언론기본법-정간물법/방송법/종합유선방송법 제정-정간법/방송법/종합유선방송법 개정-언론중재법 제정-언론중재법 개정의 시기를 거쳐 5단계로 변화되어 왔다. 〈언론중재〉도 이러한 법적 변화에 따른 피해 구제 체제의 변화에 대한 연구 경향을 살펴보고자 하였다. 따라서 '언론 피해 구제'에 대한 부분은 〈언론중재〉가 대안적 피해 구제 방식으로서의 언론중재제도를 종합적으로 정리·분석하는 성향을 지니고 있는지 알아 볼 수 있을 것으로 판단된다. 물론 〈언론중재〉에서 언론중재제도 이외의 피해 구제 방식에 대해서도 함께 취급하고 있으나 이에 대해서 별도로 다루지 않고 선행 연구 분석 또는 언론중재제도와 비교를 위한 제한적인 분석 정도로 제한하였다.

그 결과 〈언론중재〉 발간 초기인 언론기본법 제정 시기에는 언론중재제도에 대한 기본적인 설명을 제시하고 있는 것으로 나타났다. 특히 언론중재 사례를 통해 명예훼손, 프라이버시, 사생활권 등의 침해 사례를 분석한 연구가 대부분이었다. 또한 정정보도청구 제도 활성화와 당위성이라는 주제로 정간물법/방송법/종합유선방송법에서 제기될 부분에 대한 논의도 미리 다루고 있는 것으로 나타났다. 종합적으로 언론기본법 시기에는 사례를 통해 언론중재제도의 필요성 및 당위성을 설명하려고 노력한 부분이 존재한다는 것을 보여 주고 있다.

이후 정간물법/방송법/종합유선방송법이 제정된 시기에도 언론중재제도의 변화에 대한 연구가 '언론 피해 구제' 주제에서는 자주 다뤄졌다. 특히 정간물법/방송법/종합유선방송법이 개정된 시기에는 언론중재제도의 발전 과정을 재논의 하거나 제정법에 대한 해설을 따로 제시하기도 하였다. 이들 법률이 개정된 이후 '언론 피해 구제'의 주제에는 언론중재제도 이외에 언론 자유와 인격권, 반론권의 충돌에 대해 고찰하기 시작했다. 물론 이 시기에 언론중재제도 도입 20년이라는 사안을 맞이하게 되어 이에 대한 논문도 다수 발표되었으며, 이 시기가 지난 후에는 뉴 미디어, 인터넷 등의 환경에서 나타날 수 있는 피해 구제 제도에 대해서 논의하였다.

특히 2003년 여름호에서는 '인터넷 언론의 현실과 입법 방안,' '인터넷 언론의 보도상의 특성과 법적 책임' 등의 연구를 통해 인터넷 언론이 증가하고 있는 현실과 이에 따른 피해로 인해 입법 방안이 필요하고 법적인 책임이 필요하다는 의견을 개진하였다. 이재진(2003c)은 〈언론중재〉 겨울호를 통해 발표한 연구에서 "언론법학자들은 새로운 언론 형태인 인터넷 언론에 대한 법적인 정비가 빨리 이루어져야 한다고 지적한다. 이는 현행법의 개정을 통해서도 물론 가능하지만, 1997년 제정된 독일의 멀티미디어법의 경우처럼 새로운 통합 미디어법의 제정을 통해서도 가능할 것으로 보인다"고 지적한 바 있다. 이 같은 주장은 2005년 제정된 언론중재법에서 유사하게 나타나게 된다.

시대적 요구는 이미 거대화 된 온라인 서비스 제공자인 인터넷 포털 사이트까지도 인터넷 언론에 포함시켜야 한다는 것이었는데, 언론중재법은 포털 사이트는 제외시킨 채 인터넷 언론을 규정하게 된다. 이는 〈언론중재〉에서 다뤄진 연구들이 주장한 사항이 새롭게 만들어진 언론중재법에 부분적으로 반영되어 있다는 것을 보여 준다. 이처럼 새로운 법이 제정되고 난 후 이에 대한 논의를 하기보다는 시대적인 흐름을 읽고 미리 법제정 상황을 논의했다는 것에서 학술지로서의 의의가 있다고 볼 수 있다.

한편, 2008년 가을호에서 〈언론중재〉는 인터넷 포털 사이트에 대해 3편의 논문을 특집으로 다루었다. 이들 논문이 주장하는 바는 다음 두 가지로 구분될 수 있다. 우선, 인터넷 포털 사이트의 특성이나 언론으로서의 기능 때문에 이 책임을 무겁게 부과하는 경우, 사적 검열에 의한 포털의 권력화를 더 조장할 뿐만 아니라 네티즌의 표현의 자유 침해가 불가피할 것이라는 주장이 있었다(권헌영, 2008). 그러나 이 같은 부작용에도 인터넷 포털 사이트가 언론으로서의 속성을 지니는 측면을 가지고 있는 한, 그로부터 나오는 피해의 규제는 직접 관련되는 법률의 적용을 통해서 이루어지도록 해야 한다는 주장도 나왔다. 즉 인터넷 포털 사이트의 뉴스 피해 구제는 언론중재법의 개정을 통해 이루어지는 것이 가장 좋다는 의견이다(강경근, 2008). 이러한 논의 후, 다소 우연이라고 보이나 2009년 포털 사이트를 인터넷 언론에 포함시키도록 언론중재법이 개정되었다. 이 역시도 〈언론중재〉가 변화하는 미디어 상황을 고려하여 언론 피해 구제 방안을 지속적으로 선도해 나간다고 해석할 수 있다.

2009년과 2010년에는 언론에 의한 피해 구제 제도를 단순히 언론중재제도에 국한하지 않고 행정형 ADR 제도로 규정하여 논의하기 시작했다. 2009년을 시작으로 2010년 봄호에는 ADR에 대한 특집 논문들을 다수 게재하며 이에 대한 연구를 활발히 하고 있는 것을 알 수 있다. 결국, '언론 피해 구제' 부분은 초기에는 언론중재제도의 역사적 사안과 내용에 대해 주목했고, 뉴 미디어, 인터넷 등 미디어 환경의 변화에 따라 법의 제·개정을 필요로 하는 목소리를 내고 있었던 것으로 분석된다. 이후 결국 언론중재제도라는 피해 구제 제도를 ADR이라는 큰 단위의 형태에 포함시켜 연구함으로써 발전적인 방향의 '언론 피해 구제' 제도를 모색하고 있는 것으로 나타났다. 이는 언론중재위가 여러 분야에서 다양한 주제의 연구를 진행하고 있지만, 특히 '언론 피해 구제' 부분에 대해서는 보다 심도 있고 체계적인 연구가 진행되고 있음을 알 수 있다.[119]

3) 〈언론중재〉 분석의 함의

우리 사회는 미디어의 발달로 복잡한 환경에 처해 있다. 이는 결국 다양한 문제를 도출하게 되며 이를 해결하기 위한 방법이 필요하게 한다. 과거 사회 문제는 대부분 법원의 판단을 요구하는 소송으로 이어졌으나 이제 경제적·절차적 문제를 해결하기 위한 대안적 분쟁 해결 방식을 많이 활용한다. 언론의 경우에도 언론중재위의 도움을 받음으로써 소송에 대한 부담에서 조금이나마 벗어날 수 있다. 이처럼 언론의 대안적 분쟁 해결 방법을 관장하고 점차적으로 중요한 위치를 차지하는 언론중재위에서는 계간지인 〈언론중재〉를 약 30년간 발표하며 학문적 업적에도 노력을 기울이고 있다. 그러나 지속적인 발전으로 영향력이 점차 커지고 있음에도 아직까지 〈언론중재〉에 대한 학술적 접근은 부족해 보인다.

따라서 여기서는 언론중재위의 특수성과 언론중재제도의 중요성 그리고 언론법적인 측면에서 〈언론중재〉를 종합적으로 정리·분석해 보는 것은 상당한 의미를 지닌다는 판단 아래 이를 시행하였다. 또한, 이 같은 분석을 통

119 이처럼 미디어 환경에서의 피해 구제와 관련되어 새로운 법이 제정되고 개정되는 데 선도적 역할을 해 온 〈언론중재〉는 2013년도부터 그 편집 체제를 달리하여 기존에 약 4편씩 논문 형식으로 게재하던 방식을 바꾸게 된다. 〈언론중재〉는 그 잡지의 성격을 전문가들이 아닌 일반인들이 이해하고 이용할 수 있는 정보의 전달을 목적으로 논문 방식이 아닌 에세이 방식으로 글을 싣게 되었다.

해 우리나라 언론중재제도의 학술적 연구에 대한 종합적 정리와 함께 언론법 분야의 역사적 과정을 정리할 수 있는 기회가 될 것으로 기대했다. 이를 규명하기 위해 두 가지 연구 방법을 실시하였는데, 첫째, 〈언론중재〉에 1981년부터 2012년 겨울호까지 게재된 학술적 논문의 전수인 508편을 대상으로 메타분석을 실시하였다. 두 번째는 〈언론중재〉 논문 중 이론적 논의를 통해 확보한 언론중재제도 변천 과정의 분류에 근거하여 중복적으로 다루어졌던 주제인 '명예훼손,' '언론 자유/책임,' '언론 피해 구제 제도' 세 가지에 대한 질적 분석을 실시하였다.

한편, 〈언론중재〉 논문의 질적 내용 분석 결과, 전체적으로 크게 세 가지 특징을 지니고 있는 것으로 나타났다. 첫째, 초기에는 각 주제에 대한 개념 정립 위주의 연구가 이루어지고 있었다. 판결 사례를 분석하더라도 다양한 수의 분석이라기보다는 예로 소개한다는 개념인 것으로 나타났다. 둘째, 1990년대 들어서게 되면 연구 방법의 다양화로 보다 세부적인 연구 주제에 대한 접근이 이루어지게 된다. 또한, 외국의 사례와 비교하여 심도 있는 해석이 가능하게 되었다. 셋째, 뉴 미디어가 등장하여 사회 환경이 변화하는 2000년대가 되면 이에 대한 새로운 개념을 찾는 것이 아니라 기존 정의가 변화된 환경에 어떻게 적용되는지에 대한 분석이 이루어지는 것으로 나타났다. 결과적으로 개념 규정 및 개괄적 분석－외국과의 비교 및 세부 연구 방법 시도－뉴 미디어 환경에 적용 같은 세 가지 단계는 다른 유사 언론법 학술지에도 적용 가능할 것으로 판단된다.

2000년대에 들어서며, 〈언론중재〉는 발행되는 각 호에 대한 성격을 명확히 규정하기 시작했다. 특히 과거 법률적 개념으로 특집호를 구성하던 것에서 벗어나서 이제는 ADR, 시민저널리즘, 잊혀질 권리, 특정 판결 사례 등을 가지고 기획하는 경우가 늘어나고 있는 것으로 분석된다.

이 같은 연구 결과를 통해 다음과 같은 함의를 얻을 수 있었다.

첫째, 〈언론중재〉에 실린 전체 논문을 분석함으로써 저널로서의 〈언론중재〉의 장·단점을 파악할 수 있었다. 〈언론중재〉의 가장 큰 장점으로 학문적 교류의 장으로서 다양한 논문이 게재된 점을 들 수 있다. 이러한 논문의 다양성은 논문 주제의 다양성, 논문 필자의 다양성, 그리고 연구 방법의 다양성을 포함하는 것이다.

우선 주제의 다양성은 〈언론중재〉에 게재된 논문이 특정법이나 특정한 연구 영역에 머무르지 않고 상당히 넓은 분야를 다룬다는 점에서 찾을 수 있다. 논문들은 명예훼손, 사생활 침해, 초상권 등 개인의 기본권에 대한 연구뿐만 아니라 피해 구제, 언론의 자유 일반, 외국의 언론법 이론, 언론법 교육, 선거 보도, 저널리즘, 사이버 미디어, 선거 보도 등 광범위한 주제를 연구 주제로 다루었다. 이렇게 다양한 형태의 연구 주제를 다루는 전문 학술 저널이 흔치 않다는 점에서 장점의 의미를 찾을 수 있다.

또 다른 장점은 당시 가장 시의성이 강한 주제를 논문을 통하여 즉각적으로 반영할 수 있다는 점이다. 즉 특정 시기에 중요한 주제들을 전문가들에게 연구를 의뢰함으로써 〈언론중재〉에 반영할 수 있다는 장점이 있다. 〈언론중재〉의 경우 여타 언론법 관련 학술지와 달리 전체가 논문으로 구성되지 않고 비교적 짧은 칼럼이나 에세이, 비평 형식의 글부터 정보 전달 글에 이르기까지 논문으로는 전달하기 어려운 다양한 시각과 의견을 포함시키고 있다. 이처럼 시의성을 갖춘 논문을 제시할 수 있다는 점은 언론법제 학술지로서는 다소 많은 연 4회 발행으로 상대적으로 자주 발행함으로써 가능하다고 판단된다.[120]

다양성은 논문을 게재한 필자에서도 찾을 수 있다. 전술한 바와 같이 〈언론중재〉에 게재된 논문 필자의 신분(지위)은 언론학자, 법학자, 법조계 현업 종사자, 언론 현업 종사자와 기타로 분류되는데 학계와 현업의 종사자나 전문가가 골고루 참여하는 경우는 극히 드물다는 점에서 〈언론중재〉 나름의 필자 다양성을 확인할 수 있다. 흥미로운 점은 〈언론중재〉는 국·내외 석학들에게 개별적으로 논문의 기고를 권할 수 있다는 점에서 이들의 언론법제에 대한 다양한 시각과 연구의 깊이가 심도 깊게 반영될 수 있다는 것이다.

뿐만 아니라 다양성은 연구자들의 연구 방법에서도 찾을 수 있다. 전통적 법 해석 연구는 물론이고 판례에 대한 질적 또는 양적 분석, 경험·실증·행태적 연구에 이르기까지 연구 방법에 제한을 두고 있지 않다는 장점을 찾을 수 있다. 다시 말하자면 연구 방법에 있어 다양한 접근이 허용되기 때문에 학문적 엄격함이 부족한 언론 및 법조 현업 종사자들이 연구자로서 참여하여 자신의 의견을 개진할 수 있었다고 본다. 방법론과 관련하여 〈언론중재〉지의 가장 중요한 역할 중 하나는 판례 분석의 중요성을 크게 인식시킨 것이다. 1980년대 후반부터 관련 판례가 크게 늘어나고 판결을 중요시하는 인식이 커지게 되었는데, 〈언론중재〉가 이러한 환경 변화에 중요한 역할을 할 수 있었던 것으로 보인다.

이에 반해 단점도 많이 존재한다. 무엇보다 〈언론중재〉가 지니는 단점은 '언론중재위원회'가 발행하는 잡지라는 성격 때문에 언론중재위 편집진들의 자의적인 판단이 포함될 수 있다는 것이다. 비록 〈언론중재〉에 게재되는 필자들의 글의 방향성을 결정하지는 않는다 하더라도 게재 당시 시의적 문제가 무엇이고, 어떤 주제를 다룰 것인가에 대한 판단은 편집진의 결정이기 때문이다. 이는 〈언론중재〉가 2000년도 후반부터 취했던 각 호의 특집 주제 선정에도 드러나고 있다. 시의적인 가치 판단을 적절히 하고 있지만 이것이 많

120 언론법제 학술지인 〈정보법학〉과 〈언론과 법〉은 2014년까지 연 2회 발행하였다. 〈언론중재〉의 경우, 3개월에 1회 발행되기 때문에 전호에서 발행된 정보 전달 및 칼럼 형식의 글을 통해 문제 제기를 하고, 이후 논문 형식의 엄밀한 분석적 글을 게재하는 것이다. 이에 따라 시의적 내용들을 다양한 시각과 다양한 방식으로 담을 수 있다는 장점을 가지고 있다. 또한, 해외 동향이나 사례 등의 정보도 논문과 같이 전달해서 연구를 더욱 이해하기 쉽게 보조하고 있다.

은 이들의 논의를 통해서가 아니라 내부적 선정으로 결정되는 것이다. 아울러 전술한 바와 같이 학술 논문으로서는 학문적 엄격함과 정확성이 떨어질 수 있다는 단점도 지닌다. 여타 학술지처럼 전문가들에게 심사를 거쳐서 게재 논문을 선정하기보다는 발행 주체 측에서 필자를 결정하고 논문의 게재를 청탁하는 방식으로 편집을 하고 있다는 취약성이 있다.

이 같은 단점에도 불구하고 〈언론중재〉는 시의성에서 성과를 보이고 있는 것으로 보인다. 특히 다른 언론법제 저널에 게재된 논문들보다 언론의 피해 구제를 담당하는 언론중재법에 관련해서는 많고 적절한 문제 제기를 하고 있는 것으로 분석되었다. 인터넷 언론에 대한 문제, 포털 사이트의 언론의 책임 문제, 행정형 ADR, 잊혀질 권리 등에 대한 문제 제기 등이 대표적 성과라고 할 수 있다. 또한 현실적인 측면에서 언론 피해 구제를 위한 위자료 산정의 문제 제기라든지 또는 법의 제개정의 방향성 타진 등의 경우에는 여타 다른 저널에서는 다루기 힘든 주제로서 실제적인 가이드라인의 역할을 할 수 있었다고 보인다.

〈언론중재〉에서 드러난 함의를 중심으로 현재의 언론법제 연구의 정체를 극복하기 위해서는 다음과 같은 제언이 가능할 것으로 보인다.

첫째, 언론법제 연구자로서 언론계 및 법조 현업 종사자들의 참여 비율을 높여서 학자들의 이론적인 논의뿐만 아니라 현업의 생생한 목소리와 문제를 전달하고 소송 등의 실제 상황에서의 법 적용의 문제 등을 제기하도록 유도해야 한다. 특히 법조 전문 기자들과 같이 언론법을 잘 알고 있는 인사들을 포함하여 일선 취재 기자들의 실제적인 고민들이 반영될 수 있도록 하는 것이 필요하다. 2013년부터 〈언론중재〉의 편집 방식을 변경하면서 논문의 형식으로 연구가 전달되는 경우는 사라졌으나, 한편으로는 언론 현업과 법조계 현업의 생생한 목소리를 전달할 수 있는 기회가 증가했다고도 볼 수 있을 것이다. 예를 들어 〈언론중재〉에 세미나나 특집에 대한 구성을 고민해 볼 가치가 있다고 보인다. 다양한 세미나와 특집을 통해 게재 될 수 있는 기초 자료를 확보한 후, 시간을 주어 이를 발전시키는 방법이 가능할 것이기 때문이다.

둘째, 다양한 언론법제 분야의 시의성을 확보하는 노력과 함께 언론법의 제·개정과 이를 둘러싼 미디어 상황에 관한 다양한 시각의 학문의 논의를 할 수 있도록 할 것으로 사료된다. 현재도 '잊혀질 권리'와 관련된 특집을 다루는 등 시의성 있는 논의를 해 오고 있다. 에세이나 칼럼 형식으로 다른 언론들에서 다루는 정도의 논의에 그치기보다는 연구 논문 형식으로 논의가 체계적으로 이루어질 수 있도록 하는 것이 필요하다.

셋째, 언론법 연구의 저변 확대를 위해서는 방법론상의 논의가 이루어질 필요가 있다고 보인다. 법학과 언론학의 교류의 장이면서도 독립적인 학문 분야로 인정받기 위해서는 현재의 정체 극복을 위한 노력과 함께 접근 방법론에 대한 상호 이해와 개발이 시급하다. 현재로서도 상호 간의 교류가 이루어지고 있기는 하나 연구 방법에 대한 인식과 이해가 요구된다. 예를 들어 법학적 연구에 심층 인터뷰나 실증적 조사가 병행되어 제시된다면 이는 언론법제 연구뿐만 아니라 언론 ADR 제도가 발전할 수 있는 계기를 제공할 것이다. 아울러 현재 언론학 분야에서는 전체 판결을 수집하여 이에 대한 실증적 연구를 실시하고 있는데, 판례 평석 등의 연구 방법을 통한 연구를 실시하고자 하는 것도 대단히 중요하다고 보인다.

5장

우리나라 반론권 관련 사례

1. 우리나라 언론 피해 구제 시스템

언론에 의한 명예훼손과 관련하여 발생한 피해에 대하여 여러 방식의 피해 구제 수단이 존재한다. 이는 표 5-1에 보듯 크게 형사적 구제 수단과 민사적 구제 수단 그리고 특별법에 의한 구제 수단으로 나눌 수 있다. 그러나 대개의 경우 명예훼손에 대한 피해에 대한 어떠한 배상이나 이에 갈음하는 처분을 받고자 하는 목적이므로 대개 그 실체적 구제 수단이 중요하다고 할 수 있다. 실체적 구제 수단으로서는 구제 내용에 따라 손해배상(민법 제750조, 제751조), 명예회복에 적당한 처분(민법 제764조), 금지청구 등이 있다. 우리 법원은 실체적 구제 수단으로서 금전적 배상이나 위자료의 지불(재산적, 정신적 손해), 적당한 처분으로서의 정정보도, 정정보도에 대한 간접강제 등이 주로 이용된다. 금지청구의 경우 명문 규정은 없지만 한국 법원은 인격권에 기초하여 허용하고 있다(이재진, 2003).

표 5-1 언론 보도로 인한 피해 구제의 방법

형사적 구제 수단	고소·고발[121]	보도 내용에 의한 명예훼손죄 등에 대한 청구
		취재 방법이나 수단 관련 주거 침입 등에 대한 청구
민사적 구제 수단	사전적 구제 수단	보도·게재·배포·방영 금지 등 피해 예방 금지 가처분 신청
	사후적 구제 수단	금전적 손해배상청구
		명예훼손 경우의 특칙에 의한 정정보도청구
		방해 정지·방해 제거로서의 금지청구
특별법에 의한 구제 수단	언론중재법	반론보도·정정보도·추후보도청구권·손해배상청구
	저작권법	침해의 정지 등 청구(사전 및 사후) 손해배상청구
	표시광고법	손해배상청구

출처: 이재진(2003d)에서 재구성.

121 '고소告訴'란 범죄의 피해자 및 그와 일정한 관계에 있는 자가 수사 기관에 대하여 범죄 사실을 신고함으로써 범인의 처벌을 구하는 의사 표시를 말한다. 수사 기관이 아닌 법원에 대하여 진정서 등을 제출하거나 피고인의 처벌을 바란다는 증언하는 것은 고소가 아니다. 고소의 대상인 범죄 사실이 특정되어야 한다. 고소는 서면에 의하여 하며 구술에 의한 고소가 있는 경우에는 조서를 작성해야 한다.

'고발告發'은 고소권자가 아닌 사람이나 범인이 아닌 그 이외의 사람이 수사 기관에 대하여 범죄 사실을 신고하여 범인의 소추를 구하는 의사 표시를 말한다. 따라서 단순한 피해 신고는 고발이라고 할 수 없다. 고소와 달리 범인 및 고소권자 이외의 제3자는 누구든지 할 수 있다. 고발은 구두나 서면, 모두 가능한데 고발자와 피고발자의 인적 사항, 범죄 사실에 대한 설명이 있어야 한다. 고발 제도는 본질적으로 범죄의 발견에 일반 국민의 협조를 기대하는 제도다. 고발은 누구나 범죄와 직접 관련이 없더라도 할 수 있으나 자기 또는 배우자의 직계존속은 고발하지 못한다.

1) 손해배상의 청구

(1) 법원에 청구하기

언론 보도로 인하여 인격권이 침해된 경우, 만일 보도가 언론사의 고의 또는 과실에 의한 위법한 행위로 인한 것인 때에는 불법 행위[122]를 근거로 손해배상청구를 할 수 있다. 민법 제750조는 "고의 또는 과실로 인한 위법 행위로 타인에게 손해를 가한 자는 그 손해를 배상할 책임이 있다"라고 규정하고 있고, 민법 제751조 제1항은 "타인의 신체, 자유 또는 명예를 해하거나 기타 정신상 고통을 가한 자는 재산 이외의 손해에 대하여도 배상할 책임이 있다"라고 규정한다.

민법 제764조(명예훼손의 경우의 특칙)는 "타인의 명예를 훼손한 자에 대하여는 법원은 피해자의 청구에 의하여 손해배상에 갈음하거나 손해배상과 함께 명예회복에 적당한 처분을 명할 수 있다"고 규정함으로써 손해배상 또는 손해배상에 갈음하는 적당한 피해 구제를 청구할 수 있도록 하고 있다.[123]

법원에 대한 민법상의 불법 행위로 인한 손해배상의 청구는 피해자나 그 법정 대리인이 그 손해 및 가해자를 안 날부터 3년간 이를 행사하지 아니하거나 또는 불법 행위를 한 날로부터 10년이 경과되면 시효로 인하여 소멸하게 되므로, 위 기간 내에 소송을 제기해야 한다.

122 고의 또는 과실로 인한 위법 행위로 타인에게 손해를 가하는 행위를 일컫는다. 일반적으로 불법 행위가 성립하기 위해서는 ① 가해자에게 고의·과실이 있어야 하며, ② 가해자에게 책임 능력이 있어야 하고, ③ 위법성이 있어야 하며, ④ 손해가 발생하여야 한다. 민법상 불법 행위에 의하여 피해를 입은 자는 손해배상청구권을 취득한다. 그 내용은 채무 불이행으로 인한 손해배상청구권과 유사하다(이구현, 2002).

123 이 규정에 대해 우리 헌법재판소는 민법 제764조의 "명예회복에 적당한 처분"에 사과(사죄) 광고를 포함시키는 것은 헌법에 위반된다고 결정했다(1991. 4. 1. 선고 89헌마160 결정).

손해배상청구가 이루어지면 법원은 언론의 보도로 손해가 발생한 사실은 인정되나 손해액의 구체적인 금액을 산정하기 곤란한 경우에는 재판 과정에서 나타난 여러 가지 제반 사정들과 증거 조사의 결과를 참작하여 그에 상당하다고 인정되는 손해액을 산정하도록 하고 있다.

민사 재판을 위해서는 원고나 그의 대리인이 제1심 법원(피고인 언론사의 본점 소재지를 관할하는 법원이나 혹은 원고인 피해자의 주소지를 관할하는 법원)인 지방법원, 지방법원 지원과 시·군 법원에 소장을 제출해야 한다. 이때 손해배상청구 금액에 따라 소정의 인지대와 송달료를 납부해야 한다.[124] 소장이 접수되면 법원은 피고에게 그 부본을 송달하고 변론 기일을 지정하여 원고와 피고를 소환하게 된다. 원고와 피고는 변론 기일에 직접 출석하거나 변호사를 대리인으로 선임하여 변론할 수 있다. 청구 금액이 1억 원 이하인 사건은 단독 판사의 관할에 속하고, 1억 원을 초과하는 사건은 합의부 관할 사건에 속한다.

피고가 원고의 청구에 대해서 승복할 수 없을 때에는 답변서를 제출하거나 변론 기일에 출석하여 원고의 주장을 다투어야 한다. 원고와 피고는 각각 자기의 주장이 정당하다는 것을 뒷받침하기 위하여 증거를 제출해야 하지만, 상대방이 다투지 아니하는 사실에 대하여는 증거를 제출할 필요가 없다. 민

124 인지액의 계산은 청구 금액에 따라 달라지는데, 그 계산은 다음과 같다(언론인권센타, 2007).

청구 금액(소가)	인지액 계산법
1,000만 원 미만	청구 금액 × 10,000분의 50
1,000만 원 이상~1억 원 미만	청구 금액 × 10,000분의 45 + 5,000원
1억 원 이상~10억 원 미만	청구 금액 × 10,000분의 40 + 55,000원
10억 원 이상	청구 금액 × 10,000분의 35 + 555,000원

사 재판의 심리는 집중적으로 계속하여 진행하는 경우도 있지만 일반적으로 2~4주간의 간격을 두고 주기적으로 진행되게 된다.

당사자가 주장과 증거 제출을 마치면 법원은 변론을 종결한 후 보통 4주일 후에 판결을 선고하고 판결문을 원고와 피고에게 송달한다. 민사 판결은 판결이 확정될 때까지 집행력을 갖지 아니하나, 법원은 재산권의 청구에 관한 판결에는 상당한 이유가 없는 한 가집행할 수 있음을 선고하도록 되어 있고 이 경우에는 판결 확정 전이라도 가집행을 할 수 있다.

제1심 판결의 사실 인정이나 법률 판단에 대하여 불복하는 당사자는 판결문을 송달받은 날로부터 2주일 이내에 항소할 수 있다. 제2심 재판에서 당사자는 제1심 재판에서 하지 못한 주장과 증거를 더 제출할 수 있으며, 제2심 재판 절차도 제1심 재판 절차와 유사하다. 제2심 판결의 법률 판단에 대해서 불복하는 당사자는 판결문을 송달받은 날로부터 2주일 이내에 최종심인 대법원에 상고할 수 있다. 상고 사건에 대한 재판 절차는 제1심 및 제2심의 재판 절차와는 다르게 상고장, 상고 이유서, 답변서 기타의 소송 기록에 의하여 변론 없이 재판을 할 수 있도록 되어 있다.[125]

(2) 언론중재위원회에 청구하기[126]

2005년 제정되고 2009년 개정된 언론중재법에 근거하여 언론의 고의 또는 과실로 인한 위법 행위로 재산상 손해를 입거나 인격권 침해, 그 밖에 정신적 고통을 받은 자는 언론중재위에 손해배상의 조정을 신청할 수 있게 되었다.

125 손해배상 책임이 인정될 경우 그에 대한 배상은 원칙적으로 금전으로 배상하여야 한다. 그런데 지금까지의 우리나라의 판례상 인정된 위자료의 액수가 소액 재판의 기준인 2000만 원에도 미치지 못한 경우가 많아 무책임한 언론에 대한 실질적인 제재 수단으로는 미흡하다는 비판이 있다(언론인권센터, 2007: 153).

즉 언론 보도로 인하여 피해를 본 자는 그 피해 구제를 민사소송을 통해 언론사에 대해 정신적·재산적 손해에 대한 배상 청구를 할 수도 있고 또는 언론중재위에 조정을 통해 손해배상청구를 할 수 있게 되었다.

개인의 명예 또는 기업의 신용 등의 훼손으로 인한 정신적 고통 외에 영업 손실 등이 발생할 수 있으나 그러한 손해와 언론 보도와의 인과관계가 있는 범위의 손해 입증 등이 용이하지 아니한 점을 고려하여 근래에 저작권법, 특허법 등 지적재산권법에서 규정한 손해배상액의 직권 산정에 관한 규정을 도입한 것이다.

언론중재위에 대한 손해배상 조정 신청은 당해 언론 보도가 있음을 안 날로부터 3월 이내, 그 보도가 있는 날로부터 6월 이내에 구술, 서면, 전자우편 등의 방법으로 할 수 있는데, 다만 정정보도, 반론보도, 추후보도 청구를 먼저 한 때에는 위 청구들에 관하여 피해자와 언론사의 협의가 불성립된 날로부터 14일 이내에 하여야 한다. 이때 조정 신청은 변호사가 아닌 신청인의 배우자·직계혈족·형제자매 또는 소속 직원도 대리인으로서 할 수 있다.

손해배상은 2005년 언론중재법이 제정되면서 새로 도입되었다. 손해배상청구까지 언론중재위의 조정 대상으로 포함시켜야만 피해자의 권리 구제에 만전을 기할 수 있고, 언론 피해로 인한 분쟁을 일거에 해결할 수 있다는

126 제18조(조정 신청) ① 이 법에 따른 정정보도청구 등과 관련하여 분쟁이 있는 경우 피해자 또는 언론사 등은 중재위원회에 조정을 신청할 수 있다. ② 피해자는 언론 보도 등에 의한 피해의 배상에 대하여 제14조 제1항의 기간 이내에 중재위원회에 조정을 신청할 수 있다. 이 경우 피해자는 손해배상액을 명시하여야 한다. ③ 정정보도청구 등과 손해배상의 조정 신청은 제14조 제1항(제16조 제3항에 따라 준용되는 경우를 포함한다) 또는 제17조 제1항의 기간 이내에 서면 또는 구술이나 그 밖에 대통령령으로 정하는 바에 따라 전자 문서 등으로 하여야 하며, 피해자가 먼저 언론사 등에 정정보도청구 등을 한 경우에는 피해자와 언론사 등 사이에 협의가 불성립된 날부터 14일 이내에 하여야 한다.

이유로 손해배상도 언론중재 대상으로 삼아야 한다는 목소리들이 제기되었고, 결국 입법화된 것이다(윤경, 2005: 30; 이재진 · 유재웅, 2004).

조정 신청이 접수되면 그 날부터 14일 이내에 조정 기일이 지정되는데, 신청인이 조정 기일에 2회에 걸쳐 불출석하게 되면 신청을 취하한 것으로 간주한다. 다만 불출석이 천재지변 그 밖의 정당한 사유로 인한 경우에는 그 사유가 소멸한 날로부터 3일 이내에 이를 소명하여 기일 속행을 신청할 수 있다.

만일 신청인과 언론사 사이에 합의가 성립되지 않으면, 중재부는 조정 불성립 결정을 하거나 직권조정 결정을 하게 되는데, 조정 불성립의 경우에는 별도로 법원에 소장을 제출하여야 하지만, 직권조정 결정의 경우에는 결정문 송달일로부터 7일 이내에 이의 신청을 하게 되면 소 제기로 간주된다. 직권조정 결정에 대해 이의 신청을 하지 않은 경우 재판상 화해와 동일한 효력을 가지게 되어 더 이상 다툴 방법이 없게 되므로, 직권조정 결정을 송달받은 때에는 이의 신청 여부를 신속히 결정해야 한다.

중재는 언론 보도로 피해를 입은 사람과 언론사가 정정보도, 반론보도, 추후보도 및 손해배상에 관한 분쟁을 언론중재위의 종국적 결정에 따라 해결하는 것을 말한다. 신청인 유형, 신청 가능 미디어, 신청 가능 기간 등에서는 조정과 차이가 없다. 신청인은 중재를 처음부터 신청하거나 조정 계속 중에 신청할 수 있다.

중재 신청 시에는 신청인과 언론사가 중재부의 종국적인 결정에 따르기로 사전에 합의한 것을 입증하는 서면을 첨부해야 한다. 중재 절차는 신청인이 중재 신청서를 중재부에 제출한 날로부터 개시된다. 중재 절차는 조정 절차와 동일하게 진행된다.

중재 결정은 법원의 확정 판결과 동일한 효력이 있다. 중재 결정에 따라 언론사는 손해배상액을 지급해야 한다. 언론사가 그 결정 내용대로 이행하지 않으면 신청인 법원에 이행을 강제하도록 청구할 수 있다.

2) 정정보도의 청구

현재 정정보도문을 통한 피해 구제는 언론중재법에 따른 정정보도청구와 민법에 따른 정정보도청구의 두 가지 구제 수단을 통해 이루어진다고 할 수 있다. 정정보도는 보도의 내용 중 잘못된 부분이 있었음을 알리기 위한 것이므로 개념상 '허위'의 사실을 보도하였을 것이 필요하다. 실무에서는 정정보도문 가운데 명예훼손 책임을 인정한 판결의 요지까지 아울러 게재하도록 하는 경우가 많다.

잘못된 보도로 인한 명예훼손의 경우 금전적인 배상만으로는 피해자의 구제가 실질적으로 불충분하거나 불완전한 경우가 많아서 이러한 불합리성을 해소하기 위하여 전술한 민법 제764조는 "법원은 손해배상과 함께 또는 손해배상에 갈음하여 명예회복에 적당한 처분을 명할 수 있다"는 특칙을 규정한다.[127] 따라서 민법상 불법 행위 책임에 근거하여 정정보도를 구하는 경우에는 명예훼손 사실을 안 날로부터 3년, 명예훼손이 있는 날로부터 10년 내에 손해배상 청구와 함께 정정보도청구를 할 수 있다.

(1) 언론사에 직접 청구

언론중재법에 따르면 언론사에 직접적으로 정정보도를 청구할 수 있도록 하고 있다. 정정보도청구는 언론 보도가 있음을 안 날부터 3월, 사실 보도가 있은 후 6월이 경과하지 않는 기간에 해야만 한다. 사실 보도가 있은 후 6월이 경과한 때에는 피해자가 그 보도 사실을 알았는지 여부에 관계없이 정정

127 과거에는 이 규정에 근거하여 언론사에 대해 '사죄(사과) 광고'를 요구하는 경우가 많았으나 1991년 헌법재판소는 이를 위헌으로 결정하였다(1991. 4. 1. 선고 89헌마160 결정). 이후에는 주로 정정보도문의 게재나 방송을 청구하고 있다.

보도를 청구할 수 없다.

정정보도청구는 언론사의 대표자에게 서면으로 해야 하며, 청구서에는 피해자의 성명·주소·전화번호 등의 연락처를 기재하고 정정의 대상인 보도 내용 및 정정을 구하는 이유와 청구하는 정정보도문을 명시하여야 한다.

피해자의 정정보도청구를 받은 언론사의 대표자는 3일 이내에 그 수용 여부에 대한 통지를 청구인에게 발송하여야 하는데, 이 경우 정정의 대상인 보도 내용이 방송이나 인터넷 신문의 보도 과정에서 이루어진 경우에는 당해 언론사가 그러한 사실이 없었음을 입증하지 않는 한 그 사실의 존재를 부인하지 못한다.

언론사의 대표자가 피해자의 정정보도청구를 수용하는 때는 지체 없이 피해자 또는 그 대리인과 정정보도의 내용·크기 등에 관하여 협의한 후 그 청구를 받은 날부터 7일 내에 정정보도문을 방송 또는 게재하여야 한다. 다만 정기간행물의 경우 이미 편집 및 제작이 완료되어 부득이한 때에는 다음 발행 호에 이를 게재하여야 한다.

(2) 언론중재위원회의 조정을 통한 신청

언론중재법은 사실적 주장에 관한 언론 보도가 진실하지 아니함으로 인하여 피해를 입은 자는 당해 언론 보도가 있음을 안 날부터 3월 이내, 그리고 당해 언론 보도가 있은 후 6월이 경과하지 아니한 기간 내에, 그 보도 내용에 관한 정정보도를 언론사에 청구할 수 있도록 하고 있다. 언론중재위에 신청하기에 앞서 언론사에 직접 정정보도를 청구하였는데 언론사와의 협의가 성립되지 않았다면 성립이 되지 않은 날로부터 14일 이내에 언론중재위에 조정을 신청해야 한다.[128]

이처럼 언론중재법에 따른 정정보도청구는 첫째, 청구 기한에 있어 차이를 보인다. 언론중재법상의 청구 기한이 민법상의 청구 기간에 비해 훨씬 짧다. 둘째, 민법상의 불법 행위 책임과 달리 언론사의 고의·과실이나 위법성의 요건을 요구하지 아니한다고 하고 있어 권리 구제가 더 용이한 것이라고 할 수 있다. 셋째, 언론중재법은 국가·지방 자치 단체, 기관 또는 단체의 장은 당해 업무에 대하여 그 기관 또는 단체를 대표하여 정정보도를 청구할 수 있도록 하는 것은 물론 민사소송법상 당사자 능력이 없는 기관 또는 단체라도 하나의 생활 단위를 구성하고 보도 내용과 직접적인 이해관계가 있는 때에는 그 대표자가 정정보도를 청구할 수 있도록 하여 정정보도청구권자의 범위를 확대하고 있다.[129] 신청인이 미성년자일 경우 친권자가 신청할 수도 있다. 언론중재법은 정정보도청구가 인정되지 않는 경우도 규정한다.

정정보도를 위한 조정과 중재를 신청할 수 있는 미디어는 방송, 신문, 잡지 등 정기간행물, 뉴스통신 및 인터넷 신문, 인터넷 뉴스 서비스, 인터넷 멀티미디어 방송(IPTV) 등이다. 2009년 개정 언론중재법은 언론 조정·중재 대상이 된 포털은 뉴스를 직접 생산하지 않고 기사 제공 언론사의 기사를 그대로 유통한다는 측면에서는 언론중재법상의 언론이라 보기 어렵지만, 그 영향력이 언론에 준한다고 판단하여 이를 조정·중재 대상에 포함시켰다.

언론중재위는 정정보도에 관한 조정 신청이 있는 경우 신청 접수일로부터 14일 이내에 해야 하며 중재부의 장은 조정 신청을 접수한 때에는 지체 없이 조정 기일을 정하여 당사자에게 출석을 요구하여야 하며, 언론중재위의 출석 요구를 받은 신청인이 2회에 걸쳐 출석하지 아니한 경우에는 조정 신청

128 추후보도청구는 사건이 무혐의 또는 무죄로 종결된 사실을 안 날로부터 3개월 이내에 신청해야 한다. 이 경우 무혐의나 무죄로 형사 절차가 종결되었음을 입증할 수 있는 서류를 제출해야 한다.

129 언론중재법상의 정정보도청구의 청구권자에 대한 논의에 대해서는 4장에 자세히 논의되어 있다.

을 취하한 것으로 보며, 언론사인 피신청인이 2회에 걸쳐 출석하지 아니한 때에는 신청 취지에 따라 조정이 성립한 것으로 간주한다.

변호사가 아닌 자도 언론중재위의 조정 등 절차와 관련 신청인이나 피신청인의 대리인이 될 수 있으나, 그러한 경우에는 미리 중재부의 허가를 받아야 한다. 다만 신청인의 배우자·직계혈족·형제자매 또는 소속 직원인 경우에는 신청인의 명시적인 반대 의사가 없는 한 중재부의 허가 없이도 대리인이 될 수 있으며, 이 경우 대리인이 신청인과의 신분 관계 및 수권 관계를 서면으로 증명하거나 신청인이 중재부에 출석하여 대리인을 선임하였음을 확인하여야 한다.

중재부는 조정 기일에 양쪽의 진술을 듣고 합의가 이루어질 수 있도록 적극적으로 조정을 진행한다. 참고인의 진술 청취가 필요한 경우에는 중재위원회 규칙이 정하는 바에 따라 참석 또는 방청을 할 수 있다. 즉 조정은 비공개를 원칙으로 진행되지만 사건의 이해관계자는 중재부의 허가를 받아 방청할 수 있다.

조정은 접수일로부터 14일 이내에 처리하는 것을 원칙으로 한다. 조정 후 합의가 되어 조정이 성립되면 재판상 화해와 동일한 효력을 가진다. 언론사는 조정 성립된 내용대로 정정보도문을 게재하여야 한다. 언론사가 조정 성립이 된 사항을 이행하지 않으며 신청인은 법원에 이행을 강제하도록 청구할 수 있다. 반면 조정 성립이 이루어지지 않는 등 조정에 적합하지 않은 현저한 사유가 있는 사건의 경우 중재부는 조정 불성립 결정을 내린다. 이 경우 당사자들은 의사에 따라 법원에 소송을 제기할 수 있다.

직권조정 결정에 불복이 있는 자는 결정 정본을 송달받은 날로부터 7일 이내에 중재부에 이의 신청을 할 수 있다. 이 경우 그 결정은 효력을 상실한다. 그리고 직권조정 결정에 관하여 이의 신청이 있은 경우에는 소가 제기된 것으로 보며, 피해자를 원고로 상대방인 언론사를 피고로 한다.

당사자 사이의 합의 또는 언론사의 기일 해태에 따른 합의 간주가 이루어지지 아니한 경우 또는 신청인의 주장이 이유 있다고 판단되는 경우, 중재부는 당사자들의 이익 및 그 밖의 모든 사정을 참작하여 신청 취지에 반하지 않는 한도 내에서 직권으로 조정에 갈음하는 이른바 '직권조정 결정'을 할 수 있다. 다만 이 경우에는 중재 신청 접수일로부터 21일 이내에 하여야 한다.

조정 후 합의가 되어 조정이 성립되면 재판상 화해와 동일한 효력을 지닌다. 언론사는 조정 성립된 내용대로 정정·반론보도문 등을 게재하여야 하며, 필요한 경우 손해배상금을 지급해야 한다. 언론사가 조정 성립이 된 사항을 이행하지 않으면 신청인은 법원에 이행을 강제하도록 청구할 수 있다. 반면 조정 성립이 이루어지지 않는 등 조정에 적합하지 않은 현저한 사유가 있는 사건의 경우 중재부는 조정 불성립 결정을 내린다. 이 경우 당사자들은 의사에 따라 법원에 소송을 제기할 수 있다(이재진, 2009a).

한편 중재부는 당사자 사이의 합의가 이루어지지 아니한 경우 또는 신청인의 주장이 이유 있다고 판단되는 경우 당사자들의 이익 그 밖의 모든 사정을 참작하여 신청 취지에 반하지 않은 한도 내에서 직권으로 조정을 갈음하는 결정을 할 수 있다. 조정을 갈음하는 결정은 재판상 화해와 동일한 효력이 있다. 다만, 조정을 갈음하는 결정에 대해 당사자가 결정문 정본을 송달받은 날로부터 7일 이내에 이의 신청을 하면 그 결정은 효력을 상실한다. 이의 신청을 하면 언론중재법 제22조 제4항에 따라 신청인을 원고로, 피신청인 언론사를 피고로 하여, 언론중재법 제26조 제1항에 따른 소가 제기된 것으로 본다.

(3) 언론중재위원회의 중재를 통한 신청

당사자 쌍방은 정정보도청구 등 또는 손해배상의 분쟁에 관하여 중재부의 종국적 결정에 따르기로 합의하고 중재를 신청할 수 있다. 언론중재위는 언론중재제도 도입 시부터 '중재'라는 용어를 사용했으나 내용 면에서는 '조정' 기능에 해당됐다. 실질적인 의미의 '중재' 기능은 2005년 언론중재법이 제정되면서 도입되었다.

중재는 언론 보도로 피해를 입은 사람과 언론사가 정정보도, 반론보도, 추후보도 및 손해배상에 관한 분쟁을 언론중재위의 종국적 결정에 따라 해결하는 것을 말한다. 신청인 유형, 신청 가능 미디어, 신청 가능 기간 등에서는 조정과 차이가 없다. 신청인은 중재를 처음부터 신청하거나 조정 계속 중에 신청할 수 있다.

중재 신청 시에는 신청인과 언론사가 중재부의 종국적인 결정에 따르기로 사전에 합의한 것을 입증하는 서면을 첨부해야 한다. 중재 절차는 신청인이 중재 신청서를 중재부에 제출한 날로부터 개시된다. 중재 절차는 조정 절차와 동일하게 진행된다.

중재 결정은 법원의 확정 판결과 동일한 효력이 있다. 중재 결정에 따라 언론사는 정정보도문을 게재하여야 한다. 언론사가 그 결정 내용대로 이행하지 않으면 신청인 법원에 이행을 강제하도록 청구할 수 있다.

(4) 법원에의 정정보도청구의 소 제기

피해자는 중재위원회에 조정 또는 중재를 신청하는 외에 법원에 정정보도청구 등의 소를 제기할 수 있다. 이 경우 정정보도청구에 손해배상청구 등을 병합하여 제기할 수 있고, 소송 계속 중 정정보도청구와 반론보도 청구 등 소 상호 간에 이를 변경할 수도 있다. 법원에 대한 소 제기도 조정 신청의 기간과 마찬가지로 당해 보도로 피해가 발생하였음을 안 날로부터 3월, 당해 보도가 있은 날로부터 6월 이내에 제기해야 한다.

피해자는 정정보도청구의 소와 동시에 그 인용을 조건으로 민사집행법 제261조 제1항의 규정에 의한 간접강제의 신청을 병합하여 제기할 수 있다. 간접강제란 의무의 불이행 시 금전 지급 의무 등을 부과하여 간접적으로 그 의무의 이행을 강제하는 절차를 말한다.

법원에 정정보도청구의 소를 제기할 때에는 피고(언론)의 주 사무소 주소지 관할 지방법원 합의부의 관할이 되므로, 언론사 본사를 관할하는 법원에 소를 제기하여야 할 것이다. 다만 손해배상청구의 소를 병합할 경우에는 손해배상청구는 일반 금전 채권에 기한 청구이므로 의무 이행지인 채권자 주소지, 즉 원고인 피해자 주소지를 관할하는 법원에 소 제기를 할 수도 있을 것이나, 실무상 통상 정정보도청구 사건의 관할에 따라 소 제기를 하고 있다.

그리고 언론중재법에 따른 정정보도청구에 대해서는 신속한 권리 구제를 위해 민사집행법의 가처분 절차에 관한 규정에 의하여 재판하도록 하고 있다. 정정보도청구의 소는 접수 후 3개월 이내에 판결을 선고하여야 하는 것이 원칙이나, 이는 훈시 규정으로 법원이 이 기간 내에 판결을 선고하지 아니한다고 하여 위법한 것은 아니다.

정정보도청구 등을 인용한 재판에 대해서는 항소하는 외에 불복을 신청할 수 없다(언론중재법 제28조 제1항). 불복 절차에서 심리한 결과 정정보도청구의 전부 또는 일부가 기각되었어야 함이 판명되는 경우에는 이를 인용한 재판을 취소하여야 하며, 이 경우 언론사가 이미 정정보도 의무를 이행한 때는 그 신청에 따라 취소 재판의 내용을 보도할 수 있음을 선고하고, 언론사의 신청에 따라 피해자는 언론사가 이미 이행한 정정보도와 취소 재판의 보도를 위하여 필요한 비용 및 통상의 지면 게재 사용료 또는 방송 사용료로서 적정한 손해의 배상을 하게 될 수도 있다. 이 경우 배상액은 해당된 지면 사용료 또는 방송의 통상적인 광고비를 초과할 수 없다(동법 제28조 제3항).

2. 관련 판례의 분석

언론의 반론권 관련 소송은 언론 보도로 인한 명예훼손·사생활 침해로부터 발생한 피해를 구제하기 위한 목적으로 제기되었다. 이전 연구에 따르면 정부가 수립되고 헌법이 제정된 1948년 이후 언론중재위가 설립되기 직전인 1980년까지 명예훼손으로 인한 소송은 단지 9건에 불과하였다(이재진, 2002).

이러한 명예훼손법의 최근의 특성은 언론을 상대로 한 소송이 수적으로 크게 증가했다는 점이다. 연구들에 따르면 1980년부터 1989년까지 인격권침해소송은 60여 건인 반면, 이후 10년간은 139건으로 약 2.5배에 달하며, 1980년부터 1988년까지 인격권침해소송의 수는 양적으로 완만하게 증가하다가 이후 현재까지 급격한 상승 곡선을 그리고 있다. 지난 10년 중 1995년 이후의 평균 건수는 24.8건이고, 1990년에서 1995년까지의 6년간은 약 6.6건 정도로 후반부에 약 3.5배 정도 더 많은 소송이 발생한 것으로 드러났다.

이처럼 소송이 양적으로 늘어났으나, 언론의 승소율은 저조하여 1심에서 원고가 승소한 비율이 72.4%인 반면 언론의 승소율이 27.6%에 불과한 것으로 나타났다. 언론의 2심과 3심에서의 승소율 역시 각각 30.2%와 27.4%에 그친 것으로 나타났다. 이러한 현상에 봉착하여 언론사들은 법조 전담 부서를 구성하고 고문변호사를 고용하는 등 대책 마련에 나서고 있으며, 1990년대 후반부터는 변호사 기사 열람제를 도입하거나 잠시나마 명예훼손소송에 대비한 보험에 가입하는 언론사도 나타났다(이재진, 2003a).

언론 관련 명예훼손소송이 증가함에 따라서 몇 가지 문제가 중요한 쟁점으로 등장하였다. 무엇보다 손해배상액이 상승한 것을 들 수 있다. 다시 말하자면 언론사는 점차 증가하는 손해배상액에 어떻게 대처해야 하는가 하는 점이 중요한 쟁점으로 등장하고 있다. 과거 약 2000만 원을 밑돌던 손해배상 인용액이 지난 10년 동안 평균 3600여 만 원으로 상승하는 등 언론에 대한 책임을 점차 과중하게 묻는 경향이 있다. 손해배상액수가 1억 원을 넘는 사례는 1994년까지 찾아볼 수 없으나 1995년 이후 1억 원이나 그 이상에 이르는 손해배상 판결이 빈번하게 나타나고 있는데, 이것이 인용액 상승의 한 요인으로 작용하고 있다. 이처럼 언론에 대한 책임을 점차 과중하게 묻는 경향은 조만간 지속될 것으로 보인다.

이처럼 손해배상액이 상승한 이유는 언론을 상대로 한 공인들의 명예훼손소송이 증가했기 때문이다. 언론재단의 연구에 따르면 1980년대 후반에서 1990년대 후반에 이르는 10년 동안 소송의 원고 유형은 일반인(25.5%), 언론사 및 언론인(14.2%), 공무원 및 정치인(13.4%), 기업인 및 전문인(11.3%), 종교인(10.0%), 문화예술인(7.9%), 공공 단체(6.3%) 등으로 나타났는데, 일반인 이외의 지위를 공인과 사인으로 구분하여 살펴본 결과 사인보다 공인이 언론을 상대로 소송을 제기하는 비율이 높았으며, 청구액과 인용액이 상대적으로 훨씬 큰 것으로 나타났다. 당시 판례에서 나타난 공인에는 대통령, 청와대 경제수석, 전직 국무총리, 전·현직 국회의원, 검사, 행정부 관리, 군인, 경찰관, 변호사, 연예인, 방송진행자, 그리고 유명 언론인 등이 포함되었다(이구현·이재진, 2001). 이후 공인의 범주는 점차 확장되는 모습을 보이고 있으나 그럼에도 우리 법원은 미국과 같이 정의를 내리지도 않을 뿐 아니라 정의를 내리는 것을 바람직하게 보고 있지 않아서 누가 공인인지 명확하지 않은 것으로 판단된다(이승선, 2004; 이재진, 2009b; 김재형, 2014).

그런데 공인으로 분류 가능한 사람들이 제기한 소송 중에서 개인이 실명으로 특정되지 않았음에도 불구하고 특정의 직업 집단에 소속되었기 때문에 소송이 제기된 경우도 있고, 사실을 적시한 스트레이트 기사가 아니라 사설 또는 논설에 대하여 소송을 제기해 승소한 경우도 있다는 점에서, 명예훼손을 이유로 한 소송 사건에서 원고 적격을 어디까지 인정할 것인가, 언론사의 공정한 논평fair comment의 자유 및 권리를 어디까지 보장할 것인가, 특정

공무원의 공적 임무와 관련된 소송의 경우에 국민의 알 권리와 명예훼손의 법리를 어떻게 조화시킬 것인가 하는 문제가 제기되었다.

판례수의 증가와 함께 나타나는 또 다른 쟁점은 집단의 명예훼손소송이다. 명예훼손이 인정되기 위해서는 피해자가 특정되어야 하는 바, 원고가 자연인과 법인 그리고 기타 단체에 대하여는 원고 적격이 인정된다 하더라도, 집단의 경우까지 명예훼손을 인정할 수 있는가 하는 것이 문제의 핵심이다. 집단의 경우에는 기본적으로 언론에서 집단 명칭을 거론하여 명예를 훼손했다 하더라도 그 명예훼손의 효과가 과연 집단 구성원 각각에게 미칠 수 있는가 하는 문제가 제기되는 것이다. 판례에 따르면 집단 구성원의 수가 매우 적거나 집단 내의 개별 구성원이 특정될 수 있도록 거론되는 경우에는 명예 주체성이 인정된다. 다시 말해 '집합적 명사를 쓴 경우에도 그것에 의하여 그 범위에 속하는 특정인을 가리키는 것이 명백하면 각자의 명예를 훼손하는 행위라고 볼 수 있다'는 것이 판례 경향이다.

언론을 상대로 한 집단 소송 손해배상청구액의 많고 적음을 떠나서, 안 그래도 권력에 비판적 목소리가 미약한 한국 언론에 비판적 예봉을 꺾어 버리는 결과를 낳았다. 예를 들어 검사들의 대언론 소송에서 거의 100%의 승률을 보이는 것은 이를 반영하는 것이다(손태규, 2003). 기타 사회적으로 영향력 있는 종교 집단이나 이익 집단들의 언론사를 상대로 한 반론권 청구나 명예훼손 손해배상 소송도 언론의 자유를 침해할 수 있다는 우려가 나오고 있다(이재진, 2006c). 또한 언론사를 상대로 보복을 하거나 괴롭히려는 전략적 소송의 성격이 강하다는 지적들도 발견된다(김상우, 2010; 양재규, 2014).

유사하게 언론의 사회적 역할에 있어 명예훼손의 원고 적격성에 대한 인정은 엄격하게 이루어져야 한다는 비판이 있다. 만일 원고 적격성을 광범위하게 인정하게 될 경우 권력 기관에 대한 언론의 감시 기능이 저하됨으로써 궁극적으로는 국민의 알 권리가 위축되는 결과를 가져올 수 있다. 특히 국회의원이나 고위 공직자의 경우 사인과는 달리 그 업무가 공적인 관심사가 되고, 검사들의 경우 사회적으로 공적이고 논란의 대상이 되고 있는 사건을 담당하고 있다는 점에서 필연적으로 공적인 토론의 대상이 될 수밖에 없다는 사실이 인식되어야 할 필요가 있다. 만일 특정되지 아니한 집단까지 원고 적격성이 인정되면 언론의 자유를 인정하는 헌법적 의의와 국민의 알 권리 충족이라고 하는 두 이익의 형량이 제대로 이루어지기 어려울 것으로 보인다(문재완, 2004; 이승선, 2011).

그런데 이러한 문제보다 더욱 쟁점이 되는 것이 공인들의 경우 손해배상과 함께 반론권 행사도 청구하는 경우가 많다는 것이다. 전술한 바와 같이 반론권은 언론 자유와 개인의 명예권의 조화를 이루기 위해서 사회적인 가치들의 함축적 의미를 반영한다. 즉 반론권 제도의 존재와 이용에 있어 각각의 사회가 처해져 있는 상황에 따라서 그 적용의 범위와 성격이 다르게 규정된다. 뿐만 아니라 반론권 청구소송이 개인들에 의한 언론에 대한 법적인 응징의 의미도 포함하게 된다.

반론보도청구 사건에서의 법원의 결정문을 보면 반론보도청구의 정당한 이익을 판단하기 위하여 결과적으로 당해 사건에 있어서 보도 내용이 실체적 진실에 부합하는지의 여부를 판단하고 있다. 반론보도청구권이 단순히 당사자에게 반론의 기회를 부여하는 데 불과한 것임에도 불구하고 반론 기회 부여의 정당성 여부를 판단하는 과정에서 결과적으로 보도된 내용의 실체적 진실 부합 여부를 판단하게 된다는 것이다.

성낙인(2001: 68)은 법원의 판단이 실체적 진실 여부를 가리는 수준에 이르게 되면, 이미 반론보도청구권의 본질을 뛰어넘는 것이기 때문에, 법원은 반론보도가 인용될 수 있는 사안인지의 여부에 관한 판단에 그쳐야지 실체적 진실이 무엇인가에 매달릴 필요가 없다고 지적한다. 그럼에도 불구하고 상당수 법원의 판례는 자칫 당해 사건에서의 언론 보도의 내용이 실체적 진실에 부합하는지 여부에 매달린다는 지적이 있다.

이러한 점을 근거로 우리나라 사법부가 2001년 도입되어 30년이 넘는 동안 반론권 제도에 대해서 어떻게 판단하는지를 파악하기 위해 반론권과 관련된 대법원 판결을 모두 수집하고 이들을 전체적인 측면에서 분석하여 기존의 반론권 관련법에서 발생하는 쟁점에 대해서 대법원이 이를 어떻게 해결하고 있는지를 분석하고자 하였다.

분석을 위하여 대법원 판례만을 전체적으로 수집하여 보는 이유는 반론권과 관련된 판례가 너무 많고 방대하여 전체 판결을 수집하는 것이 쉽지 않으며, 비록 우리나라 사법체계가 선례 구속 원칙을 도입하지는 않지만 대법원 판결의 영향력이 크다는 측면에서 대법원 판례 전체를 분석함으로써 반론권이 어떻게 발전해 왔는지를 충분히 조망할 수 있다고 보이기 때문이다. 그러나 심층적인 논의를 위해서 하급심 판례는 중요한 쟁점과 관련하여 이용하도록 하였다. 대법원 판례와 하급심 판례는 대법원 사이트(www.scourt.go.kr)와 로앤비(www.lawnb.com)에서 다양한 반론권 관련 검색어를 입력하여 수집하였다.[130]

표 5-2(부록에 수록)는 반론권과 관련된 대법원 판례 전체를 수집한 결과이다. 1981년 반론권 제도가 도입된 이후 2014년 12월까지 도출된 대법원 판례는 40건으로 나타났다. 최초의 대법원 판결은 1986년 1월 28일에 나왔다(85다카1973 판결). 이후 매년 1~2건의 대법원 판례가 작성되었으며(평균 1.4건), 이러한 판례는 현재의 반론권 제도 정착에 크게 기여하였다. 전체 40건의 판례 중 12건에서 원고가 승소 또는 일부 승소하여 원고 승소율은 약 30.0%인 것으로 나타났다. 이는 기존 연구에서 나타난 반론권 관련 판례 전체 원고 승소율(34~38%)보다 약간 낮은 것으로 대법원에서 하급심 판결이 번복되거

130 검색어로는 반론권, 명예훼손, 반론보도, 반론보도청구권, 정정보도, 정정보도청구권, 추후보도 등이 입력되었다.

나 파기 환송 되는 경우도 있음을 보여 주는 것이다.

이러한 판결 결과는 법 규정상의 해석과 함께 언론의 자유와 개인의 인격권 사이의 비교형량을 적절히 시도한 결과라고 판단된다. 즉 개인에게는 반론권이라는 무기를 제공하여 이익형량의 형평성을 살리는 한편, 언론 측에는 언론의 사회적 역할, 권리, 진실성(상당성), 공익성, 보도의 성격, 원고의 신분(공인 여부) 등을 고려하여 판단한 결과라고 할 수 있다.

(1) 반론권 제도의 합헌성에 대한 판단

반론권은 명예훼손적 언사로 인해 피해를 본 개인에게 그 기사에 대해 같은 미디어에서 반박의 기회를 주도록 하는 법적 구제 장치다(Lee, 1998b: 15~16). 게재된 기사의 내용이 진실하고 공익적 목적에 의해서 작성된 경우 위법성이 조각되는 민법상의 구제 방법과는 달리 반론권은 기사의 진실성이나 미디어의 잘못에 대한 증거가 요구되지 않는다(서울민사지방법원 1982. 4. 11. 선고 82가합4734 판결).

한국 정부의 경우 반론권을 국민들의 명예를 보호하기 위한 효과적인 구제 수단으로 홍보하였으나 한국 언론은 반론권 제도에 대해서 그 설립 당시부터 비판해 왔다. 언론은 언론의 자유가 완전히 뿌리내리기 이전에 반론권을 허용하는 것은 절대적으로 위험한 일이라고 주장했다(언론중재위원회, 1995: 35~49).

이러한 언론의 주장에 대해 대법원은 1986년 당시 언론기본법상에 규정된 반론권에 대해서 심의하고 그 존재 여부에 대해서 판단하면서, 반론권이 잘못된 기사를 진실에 부합하도록 수정하는 권리가 아니라 피해를 입은 사람이 문제가 되는 기사에 대해서 자신의 반박을 게재하는 권리라고 설명하였다. 계속해서 대법원은 기사 내용이 진실인가 허위인가 하는 점은 반론권 행사에 있어 핵심적인 조건은 아니라고 보았다(대법원 1986. 1. 28. 선고 85다카1973 판결).

초기 대법원 판결의 경우 주로 반론권 제도의 합헌성과 정정보도의 의미와 성격에 대해서 다루면서 반론권 제도가 위헌적인 제도가 아니라고 판단하였다. 무엇보다 대법원은 "언론사 측에서 볼 때도 보도 내용에 이의가 있을 때마다 진실 여부를 소상하게 가려 정정보도를 할 경우 언론의 신속성과 신뢰성이 위축될 수 있는데, 보도의 진실 여부와 상관없이 일정한 요건하에 피해자가 주장하는 반박 내용을 게재하는 것은 언론의 신속성 유지에도 도움이 된다"는 입장을 취하고 있다(대법원 1986. 1. 28. 선고 85다카1973 판결). 즉 반론보도는 정정보도와 달라서 언론사에 크게 부담을 주지 않는다고 이해한다.

대법원의 판결과 유사하게 헌법재판소는 종전 인쇄 미디어에 반론권을 적용하는 것을 합헌으로 규정했다. 헌법재판소는 반론권이 피해자에게 보도된 사실적 내용에 반박의 기회를 허용함으로써 피해자의 인격권을 보호함과 동시에 공정한 여론의 형성에 참여할 수 있도록 하여, 언론 보도의 객관성을 향상시켜 언론을 더욱 충실하게 보호하기 위한 것으로 목적의 정당성이 인정된다고 보았다. 또 반론의 대상을 사실적인 주장에 국한시키고 있으며 일정한 경우에는 반론문의 게재를 거부할 수 있도록 하여 반론권의 행사 범위를 축소하고 있고, 반론권의 행사에 대해 단기간의 제청기간을 두어 언론 기관이 장기간 불안정한 상태에 빠지는 위험을 방지하고 있다고 보았다. 또한 언론 기관의 이름으로 하는 정정보도가 아니라 피해자의 이름으로 해명한다는 점에서 언론 기관의 명예 및 신뢰성을 직접적으로 떨어뜨리지 않도록 장치가 마련되어 있기 때문에 두 법익 사이의 균형을 도모하고 있다고 보아야 한다고 판시했다(헌법재판소 1991. 9. 1. 선고 89헌마165 결정).

이와 함께 대법원은 국가가 행정권의 주체로 법령을 직접 집행하는 방식으로 반론권을 행사하는 것이 아니고 다른 주체들과 마찬가지로 법이 정한 동일한 요건 및 절차에 따라 그 권리를 실현하는 것에 불과할 뿐이며, 반론의 대상을 사실적 주장에 국한함으로써 의견의 진술 등 가치 판단의 표현에 관한 언론의 자유를 보장하고, 일정한 경우 반론보도의 게재를 거부할 수 있도록 하는 등 반론의 범위에 합리적인 한계가 설정되어 있으므로, 반론보도청구권의 인정에 따르는 언론의 자유에 대한 제한 정도가 국가의 반론보도청구권을 배제하여야 할 만큼 높아진다고 단정할 수 없다고 판단했다(대법원 2006. 2. 10. 선고 2002다49040 판결).

대법원은 언론의 자유의 중요성에 대해서도 고려하고 있다. 특히 공인에 대한 언론 보도가 자유로워야 한다고 판단한다. 대법원은 언론·출판의 자유와 명예보호 사이의 한계를 설정함에 있어서 표현된 내용이 공공적·사회적인 의미를 가진 사안에 관한 것인 경우에는 사적인 영역에 속하는 경우와는 달리 언론의 자유에 대한 제한이 완화되어야 하고, 특히 공직자의 도덕성·청렴성이나 그 업무 처리가 정당하게 이루어지는지 여부는 항상 국민의 감시와 비판의 대상이 되어야 한다는 점을 감안하면, 이러한 감시와 비판 기능은 그것이 악의적이거나 현저히 상당성을 잃은 공격이 아닌 한 쉽게 제한되어서는 아니 된다고 하고 있다(대법원 2003. 1. 24. 선고 2000다37647 판결; 대법원 2003. 9. 2. 선고 2002다63558 판결 등).

직접적으로 대법원은 정정보도에 대해서 언론중재법(2011. 4. 14. 개정 전 법률) 제15조 제5, 6항의 규정 취지 및 내용과 함께 정정보도청구의 재판에서 적용하여야 할 이른바 무기대등의 원칙을 고려하여 보면, 법원은 사안에 따라 적절한 반론의 효과를 거둘 수 있도록 정정보도의 내용과 위치 및 방식 등을 정할 수 있다고 결정하였는데, 이 또한 언론 자유와 인격권 사이의 비교형량을 위한 고려라고 판단된다(대법원 1996. 12. 23. 선고 95다37278 판결 등 참조).

또한 정정보도문이 요건만 갖추어지면 무조건 피해자가 원하는 방식대로 게재되는 아니라는 점을 명확히 한다. 대법원은 "반론보도문의 내용이 원문 보도와 연관성을 가지고 있고, 알릴 만한 가치가 있는 사실에 관한 간결한 기재로 구성된 이상 반론보도문의 글자 수가 원문 보도문의 글자 수를 초과한다고 하여 위법하다고 할 수 없다"고 판시하여 반론보도문의 게재 방식에 대해서 판단한다(대법원 1996. 12. 23. 선고 95다37278 판결).

그러나 모든 미디어에 대해서 같은 정도의 언론의 자유를 고려하고 있지는 않다. 예를 들어 대법원은 신문에 비하여 신속성의 요청이 덜한 잡지에 인신공격을 하는 표현으로 비난하는 내용의 기고문을 게재함에 있어서는 그 기사 내용의 진실 여부에 대하여 미리 충분한 조사 활동을 거쳐야 할 뿐더러(대법원 1988. 10. 11. 선고 85다카29 판결), 잡지에 기고한 기고문의 내용이나 표현 방식, 의혹 사항의 내용이나 공익성, 공직자 또는 공직 사회의 사회적 평가를 저하시키는 정도, 기고문을 게재하기까지의 사실 확인을 위한 노력의 정도, 기타 주위의 여러 사정 등을 종합하여 판단할 때, 그 기고문의 게재가 공직자 또는 공직 사회에 대한 감시·비판·견제라는 정당한 언론 활동의 범위를 벗어나 악의적이거나 심히 경솔한 공격으로서 현저히 상당성을 잃은 것으로 평가되는 경우에는, 비록 공직자 또는 공직 사회에 대한 감시·비판·견제의 의도에서 비롯된 것이라고 하더라도 공직자 등의 수인의 범위를 넘어 명예훼손이 되는 것으로 보지 않을 수 없다고 판단했다(대법원 2007. 12. 27. 선고 2007다29379 판결 등 참조).

또한 인터넷 미디어의 경우에도 그 미디어의 자유에 대한 인식이 다른 것을 알 수 있다. 민사상으로 타인의 명예를 훼손하는 행위를 한 경우에도 그것이 공공의 이해에 관한 사항으로서 그 목적이 오로지 공공의 이익을 위한 것인 때에는 진실한 사실이라는 입증이 있으면 그 행위에 위법성이 없고, 또한 그 증명이 없더라도 행위자가 그것을 진실이라고 믿을 만한 상당한 이유가 있는 경우에는 위법성이 없다고 보아야 할 것이다. 다만 인터넷에서 무료로 취득한 공개 정보는 누구나 손쉽게 복사·가공하여 게시·전송할 수 있는 것으로서, 그 내용의 진위가 불명확함은 물론 궁극적 출처도 특정하기 어려우므로, 특정한 사안에 관하여 관심이 있는 사람들이 접속하는 인터넷상의 가상 공동체cyber community의 자료실이나 게시판 등에 게시·저장된 자료를 보고 사실 관계 조사나 확인을 하지 않고 다른 사람의 사회적 평판을 저하할 만한 사실을 적시한 기고문을 게재하였다면, 가상 행위자가 그 내용이 진실이라 믿었다 한들, 그렇게 믿을 만한 상당한 이유가 있다고 보기 어렵다고 판단하였다(대법원 2008. 4. 24. 선고 2006다53214 판결 등 참조).

(2) 반론권 실행 방식에 대한 판단

대법원은 반론권 제도의 위헌성에 대해 일단 배제한 후 실제로 반론권에 의한 반론보도문이 어떻게 게재되어야 하는가에 대한 고려를 한다. 반론보도청구권은 원보도의 진위 여부를 불문하고, 고의·과실 등 귀책사유를 요하지 않고, 피해자와의 개별적 연관성만 있으면 성립되는 형식적 권리의 성격을 갖고 있기 때문에 이에 대한 제한으로서 피해자에게 정당한 이익이 있는 경우에 한하여 청구권을 행사할 수 있도록 규정한다.

법원은 대개 반론문은 원래 기사가 게재되었던 곳과 같은 곳에 위치해야 하는 것이 원칙이라고 인식한다. 이때 그 크기나 길이 또한 원기사의 그것과 같아야 한다고 본다. 만일 기사와 함께 사진이 이용되었다면 반론문은 같은 사진과 함께 실려야만 한다. 아울러 원기사에 대한 개인적인 견해를 피력할 목적으로 반론문에 대한 의견을 기고자들을 통해 게재하는 경우 이는 허용된다(서울민사지방법원 1993. 12. 11. 선고 93카기3786 판결; 서울지방법원 1994. 4. 4. 선고 94타기1557 판결).

또한 대법원은 사안에 따라 적절한 반론의 효과를 거둘 수 있도록 정정보도의 내용과 위치 및 방식 등을 정할 수 있다고 보았고(대법원 1996. 12. 23. 선고 95다37278 판결 등 참조), 신청인이 구하는 정정보도문에 내용상의 제한이나 허용 범위를 벗어나는 부분이 포함되어 있으면 법원은 신청인이 구하는 정정보도의 전체적인 취지에 반하지 않는 범위 안에서 적절히 수정하여 인용할 수 있다고 판시했다(대법원 2000. 3. 24. 선고 99다63138 판결).

대법원은 반론보도문의 대상이 된 "내용과 분량 및 그 표현 방법, 그로 인하여 원고가 입은 피해, 원고가 구하는 정정보도의 내용과 방법 기타 이 사건 변론에 나타난 모든 사정을 종합하여, 원고의 명예회복을 위한 적당한 처분으로서 그 판시와 같은 크기, 게재 방법 및 내용으로 정정보도문의 게재를 명"할 수 있도록 하고 있다(대법원 2013. 2. 14. 선고 2010다108579 판결). 만일 기사와 함께 사진이 이용되었다면 반론문은 같은 사진과 함께 실려야만 한다. 아울러 원기사에 대한 개인적인 견해를 피력할 목적으로 반론문에 대한 의견을 기고자들을 통해 게재하는 경우 이는 허용된다(서울민사지방법원 1993. 12. 11. 선고 93카기3786 판결; 서울지방법원 1994. 4. 4. 선고 94타기1557 판결).

그러나 청구된 반론문의 경우에도 다음과 같은 경우에는 반론청구가 기각된다고 판시한다. 첫째, 청구된 반론문의 내용이 명백히 사실에 반하는 경우, 둘째, 상업적인 광고만을 목적으로 하는 경우, 셋째, 위법한 내용이 포함된 경우, 넷째, 피해자가 반론보도청구권의 행사에 정당한 이익을 갖지 않는 경우에는 반론이 제한될 수 있다. 이러한 사유의 경우 실제 사건에서는 피신청인인 언론사가 주장·입증해야 한다.

대법원은 여기서 피해자가 반론보도청구권의 행사에 정당한 이익을 갖지 않는 경우라 함은 ① 신청인이 구하는 반론보도의 내용이 이미 원문 기사를 보도한 당해 일간 신문을 통하여 원문 기사와 같은 비중으로 충분한 반론보도가 이루어져 반론보도청구의 목적이 달성된 경우와, ② 반론보도에 기재된 내용과 원문 기사에 보도된 내용이 본질적인 핵심에 관련되지 못하고 지엽 말단적인 사소한 것에만 관련되어 있을 뿐이어서 이의 시정이 올바른 여론 형성이라는 본래의 목적에 기여하는 바가 전혀 없는 경우 등을 포함한다(대법원 1997. 10. 28. 선고 97다28803 판결).

(3) 반론권 신청 주체에 대한 판단

언론중재법에 따르면 언론에 의해서 피해를 입은 사람은 누구라도 해당 미디어에 반박할 수 있다. 반론보도를 청구하려면 사실적 주장에 의하여 '피해'를 받아야만 한다. 개인이 언론의 보도로 인해 피해를 입었는가 하는 것은 대개의 경우 어떠한 사건에 대해서 편견이 아닌 흥미를 갖는 일반인이 사건에 연루된 사람을 인식할 수 있는가에 의해서 결정된다. '피해'가 과연 무엇을 뜻하는가에 관하여는 견해가 나뉠 수 있으나, 대법원 판례는 이를 인격권에 대한 침해로 보고 있으며 무엇보다 침해의 정도가 문제된다. 이에 관하여 대법원 판결은 "보도 내용에서 지명되거나 그 보도 내용과 개별적인 관련성이 있음이 명백히 인정되는 것"이라고 밝히고 있다(대법원 1986. 1. 28. 선고 85다카1973 판결). 이에 따르면 단지 사실적 주장에 관련되거나 언급되는 정도면 일단 피해를 받은 자의 요건을 갖추었다고 볼 수 있다.

이러한 원칙하에서, 비록 미디어가 어떤 개인의 필명(가명)을 이용할 수는 있으나, 만일 이와 함께 주소, 나이, 가족 관계, 그리고 아파트 층수 등이 기사에 게재되었다면, 그 사람은 피해에 대한 반론을 청구할 수 있다. 개인을 지칭하는 알파벳 약자와 함께 그의 직업적 이력이나 직장에서의 신망 등을 함께 게재하는 경우, 만일 지칭된 사람이 누구인지 인식할 수 있다면, 그 사람은 반론권의 자격이 있는 것으로 여겨진다(서울민사지방법원 1990. 7. 19. 선고 90카41568 판결).

더욱이 비록 학교나 직장이 머리글자나 장소에 의해서만 표기되었다고 하더라도, 방송이 어떤 학생이 특정 학교로 등교하는 장면을 방영하였다면, 그 학교는 반론을 제기할 권리를 갖는다(서울민사지법 남부지원 1993. 9. 6. 선고 93카합792 판결; 서울지방법원 1994. 10. 27. 선고 94카기3509 판결). 비록 목소리가 변조되고 모습도 모자이크 처리되었다고 하더라도, 원고가 누구인지를 방송의 문맥 속에서 쉽게 알 수 있을 때는 원고는 반론권을 보장받는다(서울지방법원 남부지원

1994. 11. 29. 선고 94카합1797 판결).

다음으로 누가 반론권을 신청할 수 있는 주체가 되는가 하는 점이 논란이 되는데, 판례들에 따르면 이는 일반 자연인은 물론 법인 그리고 정부기관까지를 포함하는 것이라고 보았다(서울민사지방법원 1986. 9. 26. 선고 86카28775 판결). 즉 신청의 주체는 비단 자연인만이 아닌 조직체를 포함하는 것이다. 그래서 종교 지도자 단체, 소유자에 의해 운영되는 교육 시설을 갖춘 학교, 그리고 등기를 완전히 마치지 아니한 단체들도 주체가 될 수 있는 것으로 나타났다(대법원 1986. 1. 16. 선고 86다카1973 판결; 서울민사지방법원 1983. 11. 25. 선고 83카22003 판결; 서울민사지방법원, 1984. 5. 25. 선고 84카1598 판결; 서울고등법원, 1985. 8. 16. 선고 84나2528 판결; 서울민사지방법원, 1992. 11. 26. 선고 92카기649 판결).

우리나라에서 반론보도청구권을 행사할 수 있는 자는 정기간행물과 방송에 공표된 사실적 주장에 의하여 피해를 받은 자연인, 법인 또는 소송상 당사자 능력이 있는 비법인 사단이나 재단 등이다(대법원 1986. 1. 28. 선고 85다카1973 판결). 하급심 판례 중 학교의 당사자 적격을 인정한 경우가 있다(서울지방법원 남부지원 1993. 9. 6. 선고 93카합792 판결). 그리고 사자死者의 경우 반론보도청구권이 인정될 것인가가 문제되는데, 사자에 대한 역사적 평가를 위축시키지 않는 범위 내에서 사자의 명예에 대한 중상 또는 모욕이 되는 경우에는 상속인 등에게 이를 인정하는 것이 바람직하다고 보았다(대법원 1998. 2. 27. 선고 97다19038 판결).[131]

(4) 사실적 주장에 대한 판단

사실적 주장과 주관적인 표현을 명확히 구분하는 것은 어렵다. 그럼에도 한

131 2005년 언론중재법 제정으로 사망 후 30년이 지난 경우는 불가능하게 되었다.

국의 반론권은 사실적 주장에만 적용되기 때문에 이를 판단하지 않으며 안 된다. 즉 비록 이것이 기술적 구분이긴 하지만 명예훼손법상의 '사실적 주장'에 관련된 규정은 법원들이 주관적인 의견이나 비평과 객관적 사실 사이의 구분을 짓도록 요구하고 있다. 한국의 법원들은 다음과 같이 주장한다.

무엇보다 반론보도의 내용은 원보도의 사실적 주장과 관념적으로 연관성을 가지는 사실적 진술과 이를 명백히 전달하는 데 필요한 설명에 국한되는 것이지만(대법원 2000. 3. 24. 선고 99다63138 판결 참조), 여기서 원보도의 사실적 주장에는 원보도에서 직접적으로 기술한 사항은 물론 원보도가 직접적으로 기술하지 않은 사실이라도 전체적인 보도의 취지, 경위, 내용 등을 통하여 간접적으로 표현하거나 암시하는 내용을 반박하는 내용, 원보도를 보충하는 내용, 원보도의 불명확성을 해소하는 내용, 반론으로 주장하는 사실의 정당성을 위해 필요한 증거나 증빙으로서의 새로운 사실 등도 포함될 수 있다(대법원 2006. 11. 23. 선고 2004다50747 판결 참조).

타인의 발언 내용에 관한 보도가 미디어의 독자적인 평가를 보도했는가 아니면 그 발언 내용을 사실로서 보도했는가의 여부에 따라 작자 또는 발언자 자신의 반론보도청구권은 그 허용 여부가 결정된다. 대법원은 비록 일간신문이 한 개인의 말을 인용하였다고 하더라도, 일단 이것이 인쇄되었다면, 그 신문은 기사에 있어 사실적 주장에 대한 반론권을 부여해야 한다고 보았다(대법원 1991. 1. 15. 선고 90다카25468 판결). 기타 다른 사실적 주장들은 '경찰관의 말'이나 '경찰 보고서' 등에 근거한 기사 또는 정부 기관이나 전문 연구소 등의 공적 기록 등에 기초해야 한다고 보는 하급심 판례도 있다(수원지법 성남지원 1993. 7. 30. 선고 93카합312 판결).

그러나 만일 기사 내용이 인터뷰나 연구 결과에 근거한 전문가의 언사나 설명을 포함하고 있다면, 그 기사는 사실적 주장이라고 간주된다(서울민사지방법원 1990. 5. 25. 선고 89카28984 판결). 만일 기사의 내용이 기고자의 사상이나 평가의 표현이라면, 이를 게재한 언론은 반론권을 제공할 필요는 없다(서울지방법원 남부지원 1992. 2. 20. 선고 89카8917 판결). 원고가 그가 살고 있는 지역이 지도에서는 훨씬 작게 나타나고 있다고 주장할 때 이는 반론의 대상이 되지 못한다(서울지방법원 1991. 4. 30. 선고 90카110595 판결). 그러나 방송사와의 인터뷰 내용이 방영 이전에 부당하게 편집되었을 때는 반론권 청구의 대상이 된다(서울지방법원 남부지원 1993. 12. 20. 선고 93카합1107 판결).

언론중재법(2011. 4. 14. 개정 이전의 것) 제14조의 정정보도청구는 사실적 주장에 관한 언론 보도가 진실하지 아니한 경우에 허용되므로, 그 청구의 당부를 판단하려면 원고가 정정보도청구의 대상으로 삼은 원보도가 사실적 주장에 관한 것인지 단순한 의견 표명인지를 먼저 가려보아야 한다. 여기에서 사실적 주장이란 가치 판단이나 평가를 내용으로 하는 의견 표명에 대치되는 개념으로서 증거에 의하여 그 존재 여부를 판단할 수 있는 사실 관계에 관한 주장을 말한다. 대법원은 언론 보도는 대개 사실적 주장과 의견 표명이 혼재하는 형식으로 이루어지는 것이어서 구별 기준 자체가 일의적이라고 할 수 없고, 양자를 구별할 때에는 당해 원보도의 객관적인 내용과 아울러 일반 독자가 보통의 주의로 원보도를 접하는 방법을 전제로, 사용된 어휘의 통상적인 의미, 전체적인 흐름, 문구의 연결 방법뿐만 아니라 당해 원보도가 게재한 문맥의 보다 넓은 의미나 배경이 되는 사회적 흐름 및 일반 독자에게 주는 전체적인 인상도 함께 고려하여야 한다고 반복적으로 강조하고 있다(대법원 2011. 9. 2. 선고 2009다52649 판결 참조). 그러나 사실적 주장이라고 하더라도 기사의 성격상 공익성이 인정되지 않으면 반론권이 인정되지 않는다. 대법원은 방송이 사익적 목적 내지 동기에서 비롯되고 공익적 목적의 달성에 필요한 범위를 초과하여 공익성을 갖추지 못하는 경우에는 보도 대상이 국회의원이라고 하더라도 정정보도가 인정된다고 판단했다(대법원 2014. 10. 15. 선고 2014다41094 판결).

(5) 공인에 대한 판단

한위수(2004)는 대법원에서 지난 2002년부터 공인에 대한 명예훼손 책임을 인정하는 기준을 종래보다 훨씬 더 엄격히 하는 취지의 판결을 내리고 있는 점에 주목하고, 이러한 대법원의 태도가 종전의 명예훼손 법리가 공인에 대한 자유로운 비판을 위축시킨 점이 없지 아니한 사실을 감안하면 타당한 것이며 공인에 대한 자유로운 비판의 폭을 확대하려는 대법원의 강한 의지와 선도성이 돋보인다고 분석하였다. 이러한 대법원의 태도에 비추어 앞으로도 새로운 심사 기준을 제시하고 적용할 분야가 점차 확대될 것이며 그런 점에서 앞으로는 정치적 이념 논쟁이나 정당 대변인의 논평 등 정치적 표현은 최대한 보장되고 이에 대하여는 명예훼손 책임을 인정하는 경우가 극히 드물 것으로 전망하고 있다.

그러나 어느 특정인을 비방하거나 비난하는 데 보도의 내용이나 방향이 정해져 있다고 한다면 공익성이 인정되지 않는다.[132] 특히 공익성이 강조되는 범죄 관련 보도에 있어서 반드시 범인이나 범죄 혐의자의 신원을 명시할 필요가 있는 것은 아니고 범인이나 범죄 혐의자에 관한 보도가 반드시 범죄 자체에 관한 보도와 같은 공공성이 있다고 볼 수는 없다고 판시하였다(대법원 1998. 7. 14. 선고 96다17257 판결).

1999년 6월 24일 피해자가 공적 인물인지 아니면 사인인지, 그 표현이 공적인 관심 사안에 관한 것인지 순수한 사적 영역에 속하는 사안인지의 여부에 따라 명예훼손적 표현의 헌법적 심사 기준에는 차이가 있어야 하며 공적 인물의 공적 활동과 관련된 명예훼손적 표현은 그 제한이 더 완화되어야

132 우리 형법상 타인의 명예를 훼손한 경우에 대한 면책사유는 일반적인 위법성 조각사유로서의 정당 행위, 정당방위, 피해자의 승낙 등과 책임조각사유가 있으며, 명예훼손에 특수한 면책사유로 형법 제310조의 공공의 이익에 관한 면책 규정이 있다(표성수, 1997: 349).

하며 개별 사례에서의 이익형량에 따라 그 결론도 달라져야 한다고 하는 헌법재판소의 결정이 나왔다(97헌마265 결정).

이와 관련하여 대법원도 민사상으로 타인의 명예를 훼손하는 행위를 한 경우에도 그것이 공공의 이해에 관한 사항으로서 그 목적이 오로지 공공의 이익을 위한 것인 때에는 진실한 사실이라는 증명이 있으면 그 행위에 위법성이 없고, 또한 그 증명이 없더라도 행위자가 그것을 진실이라고 믿을 만한 상당한 이유가 있는 경우에는 위법성이 없다고 보았다(대법원 2013. 2. 14. 선고 2010다108579 판결).

특히 공직자의 도덕성·청렴성이나 그 업무 처리가 정당하게 이루어지고 있는지 여부는 항상 국민의 감시와 비판의 대상이 되어야 한다는 점을 감안하면, 이러한 감시와 비판 기능은 그것이 악의적이거나 현저히 상당성을 잃은 공격이 아닌 한 쉽게 제한되어서는 아니 된다고 판시했다(대법원 2003. 1. 24. 선고 2000다37647 판결; 대법원 2003. 9. 2. 선고 2002다63558 판결 등).

아울러 검찰 등 국가 기관의 수사 과정에서 그 직무 집행이나 업무 처리가 적법하고 정당하게 이루어지고 있는지는 항상 국민의 감시와 비판의 대상이 된다(대법원 2005. 1. 14. 선고 2001다28619 판결 등 참조). 특히 대통령 선거에 미칠 정치적 영향력을 가진 사건에 관한 검찰 직무 집행의 적법성·공정성에 대한 정당의 감시 기능은 정당의 중요한 임무 중 하나이므로 이러한 감시와 비판 기능은 보장되어야 하고, 정당이 위와 같은 사항에 관하여 의혹을 제기하는 등의 감시와 비판을 하는 행위로 말미암아 공직자 개인의 사회적 평가가 다소 저하될 수 있다고 하여 곧바로 공직자에 대한 명예훼손이 된다고 할 수 없으며, 이러한 감시와 비판 기능은 그것이 악의적이거나 심히 경솔한 공격으로서 현저히 상당성을 잃은 것이 아닌 한 쉽게 제한하여서는 안 된다(대법원 2003. 7. 22. 선고 2002다62494 판결; 대법원 2006. 5. 12. 선고 2004다35199 판결 등).

나아가 그러한 발언이 공직자에 대한 감시·비판을 벗어나 악의적이거나 심히 경솔한 공격으로서 현저히 상당성을 잃은 것인지는 그 발언의 내용이나 표현 방식, 의혹 사항의 내용이나 공익성의 정도, 공직자의 사회적 평가를 저하하는 정도, 사실 확인을 위한 노력의 정도, 그 밖의 주위 여러 사정 등을 종합하여 판단하여야 한다(대법원 2007. 12. 27. 선고 2007다29379 판결).

언론·출판의 자유와 명예 보호 사이의 한계를 설정함에 있어서 표현된 내용이 공공적·사회적인 의미를 가진 사안에 관한 것인 경우에는 사적인 영역에 속하는 경우와는 달리 언론의 자유에 대한 제한이 완화되어야 한다. 최근 법원 판결은 나아가 공무원의 '공인' 포함 여부도 보다 세분화하여 기능적 정의를 제시하고 "공무원이라고 하여 국가의 정책 방향을 정하는 지위에 있다거나 선출직에 종사하여 그 활동이 일정 지역 사회나 국가적인 관심사에 해당하는 등의 사유가 있어 그 활동 상황을 사회에 알릴 필요가 있다는 점이 인정되어야 '공인'의 지위에 있다고 할 것"이라고 규정했으며, 공인 범주에는 "다른 공적 인물에 비하여도 더욱 엄격한 도덕적·법적 잣대가 필요한 국회의원"을, 공적 인물에는 "다수에 대한 영향력이 큰 종교 지도자," "유명 연예인으로 인기를 누리는 스타 가수" 등을 포함시켰다. 또 공적 존재에는 "국가 기관, 단체, 개인 등에 비판적·경고적 기능을 수행하는 등 공적 역할을 담당하는 언론사," "국가·사회적 영향력이 커 그 활동 자체가 공적 관심사인 민노총, 전교조" 등을 포함시키고 있다(서울지방법원 2002. 1. 16. 선고 98가합111257 판결; 서울지방법원 2001. 12. 19. 선고 2001가합8399 판결; 서울지방법원 2000. 8. 23. 선고 99가합30768 판결; 서울지방법원 1999. 10. 22. 선고 99나49001 판결 등).

이러한 판결들은 2002년 대법원 판결로 이어지는데, 대법원은 "공공적·사회적인 의미를 가진 사안에 관한 것인 경우에는 그 평가를 달리하여야 하고 언론의 자유에 대한 제한이 완화되어야 하며, 피해자가 당해 명예훼손적 표현의 위험을 자초한 것인지의 여부도 또한 고려되어야 한다. …… 당해 표현이 공적인 존재의 정치적 이념에 관한 것인 경우, 그 공적인 존재가 가진 국가·사회적 영향력이 크면 클수록 그 존재가 가진 정치적 이념은 국가의 운명까지 영향을 미치게 되므로 그 존재가 가진 정치적 이념은 더욱 철저히 공개되고 검증되어야 하며 …… 구체적 정황의 제시로 입증의 부담을 완화해 주어야 한다"고 판시하였다(대법원 2002. 1. 22. 선고 2000다37524 판결).

대법원 판결은 언론 소송에 대한 종래의 입장을 수정하고 공인 관련 소송에서 언론 자유를 중시하는 의미를 갖는다. 실제로 차용범(2001)은 1960년부터 2000년 상반기까지 총 95건의 판례를 분석한 결과 과거 명예훼손 사건에서 '공인' 개념을 수용한 대법원 판례는 없으며, 공무원과 국회의원이 관련된 사건에서도 대법원은 공인에 대한 정의 없이 '공인에 관한 명예훼손을 일반 사인과 다르게 보아야 할 이유가 없다'고 간단하게 판시하고 있음을 밝혔다.

결국 대법원 판결은 공적 인물의 공적 활동에 관한 보도가 명예훼손적 표현을 담고 있는 경우 언론 자유와 명예 보호의 이익 조성 기준을 제시하고 있는 이 결정은 한국 언론 소송의 현실적 쟁점인 공인 문제를 '공적인 존재'라는 표현으로, 공익성 문제를 '공공적·사회적인 의미를 가진 사안'이라는 표현으로 구체화, 공인 이론의 수용을 확장하고 있음을 보여 준다(차용범, 2002).

다만 공인에 대한 보도라고 하더라도 내용이 공적 관심사와 같은 공익성 요건을 갖추지 못하면 공인에게도 반론권이 인정된다는 판결이 있다. 〈동아일보〉(피신청인)가 국회 예산결산위원장인 K모 의원이 당정 간담회 석상에서 "전북도민은 국회의원 선거에서 전원 야당을 뽑았으니 뜨거운 꼴을 보아야 한다"고 한 발언을 보도하면서 전북도민은 그 발언 내용에 대해 지난 대통령 선거 당시 L모 전 건설부 장관(신청인)의 싹쓸이 발언에 이은 제2의 싹쓸이 발언으로 간주하고 갈수록 골이 깊어지는 지역감정을 개탄하였다는 내용을 보도하였다. L모 씨는 자기의 발언이 선거 유세자의 폭력을 근절해야 한다는 취지였다고 주장하면서 반론보도를 신청하였음에 대하여 반론권이 인정된다고 판시하였다. 아울러 공인이라고 하더라도 기사가 공익성을 갖추지 못한 경우에는 반론권이 대개 인정된다고 판단하고 있다(대법원 2014. 10. 15. 선고 2014다41094 판결).

기업과 관련해서 기업에 공인이나 공적 인물을 적용한 사례는 보이지 않으나 '공적 존재'라는 용어 속에 국가 기관 등에 비판적·경고적 기능을 수행하는 공적 역할을 담당하는 언론사를 포함하고 있다는 점에서 특별한 기준을 적용하고 있다는 점을 알 수 있다. 즉 기업으로서의 언론사가 명예훼손소송의 원고가 되는 경우에 있어 언론사는 일반 기업과는 다른 기준에서 판단해야 한다고 인식하고 있는 것으로 나타났다(이재진·정영주, 2007; 이재진·최진호, 2015).

3) 관련 조정 및 중재 사례 분석

여기서는 언론중재위가 설립된 이후 2014년까지 언론중재위에서의 조정 및 중재 현황에 대해서 밝히고 이에 대한 논의를 추구하고자 한다. 언론중재위의 조정 및 중재 사례는 출범 이후부터 2014년 12월 말까지의 것을 분석한다. 기존의 연구에서 이용된 분석 유목을 통해서 언론중재위를 통한 언론 분쟁 해결에 있어서의 특징을 살펴보고자 한다. 기존의 사례 분석 연구에 따르면, 언론중재위가 출범한 1981년부터 2003년까지 23년간의 중재 신청 처리 현황은 위원회가 출범한 이래 중재 신청 건수가 꾸준히 증가해 왔음을 보여준다. 언론중재 처리 현황을 5년 단위로 끊어 살펴보면 이러한 추세가 확연히 드러남을 알 수 있다.

중재위원회 출범 초기인 1981~1885년까지는 중재(조정) 신청 건수가 연평균 55.6건, 1986~1990년까지도 연평균 86.2건에 머물러 중재 처리 실적이 미미했다고 볼 수 있다. 그러나 1990년대 들어서면서 중재 신청 건수가 급증해 1991~1995년은 연평균 418.6건, 1996~2000년까지는 579.2건을 기록했고, 2001~2003년까지는 연평균 631.3건을 기록한 것으로 나타났다. 증가 비율로 보자면, 1986~1990년은 54.7%, 1991~1995년은 54.2%, 1996~2000년은 59.5%를 기록하다가 2001~2003년까지는 64.4% 증가했음을 알 수 있다.[133]

'실질적 피해 구제율'은 중재위원회가 행하는 조정 노력의 실효성 판단과 직결되는 만큼 그 내용을 상세히 살펴보면, 반론보도문이나 정정보도문이 게재되었다고 해서 이를 순전히 중재위원회의 노력으로 간주하기에는 어려운 면이 있어 보인다. '합의'의 경우는 중재위원회의 조정 노력으로 중재 신청인과 피신청인 간의 합의가 이루어진 것이므로 별다른 이론의 여지가 없으나, '취하'는 반론 및 정정보도가 이루어졌다고 하더라도 당사자 간의 이면 합의로 이루어진 것이 많아 결과만으로 실질적 피해 구제가 이루어졌다고 보기에는 무리가 있다.

(1) 조정

2005년 이전에는 '중재'가 사실상 '조정' 기능이었다는 측면에서 이를 '조정'으로 분류했다. 제도 도입 초기에는 제도에 대한 이해와 인식이 높지 않아 사건 수가 많지 않았다(이재진·유재웅, 2004). 1981년 44건을 시작으로 조정 청구 건수는 1988년까지 한 해 100건을 넘지 못했다. 이는 언론중재제도에 대한 인식이 높지 못한 요인도 있었으며 언론을 상대로 조정을 신청하는 것 자체가 쉽지 않았던 분위기가 작용한 것으로 보인다(표 5-3).

133 2004~2014년 사이의 경우 표 5-3 참조.

표 5-3 조정 청구 및 처리 결과

연도	청구 건수	처리 결과												신청 효율
		조정 성립	직권조정 결정				조정 불성립 결정		기각	각하	취하		계류	
			동의	이의		계속								
1981	44	9					12	(5)	1	2	20	(2)		39.0%
1982	50	19					19	(5)		2	10	(4)		58.3%
1983	71	21					22	(7)	1	1	26	(8)		52.2%
1984	54	12					29	(8)	3		10	(5)		49.0%
1985	59	12					28	(5)	4		15	(7)		43.6%
1986	49	14					10	(2)	1		24	(11)		56.3%
1987	47	10					9	(4)	1		27	(2)		34.8%
1988	55	16					12	(5)		1	26	(13)		63.0%
1989	121	29					35	(10)		6	51	(21)		52.2%
1990	159	42					43	(10)	1	2	71	(40)		59.0%
1991	220	52					48	(9)	3	1	116	(43)		48.1%
1992	351	81					79	(12)	19		202	(107)		55.2%
1993	423	132					96	(16)	8	2	185	(84)		56.2%
1994	541	162					127	(10)	7		245	(128)		56.2%
1995	528	111					150	(25)	26	3	238	(124)		52.1%
1996	556	129	2	7	(1)		169	(21)	9	1	239	(137)		53.1%
1997	490	161	10	5	(1)		79	(13)	8	4	223	(106)		61.3%
1998	602	226	14	10	(2)		97	(8)	5		250	(106)		59.6%
1999	641	244	11	18	(2)		102	(17)	24	5	237	(92)		59.8%
2000	607	198	10	15	(2)		66	(10)	14	2	302	(156)		63.6%
2001	659	229	6	23	(3)		132	(27)	18	2	249	(133)		62.3%

2002	511	182	18	17	(3)		62	(9)	8	1	223	(101)		62.4%
2003	724	287	15	15	(1)		101	(11)	27	3	276	(158)		68.0%
2004	759	283	46	22	(6)		140	(12)	13		255	(148)		66.4%
2005	883	334	31	20	(4)		181	(1)	19	15	283	(160)		62.4%
2006	1,087	356	29	28			226	(2)	22	13	413	(250)		60.6%
2007	1,043	359	22	32	(2)		194	(5)	42	6	388	(257)		64.8%
2008	954	402	35	17			125	(3)	21	4	350	(237)		72.9%
2009	1,573	538	66	39			88		257	10	575	(361)		73.9%
2010	2,205	630	109	40	(2)		157	(5)	137	1	1,131	(891)		79.2%
2011	2,124	725	65	40	(3)		285		44	14	951	(680)		71.3%
2012	2,401	805	76	66			427	(10)	44	11	972	(787)		71.5%
2013	2,433	916	54	57			295	(14)	20	2	989	(884)		77.6%
2014	19,048	1,156	133	122	(3)		1,105	(16)	106	76	16,350	(15,420)		88.7%
계	42,102	8,882	752	593	(37)		4,750	(317)	913	190	26,022	(21,665)		77.2%
	100.0%	21.1%	1.8%	1.4%			11.3%		2.2%	0.5%	61.8%			

* ( ) 안의 숫자는 합의 및 조정 결정 중 동의 외에 피해 구제 보도가 된 건수임.
* 신청 효율 = 피해 구제 건수(조정 성립 + 직권조정 결정 중 동의 + 그 외 보도 등 피해 구제된 건)/
전체 조정 청구 건수 − 계속·기각·각하·계류
* 직권조정결정제도 1996. 7. 1.부로 시행

그러던 것이 1989년도에 121건의 사건을 접수 처리한 후 사건 수는 빠르게 늘어나기 시작했다. 이는 언론 자유화를 골자로 한 1987년 6·29 민주화 선언 이후 신문과 잡지 등이 급격히 증가하면서 언론으로 인한 인격권 침해 사례도 늘어났으며, 한편 민주화의 진행과 함께 인격권에 대한 국민들의 인식이 높아진 것이 영향을 미쳤을 것으로 판단된다(장호순, 2000; 이재진, 2002a; 이재진, 2006c; 조준원, 2005 등).[134]

조정 결과를 전체적으로 보면 1989년 이후에는 몇 년을 제외하고는 청구 건수가 꾸준히 증가하여 1998년 600건, 2003년에 700건을 넘게 된다. 2005년 언론중재법이 제정된 이후에는 신청 수가 더 급격히 증가하여 2006년에는 1000건을 넘어선다. 2005년 언론중재법이 제정되면서 기존 정간물법 제19조 제1항인 "언론중재위원회의 중재를 거치지 아니하고는 법원에 반론보도 청구의 소를 제기할 수 없다"는 '필요적 전치주의'가 폐지되었음에도 불구하고 그 수치는 오히려 증가한 셈이다. 이는 2005년 단일법 제정으로 인한 언론조정·중재의 안정화, 손해배상 제도의 도입과 함께 인터넷 신문 등 인터넷 미디어가 조정 대상 미디어로 확대되면서 나온 결과인 것으로 추정된다. 비록 2007년과 2008년에 조정 신청 건수가 약간 줄어들기는 하지만 증가 추세는 크게 달라지지 않았다.

특히 언론 조정·중재 신청 건수가 2009년 이후 급격하게 증가하게 되는데, 이는 2009년 언론중재법 개정으로 인해 인터넷 뉴스 서비스가 언론 조정·중재 대상으로 포함됨으로써 포털에 대한 신청이 증가한 때문으로 보인다. 실제로 2009년 조정 신청 건수는 1573건을 기록하였고, 2010년부터 2013년까지는 매해 2000건이 넘는 조정 신청이 있는 것으로 나타났다. 2014년도에는 세월호 사건의 여파 때문이기는 하지만 19000여 건의 조정·중재

134 조정 성공률 = [조정 성공 건수(조정 성립 + 조정을 갈음하는 결정 중 동의)/조정 건수(조정성립 + 조정을 갈음하는 결정 + 조정 불성립 결정)] × 100
본안 성공률 = [본안 성공 건수(조정 성립 + 조정을 갈음하는 결정 + 심리 중 취하)/본안 심리 건수(조정 성립 + 조정을 갈음하는 결정+조정 불성립 결정 + 심리 중 취하)] × 100
신청 효율 = [신청 유효 건수(조정 성립 + 조정을 갈음하는 결정 중 동의 + 그 외 보도 등 피해 구제된 건*)/전체 조정 청구 건수 − (기각 + 각하)] × 100
* 그 외 보도 등 피해 구제된 건이란 신청 접수 후 심리실 외에서의 당사자 사이의 합의 또는 중재부의 권유에 따라 이루어진 정정보도, 기사 삭제 등을 의미함.

신청으로 최고를 기록했다. 특정 사건 때문이라고는 하지만 만 건이 넘었다는 것은 신청 주체나 신청 요건 등에 있어서의 논란이 있을 수 있음을 반증하는 것이라 여겨진다.

그동안 신청된 조정 사건의 처리 현황을 살펴보면, 지난 34여 년간 신청된 총 건수 42,102건 중에서 8,882건(21.1%)이 조정 성립된 것으로 나타났다. 이는 2013년까지의 통계(23,0254건 중 7,726건(33.5%)이 조정 성립)에 비하면 비율이 떨어진 수치이지만 세월호 사건으로 인해 한 해 갑자기 조정 건수가 늘어났다는 것을 감안하면 비교적 준수한 결과라고 할 수 있다. 실제로 1996년까지는 조정 성립이 20%대에 머물렀으나 1997년 이후 증가하여 대부분 30%대를 기록하게 되었다. 구체적으로 2008년 42.1%, 2009년 34.2%, 2010년과 2011년에는 약간 떨어져 각각 28.6%, 26.7%였으나, 2012년 33.5% 2013년 37.6%로 다시 증가하였다. 2010년과 2011년은 새로운 미디어의 포함으로 신청 건수는 늘었으나 전체에서 차지하는 비율을 감소한 모습을 보인다.

제도 실시 초기에는 조정 불성립 결정의 비율이 높게 나타났다. 특히 1984년도와 1985년도가 각각 53.7%와 47.5%로 높게 나타났다. 그러나 1990년대 초·중반에는 대부분 20~30%에 머물렀으며 1997년을 기점으로 감소하기 시작하여 대부분 20%보다 낮게 나타났다. 특히 2009년과 2010년에 각각 5.6%, 7.1%로 가장 낮은 수치를 보였다. 이에 반비례하여 합의율은 증가하는 경향을 보였다. 즉 합의율의 경우 초기에는 상당히 낮았으나 이는 점차 높아지는 모습을 보인다. 이는 언론사들이 언론 조정·중재에 대한 인식이 좋아지면서 보다 적극적으로 심리에 임했기 때문인 것으로 풀이된다.

1998년의 한 연구에 따르면 설립 초기 조정에서 양측의 합의율이 낮은 이유를 첫째, 중재제도의 법적 강제력이 떨어져 효율성이 낮고, 둘째, 중재 체제가 명예훼손 문제를 법정 밖에서 해결하고자 한 기구가 효율적으로 역할하기보다는 이것이 또 하나의 법적 제약 조치로서 작동하였다는 데서 찾는다.

이러한 합의율은 크게 개선되지는 않았으나 2001년부터는 점차 합의율이 증가하면서 조정의 효율성이 약간 높아진 것으로 나타났다.

이렇게 합의율이 높아진 데는 직권중재결정제도의 도입이 작용한 것으로 판단된다(언론중재위원회, 2012). 실제로 1995년 12월 30일 정간물법 등의 개정으로 직권중재결정제도가 도입된 후 1996년부터 2014년까지 전체 1345건의 직권중재 결정(조정을 갈음하는 결정)이 내려졌는데, 이 중에서 752건이 동의되었고, 593건에 대해 이의가 제기되었다. 이의를 신청한 건수 중에는 조정 후 신청인과 피신청인의 별도의 합의를 통해 피해 구제를 한 것이 37건이었다.

취하는 신청인이 신청을 최소하는 행위인데 평균 61.8%(전체 42,102건 중 26,022건)로 높은 수치를 나타냈다. 그러나 이는 2014년 41%에 비해 갑자기 높아진 수치로 세월호 관련 뉴스에 대한 과도한 조정 신청으로 인한 취하도 포함되는 것으로 해석될 수 있다. 또한, 취하 건수 총 26,022건 중 21,665건(83.3%)이 취하 전후로 피해 구제가 이루어지거나 합의된 것으로 나타났다. 이는 65.2%였던 2014년보다 역시 크게 늘어난 수치로 그해 갑작스럽게 증가한 신청 건수가 원인으로 분석된다. 그래도 취하 전후 피해 구제가 높은 비율을 보이는 것은 신청인이 신청하기 전에는 합의에 소극적인 태도를 보이던 언론사들이 언론 조정·중재 신청 후에 신청인에게 적극적으로 피해 구제를 약속하여 취하하게 하는 경우가 많음을 보여 준다. 따라서 수치상으로 취하가 많기는 하지만, 실질적으로 피해 구제를 받지 못하고 신청을 취하하는 경우는 평균 약 16.7%이며 그 비율은 점차 하락하고 있는 것으로 나타났다.

이에 대해 언론중재위는 통계상으로는 신청 취하 항목으로 처리되었으나 실제적으로는 당사자 간의 합의 성립을 토대로 한 취하가 대부분인 점을 고려한다면 중재 과정에서의 합의 비율은 훨씬 높은 것으로 간주해야 한다고 전제한 후, 언론중재위의 중재 실적이 실증적으로 입증된 이상, 한편으로 중재 대상을 넓히고 다른 한편으로는 반드시 중재를 거치도록 하는 것은 언론 피해 사건의 효율적인 해결을 위하여 바람직한 것으로 여겨진다고 주장한다.

언론중재위가 밝힌 '실질적 피해 구제율'[135]은 1981~1985년까지는 평균 48.9% 수준이었으나 1986~1990년은 54.7%, 1991~1995년은 54.2%, 1996~2000년은 59.5%를 기록하다가 2001~2003년까지는 64.4%로 증가했다. 아울러 실질적 피해 구제율은 2014년까지 꾸준히 상승하고 있다. 2010년에는 최고인 79.2%를 기록하고 2012년 71.5%, 2013년 77.6%라고 밝히고 있다. 한편, 건수가 많아서 일반화시키기 어려울 수 있는 2014년도는 88.7%로 최고를 기록했다. 전체적으로 약 77.2%의 성공률을 보인 것으로 나타나서 조정 성공률이 초기에 비해서 상당히 증가한 것을 알 수 있다(표 5-3).

그러나 '실질적 피해 구제율'은 언론중재위가 행하는 조정 노력의 실효성 판단과 직결되는 만큼 그 내용을 보다 상세히 살펴보면, 반론보도문이나 정정보도문이 게재됐다고 해서 이를 언론중재위의 노력으로 간주하기에는 어려운 측면이 있어 보인다.

또한 '합의'의 경우는 언론중재위의 조정 노력으로 중재 신청인과 피신청인 간의 합의가 이루어진 것이므로 별다른 이론의 여지가 없으나, '취하'는 반론 및 정정보도가 이루어졌다고 하더라도 당사자 간의 이면 합의로 이루어진 것이 많아 결과만 놓고 실질적 피해 구제가 이루어졌다고 보기에는 무리가 있다는 지적이 있다(임병국, 2012). 아울러 그 내용 면을 살펴보더라도 신청인과 피신청인 간에 대등한 입장에서 합의가 이루어졌다고 보기는 힘들어 합의의 질까지를 고려한다면 단순한 게재 비율 합산만으로는 이를 판단하기 어렵다. 통계상 언론중재위의 피해 구제율이 높은 것은 정정보도청구나 반론

135 중재위원회는 '실질적 피해 구제율'을 다음 공식으로 산출한다. 피해 구제 건수 = 합의 + 중재 결정 중 동의 + (중재 결정 중 이의, 중재 불성립 결정, 취하) 중 정정 또는 반론 기사 등이 게재된 건수.

보도청구에 관하여 조정을 할 때 손해배상청구를 포기하게 하거나 취하하게 하는데, 이 경우에도 피해 구제율에 모두 포함하기 때문에 통계 수치가 사실과 다르게 부풀려 질 수 있다는 것이다.

이처럼 취하율이 합의나 불성립에 비해 높은 상황에 대해 한동원(2001: 31)은 두 가지 이유를 들고 있다. 첫째, 언론중재위의 중재라는 타율적인 방법에 의해 합의되어 반론보도나 정정보도를 게재하는 것이 언론사로서는 불명예스럽고, 둘째, 문제의 기사를 취재·보도한 기자들이 회사 내에서의 책임 추궁이나 고과 반영 등의 불이익을 받을 수도 있어 관련 기자들이 중재 신청 자체를 없었던 것으로 하기 위해 모든 수단과 방법을 동원해 신청인을 회유하기도 하고 위협을 가하기 때문이라는 것이다. 유사하게 임병국(2012)도 실제로 취하된 사건의 72.3%가 성공률로 잡힌 것은 이들이 언론중재위의 심리석상이 아닌 장외에서 당사자끼리 해결했다는 것이라면서, 동등한 지위에서 공정한 합의가 이루어기보다는 피신청인이 약자의 위치에 있는 신청인을 협박, 회유 또는 만족할 수 없는 최소한의 해명 보도를 게재하고 취하를 유도하는 경우가 많았기 때문이라고 지적하였다.

전체적으로 볼 때 언론중재제도를 통한 피해 구제의 효율성이 증가해 온 추세임을 알 수 있다. 물론 이러한 통계 수치만으로 효율성을 따지기가 어려운 측면이 있으나 언론중재위 이용만족도 조사 등에서 나타난 조사 결과를 같이 살펴볼 때 중재 제도가 효율적으로 운영되고 있다고 판단할 수 있다.

신청인 유형별 처리 현황

신청인 유형별로 30년간의 처리 현황을 보면, 개인의 신청이 가장 많은 것으로 나타났다. 전체 42,102건 중 25,557건(60.7%)이 개인으로 나타났으며, 종교 단체가 5,264건(12.5%), 회사와 일반 단체가 각각 4,160건(9.9%), 3,730건(8.9%) 등의 순으로 나타났다. 특징적인 점은 2013년 회사가 16.0%(3292건),

일반 단체가 15.3%(3160건) 등의 순으로 높게 나타났고 2014년에 유독 종교 단체의 신청이 많았던 것이다. 이러한 결과는 2014년을 제외하면 수치상으로는 언론중재제도가 언론사를 상대로 소송을 진행하기 어려운 개인들의 피해를 구제하는 데 많이 활용되어 왔음을 보여 주는 것이다.

국가 기관의 경우, 초창기에는 거의 신청이 없었으나 1996년 개정 간행물법 시행 이후 국가·지방 자치 단체, 기관 또는 단체의 장이 당해 업무에 대하여 기관·단체를 대표하여 조정을 신청할 수 있게 됨으로서 조금씩 신청이 증가하는 모습을 보였다. 그러다가 2003~2007년에는 한 해 100건이 넘을 만큼 신청이 급증하였는데, 이는 참여 정부 시절 국가 기관이 조정 제도를 활발하게 이용했기 때문이다. 2008년부터 건수가 많이 줄어들기는 했지만 2003년 이전에 비하면 여전히 높은 수치를 나타내고 있다. 전체적으로 보면 1282건이 신청되어 전체의 5.6%를 차지했다. 2012년까지는 전체 건수가 지자체 및 공공 단체보다도 비중이 좀 더 높았으나 2013년에 국가 기관의 청구 건수가 줄어들고 지자체 및 공공 단체의 청구 건수가 늘어남으로서 국가 기관의 비중이 줄어든 것으로 나타났다. 이는 2014년에는 국가 기관의 청구가 증가하고, 지자체 및 공공 단체의 청구 건수가 약간 감소하는 현상을 나타나는데 일시적인 현상일 수 있으므로 추후에 나타나는 현상을 살펴보아야 할 것으로 보인다.

지자체 및 공공 단체의 경우 전체 1538건으로 3.7%를 차지하여 수치상으로는 국가 기관보다 약간 높았다. 그러나 2003년을 기점으로 신청 건수가 늘어나 한 해 약 60건 정도가 신청되고 있으며, 2012년, 2013년, 2014년에는 각각 168, 188, 184건이 신청되어 조금씩 증가하는 모습을 나타냈다(총합은 전체 건수의 3.7%).

표 5-4 신청인별 조정 결과

연도	청구 건수	개인	일반 단체	회사	교육 기관	종교 단체	국가 기관	지자체 및 공공 단체
1981	44	25	11		1			7
1982	50	32	6	8	1	2		1
1983	71	42	11	9	1	7		1
1984	54	36	3	5	1	7		2
1985	59	33	9	13	3	1		
1986	49	22	5	22				
1987	47	30	4	11				2
1988	55	23	4	22		2	1	3
1989	121	57	28	28	3	1		4
1990	159	98	13	25	5	6	2	10
1991	220	128	17	47	7	6	2	13
1992	381	209	52	78	18	3	2	19
1993	423	281	35	79	6	3	2	17
1994	541	362	74	73	4	18	2	8
1995	528	338	93	67	6	6	3	15
1996	556	290	76	117	13	10	13	37
1997	490	284	63	95	10	12	4	22
1998	602	357	86	89	9	9	18	34
1999	641	350	116	91	6	37	12	29
2000	607	340	100	82	11	13	17	44
2001	659	307	162	88	10	7	48	37
2002	511	216	98	113	7	12	22	43
2003	724	247	141	82	14	16	164	60

2004	759	265	108	114	8	11	190	63
2005	883	385	152	116	12	19	146	53
2006	1,087	529	172	145	35	9	151	46
2007	1,043	525	145	176	24	10	101	62
2008	954	523	180	142	14	11	32	52
2009	1,573	847	341	212	31	4	74	64
2010	2,205	1,284	293	416	20	2	66	124
2011	2,124	1,283	252	336	30	19	78	126
2012	2,401	1,393	310	391	27	16	96	168
2013	2,433	1395	255	447	81	31	36	188
2014	19,048	13,021	315	421	82	4,954	71	184
계	42,102	25,557	3,730	4,160	500	5,264	1,353	1,538
	100.0%	60.7%	8.9%	9.9%	1.2%	12.5%	3.2%	3.7%

청구 유형별 처리 현황

전술한 바와 같이 언론 조정·중재 제도 도입 초기 정정보도청구권이라는 이름으로 반론보도와 정정보도가 허용됐다. 그러나 1995년 개정 정간물법과 방송법에서 반론보도가 정식 법률적 용어로 채택되면서 반론보도청구권과 정정보도청구권이 개념상 분리되었다. 또한 1987년 정간물법 제정 당시 추후보도청구권이 도입되었고, 2005년 언론중재법 제정 시 손해배상 제도를 도입하여 위원회가 처리할 수 있는 청구권이 다양화 되었다. 손해배상이 도입된 2005년부터 2014년까지의 청구권별 신청 유형은 표 5-5와 같다.

청구권별 조정 신청 및 처리 현황은 1995년까지 별도의 통계를 집계하지 않다가 1996년 반론보도청구와 정정보도청구가 분리되면서 집계가 시

표 5-5 청구권별 조정 신청 및 조정 성립 현황

청구권 / 연도	조정 청구 건수 (평균 조정 성립률)	정정보도청구		반론보도청구		추후보도청구		손해배상	
		빈도	조정 성립 (합의)	빈도	조정 성립 (합의)	빈도	조정 성립 (합의)	빈도	조정 성립 (합의)
2005	883 (37.8)	531 (60.1%)	225 (42.4%)	194 (22.0%)	84 (43.3%)	17 (1.9%)	9 (52.9%)	141 (16.0%)	16 (11.3%)
2006	1087 (32.8)	547 (50.3%)	220 (40.2%)	210 (19.3%)	79 (37.6%)	12 (1.1%)	8 (66.7%)	318 (29.3%)	49 (15.4%)
2007	1043 (34.4)	551 (52.8%)	223 (40.5%)	115 (11.0%)	52 (45.2%)	28 (2.7%)	7 (25.0%)	349 (33.5%)	77 (22.1%)
2008	954 (42.1)	481 (50.4%)	220 (45.7%)	127 (13.3%)	56 (44.1%)	22 (2.3%)	11 (50.0%)	324 (34.0%)	115 (35.5%)
2009	1573 (34.2)	691 (43.9%)	286 (41.4%)	142 (9.0%)	67 (47.2%)	41 (2.6%)	13 (31.7%)	699 (44.4%)	172 (24.6%)
2010	2205 (28.6)	1211 (54.9%)	337 (27.8%)	171 (7.8%)	52 (30.4%)	50 (2.3%)	23 (46%)	773 (35.1%)	218 (29.2%)
2011	2124 (34.1)	1004 (47.%)	375 (37.4%)	168 (7.9%)	72 (42.8%)	148 (7.0%)	23 (15.5%)	804 (37.9%)	255 (31.7%)
2012	2401 (33.5)	1224 (50.9%)	450 (36.8%)	315 (13.1%)	113 (35.9%)	69 (2.9%)	2 (2.9%)	794 (33.1%)	240 (30.2%)
2013	2433 (37.6)	1195 (49.1%)	511 (42.8%)	274 (11.3%)	129 (47.1%)	180 (7.3%)	18 (32.9%)	784 (32.2%)	258 (32.9%)
2014	19048 (6.1)	12888 (67.7%)	626 (4.9%)	305 (1.6%)	108 (35.4%)	130 (0.7%)	29 (22.3%)	5725 (30.1%)	393 (6.9%)
계	33751 (19.8)	20323 (60.2%)	3473 (17.1%)	2021 (6.0%)	812 (40.2%)	697 (2.1%)	143 (21.0%)	10711 (31.7%)	1793 (16.7%)

작되었다. 손해배상청구가 가능한 2005년부터 2014년까지 10년 동안의 청구권별 조정 신청 현황을 살펴본 결과 정정보도청구가 전체 청구 건수에서 60.2%로 나타나 전체 청구 건수의 절반 이상을 차지하고 있는 것으로 나타났다. 그 뒤를 손해배상청구(31.7%), 반론보도청구(6.0%), 추후보도청구(2.1%) 순으로 나타났다. 즉 언론중재제도를 이용하여 피해 구제를 받고자 하는 자들의 경우 정정보도를 청구하는 경우가 다른 청구 유형에 비교하여 가장 높은 것으로 나타났다. 흥미로운 점은 반론보도청구의 경우 손해배상청구보다도 그 이용이 저조하다는 점이다. 원래 언론중재제도의 목적은 개인의 반론보도청구권을 행사하도록 하는 것이고 이는 언론의 자유를 크게 훼손하지 않으면서도 개인들의 피해 구제를 신속히 한다는 장점이 있다. 그러나 현재와 같이 반론보도청구는 정정보도청구나 손해배상청구보다 이용률이 낮은 것으로 나타났다.

반론보도청구는 1990년대부터 2000년대 초반까지 전체적으로 200건대를 유지하다가 2000년대 후반에 갈수록 감소하는 추세를 보였다. 전체 신청 건수가 증가하는 데 반해 반론보도의 빈도수는 오히려 낮아지기 때문에 전체 대비 반론보도청구의 비율은 급감하고 있다. 이에 반해 정정보도청구나 손해배상청구의 비중은 상대적으로 더욱 증가하였다.

정정보도청구의 경우, 비록 연도 간에 사건 수 증감 폭이 크기는 하지만, 2009년도를 제외하고는 매년 가장 높은 빈도를 나타내고 있다. 1990년대에는 대체로 300건대 후반을 기록하였으나 2000년대에 들어 500건대를 유지하다가 2010년도에 1211건, 2011년도 1004건, 2012년도 1223건, 2013년도 1195건, 2014년도 1만 2888건으로 나타났다. 이는 반론보도청구보다 압도적으로 많은 비중을 차지하는 것으로 나타났다. 이는 반론보도보다는 정정보도가 피해 구제의 만족도가 더 높다는 사실을 반증한다.

정정보도청구가 늘어난 이유 중 하나는 언론중재위에서 조정이나 중재를 통해서 정정보도를 내고자 하는 경우 우리나라 민법에서와 같이 엄격하게 사실 확인을 해야 하는 것은 아니기 때문으로 판단된다. 정정보도청구가 늘어난 것은 손해배상을 청구할 수 있다는 점에서도 기인하는 것으로 보인다. 즉 반론보도를 해서 피해 구제의 만족도가 떨어질 수 있기 때문에 금전적으로 배상을 받을 수 있는 손해배상청구를 더욱 선호하는 것이라 판단된다.

그러나 청구가 당사자 간의 합의에 모두 이르는 것은 아닌 만큼 각 청구권별로 청구의 효율성을 판단하기 위해서는 순수 합의율(조정 성립률)이 얼마나 되는가를 아는 것이 요구된다. 2005년부터 2014년까지 10년 동안의 평균 순수 합의율은 19.8%로 나타나고 있다. 이는 2013년까지만 한 경우, 34.4%로 꽤 높은 피해 구제율을 보이는데, 2014년도 순수 합의율이 6.1%로 급격히 낮아져 생긴 결과로 볼 수 있다. 다만 순수 합의율의 경우에는 반론보도청구의 경우가 40.2%로 가장 높은 것으로 나타났다. 다음으로 추후보도청구의 경우 21.0%, 정정보도의 경우 17.1%로 나타났다. 즉 합의의 경우에는 반론보도문을 청구하는 것이 여타 다른 청구권보다 높은 것으로 나타났다.

주목할 만한 것은 손해배상청구의 경우 합의율이 상당히 높아졌다는 것이다. 손해배상 제도가 처음 도입된 2005년만 하더라도 약 11%에 불과했던 합의율이 2013년에는 32%까지 높아진 것으로 나타났다. 이후 2014년은 6.9%로 떨어졌지만 이 해를 제외하고는 급격한 증가 추세를 보이고 있다. 이는 금전적인 배상을 받기 위해서 법원에 복잡한 절차를 걸쳐 청구하던 손해배상을 비용이 들지 않으며 간단한 절차를 거쳐 이루어지는 언론중재제도를 통해 청구할 수 있다는 데 이유기 있다고 하겠다. 2013년 전체의 22.1%를 차지하고 있는 손해배상청구의 경우 침해 유형별로 살펴보면 전체 804건 중에서 명예훼손이 89.6%, 초상권 침해가 4.5%, 프라이버시 침해가 2.7%로 나타났으며, 손해배상 중 가장 높은 조정 금액은 3000만 원이었다. 손해배상은 2005년에 도입되었음에도 2013년까지 전체의 22.1%를 차지할 만큼 신청이

많이 들어오고 있다.[136]

미디어 유형별 처리 현황

미디어 유형별 신청 현황을 보면 전체적으로 인터넷 신문이 29.5%로 가장 많게 나타났다. 일간 신문은 2013년도까지 42.9%로 가장 많이 나타났으나 전체에서 차지하는 비율은 매년 점차 낮아지고 있었다. 특히 2010년도에는 인터넷 뉴스 서비스(841건)에 대한 신청 건수가 일간 신문(356건)을 두 배 이상 앞질렀다(표 5-6).

방송은 1990년대 들어 신청이 증가하기 시작하여 2000년대까지 계속 증가하고 있다. 케이블 TV는 1995년에 국내에 도입된 이후 아직까지는 전체의 1.2%를 차지하는 정도에 머물고 있다. 이러한 현상은 종합 편성 채널, 보도 전문 채널의 도입으로 케이블 TV에 대한 신청이 2012년에는 줄어들게 되는 것과 관련된다. 반면 종편 채널의 경우에는 2012년에 57건의 신청이 있었는데, 앞으로 가장 많은 증가율을 보일 것으로 예상된다. 그러나 종편 채널은 2013년에는 따로 계산하지 않고 방송에 포함시켜 계산하였으며, 2014년은 따로 제시하고 있는 것으로 나타났다. 이는 세월호 사건을 보도할 때 종편이 가장 높은 빈도를 보였기 때문인 것으로 판단된다. 한편 뉴스통신은 전체의 4.0%로 높은 비율은 아니나 2000년대 들어 이전보다 신청 건수가 증가하고 있다.

2005년 인터넷 신문이 언론 조정·중재 대상이 된 것은 조정·중재 제도를 뉴 미디어까지 확대했다는 점에서 중요한 의미를 가진다. 1990년 초 PC가 보급되면서 인터넷은 중요한 커뮤니케이션 미디어로 등장했다. 기존의 일방향적인 매스 미디어와 다른 양방향 커뮤니케이션 미디어의 등장은 뉴스의

136 2014년에 지나치게 낮은 비율이 측정되었기 때문에 이는 제외하였다

표 5-6 미디어 유형별 조정 결과

연도	청구 건수	신문	주간 신문	시사 주간	방송	케이블 TV	종편	잡지	뉴스 통신	인터넷 신문	인터넷 뉴스 서비스	기타
1981	44	34	2	2	2				4			
1982	50	19	3	9	13			4	2			
1983	71	47	6	6	4			3	5			
1984	54	27	5	5	10			6	1			
1985	59	41	5	4	1			2	6			
1986	49	21	4	9	5			10				
1987	47	20	4	7	5			7	3			1
1988	55	38	5	1	4			6	1			
1989	121	81	11	1	18			6	4			
1990	159	107	23	1	13			13	2			
1991	220	152	23	11	15			17	1			1
1992	381	287	37	8	31			16	2			
1993	423	276	57	6	58			23	1			2
1994	541	342	74	7	89			23	6			
1995	528	341	76	6	74			28	2			1
1996	556	364	90	10	72			13	6			1
1997	490	280	85	13	86	2		22	2			
1998	602	300	122	7	142	4		21	5			1
1999	641	335	93	13	166	5		16	10			3
2000	607	329	113	7	124	1		16	17			
2001	659	416	85	18	105	9		16	8			2
2002	511	303	89	10	89	1		14	4			1

2003	724	485	60	10	121	12		22	13			1
2004	759	449	89	14	161	15		18	10			3
2005	883	495	110	4	151	23		33	18	48		1
2006	1,087	598	125	29	192	24		25	17	77		
2007	1,043	504	113	17	226	24		10	30	113		6
2008	954	424	117	13	162	27		12	33	157		9
2009	1,573	485	128	19	441	18		27	38	233	181	3
2010	2,205	356	176	8	175	14		24	42	567	841	2
2011	2,124	389	181	16	216	34		9	62	705	510	2
2012	2,401	496	147	22	159	27	57	11	83	945	454	
2013	2,433	760	284		576			20	224	2,260	738	4
2014	19,048	1378	120	19	652	1382	1742	25	1117	8436	4177	
계	42,102	10,614	2,492	344	3,970	1,660	1,861	508	1,667	12,412	6,532	
%	100.	25.2	5.9%	0.8%	9.4	3.9%	4.4%	1.2%	4.0%	29.5	15.5%	

생산 및 유통의 획기적인 변화를 가져왔다. 인터넷 이용자 수가 증가할수록 뉴스의 생산과 확산에서 주요 미디어로 자리매김해 왔다. 따라서 뉴스를 생산하고 빠르게 유통시키는 인터넷 언론에 대해서도 언론 조정·중재를 적용할 필요성에 대한 사회적 요구에 부응하여 언론중재법 제정 시 이를 포함시킨 것으로 알려져 있다.

인터넷 신문에 대한 조정 신청은 2005년 48건으로 시작하였으나, 2007년 113건, 2010년 567건, 2011년 705건으로 빠른 증가세를 보여 왔다. 특히 2009년은 전년 대비 1.5배, 2010년은 전년 대비 2.4배나 증가했다. 이는 인터넷 신문의 폭발적 증가와 함께 신문 등의 자유와 기능 보장에 관한 법률 시행령의 개정(2009년 8월 7일 시행)으로 조정·중재 대상이 아니었던 언론사닷컴이 인터넷 신문 범주에 포함되었기 때문으로 분석된다.

또한 2009년 개정 언론중재법에 의해 언론조정·중재 대상에 포함된 인터넷 뉴스 서비스는 언론의 기사를 인터넷을 통하여 계속적으로 제공하거나 매개하는 포털 등의 전자간행물을 의미하지만, 언론중재법 시행령에서는 인터넷 뉴스 서비스 개념의 지나친 확대로 인한 분쟁의 확산을 방지하기 위해 개인이나 단체가 운영하는 블로그나 홈페이지 등을 법 적용 대상에서 제외시켰다.

포털 등 인터넷 뉴스 서비스에 대한 조정 신청은 폭발적으로 늘어나 법 시행 2년차인 2010년도에는 전체 조정 신청 건의 38.1%(841건)를 차지하게 됐다. 2011년에는 510건, 2012년에는 454건으로 떨어지긴 했으나, 2013년 738건으로 신문과 비교해 볼 때 여전히 높은 신청 건수를 기록했다. 2014년에는 일간 신문을 제치고 8436건으로 가장 많은 비중을 차지하는 것으로 나타났다.

인터넷 신문에 대한 조정 성공률은 인터넷 신문이 조정·중재 대상에 포함된 2005년을 제외하고는 전체 조정 성공률보다 언제나 높게 나타났다. 예를 들어 2006년 전체 조정 성공률은 60.3%인 반면 인터넷 신문은 69.4%였고, 2008년에는 전체가 75.5%인 반면 인터넷은 78.7%를 나타냈다. 이런 경향은 2014년까지 이어지고 있다. 인터넷 신문에 대한 평균 조정 성공률은 76.0%로 나타났다. 2014년도에는 56.8%로 조정 성공률이 내려갔으나, 다른 부분이 40%대인 것에 비하면 조정 성공률은 다른 미디어보다는 높게 나타나고 있다는 것을 알 수 있다.

인터넷 뉴스 서비스(포털) 역시 높은 조정 성공률을 보이는데, 2009년에 96.1%, 2010년 91.0%, 2011년 86.5%를 나타냈다. 인터넷 뉴스 서비스는 대부분 기사를 자체 생산하는 것이 아니라 언론사와의 계약을 통해 원보도 제공 언론사의 기사를 그대로 게재한다. 따라서 원보도 제공 언론사에 대한 조정이 성립될 경우, 특별한 사정이 없는 한 인터넷 뉴스 서비스에 대해서도 조정이 성립되는 것이 일반적이다. 또한 신청의 71.3%(982건)가 취하되었는데, 그중 90.3%에 해당하는 887건이 피해 구제되었다. 이는 사전에 원보도 제공 언론사의 조정 성립 내용을 그대로 이행하는 것을 조건으로 취하한 것으로 보인다.

취하를 제외하면 조정 성립 16.1%, 조정을 갈음하는 결정 6.6%, 기각 3.5% 등의 순으로 나타났다. 조정을 갈음하는 결정에 있어서는 전체 91건 중에 동의가 87건(95.6%), 이의가 4건(4.4%)으로 조사됐다.

침해 유형별 조정 처리 현황

언론중재위에 조정을 신청한 침해 유형을 살펴볼 때 명예훼손(94.4%)이 가장 많은 것으로 나타났다. 두 번째가 신용 훼손이었다(표 5-7). 그 다음은 초상권 침해로 2005년부터 초상권을 조정 및 중재 신청 대상으로 인정한 이래로 조정 신청이 증가하는 경향을 보였다. 초상권과 함께 조정 신청의 대상이 된 성명권, 음성권, 그리고 프라이버시권 관련 조정 또한 2005년부터 증가하는 모습을 나타냈다.

(2) 중재

실질적인 의미에서의 중재는 2005년 언론중재법이 제정되면서 시작됐다. 양 당사자의 합의하에 언론중재위의 종국적인 결정에 따라 분쟁을 해결하는 중재 제도에 대한 인식 부족으로 2005년에는 신청이 전혀 이루어지지 않았고, 2006~2008년까지 연평균 10.3건이 접수될 정도로 중재 신청 건수가 많지 않았다.

이에 언론중재위는 2009년에 중재 제도의 유용성을 적극 홍보함과 아울

표 5-7 침해 유형별 조정 처리 현황

연도	청구 건수	명예 훼손	신용 훼손	초상권	성명권	음성권	프라이버시	재산상 손해	기타
1981	44	23	15						6
1982	50	41	9						
1983	71	58	13						
1984	54	39	12						3
1985	59	44	15						
1986	49	25	24						
1987	47	39	8						
1988	55	36	19						
1989	121	87	34						
1990	159	136	23						
1991	220	192	28						
1992	381	313	68						
1993	423	307	114						2
1994	541	421	118						2
1995	528	443	73						12
1996	556	428	105						23
1997	490	466	17						7
1998	602	577	19						6
1999	641	619	9						13
2000	607	581	12						14
2001	659	643	9						7
2002	511	493	10						8
2003	724	698	10						16

2004	759	718	39						2
2005	883	827	23	15	14	2			2
2006	1,087	1004	17	48	1	7	4		6
2007	1,043	953	2	53	3	12	11		9
2008	954	899	6	29	4	10	3		3
2009	1,573	1,457	6	56	1	5	18		30
2010	2,205	1,995	20	109	4	3	20		54
2011	2,124	2,030		39	22		24	8	1
2012	2,401	2,110		128	43	8	101	10	1
2013	2,433	2,252		82	23	5	45	26	
2014	19,048	18,793		208	8	5	14	17	3
계(%)	42,102 (100.0)	39,747 (94.4)	877 (2.1)	767 (1.8)	123 (0.3)	57 (0.1)	240 (0.6)	61 (0.1)	230 (0.5)

러 당사자들이 보다 쉽게 중재합의에 이를 수 있도록 관련 규정을 다듬었다. 그 결과 중재 신청 건수가 2009년부터 급격하게 증가하였다(표 5-8 참조). 구체적으로 2009~2013년까지 5년간 중재 건수는 각각 111, 77, 113, 59, 190건으로 나타나 이전에 비해 조금 증가한 것으로 나타났다.

특히 언론중재위는 2011년 6월 5대 포털 관련 조정 사건에 대해서는 중재 절차를 통해 해결하기로 하였는데, 그 결과 2011년의 중재 건수가 113건에 이르게 되었다. 그러다가 포털 중에서 파란과 야후 등이 사업을 접게 됨에 따라서 2012년에 59건으로 줄어든 것으로 나타났다. 2013년에 중재 건수가 다시 폭발적으로 늘어난 이유는 포털에 대한 제재가 증가한 결과로 인식된다. 하지만 2014년에는 다시 11건으로 대폭 감소한 것을 볼 수 있다. 이는 중재로 전환하기에 적합하지 않은 사건들이 많았던 이유로 분석된다. 중재로

표 5-8 중재 신청 및 처리 결과

연도	청구 건수	처리 결과					
		중재 결정	중재 화해 결정	기각	각하	취하	계류
2006	7	7					
2007	14	14					
2008	10	10					
2009	111	65	46				
2010	77	76		1			
2011	113	107				6	
2012	59	59					
2013	190	188	2				
2014	11	8				3	
계(%)	592(100.0)	534(90.2)	48(8.1)	1(0.2)		9(1.5)	

전환이 용이한 사건의 경우 추후보도 사건 등 비교적 사실 관계가 명백한 사건이나 언론사가 스스로 오보를 인정한 사건, 그리고 미디어 특성에 따라 신속한 피해 구제가 요구되는 인터넷 신문 및 포털에 대한 사건 등이라고 할 수 있는데, 2014년의 경우 포털 사건이 대폭 감소한데다, 추후보도 사건의 경우 대개 손해배상청구와 함께 신청되는 경우가 많아 중재로 전환하는 데 어려움이 있었던 것으로 보인다(언론중재위원회, 2014: 80).

신청인 유형별 중재 신청

조정과 동일하게 중재에서도 대부분 개인(56.9%), 회사(18.6%), 일반 단체(10.3%)의 신청이 많은 것으로 나타났다. 2008년까지는 전체적으로 사건 수

표 5-9 신청인별 중재 신청 결과

연도	청구 건수	개인	일반 단체	회사	교육 기관	종교 단체	국가 기관	지자체 및 공공 단체	기타
2006	7	5			2				
2007	14	14							
2008	10	7		3					
2009	111	56	17	21	4		9	4	
2010	77	27	15	26			9		
2011	113	71	7	10		8	6	11	
2012	59	15	14	11			4	15	
2013	190	132	8	38	6	2		4	
2014	11	10		1					
계 (%)	592 (100.0)	337 (56.9)	61 (10.3)	110 (18.6)	12 (2.0)	10 (1.7)	28 (4.7)	34 (5.7)	

가 많지 않았으나, 2009년부터 신청 건수가 크게 증가하면서 신청인 유형도 다양화되는 양상을 보이고 있다(표 5-9). 무엇보다 개인이 가장 많은 건수를 나타낸 것으로 나타났는데(337건) 전체 56.9%나 차지하고 있다. 지자체 및 공공 단체가 5.7%, 국가 기관이 4.7%, 교육 기관 2.0% 순으로 나타났으며, 종교 단체의 중재 신청(1.7%)은 가장 낮았는데, 2011년 8건, 2012년 6건, 2013년에 12건이 있었다.

청구 유형별 중재 처리 현황

중재를 통한 청구 유형별 처리 현황을 보면, 정정보도청구가 47.7%(283건)를 차지하고 있다. 2006~2008년까지 1~2건에 머물렀던 정정보도청구가

표 5-10 중재 유형별 신청 결과

	사건 수	정정보도	반론보도	추후보도	손해배상
2006	7	1	1		5
2007	14	2			12
2008	10	1			9
2009	111	61	25	7	18
2010	77	35	28	12	2
2011	113	63	27	12	11
2012	60	32	16	7	5
2013	190	77	59	33	21
2014	11	11			
계	593(100%)	283(47.7%)	156(26.3%)	71(12.0%)	83(14.0%)

2009년 61건, 2010년 35건, 2011년 63건으로 증가했다. 반론보도청구 역시 2006년에는 1건에 지나지 않았으나 2009년 이후 매년 20건 이상으로 증가하여 전체의 26.3%(156건)를 차지했다. 한편 손해배상은 중재 신청이 많지 않지만 도입된 이후 꾸준히 신청이 이어져 오면서 전체의 14.0%(83건)를 나타냈다(표 5-10).

미디어 유형별 처리 현황

전체적으로 미디어 유형별 중재 신청은 고르게 분포되어 있는 모습을 보이고 있다. 2006~2007년의 경우 전통적인 4대 미디어를 중심으로 신청이 집중되어 있었으나 2005년부터 인터넷 신문이, 그리고 2009년부터는 인터넷 뉴스 서비스 제공자가 중재 대상에 포함되면서 이들에 대한 중재 신청이 확대되었

표 5-11 미디어 유형별 중재 결과

연도	청구 건수	신문	주간 신문	시사 주간지	방송	케이블	종합 편성	잡지	뉴스 통신	인터넷 신문	인터넷 뉴스 서비스	IPTV
2006	7	1	2	2	2							
2007	14	1	2		6	3			2			
2008	10	2			4	1				3		
2009	111	47	9	1	5	5		6	7	15	16	
2010	77	5	2		1				3	12	54	
2011	113	3				1			2	8	99	
2012	59				1	1		1	1	4	51	
2013	190	2				4			8	104	72	
2014	11									1	10	
계 (%)	592 (100)	61 (10.3)	15 (2.5)	3 (0.5)	19 (3.2)	15 (2.5)		7 (1.2)	23 (3.9)	147 (24.8)	302 (51.0)	

다. 중재 대상에 포함된 지 3년 만에 인터넷 뉴스 서비스는 전체 중재 사건의 50.3%를 차지하며 가장 많은 신청수를 기록했고, 신문(17.8%)이 그다음으로 높게 나타났다(표 5-11). 조정의 경우 포털은 11.8%에 머문 것에 비해 중재의 경우에는 과반수가 중재를 신청하였다. 포털에 대한 중재 신청은 2009년 16건, 2010년 54건, 2011년 99건, 2012년 51건, 2013년 72건, 2014년 10건 등 총 302건으로 나타났다. 이처럼 포털의 경우 중재 청구의 비율이 높은 이유는 조정보다는 중재의 경우가 좀 더 구속력이 높기 때문인 것으로 보인다.

표 5-12 침해 유형별 중재 신청 결과

연도	청구 건수	명예 훼손	신용 훼손	초상권	성명권	음성권	프라이버시	재산상 손해	기타
2006	7	3		3	1				
2007	14			12			2		
2008	10	4		5		1			
2009	111	99		10		2			
2010	77	76							1
2011	113	112		1					
2012	59	56		3					
2013	190	188					2		
2014	11	11							
계 (%)	592 (100.0)	549 (92.7)		34 (5.7)	1 (0.2)	3 (0.5)	4 (0.7)		1 (0.2)

침해 유형별 중재 신청 결과

침해 유형 중 가장 많은 중재 신청을 한 경우는 명예훼손(92.7%)으로 조정 신청과 유사한 결과를 보였다(표 5-12). 그다음은 초상권이 5.7%로 2위를 나타냈다. 조정의 경우에는 신용 훼손이 두 번째를 차지하였는데, 중재의 경우에는 한 건도 신청이 없었다. 2011년부터 신용 훼손의 경우 조정과 중재 대상에서 제외되었다.

2) 조정 및 중재 결과의 특징

언론중재위를 통한 조정과 중재는 법원 밖에서 재판을 받지 않고 피해 구제를 받을 수 있는 중요한 구제 방식이다. 조정과 중재에 있어 최근에 나타나는 가장 큰 특징은 반론보도를 청구하는 경우 대단히 낮은 수준에 머무르고 있으며, 정정보도를 청구하는 경우가 압도적이었다. 그다음으로는 손해배상청구가 반론보도청구보다도 더 높은 것으로 나타났다. 이는 반론보도에 대한 피해 구제의 정도를 약하게 느끼는 결과가 아닌가 판단된다. 반면 금전적으로 피해 구제를 받기 위해서는 실제로 법원에 재판을 청구함으로써 가능한 반면 언론중재위의 경우 상대적으로 훨씬 간편하게 피해 구제를 받을 수 있다는 장점이 있다.

정기간행물의 보도는 언어적 표현이 통상이겠지만 그림이나 상형적 표현도 사실 관계의 보도로 인식될 수 있으면 반론의 대상이 된다. 그 경우 표준은 일반 독자가 사실 관계의 표현으로 이해하는가의 여부에 따라 판단된다. 아직 판례로 나온 바는 없지만 만화/만평에 대해서도 반론권이 인정되는가 하는 점이 중요한 법적 쟁점이다.

가장 핵심적인 쟁점은 만화/만평이 대개 작가의 주관을 과장하거나 단순화하여 희화적으로 표현하는 것인데, 이러한 만화/만평이 한국법상 사실적 주장에만 인정되는 반론권의 청구 대상이 되는가 하는 것이다. 만화/만평은 그 표현에 있어 비유 또는 비판의 방법을 사용하기 때문에 이에 대한 반론권이 적용되지 않는다는 시각도 있으나 상형적인 언어들, 즉 사진이나 그림, 만화/만평 등이 사실을 적시하거나 사실적 주장에 근거한 경우에는 반론 또는 대응하는 상형물의 게재가 인정된다는 점에서 만화/만평도 반론권 청구의 대상이 된다고 보는 것이 다수설이다. 비록 법원의 판례가 아닌 언론중재위 중재 결정이기는 하지만 이 또한 신문 만화/만평의 표현의 자유와 한계를 다룬 중재가 3건 있었다.

예를 들어 〈조선일보〉의 만화 〈야로씨〉에서 "당국: 탈락 대학생은," "당국: 밥통대학으로 가라," "그게 아닙니다." "당국: 정정한다. 방통대放通大로 가라"라는 문안을 곁들여 대학 정원 탈락생에 대한 문교 정책을 풍자한 내용을 게재하였다. 이에 대하여 한국방송통신대학(현 방송대) 총학우회와 총동창회(신청인)는 이 만화가 한국방송통신대학을 왜곡하여 그 명예를 실추시켰다고 주장하면서 반론보도를 청구하였다(83서울중재10 및 83서울중재11).

이 만화의 표현이 주는 인상에 의하면 문화교육부의 정책을 비판 풍자하려는 작가의 의도와는 별개로 방통대를 밥통대학으로 표시하여 이를 폄하 또는 무시하는 가치 판단 내용과 함께 거기에는 한국방송통신대학이 정규 대학의 졸업정원제 실시로 인하여 탈락한 자를 수용하는 대학에 불과하다는 사실 관계가 강력히 암시되고 있다는 점에서 가치 판단과 사실 주장이 혼합된 보도라고 할 수 있다. 따라서 한국방송통신대학은 대학 정원 탈락자를 수용하기만 하는 대학이 아니라 일하면서 배우려는 자학자습의 평생 교육 장소라는 신청인들의 해명적 사실 주장의 보도를 바라는 보충적 반론권 형태의 반론보도청구는 인정될 수 있다. 중재 결과 합의가 성립되어 피신청인이 차일 〈야로씨〉 만화란 밑에 사과하는 내용의 해명을 게재하고 다시 200자 원고지 15매 이상의 분량으로 한국방송통신대학에 대한 별도의 특집 기사를 게재하기로 하였다.

6장

인터넷 반론권 제도

1. 인터넷 반론권의 개념

이 장에서는 인터넷에서의 반론권 제도가 어떻게 정착하게 되었으며, 현재까지 반론권 제도가 적용되면서 나타나는 쟁점은 무엇이며, 이를 어떻게 해결하는가에 대해서 다룬다. 특히 인터넷에서 반론권이 적용되기 시작한 지 10년이 되는 현 시점에서 이에 대한 평가는 의의가 있다.

1) 인터넷 언론의 형성과 관련법의 출현

우리 사회에서 인터넷은 단기간에 새로운 영향력 있는 미디어로 등장하였으며 특히 〈오마이뉴스〉, 〈머니투데이〉 등으로 대표되는 인터넷 언론(신문)은 대안 언론으로서의 위치를 넘어 주요 언론으로서 자리를 잡아가고 있다. 세계적으로 인터넷 언론이 처음 등장한 것은 1992년 미국의 〈시카고 트리뷴 *Chicago Tribune*〉지가 인터넷판을 내면서부터였고, 우리나라의 경우 1995년 3월 〈중앙일보〉가 처음 인터넷판을 시작하면서부터인 것으로 알려져 있다. 그 뒤 〈조선일보〉(1995. 10. 조선닷컴), 〈동아일보〉(1996. 11. 동아닷컴)가 설립되었고, 이후 1999년 패러디형 언론인 〈딴지일보〉, 〈뉴스보이〉 등이 나오다가, 2000년 1월 독립된 인터넷 신문으로 〈머니투데이〉가 뉴스 서비스를 시작했으며 2000년 2월 〈오마이뉴스〉, 2001년 9월 〈프레시안〉 등이 등장했다.

오프라인 종속형 인터넷 언론이 먼저 시작되었고, 이후 패러디형 신문이 그리고 2000년 들어서 본격적인 시사형 종합 인터넷 신문이 시작되었음을 알 수 있다. 인터넷 신문 외에 인터넷 방송도 증가하는데, 지상파인 KBS가 1995년 처음 인터넷 방송을 시작한 이래 국내 방송사들이 전부 인터넷 방송을 실시하고 있고, 수많은 인터넷 언론이 이후 문을 열었다. 이와 아울러 인터넷신문협회, 인터넷기자협회 등 관련 단체들이 설립되고 2011년에는 인터넷 신문이 중심이 되어 '인터넷 신문 윤리 강령'이 제정되기도 하였다(이재진, 2011b).

이러한 인터넷 미디어가 언론으로서의 모습을 갖추는 데에는 미국에서 1999년 퓰리처상 심사위원회가 인터넷 언론의 기사도 공공 봉사 금상 부문의 수상 대상으로 포함시키기로 한 결정이 크게 작용했다고 볼 수 있다. 이와 함께 인터넷 언론은 '제4의 매스 미디어'로서 대단히 중요한 사회적 위치를 차지하게 된 것은 의심할 여지가 없는 사실이다. 인터넷 언론은 기존의 언론 미디어와는 다른 특징을 가지며 이러한 특징이 인터넷 언론을 현재와 같은 기능을 하도록 하는 주요 요인인 것으로 보인다(이재진, 2009a).

우리나라 헌법재판소는 인터넷을 '가장 참여적인 시장이자, 표현 촉진적인 미디어'로 규정하면서 오늘날 거대하고 주요한 표현 미디어의 하나로 자리를 굳힌 인터넷상의 표현에 대하여 질서 위주의 사고만으로 규제하려고 할 경우 표현의 자유의 발전에 큰 장애를 초래할 수 있다고 지적했다. 불명확한 규범으로 표현의 자유를 규제하게 되면 헌법상 보호받아야 할 표현까지 망라하여 필요 이상으로 과도하게 규제하는 결과를 가져올 수 있다고 덧붙였다(헌법재판소 2002. 6. 27. 선고 99헌마480 결정).

그러나 일찍이 갠디(Gandy, 1994) 등이 지적한 것처럼 인터넷의 경우 기존 미디어에서는 예상치 못하는 법적 문제들이 발생할 수 있다. 같은 맥락에서 우리 사회에서 중요한 역할과 기능을 하고 있는 인터넷 언론도 기존 매스 미디어가 겪는 법적 문제들과 아울러 그 기술적·기능적 특징 때문에 다양한 새로운 문제가 발생할 것으로 예상되었다. 이에 따라 어떻게 인터넷 언론의 미디어적 특성도 살리면서 법 정비를 실시해야 할 것인가의 의문이 제기되었다.

법원도 인터넷 언론을 어떻게 볼 것인가에 대해서 견해가 나누어지고 판결 결과들이 다른 경우도 많았다. 예를 들어 인터넷 홈페이지를 어떤 경우에는 출판물로 간주하기도 하고(서울지방법원 2000. 2. 2. 선고 99가합64112 판결), 어떤 경우는 전자게시판을 통신으로 보기도 하였다(대법원 1997. 4. 25. 선고 96도2910 판결). 또한 법률 전문가들 사이에도 인터넷을 인쇄 미디어로 볼 것인가 아니면 방송 미디어로 볼 것인가에 대해서 견해가 갈리기도 하였다(성낙인, 2001). 인터넷 포털이 편집(배열)과 배포 등 유사 언론의 역할을 한다는 2009년 4월 16일 대법원 판결이 나오면서 포털을 언론으로 보아야 하는가에 대한 논란이 제기되었다. 그러나 2009년 1월 개정되고 동년 8월 시행된 개정 언론중재법은 포털을 현행법상의 언론에는 포함시키지 않았다.

언론중재법이 제·개정되기 이전 10여 년 동안 인터넷과 관련된 가장 핵심적인 논쟁의 하나가 바로 인터넷상에서 피해가 발생했을 때 그 피해 구제 방식으로서 반론권right of reply을 어떻게 적용할 것인가였다(이재진, 2009a). 이러한 상황에서 논의는 크게 두 방향으로 나뉘어졌다. 무엇보다 당시의 법체계는 현재의 미디어 환경의 변화를 예상하지 못하고 만들어졌기 때문에 환경 변화에 따른 법이 새롭게 제정되어야 한다는 논의와 비록 법적인 정비가 요구되지만 기존법을 약간 손질을 가해서 개정하게 되면 충분히 인터넷에서의 법적 문제를 해결할 수 있다는 논의로 진행되어 왔다.

그러다가 2005년 기존의 정간물법을 폐지하고 언론중재법을 제정한 것도 이러한 논의의 결과라고 할 수 있다. 기존에는 법 규정상으로 없던 인격권이 명시되면서 이의 피해 구제를 위한 단일법으로 제정되는 결과를 가져온 것이다. 즉 우리나라는 다양한 논의와 논쟁을 거쳐 2005년 언론중재법을 제정하여 세계 최초로 인터넷상에서의 반론권을 적용할 수 있는 법적 토대를 마련하였다.

2005년 1월 27일 제정·공포되고 같은 해 7월 28일부터 시행된 언론중재법에 의해서 종래의 정기간행물, 뉴스통신, 방송과 마찬가지로 인터넷 신문이 언론중재의 대상이 되었다. 인터넷 신문의 사실적 주장에 대한 언론 보도로 피해를 입은 사람은 언론 보도가 있음을 안 날로부터 3월 이내, 당해 언론 보도가 있은 후 6월 이내에 해당 언론사에 반론권을 청구할 수 있게 되었다. 이는 궁극적으로 인터넷 신문에 대해서 소송을 제기하지 않고서도 간편하고 신속하게 피해를 구제할 수 있는 방안이 마련된 것이라 할 수 있다.

그런데 2005년 언론중재법 제정 당시 인터넷 신문의 범위가 제한적이었다. 현행법상의 인터넷 신문은 신문 등의 진흥에 관한 법률 (이하 신문진흥법)의 규정에 따른 인터넷 신문, 즉 "컴퓨터 등 정보 처리 능력을 가진 장치와 통신망을 이용하여 정치·경제·사회·문화·시사 등에 관한 보도·논평 및 여론·정보 등을 전파하기 위하여 간행하는 전자간행물로서 독자적 기사 생산과 지속적인 발행 등 대통령령으로 정하는 기준을 충족하는 것을 말한다."[137] 이에 따르면 〈오마이뉴스〉와 같은 독립형 인터넷 신문은 인터넷 신문에 포함되지만 종속형 인터넷 신문(언론사닷컴)이나 포털 사이트는 인터넷 신

137 신문진흥법 제2조 제2호. 동법 시행령 제3조는 "취재 인력 2인 이상을 포함하여 취재 및 편집 인력 3인 이상을 상시적으로 고용하고, 주간 게재 기사 건수의 100분의 30 이상을 자체적으로 생산한 기사를 게재할 것"을 인터넷 신문의 요건으로 규정한다.

문의 범주에 포함되지 않았다. 그러던 것이 2009년 언론중재법 개정으로 닷컴을 포함한 모든 인터넷 신문과 함께 인터넷뉴스서비스사업자(포털)도 언론중재제도의 대상으로 포섭되었다.

언론중재법상 인터넷 신문의 반론권과 관련된 규정은 기존의 신문·방송과 유사하다는 특성이 있다. 이는 언론중재법의 대상에 기존의 방송·정기간행물·뉴스통신에 단순히 인터넷 신문을 추가했다는 것을 의미하며, 다른 한편으로는 구체적인 절차나 적용에서 인터넷 미디어의 특수성을 반영하지는 않는다는 것을 뜻한다. 이러한 점 때문에 인터넷에서 제대로 반론권 행사가 이루어지지 못한다는 지적이 지속되어 왔다.

이러한 인터넷상의 반론권 문제는 우리나라는 물론이고 반론권을 널리 수용하는 유럽 국가들과 반론권을 인정하지 않는 미국에서도 논쟁이 진행되어 왔다. 2004년 유럽의회는 EU 국가들에 인터넷에서의 반론권 수용을 권고한 바 있으며, 최근 실제로 반론권이 온라인상의 사실적 주장에도 적용되는 경향이 나타나고 있다. 반론권과 관련된 유럽 국가들의 경험을 통해 볼 때 반론권을 인정하는 것이 표현의 자유와 상충되는 것만은 아니며, 오히려 정보의 자유를 증대시키는 측면이 있다는 점도 고려할 필요가 있다.

반면, 미국 미네소타대학의 실하연구소는 2003년 유럽의회의 반론권 제안서(Draft recommendation on the right of reply in the on-line media)에 대한 의견서에서 "명예 등 개인의 인격권을 보호하기 위해 반론권을 법적으로 강제하는 것은 표현의 자유, 언론의 자유와 정면으로 충돌하게 된다"고 주장했다. 이 연구소는 1974년 마이애미 헤럴드 사건(Miami Herald Publishing Co. v. Tornillo, 418 U.S. 341)에서 미국 연방대법원이 반론권을 편집권을 침해하는 요소로 규정한 것을 상기시켰다. 이런 연장선상에서, 인터넷에 반론권을 인정하게 된다면 인터넷 운영자가 문제되는 내용에 대해 필자에게 수정을 강요하게 되고, 결국 이는 사전 검열과 마찬가지여서 이용자들의 적극적인 참여를 저해하는 장벽 역할을 하게 된다고 덧붙였다. 그래서 인터넷 반론권을 인정한다면 표현 행위를 위축시키고, 결과적으로 다양한 흐름의 여론을 반영하는 것이 힘들어지고 민주주의의 발전에 장애가 된다는 점을 강조하였다.

실하연구소는 그 이유를 다음과 같이 구체적으로 설명한다. 첫째, 명예훼손에 대해 개인의 인격을 보호한다는 좋은 의도에도 불구하고 반론권이 언론의 자유를 억압하는 결과를 가져올 수 있다는 점이다. 이는 반론권이 표현 행위를 위축시키는 효과를 초래할 가능성을 경계한 것이다.

둘째, 반론권이 민주주의 발전에 장애가 된다는 우려다. 표현의 자유와 언론의 자유는 민주주의의 본질적인 요소인 바, 논쟁적인 사안을 충분히 토론하거나 알리지 못한다면 시민들은 민주적인 토론에 참여할 수 없게 된다는 것이다.

셋째, 인터넷에 반론권을 허용한다면 인터넷 사이트 운영자가 문제가 될 수 있는 게시물을 미리 차단하거나 삭제할 수 있고 이는 사전 검열이나 다름없다는 논리이다. 반론권이 이용자들이 인터넷 소통에 참여하는 데 장애가 된다는 것이다.

넷째, 보도의 '진실' 여부와 상관없이, 또는 '진실'이라는 증거도 없는 반론문을 게재하도록 하는 것은 문제라는 것이다. 동일한 사안을 놓고서도 시각에 따라 '진실'이 달라질 수 있으며, 누가 '진실'을 규정할 것인가, 반론문 게재를 누구에게 허용할 것인가, 그리고 반론보도문을 게재할지 여부를 누가 결정하나의 문제 등의 해결이 선행되어야 한다.

다섯째, 자연인뿐 아니라 법인(기업)과 비정부기구(NGO)까지 반론권을 허용한다면 인터넷 사이트는 이들의 과장된 주장을 게재하기에 바쁠 것이다. 기업이 운영하는 인터넷이 반론권의 대상이 되는 경우에도 마찬가지다. 이는 반론권의 취지에 크게 벗어나는 것으로 언론의 자유를 억압할 가능성이 크다.

여섯째, 국경 없이 넘나드는 것이 인터넷의 특성인데 인터넷 사이트가 만들어진 나라와 ISP의 국적이 다를 경우에 재판관할권이 어디에 있는가, 또한 국가에서는 법률적으로 아무런 문제가 되지 않고, 다른 나라에서는 문제가 될 경우 이를 어떻게 해야 하나의 문제와 관련 있다.

2) 인터넷 반론권의 특성과 이론

(1) 2005년 언론중재법 제정 이전

언론의 보도로 인한 인격권 침해 사건은 언론의 자유라는 기본권과 인격권의 보호라는 권리 간의 상충으로 발생하게 된다. 우리나라 현행법은 이러한 사건이 발생하는 경우 이에 대한 피해 구제와 사전 예방에 대해서 규정한다. 동시에 언론의 보호가 비록 명예훼손적이기는 하지만 보도의 내용이 진실하고 오로지 공익에 관한 경우에는 위법성이 조각되도록 하여 그 절충을 이루도록 규정한다(형법 제310조).

이때 진실이라는 것은 보도 내용이 어떤 '오류도 없이 진실한가'의 여부보다는 사실적 내용을 '얼마나 제대로 충실하게 보도하려고 하였는가'를 의미하는 것으로 해석할 수 있다. 그래서 언론이 보도할 당시에 보도 내용이 진실이라고 믿을 만한 상당한 이유가 있었는가 하는 상당성 원칙이 대개 적용된다(이재진, 2009a).

인격권의 핵심인 명예는 개인들이 속한 지역 사회에서의 신뢰, 명망, 품성 그리고 전문적 능력 등에 대한 평가에 직결되는 사회생활에 필수적인 요인이다. 반면 언론은 일상적으로 반복되는 취재·보도가 시간을 다투어 진행되기 때문에 개인들의 명예를 세심하게 고려할 수 없는 경우가 종종 발생하게 된다. 그래서 언론이 불필요한 소송을 예방하고 소송으로 인한 피해를 최소화하기 위해서는 언론 자유와 명예권 사이의 사법적 이익형량이 어떻게 이루어지는지에 대한 세심한 이해가 요구된다(남시욱, 2002).

유사한 논리가 인터넷 언론에도 적용된다. 앞에서 지적한 바와 같이 인터넷 언론의 경우 파급성, 신속성, 익명성, 참여성, 시민기자 제도 등의 속성 때문에 명예훼손이 발생할 위험이 높으며 분쟁 발생 시 반론권 제도를 이용하지 못하는 등의 문제점이 있다. 정보통신망법에 내용 삭제 청구와 반론 게재 청구 조항이 있기는 하지만 이는 개인과 인터넷 서비스 제공자들 사이에서 자체적으로 해결을 보아야 하는 것이고 언론중재위를 거치는 것은 아니었다.

실제로 당시까지는 인터넷 언론이 명예훼손과 같은 인격권 침해로 법정에 선 경우는 없지만, 명예훼손이 인터넷 언론에 곧 닥칠 중요한 문제라는 점에는 공감대가 형성되어 있었던 것으로 보인다. 만일 인격권이 침해되어 소송이 제기된다면 학자들이 지적한 대로 기존의 오프라인상의 명예훼손과는 다른 해결하기 복잡한 문제들이 발생할 수 있다. 예를 들어 정간물법상의 출판물에 의한 명예훼손의 경우 불법 행위의 행위자 또는 행위자를 고용한 언론사가 소송의 대상이 된다. 반면에 인터넷 언론의 경우는 소송에 있어 정보를 직접 게시한 사람에게 책임이 있는지, 정보의 게시를 담당한 온라인 서비스 제공자on-line service provider에게 책임이 있는지, 아니면 이들 모두에게 일정한 책임이 있는지 명확하지 않았다(이재진, 2000a; 2001).

인터넷 언론의 경우 비록 기사는 실명으로 게재된다고 하더라도 이에 대한 독자들의 의견은 대개 익명성을 전제로 올라가게 된다. 이러한 익명 의견에 의해 명예훼손이 발생하는 경우 그 실제 게시자를 찾아내는 일이 까다로울 뿐 아니라, 익명 게시물에 의한 인격권 침해 문제에 대해 인터넷 보도 미디어가 어떤 책임을 지는지 명확치 않았다. 또한, 인터넷 언론의 경우 순식간에 다른 사이트나 페이지의 내용을 퍼서 올릴 수 있기 때문에 문제되는 기사나 내용의 최초 게시자를 추적하기도 어렵고 이를 퍼 나른 이차적 전달자에게 어느 정도 책임을 부과할 것인가 하는 법적 문제들도 남았다. 이러한 문제들을 통해 본 법 적용상의 일반적 특성은 다음과 같다.

첫째, 인터넷을 이용하여 타인의 인격권을 침해하는 글이나 영상을 게재한 자나 정보제공자의 책임에 관해서는 인격권에 관한 일반 이론이 적용된다. 다시 말하자면 오프라인에서의 법 적용과 유사한 원리가 적용되는 것이다. 그래서 관련 판례들은 명예훼손의 경우 그 성립 여부를 기사의 객관적인 내용과 아울러 일반 독자가 기사를 접하는 통상적인 방법을 전제로 기사의 전체적인 흐름, 사용된 어휘의 통상적인 의미, 문구의 연결 방법, 그리고 기사가 독자에게 주는 인상 등을 종합적으로 판단해야 한다고 본다.

같은 맥락에서 인터넷 언론이 타인의 명예를 훼손하는 행위를 하는 경우 만일 그 내용이 진실하고 오로지 공익을 목적으로 하였다고 인정하면 면책될 수 있는 것으로 본다. 진실의 경우 진실을 증명할 증거가 없다고 하더라도 이를 진실이라고 믿을 만한 상당한 이유가 있는 경우이면 위법성이 없다고 할 수 있다. 즉 인터넷 언론이나 홈페이지를 개설하는 경우에 이는 독자적인 언론 활동을 하는 것으로 보고 오프라인상의 위법성 조각사유가 적용된다.[138]

그러나 — 비록 명예훼손이 성립되지는 않았지만 — 이러한 점을 일부 고려한 1996년 이른바 '천리안 주제 토론실에서의 정치인 비방 사건'에서 대법원은 "쌍방향적인 컴퓨터 통신에 있어 다른 통신 가입자의 반박에 대한 대응"이라는 점을 어느 정도 참작하고 있는 것으로 보인다. 즉 컴퓨터 통신이라는 것이 전체적인 토론 주제 범위 내에서 어떠한 의견을 통신문으로 게재하고 이에 대하여 반박이 있으면 그 반박에 대하여 다시 답변하면서 토론이 진행되고 이는 공개되어 있어 누구나 참여할 수 있다고 판단한 하급심 판례

138 인터넷 미디어의 '양방향성'이 위법성 조각사유에 속하는가 하는 논의는 아직 수용되지 않고 있다. 다시 말하자면 명예훼손 침해 등이 발생하는 경우 당사자가 온라인으로 대응할 수 있기 때문에 소송을 제기할 수 있는 자격을 제한하자는 논리의 개진도 있으나 이는 긍정되고 있지 않다. 특히 온라인에 접근조차 용이하지 않은 사람들이 아직 많은 관계로 이러한 논리는 설득력이 없어 보인다.

를 인정하였다.

우리 법원은 인터넷에서 허위 사실을 유포하거나 익명성을 이용하여 표현의 자유를 벗어난 질 낮은 언어가 범람하는 등 그 역기능이 날로 더해지는 점을 감안할 때 일정한 제한을 가하지 않을 수 없다고 판시했다. 이와 함께 검사에 대한 비판적이고 모욕적인 글을 10여 차례 게재한 네티즌에게 이례적으로 실형을 선고하는 사건이 있었다. 여기에는 사회적으로 용인되기 힘든 협박 등이 포함되고 있어서 실형을 선고한다고 법원은 밝혔다.

둘째, 인터넷 언론의 경우 현행법 적용의 예외적 상황이 발생하기 쉽다. 예를 들어 인터넷에 별도로 적용되는 정보통신망법은 기존의 법 논리와 충돌을 빚기도 한다. 무엇보다 현행법의 경우 형법에서는 진실하고 오로지 공익적인 경우에는 명예훼손의 책임을 지지 않도록 규정되어 있으나, 인터넷에 적용되는 별도의 법에서는 이런 위법성 조각사유가 규정되어 있지 않다. 또한 인터넷이라는 미디어를 둘러싸고 관련된 정보 게재자, 2차적 게재자, 체제 운영자(SYSOP), 정보 서비스 제공자(ISP) 등이 복잡하게 연결되어 있어 이들 사이의 명예훼손 책임의 정도가 어디까지인지 명확하지 않다. 즉 일반적 명예훼손과 달리 인터넷 언론에 의한 명예훼손소송은 누구를 대상으로 하며, 어느 정도의 책임을 지는가에 대한 기준이 불분명하다(이재진, 2003d).

이러한 점은 인터넷이라는 미디어가 명확히 어떠한 규제 모델에 속하는가를 확실히 밝히기 힘든 상황에서 시작된다. 지금까지 대개 받아들여져 온 미디어론적 규제 모델의 경우 각 미디어의 특성에 따라서 이를 달리 규제하는 특징을 가진다. 즉 인쇄 미디어와 전파 미디어는 그 미디어적 속성과 철학이 다르므로 당연히 이에 따른 규제의 형태도 다를 수밖에 없다는 인식이다. 그러나 인터넷과 같이 미디어가 융합되는 방향으로 발전하는 멀티미디어 시대에는 이러한 미디어론적 모델은 그 설득력이 약해질 수밖에 없다. 이러한 점은 미디어 특성론적 모델에 근거해 만들어진 현행법이 문제가 될 수밖에 없다는 것을 암시한다(박선영, 2002).

또한 미디어적 성격은 명예훼손과 관련하여 그 책임의 정도와 관련되어 있다. 즉 미디어의 성격이 편집자editor적 역할을 하는가, 아니면 배포자distributor적 역할을 하는가, 커먼 캐리어common carrier의 역할을 하는가에 따라 법적인 책임이 달라질 수 있다. 미국의 경우 인터넷에서의 명예훼손 문제를 고려하면서 무엇보다 이러한 구분에 대한 논의를 펼쳐왔다. 그러던 것이 1996년 제정된 통신품위법Communications Decency Act 제230조 (c)항에서 "쌍방향 컴퓨터 서비스 공급자나 이용자는 다른 정보 콘텐츠 공급자가 제공하는 정보의 발행자 또는 발언자로 취급하지 아니한다"고 규정하여 여기서 발생하는 불법 행위에 대해서 책임을 면제하도록 하였다. 인터넷 서비스 제공자들을 보호하도록 한다는 의미에서 이를 이른바 선한 사마리아인Good Samaritan 조항이라고도 한다. 결국 인터넷에서 서비스를 제공하는 주체는 만일 자신이 게재한 경우가 아니라면 명예훼손으로부터 절대적으로 면책이 된다고 할 수 있다(이재진, 2009a).

우리나라의 경우 당시까지, 적어도 미국처럼 완전 면책되지는 않는다는 것이 판례 경향이었다. 다시 말하자면 우리 법원은 인터넷 서비스 제공자들에게 어느 정도의 주의 의무를 부과해야 한다고 밝히고 있다. 그래서 만일 인터넷 서비스 제공자들이 명예훼손의 문제가 발생할 수 있는 내용이 게재되어 있다는 사실을 인지했거나 또는 이에 대해서 통보되었는데도 불구하고 적절한 조치를 취하지 않다가 문제가 되는 경우 이러한 책임에서 면책될 수 없다. 이는 가수 박○○ 사건의 원고가 피고뿐만 아니라 인터넷 서비스 제공자인 하이텔을 상대로 한 소송에서 잘 나타나 있다(이재진, 2009a).

판결을 살펴보면, 대법원은 2001년 9월 7일 전자게시판 운영자의 경우에 얼마 동안 문제가 된 내용을 삭제하거나 적절히 조치를 취하지 않고 그대로 방치하는 경우 발생한 피해에 대해서 어느 정도 책임이 있다는 하급심 판결을 확정하였다. 원심에서 서울지법 동부지원은 피고 회사에 정보통신윤리 위원회의 시정 조치 요구가 있어 문제되는 글이 올라와 있었다는 사실을 충분히 알 수 있었음에도 적절한 조치를 취하지 않은 것은 원고에게 정신적 고통을 안겨 주었을 가능성이 크다고 보아 100만 원의 손해배상을 명하였다. 법원은 운영자인 하이텔은 정관에 따라서 전자게시판에 올라와 있는 내용에 대해서 필요한 조치를 취할 수 있다고 보았다. 이는 앞으로 법적으로 정비되어야 하는 부분으로 지적되기도 하였다.

셋째, 결과적으로 인터넷의 기존 미디어와 다른 특성이 법적인 문제를 불러온다. 인터넷 언론의 개방적이고 분산화 된 뉴스의 생산 방식은 다양한 형태의 인격권 침해 문제를 낳을 수 있다. 예를 들어 이른바 2003년 '민주당 살생부' 사건의 경우, 인터넷 게시판에 올린 글을 가지고 일반 언론사에 적용되는 명예훼손으로 처벌하는 것이 옳은가, 아니면 표현의 자유와 전자 민주주의의 보장이라는 측면에서 유연하게 접근해야 하는가를 놓고 의견이 대립되었다. 이러한 문제는 사실 인터넷 미디어가 아니면 일어날 수 없는 것이다. 다시 말하자면 인터넷 언론은 누구나 익명으로 자유롭게 이용에 참여하여 뉴스 생산에 기여할 수 있는 인터넷의 미디어적 속성에 근거하기 때문에 명예훼손 등의 문제가 발생하기 쉽다.

또한 게시물을 이차적으로 유통시킨 사람들의 경우를 어떻게 처리할 것이냐의 문제도 해결이 쉽지 않다. 인터넷이 가지는 기술적 속성상 정보의 유통이 매우 빠르고 광범위하게 전달되기 때문에, 이차적인 전달자의 경우도 최초의 게시자와 마찬가지로 책임을 물을 수 있는가에 대한 문제는 여전히 명확치 않다.

특히 익명성 문제는 당시로서는 인터넷 언론의 법적 딜레마를 가장 많이 반영하는 부분이었다. 인터넷 언론은 대개 게재된 기사 밑에 네티즌들의 반응을 적을 수 있도록 하고 있다. 실제로 이러한 네티즌들의 참여 자체는 긍정적인 측면을 지닌다. 예를 들어 점차 국민들의 지역 내 활동, 정치 활동 등 공중의 다양한 사회적 참여 활동이 계속 줄어들고, 공공 문제에 대한 무관심이 커지는 상황에서 인터넷 언론에 접근하는 것은 나름대로의 여론을 형성시켜 공중의 직접적 참여를 고양하는 계기가 될 수 있다. 결국 기존의 매스 미디어들이 정치 과정에 대한 냉소주의를 부추기면서 공중을 정치적 과정에서 소외시키고 무기력하게 만든 반면 인터넷 언론은 참여를 강화시키는 기능을 한다고 할 수 있다.

그러나 언론으로서의 미디어의 신뢰성이 약하고, 기존의 저널리즘적인 원칙들이 지켜지지 않음으로서 인터넷 언론의 긍정적 기능이 약화되기 쉽다는 지적이 많았다. 다시 말하자면 사실의 확인 작업을 거쳐 사건의 관련 당사자의 입장을 균형 있게 보도하고, 의도적이거나 암묵적으로 사실을 왜곡하거나 하는 자세를 지양해야 제대로 된 공공적 보도가 될 수 있는데, 인터넷 언론의 미디어적 특성은 이러한 보도의 원칙이 흐려지게 된다는 것이다. 뿐만 아니라 인터넷 언론의 기자들은 취재원에게 접근이 힘들기 때문에 점차 개인 저널리즘에 한정되는 경향이 나타나게 된다.

이러한 점에 대해서 일부 법조인들과 학자들은 정보통신망법 제44조 제1항의 "정보통신망을 이용하여 일반에게 공개를 목적으로 제공된 정보로 인하여 법률상 이익이 침해된 자는 해당 정보를 취급한 정보통신서비스제공자에게 당해 정보의 삭제 또는 반박 내용의 게재를 요청할 수 있다"는 것과 제2항의 "정보통신서비스제공자는 제1항의 규정에 의한 당해 정보의 삭제 등의 요청을 받은 때에는 지체 없이 필요한 조치를 취하고 이를 즉시 신청인에게 통지하여야 한다"는 규정을 들어 인격권 침해가 발생하였을 경우 피해 당사자는 반박 내용의 게재를 요청할 수 있다고 본다. 즉 전자게시판 형태에 의해 인격권의 피해를 보는 경우, 이러한 피해자의 요청이 민법 제764조에 의한 명예회복에 적당한 처분으로 인식하기도 한다. 이는 물론 기존의 반론권 제도와는 차이가 있지만 보충적으로나마 반론권을 실시하도록 하는 의미를 갖는다.

이처럼 인터넷 언론에도 반론권을 허용하는 것은 속보성 등 인터넷의 특성으로 피해가 기존 미디어보다 더 클 수 있고 인터넷 언론이 대개 영세하고, 민사소송 등 다른 피해 구제 방법을 따를 경우 시간과 비용의 부담이 크기 때문에 피해 구제가 어려워질 가능성도 있기 때문이라는 것이다(김재영, 2003). 그러나 기존 미디어와 다른 형태의 정보 흐름과 전달 방식을 갖고 있는 인터넷 언론에 반론권을 적용하는 것이 타당하지 않다는 주장도 만만찮다. 이런 입장은 반론권이 일방향적 정보 전달 미디어 내지 매스 미디어의 상대방인 정보 수용자의 정보에의 접근성을 위한, 언론 수용자의 언론 미디어에 대한 권리로 인식하는데서 비롯된 것이다. 강경근(2003: 16)은 "인터넷 언론으로서 그 의사소통의 쌍방향성 등이 온전히 드러나는 '온라인 언론'에 이와 같은 의미의 반론권을 인정할 수 있는 실익은 중하지 않으며, 설사 인정될 수 있다 하여도 원래의 형식대로 적용되기는 어렵고 변용하여 적용하여야 할 것이다"라고 강조했다.

반론권의 원래 취지와 인터넷 언론의 상황을 감안할 때 인터넷 언론에 반론권을 제도적으로 보장할 필요가 없다는 주장도 있다. 인터넷 언론의 수용자들은 신문·방송 등이 정보를 제공할 때와 달리 인격권을 침해당하는 사람이 제공하는 정보를 많이 접할 수 있고 이 덕분에 그 사람에 대한 잘못된 인식을 바로잡게 되고 진실에 한 걸음 다가갈 수 있다는 것이다. 이것은 반론문을 언론사에 게재하도록 함으로써 침해당한 인격권이 구제받는 것이 아니라 수용자들이 진실을 알게 됨으로서 진정한 의미의 구제가 가능하다는 것을 전제로 하고 있다. 다시 말해 침해된 인격권에 대한 구제는 반박문 자체가 아니라 수용자들이 얼마나 다양한 정보를 접할 수 있느냐에 따라 결정된다는 것이다. 피해자에게 언론 미디어에 대한 접근을 제도적으로 보장하지 않더라도 수용자들이 충분한 정보를 얻기 때문에 피해가 구제될 수 있다는 입장이다(조성민, 2000; 이재진, 2006c).

(2) 2005년 언론중재법 제정 이후[139]

인터넷 신문이 종래의 정기간행물, 뉴스통신, 방송과 마찬가지로 언론중재의 대상이 된 것은 언론중재법에 의해서다. 이에 따라 인터넷 신문의 '사실적 주장'에 대한 언론 보도로 피해를 입은 사람은 언론 보도가 있음을 안 날로부터 3월 이내, 당해 언론 보도가 있은 후 6월 이내에 해당 언론사에 반론권을 요구할 수 있다. 이는 궁극적으로 인터넷 신문에 대해서 소송을 제기하지 않고서도 간편하고 신속하게 피해를 구제할 수 있는 방안이 마련된 것이라 할 수 있다.

전술한 바와 같이 우리나라의 언론중재법은 세계 최초로 인터넷(온라인)에서의 반론권 행사를 가능하게 하는 법적 근거가 되었다. 이는 2009년 언론중재법의 개정으로 인하여 더욱 확대 되었는데(2011년 다시 개정됨), 단지 언론 관련법상의 인터넷 신문(언론)은 물론이고 인터넷 뉴스 서비스 사업자(포털)까지 반론권 적용의 대상이 되었다.

2005년 제정 당시 인터넷 신문의 범위가 제한적이었다. 당시 인터넷 신문은 신문 등의 자유와 기능 보장에 관한 법률(이하 신문법)의 규정에 따른 인

139 언론중재법은 2005년 제정 이후 현재까지 네 차례의 개정이 있었다. 가장 핵심적인 개정은 인터넷 뉴스 서비스와 인터넷 멀티 방송 서비스를 언론중재법 대상으로 포함시킨 2009년 개정이다. 그 외 2008년과 2010년 타 법 개정('정부조직법'과 '방송통신발전기본법')에 따른 일부 개정이 있었고, 2011년에는 법 문장 및 체계 등을 간결하게 정비하기 위한 개정이 있었다. 2015년 10월 언론중재위는 디지털 미디어 시대에 부응한다는 목적으로 개정안을 발표하였다. 핵심은 정보통신망에서의 인격권에 의한 침해 배제 청구의 규정, 댓글로 인한 피해 규제, 유사 뉴스 서비스에 의한 피해 구제를 포함한다.

터넷 신문, 즉 '컴퓨터 등 정보 처리 능력을 가진 장치와 통신망을 이용하여 정치·경제·사회·문화·시사 등에 관한 보도·논평·여론 및 정보 등을 전파하기 위하여 간행하는 전자간행물로서 독자적 기사 생산과 지속적인 발행 등 대통령령이 정하는 기준을 충족하는 것'으로서 언론사닷컴이나 포털 사이트 등은 대상의 범주에 포함되지 않았다.

신문법 시행령 제3조는 "취재 인력 2인 이상을 포함하여 취재 및 편집 인력 3인 이상을 상시적으로 고용하고, 주간 게재 기사 건수의 100분의 30 이상을 자체적으로 생산한 기사를 게재할 것"을 인터넷 신문의 요건으로 규정한다. 가장 핵심적인 인터넷 신문의 반론권과 관련된 규정은 기존의 신문·방송과 유사했다. 당시 언론중재법에 따르면 반론·정정보도를 청구하는 데 있어서 언론사의 고의·과실이나 위법함을 요하지 아니하며(언론중재법 제14조 제2항), 보도 내용의 진실 여부를 요하지 않는다(동법 제2조). 또 국가·지방 자치 단체, 기관 또는 단체의 장도 반론권을 청구할 수 있으며(동법 제14조 제3항), 피해자는 반론권 청구에 있어서 언론중재위의 조정을 거치지 않고도 법원에 소송을 제기할 수 있다(동법 제26조).

물론 언론사는 반론(정정)보도청구를 거부할 수도 있다. 언론중재법 제15조 제4항에는 피해자가 반론권을 행사할 정당한 이익이 없는 때, 청구된 반론보도의 내용이 명백히 사실에 반하는 때, 청구된 반론보도의 내용이 위법한 내용인 때, 상업적인 광고만을 목적으로 하는 때, 청구된 반론보도 내용이 국가·지방 자치 단체 또는 공공 단체의 공개회의와 법원의 공개 재판 절차의 사실 보도에 관한 것인 때에는 반론이나 정정보도청구를 거부할 수 있도록 규정되어 있다.

만일 언론사가 피해자와 반론보도에 합의하게 되면 그 청구를 받은 날부터 7일 이내에 반론보도문을 방송 또는 게재하여야 한다(동법 제15조 제3항). 다만, 정기간행물의 경우 이미 편집 및 제작이 완료되어 부득한 때에는 다음 발행 호에 게재하여야 한다. 반론보도는 그 사실 공표 또는 보도가 행하여진 동일한 채널, 지면 또는 장소에 동일한 효과를 발생시킬 수 있는 방법으로 하여야 하며, 방송의 정정보도문은 자막과 함께 통상적인 속도로 읽을 수 있을 수 있게 하여야 한다(동법 제15조 제5항 및 제6항).

2009년 언론중재법이 개정되기 이전까지는 인터넷 포털 사이트가 중재 대상이 되는지 그리고 포털의 뉴스 서비스를 언론과 같이 볼 것인가를 두고 논란이 지속되어 왔다(이재진·상윤모, 2008). 이러한 논의는 언론중재법이 규정하는 인터넷 신문에 포털 사이트를 포함시키는 문제와 직결된다. 포털 사이트가 인터넷 신문이라고 한다면 언론중재법에 따라 보도로 인한 피해자가 포털 사이트에 반론권을 청구할 수 있다. 현행법에서는 포털 사이트는 인터넷 신문에 포함되지 않는다. 따라서 피해자는 포털 사이트를 상대로 반론권을 청구할 수 없는 문제점을 안고 있다.

포털은 인터넷에서 원하는 정보로 접근하기 위한 관문 역할을 하는 것으로, 외국의 경우(예를 들어 구글의 경우) 기사의 제목이나 기사의 첫 부분만 제공하고 세부적인 내용은 딥 링크deep link에 의해 해당 언론 사이트로 연결된다. 그러나 우리나라의 포털(예를 들어 네이버, 다음, 네이트)은 다른 언론사가 취재 보도하는 내용을 모아 제목을 재편집하거나 선택할 수 있도록 배열함으로써 기사 본질을 왜곡한다는 지적을 받았다(황성기, 2007).

포털을 언론으로 보아야 한다는 입장은 우선, 현행 공직선거법상의 인터넷 언론의 개념에 포털이 포함되어 있고 둘째, 뉴스 소비 측면에서 볼 때 포털 사이트를 통하여 뉴스를 접하는 사람들의 수가 기존 언론사들이 운영하는 언론사 닷컴의 이용자 수를 훨씬 능가하고 셋째, 뉴스의 생산·공급 측면에서도 포털은 언론의 핵심 기능이라 할 수 있는 편집과 배포의 기능을 하고 있다는 점을 든다(한진만, 2007). 서울중앙지방법원도 "포털 사이트는 흥미를 끌기 위해 기사 제목을 변경하기도 하고 댓글 공간을 만들어 여론 형성을 유도하기도 하므로 단순 전달자로 볼 수 없어 명예훼손에 대한 책임을 져야 한다"고 판결한 바 있다(서울중앙지방법원 2007. 5. 18. 선고 2005가합64571 판결).

같은 맥락에서 포털이 사실상의 언론 활동을 한다는 맥락에서 포털도 인터넷 신문에 포함시켜 언론중재의 대상이 되어야 한다는 주장이 많았다. 2006년 각각 국회에 제출된 박찬숙 의원과 노웅래 의원이 대표 발의한 언론중재법 개정안은 인터넷 신문의 개념을 기사 제공을 매개하는 포털 사이트까지 포함해 '인터넷 언론'으로 개칭하는 것을 주요 골자로 하고 있다.

그러나 일부에서는 이러한 움직임이 인터넷의 미디어적 특성을 감안하지 않은 데서 비롯된 결과라고 지적하였다. 즉 일방성을 특징으로 하는 신문·방송에 적용해 온 언론중재법을 쌍방향성, 상호작용성, 신속성, 전파성을 특징으로 하는 인터넷을 기반으로 하는 언론에 그대로 적용하는 것은 잘못이라는 주장이다(황성기, 2007; 허진성, 2009). 인터넷 언론에 반론권을 강제하는 것이 표현의 자유를 억제하고, 다양한 의견이 유통되는 것을 가로막아 숙의 민주주의를 위협하는 결과를 가져오게 된다는 것이다.

논란의 찬반 주장은 나름대로의 이론적 근거를 가지고 있지만 포털의 반론권 적용의 문제는 반론권의 취지를 살펴보고 결정해야 한다는 지적도 존재한다. 즉 반론권 도입의 원래의 취지는 실제로 피해자에게 손쉽고 신속한 피해 구제를 가능하도록 하며, 아울러 언론 측에서는 언론의 신뢰도를 손상하지 않도록 하는 것이다. 이러한 측면에서 볼 때 인터넷 신문에 반론권을 제한적으로 적용하는 것도 이용자나 포털 운영자에게 오히려 도움이 될 수 있다. 사실 인터넷 언론에 대한 법적·제도적 장치가 마련되면 법적인 지위뿐만 아니라 세제상의 혜택이나 언론 교육 기관의 교육 기회 제공 등 각종 지원을 받을 수 있어서 안정적인 기반을 구축할 수 있다는 것이 장점으로 꼽힌다. 그러나 동시에 언론사로서 사회적·윤리적 책임을 부담해야 하는 것은 짐으로 작용한다(장하용, 2003; 이재진, 2013b). 이러한 제약 때문에 대형 포털 사이트는 '언론'으로 규정되는 것을 오히려 반대하고 있다. 뉴스나 논설을 직접 만들어 내지 않는다는 것을 그 이유로 들고 있다(한겨레, 2007. 4. 18, 1면).

언론중재법이 개정되기 이전에는 포털 사이트들은 오보로 판명이 난 기사에 대해서도 정정하는 것에 인색했다. 왜냐하면 기사의 수정·삭제 권한이 기사를 생산한 언론사에 있다고 판단했기 때문이다. 그러나 법원은 포털 사이트에 게재된 기사의 오보로 인한 손해배상 책임이 기사를 작성한 언론사뿐만 아니라 포털에도 있다고 판결했다.[140] 포털 사이트는 게재되는 기사에 대해 사실 내용과 맞는지 여부를 확인하는 작업을 통해 기사의 대상 인물에게 명예훼손 등의 손해를 입히지 않도록 주의할 의무가 있으며, 기사 작성·전송 회사와 포털 사이트 간의 관계에서 포털 사이트가 기사의 진실성을 확인할 수 있는 방법의 여지가 없다고 하더라도 두 회사 내부에서 책임의 분담을 정할 때 주장할 사유가 될 뿐이며 허위 기사로 피해를 입은 원고에 대해 대항할 수 있는 사유가 되는 것은 아니라고 덧붙였다. 이 판결은 포털이 기사를 생산하는 데 관여하지 않고 전달만 한다고 해도 기사로 인한 피해를 배상하는 데 자유로울 수 없다는 것을 강조하고 있다. 또 인터넷 언론이라고 해서 새로운 법리가 적용되는 것이 아니라 기존의 법리를 그대로 적용하고 있음을 보여 주는 사례다.

140 서울남부지법 2006. 9. 8. 선고 2005가단18300 판결. 2005년 3월 당시 이명박 서울시장이 기자와 대화 도중 열린우리당 김현미 대변인이 "이 시장이 여의도에 살고 있다시피 하고 있다"고 말한 것에 대해 불쾌감을 표시하면서 말을 그렇게 함부로 할 수 있느냐는 식의 이야기를 했다. CBSi 노컷뉴스팀 기자는 이를 노컷뉴스 사이트에 올리면서 '김현미 대변인'을 '전여옥 대변인'으로 잘못 입력했고 이 기사는 곧바로 CBSi와 뉴스 공급 계약을 맺은 NHN의 네이버 분야별 주요 뉴스 시사 분야란에 "이명박 시장, '전여옥, 말을 그리 함부로 하나'"라는 제목으로 게재됐다. 한나라당 전여옥 의원은 자신의 명예를 훼손당했다며 NHN과 CBSi를 상대로 손해배상 소송을 제기해 일부 승소 판결을 이끌어 냈다.

그러던 것이 2009년 4월 16일 선고된 사건에서(2008다53812) 대법원은 삭제 요청이 없었더라도 명예 훼손이 명백한 댓글 등을 방치했다면 포털 사이트에 배상 책임이 있다고 보았다. 대법원은 "포털은 명예를 훼손하는 게시물에 대해 당사자에게 삭제·차단 요청을 받은 경우가 아니라도 그 존재를 인식했고 기술적·경제적 관리·통제가 가능하면 이를 삭제하고 유사한 내용이 내걸리지 않게 처리할 의무가 있다"고 판시했다. 이어 "포털이 제공한 기사와 지식검색란의 답변, 개인 홈페이지 등에 김 씨의 명예를 훼손하는 내용이 존재한다는 것을 인식할 수 있었음이 명백하므로 차단하거나 통제할 의무를 이행하지 않은 책임이 인정된다"고 밝혔다.

대법원은 그러나 포털이 명예훼손 등에 따른 배상 책임을 우려해 지나치게 간섭하면 표현의 자유가 위축될 수밖에 없다고 전제한 뒤 "불법성이 명백한 게시물로 타인의 권리가 침해될 가능성을 충분히 인식할 수 있고 사업자의 관리 능력이 미칠 수 있는 범위에 한해 주의 의무가 있다"는 기준을 제시했다. 또한 대법원은 아울러 포털이 선별해 뉴스난에 게재했고 이것이 타인의 명예를 훼손한다면 언론 미디어와 마찬가지로 배상 책임이 있다는 점을 들어 제공받은 기사를 임의로 삭제할 수 없다는 약정이 있어도 포털 측에 면책이 인정되지 않는다고 덧붙였다.[141]

141 대법원 전원합의체(주심 김영란 대법관)는 김모 씨가 NHN과 야후코리아 등 4개 포털 사이트를 상대로 제기한 손해배상청구소송에서 전원 일치로 김 씨에게 3000만 원을 지급하도록 한 원심을 확정했다. 김 씨의 여자 친구는 2005년 유서를 남기고 스스로 목숨을 끊었는데, 그녀의 어머니는 딸의 미니 홈피에 '딸이 남자 친구 때문에 억울하게 목숨을 끊었다'는 내용의 글을 올렸고 이 때문에 홈피 방문자 수가 급증하고 김 씨를 비방하는 게시물이 이어졌다. 몇몇 언론사가 이를 기사화해 포털 사이트에 실렸고 여기에 숨진 여자 친구의 실명 등의 정보와 김 씨를 비난하는 내용을 담은 댓글이 폭발적으로 게시되자 김 씨는 명예훼손 등에 따른 피해를 배상하라고 소송을 냈다. 1심은 "기사에 김 씨의 실명이 거론되지 않았지만 숨진 여자 친구의 실명과 미니홈피 주소 등을 통해 당사자가 김 씨라는 게 드러나고 포털이 비방 댓글을 방치해 명예가 훼손되도

이러한 판결이 진행되는 동안 언론중재법이 개정되고 동년 8월 7일부터 적용되었다. 2009년 언론중재법 개정의 결과 포털 사이트와 여타 인터넷 미디어도 언론중재제도의 대상이 되었다. 즉 기존의 언론중재법에서보다 더 많은 인터넷 언론 미디어에 대해 언론중재제도가 적용되게 된 것이다.

그러나 2009년 개정된 언론중재법은 포털 사이트를 '언론'으로부터 구분한다. 개정법은 제2조 제1호에서 언론을 '방송, 신문, 잡지 등 정기간행물, 뉴스통신 및 인터넷 신문'이라고 정의한다. 즉 포털을 언론으로 간주하지는 않는다는 것이다. 그러나 언론의 기사를 인터넷으로 계속 제공하거나 매개하는 전자간행물('인터넷 뉴스 서비스')을 경영하는 자를 '인터넷뉴스서비스사업자'로 정의하고(동법 제2조 제18호, 제19호), 인터넷뉴스서비스사업자를 '언론 등'에 포함시켜 포털도 언론중재법상의 각종 규제를 받도록 하였다(동법 제5조 제1항 등).[142]

록 한 책임이 있다"며 1600만 원을 배상하라고 판결했다. 포털들은 이에 불복해 항소했지만 2심 재판부는 "포털 사이트는 인터넷을 통한 월등한 배포 기능과 기사 배치, 제목 수정 등 편집 기능을 수행하고 있으며 언론이 공급한 기사를 독자에게 제공하는 '유사 취재' 기능을 지니고 있어 언론 미디어로 봐야 한다"고 판시하고 배상금을 3000만 원으로 증액했다. 한편, 박시환·김지형·전수안 대법관은 원심이 정당하다는 결론에는 동의했으나 자유롭고 신속한 의견 교환을 가능하게 하는 인터넷의 장점을 살리려면 게시물로 인한 '명백하고 현존하는 위험'이 있을 때만 삭제 의무가 인정되고 특별한 사정이 없는 한 피해자의 요청이 전제돼야 한다는 의견을 냈다. 특히 "포털은 명예훼손적인 글이라고 해서 반드시 삭제할 의무가 있는 것은 아니지만, 게시의 목적·내용, 게시 기간과 방법, 그로 인한 피해 정도를 고려할 때 불법 행위를 방조했다고 판단되면 삭제 요청이 있기 전이라도 관련 게시물을 삭제하거나 검색을 차단하는 등의 조치를 취해야 한다"고 판시했다. 또한 "포털이 언론사에서 제공받은 기사를 그대로 게재하지 않고 제목이나 기사 내용을 특정 영역에 배치해 쉽게 접할 수 있도록 했다면 '유사 편집 행위'에 해당해 언론사와 같은 손해배상 책임을 부담한다"고 판결했다.

142 인터넷 언론과 인쇄 미디어를 비교한 김경희(2008)의 연구에 따르면 비록 포털 나름의 의제 설정 관행이 점차 정착하고 있으며 에디터 채택 뉴스의 의제가 인쇄 미디어의 의제와 차별화

한편 신문법상 인터넷 뉴스 서비스란 "기사를 인터넷을 통하여 계속적으로 제공하거나 매개하는 전자간행물"을 뜻하며(신문진흥법 제2조 제5호), 인터넷뉴스서비스사업자는 일간 신문이나 인터넷 신문처럼 등록 신청을 해야 하고, 기사 배열 기본 방침과 기사 배열 책임자를 공개하는 등의 준수 사항을 따라야 한다(신문진흥법 시행령 제4조, 제8조). 따라서 포털은 언론은 아니지만 인터넷뉴스서비스사업자로서 언론중재법과 신문법에 따라 언론에 준하는 규제를 받고 있다(박아란, 2014).

2. 인터넷 반론권의 핵심 쟁점

1) 인터넷 미디어의 특수성과 표현의 자유

반론권은 보도 내용의 진실 여부를 가리기 위하여 장황하고 번잡한 사실 조사에 시간을 낭비하지 않고 신속하고 대등하게 반박문 공표의 기회를 부여하는 것이다. 이에 대해 헌법재판소는 반론권이 헌법에 명시된 기본권은 아니지만 인간의 존엄과 가치, 행복추구권을 정한 헌법 제10조와 사생활의 비밀과 자유 보장을 정한 제17조, 언론·출판의 자유와 그 한계를 정한 헌법 제21조 제1항 및 제4항 등을 근거로 제정된 것임을 분명히 했다(헌법재판소 1991. 9. 16 선고 89헌마165 결정). 하지만 이와 달리 반론권 제도가 언론 자유를 제약한다는 지적도 많았는데, 이와 유사한 논란은 인터넷의 반론권 실행과 관련해서

되고 있으나, 인쇄 미디어의 의제가 정치적 의제를 많이 다루는 반면 인터넷 언론의 의제는 이용자 생활 밀착형 사회, 교육, 그리고 스포츠 관련된 의제가 주를 이루고 있었다. 아울러 이러한 의제들이 인쇄 미디어에 비해 선정적으로 전달되고 있음도 발견되었다.

도 마찬가지로 계속되고 있다.

인터넷 반론권과 관련된 가장 핵심적인 쟁점은 — 기존의 언론 미디어와 마찬가지로 — 인터넷에서의 표현의 자유와 인격권에 대한 피해 구제의 충돌이다. 즉 인터넷에 반론권을 적용하게 되면 운영자가 문제되는 내용에 대해 수정을 강요하게 되고, 이는 사전 검열과 마찬가지여서 표현 행위를 위축시키고, 결국은 다양한 흐름의 여론을 반영하는 것이 어렵게 된다는 것이다. 이는 헌법재판소가 인터넷을 '표현 촉진적인 미디어'로 규정한 것과도 상충한다.

그러나 이와 반대되는 시간은 인터넷 언론이 상업성에 기초해 사실에 근거하지 않은 부정확한 정보를 유통할 가능성이 있고, 네티즌들은 익명성에 기대어 감정적이고 무책임한 댓글을 남발하는 것이 현실이다. 이런 상황에서 신속하고 경제적인 피해자 구제를 위해서 반론권은 여전히 유용한 수단이 될 수 있다고 주장한다.

그런데 실제로 언론중재법상의 인터넷 신문은 누구나 자유롭게 사회적 이슈나 공공의 문제와 관련된 기사를 게재하고, 이와 관련된 토론에 능동적으로 참여할 수 있도록 함으로써 여론 형성을 위한 새로운 공론의 장으로서 역할을 하고 있는 것으로 여겨지고 있다. 헌법재판소는 인터넷을 가장 참여적인 시장이자, 표현 촉진적인 미디어로 규정하면서 오늘날 거대하고, 주요한 표현 미디어의 하나로 자리를 굳힌 인터넷상의 표현에 대하여 질서 위주의 사고만으로 규제하려고 할 경우 표현의 자유의 발전에 큰 장애를 초래할 수 있다고 지적했다(헌법재판소 2002. 6. 27. 선고 99헌마480 결정). 그리고 불명확한 규범에 의하여 표현의 자유를 규제하게 되면 헌법상 보호받아야 할 표현까지 망라하여 필요 이상으로 과도하게 규제하는 결과를 가져올 수 있다고 덧붙였다.

인터넷 미디어와 반론권을 연결한 연구로는 인터넷 미디어의 특성을 규명하고 이들 미디어에 반론권을 적용하는 것이 타당한지를 따지는 것이 주류를 이룬다(강경근, 2003; 정상규, 2005b; 최민재, 2008; 한위수, 2006; 허진성, 2009; 황성기, 2005 등). 포털과 언론사닷컴 등이 언론중재의 대상이 된 것과 관련해서는 운용 과정에서의 문제점을 지적하고 발전 방안을 모색한 것이 있다(이재진·김상우·상윤모, 2008; 양재규, 2009; 여상원, 2009 등).

즉 인터넷이라는 가상의 공간에서 이뤄지는 담론이 항상 이성적이며, 합의 지향적인 것은 아니며 특히 인터넷 게시판의 악플(악성 댓글)은 사회적 해악으로 지적되고 있다(이재진, 2007; 이재진, 2009a). 인터넷 실명제의 도입과 언론중재 대상에 인터넷 신문이 포함된 것도 이 같은 상황과 결코 무관하지 않다. 이 때문에 인터넷에서의 규제를 강화해야 한다는 의견이 제시되어 왔다.

예를 들어 송경재(2010)는 인터넷에서의 언론 자유의 중요성과 인터넷 피해의 핵심 쟁점을 검토하고, 인터넷 미디어가 직면한 표현의 자유와 정보인권의 갈등을 해소할 정책 대안을 법제도적인 보완, 인터넷 미디어 관련 법률 간의 충돌 해소, 자율 규제 장치의 마련, 다층적 인자기 검증 시스템 도입, 기술적 보완 장치 마련 등을 제안하였다. 정환(2009)은 인격권 침해를 유형별로 보다 구체적으로 접근하여 사이버 모욕, 사이버 명예훼손, 개인 정보 유출 및 청소년 인권 침해 등에 초점을 맞추어 인격권 침해의 심각성을 환기시키고 당시 논의된 대응책들의 적절성에 대해 검토하기도 하였다. 이외에도 많은 연구들이 인터넷의 자유와 규제에 대해 진행되었는데, 어떻게 인터넷 언론을 규제해야 언론의 자유를 최대한 보장하면서도 인격권 침해를 구제할 수 있는가에 대한 우리 사회의 고민들이 그대로 반영된 결과물이라 할 수 있다.

또한 반론권이 인정되는 근거를 인격권에서 찾을 경우 반론권을 보장하는 정당한 이익의 범주가 지나치게 확대되어 언론 활동의 위축을 가져온다는 주장도 있다(이승선, 2001). 즉 어떠한 상황이나 사실적 주장에 대해서도 인격권 침해를 이유로 반론권을 보장해 준다면 오히려 인격권 보장과 언론의 자유를 조화롭게 해결하고자 하는 법이념을 훼손하게 된다는 것이다.

표현의 자유나 언론의 자유는 민주 체제에서 불가결한 요소로서, 최소한으로 억제되어야 함이 마땅하다. 그것은 사회구성원이 자신의 사상과 의견을 자유롭게 표현하는 것은 민주 사회의 기초이며, 사상의 자유로운 교환을 위한 열린 공간이 확보되지 않는다면 민주 정치는 기대할 수 없기 때문이다. 또한 사상과 견해를 외부에 표출하는 데 있어서 어떤 사상이나 견해가 옳고 가치 있는지를 판단하는 절대적인 잣대가 존재하기 어려운 것도 사실이다. 국가나 사회의 다수가 그러한 절대적인 잣대를 가지고 사상과 견해를 재단하려 하는 것 자체가 불가능한 일이다. 따라서 설령 국가가 개입한다고 하더라도 최소화하는 것이 바람직하다.[143]

우리 헌법 제37조 제2항에서 과잉 금지 원칙을 설정하고 모든 기본권 제한 입법의 한계 원리로 삼고 있다. 따라서 반론권이 인터넷의 표현의 자유를 지나치게 광범위하게, 포괄적으로 제한하게 되면 과잉 금지 원칙에 위배된다. 과잉 금지의 원칙에 따라 반론권의 목적이 정당한 것인가 그러한 목적을 달성하기 위하여 마련된 수단 또한 언론의 자유를 제한하는 정도가 인격권과의 사이에 적정한 비례를 유지하는 것인가의 여부가 문제된다.

기존에 헌법재판소는 종전 인쇄 미디어에 반론권을 적용하는 것을 합헌으로 규정했다(헌법재판소 1991. 9. 1. 선고 89헌마165 결정).[144] 그러나 인터넷은 그 미디어적 특성을 법익의 조화에 고려해야 한다는 주장이 계속되어 왔다. 다시 말하자면 인터넷 언론이 갖고 있는 '참여'과 인터넷이 생겨난 배경, 그리고 인

143 헌법재판소 1998. 4. 30. 선고 95헌가16 결정.

144 헌법재판소 1991. 9. 1 선고 89헌마165 결정. 이 사건은 정기간행물법상의 '정정보도청구권'의 위헌 여부를 다룬 것이지만 그 내용은 명칭과 달리 '반론권'에 관한 것이다. 이 결정 이후 국회는 정간법을 1995. 12. 30.법률 제5145호로 개정해 '정정보도청구권'을 '반론보도청구권'으로 명칭을 바꾸었다.

터넷 미디어의 특성을 감안해야 한다는 것이다. 앞에서 알아본 것과 같이 인터넷은 진입 장벽이 낮고, 표현의 쌍방향성이 보장되며, 그 이용에 적극적이고 계획적인 행동이 필요하다는 특성을 지닌다. 오늘날 가장 거대하고, 주요한 표현 미디어의 하나로 자리를 굳힌 인터넷상의 표현에 대하여 질서 위주의 사고만으로 규제하려고 할 경우 표현의 자유의 발전에 장애를 가져올 수 있다는 지적이다.[145] 기존의 미디어를 위해 만들어진 제도를 성격이 전혀 다른 인터넷 언론에 확대해 적용하는 것은 잘못이라는 것이다. 또한 무기대등의 원칙에 따른 반론권은 거대 언론사에 대항하기 위해 생겨난 것인데, 규모가 작은 인터넷 언론에 적용하는 것도 본래 취지와 거리가 있다는 주장도 있다.

따라서 피해를 신속하게 구제하면서도, 동시에 언론 보도의 공정성과 객관성을 향상시키기 위해 오프라인 미디어와 온라인 미디어를 구분하지 말고 반론권을 그대로 적용하는 것이 바람직하다고 판단된다. 반론권의 기본적인 성질은 같으며, 동일한 내용이 어느 미디어에 실렸느냐에 따라 한쪽은 반론권이 인정되고 한쪽은 인정되지 않는다면 피해자 입장에서는 문제다. 인터넷 언론이라고 해서 사실 확인 작업을 소홀히 하거나 당사자의 입장을 충분히 반영하지 않는 것은 올바른 보도 태도가 아니라는 것이다.

더욱이 인터넷 언론은 규모가 작은 경우가 많아 기사 생산자들은 기사 작성이나 취재 훈련 기간이 기존 미디어보다 짧은데다, 비교적 자유롭게 참여해 정보를 생산할 수 있기 때문에 명예훼손의 가능성은 더 큰 실정이다. 또한 인터넷 언론이 많아지고 상호 경쟁하게 되면 선정성과 상업성 등을 견제하기 위해서라도 공적 문제에 대한 토론이 증가되어야 하고, 그 증진 방법 중 하나가 반론권의 활발한 제기라는 주장도 있다(박선영, 2000).

145 헌법재판소 2002. 6. 27. 선고 99헌마480 결정.

이에 따르면 언론의 자유는 민주 국가의 존립과 발전을 위한 기초이기 때문에 다른 가치에 비해 우월적인 지위가 인정되는 것이 현대 각국 헌법의 특징이다. 그럼에도 불구하고 언론의 자유를 제한하는 반론권이 인정되는 취지는 크게 두 가지로 요약된다.[146]

첫째, 언론 기관이 특정인의 일반적 인격권을 침해한 경우 언론의 막강한 영향력으로 말미암아 그 피해가 크기 때문에 이른바 무기대등의 원칙에 입각하여 피해를 받은 개인에게도 신속·적절하고 대등한 방어 수단이 필요하다. 특히 공격 내용과 동일한 효과를 갖게끔 보도된 미디어 자체를 통하여 방어 주장의 기회를 보장하는 반론권 제도가 적절하고 형평의 원칙에도 잘 부합할 수 있다는 점이다.

둘째, 독자로서는 언론 기관이 시간적 제약 아래 일방적으로 수집·공급하는 정보에만 의존하기보다는 상대방의 반대 주장까지 들어야 비로소 올바른 판단을 내릴 수 있기 때문에 이 제도는 진실 발견과 올바른 여론 형성을 위하여 중요한 기여를 할 수 있게 된다는 점이다.

기타 반론권 청구 자격에 있어서 국가나 지방 자치 단체에게 자격을 주는 것은 문제가 없으나 그 권리를 절제해서 행사하는 것이 필요하다는 의견도 있다(이재진, 2006b). 정보공개청구 제도와 관련해 지방 자치 단체는 공권력 기관으로서 국민의 알 권리를 보호할 위치에 있다는 것을 음미할 필요가 있다. 또 공적 기관으로서의 언론사가 다른 언론에 의해 비판을 받는 경우에는 반박할 기회를 스스로 갖고 있기 때문에 상당한 정도로 수인해야 한다는 법원 판결도 있다는 점에서 볼 때 공적 기관은 주체로서의 적법성 여부에 집착하지 말아야 할 것이다.

146 헌법재판소 1991. 9. 1. 선고 89헌마165 결정

2) 인터넷 서비스제공자(ISP)의 책임

인터넷상에서 익명의 발언자를 밝혀내기가 쉽지 않고 밝혀낸다 하더라도 금전적으로 보상할 경제적 능력이 없는 경우가 많다. 이 때문에 인터넷 표현에 의한 피해자는 명예훼손적 표현에 대해 점차 인터넷서비스제공자(Internet Service Provider: ISP)에게 책임을 물으려는 경향이 커지고 있다(정상규, 2005a).

미국에서는 ISP에 대해 완전 면책(통신품위법 제230조)을 부여함과 아울러 자율적인 규제를 유도하고 있으며, 피해자가 ISP를 통해 익명의 표현 행위자의 신원을 확인하기 위하여 ISP를 공동 피고로 소를 제기하는 경향이 있다고 한다.[147] 그러나 영국은 피해자로부터 명예훼손을 이유로 삭제를 요청했음에도 불구하고 이를 삭제하지 않았다는 이유로 데몬 인터넷Demon Internet 그룹의 책임을 인정하는 판결을 내린 바 있다. 일본에서는 2002년 4월 1일부터 정보의 유통으로 인해 타인의 권리가 침해된 경우 송신을 방지하는 조치가 기술적으로 가능하고, 권리 침해를 알았거나 알 수 있었다고 인정하기에 충분한 상당한 이유가 있을 때가 아닌 한 ISP가 배상 책임을 지지 않는다(이른바 프로바이더 책임제한법)(이재진, 2006b).

147 미국에서는 근래 들어 몇 몇 판례는 ISP가 무조건 면책되는 것은 아니라는 취지의 판결을 냈다. 즉 발화자speaker로서의 ISP는 완전 면책이 되지만 ISP가 특정한 정보를 형성하는 데 일정한 책임이 있거나 또는 발화자가 아닌 매개자의 역할을 하는 경우에는 선한 사마리아인 조항이 적용이 되지 않는다는 것이다(김민정, 2008). 미국은 표현의 자유가 다른 기본권에 우선한다. 제3자가 발신한 명예훼손 표현에 대해 네트워크상의 정보 중개자를 완전 면책하는 1997년의 '제란Zeran 판결'과, 1995년 익명으로 학교 운영에 관해 비판적인 글을 전단으로 만들어 선거 기간 중에 배포한 혐의로 벌금 100달러를 부과한 것이 표현의 자유를 침해한 것이라고 판결한 매킨타이어McIntyre 사건이 좋은 예다. 이는 수정헌법 1조의 언론 자유의 전통에서 비롯된 것으로 풀이된다. 그러나 한국의 경우 표현의 자유와 인격권 어느 한쪽의 우위를 인정하기보다는 균형을 꾀하고 있다.

우리나라에서는 미국과 달리 ISP의 완전 면책을 인정하지 않으며, 익명에 의한 정보 유통이 많아 행위자를 가려내기가 어렵기 때문에 ISP에 그 책임을 대신 묻고 있다. 책임의 근거로는 사업자는 가상 공간을 운영함으로써 일정 부분 경제적 이득을 누리기 때문(경제적 이득설), 현실적으로 문제의 글을 삭제하거나 취급을 거부·정지·제한할 수 있는 기술력을 갖고 있으며(기술력 보유설), 자신이 관리하는 공간에서 일어나는 불법 행위에 대해서는 책임을 다해야 한다는(관리자 책임설) 것 등이 고려되고 있다.

ISP에게 책임을 묻기 위해서는 제3자에 의한 불법적인 표현 행위가 게시되어야 하고, 피해자가 문제되는 표현에 대해 삭제 등 필요한 조치를 요청해야 하며, 피해가 중대하고 명백해야 한다(정상규, 2005a; 2005b).

이와 관련해 2006년 법원은 포털 사이트의 책임과 관련해 의미 있는 판결을 내린다. 악성 댓글을 방치해 명예를 훼손했다는 이유로 포털 사이트가 손해배상청구소송을 당한 사건에서, 포털이 단순 전달자가 아니라 언론 기사의 제목을 변경하기도 하고 댓글 공간을 만들어 여론 형성을 유도하는 등 사실상의 언론 활동을 하기 때문에 거기에 상응하는 책임을 져야 한다고 판시한 것이다.[148] 포털 사이트 운영자들은 스스로를 '전달자'에 불과하다고 주장하고 있는데 반해 법원은 포털의 기능과 영향력을 감안해 언론 미디어로 간주한 것이다.[149]

구체적으로 법원은 "불특정 다수가 접속하여 볼 수 있는 포털 사이트를

148 서울중앙지방법원 민사합의 22부는 2007. 5. 18. 선고 2005가합64571 판결에서 여자 친구의 자살과 관련해 남자 친구를 비난한 댓글을 장시간 게재한 포털 사이트에 1600만 원을 배상금으로 지급하라는 판결을 내렸다.

149 이에 대해 NHN 최휘영 대표는 (네이버는) 영향력으로 보면 미디어이지만, 언론사의 기사를 수정·삭제할 권한이 없다는 점에서 미디어(언론)가 아니라 뉴스가 유통되는 곳, 뉴스 유통사로 규정했다. 〈경향신문〉, 2007. 5. 29, 29면.

운영하는 피고로서는 기사의 대상이 되는 인물에 대한 관계에서는, 기사의 대상이 되는 인물에 대한 관계에서는 자신의 사이트에 게재되는 기사가 사실 내용과 맞는지 여부를 확인하는 작업을 통하여 기사의 대상 인물에게 명예훼손 등의 손해를 입히지 않도록 주의할 의무가 있다"고 판시했다(서울남부지방법원 2006. 9. 8. 선고 2005가단18300 판결).

법원은 포털 사이트를 통해 유포되는 표현물에 의한 명예훼손과 관련해서 다음과 같은 근거에서 언론으로서의 책임을 진다고 판단한다.

첫째, 뉴스 서비스를 제공하는 기능과 관련하여서는, 언론사로부터 전송받는 기사들을 분류하고 편집 기준에 따라 중요도를 판단하여 주요 화면에 배치하기도 하고, 기사의 제목을 변경하기도 하고, 여론을 형성하는 등 영향력이 기사 작성자보다 더 커질 수도 있다는 점을 고려할 때 기사로 인한 명예훼손에 대하여 책임을 진다.

둘째, 포털 사이트의 검색 서비스 기능과 관련하여서는, 검색 결과에 대하여 관리자의 역할을 하고 있으므로 명예훼손적인 자료들이 현출되지 않도록 하여야 할 의무를 진다.

셋째, 커뮤니티 서비스의 경우에는, 일상적인 모니터링을 통하여 그러한 게시물이 존재하는 사실을 알게 되었다면 커뮤니티 관리자에 대하여 그 게시물의 삭제를 요청하거나 직접 삭제하는 등의 조치를 취해야 할 의무가 있다(서울중앙지방법원 2007. 5. 18. 선고 2005가합64571 판결). 이 판결은 대법원에서 확정되었다(대법원 2009. 4. 16. 선고 2008다53812 판결).

이러한 점에 비춰볼 때 ISP에 대한 완전 면책은 우리나라에서는 수용되지 않을 것으로 보이는데, ISP는 궁극적으로 일정한 책임을 지지 않을 수 없다. 아무리 사전에 주의 의무를 다한다고 하더라도 인터넷 신문 등에 게재된 기사 등으로 말미암아 인격권 피해가 발생한다면 일정 부분 책임을 져야 한다(이재진, 2009a; 황성기, 2007).

그러나 다만 반론권을 적용하더라도 인터넷 언론에는 오프라인 미디어와 동일한 방식을 적용할 것이 아니라 인터넷 미디어의 특수성을 반영할 수 있는 방법을 모색해야 한다(이재진, 2009a). 즉 반론권을 제기할 수 있는 기간과, 게재 방법 등에서 현행 반론권과 달리할 필요가 있다는 것이다. 그렇다 하더라도 문제는 남는다. 어디까지를 인터넷 언론으로 볼 것인가 하는 점이 여전히 문제로 남는다. 개인 홈페이지나, 개인 블로그, UCC(사용자 제작 동영상)는 물론이고 언론사 홈페이지도 정치·경제·사회·문화 등에 관한 보도·논평 및 여론, 정보 등의 전파를 목적으로 할 수 있기 때문이다. 아울러 인터넷 언론이 추구하고자 하는 목적도 반론을 통해 다양한 의견이 유통되고 그것이 진실로 이어지도록 한다는 점에서 인터넷 언론의 본질적 측면에 대한 고려가 필요할 것이다.[150]

따라서 인터넷 언론의 형평성 문제의 특성에 근거하여 반론권을 적용할 필요가 있다는 측면에서 비록 인터넷 언론의 책임에 있어 반론권을 적용하되 만일 인터넷 언론이 미리 예방적 조치를 취하거나 반론·정정보도문 게재를 충실히 이행하는 경우에는 차후의 제반 형사적·민사적 책임으로부터 경감될 수 있는 방안이 마련된다면 인터넷에서의 반론권 적용의 취지를 십분 살릴 수 있다는 지적을 고려할 필요가 있다.

3) 반론보도문 게재 방식

인터넷을 기반으로 하는 인터넷 신문과 인터넷뉴스서비스사업자에 있어서 피해를 입은 개인의 피해를 구제하기 위해 반론보도문이나 정정보도문을 어

150 언론중재법상 반론권 행사가 가능한 언론은 제2조 제1호에 규정되어 있다. 이에 따르면 언론이란 방송, 신문, 잡지 등 정기간행물, 뉴스통신 및 인터넷 신문을 말한다.

떻게 게재해야 할 것인가가 대단히 중요한 쟁점이 되고 있다(김상우, 2010). 왜냐하면 미디어의 기본이 되는 인터넷의 경우 이는 신문과 방송의 속성을 모두 지니고 있기 때문이다. 또한 어떻게 게재하는 것이 반론권 행사 취지에 맞게 효율적일 수 있는지를 고려해야 하기 때문이다. 비록 게재 내용과 게재 부위 그리고 게재 시간 등은 합의를 통해서 이루어지나(언론중재법 제27조 제2항) 언론의 이익과 피해자의 이익을 적절히 형량하여 게재하는 것은 여전히 쟁점이 되고 있다.

이러한 쟁점들은 다음의 몇 가지로 정리된다.

첫째, 반론·정정보도문의 게재는 기존 미디어와 비교해 볼 때 '게재 시간duration'에 있어 차이를 보인다. 이는 신문·방송 등 전통적인 미디어가 보도 횟수와 보도문의 크기를 중요시하는 것과 비교되는 것으로, 인터넷 미디어의 경우 게재 기사가 빈번하게 바뀌는 것을 감안하면 게재 시간이 다른 미디어에 비하여 매우 중요한 요소로 인식된다. 시간은 기사 사안의 중요성과 게재 부위(위)나 방식에 따라서 결정된다. 예를 들어 기사의 게재 시간은 몇 시간에서부터 며칠 또는 몇 달에 걸쳐 가능할 것으로 보인다. 그러나 게재 시간이 길어지게 되면 그만큼 언론을 편집할 공간적 제약을 가하게 되므로 인터넷 언론의 편집권과 충돌할 가능성이 커진다.

둘째, 반론보도문 게재 위치에 있어서 기존 미디어와 차이를 보인다. 일반적으로 인쇄 미디어의 경우 원래 기사가 게재된 곳에 반론문을 싣는 것이 원칙이다. 방송의 경우에는 프로그램 편성에서 몇 번째 순서에 반론보도문을 보도하느냐가 중요하다. 게재 부위에 대해서도 언론중재법은 조정·중재 과정에서 언론과 청구자가 합의해서 결정할 수 있도록 하고 있다. 이러한 부분은 신문과 방송처럼 반론권 실행 방식이 명확하지 못한 것을 보여 준다. 즉 반론·정정보도문을 어디에 실을 것인가, 전면부에 실을 것인가, 전면부가 아니면 어떠한 방식으로 실을 것인가의 문제가 존재한다.

셋째, 반론·정정보도문이 게재되는 '글자 크기'의 문제가 있다. 크기와 관련한 반론·정정보도문 게재의 원칙은 언론의 원보도문의 '주목성'과 유사하게 게재되어야 한다는 것이다. 따라서 인터넷에서 볼 수 있는 정도의 시각적 선명함에 준하는 방식으로 반론·정정보도문이 준비되어야 한다. 그래서 반론·정정보도문의 제목은 원기사의 제목 활자와 같은 크기로 하고, 본문은 원기사의 본문 활자 크기로 게재하기로 조정하는 경우가 대부분이다. 이러한 원칙이 있는 관계로 실제 조정 시에 반론·정정보도문의 활자 크기를 특정하지 않은 경우도 많다.

넷째, 반론·정정보도문의 '자수字數'다. 반론보도문은 내용 못지않게 그 자수가 중요하다. 왜냐하면 문자 수가 반론문 효과의 기본적인 전제로 작용하기 때문이다. 즉 반론문이 길수록 구제 효과가 크다고 할 수 있다. 이 또한 원기사의 주목도와 유사한 방식으로 반론·정정보도를 게재해야 되는 것과 관련이 된다. 그런데 반론·정정보도문이 아무리 길어도 원보도 길이 이상은 될 수 없도록 하고 있다.

언론중재위의 분석에 따르면 반론·정정보도문의 길이는 일반 신문의 경우에는 300자 이상 400자 미만이 가장 많은 것으로 나타났다(언론중재위, 2012). 이러한 길이의 문제는 신문의 지면을 과하게 차지하지 않게 하는 의미에서 중요하다. 그러나 인터넷에서는 비록 편집에 일정한 영향을 미칠 수 있으나 종이 신문에 개제되는 반론·정정보도문보다는 부담이 적고 개인의 반론권을 충분히 반영할 수 있도록 한다는 입장에서 반론·정정보도문의 자수, 즉 길이에 대해서는 탄력성 있게 해야 한다는 논의도 있다(이재진·김상우·상윤모, 2008).

다섯째, 인터넷을 기반으로 하는 언론 미디어에 있어서 새로운 피해 구제 방식으로 등장한 것이 바로 인터넷상의 '기사'를 삭제해 달라는 기사 삭제 요청이다. 기존의 다른 미디어에서는 언론 보도로 피해를 입은 사람이 반론보도문 게재를 요구하거나 손해배상을 청구하는 것이 대부분이다. 그러나 인터넷을 기반으로 하는 언론의 특성을 고려해야 한다는 인식에 근거하여 수용되고 있다.

실제로 인터넷 기반 언론에 대한 피해 구제 절차는 정정·반론·추후보도와 손해배상청구를 통해 진행되지만, 인터넷 미디어의 특성이 반영된 새로운 구제 방식이 도입되었다. 이는 기사의 삭제·수정이다. 즉 언론중재법상에는 명문 규정이 없으나 인터넷 기반 언론의 특수성을 고려하여 조정·중재 과정에서 이를 원용하고 있다. 언론중재위가 발간한 자료집 〈언론 관련 판결 분석 보고서〉(2005~2012)를 토대로 살펴보면 전체 언론 조정 청구 건수에서 기사 삭제·수정이 차지하는 비중은 2007년 2.2%에서 2012년 17.6%로 증가했다. 언론중재위 조정을 통한 기사 삭제는 2005년 첫 사례가 파악된 이래 증가 추세다.

다시 말하자면 법에서 규정하는 공식적인 피해 구제 수단이 아님에도 불구하고 기사 삭제·수정이 언론 피해의 조정·중재 과정에서 채택 사례가 늘어나는 배경에는 신청인·언론사·언론중재위원 등 언론중재의 세 주체가 모두 피해 구제에 대한 조정 수단으로 이를 적극적으로 인정하기 때문인 것으로 보인다.

문제는 기사 삭제·수정이 인터넷 환경에서 피해 구제를 위한 수단으로 활용되고 있지만 공식 청구권이 아닌 까닭에 중재 절차에서 기사 삭제나 수정을 적용하기 위한 기준이나 조건이 없다는 것이다. 보도된 지 6개월 이내로 규정되어 있는 정정·반론보도 청구 시한을 인터넷에서 유통되는 기사에도 그대로 적용해 삭제나 수정 여부에 대한 중재위원회의 결정도 일관되지 않은 것으로 파악됐다.

결국 인터넷에서는 반론문 게재 방식을 좀 더 구체적으로 지정하는 것이 필요하다. 반론문의 내용도 중요하지만 보도 방식을 명확히 해야 추후에 발생할 수 있는 분쟁을 방지할 수 있다. 실제로 방송에 대한 정정보도청구사건에서 조정 성립과 달리 방송 진행자가 아닌 다른 사람이 반론보도문을 읽은 것에 대해 손해배상을 청구해, 법원이 이를 받아들인 사례가 있다(서울남부지방법원 2006. 5. 12. 선고 2005가단72458 판결).

신청인이 구체적인 내용을 몰라 요구하지 않는다는 이유로 언론중재위가 이를 무시한 채 조정 성립을 이끌어 내는 데만 급급할 경우 새로운 분란에 휩싸일 소지가 있다. 이전의 조정 신청 사례를 참고하도록 함으로써 반론보도문의 게재 위치와 시간, 글자 크기 등을 상세하게 합의하도록 유도하는 것이 바람직하다. 특히 게재 위치도 좀 더 구체적으로 정하는 것이 필요하다. 예를 들어 몇 시간 동안에는 초기 화면의 몇 번째 기사로, 그다음에는 몇 번째 기사로 변경하는 것을 검토할 만하다.

인터넷 언론의 특성을 고려한 기사 삭제 또는 기사게시중지청구권 등 다양한 분쟁 해결 수단을 개발할 필요가 있다. 인터넷 신문의 경우 정정이나 반론 등의 보도보다는 기사를 삭제하는 것이 피해자 입장에서 더 효과적이라고 할 수 있다. 온라인 기사는 오프라인 기사와는 다르게 기사가 문제 있는 것으로 밝혀진 뒤에도 인터넷상에 지속적으로 떠 있을 경우 피해 상황이 종료되어야 하는 단계에서 오히려 피해가 지속적으로 확대되는 문제점을 갖게 된다. 이런 점을 고려하면 반론보도나 손해배상도 중요하지만 신속하게 해당 기사를 삭제하거나 게시를 중지하도록 요구할 수 있는 제도적 장치가 마련되어야 한다(양재규, 2006b; 이재진·구본권, 2008).

또한 언론중재법상 기사 삭제권이 없지만 권리 구제의 방편으로 이미 기사 삭제나, 게시 중지를 합의문에 포함하는 현실을 반영하여 입법적으로 이를 조속히 뒷받침하는 것이 필요하다. 사건 당사자들은 문제되는 기사의 삭제나, 게시 중지는 물론이고 반론(정정)보도문을 해당 사이트에서 일정 기간 검색할 수 있도록 합의하는 경우도 있다는 점을 염두에 두어야 한다.

여기서 미국의 여러 주에서 채택한 철회retraction를 참고로 할 필요가 있다. 명예훼손을 이유로 손해배상을 청구하는 사건에서 피고가 자신의 보도가 잘못된 것이라고 전면 철회하는 내용의 보도문을 게재할 경우 법원이 손해배상액 산정 때 감안하는 것이다.[151] 미국의 위스콘신 주 등에서 실시하고 있는 철회법Rectraction Act을 원용하여 인터넷 신문이 자발적으로 기사를 철회할 경우 반론권 청구 자격을 제한하는 방안을 도입하는 것도 검토할 만하다.[152]

아울러 반론권 청구 기간을 오프라인 미디어와 달리 단축하는 것도 필요하다. 신속한 반론권을 보장한다는 측면에서 볼 때 현행 '언론 보도가 있음을 안 날로부터 3월 이내, 해당 언론 보도가 있은 후 6월 이내에' 반론권을 요구할 수 있도록 한 것은 지나치게 느슨한 느낌이다. 수용자의 기억에서 사라지기 전에 피해자는 반론권을 행사해야 하는 것이 피해 구제라는 목적과 부합할 것이다. 보도가 있음을 안 날로부터 1월 이내, 해당 언론 보도가 있은 후 2월 이내 정도로 제한하는 것이 합당한 것으로 보인다.

정리하자면 인터넷 언론에서 명예훼손 관련 분쟁이 발생하는 경우 가장 좋은 것은 언론사가 자발적으로 철회나 삭제를 하는 것이지만, 만일 그렇지 못한 경우에는 반론권 제도를 충분히 활용할 수 있도록 해야 할 것이다. 이 경우 인터넷이 가지는 미디어적 특성을 고려하고, 피해의 신속하고 효과적인 구제를 위한 방식을 비교형량해서 인터넷 언론에 맞는 반론권 실행이 이루어지도록 해야 할 것이다. 비록 미국의 경우에는 반론권이 인정되고 있지 않으나(물론 이에 대한 비판이 여전히 있음) 유럽의 선진국들이 광범위하게 반론권 제도

151 미국의 시사주간지 〈뉴스위크〉는 2005년 5월 23일 쿠바 관타나모 미군 기지에서 미군 조사관들이 이슬람 테러 용의자들을 신문하는 과정에서 코란을 훼손하는 일이 있었다는 내용의 기사를 철회한 바 있다.

152 3장 외국의 경우 중 미국을 참고하라.

를 수용하고 있음을 고려할 때, 오히려 우리나라에서 인터넷 반론권 실행의 체계적이고 구체적으로narrowly-tailored 고안된 피해 구제 방식을 발전시켜 나가는 것이 바람직할 것이라 판단된다.

3. 인터넷 반론권 적용의 실태

1) 인터넷 언론 관련 인격권 침해 판례 분석

'인터넷 신문'이라는 용어는 2005년 언론중재법이 제정되기 이전에는 사용되지 않다가 신문법이 제정되고 제2조에 인터넷 신문을 정의하면서 사용되기 시작하였다. 이전까지는 인터넷 미디어, 인터넷 언론, 인터넷 신문 등의 용어가 정리되지 않은 채 사용되었다. 그러던 것이 2005년부터 신문법에 규정된 인터넷 신문이라는 용어로, 그리고 2009년부터는 이른바 인터넷 포털이 인터넷뉴스서비스사업자로 명명되면서 반론권 적용 대상에 포함되었다. 현재까지 인터넷을 기반으로 하는 미디어에서 반론권이 적용되는 인터넷 신문, 언론사닷컴, 인터넷 포털, 그리고 인터넷 멀티미디어 방송(IPTV) 등이다. 이러한 인터넷 언론에 대한 반론권 적용의 실태를 살펴보기 위하여 관련 판례와 관련 조정·중재 사례들을 수집하였다.

기존의 판례 분석은 대법원 홈페이지를 통한 수집과 대법원 도서관에서 발행되던 전자 판례집인 '법고을' 그리고 사설 판례 검색 사이트인 '로앤비'(www.lawnb.com)를 통하여 이루어졌으나 2006년 5월 1일부터 법원은 법원이 보유하고 있는 판결문을 데이터베이스화하여 판결문을 검색·열람할 수 있도록 하고 있어 이를 통한 검색과 수집이 활발하게 연구에 이용되고 있다.

이러한 방법을 통해서 수집된 판결들을 언론중재위가 1년 단위로 분석하여 판례 분석집을 발간하고 있는데, 여기서는 이의 분석을 위한 토대로 삼았다. 언론중재위는 검색어를 ① 정정보도, ② 반론보도, ③ 추후보도, ④ 보도 & 명예훼손 & 손해배상, ⑤ 보도 & 초상권, ⑥ 보도 & 음성권, ⑦ 보도 & 사생활, ⑧ 보도 & 성명권으로 하여 검색을 거친 후 법원의 판결서 사본 제공 신청 제도를 이용하여 최대한 모든 판결례를 수집하고 있다.

2005년에서 2014년까지 언론 관련 판례를 수집하여 필요한 분석 유목을 통해서 나름대로의 분석 기준을 가지고 〈연간 판례 분석 보고서〉를 현재까지 내고 있다. 단지 그 분석이 1년 단위에 그치고 누적적인 분석이 없고, 인터넷 언론에 관한 분석만 따로 나와 있지는 않으며, 중요 판례의 세부적인 분석은 없기 때문에 이를 토대로 연구자가 이를 분석하여 이를 재구성하도록 하였다. 보고서에 실리지 않을 수 있는 판결례를 보충하기 위해서 대법원 사이트(www.scourt.go.kr)에서 검색하여 살펴보았다.

이러한 결과 인터넷 언론 관련 전체적인 측면을 조망할 수 있는 판례를 수집한 결과 표 6-1을 구성하였다.

표 6-1에서 살펴볼 수 있듯이 인터넷 언론과 관련되어 2005년에서 2013년 사이에 도출된 판결은 모두 525건으로 지난 10년 동안 연간 평균 약 52.5건의 판결이 있었음을 알 수 있다. 이는 언론중재위 〈연간 판례 분석 보고서〉에 실린 언론 관계 판례 전체 1934건 중 27.1%에 달하는 것으로, 일간 신문(21.9%), 그리고 방송(19.7%)에 앞서 가장 높은 빈도를 나타냈다. 평균 건수로 볼 때 인터넷 미디어는 2011년까지는 근소하게 일간 신문, 방송에 이에 3위를 차지하였으나, 2012년을 지나면서 가장 재판 건수가 많은 미디어로 부상했고 특히 2013년에는 두 배 이상의 건수를 나타냈다. 이는 수적으로 팽창하고 있는 인터넷 신문에 대한 소송이 크게 늘어난 데 기인하는 것으로 보인다. 흥미로운 점은 인터넷뉴스서비스사업자(인터넷 포털)에 대한 소송의 추이가 불규칙적이라는 점이다.

표 6-1 2005~2014 전체 판결에 대한 인터넷 언론 관련 판결 결과 비교 (건/%/원)

연도	전체 청구 건수	원고 승소 건수 (승소율)	인터넷 매체 건수					인터넷 매체 원고 승소율					인터넷 평균 인용액/ 전체 평균 인용액	삭제 인용/ 청구	일간 신문/방송 비교 건수/ 원고 승소율
			신문	닷컴	포털	기타	계	신문	닷컴	포털	기타	평균			
2005	83	160 (43.4)	30	27	9	4	70	9	16	5	2	32/ 45.7	16,851,852/ 21,082,092	3/5	일간 103/28.2 방송 110/44.5
2006	109														
2007	157														
2008	178	70 (60.3)	9	7	5	0	21	7	4	5	0	16/ 76.2	36,100,000/ 23,400,000	0/1	일간 32/68.8 방송 38/57.5
2009	128	68 (53.1)	12	8	4	0	24	8	5	4	0	17/ 70.8	28,725,431/ 23,484,499	1/3	일간 44/31.1 방송 35/31.4
2010	217	73 (33.8)	20	16	0	0	36	4	11	0	0	15/ 41.4	10,714,286/ 24,242,424	3/5	일간 39/41.7 방송 33/28.6
2011	273	84 (49.4)	25	32	0	0	57	9	18	0	0	27/ 47.4	29,918,211/ 23,585,273	4/7	일간 58/32.8 방송 57/52.4
2012	284	75 (43.6)	40	38	1	0	79	17	18	1	0	36/ 45.6	23,244,993/ 27,115,633	1/3	일간 43/37.2 방송 28/46.4
2013	221	67 (47.5)	48	54	5	0	107	21	20	0	0	41/ 38.3	11,118,744/ 15,496,872	2/2	일간 45/40.0 방송 41/36.6
2014	284	84 (52.8)	44	87	0	0	131	25	38	0	0	63/ 48.1	6,715,926/ 8,848,377	9/13	일간 64/25.0 방송 39/48.7
계	1,934	681 (48.0)	228	269	24	4	525	100	126	15	2	247/ 51.7	20,423,680/ 20,906,896	23/39	일간 428/38.1 방송 381/43.3

연도별 성장세를 본다면 인터넷 언론은 2009년 24건(18.8%), 2010년 36건(16.6%), 2011년 57건(20.9%), 2012년 79건(27.8%), 2013년 107건(48.4%), 2014년 131건(30.0%)로 나타나서 2010년에만 조금 주춤하고 이외의 시기에는 인터넷 언론이 소송에서 차지하는 비중이 점차 커지고 있음을 알 수 있다. 실제로 이렇게 소송 건수가 증가하고 있다는 것은 인터넷 언론 관련 소송이 언론 분쟁에 있어 가장 핵심적인 쟁점으로 부상하고 있음을 암시한다. 즉 2012년까지만 해도 언론 관련 소송에 있어 일간 신문과 방송이 가장 많은 비중을 차지하고 있었던 반면에 인터넷 언론과 관련해서 보도된 기사에 대한 소송과 피해 구제의 문제가 향후에는 가장 중요한 문제로 등장하고 있다. 2012년 이전까지의 경우 일간 신문과 방송이 비슷한 건수로 1, 2위의 비중을 다투었던 반면 인터넷 언론은 2010년과 2011년에 2위에 오르더니 2012년에는 가장 많은 건수를 나타냈다. 2013~2014년에는 그 증가 추세가 눈에 띄게 두드러졌다. 이러한 추세라면 향후에도 소송 건수의 증가는 지속될 것으로 판단된다.

미디어에 대한 원고의 승소율의 경우 51.7%로 인터넷 언론이 전체 미디어에 대한 원고 승소율(48.0%)보다 높을 뿐만 아니라 일간 신문(38.1%)과 방송(43.3%)에 비해서도 높은 것으로 나타나 신문과 방송에 비해서 피해 구제가 상대적으로 잘 이뤄지고 있다고 할 수 있다. 반면 이는 사법부가 방송이나 신문에 비해서 인터넷 언론 보도의 진실성(상당성)과 공익성이 부족하다고 인식하고 있다는 점을 반증하기도 한다.

인터넷 언론 중 인터넷 신문이 40.8%, 언론사닷컴이 50.5%, 포털이 62.5%로 원고 승소율이 나와 2009년부터 언론 조정·중재에 포함된 포털이 비록 현재까지 판례 수는 적지만 인터넷 신문이나 닷컴보다 상당히 높은 원고 승소율을 보이는 것으로 나타났다. 이러한 점은 인터넷 신문이나 닷컴의 경우 문제가 되는 기사 내용에 대해서 진실성(상당성)과 공익성의 입증이 용이한 반면 포털의 경우에는 실제로 직접 생산한 기사가 아니라는 점에서 어려움을 겪게 된다는 사실을 반증하는 것으로 보인다. 다시 말하자면 인터넷 언론의 경우에는 미디어의 특성으로 인한 구조적인 측면에서 원고 승소율이 높을 가능성이 있다. 단지, 2013년의 경우 소송 건수도 줄어들고 원고 승소율도 낮아지고 있는 경향을 보인다. 그러나 2014년에는 2012년도와 유사하게 건수가 증가하였다. 이처럼 건수는 다시 늘었지만 홍미롭게도 손해배상의 인용액이 크게 줄어드는 특징을 보인다.

미디어에 대한 인용 손해배상 액수에 있어서도 인터넷 언론의 평균의 경우 전체 인용액 평균액보다 조금 낮은 것으로 나타났다. 2005~2014년 사이의 전체 판결의 평균 손해배상 인용액은 20,906,896원이었으나 인터넷 언론에 대한 평균액수는 20,423,680원으로 나타나 인터넷 언론에 대해서는 전체 평균액과 유사한 손해배상액이 책정됨을 알 수 있다. 이는 우리 사법부가 인터넷의 파급력과 사회적 영향력을 고려해서 그 피해에 대한 인용액을 산정한 결과인 것으로 보인다. 다시 말하자면 비록 신문과 방송의 위력이 여전히 크게 나타나고 있기는 하지만, 인터넷 언론의 사회적 영향력도 상대적으로 증가하는 것으로 판단한 결과인 것으로 풀이된다.

전술한 바와 같이(표 6-1 참조), 2005년부터 2014년까지 인터넷과 관련 매년 평균 52.5건의 판결이 나왔고, 증가율은 매년 커지고 있는 추세를 보였다. 현재까지 인터넷 신문, 언론사 닷컴, 인터넷 포털, 그리고 기타를 포함해서 525건으로 상당한 수의 판결이 도출된 것으로 보인다. 이를 전집 수집하여 세부적으로 살필 필요나 의미는 없을 것으로 풀이된다. 왜냐하면 인터넷 언론 관련 판결의 경우에도 여타 미디어와 판결의 결과를 도출하는 기준이 크게 다르지 않기 때문이다.

여기서는 대법원 판결과 인터넷 플랫폼의 특성을 잘 보여 주는 대표적인 판결례를 중심으로 판결에서 나타난 사법부의 피해 구제를 둘러싼 이해를 살펴보고자 한다. 무엇보다 인터넷과 관련된 명예훼손이나 사생활침해소송은 2005년 이전에도 있었으나, 이는 대개가 인터넷 홈페이지나 게시판에 실린 글 또는 〈오마이뉴스〉와 같은 인터넷 신문에 대한 민·형사상의 책임을 묻는 것이었고 실제로 2014년도까지 인터넷 언론과 관련하여 반론권을 다룬 대법원 판결은 나타나지 않았다. 즉 최근에 이르기까지 우리 대법원은 반론권과 관련하여 인터넷 언론에 대한 판결례를 내지 않았다는 것이다.

인터넷 언론의 반론권과 관련된 고등법원 판결은 언론중재법이 개정된 2009년 처음 나왔다. 흥미로운 점은 법원은 판결을 통해 기사의 '삭제'를 반론권과 유사한 피해 구제 방식으로 인정하고 있다는 점이다. 인터넷 신문의 경우에는 직접 생산한 기사이지만, 그렇지 않은 경우에는 인쇄 미디어와 인터넷 미디어가 동시에 소송의 대상이 되는 경우가 많았다. 즉 일반 미디어의 경우에는 일반 미디어의 기사가 인터넷에 올라오는 경우 이에 대해 동시에 소송을 제기하는 것으로 나타났다.[153]

(1) 정정(반론)보도청구 사건

정정보도청구 사건의 경우에는 대부분의 경우 원고 승소(일부 승소 포함) 판결이 내려졌다. 기각된 한 판결에서 법원은 "여성들에게 탈의를 요구한 주체가 '중부경찰서'라는 단체로 특정되었는바, 집단 표시에 의한 명예훼손은 그 집단에 속한 구성원 개개인에 대한 것이라고 해석되기 힘들고, 집단 표시에 의한 비난이 개별 구성원에 이르러서는 비난의 정도가 희석되어 명예훼손이 성

153 언론중재법 제26조 제5항에 따르면 정정보도청구 등의 1심 재판은 피고의 보통 재판 소재지의 지방법원 합의부 관할로 되어 있다. 판결의 성격을 살펴보면 정정(보도)나 손해배상을 단독으로 청구하기보다는 병행해서 하는 경우가 대부분이고 여기에 삭제를 동시에 청구하는 경우가 대부분으로 나타났다.

립되지 않는다고 봄이 상당하다"고 판시했다.[154] 법원은 중부경찰서의 경찰 공무원 수가 많아 중부경찰서 자체를 원고와 동일시하기 어렵고, 독자들에게 경찰서에서의 유치장 입감 업무가 수사과장의 업무로 알려져 있다고 볼 수 없어 중부경찰서의 유치장 입감 업무에 대한 기사가 중부경찰서 수사과장에 관한 기사로 인식된다고 볼 수 없다는 점을 이유로 들었다(서울서부지방법원 2009. 1. 30. 선고 2008가합11498 판결).

정정보도문을 게재하도록 명령한 사건에서 법원은 무엇보다 정정보도의 일정한 형식을 정하고 있다. 언론중재법 제27조 제2항은 법원은 정정·반론·추후보도 청구의 신청이 이유 있다고 인정해 이를 명하는 때는 보도할 보도문의 내용·크기·횟수·게재 위치 또는 방송 순서 등을 정해야 한다고 규정한다.

먼저 정정보도문의 보도 시기는 모두 판결이 확정되는 시점을 기준으로 하고 있다. 구체적으로 살펴보면 판결 확정 후 24시간에서 5일 이내가 가장 많은 것으로 나타났다. 24시간 이내의 경우는 1건으로 나타났다. 이외의 경우는 판결 확정 후 최초로 (문제의 기사가 실린) 신문이 발행되는 날 함께 게재하도록 명령했다. 이는 원보도가 신문에 먼저 보도된 것을 감안한 판단으로 보인다. 정정보도문의 게재 기간은 48시간이 가장 많았고, 그 뒤를 24시간, 36시간이 많은 것으로 나타났으며 7일의 경우도 1건이 있었다. 또한 게재의 시간을 지정하지 않은 경우도 상당히 있는 것으로 나타났다(김상우, 2010).

정정보도문의 위치와 관련해서는 모두 초기 화면에 제목을 게재하도록

154 재판부는 중부경찰서의 경찰 공무원 수가 많아 중부경찰서 자체를 원고와 동일시하기 어렵고, 독자들에게 경찰서에서의 유치장 입감 업무가 수사과장의 업무로 알려져 있다고 볼 수 없어 중부경찰서의 유치장 입감 업무에 대한 기사가 중부경찰서 수사과장에 관한 기사로 인식된다고 볼 수 없다는 점을 이유로 들었다.

했다. 이 중 '아시아경제신문사' 사건에서는 제목과 본문을 모두 1면에 싣도록 했는데, 이는 법원이 보도로 인한 피해의 심각성을 인정한 조치로 해석된다.[155] 또한 'CBSi' 사건은 메인 화면 오른쪽 상단에 팝업창으로 게재하도록 명시했다(서울고등법원 2009. 6. 17. 선고 2008나72044 판결).

대부분의 경우는 초기 화면의 중앙, 중앙 상단, 왼쪽 상단 등에 제목을 게재하고 제목을 클릭하면 정정보도문이 나타나도록 했다. 그러나 〈파이낸셜뉴스〉 신문 사건에서는 게재위치를 명시하지 않았다. 정정(반론)보도의 위치는 원보도와 동일한 지면이나 채널에 이뤄지는 것이 마땅하다. 그러나 법원은 인터넷 미디어 사건에서 원보도의 위치와 상관없이 제목을 초기 화면에 게재하도록 명령하는 특징을 보이고 있다(서울중앙지방법원 2009. 6. 17. 선고 2008가합96333 판결).

정정보도문의 길이는 본문 글자 수를 기준으로 할 때 300~399자가 가장 많았고, 그 뒤를 400~499자 그리고 200~299자가 많은 것으로 나타났다. 500~599자, 1000~1099자, 200자 미만도 각 1건이 나타났다. 참고로 동일한 기사가 신문과 인터넷 미디어에 실려 소송의 대상이 된 사건에서 법원은 동일한 내용의 정정보도문을 신문과 인터넷 미디어에 게재할 것을 명령했다(김상우, 2010).

법원은 판결문에서 정정(반론)보도문의 글자 크기와 활자체를 구체적으로 지정하는 경향을 보이고 있다. 원보도와 같은 활자의 크기와 활자체로 게재하도록 한 것이 대부분이었다. 이 가운데 글자 크기와 활자체는 물론 줄 간격까지 원보도와 같이 하도록 한 경우도 많았다. 그러나 〈파이낸셜뉴스〉 사

155 원고가 문제 삼은, 인터넷 신문에 게재된 기사는 8일 동안 26건이다. 신문에는 7일에 걸쳐 17건이 실렸다. 원고는 인터넷 신문과 신문의 기사에 대해 정정보도청구와 함께 30억 원의 손해배상을 청구했다.

건에서는 글자 크기와 활자체에 관한 언급이 없었다.

(2) 손해배상청구 사건

손해배상청구액 최고는 30억 원으로 (주)부영이 〈아시아경제신문〉을 상대로 낸 것이다. 삼성전자와 남양유업은 각각 〈프레시안〉과 〈파이낸셜뉴스〉 신문을 상대로 10억 원의 손해배상을 청구했다.[156] 기업의 손해배상청구액이 많은 것은 기사로 인한 피해 규모와 파장이 다른 원고의 피해에 비해 크기 때문으로 풀이된다. 청구 최저액은 경찰관 김○○ 씨가 〈한겨레신문〉을 상대로 한 1000만 원이었다. 손해배상청구액 평균은 5억 200만 원으로 나타났다.

손해배상이 청구된 사건 가운데 원고가 승소(일부 승소 포함)한 것은 66.5%로 나타나 원고 승소율이 전체 원고 승소율(51.7%)보다 더 높은 것으로 나타났다. 손해배상청구가 받아들여지지 않은 사건의 경우, 완전히 기각했다기보다는 재판부가 정정보도를 결정하는 데 손해배상청구를 상당 부분 반영했다고 보는 것이 타당할 듯하다. 이는 정정보도문의 길이, 게재 위치, 게재 방법과 기간 등을 결정할 때 손해배상청구를 적극 고려했다는 뜻이다. 예를 들어 아시아경제신문사 사건에서 정정보도문을 초기 화면에 제목과 본문(본문 글자 수 1025자)을 함께 게재하도록 하거나, CBSi 사건에서 정정보도문을 메인 화면에 팝업창을 만들어 7일간 게재하도록 한 것은 언론사 입장에서는 상당한 부담이 되는 판결이라고 할 수 있다. 그러나 한편으로는 법원이 언론사의 금전적인 배상 부담을 줄여 주는 대신 정정보도문에 부담을 더 지운 것으로, 언론사를 배려한 판결로 이해될 수도 있다.

손해배상 최고 인용액은 남양유업이 '멜라닌 의심 분유' 수출 기사를 보

156 청구액과 인용액은 원고 한 명에 해당하는 액수가 아니라 원고가 다수인 경우 합산한 금액이다.

도한 〈파이낸셜뉴스〉를 상대로 한 사건에서 나온 2억 7200만 원이다. 최저 인용액은 과거사위원회 조사관 신○○씨가 조갑제 씨를 상대로 한 사건에서 나온 100만 원이다. 손해배상이 인정된 6건의 평균 인용액은 5917만 원이다 (인터넷 언론 미디어의 평균 인용액은 20,423,680원). 손해배상청구 판결에서 눈에 띄는 점은 오프라인 미디어가 함께 문제된 경우 법원은 오프라인 미디어와 인터넷 미디어의 손해배상 액수를 분리해서 산정하지 않고 합쳐 일괄적으로 선고한다는 점이다.

법원은 손해배상을 대부분 정신적 손해에 대한 위자료 개념으로 손해를 배상하도록 명령하고 있다. 그러나 남양유업 사건의 경우 재산적·정신적 손해에 대한 배상을 청구한 사건으로서 법원은 보도와 재산상 손해와의 인과 관계를 일부 인정해 위자료 2억 원에, 재산상 손해 7200만 원을 합쳐 모두 2억 7200만 원을 배상하도록 했다. 이는 보도와 재산상 손해의 인과 관계를 좀처럼 인정하지 않는 법원의 판결 경향을 감안할 때 이례적이다.[157]

법원은 손해배상을 산정할 때 기사의 내용 분량, 게재 경위, 사실 확인을 위한 노력의 정도, 보도 후 피고의 태도, 인격권 침해와 재산상 피해의 정도, 기사의 형식, 표현 방법, 미디어의 영향력, 원고의 사회적 지위, 재판 과정에서 나타난 피고의 태도와 변론에서 나타난 여러 사정, 보도를 사실이라고 믿을 만한 여지가 있는 점 등을 참작해 결정한다고 판결문에서 밝히고 있다.

157 남양유업은 매출 감소액 190억 6464만 원과 특별 근무 손해 7288만 원, 광고비 손해 4억 4900만 원 등 195억 8600만 원의 손해를 입었다고 주장하며 재산상 손해의 일부인 7억 원과 위자료 3억 원을 합쳐 10억 원의 손해배상을 청구했다. 이 가운데 재판부는 재산적 손해 가운데 특별 근무 손해 7200만 원과 위자료 2억 원을 인정했다. 그러나 이 사건은 2심에서 원고 패소했고 2011년 5월 3일 대법원은 원심을 확정하였다.

(3) 삭제청구 사건

기사의 삭제를 청구한 사건은 2005년에서 2014년 사이 39건이 있었는데, 그 중 23건에서 인용된 것으로 나타나 59.0%의 원고 승소율을 보였다. 법원에서 삭제를 인용하는 정도는 해가 갈수록 높아지는 경향을 보였다. 이는 우리 사법부가 민법 제764조 등에 근거하여 '삭제'를 적절한 구제 수단으로 인식하고 있다는 점을 반증하는 것이라 여겨진다. 그러나 전술한 바와 같이 삭제청구를 모두 수용하고 있지는 않으며 패소 소송 중 약 46%의 경우에는 삭제청구가 기각된 것으로 나타났다.

예를 들어 원고가 보도 기사 삭제를 청구한 메트로신문사 사건에서 법원은 정정보도청구와 손해배상청구는 인용하면서 삭제청구는 기각했다. 법원은 삭제청구를 기각한 근거를 명예회복에 필요한 범위를 넘어서기 때문이라고 밝혔다. 법원은 판결문에서 "기사의 내용이나 이로 인하여 원고가 입은 피해의 정도 등에 비추어 피고 회사 인터넷 홈페이지 초기 화면에서 정정보도가 있었음을 알리고, 이 사건 기사의 검색이 가능한 한 이를 검색하면 그 하단에 위 정정보도문이 보이도록 함께 게재하도록 하는 것 이상으로 이 사건의 기사 자체를 아예 삭제하도록 하는 것은 피고의 명예회복에 적당한 범위를 넘는 처분이라는 점에서 이를 받아들이지 아니한다"고 설명했다(서울중앙지방법원 2009. 6. 17. 선고 2008가합96333 판결).[158]

그런데 이 판례가 나오기 전에도 국내에서는 이미 인터넷에서 기사 삭제가 이뤄지고 있었다. 인터넷 미디어의 기사에 대한 삭제는 첫째, 법원 판결을 통한 명령 또는 가처분 결정, 둘째, 언론중재위를 통한 조정과 중재 결정,

158 법원은 초기 화면 중앙 위쪽에 제목을 두고, 이를 클릭하면 본문에 연결할 수 있도록 하고 있다. 이때 원기사와 같은 활자체와 줄 간격이어야 한다고 보았다. 또한 판결 확정 후 최초 신문발행시에 48시간 동안 게재할 수 있도록 하고 있다.

셋째, 언론사 자체 판단과 결정 등의 방식을 통해서 기사 삭제가 이루어져 왔다. 즉 소송을 통해 법원에서 기사 삭제 판결과 가처분이 내려져 왔으며, 2013년에는 대법원에서 기사 삭제를 결정한 2건의 판결이 나왔다.[159] 이 기사 삭제 판례는 오보 및 불법 행위와 관련된 삭제로, 사실 보도이나 시간이 경과함에 따라 피해를 일으키는 기사였다.

우리나라 법원에서 판례와 가처분 결정 등으로 인용된 기사 삭제 사례들은 각각 명예훼손, 사생활 침해, 통신비밀보호법 위반, 허위사실적시 등의 불법성이 재판 과정에서 확인된 사안들이다(표 6-2). 표 6-2의 사례는 모두 보도된 지 6개월 이내에 해당하며 불법성이 인정된 기사들로 판결에 의해 삭제된 대표적인 경우다.

해외의 경우에는 기사를 삭제해달라는 소송이 제기돼 이에 대한 판결이 나와 묵은 기사에 대한 법률적 해석과 판단이 형성된 것과 달리, 국내에는 '6개월 이전 보도' 삭제와 관련된 판례가 없다. 기사 삭제가 아닌 해당 기사의 제목과 링크가 포털의 검색 결과에 노출된 것에 대한 삭제 판례도 아직 국내에서는 도출되지 않았다.

헌법재판소는 2006년 언론중재법 시행 이전의 보도에 정정보도청구권을 인정하는 문제에 대해 헌법상 금지된 법률의 소급 적용이라고 보아 위헌 결정을 내린 바 있다(헌법재판소 2006. 6. 29. 선고 2005헌마165 결정). 언론중재법 시행 이전에 나온 오래된 기사들에 대해 현재 법률을 소급 적용해 수정하거나 삭제하는 것이 법리적으로는 어렵다는 결정이다.

그러다가 인터넷 언론에 대해 피해 구제 방식으로서의 삭제를 결정한 최초의 대법원 판결이 2013년 나오게 된다. 대법원은 기사의 삭제를 통한 피해

159 대법원 2013. 3. 28. 선고 2010다60950 판결; 대법원 2013. 6. 27. 선고 2012다31628 판결.

표 6-2 법원의 기사 삭제 판결 및 결정

보도	매체	판결	재판부	기사	판결 내용
2006. 6. 21	YTN	2006. 11. 17	서울고등법원 민사30부	돌발 영상 '불만 엿듣기'	국회의원 사적 대화 몰래 녹음 촬영은 통신비밀보호법 위반, 영상 삭제
2009. 2. 11	독립신문	2011. 11. 4	서울고등법원 민사13부	'김미화, 각종 친노좌파 행각 속속 드러나' 등 다수	비방 보도 명예 훼손 주장 인용, 손해배상 및 관련 기사 삭제 강제 조정
2006. 10	CBSi	2013. 3. 28	대법원	'영안모자 백성학 회장, 미 정보 당국에 국내 정세 보고' 등 58건	인격권에 기초한 방해배제청구권으로서 기사삭제청구 인용, 49건 삭제
2012. 7. 25	KBS 뉴스	2013. 4. 29	서울남부지법 제51민사부	'때리고 밀치고… 유치원 교사, 원생 학대 논란'	과장 보도, 허위사실적시로 기사 게재 금지 가처분 수용
2011. 4. 23	디스패치	2013. 6. 27	대법원	'정용진·한지희, 극비 상견례 포착'	사생활 침해 주장 인용 위자료 지급 및 기사 삭제

구제에는 진실성(상당성)이 위법성 조각의 사유가 되지 않는다고 보았다. 대법원은 인격권 침해를 이유로 한 방해배제청구권으로서 기사삭제청구의 당부를 판단할 때는 그 표현 내용이 진실이 아니거나 공공의 이해에 관한 사항이 아닌 기사로 인해 현재 원고의 명예가 중대하고 현저하게 침해받고 있는 상태에 있는지를 언론의 자유와 인격권이라는 두 가치를 비교형량하면서 판단하면 되는 것이고, 피고가 그 기사가 진실이라고 믿은 데 상당한 이유가 있었다는 등의 사정은 형사상 명예훼손죄나 민사상 손해배상책임을 부정하는 사유는 될지언정 기사 삭제를 구하는 방해배제청구권을 저지하는 사유로는 될 수 없다(대법원 2013. 3. 28. 선고 2010다60950 판결).[160]

2) 인터넷 언론의 조정 사례 분석

2005년 제정된 언론중재법에 인터넷 신문이 피해 구제 대상으로 포함되고, 2009년 동법 개정으로 인터넷 뉴스 서비스(인터넷 포털)도 언론중재 영역에 들게 되면서 언론중재제도에 인터넷 기반 언론에 대한 피해 구제 절차가 체계화 되었다. 전체적으로 볼 때 언론중재법에 의해 중재 대상이 된 이후 언론 피해 구제 청구에서 인터넷 기반 미디어가 차지하는 비중이 지속적으로 증가하는 경향을 나타냈다.

표 6-3에서 볼 수 있듯 인터넷 신문이 조정 대상이 된 첫해인 2005년 인터넷 신문에 대한 조정 청구는 48건으로, 전체 조정 신청 건수의 5.4%를 차지하는데 그쳤다. 이후 인터넷 신문에 대한 조정 신청 건수와 전체 조정 신청 건수에서의 비중이 크게 증가했다. 2006년 77건으로 전체의 7.1%, 2007년 113건으로 10.8%, 2008년 157건으로 16.5%, 2009년 233건으로 14.8%, 2010년 567건으로 25.7%, 2011년 705건으로 33.2%, 2012년 945건으로 39.4%, 2013년 1130건으로 46.4%, 2014년 8436건으로 44.3%를 기록했다. 즉 2014년의 경우 인터넷 신문은 전체 조정 신청 건수의 약 절반에 가까운 비율을 차지했다. 2009년부터 조정이 시작된 인터넷 뉴스 서비스와 합치면 2010년 63.8%, 2011년 57.2%, 2012년 58.3%, 2013년 61.6%, 2014년 66.2%로서 최근 5년간 매년 전체 조정 신청 건수의 과반을 넘으면서 지속적인 증가 추세를 보였다(표 6-3).

인터넷 신문의 경우 2005년부터 지속적으로 급증하는 모습을 보인 반

160 민법 제214조(소유물방해제거, 방해예방청구권) 소유자는 소유권을 방해하는 자에 대하여 방해의 제거를 청구할 수 있고 소유권을 방해할 염려가 있는 행위를 하는 자에 대하여 그 예방이나 손해배상의 담보를 청구할 수 있다.

표 6-3 최근 9년간 미디어 유형별 언론 조정 신청 현황

연도	청구 건수	신문	방송	잡지	통신	인터넷 신문	인터넷 뉴스 서비스	기타
2005	883	609(69.0)	172(19.5)	33(3.7)	18(2.0)	48(5.4)		1
2006	1087	723(66.5)	216(19.9)	54(5.0)	17(1.6)	77(7.1)		
2007	1043	634(60.8)	250(24.0)	10(1.0)	30(2.9)	113(10.8)		6
2008	954	554(58.1)	189(19.8)	12(1.3)	33(3.5)	157(16.5)		9
2009	1573	632(40.2)	459(29.2)	27(1.7)	38(2.4)	233(14.8)	181(11.5)	3
2010	2205	540(24.5)	189(8.6)	24(1.1)	42(1.9)	567(25.7)	841(38.1)	2
2011	2124	586(27.6)	250(11.8)	9(0.4)	62(2.9)	705(33.2)	510(24.0)	2
2012	2401	665(26.6)	243(10.0)	11(0.5)	83(3.5)	945(39.4)	454(18.9)	
2013	2433	522(21.5)	288(11.8)	10(0.4)	112(4.6)	1130(46.4)	369(15.2)	2
2014	19048	1571(8.3)	3776(19.8)	25(0.1)	1117(5.9)	8436(44.3)	4177(21.9)	

자료: 언론중재위원회, ( )안은 비중, 단위 %

면, 2009년부터 중재 대상이 된 인터넷 뉴스 서비스의 경우 2010년에 크게 늘었다가 2011년과 2013년에 줄어드는 들쭉날쭉한 모습을 보인다. 인터넷 뉴스 서비스의 경우 표 6-3에서 볼 수 있듯이 2009년 181건으로 전체의 11.5%를 기록하고, 2010년 841건으로 38.1%, 2011년 510건으로 24.0%, 2012년 454건으로 18.9%, 2013년 369건으로 15.2%를 기록해서 점차 전체에서 차지하는 비중이 줄어들고 있는 것을 알 수 있다. 물론 2014년도의 경우, 일시적으로 증가했지만 전반적인 추세가 이렇다는 것은 포털 사이트들이 설립한 KISO(인터넷자율정책기구) 등을 통한 자율적 규제 노력이 잘 이루어지고 있기 때문으로 판단된다.[161]

전술한 바와 같이 인터넷 신문과 인터넷 뉴스 서비스를 합산할 경우 최

근 3년간 인터넷 기반 미디어에 대한 조정 신청이 절반을 넘어서고 증가 추세를 보인다. 이러한 점은 인터넷 언론이 언론중재제도를 통해 조정을 이용하는 가장 중요한 미디어로 등장하였음을 보여 준다. 아울러 인터넷 신문으로 인한 피해가 최근에 더욱 증가하고 있다는 점을 반증한다고 할 수 있다.

(1) 인터넷 신문 조정 분석

인터넷 신문에 대한 연도별 침해 유형을 살펴보면 표 6-4와 같다. 표에서 보는 바와 같이 명예훼손에 대한 부분이 전체의 91.3%(3666건)로 압도적으로 많게 나타났다.

실제로 명예훼손은 단지 인터넷 신문뿐만 아니라 언론중재제도의 이용에 있어 가장 중요한 구제 분야다. 인터넷 신문도 여타 미디어와 유사한 모습을 보인다. 인터넷 신문과 관련 2005년에 발생한 전체 48건 중 95.8%에 해당하는 46건이 명예훼손이었다. 2007년부터는 점차 초상권, 성명권, 프라이버시 등 다른 침해 유형에 대해서도 신청이 들어오면서 침해 유형이 보다 다양해지는 모습을 보였다. 특히 초상권, 성명권에 대한 조정 신청이 2010~2013년에 상당히 증가한 모습을 보이는데, 이는 국민들이 침해된 인격권에 대해 적극적으로 구제를 받고자 하는 인식이 높아졌음을 반영한 결과라 할 수 있다.

초상권은 전체의 3.4% 135건으로 나타났으며, 사생활 침해 1.8% 74건, 그리고 성명권은 1.3% 53건으로 나타나, 전체적인 경향을 보면, 여전히 침해 유형이 명예훼손에 치우쳐 있음을 알 수 있다. 다만 초상권이나 사생활 침해와 같이 다양한 유형의 인격권 침해에 대한 구제를 적극적으로 시도하는 경

161 KISO(Korea Internet Self-governance Organization)에 대한 자세한 사항은 www.kiso.or.kr를 참조.

표 6-4 인터넷 신문에 대한 연도별 침해 유형

연도	사건 수	명예훼손	신용훼손	초상권	성명권	음성권	사생활 침해	재산상 손해	기타
2005	48	46	2						
2006	77	72	3	2					
2007	113	104	2	4	1		1		1
2008	157	151		5	1				
2009	272	257	1	7					7
2010	567	513	3	19	2		3		27
2011	705	671		5	19		9	1	
2012	945	799		63	19	19	61	2	1
2013	1130	1053		30	11		22	14	
2014									
계 (%)	4014	3666 (91.3%)	11 (0.3%)	135 (3.4%)	53 (1.3%)	19 (0.5%)	74 (1.8%)	17 (0.4%)	36 (9.0%)

향이 조정 현황에서 엿보인다고 할 수 있다. 적극적으로 구제 받고자 하는 경향이 강해지고 있음을 알 수 있다. 특히 이는 영상 미디어의 발전으로 개인의 초상권이 침해되는 경우가 늘어나고 있다는 점과 관련이 큰 것으로 판단된다. 즉 인터넷 신문의 경우에도 취재나 보도 시 개인의 인격권이 침해되지 않도록 보다 세심한 주의를 기울여야 하며, 취재 대상에게 동의를 얻는데 적극적으로 노력할 필요가 있다는 것을 보여 준다.

그렇다면 이러한 인터넷 신문의 경우 어느 정도 피해 구제가 잘 이뤄지고 있는가? 이는 표 6-5에서 나타난 조정 처리 결과 현황에서 살펴볼 수 있다.

인터넷 신문에 대한 조정 처리 결과를 보면 취하가 전체의 70.7%로 가

표 6-5 인터넷 신문에 대한 연도별 조정 처리 결과 현황

연도	사건 수	조정 성립	조정에 갈음하는 결정		조정 불성립 결정	기각	각하	취하
			동의	이의				
2005	48	15		2	13		6	12(10)
2006	77	34		2	13	5		23(18)
2007	113	44			22	5	5	37(23)
2008	157	62	8	2	17	5	4	59(49)
2009	272	128	7	7	14	7	2	107(70)
2010	567	190	12	14	29	43		279(254)
2011	705	230	22	19	81	10	4	339(254)
2012	945	348	49		157	18	5	368(310)
2013	1130	420	20	29	139	5		517(443)
2014	8444	668	60	77	476	45	52	7066(6800)
계 (%)	12458 (100)	2139 (17.2)	178 (1.4)	152 (1.2)	961 (7.7)	143 (1.1)	78 (0.6)	8807(8231) (70.7)

장 많이 나타나고 있다. 이는 여타 미디어의 조정 결과보다 조금 높은데, 2014년의 경우, 43.5%로 가장 많게 나타났으며, 여타 미디어와 비슷한 모습을 보였다. 취하된 사건 중 93.5%인 8231건은 피해 구제를 받아 취하한 것으로 나타났다. 즉 언론사와 신청인이 심리 이전에 정정보도나 반론보도 등의 약속을 하고 신청을 취하하는 것이다. 이런 결과는 신청인이 조정을 신청하기 전에는 합의에 소극적인 태도를 보이던 언론들이 언론 조정 신청 후에 신청인에게 적극적으로 피해 구제를 약속하여 취하하는 경우가 많음을 보여준다. 따라서 수치상으로는 취하가 많기는 하지만 실질적으로 피해 구제를 받지 못하고 취하하는 경우도 6.5%로 나타났다. 이는 적어 보이지만 2014년

을 제외하면 약 20%에 해당하는 수치가 피해 구제를 받지 못하고 취하하고 있는 것으로 나타났다.

한편 조정 심리를 거쳐 당사자 간에 수용할 수 있는 합의점에 도달한 것은 18.6%였다. 즉 조정 성립이 17.2%(2139건), 조정을 갈음하는 결정에 동의한 것은 1.4%(178건)였다. 한편 조정을 갈음하는 결정에 대해 이의를 제기한 것은 1.2%(152건)였다. 이외 조정 불성립 결정은 7.7%(961건)로 나타나서 조정에 들어가서 합의에 실패한 경우는 약 9%를 상회하는 정도로 나타나 합의율이 상당히 높다고 할 수 있다. 기타 결과로 기각이 1.1%(143건), 각하가 0.6%(78건)로 나타났다. 전체적으로 인터넷 신문과 관련된 조정의 결과는 상당히 피해 구제의 정도가 양호하게 나타났다고 판단할 수 있다.

(2) 인터넷 뉴스 서비스 조정 분석

인터넷 뉴스 서비스에 대한 조정 신청은 표 6-6에서 보듯이 총 1493건으로 나타났다. 2009년 언론중재법 개정으로 인하여 인터넷뉴스서비스사업자가 언론 조정 대상 미디어가 된 이후로 조정은 2009년 142건, 2010년 841건, 2011년 510건, 2012년 454건 그리고 2013년 369건이 신청되었다.

전체적으로 볼 때 인터넷 뉴스 서비스가 피해 구제를 위한 조정의 대상에 포함되자마자 피해 구제를 받기 위한 조정 신청이 꽤 활발하게 이루어졌다고 볼 수 있다. 다만 2010년을 기점으로 이후부터 그 빈도 수는 감소하고 있는 추세를 보이고 있다. 즉 연도별 현황을 살펴보면 첫 2년 동안의 사건 수는 크게 증가하였으나 이후 2011년부터는 점차 줄어들고 있다는 것이다.

인터넷 뉴스 서비스에 대한 침해 유형별 현황을 보면, 명예훼손이 89.7%(2077건)로 다른 미디어에서와 유사하게 제일 높게 나타났다. 한편, 인터넷 신문에서 초상권 침해가 2.2%였던 것에 비해 인터넷 뉴스 서비스에서는 5.7%로 상대적으로 조금 높게 나타났다. 이는 사진이나 보도 영상을 사

표 6-6 인터넷 뉴스 서비스에 대한 연도별 침해 유형

연도	사건 수	명예훼손	신용훼손	초상권	성명권	음성권	사생활 침해	재산상 손해	기타
2009	142	125		11					6
2010	841	742	14	65			7		13
2011	510	493		8		1	8		
2012	454	377		33	20	2	20	2	
2013	369	340		14	5	2	7	1	
2014									
계(%)	2316	2077 (89.7%)	14 (0.6%)	131 (5.7%)	25 (1.1%)	5 (0.2%)	42 (1.8%)	3 (0.1%)	19 (0.8%)

용하는 과정에서 다른 사람의 모습을 무단 혹은 허락받지 않고 게재하거나 동의 범위를 넘어서 이용을 한 경우가 많았다는 점에서 볼 때 인터넷 뉴스 서비스가 상당한 주의를 기울여야 할 부분이다.

이는 비록 2010년이 가장 많았고 2013년에는 약간 줄어든 경향을 보이기는 하나 포털에 의한 초상권 침해에 대한 구제를 위해 언론중재제도를 이용하는 사람들이 늘고 있음을 반증한다. 영상 저널리즘 시대라 불릴 만큼 뉴스에서 보도 영상이나 사진이 차지하는 중요성이 높아지고 있어 앞으로 개인의 초상권이 침해될 가능성은 더 커질 것으로 예상된다. 따라서 개인의 초상권이 침해되지 않도록 취재 및 보도 과정에서 보다 세심한 주의가 필요하다. 사생활 침해는 전체의 1.8%(42건)에 지나지 않았으나 2011년부터 전체 사건 수가 전년 대비 감소했음에도 사생활 침해에 대한 조정 신청은 오히려 상대적으로 증가한 모습을 보였다. 최근 뉴스 서비스가 대부분 포털을 통해 일어나기 때문에 그 확산 범위가 넓고 빠르게 전파된다는 점, 인터넷 특성상 한

표 6-7 인터넷 뉴스 서비스에 대한 연도별 조정 처리 결과

연도	사건 수	조정 성립	조정에 갈음하는 결정		조정 불성립 결정	기각	각하	취하
			동의	이의				
2009	142	37	12	1	2	5	2	83(70)
2010	841	77	69	6	13	48		628(555)
2011	510	150	10		38		1	311(288)
2012	454	84	4	6	24	5	1	330(290)
2013	369	85	2	1	15(4)	1		265(237)
2014	4171	100	29	10	206(7)	12	15	3799(3479)
계 (%)	6487 (100)	533 (8.2)	126 (1.9)	24 (0.4)	77 (1.2)	71 (1.1)	19 (0.3)	5416(4919) (83.5)

번 노출된 정보가 완벽하게 삭제되기 어렵다는 점, 개인 블로그나 게시판 등으로 복사된 내용은 조정 대상이 되지 않으므로 확산된 정보를 삭제하는 것이 어렵다는 점 등을 고려할 때 프라이버시권의 침해는 적은 숫자라 하더라도 심각하게 고민해야 할 부분이다.

한편, 인터넷 뉴스 서비스의 경우 개인의 인격권 침해에 대한 신청에서 구제가 제대로 이루어지고 있는가에 대한 질문이 가능하다. 이는 표 6-7에서 알 수 있다.

표에서 보듯이 인터넷 뉴스 서비스에 대한 조정의 처리 결과에서 취하가 전체의 83.5%를 차지하였다. 인터넷 뉴스 서비스의 대부분이 기사를 자체 생산하지 않고 언론사와의 계약을 통해 원래 보도를 제공한 언론사의 기사를 그대로 게재한다. 따라서 원보도 제공 언론사와 신청인 간의 조정이 성립될 경우, 기사를 제공받은 인터넷 뉴스 서비스도 이를 받아들이는 경우가 대부분이다. 따라서 원보도 제공 언론사의 조정 성립 내용을 자신들도 그대로

이행하는 것을 신청인에게 약속하고 심리 이전에 신청을 취하하는 경우가 많다. 그래서 취하의 90.8%에 해당하는 4919건이 어떤 형태로든 피해 구제를 받고 취하한 것으로 나타났다.

언론중재위는 2011년 6월, 네이버, 네이트, 다음, 야후, 파란 등 국내 5대 포털사와 조정 사건의 중재 전환에 관한 업무 협약을 맺었다. 이는 원보도 제공 언론사와의 조정 내용을 대부분 그대로 받아들이는 포털들이 그동안 조정 사건이 접수될 때마다 매번 심리에 참석해야 하는 번거로움을 겪었는데, 심리에 반드시 출석해야 하는 조정 절차와는 달리 서면으로 진행될 수 있는 중재 절차를 통해 포털사의 어려움을 해소하고 신속한 사건 처리를 하고자 함이었다(뉴시스, 2011. 6. 10).

조정 성립은 전체의 8.2%(533건)였는데, 취하가 많다 보니 상대적으로 비율이 낮게 나타났다. 조정에 갈음하는 결정은 전체의 2.3%(동의 1.9%, 이의 0.4%)로 나타났다. 인터넷 신문의 동의와 이의가 각각 1.4%, 1.2%였던 것에 비교하면 동의는 높고 이의는 낮은 것으로 나타났다. 이런 결과들을 볼 때 인터넷 뉴스 서비스의 경우 원보도 제공 언론사와의 합의 내용을 그대로 이행하거나 언론중재위의 결정을 그대로 수용하는 정도가 더 크다고 할 수 있다.

따라서 '동일한 지면'이라는 피해 구제 보도문 게재 원칙을 적용하는 것도 구제 효과를 기대하기 어렵다. 언론중재법 제17조의2 '인터넷 뉴스 서비스에 대한 특칙'에서 인터넷뉴스서비스사업자가 정정보도, 반론보도, 추후보도청구를 받은 경우 지체 없이 해당 기사에 관하여 청구가 있음을 알리는 표시를 하고 해당 기사를 제공한 언론사 등에 그 청구 내용을 통보하도록 하고 있다. 이런 조치도 결국은 독자로 하여금 뉴스 내용에 대한 판단을 유보시키는 효과를 주어 신청인의 피해를 줄여보고자 한 조치였다. 하지만 여전히 인터넷 언론의 피해 구제 보도문의 게재 방법의 효과를 높이기 위한 고민이 필요할 것으로 보인다.

(3) 기사 삭제 조정 분석

언론중재위를 통한 인터넷 언론에 대한 조정과 중재 과정에서는 다양한 요청과 구제 수단이 활용된다. 연도별 《언론조정중재·시정 권고 사례집》에 보고된 언론 피해에 대한 구제 수단은 다양하다.[162] 예를 들어 후속 보도를 조건으로 합의를 하는 경우, 후속 보도 금지와 관련 기고 금지를 조건으로 한 합의, 보도 또는 비보도 조건의 유감 표시, 유감 편지 또는 사과 편지 발송, 사과 공문 발송, 홍보성(PR) 기사 보도, 취재 보도 관행 개선 약속, 기사 수정, 기사 삭제, 재방영 금지, 정정보도문의 검색 허용 등 다양한 방법이 합의의 조건으로 활용되고 있다(조준원, 2010).

그중에서 기사 삭제·수정은 인터넷 신문과 인터넷 뉴스 서비스에 대한 피해 구제 방법으로서 중요한 기능을 하고 있다. 다른 피해 구제 수단과 달리 기사 삭제·수정은 인터넷 미디어 환경에 고유한 수단이다. 정정·반론·추후보도청구권은 인쇄 미디어 보도나 방송 보도에 대해서 청구 대상 보도물과 별개의 보도나 공지를 통해서 피해 구제를 추구한다. 인터넷 기반의 미디어는 유통된 이후에 원본에 대한 접근이 물리적으로 불가능한 신문과 방송과 달리 기사에 직접 접근해 수정 또는 삭제할 수 있다.

언론중재위의 심리 과정에서 기사 삭제 사례는 2005년 처음 등장했다.[163] 친동생을 살해했다는 혐의를 받고 구속 기소됐으나 1심, 2심, 대법원에

162 연도별 《언론조정중재·시정 권고 사례집》에는 손해배상청구 사건에서 위자료를 신문이나 잡지 무료 구독으로 대체하거나, 차량 번호 공개 보도로 인한 피해에 대해 번호판 교체 비용을 부담하거나 광고 무료 게재 등 언론사와 신청자 간의 다양한 합의 사례가 공개돼 있다.

163 언론중재위는 2006년부터 홈페이지를 통해서 직전 연도의 조정 및 중재 사례를 연차보고서 형태로 공개하고 있다. 인터넷 신문을 중재와 조정 대상으로 포함한 언론중재법은 2005년 8월 7일부터 시행됐고, 첫 기사 삭제 결정은 2005년 11월 10일 사건번호 '2005서울조정137'에서 인터넷 포털에 대해 등장한다.

서 모두 무죄 판결을 받은 신청인이 언론중재위에 손해배상 조정을 신청한 사건이다. 언론중재위의 조정을 통한 기사 삭제의 첫 결정으로 파악되는 이 사례는 인터넷 환경에서 기사 삭제의 조건에 대한 언론중재위의 기준과 판단을 제공했다는 의미가 있다.

언론중재위《2005년도 연차보고서》에 따르면 해당 사안에 관해 전국에서 모두 15개 미디어의 보도에 대한 조정 신청이 접수되었고, 이 중 3건이 각하되고 12건에 대해 조정이 이뤄졌다. 12건의 합의에서 11건은 기사 삭제와 손해배상액 지급을 조건으로 조정이 이뤄지고, 1건은 관련 사안에 대한 추후 보도의 형태로 마무리됐다. 원래 신청인의 요구 사항에 기사 삭제는 없었지만 언론중재위 조정 과정에서 손해배상액 조정과 함께 기사 삭제가 포함됐다. 언론중재위가 미디어에 따라 기사 삭제를 조정 결정하거나 각하한 판단에는 기준과 근거가 밝혀져 있다.[164]

언론중재위가 2005년 기사 삭제와 함께 손해배상 결정을 내린 것은 두 가지 측면에서 의미를 찾을 수 있다(구본권, 2015).

첫째, 언론중재위는 삭제 결정을 내린 11건의 기사에 대해 2년 전에 보도된 기사로 보지 않고, '보도 6월 이내, 인지 3월 이내'의 기사로 간주했다는 것을 의미한다. 언론중재위 판단은 기사가 최초 보도된 시점과 무관하게 인터넷에 존재하는 이상 해당 기사가 현재 보도된 것으로 보아야 한다는 해석을 전제하고 있다. 이 조정 결정은 특정 중재부에서만 이뤄진 게 아니라, 5개

164 2005년 연차보고서에서 다음과 같은 점이 도출됐다. 첫째, 기사 삭제가 조정 수단으로 등장한 것은 기사의 인터넷 유통 피해에 신청인·언론사·언론중재위원들이 인식을 공유했음을 의미한다. 둘째, 2003년 기사에 대해 2005년 삭제 조정 결정을 내린 것은 보도 이후 6개월인 피해구제 청구 시한이 인터넷 기사에서는 예외일 수 있음을 의미한다. 셋째, 동일한 성격의 사안에 대해 중재부 별로 차이가 나는 결정을 내린 것은 기사 삭제에 관련한 규정과 기준이 없는 것도 배경이다.

중재부에서 동시에 동일하게 이뤄졌다.[165]

둘째, 언론중재위가 언론 보도에 대해서 최초로 '기사 삭제'라는 방법을 언론 피해 구제 방법으로 제시하고 채택했다는 것을 의미한다. 언론중재법 제15조 제1항은 정정보도할 내용이 인터넷 신문과 인터넷 뉴스 서비스에서 정정되지 않은 채 서비스되고 있을 경우 함께 정정 청구를 할 수 있도록 규정하고 있으나, 기사 삭제 조정과는 관련이 없었다. 해당 조정 결정에 언론중재법을 적용할 수 없는 이유는 인터넷 기사가 정정보도의 시한 규정의 대상에 맞지 않는다는 점과 현행법이 인터넷 신문 등에 대해 정정청구를 요청할 수 있도록 할 뿐 기사 삭제는 규정하고 있지 않다는 점에서 찾을 수 있다.

언론중재위가 공개한 언론 피해 조정 사례를 보면 2005년 이후 언론 피해 구제 수단으로서 기사 삭제·수정의 방법은 지속적으로 증가하고 있는 것으로 나타났다. 표 6-8은 언론중재위가 2005년 이후 공개하고 있는 연도별 《언론조정중재·시정 권고 사례집》에 나타난 조정과 중재 사례에서 인터넷 신문과 인터넷 뉴스 서비스에 대한 기사 삭제·수정이 동원된 사례를 조사한 뒤 분류한 것이다. 전체적으로 언론중재에는 신청인·언론사·언론중재위 등 세 당사자가 있다. 기사 삭제·수정을 새로운 언론 피해 조정 수단으로 제시하고 수용하는 현상은 언론중재의 세 주체 모두에게서 나타나고 있으며 적용 사례도 늘고 있다.

현재 언론중재위는 정정보도, 반론보도, 추후보도 및 손해배상 4가지 형태로만 조정과 중재 신청을 접수하고 있으며 처리 결과 또한 4가지로만 분류하고 있다. 이 때문에 언론중재위를 통한 기사 삭제·수정 사례 파악을 위해 연도별 《언론조정중재·시정 권고 사례집》에 나타난 자료를 조사하고 별도로

165 15개 언론사에 대한 조정 결정을 전국적으로 6개 중재부에 의해 다뤄졌지만, 〈연합뉴스〉와 〈뉴시스〉에 대한 손해배상청구를 다룬 서울3중재부에서는 각하 결정이 내려졌다.

표 6-8 언론중재위원회 자료에 나타난 기사 삭제·수정 추이

연도	조정 청구 건수	통합 조정 청구 건수(A)	기사 삭제(B)	기사 수정(C)	기사 삭제 수정 비율((B+C)/A)
2005	883	-	11	0	(1.2%)
2006	1087	-	13	2	(1.4%)
2007	1043	759	14	3	2.2%
2008	954	629	32	11	6.8%
2009	1573	930	63	19	8.8%
2010	2205	780	115	17	16.9%
2011	2124	667	93	24	17.5%
2012	2401	766	104	31	17.6%
2013	2433	830	145	56	24.2%

* 언론중재위원회 연도별 《언론조정중재·시정 권고 사례집》을 재구성했다.
2014년에는 대량 사건 발생으로 통합 조건 건수가 명확하게 잡히지 않은 관계로 통계를 생략했다.

분류했다.[166]

신청인이 유사한 보도를 수십 건씩 묶어서 조정과 중재를 신청한 경우도, 반대로 미디어별 1건씩 신청한 사례도 나타났다. 《언론조정중재·시정 권고 사례집》은 2010년부터는 동일한 주제 관련 여러 미디어들의 보도에 대한

166 언론중재위는 2005년부터 2007년까지 〈연차보고서〉로 펴내던 자료집을 2008년부터 《언론조정중재·시정 권고 사례집》으로 변경해 발간하고 있다. 언론중재위는 자료집을 발간하면서 2005년부터 2010년까지는 조정과 중재 사안의 전체 내용을 수록했으나, 2011년부터는 대표적 주요 사례 위주로 조정·중재 내역을 싣고 나머지 사안들은 내용을 요약한 목록 방식으로 처리하고 있다. 이 때문에 2011년부터는 자료집에 수록되지 않은 채 조정과 중재 과정에서 기사 삭제 및 수정이 이뤄졌을 경우 공개되지 않을 수 있다.

신청 사건을 병합해서 조정한 뒤 결과를 하나의 사례로 정리해 기록하고 있다. 언론중재위의 조정 신청 접수·처리 방식과 발간 자료의 한계, 조정 신청 민원이 갖는 다양한 요구와 접수 방식으로 인해 10년간의 조정 사례에 대한 균일화된 기준으로의 분류에는 한계가 있다. 정확한 분류를 위해서 구본권(2015)의 연구를 차용하여 연도별(2005~2013) 조정 사례가 담긴 9개년의 《언론조정중재·시정 권고 사례집》 전자 문서(PDF)에 대해서 4가지의 키워드(기사 삭제, 기사수정, 삭제, 수정)로 검색을 실시해 해당 사례를 추출해 분류했다. 이 과정에서 사용한 기준은 다음과 같다.

언론중재위가 분류한 사안별 사례를 기준으로 삼았다. 언론중재위가 동일한 주제이지만 이를 여러 사례로 처리했을 경우는 각각을 개별적 사례로 분류하고, 유사한 보도에 대한 신청을 중재부가 1건으로 병합해서 처리했을 경우에는 연구자도 1건의 사례로 처리했다. 한 사례에서 정정보도, 추후보도, 손해배상, 기사 삭제·수정 등 여러 형태의 조정과 합의가 동시에 나타날 경우 기사 삭제·수정을 기준으로 분류했다. 언론중재위가 자료집의 사례 목록에서 기사 삭제·수정으로 분류하지 않았고 정정·반론보도 등으로 분류했으나 사례별 구제 내용에서 기사 삭제·수정이 조건으로 병기된 경우는 기사 삭제·수정 사례로 분류했다. 신청인이 중도 취하한 사안에서 기사 삭제·수정이 이뤄진 경우 및 언론중재위가 조정 과정에서 기사 삭제·수정을 제안하거나 결정한 경우도 사례로 포함시켰다. 유사한 조정 신청에 대해 앞서의 조정 사례를 참조하라고 기록된 사례에 대해서는 참조 사례의 내용과 같은 것으로 간주해 분류했다. 제목을 수정하거나 사진을 삭제한 경우 등은 기사 수정으로 분류했다.

지난 9년 동안 《언론조정중재·시정 권고 사례집》에서 어떤 사례들을 기사 삭제와 기사 수정으로 분류했는지는 자료를 통해 언론중재위의 조정 사례에 대한 분석 결과 다음과 같은 특징을 나타냈다.

첫째, 인터넷 기반 미디어가 중재 대상이 된 이후 인터넷 기반 뉴스에 대한 언론중재 신청이 지속적으로 증가하고 있다. 둘째, 인터넷 언론 관련 피해구제 신청이 증가하면서 공식적인 청구권이 없음에도 기사 삭제·수정 사례가 지속적으로 늘고 있다. 셋째, 기사 삭제·수정 사례는 언론중재위가 발간하는 자료를 통해서 이뤄질 수밖에 없으나, 균일한 기준 적용에 한계가 있다.

구체적으로 조정 사례를 살펴보면 전술한 바와 같이 언론중재 조정 과정에서 신청인이 기사 삭제를 직접 단독 요청한 첫 사례는 2006년에 나온 사건번호 '2006서울조정411'로 파악됐다.[167] 《2006년도 언론조정중재·시정 권고 사례집》에는 신청인이 잘못된 보도에 대해 800만 원의 손해배상청구와 함께 해당기사 삭제를 요청한 사실이 나타나 있다. 2005년 첫 기사 삭제 사례는 손해배상청구 조정 과정의 합의라는 점에서 신청인 기사 삭제 요청은 상당한 의미를 지닌다. 이후 사건번호 '2008서울조정170,' '2008서울조정188,' '2008서울조정266'에도 신청인의 기사 삭제 요청이 드러나 있다.[168]

2005년 기사 삭제와 관련하여 최초로 처리된 15건의 중재위원회 처리 결과는 다음의 표 6-9와 같다.

신청인의 손해배상을 각하한 사례는 〈연합뉴스〉, 〈뉴시스〉, 마산

167 신청인이 지하철에서 말다툼하는 동영상을 왜곡 편집해 보도한 디지털인사이드의 디시뉴스에 대해 손해배상을 청구한 사안이다. 신청인은 조정 과정에서 기사 삭제를 조건으로 손해배상청구권과 형사소송을 제기하지 않기로 합의했다. 언론중재위의 조정·중재 신청 접수와 처리 방식에서 신청인·언론사에 따라서 처리 방식과 결과가 달라지는 점 때문에 사례 조사를 통한 통계 분류에 한계가 있다. 언론중재위는 단일한 사건에 대한 보도를 여러 미디어가 동시에 보도한 경우 한 중재부가 병합해 조정하기도 하고, 미디어별로 이뤄진 보도를 건별로 다루기도 했다.

168 사건번호 '2008서울조정170,' '2008서울조정188'은 중재부의 조정 결과 합의로 조정됐다. '2008서울조정266'은 신청인의 보도 동영상 삭제 요청과 이에 대한 방송사의 삭제가 있었음이 드러나지만 조정은 성립하지 않았다.

표 6-9 2005년 기사 삭제 관련 처리 결과

사건번호	청구 대상, 보도일	중재부, 접수일	결정 내용	손배액
2005 서울조정137	동아일보 2003. 8. 30	서울1, 2005. 10. 26	-합의 -동아닷컴 기사에 대해 내외부인 열람 금지, 포털 4곳에 삭제 통보	350만 원
2005 서울조정138	문화일보 2003. 8. 30	서울1, 2005. 10. 26	-합의 -05서울조정139 참조	350만 원
2005 서울조정139	서울신문 2003. 8. 30	서울1, 2005. 10. 26	-합의 -인터넷 서울신문 기사에 대해 내외부인 열람 금지, 포털 4곳 삭제 통보	350만 원
2005 서울조정140	한겨레 2003. 8. 30	서울2, 2005. 10. 26	-합의 -05서울조정139 참조	350만 원
2005 서울조정141	매일경제 2003. 8. 30	서울2, 2005. 10. 26	-합의 -05서울조정139 참조	350만 원
2005 서울조정142	KBS-1TV 2003. 8. 29	서울2, 2005. 10. 26	-합의 -추후보도(경찰 잘못된 수사로 인한 피해자 사례 보도)	
2005 서울조정143	연합뉴스 2003. 8. 29	서울3, 2005. 10. 26	-각하 -조정 신청 기한(보도 인지 3개월 내, 보도 이후 6개월 이내) 경과	
2005 서울조정144	뉴시스 2003. 8. 29	서울3, 2005. 10. 26	-각하 -조정 신청 기한(보도 인지 3개월 내, 보도 이후 6개월 이내) 경과	
2005 부산조정9	부산일보 2003. 8. 29	부산, 2005. 11. 7	-합의 -인터넷 게재 기사 삭제, 포털 게재 기사에 삭제 통보	550만 원
2005 부산조정10	국제신문 2003. 8. 29	부산, 2005. 11. 7	-합의 -05서울조정139 참조	400만 원
2005 대구조정4	매일신문 2003. 8. 30	대구, 2005. 11. 7	-합의 -인터넷 매일신문 기사에 대해 내외부인 열람 금지, 포털 4곳 삭제 통보	450만 원

2005 경남조정10	마산MBC－TV 2003. 8. 29	경남, 2005. 11. 7	－각하 －조정 신청 기한(보도 인지 3개월 내, 보도 이후 6개월 이내) 경과	
2005 경남조정11	경남도민일보 2003. 8. 30	경남, 2005. 11. 7	－합의 －경남도민일보 홈페이지 기사 내외부인 열람 금지, 포털 4곳 삭제 통보	150만 원
2005 경남조정12	경남신문 2003. 8. 29	경남, 2005. 11. 7	－합의 －05서울조정139 참조	350만 원
2005 경남조정13	경남일보 2003. 8. 30	경남, 2005. 11. 7	－합의 －경남일보 홈페이지 기사에 내외부인 열람 금지, 포털 4곳에 삭제 통보	150만 원

MBC－TV에 대한 조정 신청이다. 〈연합뉴스〉와 〈뉴시스〉에 대한 신청은 서울제3중재부가, 마산 MBC－TV는 경남중재부가 맡았지만, 3건의 각하 사유는 동일하다. 언론중재위는 '2005서울조정143' 〈연합뉴스〉의 2003년 8월 29일 기사에 대한 손해배상청구 사건에서 언론중재법이 규정한 신청 기간이 경과했다는 사유로 각하한다고 결정했다. 15개 언론사 보도에 대해 신청인이 언론중재위에 손해배상 조정 신청을 낸 때는 2005년 10월과 11월로, 대법원 무죄 확정 판결이 내려진 3개월 이내의 시점이다.

신청인은 언론중재법 제17조 제1항에서 규정된 추후보도 청구 시한을 준용해 언론사 보도에 대해 손해배상청구를 한 것으로 판단된다. 이에 대해 언론중재위는 기사별로 다르게 판단했다. 조정 과정에서 추후보도 합의는 KBS－1TV의 2003년 8월 29일 방송 보도가 유일하다. 마산 MBC－TV, 〈연합뉴스〉, 〈뉴시스〉의 보도에 대한 손해배상청구는 신청 기한 경과로 기각됐다.[169]

한편 전국의 11개 신문사 기사에 대해서는 합의를 통해 손해배상과 함께 기사 삭제라는 조정 성립이 이뤄졌다. 언론중재위가 동일한 시점에 보도된 유사한 기사들에 대해 동일한 기준을 적용하지 않고 언론사 별로 다른 결정을 내린 이유와 근거는 무엇인가? 무엇보다 15건의 기사에 대한 언론중재위의 조정은 서울 1, 2, 3, 대구, 부산, 경남 등 6곳의 중재부에 의해 이루어졌다. 중재부에 따라 유사한 손해배상청구에 대한 조정 내용에서 미세한 차이가 나타나긴 하지만, 각 중재부는 결정 내용에 대한 근거와 이유를 제시하고 있다.

동일한 신청인이 언론중재위에 15개 언론사의 유사한 기사에 대해 유사한 손해배상을 청구한 사건에 대한 분석은 그 대상을 언론중재위가 각기 기사 삭제, 각하로 다른 조정 결정을 내린 14건으로 좁힐 수 있다.[170] 언론중재위는 14개 언론사의 보도에 대해 3건만 조정 신청 기한 경과를 이유로 각하하고 11건에 대해서는 기사 삭제와 손해배상을 조정 결정했다.[171] 언론중재위가 사례집에서 밝히고 있지 않지만 2년 전의 유사한 보도에 대한 청구에서 각하 대신 기사 삭제와 손해배상을 결정한 근거는 조정 시점에서 문제된 기사가 인터넷 기사로 존재했는가의 여부로 추정된다.

169 언론중재위를 통한 〈연합뉴스〉 보도에 대한 손해배상청구 신청이 기각된 것과 별개로, 신청인이 원고가 되어 〈연합뉴스〉를 상대로 제기한 손해배상청구소송에서 법원은 2008년 2월 원고 일부 승소 판결을 내렸다(창원지방법원 2008. 2. 14. 선고 2007가단5109 판결).

170 신청인과 피신청인 간에 추후보도로 합의를 이룬 KBS-1TV의 2003년 8월 29일 방송 보도를 나머지 14건과 비교에서 제외했다. KBS-1TV의 추후보도는 언론중재위가 기존 청구권을 활용해 내린 적절한 조정 결정으로 분류했다.

171 언론중재위는 〈부산일보〉에 대해서 인터넷 기사 삭제를 조정 결정하고, 〈동아일보〉, 〈문화일보〉, 〈서울신문〉, 〈한겨레〉, 〈매일경제〉, 〈국제신문〉, 〈매일신문〉, 〈경남도민일보〉, 〈경남신문〉, 〈경남일보〉 등 10개 신문사에 대해서 해당 신문사의 인터넷닷컴 또는 홈페이지 게재 기사에 대해 내외부인의 열람을 금지하는 결정을 내렸다. 11개사에 대해서 동일하게 포털에 제공된 기사에 대해서는 삭제 통보를 결정했다. 언론사 홈페이지에 실린 기사를 삭제하도록 한 결정과 내외부인의 열람을 금지하도록 한 조처는 실질적으로 같은 내용으로 간주할 수 있다.

언론중재위는 각하 결정을 내린 3개 언론사에 대해 포털에 기사 삭제를 통보하라는 결정을 병과하지 않았다. 삭제 대상이 된 11개 언론사에 대해서는 기사 삭제 조정 결정을 내렸고, 포털에 기사 삭제를 통보하라는 조정 결정도 병과했다. 언론중재위가 11개 언론사에 대해서 기사 삭제 조정 결정을 내린 것은 삭제 대상이 되는 인터넷 기사가 존재하고 있었다는 것을 입증하는 조치로 볼 수 있다. 결과적으로 언론중재위는 2년 전에 보도된 14건의 기사에 대해서도 모두 조정 신청 청구 기한 경과를 이유로 각하할 수 있었지만 실제로 3건에 대해서만 각하 결정을 내렸다.[172]

2005년 조정의 시작 이후 조정 신청이 증가하기 시작하였다. 흥미로운 사실은 합의에 도달하는 조정 과정에서 신청인이 애초에 요구하지 않았던 기사 삭제를 수용하는 사례들이 다수 확인되었다는 점이다. 사건번호 '서울2006조정492,' '서울2006조정526'은 보도 피해에 대해 신청인이 손해배상을 청구한 사안이었으나 조정 과정에서 피신청 언론사가 기사를 삭제하는 조건으로 각각 신청을 취하, 합의한 사례다. '2007서울조정85'는 신청인이 원래 정정보도를 청구했으나 기사 삭제를 받아들여 합의한 사안이다.

정정보도나 손해배상을 청구한 신청인들이 조정 과정에서 '기사 삭제'를 조건으로 조정 신청을 취하하는 경우도 많이 발견된다. 예를 들어 2012년 한 가수와의 결별 사실 보도 과정에서 실명이 공개된 패션디자이너는 모두 85개 언론사를 상대로 손해배상청구를 신청했지만 조정 과정에서 기사 삭

172 당시 언론중재위의 조정 업무에 간여한 양재규(2006a)는 언론중재법상에서 모호하게 해석될 수 있는 손해배상청구권의 시한에 대해 중재부별로 판단이 달랐던 점도 중재부에 따라 다른 결정이 나온 배경이라고 밝혔다. 양재규(2006a)가 지적한 언론중재법의 손해배상청구 시한에 관한 모호한 규정은 2011년 개정되었다. 2011년 개정된 언론중재법 제18조 3항은 정정보도와 추후보도 청구 시한을 각각 분리 규정해 명료화했다.

제·수정을 이유로 85건의 손해배상청구를 모두 취하했다.[173]

이처럼 조정 과정에서 기사 삭제·수정이 지속 증가하는 만큼 인터넷 신문과 인터넷 뉴스 서비스에 대한 조정 결과 중 취하 건수와 비율이 증가한 사실이 확인되었다. 즉 인터넷 관련 조정 신청에서 취하율이 증가하는 추세인데, 그중에서도 인터넷 뉴스 서비스에서의 취하 비중이 높은 것으로 나타났다(표 6-10). 처음 도입된 2009년 56.9%를 기점으로 2010년 74.7%, 2011년 61.0%, 2012년 72.5%, 2013년 71.8%, 2014년 91.1%를 차지한 것으로 나타났다. 언론중재법 적용이 처음 시작된 연도부터 신청의 절반 이상이 조정 과정에서 취하되고 있다. 이처럼 취하율이 높게 나타난 것은 오프라인 언론사를 상대로 정정보도 등을 게재하기로 한 경우 30% 이상이 언론사 홈페이지나 포털 등에서의 피해 구제 조처를 취하는 것을 합의 사항에 포함하기 때문인 것으로 드러났다(조준원, 2010; 구본권, 2015).

2009년 포털 등 인터넷 뉴스 서비스가 조정·중재 대상으로 포함되었지만, 자체 보도 기능 없이 계약 언론사의 뉴스를 단순히 중개하는 포털은 정정·반론·추후보도 등을 독자적으로 게재하지는 못한다. 뉴스 공급을 계약한 언론사를 상대로 한 조정 또는 중재 결과가 나오면 이를 단순히 반영하는 것이 포털 뉴스 서비스의 구제 방식의 특성이다. 뉴스를 보도한 언론사를 상대로 한 조정이나 중재가 이뤄지면 포털에서도 자동으로 반영되기 때문에 포털을 상대로 한 별도의 조정 신청은 취하되는 경우가 많았다(구본권, 2015).

인터넷 신문과 인터넷 뉴스 서비스에 대한 피해 구제 청구 취하율은 기

173 언론중재위원회, 《2012년도 언론조정중재·시정 권고 사례집》, pp.543~554. 모두 85건의 손해배상청구 사건에서 노출된 실명을 수정하는 내용으로 8건만 수정이 이뤄지고 나머지 77건은 조정 대상 기사가 삭제됐다. 신청인은 기사 삭제와 수정을 조건으로 85건 손해배상청구를 모두 취하했다.

표 6-10 인터넷 신문과 인터넷 뉴스 서비스의 조정 청구 결과

연도	매체 유형	조정 청구 건수	조정 성립	조정 갈음 결정	조정 불성립 결정	기각, 각하	취하 (취하율%)	피해 구제율 (%)
2005	인터넷 신문	48	15	2	13	6	12(25.0)	59.5
2006	인터넷 신문	77	34	2	13	5	23(29.9)	72.2
2007	인터넷 신문	113	44	0	22	10	37(32.7)	65.0
2008	인터넷 신문	157	62	10	17	9	59(37.5)	80.4
2009	인터넷 신문	223	118	8	14	6	87(39.0)	78.9
	인터넷 뉴스 서비스	181	47	19	2	10	103(56.9)	84.8
2010	인터넷 신문	567	190	26	29	43	279(49.2)	80.7
	인터넷 뉴스 서비스	841	77	75	13	48	628(74.7)	88.7
2011	인터넷 신문	705	230	41	81	14	339(48.1)	73.4
	인터넷 뉴스 서비스	510	150	10	38	1	311(61.0)	88.0
2012	인터넷 신문	945	348	49	157	23	368(38.9)	74.6
	인터넷 뉴스 서비스	454	84	10	24	6	330(72.7)	84.4
2013	인터넷 신문	1130	420	49	139	5	517(45.8)	78.8
	인터넷 뉴스 서비스	369	85	3	15	1	265(71.8)	89.1
2014	인터넷 신문	8444	668	137	476	97	7066(83.7)	90.3
	인터넷 뉴스 서비스	4171	100	39	206	27	3799(91.1)	87.2

존의 신문·방송에 대한 취하 청구율과 비교하면 상대적으로 높은 것으로 나타났다. 취하와 관련된 통계가 시작된 2005년부터 2013년까지 8년간의 미디어별 조정 청구 건수와 취하율을 비교하면, 해당 기간 인터넷 신문과 인터넷 뉴스 서비스에 대한 조정 청구 취하율은 평균 51.9%로 이는 신문과 방송에 대한 취하율 32.1%에 비해 높은 것으로 나타났다(구본권, 2015). 이처럼 인터넷 기반 미디어에 대한 조정 청구 취하율이 상대적으로 높다는 점이 인터넷 언론의 피해 구제율을 상승시키는 결과로 이어졌다고 보인다.

신문·방송에 비해 인터넷 신문·인터넷 뉴스 서비스에 대한 조정 신청 취하율과 피해 구제율이 높게 나타난 데에는 기사 삭제·수정 요청이 하나의 요인으로 작용한 것으로 판단된다. 기사 삭제·수정은 기본적으로 인터넷 기반 미디어에서만 작동하는 피해 구제 수단으로써 조정 대상 기사로 인해 신청인들이 미래에 입을 피해를 배제할 수 있는 특성이 있다.

언론사들의 경우에도 조정 또는 중재 과정에서 기사 삭제·수정을 수용하는 경향이 증가하고 있다. '2006서울조정249' 사건에서 〈국민일보〉는 정정보도 조정 과정에서 부정확한 내용을 인터넷에서 수정하고 반론보도를 조건으로 취하에 합의했다. 정정보도를 요구받은 신문사가 조정 과정에서 해당 기사가 지면으로 보도된 이후 인터넷 홈페이지를 통해 서비스되는 내용에서 자발적으로 추후 수정한 사례다. 잘못된 신청인 사진을 보도한 '2006서울조정328' 사건에서 〈중앙일보〉는 신청인의 정정보도청구에 대해 신청인의 사진을 삭제하는 것을 조건으로 합의했다.[174] 사건번호 '2006서울중재1'에서 중재부는 언론사가 추후에 인터넷 포털 사이트에서 기사를 삭제한 점 등을 고려해 손해배상청구액 3000만 원에 대해 700만 원의 손해배상을 결정한다

174 연구자는 사진 삭제는 기사 전체 삭제와는 구별되는 내용의 일부분 삭제로 보아, 삭제가 아닌 기사 수정으로 분류했다.

고 밝혔다.[175]

사건번호 '2007서울중재10,' '2007서울중재11' 중재결정문에는 방송사가 인터넷 다시 보기를 중단하고 인터넷상의 동영상 삭제를 약속한 내용이 들어 있다.[176] 언론사가 권리 침해로 인한 신청인의 손해배상청구에 대응하는 과정에서 자발적으로 동영상 다시 보기를 중단하고 방송 내용 삭제를 약속한 것이다. 언론중재위는 이러한 방송사의 삭제 노력 등을 인정해 1000만 원이 청구된 손해배상액을 300만 원으로 조정했음을 결정문에서 밝혔다. '2008서울중재3' 결정에서도 언론중재위는 방송사의 인터넷 다시 보기 중단과 동영상 삭제를 손해배상액 산정에서 감안했음을 밝혔다.[177] 또한 '2008서울중재7,' '2008서울중재8,' '2009서울중재31,' '2009서울중재54' 사건에서 권리 침해가 신청된 기사에서 언론사가 사진과 영상이 삭제되기까지의 시간을 손해배상액 산정에 고려했음을 결정문에서 밝혔다.

2008년 '2008서울조정118' 조정 결정문에서 언론중재위는 조정 대상 기사를 삭제한 경우, 정정 및 반론보도문 게재와 동일한 효력이 있는 것으로

175 신청인을 '된장녀'로 묘사한 보도에 대해 명예훼손과 초상권 침해를 다룬 사안이다.

176 케이블 TV가 절도 혐의로 경찰 조사를 받고 있던 신청인의 초상을 동의 없이 보도한 사안이다.

177 조정 또는 중재 결정에 이르기 전에 당사자 간 합의가 이뤄질 수 있는 점을 감안한다면, 언론사들이 권리 침해가 제기된 보도를 자발적으로 삭제한 경우가 적지 않을 것으로 추정된다. 이는 언론사가 문제된 기사를 삭제하고 포털에 삭제를 요청하는 행위는 언론중재위의 중재나 법원의 재판 과정에서 피해 축소 노력으로 받아들여져 언론사의 책임을 경감시켜준다는 이유도 있기 때문으로 판단된다. 실제로 일부 언론사들이 운영하고 있는 고충처리센터, 독자권익보호센터, 시청자센터 등의 수용자 피해 구제 기구가 발표한 활동 상황에서 기사 삭제와 수정이 실시되고 있는 것으로 나타났다(구본권, 2015).

간주한다고 밝혔다.[178] 2009년 언론중재위는 정정·반론·추후보도 등의 중재 결정을 내리면서 중재 대상 기사를 '이미 삭제한 경우'는 이행할 필요가 없다고 밝혀, 기사 삭제가 정정·반론·추후보도 등에 준하는 법률적 효력을 갖고 있다는 것을 다시 한 번 확인했다. 마찬가지로 언론중재위는 '2009서울중재1~6,' '2009서울중재41' 사건에서 정정보도 및 반론보도 중재 결정을 내리면서 기사가 삭제된 경우에는 정정·반론보도문 게재를 이행하지 않는다고 결정했다.[179] '2009서울중재56'은 반론보도 중재 결정에서, '2009서울중재64'는 추후보도 중재 결정에서 중재 대상 기사가 이미 삭제된 경우에는 추후보도문 게재를 이행할 필요가 없다고 결정했다.

아울러 언론중재위는 2009년 언론사의 직접 기사 삭제·수정을 중재 수단으로 도입하는 첫 판단을 내렸다. 중재위원회는 '2009서울중재10'의 중재 화해 결정문에서 중재 대상 기사에 대해 인터넷 기사 삭제를 결정했다.[180] '2009서울중재32' 중재 화해 결정에서도 중재 대상 기사에 대해 인터넷 삭제 결정이 내려졌다. 중재위원회는 사건번호 '2009서울중재15' 정정보도청구 사건에서 직권으로 중재 대상 기사와 인터넷 포털에 게재된 기사를 수정

178 언론중재위원회(2009), 《2008년도 언론조정중재·시정 권고 사례집》, p.318. 사건번호 '2008서울조정118'의 정정청구에 대한 '조정에 갈음하는 결정조서.' (전략) 2. 피신청인은 2008년 6월 27일까지 피신청인이 운영하는 〈월간조선〉 홈페이지에 게재된 조정 대상 기사를 삭제하거나, 위 보도문을 조정 대상 기사 하단에 이어서 게재하되 조정 대상 기사의 본문과 동일한 활자 크기로 한다. (후략)

179 사건번호 '2009서울중재1~6,' 6건의 중재 대상 기사는 인기 그룹 듀스의 김성재 사망 보도를 다룬 보도다.

180 언론중재위원회(2010), 《2009년도 언론조정중재·시정 권고 사례집》, p.958. 사건번호 '2009서울중재10' 정정청구에 대한 '중재 화해 결정문'. (전략) 3. 2009년 2월 13일 이후부터 중재 대상 기사 중 2009년 12월 8일자는 삭제한다. (후략)

하라는 중재 결정을 내렸다.

이상과 같이 2005년 이후 2014년까지 언론중재위가 공개한 연도별《언론조정중재·시정 권고 사례집》을 통해 나타난 기사 삭제·수정 사례를 분석한 결과 다음과 같은 내용을 발견할 수 있었다.

첫째, 언론중재위의 조정과 관련된 세 당사자 모두 인터넷에서 기사 삭제·수정을 적극 수용하고 있는 것으로 나타났다. 신청인이 처음부터 기사 삭제를 요청하는 경우도 증가하고 있으며 당사자들 모두 시간이 갈수록 더욱 수용적 태도를 보임에 따라 기사 삭제·수정 사례는 지속 증가하는 모습을 나타냈다.

둘째, 언론중재위가 기사 삭제의 효력을 적극적으로 인정하는 경향이 파악됐다. 언론사가 중재 대상 기사를 삭제한 경우 이를 정정·반론·추후보도 실행을 대체하는 행위로 간주하거나, 기사 삭제 여부와 시간을 손해배상액 산정에서 고려했다. 즉 언론중재위는 중재 결정에서 기사 삭제·수정을 실제 직권중재 수단으로 활용하는 것으로 나타났다.

셋째, 기사 삭제·수정이 많이 이뤄지는 인터넷 미디어에서 언론 피해 구제율은 신문·방송에 비해서 다소 높은 것으로 조사됐다. 이는 삭제·수정을 반론보도문이나 정정보도문과 유사하게 취급하는 법원의 인식과도 관련이 깊은 것으로 보인다.

7장

한국적 언론 ADR 제도의 전망

1. 현행 언론중재제도의 특성 및 문제점

언론 관련 분쟁의 증가는 미디어 빅뱅 시대에 필연적으로 겪을 수밖에 없는 현상이다. 인터넷 신문을 비롯하여 엄청난 수로 증가한 미디어는 기본권 간의 충돌로 인한 분쟁으로 이어지는 경우가 많다. 이를 법정에서 해결하고자 할 때에는 당사자들은 분쟁 해결을 위한 시간과 비용에 있어서의 문제에 직면하게 된다. 즉 분쟁 해결에 따른 시간적, 경제적 낭비가 발생하게 된다. 언론의 잘못된 보도로 인한 피해자는 신속하게 피해 구제를 받고자 원하지만 재판 절차에 따른 일정 기간의 소요와 비용 부담은 고스란히 피해자의 몫으로 남을 수 있다.

소송을 통해 피해 구제를 받는다고 하더라도 이에 대한 만족감이 떨어진다는 문제가 있다. 피해가 충분히 구제되었다고 생각하는 경우는 드문 것으로 나타났다. 실제로 조사에 따르면 피해자들이 가장 원하는 것은 언론사의 정중한 사과와 같은 시의적절한 조치다. 그러나 현실에서는 언론 보도 피해자가 언론사에 접촉하여 정중한 사과를 이끌어 내는 것은 대단히 어려운 일이다. 언론사의 담당자를 접촉하기도 어려울 뿐 아니라 접촉한다고 하더라도 피해자가 원하지 않는 방식으로 언론사들은 문제를 해결하려는 경향이 있다. 이러한 언론사의 태도는 결국 법정으로 가는 결과를 낳게 된다.

소송의 한쪽 당사자인 언론의 경우에도 소송에 따른 비용 부담과 함께 언론 보도에 대한 직·간접적인 제약에 구속되게 된다. 언론사도 언론 분쟁을 적절히 해결하고 이를 예방하려는 노력의 일환으로 변호사들을 고용하는 등의 주의를 기울이고 있으나 소송의 폭발을 억지하는 효과는 있을지언정 언론 분쟁에 부담을 갖지 않을 수 없는 상황에 직면해 있다.

이러한 이유로 결국 언론 분쟁을 적절하고 효율적으로 해결할 수 있는 대안적 분쟁 해결(ADR: Alternative Dispute Resolution) 방식은 더욱 필요성이 증가한다. 즉 법정에서 재판을 통한 비효율적인 판결 이전에 언론과 피해자 간의 조정이나 중재 과정을 통해서 문제를 해결해 보자는 요구가 커지고 있다는 것이다. 이러한 필요성에서 1980년 도입된 것이 바로 반론권 제도다. 이의 법적 근거는 명예훼손으로 인한 손해배상에 갈음하거나 이와 병행하여 할 수 있는 피해 구제 수단을 규정한 민법 제751조와 제764조에서 찾을 수 있다.

현재 세계적으로 유럽 국가들을 중심으로 약 33개국에서 수용되고 있는 반론권 제도에 대한 평가는 엇갈리지만 현재까지 언론 분쟁 해결에 상당한 기여해 온 것으로 평가된다. 우리나라의 경우 반론권 제도가 처음 도입되었을 때 언론에 대한 과잉 규제 또는 중복 규제가 되어 위헌이라는 주장이 제기되었다. 이에 대해 사법부는 헌법상의 형평성 원칙에서 벗어나지 않는다고 밝혔다. 즉 개인이 강력한 언론을 상대로 다툼에 있어서 대등한 관계를 위해 무기가 주어지는 이른바 '무기대등의 원칙'에 부합하는 것이라고 보았다.

2005년 독립법인 언론중재 및 피해구제 등에 관한 법률(언론중재법)이 제정되고 이를 통하여 실행하게 된 반론권 제도는 우리나라의 특수한 상황에 적합한 형태의 언론 ADR로 자리매김하고 있다(이승선, 2011; 임병국, 2012; 이재진,

2013a; 이재진·박성순, 2015 등). 특히 반론권의 실질적 행사를 위해 설립한 언론중재제도와 언론중재위는 비록 설립 초기에는 정부 기관으로 인식되면서 언론계는 물론 학계에서도 많은 반발이 있었으나 현재는 우리나라 고유의 언론 ADR 제도를 효율적으로 실시하는 제도로서 인정받고 있다.

우리나라의 현행 언론 ADR의 특성을 간단히 요약하면 다음과 같다. 무엇보다 언론 ADR을 통한 피해 구제의 근거가 되는 독립법(언론중재법)이 존재하고, 반론권을 실행하는 준사법 기구인 법정 기관(언론중재위원회)이 설립되어 있고, 여기서 반론·정정·추후보도를 청구할 수 있도록 하고 있으며 동시에 손해배상도 조정이나 중재를 통해서 청구할 수 있도록 하는 이른바 원스톱 구제 방식의 언론 ADR이라고 할 수 있다(이재진·유재웅, 2004; 이재진, 2006c).

현재 언론중재위는 언론중재제도를 우리나라 특유의 분쟁 해결 방식으로서 언론 분쟁으로 인하여 유사한 문제들을 겪는 해외에 이를 소개하고 이를 수출하려는 노력을 기울이고 있다(언론중재위원회, 2012). 외국의 경우에도 실제로 이러한 언론 분쟁으로 인한 문제를 겪는 국가들은 실제로 우리나라 ADR 제도에 대해서 관심을 갖고 있는 것으로 보인다. 언론중재위도 해외의 언론 심의 관련 기구들과 협력 체계를 구축하고 제도적 교류에 힘쓰고 있다.

외국의 경우 우리나라의 언론중재위와 같은 별도의 피해 구제 기관을 둔 국가는 존재하지 않기 때문에 미국의 FCC(연방통신위원회)와 같은 국가 기구로부터 일본의 BPO(방송프로그램윤리향상기구)와 같은 민간 자율 기구에 이르기까지 다양한 기관과 교류를 해오고 있다. 최근에는 미국의 저명한 언론법 학자를 초빙하여 국제 세미나를 개최하는 등 우리나라 언론 ADR 제도를 더욱 알리려는 노력을 기울이고 있다(양경승, 2015). 이와 함께 영문으로 《언론중재 사례집》이나 《언론중재 30년사》 등을 발행하기도 했다.

더욱이 최근에는 언론중재위는 준사법 기구로서의 위원회의 위상을 강화하는 한편 인터넷 미디어에 대한 반론권 적용의 범위를 확장하기 위하여 언론중재법 개정을 위한 노력을 기울이고 있다(양경승, 2015). 구체적으로 언론중재법상 반론권 적용의 대상이 되는 인터넷 신문과 인터넷뉴스서비스사업자와 함께 인터넷에서의 피해 발생의 주요 원인이 되는 댓글에 대해서도 반론권의 행사를 통한 피해 구제를 받을 수 있는 방법을 모색하고 있다.

그러나 이러한 노력에도 불구하고 우리나라의 특수한 정치적 및 사회적 요인들로 인한 언론 환경의 산물이라고 할 수 있는 언론중재제도가 해외에서 관심을 끌고 수용되도록 하기 위해서는 아직도 많은 문제점들이 산적해 있다. 따라서 이러한 문제점들이 해소되지 않는다면 해외로의 수출이 문제가 아니라 향후에도 언론중재제도의 존재와 위상에 대해서도 계속 도전을 받게 될 것이다. 다시 말하자면 현재의 우리나라 반론권 제도는 어느 국가에서나 헌법적, 법률적 문제를 극복해서 사회적으로 널리 통용될 수 있는 형태의 언론 ADR 제도로서 변화하지 않으며 안 된다는 것이다.

이러한 요구는 인터넷 언론에 대한 조정과 중재가 가능하다는 점에서 더욱 그러하다. 우리나라 언론 ADR 법률이라고 할 수 있는 언론중재법은 2005년 제정되고 2009년과 2011년에 개정되어 현재 인터넷 언론 분쟁 해결의 기준 역할을 하고 있다. 현재 인터넷 언론 미디어의 수가 크게 증가하였고, 인터넷뉴스서비스사업자의 영향력이 커지고 있으며, 종이를 기반으로 한 언론 미디어도 점차 인터넷 기반으로 옮겨가는 추세임을 감안할 때 관련된 분쟁을 언론중재위를 통해서 해결하고자 하는 것은 자연스러운 현상이라고 할 수 있다(이재진, 2014).

최근 인터넷 언론 미디어를 상대로 한 소송과 조정·중재가 급격히 증가하고 있다. 이러한 점을 감안한다면 인터넷 언론 미디어의 특수성에 대한 고려가 필요할 것으로 판단되나 현재 언론중재법은 인터넷 미디어를 다른 미디어와 별도로 구별하고 있지 않아서 향후에도 새로운 문제들을 초래할 가능성이 큰 것으로 보인다.[181] 또한 현실적으로 뉴스의 유통과 이용 측면에서 언론의 역할을 하고 있는 인터넷뉴스서비스사업자를 인터넷 언론과 구분함으로써 피해 구제의 효율성이 떨어진다는 지적도 계속되고 있다.

언론 ADR을 담당하고 있는 언론중재위의 경우 준사법 기구적 역할을 하고 있으나 실제로는 행정형 ADR로서 기능하고 있다는 점에서 언론 ADR에 정부가 개입할 수 있는 여지가 많다는 문제점이 있다. 이와 함께 언론중재위가 잘못된 보도로 인한 이해 당사자들의 조정 및 중재가 주요 목적이 되는 기구임에도 사법 기구로서의 역할이 강해지고, 반론·정정보도 이외의 손해배상까지 조정·중재하거나 언론에 대한 시정 권고 등을 하는 등의 업무의 확장이 바람직한가에 대해서도 여전히 많은 논란이 지속되고 있다.[182]

요약하면 우리나라의 현행 언론중재제도는 해외로의 수출이 가능한 일반적universal 모델로서 수용되기에는 아직도 넘어야 할 산이 많다고 하겠다. 물론 이러한 시행착오는 우리의 상황에 최적화된 언론 ADR 제도가 정착되기 위해서 겪을 수밖에 없는 과정이라고 사료된다. 그럼에도 불구하고 도입된 지 30년이 훌쩍 넘은 언론중재제도가 여전히 그 정당성과 존립 여부까지도 논란을 겪는 이유는 무엇일까?

비단 우리나라에만 맞는 언론 ADR뿐만 아니라 일반적이고 국제적인 피해 구제 제도로 인식되기 위해서는 이러한 점에 해답을 제시하고 언론 ADR의 이론화를 시도해야 한다. 이는 지난 30년이 넘는 기간 동안 언론중재제도와 관련하여 파편화되어 이루어진 논의를 종합 정리하고자 하는 이 책의 취지에 부합될 뿐만 아니라 이를 넘어서 언론 ADR의 이론적 토대를 수립한다는 의미를 지닌다.

181 실제로 언론중재제도에서는 인쇄, 방송, 인터넷 미디어에 대한 미디어적 특성에 대한 차이는 고려하지 않는다.

182 언론중재위는 설립 초기 '사이비언론인신고센터'를 운영하기도 하였다.

이론적 토대를 수립하기 위한 전제는 무엇보다 태생의 한계를 극복하는 것이다. 즉 언론중재제도가 언론을 통제하기 위한 목적에서 정부에 의해서 도입된 제도라는 시각에서 벗어나는 것이다.[183] 비록 헌법재판소와 대법원이 반론권 제도의 합헌성(무기대등의 원칙)을 인정함에도 불구하고 30년이 지난 지금에도 그 논란은 계속되고 있는 것도 이러한 한계를 아직 극복하지 못했기 때문이다. 이를 극복하지 못한다면 현재 반론권 제도를 중심으로 한 언론 ADR 제도의 엄청난 장점에도 불구하고 더 이상의 발전을 기대하기 어려울 것으로 보인다.

언론중재위가 태생적 한계를 극복하는 지름길은 현재의 언론중재제도에서 언론에 대한 통제적인 냄새를 걷어내는 것이다. 무엇보다 언론중재제도의 모태가 된 것이 이른바 언론 악법으로 지칭되던 언론기본법이었다는 점을 상기할 필요가 있다. 1980년 당시 언론중재위를 설립하면서 '언론에게는 부담을 최소화하고 언론 보도 피해자에게는 신속하고 저렴한 피해 구제'를 표방하였다. 그러나 언론기본법 자체가 통폐합된 언론 제제를 통제하기 위한 목적으로 제정된 것인 만큼 이에 뿌리를 두고 있다는 인식이 아직 많이 남아 있다.

언론기본법은 폐지된 지 오래되었으나 이는 결국 정부의 언론중재위에 대한 영향력 행사로 이어질 수 있는데, 특히 언론중재위원의 선정에 있어서 정부의 영향력이 막강하고 배제하기가 원천적으로 힘들다. 실제로 중재위원이 어떻게 선정이 되는지, 그리고 언론과 관련된 전문가가 제대로 임명되고 있는지 명확하지 않다. 중재위원은 언론중재위원장이 추천하고 문화체육관광부 장관이 위촉하는 형식을 띠고 있으나 이것이 얼마나 제대로 지켜지는

183 일본의 신문 조례를 본 떠 만든 1905년 제정된 광무신문지법에도 유사 반론권 제도가 도입되었으나(제2장 참조), 이 또한 '언론 통제'를 목적으로 하는 법의 목적에서 벗어날 수 없었다. 즉 오늘날의 선진 각국에서 시행하는 반론권 제도와는 그 성격에서 크게 다른 것이었다.

지, 행정형 ADR이라는 점에서 정부의 영향력이 얼마나 작용하는지 등에 대해서는 불분명하다. 이러한 이유로 아예 임명권자를 대통령으로 해서 지위를 격상시키고 위촉 절차를 명확히 하자는 논의도 있었으나 아직까지 중재위원 임명을 둘러싼 법 개정 등은 이루어지지 않고 있다. 따라서 통제적인 냄새를 거둬내는 작업은 중재위원 임명의 절차를 명확히 하는 것에서부터 시작되어야 할 것이다.

기존의 연구들을 살펴본 결과, 반론권 실행 방식에 대한 찬·반 논의가 많고, 언론중재제도의 다양한 문제점을 지적하거나 우리 사회에서의 공적을 평가한 연구들은 많이 있으나, 실제로 반론권 제도의 필요성을 완전히 부정하는 연구는 나타나지 않고 있다. 다시 말하자면 반론권 제도는 한국 언론 현실에 비추어 꼭 필요하되 이를 실행하는 방식, 특히 언론중재제도를 통한 반론권 실행에 대한 위헌성과 문제점을 지적하는 연구들이 대부분이었고 언론 보도로 인한 피해를 구제하기 위한 방식으로서의 반론권 제도 자체의 중요성을 배제하고 있지는 않은 것으로 보인다. 또한 ADR의 필요성이 크다는 점과 법원의 피해 구제에는 여러 요건에서 한계가 있을 수밖에 없다는 점에서 적절한 반론권 제도의 실행은 중요하다고 인식하고 있는 것으로 보인다.

그렇다면 결국 현재의 언론중재제도가 태생적 한계를 극복하고 언론에도 부담이 되지 않으며 피해자 구제도 만족스러울 수 있는 ADR 본연의 제도로서 정착되도록 해야 되고, 이러한 정착이 될 수 있는 이론적, 철학적 논리를 개발할 필요성이 있다. 이를 위하여 무엇보다도 도입되어 실시된 지 30년이 지난 반론권 제도의 현재의 문제점을 체계적으로 살펴보고 이를 개선하는 방향을 모색해야 할 것이다.

2. 한국적 언론 ADR 제도의 발전 방안

1) 반론권 제도의 정당성과 효율성을 어떻게 높일 것인가

전술한 바와 같이 우리나라의 대표적인 언론 ADR인 언론중재제도는 태생적 한계를 안고 있다. 실제로 반론권 제도와 관련된 기존의 연구들은 이러한 태생의 한계의 문제점을 직·간접적으로 지적해 왔다. 무엇보다 언론중재제도는 1980년대 신군부가 언론사 통폐합을 합리화하기 위해 제정한 언론기본법에 근거한다. 따라서 그 태동이 개인의 인격권 침해에 따른 피해를 구제하기 위한 것이라기보다는 언론을 통제하기 위한 목적에서 이루어졌다는 것이다. 이러한 지적은 우리나라의 경우 명예훼손법이 오랫동안 언론을 통제하는 목적으로 이용되어 왔다는 연구(이재진, 2002a 등)와 일맥상통하는 것이다. 따라서 언론중재제도 또한 언론 통제를 위해 탄생하였다는 의심을 받고 있기 때문에 이는 궁극적으로 언론에 대한 엄연한 '이중 통제'이며 헌법에서 금지하는 과잉 규제라는 지적이 오랫동안 지속되어 왔다.

실제로 우리나라 역대 정권은 언론의 자유를 보장한 헌법 조항이 무색하게 언론의 공익성을 지킨다는 명분으로 철저히 국가의 개입을 정당화시켜 왔다. 1980년 10월에 개정된 현행 헌법 제21조 제4항에서는 "언론·출판은 타인의 명예나 권리 또는 공중도덕이나 사회윤리를 침해하여서는 아니 된다. 언론·출판이 타인의 명예나 권리를 침해한 때에 피해자는 이에 대한 피해배상을 청구할 수 있다"고 규정함으로써 언론의 책임과 언론에 의한 피해자의 배상청구권을 언론의 자유와 동일시했다. 특히 초법적으로 언론을 통폐합하고 규제한 제5공화국 정권은 언론기본법을 통해 철저히 언론을 권력의 휘하에 두고 통제할 수 있게 했다.[184]

1987년 6월 항쟁 이후 사회 각 부문에서 민주화가 진행되면서 제5공화국의 권위주의적 잔재들은 사라지기 시작했고, 대부분의 언론 통제 법제들도 민주적으로 개정되거나 폐지되었다. 언론기본법은 폐지되어 정간물법과 방송법으로 분리되었고, 공연윤리위원회의 사전 검열 제도가 헌법재판소로부터 위헌 결정을 받아, 영화법, 음반 및 비디오물에 관한 법률 등에 있어 언론의 자유를 제한해 온 조항들이 개정되었다(이정기·이재진, 2014).

이에 비해 언론기본법에 의해 처음 시행된 반론권 제도는 1990년대 들면서 폐지되지 않고 정간물법과 방송법 속에 잔존하게 되었고, 오히려 반론권 적용이 더욱 활성화되어 반론권 청구 사례가 크게 늘어나는 현상이 나타나게 되었다.

언론기본법은 제49조에서 언론중재제도를 도입하면서 언론 보도로 인한 피해자는 해당 언론사에 정정보도(이를 반론보도로 추후에 개정)를 청구 할 수 있고, 이를 해결하기 위해 언론중재위를 설치했다. 언론중재위의 조정으로 당사가 간에 합의가 성립된 경우에는 재판상 화해와 동일한 효력이 있고, 조정이 성립되지 않을 때에는 법원에 정정보도청구를 할 수 있게 했다. 법원에 제기된 정정보도청구에 대하여는 민사소송법의 가처분 절차에 관한 규정에 의하여 신속하고 간소하게 재판하도록 하였다.[185]

그러나 언론기본법을 제정한 제5공화국 정권 치하에서 언론중재제도는

184 팽원순(1990)은 "제5공화국 정부처럼 당초부터 언론 통제를 의도하여 사전에 면밀히 짜여진 언론 정책이라는 것을 들고 나온 정부는 우리나라에서 일찍이 없었다"고 진단했다. 그는 "언론기본법이야말로 억압과 회유를 적절히 배합해서 우리나라의 언론을 정부 권력의 지배하에 단단히 묶어 두기 위한, 언론 통제를 위한 종합 계획"이라고 비판하였다. 결국 반론권을 보장하기 위해 설치한 언론중재위도 "언론기본법에 의해 설치된 법정 기관이고 그 법에 따라 형성된 다분히 언론 통제를 의도한 언론 질서 내지는 언론 구조의 일부를 형성하고 있다"고 비판하였다.

185 이는 후에 위헌으로 결정된다. 즉 가처분을 통한 정정보도청구는 위헌이라는 판단이다. 헌법재판소 2006. 6. 29. 선고 2005헌마165 결정.

적극적으로 활용되지 못했다. 이는 무엇보다도 개인이 언론을 상대로 감히 불만을 제기하기 힘든 상황이었기 때문이다. 아울러 언론중재제도가 개인의 인격권을 보장하기 위해 만든 제도도 아니었다.

장호순(2000)은 우리나라 최초의 반론권 보장 제도는 입법자들이 용어의 의미 자체도 정확히 모르고 만든 법이라고 꼬집는다. 원래 언론기본법이 정의한 정정보도청구권은 사실과 다른 보도에 대한 수정을 요구할 권리를 의미하는 것은 아니었고, 법률상의 의미로는 반론권 보장 조항이었으나 다만 용어상으로는 정정보도청구권으로 표현한 것이다. 이러한 이유로 법원이 국회에서 법을 잘못 만들었다고 지적하는 일까지 벌어지게 되었다.

그럼에도 불구하고 반론권 필요성은 여전히 크기 때문에 언론 환경의 변화에 맞는 제도의 정착을 통하여 태생의 한계를 극복해야 할 것이다. 현재 실시 중인 이용만족도 조사에 있어 이용자들이 제도를 어떻게 만들어 나가게 되고, 이용자들의 개입 정도를 높이는 한편 무기대등의 개념이 변화되어야 한다는 인식이 나타나고 있다. 또한 여전히 여론이 상업 언론에 의해 좌우되는 점에서도 이러한 반론권의 필요성은 크다. 즉 필요성에 대한 정당화와 이를 적절히 실행할 수 있는 절차를 마련하게 된다면 충분치는 않으나 언론을 통제하고자 하는 목적성이 다소 배제될 수 있을 것으로 판단된다. 즉 필요성이 태생의 한계를 극복할 수 있다고 보인다.

더욱 중요한 것은 언론 ADR로서의 반론권 제도의 본질적인 취지에 맞도록 조정 및 중재의 효율성을 살려서 이용자들의 만족도를 높이는 것이다. 효율성과 이용자 만족도를 높이기 위해서는 언론중재법에 대한 탄력성 있는 해석이 요구된다. 성문법주의를 따르는 우리나라의 경우 법률상의 해석이 경직되어 있다는 지적이 많다(임병국, 2012). 법 규정에 너무 충실해서 해석하다 보니 실제로 반론권 집행의 방식이 외국의 경우와 달리 한국적인 상황적 차이를 반영하지 못하여 유연성이 떨어지고 구체적이지 못하다.

예를 들어 프랑스법은 정정보도청구권을 공직자에만 한정적으로 인정하고 있으며, 독일법에 따르면 반론문을 게재하기로 결정하면 이를 변경이나 수정하지 못하도록 하고 있다. 유럽의 경우 대개 미디어별 특성을 고려하여 반론보도문을 싣도록 하고 있다. 다시 말하자면 반론권이라는 취지에 부합하도록 제도를 실행함으로써 위헌성을 배제함과 동시에 언론과 이용자 모두에게 만족도를 높이도록 집행하고 있다. 우리나라의 경우 현재 언론중재제도는 이러한 점이 부족한데 결국 이는 현행 언론중재법과 그 시행령이 구체적이고 섬세하게narrowly-tailored 규정되고 있지 못하기 때문이다. 이러한 부분을 개선해 나간다면 효율성에 대한 문제는 해결될 수 있으리라 판단된다.

2) 언론중재제도의 '정정보도'는 필요한가

1987년 폐지된 언론기본법 제49조는 "정기간행물과 방송에 공표된 사실적 주장에 의하여 피해를 받은 자는 그 공표가 행하여진 후 신문, 통신, 방송의 경우에는 14일 이내에 서면으로 발행인이나 편집인 또는 방송국의 장이나 편성 책임자에게 정정보도의 게재 또는 방송을 청구할 수 있다"고 하여 언론보도 피해자의 반론권을 규정한다.

이에 대해 1986년 대법원은 "언론기본법 제49조에서 규정된 정정보도청구권은 그 제목의 표현과는 달리 언론사에 대하여 정기간행물이나 방송의 보도 내용을 진실에 부합되게 시정할 것을 요구하는 권리가 아니고 그 보도 내용에 대하여 피해자가 주장하는 반박 내용을 보도해 줄 것을 요구하는 권리이므로 이의 대상이 된 보도 내용의 진실 여부는 그 권리행사의 요건이 아니"라면서 "정정보도청구권이라고 되어 있는 것은 정확한 표현이 아니며 반박보도청구권이라고 표현하였어야 옳을 것"이라고 판결했다(대법원 1986. 1. 28. 선고 85다카1973 판결).

그런데 이후에도 반론보도청구권을 정정보도청구권으로 착각하고 소송하는 사례가 그치지 않았다. 법원은 정정보도청구권이 아니라 반론보도청구권임을 거듭 밝혔고, 1996년에야 정간물법과 방송법 조항이 개정되어 정정보도청구권이 아닌 반론보도청구권으로 정확한 용어가 사용되었다. 이러한 논란은 정정보도와 반론보도의 성격의 차이에서 기인하는 것이다.

반론보도가 언론 보도로 인한 피해자의 반박의 기회를 부여하는 것인 반면 정정보도는 잘못된 사실을 바로잡는 것을 의미한다. 반론보도는 언론에 의해서 피해를 보았다고 주장하는 사람이 문제가 된 사실에 대해서 자신의 견해를 피력하는 것이기 때문에 고의/과실 여부를 따지지 않으며, 반론보도문이 일정한 형식에 위반되지 않으면 이를 허용할 수 있다고 인식된다. 반론보도청구소송의 경우에는 본안이 아닌 가처분 절차를 통해 이루어진다. 또한 반론보도문의 내용은 언론과 피해자가 상의할 수 있도록 하고 있다.[186] 이러한 성격 때문에 우리나라 사법부는 언론중재법상의 정정보도권은 반론보도권이라고 해석했고 반론권 제도가 언론에 과도한 부담을 주지 않는 것으로 판단했다.

반면 정정보도는 반론보도와 달리 문제된 기사의 내용에 잘못된 사실이 있는 경우에 이에 대한 고의/과실 여부와 위법성 조각 여부를 따져 신중하게 이루어진다. 왜냐하면 정정보도의 경우에는 언론의 보도가 '사실'의 전달에 있어서 문제가 있다는 것이기 때문에 언론사의 신뢰성과 신빙성의 문제와 직결될 수 있다. 즉 정정보도를 허용하는 경우에는 잘못된 경우를 바로잡는

186 법원도 본질적으로 내용에서 벗어나지 않는다면 반론보도문의 수정은 허용될 수 있다고 보았다. 이러한 이유로 신문의 경우에는 반론보도문의 제목이나 형태, 그리고 글자 수가 반론보도라는 것을 명확히 알기 힘든 경우가 많았다. 제목의 경우에는 '알림(니다),' '알려왔습니다' 등과 같은 고지형이 많았고 제목을 '반론보도문'으로 표시한 경우는 극히 드물었다. 그러던 것이 점차 '반론보도문'을 제목으로 다는 경우가 증가하였고 보편화되고 있다.

다는 의미가 강하다. 언론기본법에 의해 반론권 제도가 도입될 당시 법 규정상의 정정보도가 혼란을 야기한 것도 바로 이런 이유가 크다고 하겠다.

그런데 실제로 법원이 이러한 혼란을 바로 잡은 다음에도 2005년 언론중재법이 제정되기 전까지 언론중재위에 반론보도청구가 증가하는 추세를 보였다. 다시 말하자면 반론보도를 통해서 피해 구제를 받고자 하는 이용자들이 늘어났는데, 그 이유는 법원이 1996년 정간물법이 개정되기 이전까지의 언론중재위의 정정보도는 반론보도라고 보았으나 비록 반론보도이기는 하지만 실제로는 정정보도와 같은 역할을 함께 하고 있었기 때문이다(임병국, 2012).

다시 말하자면 언론, 즉 신문, 잡지, 방송, 그리고 뉴스 통신 등에 문제된 기사의 내용과 달리 본인의 의견을 제시할 수 있도록 하는 것을 통해서도 충분히 정정보도와 같은 역할을 할 수 있었던 것으로 보인다. 반론보도를 위해서는 언론중재제도 실시 초기의 '필요적 전치주의'를 택하게 하여 실제로 법원에 반론보도 및 정정보도의 청구를 줄임으로써 ADR이 의도하고자 하는 목적에 충실한 면을 보였다고 할 수 있다.

그러다가 2005년 언론중재법이 제정된 이후 언론중재제도에 새로 도입된 정정보도청구권으로 인하여 도입 초기의 반론권 제도가 변질되는 현상이 나타나게 된다. 즉 이전의 정정보도와는 다른 종류의 정정보도를 도입한 것인데, 이는 민법상의 정정보도청구의 요건과도 다른 것이라고 할 수 있다. 민법 제764조상의 정정보도청구권의 요건이 요구되지 않는 새로운 형태의 피해 구제 방식을 창설하게 된 것이다.

민법 제764조의 '명예회복에 적당한 처분'이라는 피해 구제 방식에 정정보도청구권이 포함되는데, 이를 청구하기 위해서는 언론사 등의 고의·과실이나 위법성을 입증해야 한다. 언론중재위의 정정보도청구권은 이러한 요건 없이 사실적 주장이 진실과 차이를 보이는 것을 입증할 수 있다면 이는 조정 및 중재를 통해서 행사될 수 있다는 것이다.

물론 사실적 주장의 잘잘못에 대한 판단은 중재부가 사실 관계에 대한 조사를 통해서 판단할 수 있지만 언론사 측의 고의나 과실에 대한 요건이 없기 때문에 사실적 주장의 내용이 지엽 말단적인 부분이 잘못되었다고 하더라도 이에 대한 정정보도를 청구할 수 있도록 되어 있다.

실제로 이러한 언론중재위의 조정·중재를 통한 정정보도청구권이 도입된 이후 언론중재위에는 반론보도청구 건수가 많이 줄어든 반면 정정보도에 대한 청구 건수는 크게 증가하여 현재는 반론보도청구권이 유명무실해지는 현상이 발생하고 있다. 임병국(2012)은 이에 대해 새로이 도입된 정정보도로 인한 반론권 제도가 형해화形骸化되고 있다고 지적한다. 즉 청구인들은 '청구인의 이름으로 나가는 반론보도'가 아닌 '언론사의 이름으로 나가는 정정보도'를 더욱 선호하게 되어 중재 제도가 '반론권 제도'에서 '정정권 제도'로 바뀌게 되었다는 것이다.

이러한 정정보도청구권은 언론사의 고의·과실에 대한 요건이 없기 때문에 일정한 형식을 갖춘다면 누구든지 무료로 신청하고 신청 이후 2주일 내에 조정일이 잡힐 뿐만 아니라 언론사에 직접 청구하는 경우에 언론사가 이를 수용하는 경우 청구일로부터 3일 이내로 하도록 하기 때문에 그야말로 피해자들의 입장에서는 가장 선호하는 방식이 될 수밖에 없어 보인다. 반면 언론사의 입장에서는 자칫 언론사의 신뢰성이나 신빙성과 관련될 수도 있는 정정보도가 너무 쉽게 결정될 수 있다는 문제점이 있다. 이처럼 정정보도가 쉽게 허용된다면 반론보도가 개인에게는 피해 구제를 신속히 하면서 언론에게는 큰 부담을 주지 않는다는 법원의 반론권 합헌 결정의 취지에 맞지 않을 수도 있다.

물론 법원은 정정보도문의 경우에 반론보도문과 유사하게 그 내용과 형식 등을 피해자와 상의해서 결정할 수 있도록 하기 때문에 큰 문제가 없다고 판단하고 있으나, 법원의 본안 심리를 통해 결정되는 정정보도문과 달리 중재부에서 쉽게 결정될 수 있다는 점에서 결과적으로 편집권 또는 편성권에 대한 침해가 발생하게 되고 언론 보도의 자유가 위축될 가능성마저 초래하게 된다. 이는 또한 태생의 한계를 극복하기 위해 저자가 제시한 두 가지 조건, 즉 언론 통제 가능성의 배제와 필요성의 극대화 요건 중 언론 통제 가능성 배제 원리에 저촉될 가능성이 크다고 할 수 있다.

왜냐하면 정정보도청구는 반론보도나 추후보도청구와 다른 특성이 있기 때문이다. 전술한 바와 같이 반론보도는 그야말로 보도 내용의 진실성 여부와 관계없이 사실 보도에 의하여 인격권을 침해당한 사람이 언론사에 대하여 자신의 사실적 주장을 게재하여 줄 것을 청구하는 반박권이어서 언론사 입장에서는 종전 의견을 바꿀 필요 없이 지면만 할애해 주면 된다. 또 추후보도청구는 이미 형사 절차가 무죄 판결 등으로 종결되어 보도 내용이 진실하지 아니하다는 점이 사실상 추정되므로 정정보도청구의 경우와 같이 언론사 방어권이 침해되거나 언론사에 부당하게 책임이 부과될 가능성은 상대적으로 적다. 반면 정정보도는 보도된 사실이 진실이 아님을 언론사의 이름으로 정정보도문을 게재하여야 하므로 언론사 방언권이 침해되거나 언론사에 부당하게 책임이 부과될 가능성이 상대적으로 많을 수밖에 없다(헌법재판소 2006. 6. 29. 선고 2005헌마165 판결).

실제로 이전부터 피해자가 반론문의 게재에 만족하지 못하기 때문에 언론사에게 원문 기사 내용의 잘못을 인정하고 정정보도해 달라고 집요하게 요구하는 일이 많았다(양삼승, 2005). 실무적인 측면에서 전술한 바와 같이 청구인들은 언론중재위에 청구권 유형 중에서 정정보도를 가장 많이 청구하였다. 이런 점에 대해 임병국(2012)은 유럽에서 도입한 반론권 제도가 정정권 제도로 변질하면서 원래의 입법 취지를 상실했고 언론사를 압박하는 강력한 도구가 되고 있다고 지적한다.

헌법재판소는 언론중재법의 정정보도청권에 관한 규정에 관하여 권리의 실행 절차에서 민사집행법상의 가처분 절차에 의하도록 한 부분에 대해서만 언론의 자유를 침해하므로 위헌이라고 판시했다. 가처분을 통해 정정보도를 청구할 수는 없다는 것이다. 그러나 위법성 및 고의·과실 등 귀책사유에 상관없이 인격권에 기한 방해배제청구권에 의해 허위 주장을 제거하거나 그 예방을 청구하여 허위 내용의 정정을 구할 수 있는 제도는 이미 기존에 존재하고 있기 때문에 따로 필요한가의 논란이 있을 수 있다. 새로운 권리를 합헌으로 규정함으로써 피해자와 언론사는 이와 관련하여 혼란에 빠지게 될 우려가 크고 언론사가 괴롭힘을 당하는 요인으로 작용하게 되고 이에 대한 논란이 헌법 소송으로 제기될 것으로 예상된다(박용상, 2013). 따라서 정정보도청구권은 언론 보도에 의한 피해자의 보호 및 피해 회복만을 우선하여 언론 자유를 합리적인 이유 없이 지나치게 제한하여 위헌의 소지가 다분하다.

전술한 바와 같이 헌법재판소는 제소 기간의 단축, 정정보도의 방법 등을 참작하여 '정정보도청구권'이 헌법에 위배되지 아니한다고 판단했다. 그러나 임병국(2012)은 이러한 이유가 언론 자유의 본질이 되는 보도 내용의 자유, 즉 표현 내용의 자유에 있으므로 본질적인 면에 비하여 지엽 말단적인 사유들로서 '언론사 측에 고의/과실이 없거나 위법성이 없는 데도' 정정보도를 해야 되는 규정을 상쇄할 만한 이익이 없다고 비판한다. 아울러 위법성 조각사유가 배제된 언론중재법상의 정정보도청구권 제도는 세계 어디에서도 유래를 찾을 수 없는 특별한 것으로 언론의 자유를 흔들 수 있는 문제와 아울러 입법상의 오류라는 문제 제기가 계속 될 수 있을 것이라고 꼬집는다.

결과적으로 언론중재법상의 정정보도청구권 조항은 폐지되어야 한다는 지적에 귀를 기울여야 할 것으로 보인다. 굳이 불필요한 구제 장치, 또는 다른 방식으로도 피해 구제가 이루어질 수 있는 장치를 통해서 피해 구제보다 과잉 규제적 냄새가 많이 나는 장치를 둘 필요는 없을 것이다. 오히려 이를 폐지하고 반론보도의 피해 구제의 성격을 강화하는 것이 반론권의 취지에도 맞는 것이라고 본다.

3) 언론중재제도를 통한 손해배상은 취지에 맞게 운영되는가

손해배상이란 불법적 행위를 통해 피해를 입은 당사자가 그 손해에 대한 구제를 금전적으로 추구하는 구제 방식이다. 이러한 손해배상은 민법이 추구하는 가장 핵심적인 분쟁 해결 방식으로서 근대적 사법의 특징을 잘 보여 주는 것이다. 우리나라의 경우에도 손해배상은 실제로 정정보도청구권과 함께 일반법인 민법 제764조에 의한 권리다. 그럼에도 불구하고 이를 특별법인 언론중재법에 가져와서 굳이 실시하고자 하는 것이 언론 자유를 침해하는 것은 아닌가에 대한 논란이 있다.

언론중재위를 통한 손해배상의 경우에는 언론중재위에서 분쟁을 다 해결하여 법원의 언론 분쟁으로 인한 부담을 줄이자는 이른바 원스톱 구제 방식의 일환이다. 언론중재부의 장이 현직 지방법원의 부장판사들이라는 점에서 법리적 문제점은 없을 것으로 판단된다. 또한 법정에 가게 되면 더 많은 손해배상의 부담을 질지도 모르는 언론 측에서는 어차피 본인의 잘못으로 인하여 손해배상을 하게 된다면 법정에서 더욱 많은 손해배상을 하기보다는 언론중재위를 통해 손해배상을 적게 하는 것을 선호할 가능성이 크다.

이용자 입장에서는 언론중재위에 대한 손해배상청구는 법원 소송과 달리 청구인이 따로 인지대를 부담하지 않아도 되므로(소송의 경우 청구액에 따라서 인지대가 다르다) 청구인이 원하는 대로 청구액을 제시해도 된다. 현행 언론중재법에는 이를 제지할 장치가 아직 없다. 그런데 언론중재위를 통한 손해배상청구는 단독으로 이루어지기보다는 정정보도문의 청구와 병행하는 경우가 많다. 이러한 점에서 볼 때 비록 언론 측에서는 손해배상에 따른 금전적인 부담을 완화하는 기능을 하지만 청구자에 있어 손해배상청구 제도는 청구인이 언론사로부터 정정보도를 받아내기 위한 일종의 압박 수단으로 악용될 가능성이 있어서 순수한 손해배상청구권의 의미가 퇴색될 수 있다. 다시 말하자면 손해배상 제도가 목적에 부합되게 이용되기보다는 수단적인 측면으로 이용될 수 있다는 것이다(김상우 · 이재진, 2015).

실제로 언론중재위의 손해배상 지급 결정 비율은 대단히 낮은 수준이다. 물론 언론중재위도 이러한 점을 고려하여 적절한 손해배상이 이루어질 수 있도록 방안을 다양하게 모색하고 있다. 무엇보다 언론중재위는 '손해배상산정위원회'를 두고서 언론에게 과도한 부담이 지워지지 않는 선에서 손해배상이 적절히 이루어질 수 있다고 자평하고 있다(언론중재위원회, 2012).

그러나 실제 조정액을 살펴보면 이는 법정에서 손해배상 판결에서 결정되는 인용액의 약 10% 정도에 머무르고 있다. 즉 청구인이 조정에 성공하여 손해배상을 받는다고 하더라도 이러한 피해 구제에 대한 만족도가 높을 수가 없는 것이 현실이다. 위에서 언급한 대로 정정보도와 함께 청구되어 손배액을 낮추는 대신 정정보도를 하기로 하자는 데 합의하도록 하는 성격을 띠게 된다. 이러한 경우에는 원래 손해배상을 포함한 원스톱 피해 구제 시스템 설립의 취지에 부합하지 않는 측면이 있다. 결국 굳이 피해 구제 효과도 없는 장치를 둘 필요가 있는가의 문제에 봉착하게 된다.

따라서 손해배상의 청구를 정정보도와는 별도로 할 수 있도록 하되 한꺼번에 같이 하지는 못하게 한다든지 순차적으로 정정보도를 먼저 하고 손해배상을 하게 한다든지 하는 방법을 취하는 것이 좋다는 지적을 고려할 만하다(임병국, 2012). 아울러 정정보도나 반론보도에 대한 결정 여부와는 달리 손해배상에 대한 언론중재위의 전문성을 살릴 수 있도록 해야 한다. 즉 손해배상 결정은 실제로 법원 판결에서도 어려운 전문성을 요구하는데, 현재 언론중재위는 현실적으로 인적 자원이나 예산상 그러한 여건을 갖추지 못하다고 보인다. 비록 현직 판사가 중재부장으로 있어 손해배상 결정에 법적인 하자는 없어 보이기는 하지만 조정의 목적이 당사자들의 참여인 만큼 당사자들의 현실적 요건에 대한 이해를 통하여 적절한 손해배상이 이루어질 수 있도록 세미나와 포럼 등 전문성 확보를 위한 노력들이 있어야 할 것으로 보인다.

4) 시정권고 등 조정·중재 이외의 업무의 필요성이 있는가

개정 전 언론중재법 제32조 제1항에 따르면 "중재위원회는 언론의 보도 내용에 의한 국가적 법익이나 사회적 법익 또는 타인의 법익 침해 사항을 심의하여, 필요한 경우 해당 언론사에 서면으로 그 시정을 권고할 수 있다"고 하여 정기간행물, 뉴스통신, 방송, 인터넷 언론에 대해서 시정을 권고할 수 있도록 되어 있다. 그런데 제2항에서는 언론중재위가 직권으로 하는 경우뿐만 아니라 피해자가 아닌 자도 시정 권고를 신청할 수 있다고 규정했다.

언론계는 제3자가 시정 권고할 수 있게 하는 조항과 시정 권고 결과를 외부에 공표할 수 있게 한 것은 특정 목적을 가진 단체들이 특정 신문의 논조나 보도를 문제 삼아 시정 권고를 신청할 수 있다며 제도의 악용을 우려했다. 언론계는 이 조항이 헌법이 보장하는 언론·출판의 자유를 침해한다며 헌법소원을 제기하였다. 그러나 헌법재판소는 이에 대해 "시정 권고 제도는 권고적 효력을 가지는 데 그치며, 시정 권고는 집행 행위를 매개로 한다는 점에서 기본권 침해 가능성 내지 직접성이 없다"고 하여 청구를 기각하는 결정을 하였다.[187]

187 시정 권고는 원래 언론기본법에 "위원회가 언론의 침해 사항을 심의하여 시정을 권고할 수 있다"는 규정이 마련되어 있었으나 구체적인 시정 권고 대상, 내용, 절차 등에 대한 기준이 마련되지 않아 실질적 운용이 없었다. 그러다가 1987년 정간물법이 제정되면서 제27조에서 시정

이러한 헌법재판소의 결정에도 불구하고 개정 언론중재법은 피해자가 아닌 제3자의 신청에 의해서도 언론중재위가 언론 보도 내용의 법익 침해 사항을 심의하여 언론사에 시정 권고를 할 수 있도록 한 언론중재법 제32조 제2항을 삭제했다. 이를 통해서 기존에 언론계뿐만 아니라 사회 각계에서 우려를 표명한 제3자 시정 권고 제도는 폐지된다. 이에 대해 언론중재위는 제3자 시정 권고 시행 기간 중 언론계에서 우려한 특정 단체의 언론 통제 목적의 시정 권고 신청이 없었으며, 시정 권고 기능은 언론사의 자율 규제나 조정·중재 절차로 해결할 수 없는 개인적 사회적 법익 침해를 최소화하는 데 기여했다고 자평했다(언론중재위원회, 2012). 특히 시정 권고를 통해 특정 강력 범죄의 목격자, 신고자, 피해자의 신원 공개, 정신질환자 신원 공개와 같은 유형의 법익 침해 사례가 감소하고 보도 관행이 개선되는 등에 기여한 것으로 보았다.

그러나 시정 권고 제도가 폐지되어야 한다는 주장이 여전히 존재하고 있다. 시정 권고는 실제로 언론이 자율 기구 등을 통해서 해야 하는 게 바람직하며 준사법적 법정 기구가 이를 시행하는 것은 자유민주주의 국가에서는 찾아볼 수 없는 타율적인 통제 행위가 될 수 있다는 것이다. 즉 비록 헌법재판소가 제도의 위헌성을 부정하고 있기는 하지만 그 본질적인 시행은 신문윤리위원회, 인터넷신문심의위원회, 방송협회 등과 같은 언론의 자율적인 기구에서 실시하는 것이 마땅하지 타율적인 기관에서 실시하는 것은 그 본질에 부합하지 않는다고 보는 것이다. 아울러 단지 권고이기 때문에 실효성이 없다고 보는 헌법재판소의 결정은 실효성이 없음에도 불구하고 여기에 많은 시간과 비용을 들이는 것은 부당하다고 여겨진다는 견해도 존재한다(임병국, 2012).

권고소위원회를 구성하고 언론의 침해 사항에 대해 서면으로 권고하고 언론사는 권고 결정에 대해 재심을 청구할 수 있도록 하였다.

그런데 실제로 더욱 문제가 되는 것은 시정 권고를 위해서는 원칙적으로 모든 언론을 모니터링해야 하지만 이는 현실적으로 불가능하다. 또한 시정 권고 대상을 판단하는 기준도 명확하지 않기 때문에 시정 권고는 사회적으로 논란이 될 만한 선정적인 보도에만 실시되는 경우가 많다. 그러나 이러한 경우에는 이미 신문윤리위원회 등의 자율 규제 기구로부터 어떠한 조치들이 취해지고 있게 된다. 그렇다면 언론중재위의 시정 권고는 비록 이것이 제대로 실시되었다고 하더라도, 즉 시성 권고에 따라서 언론이 어떤 개선의 여부를 알려오는 경우라고 하더라도 이는 기존의 자율 기구 등에서 내려진 조치와 중복되는 경우가 많을 수 있다. 그렇다면 굳이 언론중재위가 '언론 통제'라는 의혹을 사면서까지 시정 권고를 해야 하는 특별한 의미가 없다고 판단된다.

아울러 언론중재법의 규정도 명확하지 않다는 점도 문제가 될 수 있다. 즉 언론중재법상의 '국가적 법익이나 사회적 법익 또는 타인의 법익 침해 사항을 심의'한다는 규정이 너무나 모호하고 광범위해서 이러한 조항이 자칫 언론에 위축적 위협이 될 수도 있다는 것이다. 특히 '국가적 법익'의 경우에는 그 적용의 여부가 광범위하고 명확하지 못한 경우가 많다. 그래서 실제로 2005년부터 2009년까지의 경우 '국가적 법익 침해'와 관련하여 이루어진 시정 권고는 전혀 없는 것으로 나타났다(언론중재위원회, 2012).

또한 2005년 언론중재법 시행과 함께 동년 7월 28일에 시정 권고 심의 기준이 전면 개정되기는 하였으나 여전히 국가적 법익 침해에 대해서는 명확하지 않다. 개정된 시정 권고 심의 기준에 따르면 국가적 법익 침해와 관련해서는 단지 '국가 안전 보장, 국가 기밀 누설 금지'의 규정이 마련되어 있는 정도에 그치고 있다. 언론중재위는 시대적 변화를 반영하기 위해 시정 권고 심의 기준을 계속 보강하여 왔으나 국가적 법익 침해에 대한 구체적인 기준의 마련은 별도로 없었다.

또한 언론의 본질적 기능이 국가 권력의 감시와 비판에 있고 국민의 알 권리를 충족시켜야 하는 의무가 있고 최대한 신속히 보도를 해야 되는 관계로 때론 과도한 보도가 문제되기도 하는데, 이는 결국 '법정'에서 해결하거나, 언론인 단체 등에서 자율적으로 해결해야 되는 문제이기 때문에 언론중재위의 시정 권고를 통해서 해결하고자 하는 것은 합리적이지 못한 것으로 판단된다.

결국 시정 권고 제도를 현행처럼 언론중재위가 실시하도록 하기 위해서는 관련 규정에 대한 개정이 필요하다.[188] 무엇보다 '국가적 법익 침해' 조항은 삭제하는 것이 바람직하다. 국가적 법익의 의미가 너무나 막연하고 광범위하다. 만일 그대로 유지하려고 한다면 언론중재위의 심의 기준을 좀 더 구체적으로 마련하는 노력을 기울여야 한다. 즉 '국가 안전 보장, 국가 기밀 누설 금지'라는 광범위한 규정을 좀 더 실행 가능한 구체적인 기준으로 변경해야 할 것이다. 그렇지 않은 상황에서 언론중재위가 시정 권고 제도를 계속하게 된다면 언론중재위의 태생적 한계를 극복하고자 하는 데 걸림돌로 작용할 가능성이 있다.

5) 이의 제기 이외의 언론 보호 장치는 없는가

많은 연구들에 따르면 언론중재위를 통한 언론 조정·중재에 대한 찬반 논란은 지금도 계속되고 있으나 우리나라의 현실적 상황을 고려하면 반론권의 법적 보장은 아직 필요하다고 보는 것이 중론으로 판단된다. 언론의 사회적 영향력이 대단히 크고 개인들이 소송을 통하지 않고서는 피해 구제를 받을 수

188 현재의 시정 권고 심의 기준의 주요 내용은 주로 범죄로 인한 보도에 있어 관련 당사자들의 신원 공개를 금지하며, 성 관련 보도의 선정성, 자살 관련 보도(특히 자살 미수자의 신원 공개 금지 등), 폭력 묘사, 충격, 혐오감, 사회 통합, 내부적 고발자의 보호 등을 골자로 하고 있다.

있는 방법이 거의 없다는 측면에서 반론권의 보장이 필요하다는 것이다. 특히 최근에는 이른바 언론의 빅뱅이라고 할 수 있을 정도로 인터넷을 플랫폼으로 하는 언론 미디어들이 급증하면서 개인의 인격권을 침해하는 사례가 늘고 있다는 점에서 반론권의 보호는 시대적 요청이라고 할 수 있을 것이다.

비록 언론중재법상의 고충처리인 제도가 있기는 하지만(언론중재법 제6조) 그 목적이 개인의 인격권 피해에 대한 구제를 위한 것이라기보다는 언론사 자체의 자율 규제적인 목적이 강하다는 점, 그리고 비록 고충처리인 제도를 제대로 실행하지 않는 경우 3000만 원 미만의 과태료를 부과할 수 있도록 하고 있으나(동법 제34조) 거의 유명무실하다는 점 등을 고려하자면 고충처리인 제도를 통해서 개인의 피해를 구제하기도 힘들 뿐만 아니라 고충처리인 제도 자체가 과거 언론기본법부터 이어져 온 언론에 대한 과잉 통제라는 비난을 피하기 어렵다.

다시 말하자면 여러 가지 상황을 고려한다면 반론권 제도가 필요하기는 하나 그 기준이 언론의 자유를 최대한 보장해 편집·편성권의 침해를 최소한으로 줄이고, 당사자들에게는 효과적인 피해 구제를 위한 기회를 제공하고, 그리고 한편으로는 국민의 알 권리 신장과 다양한 여론의 보장이라는 방향으로 시행되어야 한다는 것이다. 이를 위해서는 반론권을 둘러싼 분쟁 해결의 핵심적 원칙이 되는 무기대등의 원칙, 즉 형평성의 원칙이 올바로 적용될 수 있도록 반론권 제도를 풀어가야 한다. 다시 말하자면 현재 개인에게 언론과 대등한 위치에서 분쟁을 다툴 수 있도록 부여하는 '무기'에 해당하는 면책사유를 언론에 부여할 필요가 있다. 성문법주의를 택하는 우리나라에서 이를 법 규정으로 입법화하는 것은 쉽지 않을 것으로 보이나 이미 명예훼손과 관련된 다양한 법원의 판결에서 적용하고 있는 위법성 조각사유와 유사한 장치를 판례를 통해서 제시할 필요가 있을 것으로 사료된다.

무엇보다 법원이 반론보도의 요건을 강화해서 반론권이 남용될 여지를 최소화하고, 언론은 언론대로 이의 수용을 충실히 이행하도록 하여 법정으로 가지 않도록 노력을 기울일 필요가 있다. 언론의 경우 언론중재위를 통한 반론·정정보도가 언론의 신뢰성을 떨어트리기보다는 오히려 신뢰성을 강화하기 위한 노력의 일환이라고 생각하도록 해야 할 것으로 보인다. 특히 법원은 지금처럼 거의 자동적으로 반론권을 보장하기보다는 언론의 경우 반론·정정보도문의 형식상의 문제로 인한 기각 이외에도 언론의 자유를 위축시킬 수 요인을 고려할 필요가 있다.

이를 위해서는 무엇보다 반론권 행사 주체에 대한 고려가 요구된다. 즉 반론권 행사 주체에 따라서 반론보도의 허용 정도를 달리해야 할 것으로 보인다. 최근에는 조금 줄어든 것으로 보이나 언론중재위의 조정 통계를 살펴보면 반론보도를 신청하는 사람들 중에서 정치인, 공무원, 사회적 영향력이 큰 공인들이 많다. 반론보도의 경우 문제된 보도에 대한 고의·과실을 요건으로 하지 않기 때문에 공인이든 일반인이든 용이하게 조정이나 소송을 제기할 수 있다. 아울러 명예훼손으로 인한 손해배상 소송에서 적용되는 공인 원칙이 적용되지 않는다. 이러한 점으로 인하여 기득권자인 공인들이 반론권을 언론에 압박을 가하면서 자신의 이익을 지키기 위한 수단으로 이용하는 경우가 많았다.

이러한 점에서 보면 공인들의 반론권 행사는 비록 법적으로는 어떠한 규정이 없으나 일반인들의 반론권 행사와는 차별적으로 이루어져야 한다. 왜냐하면 공인들의 반론권 행사는 자칫 국민의 알 권리를 위축시킬 수도 있기 때문이다. 미디어 접근이 용이한 사람들일수록 본인이 반론을 제기할 수 있는 기회가 일반인들보다 더 크다는 점에서도 반론권의 보호는 그 정도를 달리하는 것이 옳을 것이다. 특히 국가 기관의 경우에도 반론권 행사를 허용하게 하는 것은 언론의 자유가 보장되는 미국의 경우에는 불가능하다. 기관의 대표자가 개인으로 반론권을 행사하는 것도 문제가 있다. 공인이나 국가 기관에 대해서도 반론권을 행사할 수 있도록 하는 것은 권력의 남용을 감시하고 비판해야 하는 언론을 위축시켜 국민의 알 권리를 침해할 가능성이 있다.

아울러 언론중재법이 제정되면서 새로운 형태의 정정보도권이 언론중재제도에 도입되었는데, 문제는 이 또한 반론권처럼 고의 과실에 대한 고려 없이 청구할 수 있다. 최근 언론중재위의 조정·중재 신청 현황을 살펴보면 반론보도문 청구보다는 정정보도문 청구가 압도적임을 알 수 있다. 반론보도만을 신청하는 경우는 극히 줄어들어 반론권의 행시가 정정보도권의 행사와 같은 모습을 보이고 있다. 정정보도의 경우 반론보도와 달리 언론에 부과되는 무게가 상대적으로 크다. 이러한 측면에서 공인이나 국가 기관의 경우에는 정정보도청구에 일정한 제한을 두는 것이 바람직한 것으로 보인다.

이러한 장치를 마련함으로써 언론의 부담을 줄일 수 있고 반론권의 본래적 취지를 살림으로써 반론권의 통제석 냄새를 줄일 수 있다. 이 부분이 실제적으로 반론권 제도의 본질적인 목적이기도 하다. 언론중재위의 경우에도 현재의 불완전한 체제가 계속된다면 위상이나 존재의 이유에 대한 비판은 계속될 수밖에 없다는 점을 고려해야 할 것으로 보인다.

6) 외국과 비교할 때 우리나라 언론 ADR 제도의 장·단점은 무엇인가

반론권이 추구하고자 하는 근본적 목적은 유사하지만 국가별로 살펴보면 이러한 반론권이 행사되는 방식은 다음과 같은 차이가 있다.

첫째, 언론의 자유와 명예권에 대한 상대적 중요성의 무게를 두는 방식이 다르다. 독일과 프랑스 법이 언론 자유와 명예권에 대한 균형 잡히고 개별적case-by-case 해결을 강조하는 반면, 일본법은 개인의 명예권에 그리고 미국의 경우 언론의 자유에 대해서 더 비중을 두는 것으로 나타났다. 일본의 경우 개인의 명예권에 비중을 두는 것은 일본의 집단주의적 문화의 영향인 것으로 보이며, 미국의 경우 언론 자유에 대한 비중은 미국의 수정 헌법상의 문화적 특성을 반영하는 것으로 보인다. 그러나 공통적인 것은 명예권의 보호에 있어서도 언론 자유의 본질적인 속성을 억압해서는 안 된다는 점이다.

둘째, 명예훼손에 대한 구제가 이용되는 방식이 국가에 따라서 다른 것으로 나타났다. 프랑스의 경우 잘못된 보도에 대한 정정보도권(공직자에 한하여)과 명예훼손적 보도에 대한 반론권이 모두 명예훼손소송에서의 개인들을 위한 주요 구제 방식으로 이용되어 왔다. 독일의 경우는 단지 반론권만이 인정된다. 한편 미국법은 미디어에 대한 반론권을 인정하고 있지 않다. 방송에 한해 일부 인정해 오던 반론권이 현재는 적용이 이루어지고 있지 않다. 일본의 경우 반론보다는 공개적 사과를 동반한 정정보도가 주요한 구제 수단으로 인식되고 있으나 민법을 통한 반론권 실행의 가능성은 열어 두고 있다.

셋째, 반론권이 인정되는 범위는 국가에 따라 다르다. 독일의 경우 반론권 또는 정정보도권이 사실적 주장에 국한되어 적용된다. 반면 프랑스의 경우 이는 사실적 주장은 물론 의견이나 견해, 또는 논평 등에도 적용된다. 독일의 경우 사실적 주장과 기타 주관적인 주장을 엄격히 구별하고 있는 반면, 프랑스의 경우 이러한 구분적인 성향이 약하다고 하겠다.

넷째, 독일, 프랑스 그리고 일본의 명예훼손법에서는 명예훼손이란 형법적으로 처벌이 될 수 있다. 특히 일본의 경우 비록 아주 간혹 일어나는 것이기는 하지만 언론인들에 대한 형사적 처벌이 유효하다. 이는 오랫동안 지속되어 온 명예훼손의 피해로부터 금전적 보상보다는 신속한 명예회복이 집단적 삶에 있어서 더욱 중요한 일본 문화의 특성을 반영한다. 그러나 형사적 처벌은 갈수록 줄어드는 추세에 있다. 일본이나 프랑스의 경우 명예훼손소송은 언론 자유에 대한 명백한 침해로 인식되지는 않는다. 미국의 경우 명예훼손과 관련되어 형사소추되는 경우는 거의 없다. 민사소송의 경우에도 수정헌법 제1조 권리에 대한 위축적 위협chilling threat으로 간주한다.

다섯째, 독일과 프랑스 등 유럽연합 국가들의 경우 인터넷 미디어의 반론권을 인정하고 있는 반면 미국의 경우에는 오프라인 미디어는 물론이고 온라인 미디어에도 반론권을 인정하고 있지 않다. 인터넷의 경우에도 전통적인 미디어에서와 같이 반론권이 미디어의 자유를 훼손할 수 있다고 인식하고 있다.

이러한 비교법적 논의를 통해 다음과 같은 점을 발견할 수 있었다 (Glasser, Jr., 2013).

첫째, 미국과 달리, 많은 국가들은 기사의 내용이 오류라고 판단하는 경우 언론에게 진실 입증 책임을 지우고 있다. 뉴스의 정확성을 속보성에 우선하라는 것이다. 미국의 경우 입증 책임은 원고에 있으며 원고가 공인인 경우 사인에게 더욱 높은 입증 책임을 요구된다.

둘째, 독일과 프랑스의 경우 당사자에게 기사와 관련하여 발언할 수 있는 기회를 충분히 주어야 한다. 즉 뉴스의 가장 명확하고 기본적인 요소가 '공정성'이다. 반면 미국의 경우 공익성이 강한 논의에는 공정성을 강요하지 않는다.

셋째, 미국을 제외한 국가들은 명예훼손 책임에 대한 절대적인 면책을 구하기 위해서는 보도의 내용이 단순히 진실에 그치는 것이 아니라 그 보도 행위가 공익을 위한 목적으로 행해진 것이어야 한다. 반면, 미국의 경우에는 공익에 관련된 것인지의 여부에 대해서 상당히 관대한 편으로 그 결정은 대개 수정헌법 제1조의 '사상의 자유 시장' 원리에 순응한다.

넷째, 어떤 특정 문화에서는 악의가 없는 문구가 다른 문화에서는 명예훼손적일 수 있다. 예를 들어 미국법의 경우 '해고하다'는 표현이 그 자체로는 명예훼손적인 것이 아니며 직장에서 무엇인가 잘못해서 그렇게 되었다는 것을 암시하는 것은 아니다. 그러나 프랑스의 경우 거의 대부분 누군가가 자신의 의무를 다하지 못하는 경우에만 해고되기 때문에 해고되었다는 표현은 직장에서 무엇인가 잘못을 저질렀거나 적어도 무능하다는 의미를 포함한다.

다섯째, 반론권을 개인적인 피해의 구제 양식으로 인식한다는 점에서 각 국가들은 유사한 시각을 갖고 있으나 이를 시행하는 방식은 차이가 있다. 특징적인 것은 프랑스의 경우 잘못된 보도에 대한 정정보도권은 공직자에 한하여 행사할 수 있도록 하고 있다. 독일과 일본의 경우 사실적 주장과 의견을 엄격히 구별하고 있는 반면, 미국과 프랑스의 경우 이러한 구분이 약하다. 인터넷에서의 반론권의 경우 미국과 일본을 제외하면 이를 인정하고 있다.

최근 판례들을 중심으로 각국의 반론권이 행사되는 추이를 살펴보았더니 각국에서의 반론권 청구소송은 수적으로 줄어들고 반론권의 허용 요건을 점차로 강화시키는 경향이 있었다. 다시 말하자면 언론의 자유와 개인의 명예를 균형 지우는 데 있어서 반론권이 남용 또는 오용되지 않도록 하는 데 신중을 기하는 경향이 나타나고 있다. 비록 언론의 자유가 우월적인 지위를 누리고 있지 않은 국가들에서도 언론의 자유에 대한 침해로 간주될 수 있는 구제 수단을 허용하는 데 있어 점차 좀 더 신중한 자세를 취하려 하는 것 같다.

한 사회에서 선호하는 구제 수단이 잘못된 언론을 징벌하는 핵심적인 방법이 될 수 있다는 점을 감안한다면, 국가에 따라서 다른 구제 방식을 선호한다는 것은 '명예훼손법은 특정한 사회의 문화적 구조를 반영한다'는 점을 증명한다고 할 수 있다. 구체적으로 말하자면 다양한 피해에 대한 구제 수단은 언론의 자유와 개인의 명예권을 균형 지우는 데 있어서의 다양한 가치 판단의 모습을 내포한다. 비록 위의 모든 국가들이 언론의 자유와 개인의 명예를 모두 중요시하지만, 이를 균형 지우는 방식은 각 사회의 사회적 법적인 근간에 따라 상대적이다. 그러나 이러한 경우에도 언론 자유의 본질적인 내용이 침해되어서는 안 된다는 점을 각국의 사례를 통해 알 수 있다.

7) 기사 삭제·수정의 법제화가 필요한가

언론중재법에는 규정되어 있지 않은 기사 삭제와 기사 수정이 새로운 언론 피해 구제 수단으로 쓰이는 사례가 지속적으로 확대되고 있다. 이는 인터넷 신문만이 아니라 신문과 방송 등 기존 언론의 기사가 보도 이후에도 인터넷에 보관되어 서비스되고 있으며 지속적으로 유통·검색되는 환경과 이로 인한 피해의 확산 범위와 속도의 확대와 관련이 있는 것으로 판단된다. 이와 아울러 이러한 피해 구제의 적용 범위를 점차 인터넷 신문의 댓글과 파워 블로거들의 블로그 댓글까지 확대하기 위한 법 개정을 위한 노력도 기울이고 있다(양경승, 2015).

인터넷에서 신문과 방송의 기사가 보도 이후에도 지속 유통되면서 기사의 영향력과 도달 범위가 확대된 환경은 기사 삭제·수정이라는 새로운 피해 구제 수단을 등장시킨 배경이다. 언론 피해 조정 과정에서 채택 비중이 높아지는 기사 삭제·수정 요청을 정정보도 등 4가지 기존 피해 구제 청구권에 이어 새로운 형태의 청구권으로 언론중재법에 명문화해야 한다는 주장이 제기됐다(양경승, 2008).

이처럼 새로운 언론 피해 구제 수단으로서의 기사 삭제 및 기사 게재 중지 청구권의 필요성이 제기되면서(양재규, 2006b), 언론중재법 제30조 제3항의 인격권침해정지청구권이 기사삭제청구권의 법적 근거가 될 수 있다고 봤다.[189]

인터넷 환경에 적합한 새로운 언론 피해 구제 수단이 필요하다는 고려와 함께 이미 기사 삭제라는 방법이 신청인·언론사·언론중재위 차원에서 당사

189 원상회복 청구권 성격을 지닌 침해정지청구권은 언론의 고의나 과실로 인한 위법 행위를 전제로 하고 소송 절차를 통해 청구하도록 되어 있어 실질적 피해 구제 수단이 되기 어렵다는 지적도 있다.

자 간 합의를 기반으로 적극 수용되고 있는 상황은 기사 삭제를 언론중재법 상의 공식적인 청구권으로 포함시켜야 한다는 주장의 또 다른 근거를 이루고 있다. 현실적으로 기사 삭제는 규정 없는 상태에서 활용되어 왔으며 적용 사례와 추세도 확대되고 있다.

그런데 기사삭제청구권을 언론중재법에 도입해 조정 대상 기사를 삭제하거나 수정하기 위해서는 선결되어야 할 과제들이 있다. 즉 인터넷이 지배적 플랫폼이 된 언론 환경에서 기사 삭제가 합리적인 근거와 타당성을 갖춘 제도적이면서 실질적인 피해 구제 수단이 되기 위해서는 기사삭제청구권을 행사하기 위한 구체적인 요건들에 대한 규정과 절차적 투명성이 필요하다.

첫째, 기사삭제청구권이 어떤 경우에 행사되는지에 대한 규정이 마련되어야 한다. 이를 위해서 기사 삭제·수정에 대한 명확한 개념 정립과 적용 대상이 구체화되어야 한다. 신청인이 어떤 종류의 피해를 입었을 때 기사 삭제·수정을 요구할 수 있는지 청구 요건에 대한 명료화가 필요하다.

예를 들어 오보를 대상으로 한 청구권 관련 언론중재법 규정에 기사삭제청구권을 신청인이 추가로 요청할 수 있는지 등에 대한 검토를 통해 구체적 요건이 마련되어야 한다. 오보에 대해서 신청인이 정정보도와 기사 삭제 청구 중에서 하나를 선택하도록 할 것인지, 또는 정정보도 뒤 일정 기간이 지나면 기사가 삭제되도록 두 청구권을 동시에 행사할 수 있도록 할 것인지도 검토해야 한다. 종이 신문을 통해서는 정정보도를 내보내고 정정보도 대상 과거 기사의 인터넷 서비스는 삭제하거나 검색 차단하는 경우를 허용할지도 고려해야 할 것이다(구본권, 2015).

또한 도입할 경우 어떤 범위까지 삭제를 적용할지의 문제도 있다. 잘못된 내용만을 지워야 할지, 또는 기사 전체를 삭제할지에 대한 검토가 필요하다. 언론사 자체 데이터베이스와 포털·언론진흥재단 등 외부 데이터베이스를 별도로 운영할 경우 두 곳에 대해 동일한 삭제 요청을 할 것인지, 언론사의 자체 데이터베이스는 차등 적용을 할 것인지에 대한 검토도 요구된다.

정정보도는 지면을 통해 공표하기 때문에 일반 독자도 관련 사실을 확인하는 경로다. 앞서 살펴본 조정 결정 사례에서 언론중재위는 정정보도만이 아니라 반론보도와 추후보도의 사례에서도 언론사가 이미 기사를 삭제한 경우는 해당 결정을 이행할 필요 없다고 결정한 바 있다.[190] 언론사의 자체적 기사 삭제가 정정·반론·추후보도의 이행을 갈음할 수 있다는 중재 기구의 판단은 새로운 형태의 부작용을 유발할 가능성도 있다. 기록으로 보존되어야 할 기사가 사라질 가능성에 대한 우려가 있는 것이다(구본권, 2015).

기사 수정은 기사를 삭제하는 것이 아니라 문제된 내용 부분을 수정하는 것이기 때문에 기록의 완전한 삭제와 같은 부작용 우려가 없고 이에 대한 법적 근거도 찾을 수 있다. 언론중재법 제15조 제1항은 정정보도청구 대상이 된 기사가 인터넷 서비스되고 있을 경우 정정보도문과 함께 인터넷 기사에 대한 수정 청구를 규정한다.

둘째, 기사 삭제·수정 청구권의 도입은 절차적 투명성을 필요로 한다. 기존에 중재 기구의 조정 결정이나 중재 결정을 통해 기사 삭제·수정이 실행되는 과정에서는 기사 삭제·수정 절차와 기록이 투명하게 남아 있지 않은 문제점이 있어 왔다.

그동안 언론중재위를 통한 기사 삭제 조정 결정은 당사자 간 합의를 기반으로 시행되어 오면서, 절차적 투명성이 갖춰지지 않았다. 신청인의 피해구제 신청이 제기된 기사에 대해 삭제 결정이 이뤄지면 언론사는 기사를 삭제할 뿐 공지하거나 기록으로 남기는 절차가 없었다. 언론중재위가 펴내는

190 언론중재위는 사건번호 '2009서울중재1～6,' '2009서울중재41' '2009서울중재56' '2009서울중재64' 등의 정정·반론·추후보도 중재 결정을 내리면서 기사가 삭제된 경우에는 이를 이행하지 않는다고 결정했다.

연도별 《언론조정중재·시정 권고 사례집》에 제한적으로 기사 삭제에 관한 간접 기록이 남아 있을 정도다.

실제로 기사 삭제는 언론중재법에 규정된 청구권이 아닌 까닭에 언론중재위가 발간하는 자료에서도 분류 항목이 아니다. 부가적 합의 내용의 일부 등 형태로 기록되어 있다. 언론중재위에 신청이 제기되기 전에 언론사가 자체적으로 기사를 삭제했거나 신청인의 요구에 따라 삭제했을 경우에는 언론중재위 자료집을 통해서도 파악되지 않는다. 이에 대해 일부 언론사는 자체적으로 기사 삭제와 수정 사례를 공개하고 있다.

기사 수정의 경우도 절차적 투명성 측면에서는 기사 삭제와 유사하다. 언론중재법 제15조 제1항은 정정보도와 함께 인터넷상의 보도 내용에 대한 정정을 청구할 수 있도록 하고 있다. 언론중재위의 8년간 자료집에서 파악된 기사 수정 사례 107건은 정정보도청구권 실행 과정에 따른 기사 수정이 아닌 별개의 기사 수정 합의다(언론중재위원회, 2014). 이 경우도 기사 삭제와 마찬가지로 보도 미디어를 통해서 수정 사실이 공표되지 않았다.

셋째, 언론중재위를 통한 조정 결정에 기사삭제청구권을 도입할 경우 적용 시한을 언제까지 정할지의 문제다(김상우, 2010). 언론중재법과 언론중재위는 기사에 대한 피해 구제 청구 시한을 설정함에 있어서 신문·방송 등 오프라인 언론과 인터넷 신문 등 온라인 언론을 형식적으로 구분하고 있지 않다. 언론중재법은 신문·방송에 대해서와 달리 인터넷 신문과 인터넷 뉴스 서비스에 대해 보도 내용과 기사 배열 기록을 6개월간 보존할 것을 규정한다.[191]

언론중재법의 이 조항은 인터넷 신문에 신문과 다른 별도의 청구 시한을 적용한 것이 아니라 언론중재 절차 등에 대비해 자료 확보의 편의를 위한

191 언론중재 및 피해구제 등에 관한 법률 제15조 제8항.

규정이다. 신문은 발간된 뒤에도 도서관이나 신문사 등을 통해 발간 당시의 구체적 형태로 보관되어 있지만, 인터넷 신문은 최초 보도 당시의 형태를 확보하려면 보전 조처가 필요하다.

언론중재법의 6개월 보존 규정에 근거해, 보도 6개월 이후 해당 기사를 삭제하는 인터넷 신문은 거의 없다. 인터넷 신문의 기사는 보도 이후 6개월이 지나도 이용자들에게 열람되고 있으며, 인터넷 검색 엔진을 통해서 손쉽게 찾아지거나 유통되고 있다. 또한 종이 신문이나 방송 등 오프라인 형태로 생산되는 기존 언론의 기사도 거의 대부분 인터넷 홈페이지를 통해서 지속 보존되고 만료 시한 없이 유통되고 있다.

기사에 대한 피해 구제 청구 시한을 인터넷에서 기사가 유통되는 기간으로 설정할 경우, 사실상 무한대의 시간이 될 수 있다. 기사삭제청구가 인터넷에서 지속되는 기사로 인한 피해에 대처하기 위해 제기된 새로운 수단인 만큼 기존 오프라인 미디어에 적용되던 6개월의 청구 기한과 구별되는 별도의 기한을 검토할 경우 언론계와 수용자 간 논의가 요구된다.

인터넷에서 기사 삭제와 수정은 신청인과 언론사, 언론중재위에 의해서 모두 적극적으로 수용되고 있으며 세 주체는 각각 다른 이유와 배경 아래에 따라 수용 추세를 강화하고 있다. 법적 근거가 없지만 언론 피해 구제 세 주체 모두가 인터넷 환경에서 양상이 달라진 언론 피해에서 새로운 구제 수단으로 적극 채택하고 있다는 점을 기사 삭제와 수정을 새로운 형태의 피해 구제 청구권으로 검토할 필요성을 제기하고 있다.

3. 한국적 언론 ADR의 이론화를 위하여

궁극적으로 현재 우리나라의 대표적 언론 ADR 제도인 언론중재제도가 안고 있는 다양한 문제를 해결함으로써 언론의 자유와 개인의 인격권을 적절히 그리고 평화롭게 조화를 이룰 수 있는 한국적 반론권 제도를 수립할 수 있을 것이다. 무엇보다 언론과 개인 사이의 다양한 분쟁을 소송을 통한 재판으로 해결하는 것을 피하면서도 이를 적절히 조정 또는 중재하여 언론과 개인 양 당사자가 모두 만족할 수 있는 피해 구제를 추구한다는 점에서 언론중재제도의 존재 이유를 찾을 수 있다.

다시 말하자면 우리나라에서 언론과 개인 사이의 분쟁을 법정 밖에서 해결하기 위한 사회적 필요성이 존재하며 이용자들의 만족도가 부족하나마 대체적으로 조금씩 상승하고 있다는 점에 비춰볼 때 언론중재제도 및 이를 시행하는 언론중재위의 존립의 정당성은 인정된다고 하겠다. 비록 아직도 언론중재제도가 언론이나 언론의 자유에 대한 이중의 제약이 된다는 주장도 때때로 지적되고 있으나, 언론 ADR의 사회적 필요성과 효율성 등을 근거로 볼 때 언론중재제도가 우리나라 사회에 제대로 착근하고 있다고 판단된다.

그럼에도 아직도 우리나라만의 분쟁 해결 방식이 아닌 해외에 수출할 수 있는 제도로 자리매김하기 위해서는 아직도 숙제가 남아 있다. 무엇보다 전술한 문제점들이 우선적으로 해결되어야 하지만 우리나라 현실에만 맞는 피해 구제 모델이 아닌 국제적으로 통용될 수 있는 모델이어야 할 것이다. 국제적으로 통용될 수 있는 모델이 되기 위해서는 선진 외국의 다양한 법적 체계의 차이를 극복하고 공감대를 형성할 수 있는 언론 ADR로서의 모습을 갖추어야 할 것이다.

그런데 가장 우선적으로 언론 ADR에 대해서 적극적인 개념과 인식의 변화가 이루어져야 한다. 우리나라의 언론중재제도는 반론권 제도 도입의 역사와 맥을 같이 한다. 1980년 반론권을 우리나라 현실에 맞추어 적절히 행사하기 위한 방식과 절차를 마련하고 이를 집행할 기관으로서 언론중재위를 설립하였다. 당시 언론중재위가 이른바 언론 악법으로 지칭되던 언론기본법에 기초하였던 관계로 설립 이후 얼마 동안 큰 관심을 받지 못하였다. 오히려 언론을 이중으로 규제하는 장치로서의 인식이 강했다. 실제로 초기에는 언론중재위를 통한 구제 제도의 이용 빈도가 높지 않았다. 당시만 하더라도 언론을 상대로 발생한 피해를 구제받기 위해 적극적으로 나서는 경우는 거의 없었다.

해방 이후 1980년까지 언론을 상대로 한 판결 건수는 9건에 불과했다. 약 35년 동안 언론의 보도로 인해 발생한 피해 구제를 위한 판결 건수가 이렇게 작다는 것은 국민들이 사회적 영향력이 막강한 언론을 상대로 피해 구제를 받는 것이 막연하다는 사실과 함께 피해 구제를 꼭 받아야 한다는 의식이 약했던 것이 그 원인으로 판단된다. 법원의 재판을 통해서 피해 구제를 받기 위해서는 여러 가지 측면에서 어려운 점이 많았으며 언론의 미움을 사서 후환이 있을지도 모른다는 생각도 작용하였다.

그러나 이러한 인식은 언론중재제도가 시행되면서 조금씩 바뀌기 시작한다는 연구들이 있다. 그러다가 언론 민주화가 시작된 1987년을 기점으로 언론중재제도에 대한 인식과 인지도가 크게 증가하는 모습을 보인다. 1990년대 들어서면서 국민들의 인권의식이 더욱 커지기 시작하고 이에 따라 언론을 상대로 한 명예훼손소송이 증가하면서 언론중재제도가 더욱 활성화되기 시작하였다. 아울러 언론중재제도가 국민들의 인권의식을 더욱 강화하고 이에 언론으로 인한 피해 구제에 적극적으로 나서도록 영향을 끼쳤다는 연구들도 있다. 이러한 연구들에 따르면 언론중재제도는 개인들이 언론 보도로 발생하는 피해로부터 구제를 재판을 통하기보다 좀 더 쉽게 받기 위해서 도입되었으나 도입 초기에는 그 취지나 방식 등이 널리 알려지지 못한 이유에서 그리고 언론에 대한 통제의 목적으로 설립되었다는 의심 등의 이유로 활성화되지 못했다. 그러다가 언론 민주화와 인권의식의 확장 등으로 언론중재제도를 통한 피해 구제의 사회적 요구가 커졌으며 실제로 언론중재제도가 제대로 작동하기 시작하면서 개인들의 인권의식의 신장에 기여하는 결과를 가져왔다고 할 수 있다.

이처럼 언론중재제도 도입 초기에는 언론 ADR에 대한 인식이나 필요성 등이 크지 않았다. 이러한 이유 중 하나는 언론중재제도에 대한 대국민 홍보가 제대로 이루어지지 못한 점이었다. 언론중재제도가 왜 필요한지, 언론 ADR이 재판을 통한 분쟁 해결에 비해 얼마나 더 효율적인지에 대해서 정확히 알지 못했다는 것이다. 전술한 바처럼 언론에 의한 피해가 발생했다고 해도 법적인 조치를 취하기보다는 참는 경향이 있었다. 이는 언론을 상대로 한 피해 구제의 어려움이 컸기 때문으로 보인다. 다시 말하자면 언론 보도로 인한 피해를 언론사에 대해 직접 구하는 것은 현실적으로 불가능했으며 법적인 구제를 받기 위해서는 소송을 통한 재판을 거쳐야 하는데 이러한 피해의 구제에 대한 개념이 없었다. 법적인 방식을 통한 피해 구제가 어려웠기 때문에 이를 대체하거나 간편하게 피해 구제를 받을 수 있는 절차나 제도에 대한 필요성이 대단히 컸다.

연구에 따르면 언론 보도로 인한 피해자들이 원하는 것은 손해배상이라기보다는 언론사의 진심어린 사과와 자발적인 정정보도인 것으로 나타났다. 소송을 하는 경우, 실제로 민사소송보다 형사소송을 선호하는 것으로 나타났는데, 이는 언론으로부터의 금전적 배상을 원하기보다 언론이 어떤 처벌을 받게 됨으로써 보복심이 만족되기를 더 바라기 때문이라고 한다. 또한 재판을 통한 해결은 이해 당사자들에게 모두 만족감을 주지 못한다. 이는 근대 이후 가장 합리적인 분쟁 해결 방식이라고 할 수 있는 재판을 통해서도 언론 보도로 인한 피해의 구제가 제대로 이루어지기 힘들다는 것을 의미한다. 가장 큰 문제는 피해자가 직접 분쟁 해결 절차에 참여하지 않는다는 점이다.

반면 언론 ADR에는 피해자가 참여함으로써 분쟁 해결의 결과에 대해 승복하는 경향이 크며 만족감도 재판보다 클 수 있다. 가장 큰 장점은 빠른 시일 내에 저렴하게 분쟁을 해결할 수 있다는 점이다. 언론 ADR은 특히 언론이 일반 기업과 같은 사적 기관과는 성격이 다르다는 점에서 그 필요성이 더욱 크다고 할 수 있다. 언론은 비록 사적 존재이기는 하지만 그 기능이나 성격상 공적 영역에 속하고, 그러한 만큼 선출되지 않은 권력을 행사하는 기관이다. 사회적 영향력이 그만큼 큰 거대한 기관을 상대로 소송에서 승소하기도 어려울 뿐만 아니라 여러 가지 난관에 봉착하게 된다. 이때 피해자의 입장에서 가장 원하는 언론사의 정중한 사과와 같은 것을 받기 힘들기 때문에 개인들은 이러지도 저러지도 못하는 상황에 빠지게 된다.

우리나라 언론 ADR인 언론중재제도의 강점은 법 규정에 따라 언론중재위에 조정 또는 중재 신청을 하면 피해자를 언론사와 대면할 수 있도록 한다는 점이다. 피해자는 반론권 실행을 청구할 수도 있으며 심지어 손해배상을 청구할 수도 있다. 그야말로 피해자가 원한다면 언론중재위를 통하여 피해 구제를 위한 모든 방식이 가능한 원스톱 체계라고 할 수 있다. 언론에게는 이를 일정 회수 이상 회피하는 경우에는 합의한 것으로 간주하게 하여 조정 중재의 효율성을 높이고 있다.

이렇게 많은 장점을 갖는 언론중재제도의 경우에도 이를 널리 알려지지 않는다면 효율성이 떨어지게 된다. 즉 언론중재제도가 어떠한 성격을 갖는 ADR인지 아는 것이 중요한데, 실제로 언론중재제도 특성을 알고 있는 경우가 많지 않다. 국제적인 측면에서는 더욱 그러하다. 현재 언론중재제도와 언론중재위에 대한 인지도가 과거에 비해 대단히 높아진 것은 사실이다. TV 광고를 통해서 알려지기도 하였고 언론중재위에서 외부 기관들로 교육을 나가거나 언론중재위로 초청하여 견학과 교육을 하는 등 부지런히 움직이고 있다. 그러나 언론중재법이 얼마나 효율적인가, 그리고 언론중재제도를 통해서 어떻게 피해 구제를 받을 수 있는가 하는 점은 아직 잘 인식이 되지 않고 있다.

이러한 상황에서 전술한 모든 문제들을 원만하게 해결한 다음에도 제도상의 미비점을 계속 보완해 나가야 한다. 얼마 전 세월호 참사와 관련하여 이른바 구원파 신도들이 접수한 만 건 이상의 반론 및 정정보도청구 신청은 언론중재위의 업무를 거의 마비시키다시피 하였는데, 이는 또한 우리나라 언론중재제도가 개선해야 할 점이라고 할 수 있다. 이러한 배경에는 언론 피해와 관련하여 피해자와 언론의 소통이 여전히 잘 이루어지지 않는다는 점과 함께 이른바 '언론'으로 지칭되는 미디어가 크게 늘었다는 이유도 적용된다. 너무나 많은 미디어가 만들어 놓은 뉴스의 홍수 속에서 살아가는 현 상황이 언론중재 신청이 증가하는 이유라고 할 수 있다는 것이다. 특히 많은 뉴스는 연예 뉴스인데, 연예 뉴스 전성시대라고 해도 좋을 듯하다. 이러한 뉴스 홍수 시대는 수적으로 크게 증가한 인터넷 신문이 주요 원인이 되고 있으나 언론사닷컴은 물론이고 종편 방송, 그리고 지상파 방송도 모두 연예 뉴스 지상주의를 만들고 있다고 할 수 있다.

이러한 점이 뉴스와 여론의 다원화라는 측면에서 볼 때 바람직하다고 여겨지나 한정된 광고 시장을 향해 수많은 언론들이 무한 경쟁하는 구도를 형성하다 보니 사실이 검증되지 않은 뉴스들이 넘쳐나고, 기사와 광고가 구분이 잘 안되고, 클릭 수를 늘리기 위한 어뷰징이 일상적으로 발생하고, 선정적이고 자극적인 기사들이 미디어를 점령하는 상황이 되었다. 검색어 순위를 실시간 체크하면서 이에 근거하여 기사를 쓰는 일도 늘어나고 있다. 이러한 상황에서 자연스레 개인의 인격권에 대한 피해가 발생하는 비율이 크게 늘어났다. 다시 말하자면 우리나라의 경우 언론 환경의 변화로 인하여 언론중재제도의 필요성이 크게 증가하였다는 역설적인 측면이 있다.

궁극적으로 우리나라의 경우 언론중재제도가 필요하다고 생각된다. 또한 언론으로 인한 인격권 피해가 늘어날 가능성이 크다는 점에서 우리나라 언론중재제도는 우리나라에 맞는 언론 ADR 제도로 계속될 것이라 예측할 수 있다. 다시 한 번 강조하건데 가장 좋은 언론 피해 구제 방식은 언론사의 자율적 규제다. 언론이 피해자들의 요구에 신속하고 적절히 응하고 피해 구제에 합의할 수 있다면 이러한 방식이 가장 바람직하다. 언론사에 고충처리인을 두는 것도 이러한 이유에서다. 그러나 고충처리인이 단순히 기사의 편집이나 오타를 바로잡는 역할을 하는 정도에 그치고 있다는 점에서 자율적인 피해 구제 체계로 기능하고 있다고 판단하기는 힘들다.

실제로 언론사별 피해 구제를 위해서는 언론사별로 개인의 인격권 침해를 예방할 수 있는 노력이 선행되어야 한다. 주요 언론사들은 최근 이러한 노력들이 있어 왔다. KBS의 경우 최근 공정성 가이드라인을 제·개정하여 보도의 공정성을 높이기 위한 노력을 하고 있다. 이미 기존에 보도 기준에 대한 자체적인 규정을 보유하고 언론들도 있다. 그러나 이들 규정의 공통점은 규정 위반을 하는 경우 자체적으로 어떠한 제재를 가할 수 있는가에 대해서는 명시하지 않고 있다는 점이다. 이처럼 강제 조항이 없기 때문에 실제로 언론의 보도가 문제되었을 경우 언론인들은 법적으로만 큰 문제 안 되면 되는 것이 아닌가 하는 생각에 빠지기 쉽다.

우리나라 고유의 언론 ADR인 언론중재제도는 이처럼 언론사별로의 자체적인 노력들이 선행되어야 효율성이 제고될 수 있다는 특성을 지닌다. 이러한 언론사의 노력의 여부와 그 정도가 언론중재위의 심의 과정에서 일정 부분 반영되어야 할 것으로 보인다. 반론권 제도의 목적이 보도 피해자에게는 신속하고 저렴하게 피해 구제를 허용하면서도 언론사에게는 피해 구제에 따른 부담을 최소화시키는 것이다. 우리나라 언론 ADR인 언론중제제도 역시 이러한 기본적 원칙에 근거하고 있다. 그러나 언론중재제도를 통해서는 반론권의 행사뿐 아니라 손해배상까지도 받을 수 있도록 한다는 점에서 언론 피해자의 입장에 너무 무게를 둔다는 비판이 있다. 이러한 점을 상쇄하고 법익 간의 형평성을 높이기 위해서는 언론의 자율 규제의 노력이 언론중재 절차에 반영될 필요가 있다. 그래서 우리나라의 언론 ADR은 자율적 규제를 극대화할 수 있는 방향으로 이끄는 제도로 모델화되어야 한다.

결론적으로 반론권의 도입과 언론중재위 설립 이후 34년 동안, 언론중재제도는 우리나라 고유의 언론 ADR로 자리매김하였다. 특히 2005년 언론중재법 제정 이후 언론중재제도는 비록 필요적 전치주의를 포기하였음에도 피해 구제를 위해서는 우선적으로 언론중재 절차를 거쳐야 하는 것으로 인식되고 있다. 이러한 인지도의 상승에도 불구하고 아직까지 우리 국민들이 언론중재제도에 대한 필요성과 선호도가 어떠한지에 대한 대국민 조사는 아직 이루어지고 있지 않다. 언론중재제도가 우리 국민이 편하게 피해 구제를 받도록 하는 언론 ADR 제도라는 점에서 국민의 인식이 어떠한지에 대한 광범위한 조사가 선행되어야 할 것이다. 이러한 조사를 통하여 기존에는 전문가들의 조언이 많이 적용했다면 현행 언론중재제도를 개선할 때 국민의 생각을 적극적으로 반영할 수 있어야 할 것이다. 왜냐하면 언론중재제도는 궁극적으로 국민을 위한 제도이기 때문이다. 이를 바탕으로 우리 언론 ADR을 해외에 알리기 위한 다각적 측면의 노력과 교류를 시도해야 한다.

표 4-11 언론 자유(책임)/윤리 분석 대상 논문

연도	제목	비고
1982년 봄	인권 보호와 언론의 책임	언론기본법
1982년 가을	언론 자유의 본질에 관한 비판적 분석 — 서독의 언론 자유를 중심으로	
1983년 봄	언론의 민·형사상 책임 귀속	
1984년 가을	언론의 자유와 공익의 문제	
1986년 봄	대중지의 특성과 사회적 책임	
1988년 여름	언론사에 비친 규제와 자유	정간법·방송법·종합유선방송법 제정
1988년 여름	언론에 있어 사회적 책임의 주체 문제 — 기자, 국가, 공중	
1988년 여름	자유 경쟁 시대에 접어든 한국 언론의 책임	
1989년 겨울	언론에 대한 공중의 기대와 언론 윤리강령에 나타난 기준	
1990년 봄	한국 언론의 법, 윤리 환경의 변천	
1990년 봄	윤리적 측면에서 본 한국 언론	
1991년 여름	언론의 자유와 국익	
1992년 겨울	언론, 출판 자유의 이론과 판례 — 헌법재판소의 결정을 중심으로	
1994년 겨울	미국에서의 프라이버시 침해와 언론의 자유 — 판례를 중심으로	
1995년 봄	취재 관행과 법유리상의 일고찰	
1995년 봄	공적 자료에 의한 보도의 법적 책임	
1997년 봄	뉴 미디어 시대 표현의 자유와 한계	정간법·방송법·종합유선방송법 개정
1997년 겨울	언론 자유와 신원 보호	
1998년 여름	타 미디어 기사 인용의 문제점과 법적 책임	
1999년 가을	언론의 자유와 형사책임의 한계 — 헌법재판소 1999. 6. 24. 선고 97헌마265-2	
1999년 겨울	언론 자율 규제의 변천과 성과	
2001년 겨울	언론 자유와 사전 제한의 법리	

2002년 봄	언론의 자유와 선거 보도에 대한 규제	
2002년 봄	일본 언론 윤리법제의 현주소	
2002년 여름	일본 언론 윤리법제의 현주소 방송계의 자율적 처리 기관 BRO	
2002년 가을	일본 언론 윤리법제의 현주소 — 개인정보보호법안과 언론	
2005년 가을	편집권과 언론의 내적 자유에 대한 법적 검토	
2006년 봄	언론 자유 관점에서 본 취재 윤리	언론중재법 제정
2008년 여름	인터넷을 통한 선거 관련 의사 표현의 자유와 한계	
2008년 여름	알 권리와 인격권의 법리 및 한계 — 피의자 신상 공개 보도 논란을 중심으로	
2009년 여름	취재원 보호와 언론의 책임	
2009년 겨울	포털의 자율 규제 현황과 과제 — 자율 규제 모델의 관점에서 본 한국인터넷자율정책기구(KISO) 현황과 과제	
2012년 봄	온라인 자율 규제 동향의 변화와 인터넷 언론	언론중재법 개정
2012년 봄	인터넷 언론의 자유와 인격권 침해 구제를 위한 효과적인 규제 시스템 연구	

표 4-12 언론 피해 구제 분석 대상 논문

연도	제목	비고
1981년 겨울	언론중재제도의 역사적 배경과 의의	언론기본법
1981년 겨울	한국에 있어서의 언론중재 — 언론 침해에 대한 구제를 중심으로	
1983년 봄	언론에 의한 피해 보상 형태 — 언론 침해에 의한 구제 제도	
1983년 여름	사생활권의 침해 유형과 구제 방법 — 영미법을 중심으로	
1985년 봄	재판 전 보도의 문제점과 피해 구제 방안	
1987년 가을	정정보도청구 제도 활성화의 당위성	
1987년 가을	사례를 통해 본 언론중재제도의 필요성	
1987년 겨울	새 정기간행물의 등록 등에 관한 법률의 언론중재제도	정간법·방송법·종합유선방송법 제정
1988년 가을	정보 소비자의 피해 구제	
1988년 가을	언론 피해와 구제	
1988년 겨울	중재 신청 사례에 나타난 권익 침해	
1989년 봄	알 권리와 타인의 권익 침해 — 최근 중재 사례 분석을 중심으로	
1989년 가을	정정보도청구권 제도의 일반적 고찰	
1989년 겨울	시민의 권리의식과 언론 피해 구제 제도	
1989년 겨울	언론중재제도의 개선 방향	
1990년 봄	언론중재제도의 기능적 결함과 개선 방향	
1991년 봄	언론 환경의 변화와 언론중재제도	
1991년 봄	언론중재제도 운용 10년의 문제점과 발전 방안	
1991년 봄	판례를 통해 본 정정보도청구권의 실제	
1995년 봄	정정보도청구권의 쟁점별 검토	
1996년 봄	정간물법 개정과 중재제도의 발전	
1996년 봄	개정 정간물법 해설	
1996년 가을	직권중재 결정의 법적 의의 및 효력 — 소송에 갈음하는 분쟁 해결 방안(ADR)의 차원에서	
1996년 가을	언론중재 신청 및 처리 절차	

1998년 여름	반론보도청구사건의 당사자 적격에 관한 고찰	정간법 · 방송법 · 종합유선방송법 개정
1998년 여름	언론의 자유와 인격권의 대립 — 위법성 조각사유, 상당성 원리의 적용과 그 판례를 중심으로	
1998년 겨울	반론권의 이념적 배경과 사회적 책임론	
2001년 봄	언론중재제도의 법제사적 의미	
2001년 봄	언론에 비친 언론중재제도 20년	
2003년 여름	인터넷 언론의 현실과 입법 방안	
2003년 여름	인터넷 언론의 보도상의 특성과 법적 책임	
2004년 봄	공인의 반론권 행사에 관한 각국의 법제 현황	
2006년 가을	언론중재 및 피해구제 등에 관한 법률에서 신설된 '정정보도청구권'에 관한 논의 — 최근의 헌법재판소 결정을 중심으로	언론중재법 제정
2008년 봄	위원회 조정 사례 및 법원 판결을 통해 본 보도의 문제점과 피해구제	
2008년 가을	포털 뉴스 서비스의 미디어적 특성에 대한 고찰	
2008년 가을	법원의 판단으로 본 포털 뉴스 서비스의 성격	
2008년 가을	포털 뉴스 피해 구제에 관한 언론중재법 검토	
2009년 봄	대체적 분쟁 해결 제도(ADR)의 발전과 그 의미	
2009년 봄	우리 법제하 행정형 ADR의 현황과 과제	
2009년 봄	대체적 분쟁 해결 제도(ADR)로서의 언론중재제도	
2009년 가을	개정 '언론중재 및 피해구제 등에 관한 법률상' 뉴스서비스사업자와 기사 제공 언론사의 책임 범위	
2010년 봄	현행 분쟁 해결 제도의 문제점과 개선 과제 — 언론중재를 예로 본 법철학적 분석	언론중재법 개정
2010년 봄	우리나라 ADR 제도의 발전 기반 구축을 위한 실천 과제	
2010년 봄	법원 연계형 ADR의 도입을 위한 법적 과제	
2011년 봄	주요 국가의 언론 피해 구제 방식 비교 고찰	

표 5-2 반론권 관련 대법원 판례

번호	선고일	판례 번호	판례 분류	원고 승패	판시 사항	판결 요지
1	1986. 1. 28.	85다카 1973	신문 보도 정정보도명령	원고 패	-언론기본법 제49조의 '정정보도청구권자,' 제49조 제1항의 '피해자'의 의미 -공개회의 또는 공개 재판 절차에서 취재한 사실을 언론기관이 스스로 지득한 사실인 것처럼 보도한 경우, 언론기본법 제49조 제7항의 적용가부 -언론기본법 제49조 소정의 정정보도청구권의 성질	
2	1986. 3. 11.	86마 24	간접강제 기각 결정	원고 패	-항소심에서 제1심 판결이 명한 정정보도문이 축소 변경된 경우, 제1심 판결이 명한 정정보도를 게재한 채무자에게 위 축소된 정정보도문을 다시 게재할 의무가 있는지 여부	-정정보도청구사건의 가처분 절차에서 채권자의 신청이 인용되어 판결로, 정정보도문의 게재가 명하여지고, 주소법원의 간접강제명령에 따라 채무자가 판결에서 명한 정정보도문을 게재하였는데, 그 후 채무자만이 제1심 판결에 불복항소하여 항소심에서 제1심 판결의 정정보도문이 축소 변경된 경우, 이미 **제1심 판결의 정정보도문을 게재한 채무자로서는 항소심 판결에서 축소 변경된 정정보도문까지 다시 게재할 의무가 있는 것은 아니다.**
3	1986. 12. 23.	86다카 818	정정보도	원고 패	-언론기본법 제49조 제3항 단서 소정의 "정당한 이익을 갖지 않는 경우"의 의미(소극)	-언론기본법 제49조 제3항에서 말하는 "정당한 이익을 갖지 않는 경우" 중에는 **정정보도에 기재될 내용과 원문 기사에 보도된 내용이 본질적인 핵심에 관련되지 못하고 지엽 말단적인 사소한 것에만 관련되어 있을 뿐**이어서 이의 시정이 올바른 여론 형성이라는 본래의 목적에 기여하는 바가 전혀 없는 경우도 포함된다.

4	1988. 11. 8.	87다카 2370	손해배상(기)	원고 승	관련 민사 사건의 판결에서 인정된 사실의 다른 민사 재판에 있어서의 증명력	민사 재판에 있어서는 다른 재판 절차에서 그 법원이 인정한 사실에 구속을 받는 것은 아니라 할지라도 이미 확정된 다른 관련 사건에서 법원이 인정한 사실은 다른 특별한 사정이 없으면 가장 유력한 증거 자료가 된다.
5	1991. 1. 15.	90다카 25468	정정보도 게재	원고 승	–정기간행물의 등록등에관한법률 제16조 소정의 정정보도청구권이 원문 보도의 내용이 허위임을 요건으로 하는지 여부(소극) –**정정보도청구를 함에 있어서 반박문인 정정보도의 내용이 진실임을 증명할 필요 유무(소극)** –"전북도민이 국회의원의 발언에 대하여 지역감정을 개탄하였다"는 내용의 일간 신문 기사가 정기간행물등록등에관한법률 제16조 제1항 소정의 사실적 주장에 해당하는지 여부(적극)	일간 신문 기사에 대하여 정정보도문의 게재를 청구할 정당한 이익이 있다고 본 사례
6	1995. 10. 17	95그 44	강제집행 정지	각하	–제1심 판결에 기한 강제집행 정지 결정의 취소를 구하는 특별항고 제기 후 양 당사자가 항소를 취하한 경우, 그 특별항고를 각하한 사례	
7	1996. 12. 23.	95다 37278	정정보도	원고 승	–구 방송법 제41조 제1항 소정의 '방송에 공표된 사실적 주장에 의하여 피해를 받은 자'의 의미 –구 방송법 제41조의 정정보도청구권이 갖는 의미 –구 방송법 제41조 제1항의 정정보도청구권자로서의 '보도 내용과 개별적 연관성이 있음이 명백히 인정되는 자'의 판단 기준 –정정보도문의 자수 제한에 관한 구 방송법 제41조 제5항이 훈시 규정인지 여부(적극)	–방송사가 **뉴스 중간 시간에 원문 보도를 한 것에 대해 뉴스 시작과 동시에 정정보도를 하도록 명한 원심의 조치를 수긍**한 사례

8	1997. 9. 30.	97다 24207	정정보도		–언론에 의한 명예훼손에 있어서의 위법성 조각사유인 진실로 믿은 데 상당한 이유가 있는지 여부의 판단 기준	
9	1997. 10. 28.	97다 28803	정정보도 심판	원고 패	–구 정기간행물의등록등에관한법률 제16조 제3항 단서 소정의 '피해자가 정정보도청구권의 행사에 정당한 이익을 갖지 않는 경우'의 의미	–피해자가 정정보도를 청구하는 내용에 관해 이미 **원문 기사와 같은 비중으로 충분한 정정보도가 이루어졌고, 나머지 부분은 지엽 말단적인 사소한 것에만 관련되어 있을 뿐이어서 피해자가 정정보도청구권의 행사에 정당한 이익을 갖지 않는 경우**에 해당한다고 한 사례
10	1998. 2. 24.	96다 40998	정정보도		구 정기간행물의등록등에관한법률 제16조의 정정보도청구권의 내용	
11	1999. 1. 26.			원고 패	–수사 기관의 피의사실 공표 행위가 허용되기 위한 요건 및 그 위법성 조각 여부의 판단 기준 –신문이 타인의 명예를 훼손하는 내용의 보도를 한 경우, 그 보도 내용이 진실인지 여부의 판단 기준 –신문 보도가 "…… 혐의를 받고 있다"는 형식으로 되어 있고 또 피의자가 그러한 혐의를 받고 있는 것이 사실이라 하더라도 보도 내용이 피의자의 범행 사실을 단정하는 듯한 문구를 사용하고 있고 그 피의사실이 사실이라는 증명이 없는 이상 그 신문 보도가 진실이라는 입증은 없다고 본 사례 –신문 보도에 의한 표현의 자유의 허용 한계 –언론 기관이 수사가 진행 중인 피의사실을 보도함에 있어 취해야 할 주의 의무의 내용 및 그 한계	–담당 검사가 피의자가 피의사실을 강력히 부인하고 있음에도 불구하고 추가 보강 수사를 하지 않은 채 참고인 측의 불확실한 진술만을 근거로 마치 피의자의 범행이 확정된 듯한 표현을 사용하여 기자들에게 피의사실을 공표한 경우, 위법성이 조각되지 않는다고 한 사례 –**신문 기자가 담당 검사로부터 취재한 피의사실을 그 진위 여부에 관한 별도의 조사 및 확인 없이 보도했으나 위 기사가 검사가 소정의 절차에 의하여 행한 발표 및 배포 자료를 기초로 객관적으로 작성되어 있는 경우, 그 기사 내용이 진실이 아니라고 하여도 위법성이 조각**된다고 본 사례 –일간 신문사의 기자가 타 신문사의 기사 내용과 피의자에 대한 구속영장 사본만을 열람하고 별도의 취재 없이 마치 자신의 **직접 취재에 의하여 피의자의 범행이 확인된 것처럼 단정적으로 기사를 게재한 경우, 피의자에 대한 명예훼손 행위의 위법성이 조각되지 않는**다고 한 사례

12	2002. 1. 22.	2000다 37524	손해배상(기)		−언론 미디어의 기사가 타인의 명예를 훼손하여 불법 행위가 되는지 여부의 판단 기준 −의견을 표명하는 표현 행위가 타인에 대한 명예훼손에 해당하는 경우 −표현 행위로 인한 타인의 명예훼손에 있어서 위법성 조각 사유 및 그 사유 중 '그 목적이 오로지 공공의 이익을 위한 것일 때'와 '진실한 사실'의 의미 −표현 내용이 사적私的 관계 또는 공적公的 관계에 관한 것인지 여부에 따른 언론·출판의 자유와 명예 보호 사이의 한계 설정 기준의 차이 −표현 내용이 공적인 존재의 정치적 이념에 관한 것인 경우, 언론·출판의 자유와 명예 보호 사이의 한계 설정 기준	
13	2000. 2. 25.	99다 12840	반론보도		−구 방송법 제41조 제1항 소정의 '방송에 공표된 사실적 주장에 의하여 피해를 받은 자'의 의미 −논평·논설 등의 가치 평가나 의견 표시에 전제 또는 예시 등을 위하여 포함된 사실적 주장이 반론보도청구권의 대상이 되는지 여부(적극)	−〈TV 조선왕조실록〉에 방영된 우암 송시열과 관련된 보도 내용이 그 후손들로 구성된 종중과 직·간접적 연관성이 없을 뿐만 아니라 종중에 대한 사회적 평가가 저하되었다고 볼 수 없다는 이유로 위 종중이 구 방송법 제41조 제1항 소정의 '피해를 받은 자'에 해당하지 않는다고 한 사례
14	2000. 3. 24.	99다 63138	반론보도 심판청구	원고 패	−반론보도청구권의 규정 취지 및 법원이 반론보도 내용을 정하는 기준 −반론보도의 내용과 방식 및 신청인이 구하는 반론보도문에 내용상의 제한이나 허용 범위를 벗어나는 부분이 포함되어 있는 경우, 법원이 이를 수정·인용할 수 있는지 여부(적극)	

15	2002. 5. 10.	2000다 50213	손해배상(기)	원고 승	–명예훼손에 의한 불법 행위가 성립하기 위한 요건으로서의 피해자의 특정 정도 –언론 미디어의 기사가 타인의 명예를 훼손하여 불법 행위가 되는지 여부의 판단 기준 –민사상 명예훼손행위의 위법성 조각사유 및 언론 미디어의 보도를 통한 명예훼손에 있어서 '행위자가 보도 내용이 진실이라고 믿을 만한 상당한 이유'의 존부에 대한 판단 기준 –명예훼손 **피해자의 요구로 언론 기관이 정정보도를 한 것만으로 피해자가 손해배상청구권을 포기한 것으로 볼 수 있는지 여부**(소극) **및 언론 기관이 정정보도를 한 것만으로 명예훼손 행위에 대한 민사상 손해배상책임의 추궁을 피할 수 있는지 여부**(소극)	–언론 기관이 수사가 진행 중인 피의사실을 보도함에 있어 취해야 할 주의 의무의 내용 및 일간 신문사의 기자가 타 신문사의 기사 내용과 피의자에 대한 구속영장 사본만을 열람한 것만으로 위와 같은 주의 의무를 다한 것으로 볼 수 없음 –언론 보도의 목적이 타인의 피의사실의 보도에 주안점이 있지 아니하나 그 보도 내용이 명예훼손에 해당하는 경우, 언론 미디어의 명예훼손으로 인한 손해배상 책임 있음 –일간 신문사의 기자가 타 신문사의 기사 내용과 피의자에 대한 구속영장 사본만을 열람한 것만으로 피의자에 대한 명예훼손 행위의 위법성이 조각될 수 없음
16	2002. 12. 24.	2000다 14613	손해배상(기)	원고 승	–언론의 기사 중 어떤 표현이 사실의 적시인지 혹은 의견의 진술인지 여부의 판단 기준 –언론의 기사 중 어떤 표현이 공적인 존재인 특정인의 정치적 이념에 관한 사실적시에 해당하는 경우 그 진실성에 관한 입증 부담의 완화 –이념 논쟁에 있어서의 표현의 자유의 범위	–언론의 기사 중 방송 프로그램에 나타난 그 프로듀서의 역사 해석을 곧 주사파의 역사 해석으로 단정하여 그 프로듀서를 주사파로 지목한 부분은 명예훼손에 의한 불법 행위를 구성한다고 한 사례
17	2003. 3. 25.	2001다 84480	손해배상(기) 등	원고 승	–TV 뉴스 프로그램에서 특정 변호사가 소송 수행을 잘못하여 의뢰인에게 불리한 판결이 선고되도록 하였다는 기본적 사실에 기초하여 위 변호사에게 **모멸적인 표현에 의한 인신공격성 의견 표명을 한 경우 불법 행위 성립** 여부(적극)	

18	2006. 2. 10.	2002다 49040	반론보도 심판청구	원고 승	–구 정기간행물의등록등에관한법률 제16조 제7항 중 국가·지방 자치 단체의 반론보도청구권을 인정한 부분이 위헌인지 여부(소극) –구 정기간행물의등록등에관한법률 제16조 제7항 중 당사자 능력이 없는 기관·단체 또는 기관·단체의 장에게 반론보도청구권의 당사자 능력을 부여한 부분이 위헌인지 여부(소극) –반론보도청구 사건에 있어서 반론의 대상으로 삼는 원보도가 사실적 주장인지, 단순한 의견의 표명인지를 구별하는 판단 기준	–국정홍보처가 반론보도심판청구 사건에서의 당사자 능력이 있다고 한 사례 –반론보도청구 사건에 있어서 반론의 대상으로 삼는 언론 보도의 내용이 제반 사정상 언론사의 단순한 의견을 표명하는 것이라고 볼 것임에도 불구하고, 위 원보도에 사실적 주장이 포함되어 있음을 전제로 언론사에 대하여 반론보도문의 게재를 명한 원심 판결을 파기한 사례
19	2006. 11. 23.	2004다 50747	반론보도 심판청구	원고 패	–구 정기간행물의등록등에관한법률 제16조 제1항이 규정한 반론보도청구 요건인 '정기간행물에 공표된 사실적 주장에 의하여 피해를 받은 자'의 의미 및 반론보도를 청구할 수 있는 내용의 범위 –반론보도청구인이 반론보도청구의 내용이 허위임을 아는지 여부에 관한 증명 책임 및 심리 방법	–**반론보도청구인이 반론보도청구의 내용이 허위임을 알면서도 하는 반론보도청구의 허용 불가능**
20	2006. 11. 23.	2003다 28439	반론보도 심판청구	원고 패	–구 정기간행물의 등록 등에 관한 법률 제16조 제3항 단서의 '반론보도청구권의 행사에 정당한 이익을 갖지 않는 경우'의 의미	–반론보도청구인과의 인터뷰 내용에 대한 언론 기관의 보도 내용 등에 비추어 그 인터뷰 기사에 청구인의 **반박 내용이 제대로 반영되었다고 볼 수 없다는 이유로 위 인터뷰 기사의 보도가 구 정기간행물의등록등에관한법률 제16조 제3항 단서의 사유에 해당하지 않는다고 본 사례**

21	2007. 6. 29.	2005다 55510	손해배상(기)	원고 승	–명예훼손에 의한 불법 행위가 성립하기 위한 요건으로서의 피해자의 특정 정도 –언론 미디어에 의한 명예훼손행위의 위법성 조각사유 및 그 증명 책임의 소재 –언론 미디어의 보도를 통한 명예훼손에 있어서 행위자가 '보도 내용이 진실이라고 믿을 만한 상당한 이유'의 존부에 대한 판단 기준 –언론 기관이 수사가 진행 중인 범죄 혐의 사실을 보도함에 있어 취해야 할 주의 의무의 내용	–범죄 혐의 사실 보도로 인한 명예훼손의 경우, 그 진실성에 관한 오신의 상당성 여부의 판단 기준 시점 및 보도 후에 수집된 증거 자료도 상당성 인정의 증거로 사용할 수 있는지 여부(적극)
22	2007. 9. 6.	2007다 2275	정정보도 청구	원고 패	–언론중재 및 피해구제 등에 관한 법률에 의한 정정보도 청구 요건에서 언론 보도의 진실성의 인정 기준	–술에 취해 거리에 쓰러졌던 40대 남자가 4년 동안 정신병원에 강제입원되었고 엉터리 이름 등으로 관리되었으며, 그동안 장애인이 되었다는 내용의 뉴스 보도는 전체적인 맥락에서 **진실성이 인정되므로 정정보도의 대상이 되지 않는다**고 한 사례
23	2007. 9. 6.	2005다 62761	정정보도	불명	–상고인 박○○ 김○○판결선고 2007. 9. 6. 서울고등법원2005나1183320050927판결 원심 판결 서울고등법원 2005. 9. 27……	

24	2007. 12. 27.	2007다 29379	손해배상(기)	원고 승	–언론 보도에 의한 명예훼손이 성립하기 위한 '사실의 적시'의 의미 및 신문 기사가 타인의 명예를 훼손하여 불법행위가 되는지 여부의 판단 기준 –언론 기관이 수사 기관이나 감사 기관에 의한 조사가 진행 중인 **피의사실을 보도함에 있어 취해야 할 주의 의무**의 내용 –언론 미디어가 사실을 적시하여 개인의 명예를 훼손한 경우 위법성이 조각되기 위한 요건 및 그에 대한 증명 책임의 소재(= 언론 미디어) –언론·출판의 자유와 명예 보호 사이의 한계를 설정함에 있어서 고려하여야 할 사항 및 공직자에 관한 언론 보도가 명예훼손이 되는 경우 –**명예훼손의 경우에 법원이 정정보도의 공표 등 명예회복에 적당한 처분을 명하는 제도**의 취지	–신문 기사에서 공직자가 감사원에 의한 감사를 받고 있다는 등의 사실을 전달하는 데 그치지 않고 부정한 금원을 수수하였음을 간접적·우회적으로 암시하여 그 명예를 훼손하였다고 본 사례
25	2008. 2. 28.	2005다 28365	정정보도 등	원고 패	–언론 미디어의 표현 행위가 타인의 명예를 훼손하는지 여부의 판단 기준 –언론 미디어에 의한 명예훼손에서 위법성 조각사유 –언론·출판의 자유와 명예 보호 사이의 한계를 설정할 때 고려하여야 할 사항 –언론 기관 보도에 의한 명예훼손에서 관여한 자의 책임 유무에 대한 판단 기준	
26	2009. 1. 15.	2008그 193 결정	강제집행 정지	불명	–반론보도 재판에 대한 집행정지가 인정되는 경우	

27	2009. 1. 15.	2008그 202	강제집행 금지		–반론보도 재판에 대한 집행정지가 인정되기 위한 요건 –**정정보도청구 등 사건의 판결에 대한 집행정지를 민사집행법 제309조에 규정된 절차에 따르도록 한 '정정보도청구 등 사건 심판규칙' 제4조 제1항이, 헌법과 '언론중재 및 피해구제 등에 관한 법률'에 위배되는지 여부**(소극)	–반론보도 재판에 대한 집행정지 신청을 인용한 원심결정에 헌법 제10조 등을 위반한 잘못이 있다는 주장이, 반론보도 요건의 부존재 또는 거부 사유의 존재에 관한 새로운 증거의 발견 등 집행을 정지하여야 할 명백한 사정에 관하여 구체적인 소명이 없음에도 집행정지 신청을 인용하여 부당하다는 취지로서, 반론보도 재판에 대한 집행정지의 요건에 관한 해석 및 그 요건의 존부에 관한 사실 인정이 잘못되었음을 다투는 것에 불과하여 민사소송법 제449조 제1항에 정한 특별항고사유에 해당하지 않는다고 한 사례
28	2009. 9. 10.	2007다 71	손해배상(기)	원고 패	–범죄 사실의 보도에서 피의자의 실명을 공개하는 것이 허용되기 위한 요건 및 피의자의 실명을 공개하여 범죄 사실을 보도하는 경우 언론 기관이 부담하는 주의 의무의 정도 –피의자의 실명 보도를 허용할 수 있을 정도로 공공의 정보에 관한 이익이 피의자의 명예나 사생활의 비밀이 유지됨으로써 얻어지는 이익보다 더 우월한지 여부의 판단 기준	–**범죄 사실의 보도에서 피의자의 실명을 공개하는 것이 허용되는 경우라도 그 실명의 공개가 피의자의 의사에 반하여 이루어졌다하더라도 성명권이 위법하게 침해된 것이라고 볼 수 없다.**
29	2009. 10. 29.	2009다 49766	정정보도 등		–(2008. 2. 29. 법률 제8852호로 개정되기 전의 것) 제14조 제1항은 "사실적 주장에 관한 언론 보도가 진실하지 아니함으로 인하여 피해를 입은 자는 당해 언론 보도가 있음을 안 날부터 3월 이내에 그 보도 내용에 관한 정정보도를 언론사에 청구할 수 있다"고 규정하고 있으므로, 위 법에 의한 정정보도를 청구하기 위하여는 당해 언론보도가 사실적 주장에 관한 것으로서 진실하지 아니하여야 하는바, 여기에서 언론 보도의 진실성은 그 내용 전체의……	

30	2011. 1. 13.	2008다 60971	손해배상(기) 등	원고 패	–신문 등 언론 미디어의 표현이 사실의 적시인지 또는 단순한 의견의 표명인지 여부의 판단 기준 –언론·출판을 통해 사실을 적시하여 타인의 명예를 훼손한 경우 위법성 조각사유 및 그 표현 내용이 진실이라고 믿을 만한 상당한 이유가 있는지 여부의 판단 기준 –언론·출판을 통해 사실을 적시하여 타인의 명예를 훼손한 사람이 그 표현 내용이 진실이라고 믿을 만한 상당한 이유가 있는지 여부의 판단 시점 및 증거 자료의 범위	–신문의 시론란에 외부 필자가 투고한 기고문 중 허위의 사실을 적시하여 타인의 명예를 훼손하는 표현이 있으므로 피해자의 정정보도청구를 받아들인 원심의 조치를 수긍하되, 위 신문을 발행하는 언론사로서는 위 표현 내용이 진실이라고 믿을 만한 상당한 이유가 있었다고 보이는데도 위 언론사에 대하여 손해배상책임을 인정한 원심 판결을 파기한 사례
31	2011. 2. 24.	2010다 84031	정정보도 등	기각	모두 기각한다	
32	2011. 4. 28.	2011다 16332	손해배상(기) 정정보도 등		–대법원 제2부 판결사건 2011다16332 손해배상(기) 2011다16349(병합) 정정보도 등 원고, 모두 기각한다	
33	2011. 9. 2.	2009다 52649	정정·반론	원고 승	–구 언론중재 및 피해구제 등에 관한 법률 제14조에서 정한 '사실적 주장에 관한 언론 보도가 진실하지 아니함으로 인하여 피해를 입은 자'의 의미 및 정정보도청구권을 행사할 수 있는 피해자로서 '보도 내용과 개별적인 연관성이 있음이 명백히 인정되는 자'에 해당하는지에 관한 판단 기준	–문화방송이 〈PD수첩〉 프로그램에서 "미국산 쇠고기, 광우병에서 안전한가"라는 제목으로 한 방송에 대하여 농림수산식품부가 정정보도청구를 한 사안에서, 미국산 쇠고기 수입 위생 조건협상을 주도한 농림수산식품부는 **방송 내용과 개별적인 연관성이 있으므로 보도 내용이 진실하지 않을 경우 정정보도를 청구할 이익이있**다고 한 사례
34	2012. 6. 14.	2010다 20181	손해배상(기)	기각	–상고를 모두 기각한다. 상고 이유 제1점에 관하여 텔레비전 방송 보도에 대한 정정보도청구를 하는 경우, 언론중재법에 의하여 청구하든 명예훼손의 불법 행위를 이유로 민법에 근거하여 청구하든 그 청구가 인용되려면 보도의 내용이 사실에 관한 것임이 전제되어야 한다	

35	2012. 11. 15.	2011다 86782	정정보도 등	원고 패	–구 언론중재 및 피해구제 등에 관한 법률 제14조에서 정한 정정보도청구 대상이 되기 위한 요건으로서 원보도가 사실적 주장인지 단순한 의견 표명인지 판단하는 기준 및 해당 기사가 허위사실적시에 의한 명예훼손이 되기 위한 요건으로서 적시된 사실이 허위인지 판단하는 기준 –어떤 사실을 기초로 의견 또는 논평을 표명함으로써 타인의 명예를 훼손한 경우, 위법성이 조각되기 위한 요건	–언론 미디어의 기사가 일정한 의견을 표명하면서 의견의 기초가 되는 사실을 따로 밝힌 경우, 적시된 기초 사실만으로 명예훼손이 성립할 수 있는지 여부(적극) –**언론·출판의 자유와 명예보호 사이의 한계를 설정할 때 고려하여야 할 사항 및 당해 표현이 다른 언론사에 대한 것인 경우, 언론 자유의 제한이 완화되는지 여부**(적극)
36	2013. 2. 14.	2010다 108579	손해배상(기)	원고 패	–정정보도청구 재판에서 법원이 정정보도의 내용, 위치, 방식 등을 정할 수 있는지 여부(적극) 및 신청인이 구하는 정정보도문에 **내용상 제한이나 허용 범위를 벗어나는 부분이 포함되어 있는 경우, 법원이 적절히 수정하여 인용할 수 있는지 여부**(적극) –잡지에 공직자를 비난하는 내용의 기고문을 게재한 행위가 명예훼손이 되는 경우	–인터넷상 **가상공동체의 자료실이나 게시판 등에 게시. 저장된 자료에 터 잡아 사실 관계의 조사나 확인 없이 다른 사람의 명예를 훼손하는 기고문을 게재한 경우, 그 내용이 진실이라고 믿을 만한 상당한 이유가 있다고 볼 수 없음**
37	2013. 3. 28.	2010다 60950	기사 삭제 등	원고 패	–인격권 침해를 이유로 한 방해배제청구권으로서 기사삭제청구의 당부를 판단할 때는 그 표현 내용이 진실이 아니거나 공공의 이해에 관한 사항이 아닌 기사로 인해 현재 원고의 명예가 중대하고 현저하게 침해받고 있는 상태에 있는지를 언론의 자유와 인격권이라는 두 가치를 비교·형량하면서 판단하면 되는 것이고……	–피고가 그 기사가 진실이라고 믿은 데 상당한 이유가 있었다는 등의 사정은 형사상 명예훼손죄나 민사상 손해배상 책임을 부정하는 사유는 될지언정 기사 삭제를 구하는 방해배제청구권을 저지하는 사유로는 될 수 없다.

38	2013. 6. 27.	2012다 54225	손해배상(기)	파기환송 원고 패	–위법성 조각사유에 관한 법리를 오해하는 등의 위법이 있고, 이를 지적하는 상고 이유의 주장은 이유 있다. 그런데 원심은 이 사건 원고 관련 방송 전부를 불법 행위로 인정하여 **그 전체에 관하여 위자료를 산정하는 한편 정정보도를 명하였으므로, 원심 판결 중 피고들 패소 부분 전부를 파기할 수 없다**	–원심 판결 중 피고들 패소 부분을 모두 파기하고 이 부분 사건을 다시 심리 판단하게 하기 위하여 원심법원에 환송하며, ……
39	2014. 4. 11.	2014다 209272	정정보도 및 손해배상 등 청구	원고 패	–‘내사’를 ‘수사’로 표현한 기사가 진실하지 않는 것인지 여부 판단에서 이는 다소의 수사적 과장에 불과하여 정정보도의 대상이 될 수 없음	–공공 기관장인 원고가 업무추진비 명목으로 직원들에게 돈을 걷은 혐의 등으로 경찰 수사를 받고 있으며 보건복지부 차관 시절 쌀 직불금을 부정 신청해 자리에서 물러났다는 보도는 주변의 상황을 판단컨대 상당성에 해당한다
40	2014. 10. 15.	2014다 41094	정정보도 및 손해배상 등	원고 승	–국회의원이 자사 간부를 비판하자 언론사의 지위를 이용하여 대응하려는 사익적 동기로 비롯된 보도는 그 공익성을 인정하기 어렵다	–비록 사실적 주장에 관한 보도임은 인정되나 지역주의, 학벌주의 타파라는 공익적 목적 내지 동기보다는 문화방송 간부들에 대한 비판에 대하여 사익적 목적 내지 동기에서 비롯된 것이며 방송의 방식, 횟수, 편집 방법 등에 있어 공익적 목적 달성에 필요한 범위를 상당히 초과하여 공익성을 갖추지 못함

강경근 (1994). "반론권 행사의 실제와 언론중재제도," 〈언론중재〉, 14(3), pp.16~37.

강경근 (1995). "헌법상 반론권과 언론중재제도," 〈숭실대학교 법학논집〉, 8, pp.135~168.

강경근 (1996). "개정 정간물법 해설," 〈언론중재〉, 16(1), pp.24~37.

강경근 (1997). 《헌법학》. 법문사.

강경근 (2003). "인터넷 언론의 현실과 입법 방안," 〈언론중재〉, 23(2), pp.4~20.

강경근 (2008). "포털 뉴스 피해 구제에 관한 언론중재법 검토," 〈언론중재〉, 28(3), pp.4~17.

강현중 (1996). "반론보도청구권 및 정정보도청구권의 법적 성격," 〈언론중재〉, 16(3), pp.6~15.

강현중 (2004). 《민사소송법》. 박영사.

곽노성 (1999). 《국제협상론》. 경문사.

구병삭 (1996). 《헌법학 원론》. 박영사.

구본권 (2015). "저널리즘 관점에서 '잊혀질 권리'와 언론 피해 구제 연구: 묵은 기사의 인터넷 삭제를 중심으로." 한양대학교 대학원 박사 학위 논문.

권영성 (1999). 《헌법학 개론》. 법문사.

권오곤 (1996). "직권중재 결정의 법적 의의 및 효력: 소송에 갈음하는 분쟁 해결 방안(ADR)의 차원에서," 〈언론중재〉, 16(3), pp.16~29.

권헌영 (2008). "법원의 판단으로 본 포털 뉴스서비스의 성격," 〈언론중재〉, 28(3), pp.18~32.

김경배 (2001). "조정합의 성립의 결정요인에 관한 실증적 연구." 경희대학교 대학원 박사 학위 논문.

김경배 (2005). 《국제 무역 분쟁과 ADR》. 무역경영사.

김경희 (2008). "포털 뉴스의 의제 설정과 뉴스가치: 포털 뉴스와 인쇄 신문의 비교 분석," 〈한국언론학보〉, 52(3), pp.28~52.

김기중 (2007). "한국의 인터넷 포털 문화와 법제 — '인터넷 포털'에 대한 규제를 중심으로," 한국언론법학회·한국법제연구원 주최 2007 국제학술세미나 '한·중·일 인터넷 포털의 문화와 법제 비교' 세미나 발제 논문(2007. 9. 28).

김민정 (2008). "Web2.0 시대에 인터넷서비스제공자(ISP)의 법적 책임 문제: 미국의 'ISP면책조항'의 새로운 해석 및 최근 적용 사례들에 대한 고찰." 한국방송학회 주관 OECD 장관회의 연계 학술 행사 발표문.

김병국 (1998). "반론권 제도의 언론 제도적 특성에 관한 연구." 서울대학교 대학원 박사 학위 논문.

김상우 (2010). "인터넷 미디어에서의 반론권 적용에 관한 법제도적 연구." 한양대학교 대학원 박사 학위 논문.
김상우 · 이재진 (2015). “언론중재위원회 손해 배상 제도의 기능과 효율성에 관한 연구,” 〈언론과 법〉, 14(3), pp.135~173.
김상찬 (2012). “우리나라 행정형 ADR 제도의 활성화 방안,” 〈법학연구〉, 46집(5월), pp.213~234.
김상찬 · 양영화 (2012). “우리나라 ADR 제도의 활성화 방안,” 〈법학연구〉, 46집(2월), pp.247~267.
김서중 (2005). “중재 절차의 변화에 따른 법적 고찰,” 〈언론중재〉, 25(2), pp.19~29.
김성 (2007). “언론중재제도의 활성화 방안 모색: 언론 소비자 입장을 중심으로,” 〈언론중재〉, 27(4), pp.106~117.
김성남 외 (1989). “언론중재제도의 위상 정립,” 〈언론중재〉, 19(3), pp.6~55.
김상환 (2006). “반론보도 심판청구 사건: 반론보도청구권의 요건 등에 관한 대법원 2006.2.10 선고 2002다49040 판결에 대한 평석,” 〈언론과 법〉, 5(1), pp.439~490.
김영욱 · 임유진 (2010). “언론–소스 간 갈등 해소와 ‘조정’ 기능 강화 장치로서 언론중재제도 연구,” 〈한국언론학보〉, 54(1), pp.182~204.
김옥조 (2006). 《보도하는 자의 권리, 보도되는 자의 권리》. 커뮤니케이션북스.
김옥조 (2009). 《미디어 법》. 커뮤니케이션북스.
김용주 (2007). “언론중재위원회의 분쟁 조정 기능에 대한 법적 고찰.” 서울시립대학교 대학원 박사 학위 논문.
김용주 (2011). “조정에 갈음하는 결정의 본질에 대한 법적 고찰: ‘언론중재 및 피해구제 등에 관한 법률’상의 제도를 중심으로,” 〈언론과 법〉, 10(2), pp.279~306.
김재영 (2003). “정간법 제2조에 근거 규정을: 위상 강화를 위한 법제화 필요,” 〈신문과 방송〉, 386(2월), pp.146~149.
김재협 (2007). “정정보도에 관한 헌법재판소 결정의 의미와 파장,” 〈언론중재〉, 27(3), pp.78~97.
김재형 (2005). “언론에 의한 인격권 침해에 대한 구제 수단,” 〈언론과 법〉, 4(1), pp.55~82.
김재형 (2014). “공인보도와 인격권,” 〈언론중재〉, 34(4), pp.62~101.
김정오 (2006). 《한국의 법문화: 인식 · 구조 · 변화》. 나남.
김종배 (2005). “달라진 언론중재제도와 중재위의 역할.” 언론중재위원회 제주토론회 주제 발표 자료.
김지운 (1983). “사실 보도와 진실 보도,” 〈언론중재〉, 3(1), pp.86~94.
김창룡 (2001). “언론에 비친 언론중재제도 20년,” 〈언론중재〉, 21(1), pp.17~28.
김창숙 (2011). “인터넷 언론의 인격권 침해 특성과 자율 규제 현황,” 〈언론중재〉, 31(1), pp.6~20.

남시욱 (2002). 《인터넷 시대의 취재와 보도》. 나남.
류승훈 (2009). "대체적 분쟁 해결 제도(ADR)의 발전과 그 의미," 〈언론중재〉, 29(1), pp.6~23.
류지태 (2004a). "언론중재위원회의 성격과 발전 방향," 〈언론중재〉, 24(3), pp.20~34.
류지태 (2004b). "행정법상 분쟁 조정 제도의 비교 연구," 〈고려법학〉, 42호(4월), pp.1~19.
문재완 (2004). "공인에 관한 최근 명예훼손 법리의 비교 연구," 〈언론중재〉, 24(1), pp.4~21.
박선영 (1999). "반론권이란 무엇인가?" 〈방송문화〉, 2222(12월), pp.38~41.
박선영 (2000). "인터넷 신문 · 방송과 반론보도," 〈언론중재〉, 20(1), pp.37~50.
박선영 (2002). 《언론정보법 연구 I · II》. 법문사.
박성우 (2007. 5. 19). "악플 명예훼손 포털도 책임," 〈중앙일보〉, 8.
박아란 (2014). 《인터넷 표현의 자유》. 커뮤니케이션북스.
박용상 (1981). "한국에 있어서의 언론중재," 〈언론중재〉, 1(창간호), pp.18~25.
박용상 (1982). 《언론의 자유와 공적과업》. 교보문고.
박용상 (1987). "새 '정기간행물의 등록 등에 관한 법률'의 언론중재제도," 〈언론중재〉, 7(4), pp.61~82.
박용상 (1991). "정정보도청구권 및 언론중재제도의 입법론적 개선 방안," 〈언론중재〉, 11(3), pp.9~62.
박용상 (2008). 《명예훼손법》. 박영사.
박용상 (2013). 《언론의 자유》. 박영사.
박운희 (1995a). "프랑스에 있어서의 반론권," 〈언론중재〉, 15(1), pp.47~70.
박운희 (1995b). "독일의 반론권(상)," 〈언론중재〉, 15(2), pp.40~57.
박운희 (1995c). "독일의 반론권(하)," 〈언론중재〉, 15(2), pp.50~59.
박운희 (1995d). "반론권에 관한 비교헌법학적 고찰." 서울대학교 대학원 박사 학위 논문.
박종호 (2000). "독일에서의 인터넷 홈페이지에 대한 반론보도청구권," 〈언론중재〉, 74, pp.49~60.
박진우 (2007). "프랑스의 언론법제: '언론 자유의 위배'에 대한 법적 규정," 〈언론중재〉, 27(4), pp.52~64.
박형상 (2001). "반론보도청구 주요 판결," 〈언론중재〉, 21(1), pp.54~64.
박형상 (2002). 《한국 언론과 명예훼손소송》. 나남출판.
배금자 (2002. 6. 3). "집단소송으로서의 명예훼손의 문제점." 한국언론법학회 · 한국언론재단 공동 주최 '한국 언론의 현황과 공인의 명예훼손' 심포지엄 발표문.
서병호 (2000). "정부의 대언론 · 홍보 활동의 실태와 개선 방향에 관한 연구: 재경부의 보도자료 사례 분석을 중심으로." 연세대학교 언론홍보대학원 석사 학위 논문.
서영남 · 박종민 (2008). "문민, 국민, 참여정부의 언론중재 현황을 통한 정부의 대언론 관계," 〈한국언론학보〉, 52(2), pp.5~39.

서정우 (1989). “언론중재제도의 개선 방향,” 〈언론중재〉, 9(4), pp.44～56.
성낙인 (1995). 《프랑스헌법학》. 법문사.
성낙인 (1998). 《언론정보법》. 나남.
성낙인 (2001). “반론보도청구의 제외 사유에 관한 고찰,” 〈언론중재〉, 21(1), pp.65～78.
성낙인 (2002). “반론보도청구권에 관한 비교 연구,” 〈언론중재〉, 22(2), pp.4～21.
성덕준 (1955). 《한국 신문사》. 신문학회.
손동권 (1992). “언론 보도와 사자의 명예훼손,” 〈언론중재〉, 12(1), pp.6～11.
손태규 (2003). “검사들의 언론 상대 명예훼손소송에서 산정된 위자료의 타당성 연구,” 〈한국언론학보〉, 47(6), pp.58～84.
손태규 (2013). “반론권의 정치적 활용: 대통령과 언론중재위원회,” 〈공법연구〉, 42(2), pp.63～94.
송경재 (2010). “소셜뉴스social news와 인격권 침해,” 〈언론중재〉, 30(3), pp.110～114.
송상현 (2002). 《민사소송법》. 박영사.
신군재 (2004). “협상, 조정 및 중재의 유용성 비교,” 〈중재〉, 311, pp.51～61.
안명규 (2009). “인터넷 선거 보도 심의의 현실과 법제에 관한 고찰,” 〈언론과 법〉, 8(2), pp.49～82.
안순철·최장섭 (2003). “대안적 분쟁 해결(ADR)의 이론과 실제: 미국의 경험과 한국 사회에의 적용,” 〈분쟁해결연구〉, 1(1), pp.5～38.
양경승 (1996). “반론보도청구사건의 주요 쟁점,” 〈언론중재〉, 16(4), pp.27～78.
양경승 (2001). “언론중재제도의 법제사적 의미,” 〈언론중재〉, 21(1), pp.6～16.
양경승 (2004). “‘언론피해구제법’ 제정을 위한 입법론적 검토,” 〈언론중재〉, 24(3), pp.5～19.
양경승 (2008). 언론중재위원회 심포지엄 ‘인터넷 공간상의 표현 행위와 그 침해의 구제 방안’ 발제문.
양경승 (2015). “디지털 시대, 언론중재제도의 새로운 패러다임 모색,” 〈언론중재〉, 35(4), pp.40～65.
양삼승 (1982). “정정보도청구권 — 법률적 측면에서의 고찰,” 〈언론중재〉, 2(4), pp.10～29.
양삼승 (1992). “언론중재제도의 개선 방안 — 반박보도청구 등에 관한 법률의 제정,” 〈언론중재〉, 12(3), pp.7～22.
양삼승 (1993a). “민법 제764조(명예훼손책정부의 원칙)에 관한 연구: 정정보도의 구체적 방법과 관련하여,” 〈언론중재〉, 13(4), pp.6～13.
양삼승 (2000). “‘언론 피해 구제법’ 제정을 위한 입법론적 방안.” 언론중재위원회주최 ‘언론 관련 법률의 쟁점과 개선 방안’ 세미나자료집.
양삼승 (2003). “정간법 개정안과 중재 제도의 개선.” 언론중재위원회 주최 ‘정간법 개정과 언론피해 구제 제도의 개선 방향’ 세미나(2003. 8. 28～8. 30).

양삼승 (2005). “언론중재 및 피해구제 등에 관한 법률 해설,” 〈언론중재〉, 25(1), pp.4~18.

양재규 (2006a). “언론중재법 관련 헌재 결정(2005헌마165 등)에 대한 소고: 언론의 위축 효과를 중심으로,” 〈언론중재〉, 26(3), pp.4~18.

양재규 (2006b). “포털뉴스의 피해 구제 방안을 둘러싼 쟁점과 과제,” 〈언론중재〉, 26(4), pp.21~43.

양재규 (2009). “개정 언론중재법 시행에 따른 실무상 쟁점 검토,” 〈언론중재〉, 29(4), pp.35~52.

양재규 (2014), “공익·인격권 관점에서 본 세월호 사건 보도의 문제: 인격권 존중은 보도 윤리 아닌 법적 의무,” 〈신문과 방송〉, 제525호, pp.103~110.

언론인권센타 (2007). 《누가 언론 피해로부터 자유로운가》. 언론인권센터.

언론중재위원회 (1989). “언론중재제도 개선을 위한 평가 연구,” 〈언론중재〉, 19(4), pp.6~34.

언론중재위원회 (2009). 〈2009년도 정기 세미나(8. 20~8. 21) 종합보고서〉.

언론중재위원회 (1990~2006). 《국내 언론 관계 판결집》(제1~13집) (1990~2006).

언론중재위원회 (2005~2013). 〈언론 관련 판결 분석 보고서(2005~2014년)〉.

언론중재위원회 (1986~2014). 〈언론중재위원회 이용만족도 조사 보고서(1986~2014년)〉.

언론중재위원회 (1982~2012). 〈연간보고서〉(1982~2014).

언론중재위원회 (1981~2012). 〈연도별 조정 신청 처리 현황(1981~2014년)〉.

언론중재위원회 (2014). 《조정 중재·시정 권고 사례집》.

언론중재위원회 (2004). “언론중재제도 운용상의 문제점과 개선 방안, 2004년도 중재위원 워크샵/언론중제도의 효율적 운용 방안,” 〈언론중재〉, 24(4), pp.82~89.

여상원 (2009). “개정 ‘언론중재 및 피해 구제 등에 관한 법률’상 뉴스서비스사업자와 기사 제공 언론사의 책임 범위,” 〈언론중재〉, 29(3), pp.6~21.

염규호 (1995). “미국의 케이블 TV 법제: 판례를 중심으로,” 〈방송연구〉, 14(1), pp.218~245.

염규호 (1996). “미국의 명예훼손법: 손해배상의 판례 분석,” 〈언론중재〉, 16(3), pp.44~60.

염규호 (2000). “공적 인물과 명예훼손: 미국 언론법의 ‘현실적 악의’를 중심으로,” 〈언론중재〉, 20(1), pp.62~81.

염규호 (2001). “방어 저널리즘과 변호사의 역할: 기사 사전 열람을 통한 미국 언론의 명예훼손 소송 대책,” 〈언론중재〉, 21(4), pp.72~89.

염규호 (2014). “설리번 판결 50주년과 언론의 자유: 제1 수정헌법의 국제적인 영향,” 〈언론중재〉, 34(1), pp.56~69.

유의선 (2010). “언론중재 및 피해구제 등에 관한 법률 제22조(직권조정)에 대한 해석과 평가,” 〈언론과 법〉, 9(2), pp.135~163.

유일상 (1998). 《언론법제론》. 박영사.

유일상 (2003). “반론권 제도와 그 개선 방안,” 〈헌법학연구〉, 9(4), pp.271~314.

유재웅 (2003). “반론보도 청구사건에 있어 국가 기관의 당사자 적격에 관한 고찰,” 〈한국언론정보학보〉, 21, pp.147~209.
유재천 (1989). “언론의 사회적 책임과 언론중재제도,” 〈언론문화연구〉, 7권, pp.91~130.
윤경 (2003). “언론 피해 구제 수단으로서의 언론소송.” 언론중재위원회 주최 토론회 발제문 (2003. 11. 14).
윤경 (2005). “언론중재법상 손해배상청구에 대한 법적 검토,” 〈언론중재〉, 25(2), pp.30~41.
윤성옥 (2008). “국가 기관의 반론권 보호 범위와 제한에 관한 연구: 법원의 반론보도청구 판결을 중심으로,” 〈한국방송학보〉, 22(1), pp.121~161.
이구현 (2002). 《언론 명예훼손 핸드북》. 한국언론재단.
이구현 (2013). 《방송법제론》. 커뮤니케이션북스.
이구현·이재진 (2001). 《명예훼손 10년의 판례 연구》. 한국언론재단.
이동훈 (2012). “디지털 사회에서의 언론 자유의 가치의 정립,” 〈공법합연구〉, 3(2), pp.155~178.
이상돈 (1989). “소송 외적 방법에 의한 분쟁 해결: 필요성과 정당성에 관한 이론적 고찰,” 〈법학논문집〉, 13권, pp.199~215.
이상돈 (2005). “조서재판과 공판중심주의,” 〈고시계〉, 50(6), pp.163~175.
이상돈 (2009). “변호사의 이해 충돌 방지 의무: 미국변호사협회 모델 규칙과 관련 판례를 중심으로,” 〈法學論文集〉, 33(2), pp.5~46.
이상돈·양천수 (2010). “현행 분쟁 해결 제도의 문제점과 개선 과제,” 〈언론중재〉, 30(1), pp.8~20.
이승선 (2001). “반론권 행사에 있어서 전략적 회피와 역이용의 문제점: 방송사에 대한 반론보도청구소송을 중심으로,” 〈한국방송학보〉, 15(3), pp.221~259.
이승선 (2004). “연예인의 인격권 침해 유형과 언론 소송에 있어서 ‘공적 지위’의 특성에 관한 연구,” 〈한국방송학보〉, 18권, 3호, pp.293~334.
이승선 (2005). “언론법제 연구의 현황과 특성,” 〈커뮤니케이션 이론〉, 1(1), pp.227~262.
이승선 (2011). “언론조정·중재 30년간의 전개와 성과,” 〈언론중재〉, 31(1), pp.7~19.
이승선·이재진 (2011). “언론법제 연구의 최근 동향 분석,” 〈언론과 법〉, 10(1), pp.153~188.
이시윤 (2008). 《신민사소송법》. 박영사.
이재진 (1998). “인터넷상의 명예훼손 현상에 대한 비판적 고찰: 미국의 경우를 중심으로,” 〈언론중재〉, 18(1), pp.25~35.
이재진 (1999). “명예훼손법상의 공인과 언론에 나타난 공인의 개념적 차이에 대한 연구,” 〈한국언론학보〉, 43(4), pp.147~176.
이재진 (2000a). “사이버공간에서의 표현의 자유와 인격권 보호,” 〈언론중재〉, 20(2), pp.64~82.

이재진 (2000b). “반론권 제도에 대한 비교 분석적 연구: 독일, 프랑스, 일본, 미국의 경우.” 2000년 한국언론학회 세미나 발표문.

이재진 (2001). “인터넷에서의 표현의 자유와 규제에 대한 비교법제적 연구: 인터넷 서비스 제공자의 책임성을 중심으로,” 〈한국방송학보〉, 15(2), pp.303~342.

이재진 (2002a). 《한국 언론 윤리법제의 현실과 쟁점》. 한양대학교 출판부.

이재진 (2002b). “언론 관련 명예훼손소송 추이 비교,” 〈언론중재〉, 22(2), pp.37~51.

이재진 (2003a). 《언론과 명예훼손 소사전》. 나남.

이재진 (2003b). “방송에서의 공인의 의미에 대한 법제론적 고찰: 명예훼손 관련 판례 분석을 중심으로,” 〈미디어 경제와 문화〉, 1(1), pp.107~144.

이재진 (2003c). “인터넷 언론의 보도상의 특성과 법적 책임,” 〈언론중재〉, 23(2), pp.23~26.

이재진 (2003d). “사이버공간에서의 표현의 자유와 인격권의 갈등 해결 방식에 관한 연구: 한·미 간의 판례 고찰을 중심으로,” 〈방송통신연구〉, 22(2), pp.235~270.

이재진 (2004a). “정부의 반론권 이용 현실과 쟁점: 언론과 권력,” 〈관훈저널〉, 45(4), pp.29~37.

이재진 (2006a). “인터넷 실명제의 명암과 윤리성 제고 방안,” 〈신문과 방송〉, 422, pp.120~123.

이재진 (2006b). “본질적 가치인 자유로운 소통 고려해야,” 〈신문과 방송〉, 2월, pp.120~123.

이재진 (2006c). 《언론 자유와 인격권》. 한나래.

이재진 (2007). “인터넷에서의 모욕죄 적용의 실태와 쟁점,” 〈한국방송학보〉, 21(5), pp.127~164.

이재진 (2009a). 《인터넷 언론 자유와 인격권》. 한나래.

이재진 (2009b). “대중 스타의 사생활 정보 공개의 한계와 법적 쟁점,” 〈언론중재〉, 29(4), pp.121~134,

이재진 (2011a). “주요 국가의 언론 피해 구제 방식 비교 고찰,” 〈언론중재〉, 31(4), pp.20~34.

이재진 (2011b). “인터넷 신문윤리강령 제정의 의미,” 인터넷신문심의위원회 세미나 주제 발표문(2011. 11. 4).

이재진 (2013a). 《미디어 법》. 커뮤니케이션북스.

이재진 (2014). 언론중재위원회 주최 ‘공인 보도와 인격권’ 세미나 토론문.

이재진·구본권 (2008). “인터넷상의 지속적 기사 유통으로 인한 피해의 법적 쟁점,” 〈한국방송학보〉, 22(3), pp.172~212.

이재진·김상우·상윤모 (2008). “인터넷상의 반론권 적용에 대한 비판적 이해,” 〈언론과 법〉, 7(2), pp.291~323.

이재진·박성순 (2015). “언론법제 연구의 어제와 오늘: 〈언론중재〉지 30년의 분석을 중심으로,” 〈커뮤니케이션이론〉, 11(3), pp.213~260.

이재진·상윤모 (2008). "매개된 뉴스로 인한 인격권 침해의 구제 방식에 대한 연구: 인터넷 포털 뉴스 서비스의 경우," 〈방송연구〉, 13(1), pp.265~296.

이재진·유재웅 (2004). "언론중재제도의 조정전치 기능에 대한 재고찰: 소송에 갈음하는 분쟁 해결 방안(ADR)의 효율성 관점에서," 〈한국언론학보〉, 48(2), pp.267~295.

이재진·이성훈 (2003). "명예훼손소송의 위법성 조각사유로서의 공익성에 대한 연구," 〈한국언론정보학보〉, 20, pp.141~177.

이재진·이승선 (2008). "언론법 연구의 최근 동향 분석," 〈언론과 법〉, 7(1), pp.105~134.

이재진·이정기 (2011). 《표현, 언론 그리고 집회결사의 자유》. 한양대학교 출판부.

이재진·정영주 (2007). "명예훼손소송에 나타난 기업의 공익성 요건에 대한 탐색," 〈방송과 커뮤니케이션〉, 8(2), pp.156~192.

이재진·최진호 (2015). "언론사 간 명예훼손소송에서 나타난 법원의 언론 비평 및 언론사의 지위와 표현의 자유와 대한 인식 연구," 〈언론과 사회〉, 23권 1호, pp.96~138.

이정기·이재진 (2014). "영화의 표현과 제한법리에 관한 탐색적 연구," 〈한국언론학보〉, 58권, 3호, pp.151~182.

이창구·강혜승 (2007. 3. 28). "제목 재편집 많아 기사 본질 왜곡 우려," 〈서울신문〉, 7.

이천현 (2006). "언론 매체를 통한 범죄 피해자의 신원 공개 실태 및 방지 대책," 〈경찰학논총〉, 1, pp.101~118.

이효성 (1999). "공인의 명예훼손과 언론 자유," 〈저널리즘비평〉, 28권, pp.90~97.

이효성 (2009). "개정 언론중재법과 인터넷 기반 뉴스 서비스 분쟁의 조정·중재 방향," 〈언론중재〉, 29(2), pp.62~75.

임병국 (1999). 《언론법제와 보도》. 나남.

임병국 (2012). 《한국의 언론중재 제도》. 룩스문디.

임상원 (2000. 3.). "언론의 자유와 반론권," 〈한국언론학회 세미나 발제집〉, pp.49~67.

임시규 (2009). "법원조정의 현황과 과제," 한국조정학회 창립 기념 학술대회 발표문(2009. 12. 5), pp.1~33.

장용 (1969). 《언론과 인권》. 선명문화사.

장하용 (2003). "온라인 저널리즘의 윤리, 현황과 과제," 〈언론중재〉, 23(1), pp.86~91.

장호순 (2000). "신문 호외 발행: 호외 필요 없다: 속보는 신문의 경쟁력 아니다," 〈신문과 방송〉, 354호, pp.76~79.

장호순 (2002). "인터넷 언론의 경쟁력," 〈관훈저널〉, 83, pp.181~189.

장호순 (2003). "최근의 언론 보도 피해 양상과 구제 현황," 〈언론중재〉, 23(3), pp.4~26.

장호순 (2005). "언론중재법 시행에 따른 중재제도의 변화," 〈언론중재위원회 대전토론회 주제 논문집〉(2005. 3. 4).

장호순 (2009). "출판물에 의한 명예훼손죄 구성 요건인 '비방할 목적'에 대한 대법원의 판결 기준에 관한 연구," 〈2009년도 언론중재위원회 정기세미나 종합보고서〉, pp.31~64.
전병서 (2005). 《대체적 분쟁처리제도(ADR) 도입 방안》. 사법제도개혁추진위원회.
정경오 (2009). "우리나라 방송통신분쟁 해결 제도의 현황 및 방향," 〈방송통신정책〉, 21(20), pp.1~24.
정남철 (2009). "대체적 분쟁 해결 제도로서의 언론중재제도," 〈언론중재〉, 29(1), pp.42~59.
정남철 (2010). "행정형 ADR과 언론 조정 · 중재제도," 〈언론중재〉, 30(4), pp.8~26.
정상규 (2005a). "사이버 명예훼손의 제문제, 상," 〈언론중재〉, 25(1), pp.52~69.
정상규 (2005b). "사이버 명예훼손의 제문제, 하," 〈언론중재〉, 25(2), pp.52~69.
정환 (2009). "동의명령제," 〈경쟁법연구〉, 18권, pp.117~172.
조성민 (2000). "인터넷 시대의 반론보도정구권." 사이버커뮤니케이션학회 춘계학술대회 자료집.
조소영 (2006). "반론보도청구권의 헌법적 의미와 그에 대한 헌법적 평가," 〈공법학연구〉, 7(4), pp.153~181.
조수정 (2006). "언론 보도 분쟁의 재판 외 해결 절차로서의 언론중재," 〈언론중재〉, 26(2), 75~87.
조재현 (2003). "언론 · 출판의 자유의 보호 영역과 제한 이론 · 반론권의 헌법적 근거를 중심으로," 〈법학연구〉, 14(4), pp.185~209.
조준원 (2005). 《언론 소송과 판결 읽기》. 한울아카데미.
조준원 (2010). "언론중재법 시행과 조정 양상 변화 연구," 〈언론중재〉, 30(4), pp.81~100.
주동황 (2001). "언론피해구제제도의 현황과 개선 방향," 〈언론중재〉, 21권, 4호, pp.106~208.
지성우 (2008). "방송분야의 대안식 분쟁 해결 제도에 대한 평가지표에 관한 연구," 〈IT미디어법 연구〉, 창간호, pp.193~216.
차용범 (2001). "공인의 명예훼손에 대한 사법적 논의의 한계," 〈한국언론학보〉, 45(2), pp.387~421.
차용범 (2002) "공인의 명예훼손에 대한 판결 기준의 변화 추세 판례 분석을 중심으로," 〈한국언론학보〉, 46(3), pp.414~445.
차형근 · 조병래 · 최영훈 엮음 (2000). 《언론과 명예훼손: 판례 연구》. 나남.
최민재 (2008). "인터넷상의 명예훼손과 규제 정책," 〈미디어 인사이트〉, 7호, pp.38~74.
팽원순 (1982). "반론권 제도의 역사적 전개," 〈언론중재〉, 2(2), pp.47~55.
팽원순 (1984). 《매스커뮤니케이션 법제이론》. 법문사.
팽원순 (1989). 《언론법제신론》. 나남.
팽원순 (1994). 《한국언론법제론》. 법문사.
표성수 (1997). 《언론과 명예훼손》. 육법사.
한동원 (2001). "중재 신청 사건으로 본 언론중재 20년," 〈언론중재〉, 21(1), pp.29~78.

한병구 (1982). “세계 각국의 반론권 법제 현황,” 〈언론중재〉, 2(2), pp.67~77.
한병구 (2002). 《언론과 윤리법제》. 서울대학교 출판부.
한상범 (1986). “언론 보도와 공인,” 〈언론중재〉, 6(2), pp.16~22.
한영학 (2002). “반론권에 관한 연구: 일본에 있어서의 반론권의 재구축을 위하여.” 일본 상지대학교 박사 학위 논문.
한영학 (2010). “일본에 있어서 반론권의 연혁과 현상,” 〈언론과 법〉, 9(1), pp.147~176.
한영학 (2011). “광무신문지법과 일본 신문지법의 비교,” 〈한국언론학보〉, 55(1), pp.337~360.
한영학 (2012). 《일본 언론법 연구》. 한울.
한위수 (2004). “공인의 명예훼손소송 관련 국내 판결의 경향,” 〈언론중재〉, 24(1), pp.22~39.
한위수 (2006). “새 언론중재제도의 성과와 개선점,” 〈언론중재〉, 26(4), pp.5~11.
한진만 (2007). “사이버상에서의 개인 권익의 침해와 구제 방안,” 〈언론중재〉, 27(3), pp.140~146.
함석천 (2002). “반론보도청구권,” 《한국 언론과 명예훼손소송》, 나남, pp.227~273.
함영주 (2009). “우리 법제하 행정형 ADR의 현황과 과제,” 〈언론중재〉, 29(1), pp.24~41.
함영주 (2010). 《분쟁 해결 방법론》. 진원사.
허만 (1992). “미국에서의 사법재판에 의하지 아니한 분쟁 해결,” 〈민사판례연구〉, 14호, pp.442~469.
허만섭 (2010). “언론중재제도의 ‘국가 기관 반론권’ 과보호 가능성에 관한 연구,” 〈한국언론학보〉, 54(6), pp.315~343.
허영 (1998). 《헌법이론과 헌법》. 박영사.
허진성 (2009). “인터넷 포털에 대한 법적 규제 방안의 연구,” 〈언론과 법〉, 8(2), pp.237~262.
호문혁 (2002). 《민사소송법》. 법문사.
황성기 (2005). “인터넷 신문의 법제화와 언론중재,” 〈언론중재〉, 25(2), pp.4~18.
황성기 (2007). “뉴스 매개자로서의 포털 뉴스 서비스의 언론성 및 법적 책임 범위에 관한 연구,” 〈사이버커뮤니케이션학보〉, 21, pp.197~232.
황용경 (2005). “새로 제정된 언론중재법의 내용과 과제,” 〈언론중재〉, 25(4), pp.108~115.
동아닷컴 (2014. 6. 18). “대법원 부담 나눌 ‘상고 법원’ 추진.”

法令普及会 (1974). ‘旧新聞紙法第十七條,’ 〈時の法令〉, 872, pp.44~46.
石村善治 (1992). 《言論法研究 (1)》. 東京: 新山社.
宇賀克也 · 長谷部恭男(編) (2012). 《情報法》. 東京: 有斐閣.
榛村専一 (1933). 《新聞紙法制論》. 東京: 日本評論社.
曽我部真裕 (2013). 《反論権と表現の自由》. 東京: 有斐閣.

Amundsen, J. L. (2003). "Notes and comments: Membership has its privileges: The confidence building potential of the New York Convention can boost commerce in developing nations," *Wisconsin International Law Journal*, Spring, pp.383~408.

Andras, S. & Monroe, E. (1996). *Right to access to the media*. Hague: Kluwer Law International.

Barron, J. A. (2007). "Access to the media: A contemporary appraisal," *Hofstra Law Review*, 35, pp.937~954.

Beer, L. W. (1972). "Defamation, privacy, and freedom of expression in Japan," *Law in Japan: An Annual*, 5, pp.192~208.

Bezanson, R. P., Cranberg, G., & Soloski, J. C. (1987). *Libel law and the press: Myths and reality*. New York: Free Press.

Biolley, G. (1963). *Le droit de réponse en matière de Presse*. Paris: Librairie Generale de Droit et de Jurisprudence.

Blakely, B. W. (1982). "Public utility bill insert, political speech, and the first amendment: a constitutionally mandated right to reply," *California Law Review*, 70(5), pp.1221~1263.

Blasi, V. (1977). "The checking value in the First Amendment theory," *American Bar Foundation Research Journal*, 1977, pp.521~582.

Blin, H., et al. (1982). *Traite du Driot de la Press (Old Law of the Press)*. Paris: Library Techniques.

Braithwaite, N. (ed.) (1995). *The international libel handbook*. Boston: Butterworth-Hainemann.

Calvey, M. J., et al. (1987). "Foreign defamation law," in Kaufman, H. (ed.). LDRC(Libel Law Resource Center), *50 state survey 1987: Current developments in media libel and invasion of privacy law*. New York: Libel Defense Resources Center.

Carroll, A. B. (1999). "Corporate social responsibility: Evolution of a definitional construct," *Business and Society*, 38, pp.268~295.

Chaffee, Z. (1947). *Government and Mass Communications*. Chicago, IL: University of Chicago Press.

Chaffee, Z. (1965). *Government and Mass Communications*. Chicago, IL: University of Chicago Press.

Coulson, R. (1984). *Professional mediation of civil disputes*. New York: American Arbitration Association.

Danziger, C. (1986). "The right of reply in the United States and Europe," *New York*

University Journal of International Law and Politics, 19, pp.171~201.

Emerson, T. (1967). *Toward a general theory of the First Amendment*. New York: Random House.

Emerson, T. (1970). *The system of freedom of expression*. New York: Random House.

Errera, R. (1985). "Press law in France," in Lahav (ed.), *Press law in modern democracies*. New York: Longman.

Fogundes, D. (2006). "State actors as first amendment speakers," *Northwestern University Law Review*, 100(4), pp.1637~1688.

Freedman, S, G. (2006). *Letters to young journalist*. [조우석 옮김. 《미래의 저널리스트에게》. 미래인. 2008].

Fuller, L. K. (1994). *Community television in the United States: A source book on public, educational, and governmental access*. Westport: Greenwood Press.

Gandy, O. H. (1994). "The information of superhighway as the yellow brick road," *The National Forum*, 74(2), pp.24~28.

Gans, H. (1979). "The messages behind the News," *Columbia Journalism Review*, pp.40~45.

Gillmor, D. M. (2005). The end of objectivity. http://dangillmor.typepad.com/dan_gillmoron_grassroots/2005/01/the_end_of_obje.html.

Gillmor, D. M. (1992). *Mass Communication Law*. New York: West Pub.

Glasser Jr., C. J. (2013). *International libel & privacy handbook*. 3rd ed. New Jersey: Bloomberg Press.

Goodchild, S. (1986). "Media counteractions: Restoring the balancing to modern libel law," *Georgia Law Journal*, 75, pp.313~359.

Green, A. (2009, October 15). "Banish the libel chill," *The Guardian*. Retrieved from http://www.guardian.co.uk/commentisfree/libertycentral/2009/oct/15/simon-singh-libel-laws-chiropractic

Hayes, J. (2004). "A conflict of fundamental rights," *Columbia Journal of Law & Social Problems*, 37, pp.551~575.

Hopkins, W. W. (ed.) (2015). *Communication and the Law*. AL: Vision Press.

Horibe, M. (1985). "Press Law in Japan," in Lahav (ed.), *Press law in modern democracies: A comparative study*. New York: Longman.

Kalvin, H. (1964). "The New York Times case: A note on 'The central meaning of the First Amendment," *Supreme Court Review*, 1964, pp.191~221.

Kohl, H. (1985). "Press law in the federal Republic of Germany," in Lahave (ed.), *Press law in moderndemocracy: A comparative study*. New York: Longman.

Kunstadt, R. M. (1980). *The protection of personal and commercial reputation*. Deerfield Beach: Verlag Chemie.

Lee, J. (1998a). "Freedom of the press and right of reply under the contemporary Korean libel laws: A comparative analysis," *UCLA Pacific Basin Law Review*, 16(2), pp.155~197.

Lee, J. (1998b). "Press freedom, the press arbitration system, and sociopolitical changes in South Korea: 1981~1996," Unpublished Ph.D. diss., IL: Carbondale, Southern Ilinois University.

Lee, J. (2008a). "Right of correction," in Wolfgang Donshbach (ed.), *The international encyclopedia of communication*. vol. X, Boston: Blackwell Publishing Co., pp.4406~4410.

Lee, J. (2008b). "Right of reply," in Wolfgang Donshbach (ed.), *The International Encyclopedia of Communication*. vol. X, Boston: Blackwell Publishing Co., pp.4411~4415.

Lee, J. & Lee, S. (2001). "The right of reply system for the last two decades in South Korea," 〈한국언론학보〉(special edition), pp.395~411.

Lee, J. & Sang, Y. (2013). "How to strike a balance between competing interests on the Internet," 〈언론과 법〉, 12(1), pp.185~215.

Lewis, A. (2009). *Freedom for the thought that we hate: A biography of the First Amendment*. Philadelphia: Basic Books.

Lieberman, J. K. & Henry, J. F. (1986). "Lessons from the Alternative Resolution Movement," *The University of Chicago Law Review*, 53(2), pp.424~439.

Loffler, M., Heribert, G. & Heribert, G. (1974). *Das gegendarstellungsrecht in Europa: Moglichkeiten der harmonisieung*(The right of reply in Europe: Possibilities of Harmonization). Munich: C. H. Beck'sche Verlagsbuchhandlung.

Masterton, M. (1996). *Asian values in journalism*. Singapore: AMIC.

Measter, C. L. & Skoufalos, P. (2002). "The increasing role of mediation in resolving shipping disputes," *The Maritime Lawyer*, pp.515~561.

Merrill, J. (1973). "The 'People's right to know' myth," *The New York State Bar Journal*, 45, pp.461~466.

Middleton, K. R. & Lee, W. E. (2014). *The Law of Public Communication*. Upper Saddle River, NJ: Pearson.

Park, A. (2015). "Internet service provider liability for defamation: United States and

United Kingdom compared." Unpublished Ph.D. diss., University of Oregon.

Pember, D. & Calvert, C. (2006). *Mass media law.* New York: McGraw-Hill Humanities.

Schauer, F. (1980). "Social foundations of the law of defamation: A comparative analysis," *Journal of Media Law and Practice*, 1, pp.3~23.

Schauer, F. (1985). "Slippery slopes," *Harvard Law Review*, 99, pp.361~382.

Schiffrin, S. (1993). *The first amendment, democracy, and romance.* Cambridge, Mass.: Harvard University Press.

Schiffrin, S. (1994). "The politics of the mass media and the free speech principle," *Indiana Law Journal*, 69(3), pp.689~720.

Schwarz, U. (1966). *Press law for our times: The example of the German legislation.* Zurich: International Press Institute.

Seib, A. (2001). *Going live: Getting the news right in a real-time, online world.* New York: Rowman & Littlefield.

Silha Center of University of Minnesota (2003). *Comments of the Silha Center for the study of media ethics and law.*

Simmons, S. J. (1978). *The fairness doctrine and the media.* New York: The Free Press.

Smith, E. M. (1993). "Reporting the truth and setting the record straight: An analysis of U.S. and Japanese libel laws," *Michigan Journal of Int'l Law*, 14, pp.871~903.

Smolla, R. (1993). *Free speech in an open society.* New York: Vintage.

Straubharr, J. & LaRose, R. (2000). *Media now: Communications media in the information age.* Belmont: Wadsworth/Thomson Learning.

Tanaka, H. (ed.) (1988). *The Japanese legal system: Introductory cases and materials.* Tokyo: University of Tokyo Press.

Terrou, F. (1951). *Legislation for press, film, and radio.* Paris: UNESCO.

Thwaite, G. J. & Brehm, W. (1994). "German privacy and defamation law: The right to publish in the shadow of the right to human dignity," *European Intellectual Property Law Rev*, 8, pp.336~362.

Vick, D. W. & Macpherson, L. (1996). "Anglicizing defamation law in the European Union," *Virginia Journal of Int'l Law*, 36, pp.933~998.

Ward, A. & Redmond-Cooper, R. (1983). "The right of reply in England, France and the United States," *Journal of Media Law and Practice*, 4, pp.205~227.

Warren, S. D. & Brendeis, L. D. (1890). "The right of privacy," *Harvard Law Reviews*, 4(5), pp.1993~1996.

Yamanaka, H., et al. (eds.) (1986). *Japanese communication studies of the 1970s.*

Honolulu: University of Hawaii Press.
Youm, K. (1990). "Libel laws and freedom of the press: South Korea and Japan reexamined," *Boston University Int'l Journal*, 8, pp.55～83.
Youm, K. (1995). "U.S. media and libel law: An international perspective," *Gazette*, 55, pp.185～205.
Youm, K. (1996). *Press law in South Korea.* Ames, IA: Iowa State University Press.
Youm, K. (2008). "The right of reply and freedom of press: An international and cooperative perspective," *George Washington Law Review*, 76, pp.1017～1065.
Zelezny, J. D. (2004). *Communications law.* Belmont, CA: Wadsworth.